征收拆迁
法律原理与实务

Principles and Practices of
Expropriation Law in China

刘春兴　著

法律出版社
LAW PRESS·CHINA
北京

图书在版编目(CIP)数据

征收拆迁法律原理与实务 / 刘春兴著. -- 北京 : 法律出版社, 2024
ISBN 978-7-5197-9084-4

Ⅰ. ①征… Ⅱ. ①刘… Ⅲ. ①房屋拆迁-土地征用-补偿-法规-研究-中国 Ⅳ. ①D922.181.4

中国国家版本馆 CIP 数据核字(2024)第 081938 号

征收拆迁法律原理与实务
ZHENGSHOU CHAIQIAN FALÜ YUANLI YU SHIWU

刘春兴 著

责任编辑 李沂蔚
装帧设计 李 瞻

出版发行 法律出版社
编辑统筹 法律应用出版分社
责任校对 王晓萍
责任印制 刘晓伟
经　　销 新华书店

开本 710 毫米×1000 毫米 1/16
印张 44 **字数** 788 千
版本 2024 年 6 月第 1 版
印次 2024 年 6 月第 1 次印刷
印刷 固安华明印业有限公司

地址:北京市丰台区莲花池西里 7 号(100073)
网址:www.lawpress.com.cn
投稿邮箱:info@lawpress.com.cn
举报盗版邮箱:jbwq@lawpress.com.cn
销售电话:010-83938349
客服电话:010-83938350
咨询电话:010-63939796

书号:ISBN 978-7-5197-9084-4
定价:168.00 元

序

本书最初的书名是《不动产征收与补偿法原理及实务》，这也是本主题最严谨贴切的表述。后来考虑到读者群体的多样性，并与北京市律师协会“征收拆迁法律服务研究会”保持一致，更改为《征收拆迁法律原理与实务》，在提高普及性的同时，为保持必要的学理水准，全书仍采纳原来的章节安排，且“不动产征收与补偿”和“征收拆迁”这两个词语基本上可以等义置换。

截至公元2024年1月1日，从国家图书馆、首都图书馆、中国知网以及威科先行法律数据库等可靠信源检索可知，目前有关不动产征收与补偿（征收拆迁）主题或相近主题的中文纸质书目已有近千种，这还不算已缴存或未缴存国家图书馆的数千份相关硕士、博士学位论文以及博士后研究工作报告，而期刊、报纸、会议、年鉴等载录的相关文献更是数以万计。在现有著述已是汗牛充栋或车载斗量之际，本书就必须回答这样一个问题，你能吸引广大读者的独特之处是什么？

首先，本书是一部搭建起征收拆迁法律完整框架的法律科普读物，理论深度适中、语言浅显易懂，而这可能是迄今为止相关著述未能完成或完成得不够好的。数十年来，神州大地上的征迁活动可谓轰轰烈烈。但无论是行政机关进行征收，被征迁人依法维权，法院、复议机关、检察院、信访机关等审理相关案件，还是法官、复议人员、检察官、律师以及高等院校师生等进行专业研究，都由于欠缺一个整体性的征收拆迁法律宏观架构而可能陷入“只见树木、不见森林”的窘境，这对于征迁实务博弈和征迁学理博弈的所有参与方都构成一种“知识灾难”。

本书以不动产物权制度为起手式，以征收目的正当性为踏板，渐次展开征收拆迁各项程序的逻辑演绎，以征收目的实现为落地点，以被征收人获得充分法律救济为终局。通过对同一土地新旧不动产物权两条主线的交织、缠绕与对照，窥见征收拆迁法律制度的实质。在这样一个首尾相接、论证严密、逻辑周全的动态演化路线图中，无论是征迁工作局中人还是局外人都获得了一种鸟瞰式的宏观思路导引，最终得以走出那种“头痛医头、脚痛医脚”的困顿局面。

其次，本书是一部在阐明征迁基本原理基础之上的可随时查阅、随时使用的法律实务手册，而非对法律法规简单堆叠或案例汇编的大全、攻略、指南、解析或指引类征迁书籍。对于每一个重要的知识点，均以现行有效的法律条文或司法判例为准并在必要时进行学理解释，可在征迁法律攻防实战中直接运用。知其然，更知其所以然，才能做到成竹在胸，让本书通用于全国各地千差万别的征迁实际。读者可能来自不同的行业，受过不同的教育，熏陶于不同的地域文化，但本书用一种简洁朴实的法律语言阐释复杂深奥的征迁原理，因而几乎所有读者都能从中受益匪浅。

再次，本书真正打通了集体土地与国有土地的藩篱，从而能让分别发生在城镇和乡村的征迁活动统一在共同的征收拆迁的法律框架内，为征迁事务简化和未来立法统一奠定基础。迄今为止，多数征迁类书籍都是在集体土地与国有土地两分法的前提下展开的。尽管少量著述尝试统一进行，但由于未能真正洞察二者之间辩证统一的基础，因而表面统一、实质“两张皮”现象一直难以杜绝。本书紧扣土地征收概念的扩张性解释这一关键枢纽，既涵盖对集体土地所有权和使用权的征收，也涵盖对国有土地使用权的征收，现行《国有土地上房屋征收与补偿条例》中的“房屋征收决定”一身饰演两个角色，既是国有土地附着物所有权征收决定，也是国有土地使用权征收决定。通过这样一种与高等数学中拉普拉斯变换（Laplace Transform）类似的操作过程，完成了集体土地和国有土地上征迁活动的逻辑统一。在此基础上，可打破城乡二元分割，更好地保护农民合法权益，实现城乡征收机构的统一设置，降低各地征迁工作本身的成本，提高行政效率，为最终制定统一的不动产征收与补偿（征收拆迁）法典提供充分的理论研究储备和实务经验积累。

行文至此，本书的最后一个目标也呼之欲出了，即创建一门独立的不动产征收与补偿（征收拆迁）法学。在“中国法学会行政法学研究会”官网上，列举了行政法内部的教育、公安、规划、环境、卫生、民政、工商、税务这八大部门行政法。如果不动产征收与补偿(征收拆迁)法也要取得与它们比肩而立的部门行政法成员地位,或者作为一门独立的领域法,就必须对不动产物权保护、征收目的的公共利益性、补偿公平性以及征收程序正当性等核心议题给出科学回答,并形成一个完整而自洽的学理体系。随着学科地位的提高,各级政府会更加重视征迁事务,学术资源和司法资源投入可能也会加大,这对全国各地广大被征迁人来说无疑是一个莫大福音。与此同时,对那些积极推进征迁工作,积极维护群众利益的广大征迁一线工作人员,以及身处征迁诉讼、征迁复议、征迁信访和征迁调解等法治一线的律师、法官、复议人员、检察官或调解员等法律职业共同体成员来说也是一种职业荣誉认可。

"鱼,我所欲也;熊掌,亦我所欲也。二者不可得兼,舍鱼而取熊掌者也。"在努力实现上述目标的同时,就不得不对某些方面忍痛割爱了。其一,本书虽属具有一定理论高度的教科书性质的科普读物,但主要目标仍是致力于解决征迁实际法律问题,对现行有效法律法规的诠释与学理解读是其立论基础,而更高层次的理论宏图只能待修订再版时勾画。其二,无论是关于征收的古典征收理论、扩张征收理论、准征收理论、管制征收理论、反向征收理论、市场交易失灵理论、公共选择理论以及主权保留理论,还是关于补偿的特别牺牲理论、公共负担理论、社会职务理论或社会协作理论等都未能深入讨论。其三,本书主题的未来发展方向之一是数学化,毕竟"拍脑袋式决策"的危害太大了。无论是征收决策还是补偿标准等都是线性规划等数学工具可以大展身手的领域,但考虑到本书的实务定位以及读者受众现状,定稿之际删除了已经进行的数学讨论部分。其四,风行于欧美法学界的法经济学(Law and Economics)或法律的经济分析(Economic Analysis of Law)是一个强大的分析工具,征收前后、补偿前后的帕累托(Pareto)改进或卡尔多－希克斯(Kaldor－Hicks)改进等是判断征收与补偿优劣的重要标准,但由于与数学类似的原因也未涉足。其五,本书的实务定位决定了最重要的知识来源是现行有效的法律法规,参考文献偏少。

需要提醒读者的是,图书出版是一个周期较长的过程。本书从写作到成文,从成文到印刷,从印刷到售卖,从售卖到读者手中,可能要经历一定的时间,读者在阅读本书时务必注意核实相关法律文件的时效性问题。毕竟,征收拆迁法律法规是一个极易变动的规则体系,对于更有针对性和可操作性的地方性法规或地方规范性文件来说更是如此。

作为一部理论与实务兼顾的征迁科普读物,在竭力控制篇幅的情况下,全书也到了80余万字。事实上，本书的每一章甚至每一章之下的节可能都需要一部或多部厚重的专著才能探讨清楚，因此本书只是一部关于不动产征收与补偿（征收拆迁）法学的抛砖引玉之作，期待更多的学界翘楚加入或继续在这一领域深入耕耘。作为征迁法律职业共同体以及征迁法律学术共同体的一员，让我们共襄盛举，擘画未来，为创建一门具有中国特色、中国风格和中国气派的不动产征收与补偿（征收拆迁）法学不懈努力，为在征迁领域率先实现行政法治做出贡献。

凡　例

1. 引用我国现行有效的法律文件时，加双书名号，名称中有“中华人民共和国”的在正文中一律省略。

2. 国家机关名称中有“中华人民共和国”的一律省略。例如，中华人民共和国全国人民代表大会简称全国人民代表大会或全国人大；中华人民共和国国务院简称国务院；中华人民共和国农业农村部简称农业农村部。

3. 国家机关公文文号中有“中华人民共和国”的一律省略。例如，中华人民共和国自然资源部令45号简称自然资源部令45号；中华人民共和国农业农村部令2021年第1号简称农业农村部令2021年第1号。

4. 标准文件名称中有“中华人民共和国”的一律省略。例如，中华人民共和国国家标准简称国家标准；中华人民共和国行业标准简称行业标准。

5. 现行有效的法律文件在全书正文中首次出现的，在其名称后加括号，标注实施时间、修正或修订时间、文号、废止或失效时间等效力信息，但与本书主题关联不大的法律文件不予加注。

6. 法律文件本身的名称无法直接揭示其层级或类别等信息的，可在带有书名号的名称前标注机构名称，如中共中央纪委办公厅、原监察部办公厅《关于加强监督检查进一步规范征地拆迁行为的通知》、浙江省高级人民法院《关于当前国家赔偿工作若干问题的解答（一）》。

7. 法律文件名称在同一段落或后续相邻段落中多次出

现时,在不至引起混淆的情况下从第二次开始可简称为该法、该条例、该条或“其”等。

8. 部门规章等规范性文件可由文号加文件类型或文号加文件的方式代指,如自然资办发〔2020〕51 号指南或自然资办发〔2020〕51 号文件。

9. 法律文件的章、节、条、款、项、目的具体表述,一律采原文,如《民法典》第一章第一条、国家标准《土地基本术语》3.1.1、《土地储备管理办法》一(二)。

10. 引用国家公开发布的法律文件以及裁判文书相关内容的,尽量采原文表述,非必要不做改动。

11. 人民法院的裁判文书格式为法院全称 + 案号 + 带书名号的文书类型,内容出处一律以最高人民法院中国裁判文书网为准,隐去行政相对人具体信息,且只引用有关裁判观点,省略案情简介等。例如,最高人民法院(2018)最高法行申 4669 号《行政裁定书》。

12. 引用与现行有效的法律文件同名的当时有效的法律文件时,一律使用简称并加注年份,如 1954 年《宪法》、2014 年修订版《土地管理法实施条例》。

13. 法律文件非专指时不加书名号,如“并无如大陆法系的民法典那样无所不包的体系化的详尽规定”。

14. 重要的外国法律文件、人名或著作等在全书正文中首次出现时,中文译名后括号内注明外文全称,如《大宪章》(Magna Carta)、霍布斯(Thomas Hobbes)等。

15. 现行有效法律文件条文中相关信息过时的,一律尊重历史,如国土资源主管部门一般不自行修改为自然资源主管部门。可能引发误解的,则作必要调整,其中二阶引用的其他法律条文已经失效的,可改用泛指的说法。

16. 除改进性学理探讨以外,本书主要观点一律以现行有效的法律文件为准,没有明确法律依据的采通说,无通说的,采对弱势群体有利的观点。除非必要,本书一般不引用学理著述。

17. 法律文件发生效力的行为一律称为实施,失去效力的行为一律称为废止,该法律文件或令其废止的法律文件颁布时有特别称谓的,从其称谓。

18. 法律文件的修正或修订之界分,一律以该文件修改后颁布时其自身使用的称谓为准,如《企业国有资产监督管理暂行条例》(国务院令第 709 号,2019 年 3 月 2 日实施)。

简目

详 目

第一章 导论

第二章 不动产物权

第三章 征收补偿

第四章　征收目的

第六章 不动产征收与补偿的近似行为

第七章 征收预公告

第八章 补偿方案

第九章　价值评估

第十章 补偿协议

第十一章　征收土地决定

第十二章　补偿决定

第十三章　强制执行

第十四章　行政赔偿

第十五章 征收目的的实现

第十六章 被征收人的法律救济

第十七章　不动产征收与补偿法典化探讨

第一章

导　论

奉法者强则国强，奉法者弱则国弱

——《韩非子·有度》

作为一个拥有数千年悠久历史的农耕民族，中国人对于土地以及依附于土地的房屋、农作物、河流和森林等附着物有着异常深厚而复杂的情感。按照现代的说法，土地和房屋等都可归入不动产的行列。古往今来，它就一直是中国人格外钟爱的物权类型之一。不计其数的华夏子民一旦发家致富，往往第一个念头都是先买一块地供自己或子孙后代享用。

在现代社会，由于不动产的不可移动性，为了实现更高价值，就需要把不动产物权在不同主体之间进行转移，这就涉及了不动产物权的市场化交易问题。当然，从世界各国的法律实践来看，也不可避免地会涉及不动产物权非市场化变动的情形，其中就包括作为本书主题的不动产征收与补偿问题。

第一节　不动产征收与补偿的概念

在不动产征收与补偿活动中，涉及的相关概念是非常多的。由于中国地大物博，各地的情况千差万别，征收方、被征收方以及关联各方的文化素质参差不齐，因而相关法律用语不规范的现象尤为凸显。本节首先对相关概念进行初步梳理，依“不动产”“征收”“补偿”以及组合后的“不动产征收与补偿”四大类分别予以介绍。

一、“不动产”及其相关概念

一般来说,“不动产是指不能移动或者移动会损害其用途或者价值的物,主要指土地和土地上的定着物”①。全国人大版《民法典》英译本给出的对应翻译是 immovable property,其他文献也有诸如 real estate 或 immovables 等译法。由于土地本身的不可移动性,附着于其上、其中或其下的其他物体也就具有了一定的不可移动性,这是所谓“不动”的真正含义。不动产在国土空间上占有不可移动的固定位置,其价值在很大程度上由土地位置的稀缺性决定。因此,土地在这里主要是指它的空间位置而言,至于土地中的土壤或砂石本身等单列出来往往是没有多少价值的。

较早对不动产进行法律定义的可见于《最高人民法院关于贯彻执行〈中华人民共和国民法通则〉若干问题的意见(试行)》(法〔办〕发〔1988〕6 号,1988 年 4 月 2 日实施,2021 年 1 月 1 日废止)第 186 条,即土地、附着于土地的建筑物及其他定着物、建筑物的固定附属设备为不动产。另据《担保法》(1995 年 10 月 1 日实施,2021 年 1 月 1 日废止)第九十二条第一款,不动产是指土地以及房屋、林木等地上定着物。

上述两部法律文件均已失效。现行有效的立法定义是《不动产登记暂行条例》(国务院令第 710 号,2019 年 3 月 24 日实施)第二条第二款,不动产是指土地、海域以及房屋、林木等定着物。另据《增值税暂行条例实施细则》(财政部令第 65 号,2011 年 11 月 1 日实施)第二十三条第二款,不动产是指不能移动或者移动后会引起性质、形状改变的财产,包括建筑物、构筑物和其他土地附着物。

目前,无论是《民法典》(2021 年 1 月 1 日实施)及其司法解释还是《土地管理法》(2019 年修正,2020 年 1 月 1 日实施)及其实施条例等都未对不动产给出一个法律定义。在由全国人大常委会制定的法律中,只有《担保法》对不动产给出了一个定义,并且较完整地揭示了它的内涵。不过,《担保法》已经随着《民法典》的颁布施行而失效,且该条款也未被吸收到《民法典》或其司法解释中。因此,现行的不动产法律定义在位阶上是比较低的。

不动产至少包括了土地和土地附着物两大类,其中各自又分为多种细类。前者如水面、海岛、滩涂和草原等;后者如房屋、土壤、矿物和地下水等。对于这些细类概念,将在下一章“不动产物权”中结合具体分类进行详细介绍。

---

① 魏振瀛主编:《民法》(第 8 版),北京大学出版社、高等教育出版社 2021 年版,第 133 页。

二、"征收"及其相关概念

法律意义上的"征收"概念主要关涉动产征收和不动产征收两类，前者如财政税收，后者即作为本书主题的不动产征收。在本小节中，暂时仅介绍直接相关的几个概念，而腾退或疏解等相关概念将在第六章中讨论。

（一）征收

在行政行为分类中，有所谓的行政征收概念，传统上多用于指诸如税收之类的无偿征收。但在不动产征收语境中，"征收是指国家为了公共利益的需要，在依法作出补偿的前提下，利用公权力强制性地将集体或私人所有的财产征归国有的行为"①。在英文中，这一语境中的征收概念用词各不相同。例如，加拿大 1985 年制定的是《征收法》（Expropriation Act），澳大利亚 1989 年制定的是《土地征收法》（Lands Acquisition Act 1989），美国在涉及不动产征收的判例法中更多使用的是 Eminent Domain（征收权）这一概念。

在我国现行有效的立法中，"征收"基本上是直接使用的，而没有对其予以进一步的解释。另外，不动产征收基本上是以必须补偿为前提的，因而征收概念本身有时亦包含补偿之意。但在多数情况下，征收与补偿这两个概念是并列使用的。《民法典》、《土地管理法》以及《国有土地上房屋征收与补偿条例》（国务院令第 590 号，2011 年 1 月 21 日实施）等基本上都是如此。

（二）征用

与"征收"概念一样，"征用"概念也是在不同的立法文件中直接使用而未作进一步解释。从字面上来看，一个"用"和一个"收"已经较为明确地阐述了两者的区别，即征用一般不发生所有权转移，而征收则相反。在英文中，征用可能译为 requisition 更妥当一些。

不过，这种区别在早期是比较模糊的，二者并没有泾渭分明的界线。1950 年政务院《城市郊区土地改革条例》（1950 年 11 月 21 日实施，1987 年 6 月 10 日废止）第十四条、1953 年《国家建设征用土地办法》（1953 年 12 月 5 日实施，1987 年 11 月 24 日废止）以及《城市私有房屋管理条例》（1983 年 12 月 17 日实施，2008 年 1 月 15 日

---

① 王利明主编：《民法》（第 9 版）（上册），中国人民大学出版社 2022 年版，第 247 页。

废止)第四条第一款,都采纳的是征用概念。显然,这里的征用与今天的征收是同一个含义。部分地由于早期立法不严谨,时至今日人们有时会把征用与征收相混淆。

2009 年,由“征用”到“征收”曾引发过一次较大规模的修法。根据《全国人民代表大会常务委员会关于修改部分法律的决定》(2009 年 8 月 27 日实施),对当时版本的《森林法》第十八条,《军事设施保护法》第十二条,《国防法》第四十八条,《归侨侨眷权益保护法》第十三条,《农村土地承包法》第十六条和第五十九条,《草原法》第三十八条、第三十九条和第六十三条,《刑法》第三百八十一条和第四百一十条以及两部全国人大常委会法律解释中的“征用”统一修改为“征收、征用”;对当时版本的《渔业法》第十四条、《铁路法》第三十六条、《城市房地产管理法》第九条、《电力法》第十六条、《煤炭法》第二十条、《行政复议法》第三十条、《农业法》第七十一条中的“征用”统一修改为“征收”。

在现行有效的立法中,征收与征用的区别还是比较明显的。以《民法典》为例,其第一百一十七条同时对征收和征用的情形作出规定,即为了公共利益的需要,依照法律规定的权限和程序征收、征用不动产的,应当给予公平、合理的补偿。其第二百四十五条则专门就征用的情形作出规定,即因抢险救灾、疫情防控等紧急需要,依照法律规定的权限和程序可以征用组织、个人的不动产或者动产。被征用的不动产或者动产使用后,应当返还被征用人。组织、个人的不动产或者动产被征用或者征用后毁损、灭失的,应当给予补偿。

(三)拆迁

与上面两个比较正式的用语相比,另有一个概念在普通民众中的知名度和运用率可能远远高于它们,这就是“拆迁”。前面提到的《城市私有房屋管理条例》第四条第一款就使用了拆迁一词,这已经是 40 年前的事了。真正让这个词遍及大江南北的是《城市房屋拆迁管理条例》(国务院令第 78 号,1991 年 6 月 1 日实施,2001 年 11 月 1 日废止),尽管它已被废止了 20 年之久,但是该词已经在人们的日常用语中频繁使用,并且在其他正式法律之中仍时常存有遗迹。例如,《城乡规划法》(2019 年修正,2019 年 4 月 23 日实施)第三十一条就规定,要合理确定拆迁和改建规模。

(四)动迁

从字面上来看,动迁是指因房屋拆除、改建或翻建而迁移到别处。在正式的法律文件中,《土地增值税暂行条例实施细则》(财法字〔1995〕6 号,1995 年 1 月 27 日实施)第七条第(二)项中有诸如"安置动迁用房支出"这样的表述。总的来说,动迁一词使用的频次远低于拆迁,在上海等地较为多见。例如,《上海市征收安置住房管理办法》(沪房规范〔2022〕1 号,2022 年 2 月 22 日实施)这一地方立法中有"动迁安置房"表述,也有"不动产征收(动迁)业务研究委员会"这一上海市律师协会的专门委员会。

三、"补偿"及其相关概念

人们常说,有征收必有补偿,无补偿则无征收,可见这个概念的重要性所在。相对而言,对于"补偿"概念一般不会有太多歧义,只是对它的范围界定可能在不同的情况下有所不同。

(一)补偿

在字面上,补偿是指补足和偿还。如果某人在一方面有所失,但在另一方面有所得,此即补偿。与前面的征收概念一样,现行立法中对"补偿"一词也是直接使用,并无相应解释。当然,这里必须区别补偿与赔偿的不同。尽管在古代汉语中,二者可能互用,如清代顾张思在《土风录》卷十四中写道:"补偿曰赔。以物相偿曰赔,古谓之备。"但在当代中国的现行立法中,补偿与赔偿已经是截然不同的两个法律概念。对于后者,将在本书第十四章深入讨论。

补偿至少包括了对物的补偿和对人的补偿两个方面,前者即通常意义上的补偿。而对于后者来说,对人的补偿有时又称为安置。因此,安置事实上也是一种补偿。这样,在广义上补偿同时涵盖了安置之意,即使有时没有明示安置之意,事实上也包含其中。

(二)安置

安置意为使人或事物有着落,在很多语境中都可以使用。例如,2011 年国务院和中央军委制定了《退役士兵安置条例》,显然这里的安置是指对退役士兵复员后的情形进行妥善处理。但在不动产征收与补偿活动中,安置是指因不动产征收而导致的一种特殊安排,多与被征收人的身份有关。同"补偿"概念一样,现行立法中对"安置"一词也是直接使用,没有详加释义。

四、“不动产征收与补偿”及其相关概念

“不动产征收与补偿”是包含三个子概念的复合概念，构成了本书的主题所在。本小节仅讨论与它形式上类似的关联概念，至于与它实质上类似的其他概念，如土地收回、违法建设查处、房屋解危、土地整治或城市更新等，将在本书第六章详细讨论。

（一）不动产征收

正如前面已经谈到的，征收有时未与补偿连用，但并不意味着没有补偿。“不动产征收”单独作为一个用语，实质上也暗含补偿之意，否则就成了违法征收。例如，2009 年上海市律师协会成立的是“不动产征收（动拆迁）业务研究委员会”，后去掉“拆”字改成现在的“不动产征收（动迁）业务研究委员会”。尽管这里并未提及补偿，但实际上不动产征收不可能没有补偿。

（二）不动产补偿

单论“不动产补偿”，虽然未明确提及征收或征用，但通常是指因征收或征用而进行的补偿。在本书中，以讨论征收补偿的情形为主，少量情形下也可能涉及征用补偿。

（三）不动产征收与补偿

在诸多同类概念中，它是最正式、最严谨也最能揭示这一活动本质含义的一个概念。无论是 1982 年《宪法》（2018 年修正，2018 年 3 月 11 日实施）第十条第三款和第十三条第三款，还是《民法典》第一百一十七条和第二百四十三条，以及《土地管理法》第二条第四款，均同时对征收与补偿作出规定。而《国有土地上房屋征收与补偿条例》更是直接在法律文件标题中同时提及征收与补偿概念。在诸多地方立法中，集体土地征收或集体土地上房屋征收等也基本上同时使用征收和补偿概念，如《上海市征收集体土地房屋补偿规定》（沪府规〔2021〕13 号，2021 年 9 月 29 日实施）或《深圳市房屋征收与补偿实施办法（试行）》（深圳市人民政府令第 292 号修改，2016 年 12 月 23 日实施）等。

在许多行政法著述中，行政征收与行政补偿是两个不同的行政行为类别。例

如,从北大·高教版《行政法与行政诉讼法》目录中就可以发现,[①]行政征收位于第三编"行政行为"第十五章"行政处理(二)——依职权行政行为"第四节"行政征收";而行政补偿则位于第六编"行政赔偿"第三十八章"行政补偿"。显然,征收行为与补偿行为究竟应该是分还是合,很大程度上取决于对行政征收概念的广义还是狭义理解。如果认为行政征收概念既包括无偿征收也包括有偿征收,那么补偿显然就是征收的应有之义。"有征收必有补偿,无补偿则无征收",这也是被载入《最高人民法院公报》2017 年第 1 期(总第 243 期)的最高人民法院(2016)最高法行再 80 号《行政判决书》等裁判文书所反复阐明的观点。

另外,由于土地公有制的国有与集体二元格局,以及部分由此导致的城乡二元分割格局,目前国有土地与集体土地上的征收与补偿活动也呈现二元分割的局面。不过,这一局面并非一成不变。事实上,它们都属于对不动产物权的征收,在对土地附着物所有权征收方面区别并不大,引发重大差异的主要是对土地权利的征收方面。也就是说,集体土地上既涉及对土地所有权的征收,也涉及对土地使用权的征收,而国有土地上仅涉及对土地使用权的征收,不涉及对土地所有权的征收。假以时日,在充分的理论研究和丰富的实践经验基础上,集体土地上和国有土地上的征收与补偿活动都能够整合在统一的不动产征收与补偿的法律框架之下。

(四)征地

顾名思义,它是征收土地或土地征收的简称,在相关法律文件中也大量使用。例如,《土地管理法》第四十六条第三款有"同时办理征地审批手续"的表述,而在该法全文中,"征地"一词出现了共计 20 次之多。

(五)征地拆迁

目前,能在较大程度上与"不动产征收与补偿"概念实现契合的一个词语是"征地拆迁"。在人们的日常用语中,它使用得较为频繁,在相关法律文件中也比较常见。例如,早在由当时的国家计委、国家建委、财政部联合发布的《关于基本建设程序的若干规定》(1978 年 4 月 22 日实施)中,其第四部分"建设准备"中有"办理征地拆迁手续"这一规定。《国务院办公厅关于进一步严格征地拆迁管理工作切实维护群众合法权益的紧急通知》(国办发明电〔2010〕15 号,2010 年 5 月 15 日实施)更

---

① 参见姜明安主编:《行政法与行政诉讼法》(第 6 版),北京大学出版社、高等教育出版社 2015 年版,第 2 –5 页。

是明确地把农村征地和房屋拆迁简称“征地拆迁”。《人民陪审员法》(2018 年 4 月 27 日实施)第十六条第三项也直接使用了“征地拆迁”这一术语。

(六)征收拆迁

与“征地拆迁”概念稍有不同的是,也有“征收拆迁”这一说法。尽管在百姓口中频率最高的还是“征地拆迁”,但专业人员更倾向于使用“征收拆迁”这一表述,近年出版的相关专著多是如此,如《中华人民共和国征收拆迁补偿注释法典》(原国务院法制办公室编,中国法制出版社 2023 年版)以及《征收拆迁中财产权保护理论与实务》(耿宝建著,中国法制出版社 2023 年版)等。另外,北京市律师协会成立的就是“征收拆迁法律服务研究会”,位列 70 个专业委员会(研究会)之一(数据截至 2024 年 1 月 1 日)。为兼顾通俗性及必要的学理性,本书的书名从最初的《不动产征收与补偿法原理与实务》调整为《征收拆迁法律原理与实务》,且在全书中对“不动产征收与补偿”与“征收拆迁”基本上是等义使用的。

(七)征迁

它既可以是征地拆迁的简称,也可以是征收拆迁的简称,在新闻报道和日常生活中经常使用。例如,2020 年 12 月 19 日在全国上映的一部电影就取名为《征迁》,反映的是某地党委书记推进棚户区征迁工作的内容。

(八)征补

通常情况下它是“征收与补偿”或“征收补偿”的简称,有时是“征地补偿”的简称,这个需要在上下文中仔细区分。例如,湖北省高级人民法院(2020)鄂行终 553 号《行政判决书》就直接把征收补偿决定简称为征补决定。而在浙江省高级人民法院行政审判第一庭的《关于审理国有土地上房屋征收与补偿行政案件具体问题的解答》(浙高法行一〔2014〕3 号,2014 年 10 月 13 日印发)中,就直接把《国有土地上房屋征收与补偿条例》简称为《征补条例》。本书为了节省篇幅,也经常使用“征补”这一简化称谓,如不动产征补活动等。

第二节　不动产征收与补偿法的概念

简单地说,不动产征收与补偿法就是调整不动产征收与补偿活动的法律规范总称，通俗的说法也有征地拆迁法、征收拆迁法或拆迁法等。它是规范行政机关依法进行征收与补偿活动，对被征收人的合法权益进行保护，人民法院或复议机关等第三方依法审理相关案件的法律工具。不动产征收是国家对国土空间资源进行重新配置的重要手段，处于两种方向相反的利益诉求分配焦点上，政策性强，涉及面广，如果没有不动产征收与补偿法作为强力后盾，这一政策目标是难以实现的。

不动产征收与补偿法有狭义和广义之分。在狭义上，它指在将来可能会制定的不动产征收与补偿法律，正如刑法体系中的刑法那样。在广义上，它是指一切与不动产征收与补偿活动相关的法律规范总称，本书是在广义上使用这个词语。

一、不动产征收与补偿法的民法基础

不动产征收与补偿法以民法，特别是以民法中的物权法为基础。一个显而易见的事实是，不动产征收与补偿活动的逻辑起点是承认有一个不动产物权存在，因公共利益需要对它进行征收。同样，待征收与补偿活动完毕后，在同一土地上设立一个新的不动产物权，能够或按照预想发挥该土地更大的经济、政治、社会、文化或生态等效益。

因此，不动产征收与补偿法必然涉及相应的民法基础，主要是不动产物权法基础。而在具体的不动产征收与补偿实践中，特别是在征收方与被征收方发生纠纷的情形下，行民交叉或民行交叉问题就会层出不穷。一旦面临这种情况，不动产征收与补偿法中的民法基础问题就格外突出，单靠行政法知识是无法解决问题的。

二、不动产征收与补偿法的行政法分支地位

不动产征收与补偿法是行政法的一个分支。在当代中国法律体系中，有哪些部门法，人们的看法不一。不过，行政法是一个独立的部门法，目前已无疑义。不妨对比一下税法的情形，尽管税务专业人士有时不认可税法属于行政法，而是属于经济法，但如果抛开陈年日久的经济法与行政法的部门法地位之争，从整体上来观察的话，税法当属行政法中的行政征收法，并且它属于一种无偿征收。

再考虑不动产征收与补偿法，实质上它与税法很相似，也属行政法中的行政征收法，只不过它属于一种有偿征收。完全可以有把握断言，不动产征收与补偿法在整体上属于行政法，这在整个法学界和实务界都无太大异议。现行法律规定的种类、数量和界别，以及近年来各级人民法院行政庭或各级政府复议机关受理征迁案件的关口、分类和数量，无不印证着不动产征收与补偿法的行政法属性。

三、不动产征收与补偿法的救济法后盾

不动产征收与补偿法以救济法为后盾。一旦不动产征收的车轮启动，征收方与被征收方就展开了一轮又一轮的心理拉锯战。在大多数情况下，最终双方能够达成合意，以签订补偿协议而告终，行政诉讼、民事诉讼、刑事诉讼、仲裁或其他法律救济手段就无须出场。不过，例外总是会出现的。由于种种原因，双方一直未能谈妥，而征收方又因各种台面上或台面下的原因加快推进征迁进度，双方就有可能在法律上发生纠纷而寻求法律救济。事情一旦到了这一局面，完全靠双方的博弈已经无法解决问题，作为第三方的人民法院等机构可能就必须出场了，这就涉及了不动产征收与补偿法中的救济法问题。在实际中，以行政诉讼、行政复议和信访等居多，有时也有调解、民事诉讼或刑事诉讼等。

第三节　不动产征收与补偿法的渊源

对于广义上的不动产征收与补偿法而言，其有形载体主要是各类“法律文件”(legal document or legal instrument)，本书采用这一称谓来指称众多与不动产征补活动有关的法律法规，既与全国人大官网“权威发布”页面的“法律文件”专栏，也与《最高人民法院关于裁判文书引用法律、法规等规范性法律文件的规定》(法释〔2009〕14 号，2009 年 11 月 4 日实施)的说法保持一致。

一、正式渊源

在当代中国法律体系中，法的正式渊源主要包括以下几类，它们构成了不动产征收与补偿法的主体。

(一)宪法

当代汉语中的“宪法”是一个舶来品，与古代典籍中的对应概念不是一回事。它的英文是 constitution，拉丁词源是 *constitutio*，本意是组织或确立的意思。宪法是国家的根本大法，是兴国安邦的总章程，是不动产征收与补偿法的重要渊源之一。其中，直接相关的条款主要是《宪法》第十条第三款和第十三条第三款，当然其他条款事实上也起着重要作用，它们共同构成了不动产征收与补偿法的宪法基础。

1. 宪法的效力

根据《宪法》“序言”最后一段和《立法法》(2023 年修正,2023 年 3 月 15 日实施)第八十七条,宪法具有最高的法律效力,一切法律、行政法规、地方性法规、自治条例和单行条例、规章都不得同宪法相抵触。

2. 裁判文书的引用

根据《人民法院民事裁判文书制作规范》(法〔2016〕221 号,2016 年 6 月 28 日印发)“三(七)4.”,裁判文书不得引用宪法作为裁判依据,但其体现的原则和精神可以在说理部分予以阐述。由于行政诉讼脱胎于民事诉讼,该规范对于行政诉讼的情形同样适用。

(二)法律

这里的“法律”是在狭义上使用的,是指由全国人民代表大会或其常务委员会制定的规范性文件,包括基本法律和普通法律两类。《立法法》第二章标题中的“法律”和《立法法》第二条中与行政法规、地方性法规、自治条例和单行条例并列的“法律”都是指狭义的法律。对于这种狭义上的法律,根据《立法法》第九十八条和第九十九条第一款,法律的效力仅低于宪法,但高于行政法规、地方性法规、规章,以及其他一切法律文件。

1. 基本法律

根据《立法法》第十条第二款,由全国人民代表大会制定的规范性文件,在其第一条立法目的中基本上都有“根据宪法”这样的表述。例如,《民法典》就是基本法律,《土地管理法》亦是如此。

2. 普通法律

也称非基本法律,根据《立法法》第十条第三款,由全国人民代表大会常务委员会制定的规范性文件,其第一条立法目的中基本上都没有“根据宪法”这样的表述。例如,《城乡规划法》就是普通法律,它比《民法典》或《土地管理法》位阶低。

(三)行政法规

行政法规是指中央人民政府即国务院制定的法律文件,在不动产征收与补偿法中,它们所占的比重是较大的,如《国有土地上房屋征收与补偿条例》或《土地管理法实施条例》(国务院令第 743 号,2021 年 9 月 1 日实施)等。根据《立法法》第九十九条第二款,行政法规的效力高于地方性法规、规章。另外,根据该条第一款,它的效力显然是低于狭义上法律的。

1. 名称

根据《行政法规制定程序条例》(国务院令第694号,2018年5月1日实施)第五条第一款,行政法规的名称一般称“条例”,也可以称“规定”“办法”等。国务院根据全国人民代表大会及其常务委员会的授权决定制定的行政法规,称“暂行条例”或者“暂行规定”。

2. 制定主体

根据《立法法》第七十二条第一款,国务院根据宪法和法律,制定行政法规。而国务院即中华人民共和国中央人民政府。

3. 制定事项

根据《立法法》第十二条,本法第十一条规定的事项尚未制定法律的,全国人民代表大会及其常务委员会有权作出决定,授权国务院可以根据实际需要,对其中的部分事项先制定行政法规,但是有关犯罪和刑罚、对公民政治权利的剥夺和限制人身自由的强制措施和处罚、司法制度等事项除外。另据《立法法》第七十二条第二款,“行政法规可以就下列事项作出规定:(1)为执行法律的规定需要制定行政法规的事项;(2)宪法第八十九条规定的国务院行政管理职权的事项”。

(四)监察法规

2021年12月10日,《教育部关于公布2021年度普通高等学校本科专业备案和审批结果的通知》以及《列入普通高等学校本科专业目录的新专业名单》发布,一个全新的专业“纪检监察”正式在高教系统中诞生。纪检监察学属于法学门类,一级学科,学科代码“030108Tk”,授予法学学位。2022年9月13日,国务院学位委员会和教育部印发了《研究生教育学科专业目录(2022年)》和《研究生教育学科专业目录管理办法》,2023年下半年启动的新一轮研究生招生、培养工作按新版目录进行。目前,除在北京早已设立的中国纪检监察学院以外,各地高校陆续在本校设立纪检监察学院或相关研究机构。

根据《宪法》第三章第七节关于监察委员会的规定,各级监察委员会是国家的监察机关,依照法律规定独立行使监察权,不受行政机关、社会团体和个人的干涉。2019年10月26日,第十三届全国人大常委会第十四次会议表决通过了《全国人民代表大会常务委员会关于国家监察委员会制定监察法规的决定》,明确“国家监察委员会根据宪法和法律,制定监察法规”。

自此，当代中国的法律体系又出现了可与行政法规、军事法规或地方性法规并列的一种全新类型的法规——监察法规。它以《监察法》（2018 年 3 月 20 日实施）为基础，以《监察法实施条例》（国家监察委员会公告第 1 号，2021 年 9 月 20 日实施）为骨架，目前正在形成之中。监察法规是否从宪法和行政法中独立出来的一个全新类别，目前尚有争论，但在全国人大官网中已经把它与行政法规并列。在不动产征收与补偿活动中，公职人员渎职、贪污、受贿或其他以权谋私行为屡见不鲜，成为导致征收方与被征收方纠纷的重要原因之一。因此，随着监察法规的进一步独立发展，其在不动产征收与补偿活动中的作用可能会更加重要。

（五）军事法规

军事法规的地位界定目前仍有争议。一方面，如果把它界定为所有关于军事的规范性文件，那么可能连全国人大及其常委会以及国务院制定的规范性文件都纳入其中了。但如果仅界定为中央军事机关制定的规范性文件，那么它就是一种单独的军事立法，本书在这一意义使用这一概念。当然，即使在这一意义上使用这一概念，它仍有狭义与广义之分。在狭义上，它仅指中央军事委员会（中央军委）制定的军事法规，而不包括这一层次之下的军事规章和军事规范性文件。但在广义上，以上都涵盖其中。

根据《立法法》第一百一十七条第一款，中央军事委员会根据宪法和法律，制定军事法规。根据《立法法》第一百一十七条第二款，中国人民解放军各战区、军兵种和中国人民武装警察部队，可以根据法律和中央军事委员会的军事法规、决定、命令，在其权限范围内，制定军事规章。

根据《军事立法工作条例》（军发〔2017〕132 号，2017 年 5 月 8 日实施）第二条，军事立法包括三种。一是中央军委制定、修改、废止、解释军事法规；二是战区、军兵种制定、修改、废止、解释军事规章；三是贯彻执行军事法规、军事规章而制定具体规定、办法、细则等军事规范性文件。

即使从狭义的法律和行政法规来看，在诸多不动产征收目的中，国防利益或军事利益的需要均处于首要位置。另外，数量庞大的军事土地和军事用房也与不动产征收与补偿活动有着密切的关联。因此，军事法律文件也构成了不动产征收与补偿法中不可分割的重要组成部分。

（六）地方性法规、自治条例、单行条例

现行《立法法》第四章第一节把地方性法规、自治条例、单行条例并列，这表明

它们的层级基本相同，并且共同基础也较多。由前述可知，地方性法规的效力低于法律和行政法规。根据《立法法》第一百条第一款，地方性法规的效力高于本级和下级地方政府规章。

1. 地方性法规的概念

根据《立法法》第八十、八十一条，地方性法规是省、自治区、直辖市的人民代表大会及其常务委员会、设区的市的人民代表大会及其常务委员会、自治州的人民代表大会及其常务委员会根据本行政区域的具体情况和实际需要，在不同宪法、法律、行政法规和上级地方性法规相抵触的前提下，所制定的适用于本地方的规范性文件。

2. 地方性法规的名称

目前尚无关于地方性法规名称的严格规定，在实践中，多称为条例，与行政法规名称有重叠。另外，有的也称为办法、决定、规定、细则实施细则或实施办法等，如《上海市实施〈中华人民共和国土地管理法〉办法》（2018 年修正，2019 年 1 月 1 日实施）。

3. 制定事项

根据《立法法》第八十二条第一款，地方性法规可以就下列事项作出规定：（1）为执行法律、行政法规的规定，需要根据本行政区域的实际情况作具体规定的事项；（2）属于地方性事务需要制定地方性法规的事项。根据该条第二款，除本法第十一条规定的事项外，其他事项国家尚未制定法律或者行政法规的，省、自治区、直辖市和设区的市、自治州根据本地方的具体情况和实际需要，可以先制定地方性法规。在国家制定的法律或者行政法规生效后，地方性法规同法律或者行政法规相抵触的规定无效，制定机关应当及时予以修改或者废止。

4. 自治条例、单行条例

根据《立法法》第八十五条第一款，它们是民族自治地方的人民代表大会依照当地民族的政治、经济和文化的特点所制定的规范性文件。

（七）部门规章（文件）

根据《立法法》第九十一条第一款，国务院各部、委员会、中国人民银行、审计署和具有行政管理职能的直属机构以及法律规定的机构，可以根据法律和国务院的行政法规、决定、命令，在本部门的权限范围内，制定规章。

由于除了国务院部门规章外，在实务中可能还有一种国务院部门发布的不是规章的文件,有时也起着非常大的作用。在此小标题括号里加注了文件,但是这类文件的数量总的来看并不多。

1. 名称

根据《宪法》第九十条第二款,各部、各委员会根据法律和国务院的行政法规、决定、命令,在本部门的权限内,发布命令、指示和规章。根据《规章制定程序条例》(国务院令第695号,2018年5月1日实施)第七条,规章的名称一般称"规定""办法",但不得称"条例"。

2. 制定事项

根据《立法法》第九十一条第二款,部门规章规定的事项应当属于执行法律或者国务院的行政法规、决定、命令的事项。没有法律或者国务院的行政法规、决定、命令的依据,部门规章不得设定减损公民、法人和其他组织权利或者增加其义务的规范,不得增加本部门的权力或者减少本部门的法定职责。

3. 部门规章的效力

由前述可知,部门规章的效力低于法律和行政法规。就规章之间而言,根据《立法法》第一百零二条,部门规章之间、部门规章与地方政府规章之间具有同等效力,在各自的权限范围内施行。

不过,这里的地方政府是指哪一级并不清楚。如果是省级,那么是比较容易理解的。但如果是设区的市或其他较大的市,举例来说,认为国务院部门规章与青岛市政府规章平级,似乎与《立法法》第一百条第二款自相矛盾了。因此,一般来说前面所说的具有同等效力多指省级政府的规章。

(八)地方政府规章

根据《立法法》第九十三条第一款,省、自治区、直辖市和设区的市、自治州的人民政府,可以根据法律、行政法规和本省、自治区、直辖市的地方性法规,制定规章。例如,《集体土地征收与补偿若干规定》(厦门市人民政府厦府办规〔2021〕15号,2021年12月1日实施)即为此类法律文件。

1. 名称

根据《规章制定程序条例》第七条以及《行政法规制定程序条例》第五条第二款,地方政府规章的名称一般称"规定""办法",但不得称"条例"。

2. 制定事项

根据《立法法》第九十三条第二款,地方政府规章可以就下列事项作出规定:

(1)为执行法律、行政法规、地方性法规的规定需要制定规章的事项;(2)属于本行政区域的具体行政管理事项。

3. 效力

根据《立法法》第一百条第二款,省、自治区的人民政府制定的规章的效力高于本行政区域内的设区的市、自治州的人民政府制定的规章。

(九)司法解释(文件)

注意这里小标题有个括号,也包括了司法文件,而非仅仅只是司法解释,主要是为了增加其涵盖性。在法院系统或检察院系统内部,除了正式的司法解释以外,以"法发"等文号出现的司法文件等事实上也起着非常大的作用。

根据《立法法》第一百一十九条第一款,最高人民法院、最高人民检察院作出的属于审判、检察工作中具体应用法律的解释,应当主要针对具体的法律条文,并符合立法的目的、原则和原意。遇有法律的规定需要进一步明确具体含义的或者法律制定后出现新的情况需要明确适用法律依据的,应当向全国人民代表大会常务委员会提出法律解释的要求或者提出制定、修改有关法律的议案。根据该条第二款,最高人民法院、最高人民检察院作出的属于审判、检察工作中具体应用法律的解释,应当自公布之日起三十日内报全国人民代表大会常务委员会备案。在不动产征补实践中,主要是法院系统的司法文件,本节也主要讨论这一情形。

1. 应用范围

根据《最高人民法院关于司法解释工作的规定》(法发〔2021〕20 号,2021 年 6 月 16 日实施)第二条,人民法院在审判工作中具体应用法律的问题,由最高人民法院作出司法解释。对于非具体应用法律的其他法律问题不能越俎代庖,侵蚀立法机关的立法权。

2. 解释仅限

根据《立法法》第一百一十九条第三款,最高人民法院、最高人民检察院以外的审判机关和检察机关,不得作出具体应用法律的解释。但在实践中,有些省、自治区或直辖市的高级人民法院可能也会制定一些带有普遍约束力的解释文件,对于它们的法律地位,一直都是有争论的,但它们在实际审判工作却在发挥作用。例如,《江苏省高级人民法院关于国有土地上房屋征收与补偿行政案件若干问题审理指南》(2020 年 11 月 11 日实施)第 58 条就规定,本省各地法院应参照本指南依法审理此类行政案件。

3. 效力

根据《最高人民法院关于司法解释工作的规定》第五条，最高人民法院发布的司法解释，具有法律效力。这里的法律效力，对于全国各地的各级各类人民法院具有约束力，这是毫无疑问的。但能否及于行政机关，仍有较大疑问。如果因某司法解释的反馈性，影响到了行政机关的行为，可能在这种意义上来说是有间接效力的，但直接约束力显然并不存在。

4. 表现形式

根据《最高人民法院关于司法解释工作的规定》第六条第一款，司法解释的形式分为“解释”、“规定”、“规则”、“批复”和“决定”五种。其中，根据该条第二款，对在审判工作中如何具体应用某一法律或者对某一类案件、某一类问题如何应用法律制定的司法解释，采用“解释”的形式；根据该条第三款，根据立法精神对审判工作中需要制定的规范、意见等司法解释，采用“规定”的形式；根据该条第四款，对规范人民法院审判执行活动等方面的司法解释，可以采用“规则”的形式；根据该条第五款，对高级人民法院、解放军军事法院就审判工作中具体应用法律问题的请示制定的司法解释，采用“批复”的形式；根据该条第六款，修改或者废止司法解释，采用“决定”的形式。

5. 非司法解释类审判业务规范性文件

根据《最高人民法院关于加强和规范裁判文书释法说理的指导意见》（法发〔2018〕10 号，2018 年 6 月 1 日实施）第十三条，它可以是论证裁判理由的论据，以提高裁判结论的正当性和可接受性。但是根据《最高人民法院关于裁判文书引用法律、法规等规范性法律文件的规定》第四条，它不能作为裁判文书应当引用的法律依据，如《民事诉讼程序繁简分流改革试点实施办法》（法〔2020〕11 号，2020 年 1 月 15 日实施）。

二、非正式渊源

在当代中国法律体系中，还有与法的正式渊源相区分的非正式渊源，其虽然不具有正式的形式或效力，或者效力不足，但却是实实在在的一种法的辅助渊源。

（一）规范性文件

毋庸置疑，国家层面的高位阶法律文件在当代中国不动产征收与补偿活动中起着非常重要的作用。但在具体的征迁工作中，有一类法律文件的作用却常常被低估,这就是所谓的规范性文件(normative documents),人们在口头上有时称之为红头文件。举例来说,《北京市住房和城乡建设委员会关于进一步做好国有土地上房屋征收补偿决定有关工作的通知》(京建法〔2021〕2号,2021年2月20日实施)或者《关于贯彻执行〈上海市国有土地上房屋征收与补偿实施细则〉的若干意见》(沪房规范〔2022〕3号,2022年7月1日实施,2027年6月30日失效)都属于这类法律文件。

规范性文件是规范性法律文件的简称,有广义和狭义之分。在广义上,它既容纳了包括宪法、法律、行政法规、地方性法规、自治条例、单行条例、国务院部门规章和地方政府规章等一切法律范畴的立法性文件,也容纳了除此以外由其他行政机关等制定的带有约束力的非立法性文件。《行政诉讼法》(2017年修正,2017年7月1日实施,拟于2023年上半年再次修改)第三十四条第一款所说的规范性文件就是在广义上使用的。

但是人们通常都是在狭义上使用这一概念,且多指行政规范性文件。根据《国务院办公厅关于加强行政规范性文件制定和监督管理工作的通知》(国办发〔2018〕37号,2018年5月16日发布),行政规范性文件是指除国务院的行政法规、决定、命令以及部门规章和地方政府规章外,由行政机关或者经法律、法规授权的具有管理公共事务职能的组织依照法定权限、程序制定并公开发布,涉及公民、法人和其他组织权利义务,具有普遍约束力,在一定期限内反复适用的公文。从这个定义来看,它还应符合中共中央办公厅、国务院办公厅印发的《党政机关公文处理工作条例》(中办发〔2012〕14号,2012年7月1日实施)的相关要求。

1. 内设机构的制定权限

根据《党政机关公文处理工作条例》第十七条第三款,部门内设机构除办公厅(室)外不得对外正式行文。例如,深圳市自然资源和规划局就有权制定,但其内设的自然资源开发利用处就没有这个权力。

2. 减损公民权利增加公民义务的限制

根据《国务院办公厅关于加强行政规范性文件制定和监督管理工作的通知》,规范性文件不得违法减损公民、法人和其他组织的合法权益或者增加其义务,侵犯公民人身权、财产权、人格权、劳动权、休息权等基本权利。

3. 公开发布的强制性

根据《国务院办公厅关于加强行政规范性文件制定和监督管理工作的通知》,行政规范性文件经审议通过或批准后,由制定机关统一登记、统一编号、统一印发,并及时通过政府公报、政府网站、政务新媒体、报刊、广播、电视、公示栏等公开向社会发布，不得以内部文件形式印发执行，未经公布的行政规范性文件不得作为行政管理依据。

4. 有效期限

目前在国家层面还没有具体的期限规定，但以山东省济南市为例，根据《济南市规范性文件管理规定》（济南市人民政府令第225号，2008年1月1日实施）第九条，规范性文件有效期自实施之日起最长不得超过5年。

5. 人民法院的司法审查权

根据《行政诉讼法》第五十三条，公民、法人或者其他组织认为行政行为所依据的国务院部门和地方人民政府及其部门制定的规范性文件不合法，在对行政行为提起诉讼时，可以一并请求对该规范性文件进行审查。前款规定的规范性文件不含规章。这里的规范性文件是在狭义上使用的。

（二）司法判例

当代中国不是判例法国家，这是人尽皆知的常识。但承认这一点，并不意味着完全否认人民法院司法判例具有一定约束力的性质。例如，最高人民法院第二巡回法庭曾多次对本系统内的行政案件进行梳理，并总结提炼出相应的裁判要旨，对辖内三省地方法院的审判工作起到良好的指导作用。

1. 指导案例

根据《最高人民法院关于案例指导工作的规定》（法发〔2010〕51号，2010年11月26日实施）第二条，指导性案例是指裁判已经发生法律效力，并符合以下条件的案例：（1）社会广泛关注的；（2）法律规定比较原则的；（3）具有典型性的；（4）疑难复杂或者新类型的；（5）其他具有指导作用的案例。

根据《最高人民法院关于案例指导工作的规定》第七条，最高人民法院发布的指导性案例，各级人民法院审判类似案例时应当参照。根据《〈最高人民法院关于案例指导工作的规定〉实施细则》（法〔2015〕130号，2015年5月13日实施）第九条，各级人民法院正在审理的案件，在基本案情和法律适用方面，与最高人民法院发布的指导性案例相类似的，应当参照相关指导性案例的裁判要点作出裁判。根据《关于加强和规范裁判文书释法说理的指导意见》第十三条，最高人民法院发布的指导性案例也是裁判理由的依据之一。

2. 普通案例

尽管只有指导案例才有明文规定的约束力，应当参照适用，但普通案例也不是完全没有约束力的。下级法院的法官如果预测到上级法院将会如何作出裁判，这种心理预期必然会产生一种反馈，进而影响下级法院法官的裁判。在这个意义上，美国现实主义法学大师卡尔·卢埃林（Karl N. Llewellyn，1893 – 1962）认为法律就是对于法官将会做什么的预测的观点无疑是极富启发性的。①

3. 案例层级

习惯上，包括律师在内的很多人一直偏向引用最高人民法院的案例。不过，形势如今已经发生变化，现在很多案件实际上是到不了最高人民法院的。根据《最高人民法院关于正确确定县级以上地方人民政府行政诉讼被告资格若干问题的规定》（法释〔2021〕5 号，2021 年 4 月 1 日实施）以及《最高人民法院关于办理行政申请再审案件若干问题的规定》（法释〔2021〕6 号，2021 年 4 月 1 日实施），很多行政诉讼再审案件可能会由省级高院审理，其作用会更加凸显。不仅如此，有学者分析过中国各层级法院在以司法权控制不动产征收补偿案件非法性方面，省级高院所发挥的作用比人们想象得更大。②

（三）政策

与司法判例一样，政策也是不动产征收与补偿法的非正式渊源。由于我国独特的国情，它在事实上起到的作用是不可忽略的。例如，人们经常引用的中共中央纪委办公厅、原监察部办公厅《关于加强监督检查进一步规范征地拆迁行为的通知》（中纪办发〔2011〕8 号，2011 年 3 月 17 日实施）就是一个政策文件。此外，还包括中共中央和国务院联合印发的一些文件，如中共中央、国务院印发的《法治政府建设实施纲要（2021—2025 年）》等。

（四）习惯

习惯也是一种非正式的法律渊源。在不动产征收与补偿法中也有它的一席之地。例如，如针对外嫁女或上门女婿等村民身份的认定和补偿安置等常常依据习惯，当然，是否违法是另外一个问题。习惯的法源地位在我国有明文规定。根据《民法典》第十条，处理民事纠纷，应当依照法律；法律没有规定的，可以适用习惯，

---

① 参见［美］卡尔·卢埃林：《荆棘丛：我们的法律与法学》，王绍喜译，中国民主法制出版社 2020 年版，第 5 页。

② 参见乔仕彤、毛文峥：《行政征收的司法控制之道：基于各高级法院裁判文书的分析》，载《清华法学》2018 年第 4 期。

但是不得违背公序良俗。征迁纠纷尽管多属行政纠纷,但有时也可能涉及由此引发的民事纠纷,或者以民事纠纷的面目出现但实质上属于行政纠纷的法律纠纷,《民法典》的上述规定仍有实际意义。

(五)国际法

不动产征收与补偿活动中涉及的国际法渊源不多。个中原因也不难理解,本书讨论的不动产都在中华人民共和国境内,并且与不动产有关的法律事务通常都由不动产所在地的司法机构管辖。不过也有例外,主要是被征收人如果属外国国籍或无国籍,则可能牵涉相应的国际法规范。

(六)法理

从世界范围来看,在立法中明确法理可作为法的渊源的国家或地区是存在的。例如,我国台湾地区“民法”第 1 条就规定,民事,法律所未规定者,依习惯;无习惯者,依法理。

但在当代中国法律体系中,法理能否作为法的渊源是存疑的。目前我国并无明文立法规定可以在司法工作中援引法理,不过,根据《最高人民法院关于加强和规范裁判文书释法说理的指导意见》第十三条,法官可以运用“法理及通行学术观点”这一论据论证裁判理由,以提高裁判结论的正当性和可接受性。根据《最高人民检察院关于加强检察法律文书说理工作的意见》(2017 年 7 月 20 日实施)“七(二)”,检察法律文书应当释明法理。因此,我国司法实践中的法理还是有它的一席之地的,当然对它的不稳定性、易变性或滥用性也要提高警惕。

第四节　不动产征收与补偿法的目的

如果某一部门或领域的法律体系有一部法典,那么总结其法律目的就比较简单了,一般参阅其第一条即可。例如,在现行刑事法律体系中,《刑法》(2020 年修正,2021 年 3 月 1 日实施)第一条就揭示了其立法目的,即为了惩罚犯罪,保护人民。但在不动产征收与补偿法律体系中,至今尚无一部不动产征收与补偿法典,因而对其目的进行总结就需要从相关立法中归纳。在本节中,将从《宪法》、《民法典》、《土地管理法》和《国有土地上房屋征收与补偿条例》的相关条款总结不动产征收与补偿法的目的。

一、实现公共利益

在《宪法》第十条第三款和第十三条第三款、《民法典》第一百一十七条、《土地管理法》第二条第四款和《国有土地上房屋征收与补偿条例》第一条中，首先提及的都是为了公共利益的需要，这表明不动产征收与补偿法的首要目的显然就是为了公共利益的需要。

二、保障被征收人合法权益

尽管无法直接从《宪法》和《民法典》的相关规定直接看到保障被征收人合法权益的表述，但从其征收必须补偿的规定可以推导出来。另外，《国有土地上房屋征收与补偿条例》在其第一条立法目的中，就直接规定保障被征收房屋所有权人的合法权益。因此，不动产征收与补偿法的目的也包括保障被征收人的合法权益。对于国有土地上的房屋征收与补偿活动来说，《国有土地上房屋征收与补偿条例》是其法典式文件。如果将来要制定农村集体土地上征收与补偿活动的法典式文件，或者制定统一的不动产征收与补偿法典式文件，那么关于保障被征收人合法权益这一立法目的的明文规定是一定会保留的。

第五节　不动产征收与补偿法的基本原则

法律原则（principles of law or legal principles）又称法的原则，是指“法律的基础性真理、原理或为其他法的要素提供基础或本源的综合性原理或出发点”[①]。在某一部门法（legal department）或其细分后的亚部门法（sub legal department）中，它更为集中地反映了这一部门法或亚部门法的整体面貌，贯穿于具体的法律规则或规范之中，成为联结法律目的与法律规则或规范之间的桥梁。

与前一节的情形相似，对于一个部门法或亚部门法而言，如果已经有了相应的法典，往往会在法典中明确规定其基本原则。例如，刑法体系中的罪刑法定原则、罪刑相适应原则和刑法面前人人平等原则等，相关争议并不会很多。相反，如果并无这样一个起着提纲挈领作用的法典，往往需要学者对学理著述加以总结，但其权威性可能就要大打折扣了。

---

① 张文显主编：《法理学》（第5版），高等教育出版社2018年版，第120页。

在罗马法时代,五大法学家乌尔比安(Domitius Ulpianus)、帕比尼安(Aemilius Papinianus)、保罗(Julius Paulus)、盖尤斯(Gaius Cassius Longinus)和莫迪斯蒂努斯(Herennius Modestinus)的解答就具有法律效力。如果由他们来总结法律原则,反对和质疑的声音或许不会太过响亮。但这样的时代已经过去了,现代社会已经没有五大法学家存在的土壤,法治精神也不允许有一锤定音的“超人”存在。

因此,不动产征收与补偿法的基本原则也需要进行学理总结或提炼。考虑到前面提到的风险,本章将仅从现行有效的立法中提取,主要包括《宪法》《民法典》和虽仅适用于国有土地但已具有程序准法典地位的《国有土地上房屋征收与补偿条例》等。不动产征收与补偿法基本原则的存在,能够对整个不动产征收与补偿法起到一种统率作用,以弥补法律规则的缺陷和漏洞,加强法律适用,从而形成前后一致、上下有序的有机整体,它的地位是不容忽视的。

一、物权平等保护原则

不动产征收与补偿法中的物权平等保护原则至少包含两重蕴意。首先,对于被征收的不动产物权,与征收后在同一土地上新设立的不动产物权具有同等法律地位。后者可能会创造更高的政治、经济、社会、文化或生态等效益,但不能认为后者在法律上高于前者而疏于对前者的保护。其次,在征收过程中,对于任何种类的不动产物权,不管是国家的、集体的或是私人的,都一体保护,而不能有法律上的亲疏远近之分。

(一)宪法

《宪法》第十二条第一款规定,社会主义的公共财产神圣不可侵犯。该条第二款规定,国家保护社会主义的公共财产,禁止任何组织或者个人用任何手段侵占或者破坏国家的和集体的财产。《中共中央、国务院关于完善产权保护制度依法保护产权的意见》(2016 年 11 月 4 日发布)提出,国有产权由于所有者和代理人关系不够清晰,存在内部人控制、关联交易等导致国有资产流失的问题。因此,尽管在《宪法》第十二条第一款有“神圣”二字,但其立法宗旨主要是防止任何组织或者个人侵占或者破坏国家的和集体的财产,并不意味着它比私有财产有更高的等级。

《宪法》第十三条第一款规定,公民的合法的私有财产不受侵犯;第二款规定,国家依照法律规定保护公民的私有财产权和继承权。《宪法》第三十三条第二款规定，中华人民共和国公民在法律面前一律平等，该条第三款规定，国家尊重和保障人权。由这些条款可以看出，我国宪法对公民所有的私有财产同样给予高度的法律保护，并且丝毫看不出私有财产有低人一等的法理蕴意。

（二）民法

《民法典》最伟大的地方，或许是其第二百零七条。它开宗明义地规定，国家、集体、私人的物权和其他权利人的物权受法律平等保护，任何组织或者个人不得侵犯。作为“一法之下、万法之上”的《民法典》，强调国家、集体和私人的物权一律平等，对于不动产征收与补偿法具有特别重要的启示意义。此外，《民法典》第三条规定，民事主体的人身权利、财产权利以及其他合法权益受法律保护，任何组织或者个人不得侵犯，再次对不动产物权平等保护原则予以强化肯认。

（三）刑法

我国现行刑法对公私财产都是一体规定一体保护的。《刑法》分则第五章的章名即为“侵犯财产罪”，并未区分公私。就其具体罪名来看，分别是第二百六十三条的抢劫公私财物、第二百六十四条的盗窃公私财物、第二百六十六条的诈骗公私财物、第二百六十七条的抢夺公私财物、第二百六十八条的聚众哄抢公私财物、第二百七十四条的敲诈勒索公私财物和第二百七十五条的故意毁坏公私财物，等等，公私并行而列，并未区分高低贵贱。

（四）中共中央、国务院关于完善产权保护制度依法保护产权的意见

与《民法典》一样，《中共中央、国务院关于完善产权保护制度依法保护产权的意见》也直接规定了坚持平等保护原则。其在第一条“总体要求”中就明确指出，健全以公平为核心原则的产权保护制度，毫不动摇巩固和发展公有制经济，毫不动摇鼓励、支持、引导非公有制经济发展，公有制经济财产权不可侵犯，非公有制经济财产权同样不可侵犯。

（五）不动产物权平等保护原则的全程性

目前，许多征迁方面的著述都习惯性地把平等保护原则只适用于被征收人，不厌其烦地用较大篇幅进行阐述。事实上，这是一个很大的误解，可能与未能在整体上洞察不动产征收与补偿法的实质有很大关系。正如在本书中已经反复阐述过

的，不动产征收与补偿实质上是在同一土地上消灭旧的不动产物权，创设一个新的不动产物权。假以时日，这一新的不动产物权也可能面临新的征收问题。如果没有物权平等保护原则，新设立的不动产物权也可能常常处于不安定状态之中，那么费尽周章地进行征收又有什么意义呢？公共利益是一个无形的抽象概念，在不动产征收与补偿语境中，它最终需要以新的有形的不动产物权形式呈现出来。如果能够深刻地领悟到这一点，就会理解为什么不动产物权平等保护原则位列不动产征收与补偿法所有法律原则之首了。

二、公平、公正补偿原则

有征收必有补偿，有补偿必须公平。公平补偿（just compensation）有时又称为正当补偿（due compensation），它是保护被征收人合法权益这一立法目的的直接体现，具有特别重要的意义。公共利益的考量当然是重要的，但它牵涉对私权的限制甚至剥夺。无论在何种情况下，法治社会都必须以公平为宗旨，如果只要有了公共利益就可以不给予被征收人以公平补偿，就会让每一个社会成员都时刻处于惴惴不安之中，这是因为没有谁能保证下一个牺牲的不是自己。

公平原则主要处理的是被征收人与征收人之间的关系，衡量财产失去之于补偿复得，即作为被征收物的不动产和作为补偿物的货币（或置换的其他不动产）之间的价值关系。公正原则主要侧重于被征收人之间的关系，即同等情况同等对待，不同情况不同对待的原则。

（一）宪法

在现行《宪法》中，没有关于公平补偿的直接规定。相比之下，美国《宪法第五修正案》（Fifth Amendment 1791）则规定必须给予公平补偿才能征收公民财产。但《宪法》第十条第三款和第十三条第三款都有提及补偿，只是补偿前未加诸如“公平”、“合法”、“合理”或“适当”之类的限定词，显然并不能由此得出可以给予不公平补偿的结论。事实上，从汉语“补偿”一词本身来看，它已经有了抵销损失、消耗等或补足缺额之意。

根据《宪法》第五条第五款，任何组织或者个人都不得有超越宪法和法律的特权。根据《宪法》第三十三条第二款，中华人民共和国公民在法律面前一律平等。这两个条款也是公正原则的宪法来源。

（二）民法

《民法典》第一百一十七条则直截了当地规定补偿应当公平、合理，是一种双重修饰。那么，到底什么是公平补偿，什么是合理补偿，二者之间有什么关系，值得认真探讨。根据《民法典》第一百一十三条，民事主体的财产权利受法律平等保护。在这里，显然适用于被征收人，是公正原则的体现。

（三）国有土地上房屋征收与补偿条例

《国有土地上房屋征收与补偿条例》第二条和第二十六条第二款明确要求给予公平补偿或者补偿应当公平。正如前面提到的，该条例中关于法律原则的规定是其第三条，并没有把公平补偿作为一个原则来对待。但在本书看来，这是不妥当的。公平、公正补偿不仅应当作为一个原则，而且应当位列该条例第三条所列举的原则之上。

三、职权法定原则

不动产征收与补偿涉及对不动产物权的剥夺，虽然这可能是一种合法进行的对权利的限制，但在现代社会，无疑要慎之又慎。任何行政机关作出行政行为，都需要有法定的职权依据。

（一）宪法

在《宪法》第十条第三款和第十三条第三款中，均强调了必须“依照法律规定”。而这里的法律规定，显然包括对征收机关职权方面的规定。否则，征收机关作出的征收行为是没有职权依据的。

（二）民法

如果说职权法定原则还只能从宪法相关规定的字里行间进行推断，那么在《民法典》中已经出现了明文规定。根据《民法典》第一百一十七条和第二百四十三条第一款规定，不动产征收必须“依照法律规定的权限和程序”。

四、程序合法原则

程序合法原则有时也称为程序正当原则，从世界范围来看，它可以追溯到1215

年英国《大宪章》(Magna Carta)确立的程序正义原则,后在美国联邦《宪法第五修正案》中得到发扬光大,如今也成为世界各国普遍遵从的重要法律原则。

(一)宪法

在《宪法》第十条第三款和第十三条第三款中,均强调了必须"依照法律规定"。这里的依照法律规定显然也包括关于程序方面的规定。征收活动必须依照法定的步骤、顺序和时限等进行。

(二)民法

关于征收活动中的程序正当性问题,可以从宪法相关规定里推论出来。但在《民法典》中,则属直接规定。根据《民法典》第一百一十七条和第二百四十三条第一款,不动产征收必须"依照法律规定的权限和程序"。

(三)国有土地上房屋征收与补偿条例

《国有土地上房屋征收与补偿条例》第三条规定,房屋征收与补偿应当遵循决策民主、程序正当、结果公开的原则。尽管这里把"决策民主"和"程序正当"并列,但实际上它们都是程序合法性的相关规定。

五、公开原则

公开原则既涉及被征收人与征收人之间的关系,也涉及被征收人与被征收人之间的关系。阳光是最好的消毒剂,在很多不动产征收纠纷中,因暗箱操作导致的占相当大的比重,因而公开原则的重要性是不言而喻的。

(一)宪法

根据《宪法》第二十七条第二款,一切国家机关和国家工作人员必须依靠人民的支持,经常保持同人民的密切联系,倾听人民的意见和建议,接受人民的监督,努力为人民服务。显然,要实现这一点,征补活动必须做到尽可能公开,否则人民群众的监督是无法实现的。

(二)国有土地上房屋征收与补偿条例

民法作为典型的私法,对涉及公权力行使的公开原则没有必要进行规定,实属情理之中。《国有土地上房屋征收与补偿条例》第三条规定了“结果公开”,正是关于公开原则的明文规定。显然,这里指的是与被征收人相关的其他被征收人员的结果公开,每一个被征收人都有权获知本片区其他人的补偿情况。此外,该条例第十三条第二款要求市、县级人民政府及房屋征收部门应当做好房屋征收与补偿的宣传、解释工作;第二十九条第一款要求房屋征收部门应当将分户补偿情况在房屋征收范围内向被征收人公布,这些规定也都是公开原则的具体表现。

第六节　域外不动产征收与补偿法简介

“他山之石,可以攻玉。”本书主要以我国的不动产征收与补偿法为研究对象,但作为一部教科书性质的法律普及读物,显然不能对域外情形充耳不闻。本节主要选取美国、德国、日本、印度的不动产征收与补偿法进行简要介绍,既借鉴其有益之处,亦对其不足或失败之处有所警惕。由于各国或各地区的法律名称可能雷同,为避免烦琐,在各自小节处提及的法律如无国名或地名均指该国或该地法律。另外,进行法律比较显然需要一定的比较法基础,本节主要从物权(财产权)、公共利益(公共使用)、征收补偿以及征补程序这四个方面入手。

一、美国

美国,即美利坚合众国(the United States of America,USA or US),位于北美洲,是一个移民国家,原为印第安人的聚居地,15 世纪末欧洲人开始移居于此,相继建立了 13 个英属殖民地。1775 年,独立战争爆发。1776 年《独立宣言》发表,美利坚合众国正式成立。1787 年联邦宪法(United States Constitution)通过,一个渊源于英国普通法,但又根据自身的政治、经济、社会和文化等特点有了较大改变的美国法律体系诞生。经过 200 多年来的不断发展演化,目前已经成为普通法系或英美法系或海洋法系在当代世界最为典型的示例。

(一)不动产财产法

在作为普通法系的美国法中,并无严格意义上的与大陆法系相对应的不动产物权概念,但显然存在大陆法系中不动产物权概念所指向的共同对象,不妨称之为不动产财产权,所有规范不动产这一财产的法律即为不动产财产法。由于美国法的典型分权制特征,长期以来财产法基本上属于州法的禁脔,联邦法律较少涉足这一领域。但近几十年来,联邦似有加强干预的趋势,一些联邦法律(Federal Act)或法规(Federal Regulation)关于不动产权利方面的规定也是不容忽视的。例如,2005年国会通过了《住宅、小企业与私人财产保护法案》(Protection of Homes, Small Businesses, and Private Property Act of 2005),对公共使用概念的范围进行限缩,以遏制日益扩张的司法解释。

对于历尽艰辛漂洋过海的美国早期移民来说,踏入新大陆的第一件事显然是找一个落脚点,这就触及了以土地为核心的不动产法律问题。部分地由于这方面的原因,美国法中的财产法(property law or law of property)经常直指不动产法本身。当然,根据不同的语境,它还有更广义上的财产法含义,这一点与大陆法系的财产概念是有契合的。

基于民事立法的州法保留原则,美国法中的不动产财产法也是形态各异,非常复杂。尽管美国法在整体上属于普通法系,但有的州制定了自己的民法典。早在1857年,纽约州议会就成立了法典起草委员会,决定编纂纽约州民法典。1865年,大卫·菲尔德(David D. Field, 1805－1894)提交了民法典草案,共计2034条,涵盖个人权利、法律关系、财产和债,在结构体例上与法国民法典颇为相似。最终该法案胎死腹中,却意外地出现了"墙内开花墙外香"的结果。达科他州(南北)、加利福尼亚州、爱达荷州、俄克拉何马州、蒙大拿州和关岛相继制定了民法典或民法汇编文件。当然,因特定历史机缘而产生的《路易斯安娜州民法典》(Louisiana Civil Code)就更是美国法中一个特立独行的存在。

以《加利福尼亚州民法典》(California Civil Code)为例,其第二编为财产法,从第654条到第1422条,又分为4部分。首先是类似总则的财产权一般规定(property in general),包括财产的本质(nature of property)、归属(ownership)和通用定义(general definitions);其次是针对不动产的直接规定,即不动产(real or immovable property),包括一般条款(general provisions)、不动产上的地产(estates in real property)以及所有者权利和义务(rights and obligations of owners)等8个小部分;再次是关于动产的规定;最后是关于财产取得(acquisition of property)的规定,包括占有(occupancy)、添附(accession)、转让(transfer)、宅地(homesteads)、社区共有(common Interest developments)、水权(water rights)和采矿权(mining claims)等。

除少数几个州制定有成文的民法典以外,其他的州要么只是制定了财产法汇编文件,要么连汇编都没有。因此,在美国法中,并无如大陆法系的民法典那样无所不包的体系化的详尽规定。在这种情况下,历史久远并具有强大生命力的普通法就发挥着至关重要的作用。

从目前来看,在美国的全部土地中,[①]联邦政府所有的约为30%,但多为贫瘠的阿拉斯加州和其他偏远地区;州政府和地方政府所有的约为8%;土著部落所有的约为2%,其他均为私人所有,且多为农业土地。在殖民者登陆早期,英国的封建土地制度被移植过来,只是后来随着经济发展,封建残余开始清除,土地交易从身份转向契约,作为一种商品可以公开出售,现代意义的土地权利制度建立起来。[②] 与所有国家一样,土地是不动产权利法律制度的核心,是相关财产权利的基础。

(二)关于征收的基本规定

美国法中"有征收必有补偿"的传统可以上溯到其母国。据公元1086年《末日审判书》(Domesday Book)记载,当时的英格兰国王为修建王室城堡需要征收土地,须向失去土地的教会支付相应的金钱。[③] 然而,舶来的英国征收法并未能够阻止印第安人的悲惨命运,它并不调整殖民者与原住民之间的不动产关系,只适用于殖民者与殖民者之间。[④]

1. 作坊法案(Mill Acts)

美国法中最早的不动产征收法律是殖民地时期形形色色的作坊法案,马萨诸塞州于1713年即已制定,后经数次修改,成为其他州作坊法案的范例。这些作坊法案允许私人在支付补偿金后征收相邻的土地以促进经济发展,并最早确立了公共使用原则。[⑤]

2. 公路法案(Highway Acts)

由于公路建设的需要,各殖民地立法机关规定了政府在征收土地时应当给付何种补偿的法律。[⑥] 众所周知,公路对于当时的殖民地拓展并非可有可无,因而几

---

① 参见[美]查尔斯·H. 温茨巴奇、[美]迈克·E. 迈尔斯、[美]苏珊娜·埃思里奇·坎农:《现代不动产》,任淮秀、庞星华、冯烜译,中国人民大学出版社2001年版,第7页。

② 参见[美]劳伦斯·M. 弗里德曼:《美国法律史》,苏彦新等译,中国社会科学出版社2006年版,第31页。

③ See Susan Reynolds, *Before Eminent Domain: Toward a History of Expropriation of Land for the Common Good*, Chapel Hill, NC: University of North Carolina Press, 2010, p. 35.

④ See Stuart Banner, *How the Indians Lost Their Land: Law and Power on the Frontier*, Cambridge, MA: Belknap Press of Harvard University Press, 2005, p. 10 – 15.

⑤ See Emily A. Johnson, *Reconciling Originalism and the History of the Public Use Clause*, 79 Fordham L. Rev. 265, p. 306 – 307 (2011).

⑥ See John F. Hart, *Takings and Compensation in Early America: The Colonial Highway Acts in Social Context*, 40 Am. J. Legal Hist, 1996, p. 253 – 306.

乎所有殖民地都制定了这类法律。与作坊法案的做法不同的是,公路法案一般没有公共使用方面的条款,或许是由于公路的公共使用属性太过明显而无须过多争辩或强调。

3. 科尔诉合众国案(Kohl v. United States 1875)

在美国法律史上,它事实上是美国最高法院审理的第一个不动产征收与补偿案件,对政府的征收权确立有着重要影响。早期只有立法有此强制权限,但美国最高法院法官斯特朗(William Strong, 1870 – 1880)在本案的多数意见中认为,无论是联邦政府还是州政府,只要依宪行事,即有征收权。

4. 联邦宪法征收条款

根据美国《宪法第五修正案》,"不经正当法律程序,不得被剥夺生命、自由或财产。不给予公平赔偿,私有财产不得充作公用"(nor be deprived of life, liberty, or property, without due process of law; nor shall private property be taken for public use, without just compensation)。美国《宪法第十四修正案》(Fourteenth Amendment 1868)对上述条款予以重申,并扩展到各州层面。目前,它们已经成为美国法中关于不动产征收与补偿的基本条款。

5. 联邦《土地政策管理法》(Federal Land Policy Management Act)

该法于1976年在联邦层面颁布,2001年修订。其中许多条款涉及土地征收与补偿,是少数联邦层次的专门立法。

6. 州级的《征收权法》(Eminent Domain Act)

除州宪法外,伊利诺伊州和蒙大拿州等均制定了专门的征收权法,进行了更细致的规定。这一浪潮兴起主要是为了回应联邦最高法院在"凯洛诉伦敦城"[Kelo v. City of New London, 545 U. S. 469(2005)]一案中的裁决,以对抗征收权的日益扩张趋势,更有效地保护公民财产权。

(三)公共使用(public use)

在早期,由于国家征收土地基本都是用于国防、公路、铁路、水利或学校等,征收后的土地基本上都由政府占有使用,这种公共使用的属性非常明显,因而关于不动产征收时公共利益目的的争论并不突出。然而,随着经济高速发展,土地征收后越来越多地被用于旧城区改造或商业开发,相关争议开始日益喧嚣。为了平息争论,联邦最高法院扩展了公共使用概念的内涵,以适应新的形势需要。因此,尽管美国成文法中并无关于公共使用的严格界定,但通过各级法院的司法判例,不断地根据形势变迁而作出不同的诠释。总的来看，呈现概念外延日益扩张的趋向，但也有相反判例。另外，认定公共使用不仅要依据实体标准，程序保障也是十分重要的。

1. 伯尔曼诉帕克案（Berman v. Parker 1954）

该案由最高法院时任大法官道格拉斯（William O. Douglas）主审。① 1945 年，国会通过了首都华盛顿哥伦比亚特区土地再开发法案（District of Columbia Redevelopment Act of 1945），要求成立特区土地开发局，授权其可对受损严重难以有效利用的不动产进行征收，把私人土地产权转交有开发能力的私人或企业，以进行土地二次开发，根除该地块的荒芜、闲置和杂乱的贫民窟。但业主伯曼先生不同意征收，联合其他人把时任土地开发局局长帕克诉至最高法院，认为其不动产仍在营业，仅为了改善环境就把私人不动产征收转交另外的私人开发经营不符合公共使用目的，违背联邦《宪法第五修正案》。但最高法院认为土地再开发乃区域性整体行为，并不以私人产权为单位，最终裁决再开发行为合法，扩张了公共使用概念的内涵，认为它也可以涵盖经济发展等因素。

2. 夏威夷住房局诉米德基夫案（Hawaii Housing Authority v. Midkiff）

1967 年，夏威夷议会通过了《土地改革法案》（Hawaii's Land Reform Act of 1967），要求把过于集中于少数人的土地进行征收并重新分配，后引发本案诉讼。最终，联邦最高法院裁定该法案并不违宪，它是对土地市场机制失灵的一种法律调整。另外，诸如土地这样的财产从一个私人手中转移到另外一个私人手中并不必然违背交易的公共性质。

3. 九毛九便利店诉兰开斯特重建局案（99 Cents Only Stores v. Lancaster Redevelopment）

2001 年 6 月 26 日，在加利福尼亚州中央区地区法院审理的该案中，九毛九便利店作为原告，加利福尼亚州兰开斯特重建局作为被告，就土地征收案件的公共使用目的争议展开法庭攻防。最终，法院支持了原告，其保住了自己的土地。在某种意义上，该案是对一直以来法院对公共使用概念扩张解释趋势的一个反向举动。

（四）公平补偿（just compensation）

对这里的公平 just 如何理解，到什么程度才算公平。在美国法中通常以被征收时的市场价格来考虑。它是指在一个可自由交换的市场中，自由的购买人在自愿

---

① 参见[美]约瑟夫·威廉·辛格：《财产法概论》（法律概论影印系列），中信出版社 2003 年版，第 692 页。

的情况下所愿意付出的价格。除此之外,还要考虑其他一些因素。

由于大部分土地是私有的,很可能并不需要全部征收,对于剩余的土地如果因此受影响如何处理,这事实上也涉及公平补偿问题。这里分两种情况,如果因征收而降低了其他部分不动产的价值,多数州的法院判例认为应当考虑这一损失;同样,如果因征收而提高了剩余土地的价格,多数州的法院判例认为可以折抵补偿价值。①

不动产在被征收前必然需要履行一定的法律手续,而这样的行为显然会对拟征收的不动产价值产生影响。一般来说,美国成文法中并无具体规定,通过一系列的判例可知,补偿标准的计算时间基准即为征收之日。② 而且,把征收内化于征收补偿,实际上是对政府恣意行为的一种控制。③

(五)征收程序

作为一个典型的分权制联邦国家,美国法中的征收程序也分为两个层次。如果是联邦政府进行征收,通常适用联邦层次的法律;如果是州政府或地方政府实施征收,则通常以州法为主。不仅有这种层次之分,从征收程序整体来看,大致有行政程序和司法程序两个种类。其中,行政程序又称快速征收程序。由征收人向法院支付经法院认可的预估金额作为定金,法院发布占有令。被征收人如果不满意补偿金额,可以提起诉讼,由法院作出新的补偿金额,这种程序一般适用于比较紧急的情况,并不多见。与行政程序相对而言的是司法程序,又称普通征收程序。它最具美国法特色,本节予以简要介绍。④

1. 预备程序

在许多州法规定中,要求征收前首先由市或县议会或其他行政机构批准相应的决议或条例,对本次征收的必要性以及征收和补偿方式等予以明确。以加利福尼亚州为例,法律规定需要首先通过一份征地决议,介绍公共使用的具体用途,征收有何法律依据,被征收财产处于何种位置和范围,地点选择是否必要,项目成本

---

① 参见[美]约翰·G. 斯普兰克林:《美国财产法精解》(第2版),钟书峰译,北京大学出版社2009年版,第647页。

② See Christopher A. Bauer, *Government Takings and Constitutional Guarantees: When Date of Valuation Statutes Deny Just Compensation*, BYU L. Rev. ,p. 265.

③ See Michael A. Heller & James E. Krier, *Deterrence and Distribution in the Law of Takings*, H. L. R. , 1999 (3),p. 963 – 998.

④ 参见许迎春:《中美土地征收制度比较研究》,浙江大学出版社2015年版,第68 – 79页。

收益如何，对当地生态环境和居民是否有影响，是否为最优方案，等等。

2. 不动产调查

如果要进行征收，就必须先对拟征收的不动产进行充分调查，包括勘测、测绘或取样等。显然，这必定会对被征收人造成一定程度的侵扰，许多州法都对此有相应的法律限制，以保护不动产所有人的权益。调查的结果有两个，一个是可以进行征收，另一个则是不适合征收。

3. 价值评估

调查结束后，或者在调查进行过程中，征收人可以书面要求不动产所有人或有关人员提供必要的数据。整个评估过程不动产所有人都有权参与，提出自己的意见。评估完成后，由专业人员提出初步报价或补偿金额，由另外的专业人员进行再评估，包括全部的直接损失和间接损失。

4. 协商购买

几乎所有州法都规定，在正式申请征收之前，征收人应当先与被征收人协商，尝试达成购买协议。① 具体程序没有统一规定，一般是先由征收人书面通知权利人，明确拟出金额，且不应低于公平市场价值。如果权利人有兴趣，双方就进一步商谈。经过一轮或几轮谈判，如果达成协议，显然皆大欢喜。但如果因各种缘由，如不动产权利人对于不动产掺杂太多感情因素而迟迟达不成协议，那么征收人就可能诉诸法院，最终由法官、陪审团或委员会来敲定最终价值。

5. 征收申请

在前面的步骤走完之后，征收人向有管辖权的法院提出申请。申请文件一是需要明确征收人的信息，二是明确此前的法定程序已经履行完毕，三是明确公共使用的具体目的。

6. 通知和公告

征收人有义务通过邮件、公告等履行告知义务。被告知人不仅包括被征收人本人，还包括承租人、被征收土地的相邻权人以及当地居民。如果通知程序违法，可能整个征收程序都会被确认违法。通知的内容主要是告知听证事项，以纽约州为例，一般需要在主要媒体上刊载多次。尽管现在已是互联网时代，但纸媒的这类通知仍是比较重要的。

① See Patricia Munch, *An Economic Analysis of Eminent Domain*, The Journal of Political Economy, p. 473 – 497.

7. 听证

听证程序不是可有可无的，只要当事人提出，就必须举行并制作笔录①，可以说它是整个征收程序中至关重要的环节。听证用以解决征收的目的是否合法，被征收人补偿是否合理的问题，确保被征收人的参与权、知情权和监督权。听证机构因不同情形而异，可以由当地议会、政府或专门委员会举行，参加人不限，听证记录均可公开查阅。听证结束后的一定期限内，征收人会作出一份书面裁定，并在当地媒体刊载。同时，还必须向被征收人书面通知，并告知可向不动产所在地的高等法院上诉法庭申请司法审查。

8. 征收裁定的司法审查

法院受理后，会重点审查本次征收是否违反联邦宪法或州宪法，征收者是否具有相应的权限，征收裁定程序是否合法，征收是否符合公共使用原则，是否符合法定程序以及环境保护法等实体法规定。最终的结果有两种，一是法院认可征收裁定，就会转入征收者提起的诉讼审理过程。二是不认可，但征收者仍打算继续征收，那么就要回到起点重新走一遍相应的流程。

9. 征收诉讼的审理

上面主要是围绕征收人诉请的审理。如果被征收人没有提起，或者提起后未得到法院的支持，征收人的下一步程序就是提请法院受理其征收请求。相反，如果法院支持了被征收人的诉请，判决征收目的违法，那么征收人已经占有的不动产需要返还，恢复原状。如果无法恢复原状，那么就应当赔偿全部损失。如果被征收人对征收目的没有异议或异议不被法院支持，那么接下来就是补偿裁决问题了。有的州由法庭任命的委员会来决定，委员会主席一般是律师，委员包括房地产人士和土地评估人员。有的州要求陪审团来处理这一事项，并且只处理补偿金额。法官对于上述机构的结论可能有两种评判，或者维持陪审团或委员会的结论，或者认定其错误并要求重新处理，一般只有非常明显的错误或者有可能涉及腐败的情况才会撤销其补偿裁决。对于这一程序，当事人仍有上诉的权利。

10. 补偿裁决的上诉审

无论是哪一方，如果认为补偿裁决不合理，都可以向联邦地区法院或州上诉法院提出上诉。如果被征收人提出上诉，上诉期间通常要中止征收程序，但快速征收程序可能例外。一般来说，上诉法院对陪审团或委员会的裁决还是比较尊重的，主

---

① 参见［美］罗杰·H. 伯恩哈特、［美］安·M. 伯克哈特：《不动产》，钟书峰译，法律出版社2005年版，第468页。

要是审查下级法院认定事实或适用法律方面是否有错误。但如果发现补偿严重不公,或者有腐败嫌疑,也可能改变补偿裁决或发回重审。

11. 补偿确定

在经过上述程序之后,补偿金额最终确定下来,相关人员即使仍有异议,也无法改变了,征收人此时应当向被征收人支付全部补偿款项。

12. 申请占有令(possession order)

在全部支付补偿款项后,征收人可以向法院申请占有令。取得这一令状后,征收人需要提前通知,要求被征收人搬离。

13. 强制执行

在当事人拒绝搬离的情况下,征收人可以申请法院协助或者强制执行,对土地进行强制清理,为其后续使用创造条件。至此,所有的征收程序宣告结束。

二、德国

德国位于欧洲大陆中部,是一个日耳曼民族国家,其法律属典型的大陆法系,结构比较单一,以成文法为主。《德意志联邦共和国基本法》(Grundgesetz für die Bundesrepublik Deutschland, G. G.)是其宪法(以下简称为《德国基本法》),在民法、商法和刑法等方面都制定了较为系统的法典。法院系统有宪法法院、普通法院、劳工法院、行政法院、社会法院、财税法院和纪律法院等类型,其中普通法院分为地方法院、州中等法院、州高等法院和联邦最高法院四级。

(一)不动产物权

德国不动产物权的宪法基础是《德国基本法》第 14 条第 1 款关于财产权保障的规定,以及第 2 款关于物权行使应符合社会公共利益考量的规定,显然这是与日益强调所有权的社会义务趋势不谋而合的。[①] 在 1998 年修订版《德国民法典》(Bürgerliches Gesetzbuch, BGB)中,关于不动产物权的规定建构了德国不动产物权法律体系。例如,第 94 条是关于土地和土地附着物关系的规定,土地附着物被视为土地的组成部分。第 96 条规定了与土地所有权关联的权利,并把它们也视为土地权利的一部分。总的来说,德国不动产所有权制度分为土地所有权、住宅所有权和地上建筑权,又区分居住用和商业用两类。

---

① 参见[德]赖纳·施罗德:《德国物权法的沿革与功能》,张双根译,载《法学家》2000 年第 2 期。

部分地由于民族特性，加之国土面积不是很大，以及第二次世界大战后政治经济形势一直比较稳定。德国的土地都经过了精细的测量，并且根据州级立法设置了官方的土地地籍登记簿(grundbuch)，每一块土地都有唯一的编号，由本地基层法院保管。根据前面提到的一体原则，购买土地的同时也及于地上附着物和其他权利。

住宅所有权是指城镇中一栋或一幢楼房中的一套公寓，根据德国《住房法》，这一权利类型既包括了共有土地所有权，也包括了单独的住房所有权。地上建筑权通常与土地同等对待，在土地地籍登记簿第二卷予以登记。根据德国《地上建筑权法》，它的有效期为99年。地上建筑权人须向土地所有人支付对价或地租，并且在该权利之上继续可以设定其他权利。

（二）相关立法

早在普鲁士时期，就已经有了《普鲁士土地征收法》。当前，关于不动产征收的主要法律规定源自《德国基本法》第14条第3款，即只有在符合社会公共利益时，方可准许征收财产。确定财产补偿时，应适当考虑社会公共利益和相关人员的利益，对于补偿额有争议的，可向普通法院提起诉讼。根据该法第15条，土地、自然资源和生产资料用于社会化目的的，可以依据有关补偿方式和补偿范围转为公有经济形态，且其补偿参照第14条的规定。

与美国一样，德国也是联邦制国家，不动产征收同样有联邦法和州法两个层次之分，《德国基本法》第73条对二者权限进行了划分。从目前来看，联邦层次上最重要的征收法律当属1987年《建筑法典》(Baugesetzbuch)，其中有较大篇幅专门对征收进行规定，构成了德国不动产征收法的骨架，并与《土地取得法》、《国防用地法》和《铁路法》等公法共同构成联邦层次的征收法律体系。不过，联邦层次并无征收方面的专门立法，这一任务是由州法来完成的。目前，几乎每个州都有相应的土地征收法以及其他涉及自然资源、公共交通和环境保护方面的法规，很多都直接援引了《建筑法典》中的征收条款。

需要特别指出的是，根据《德国基本法》第14条第3款，德国的不动产征收分为两类。一个是"法律征收"，另一个是"行政征收"。前者是通过立法的方式进行征收，后者是依据现行法律进行征收。由于立法的难度，前者不太常见，而人们日常遇到的多为行政征收。

（三）公共利益

鉴于"二战"期间法治遭到严重破坏的教训，德国相关立法对不动产征收的公共利益进行了严格规制。[①] 在这一点上，其与美国的比较也是很有意义。[②]《德国基本法》第 14 条只是提及公共利益的概念，但到底何为公共利益，目前也有许多不同看法。联邦层次上比较具体的公共利益规定散见于其他立法中，例如，《铁路法》第 22 条规定铁路建设属于公共利益；《电力与天然气供应法》第 45 条规定能源设施建设属于公共利益；《矿山法》第 77 条规定矿业公司采矿属于公共利益。从州法的情况来看，以勃兰登堡州为例，其《土地征收法》第 4 条规定，土地征收只能在能够增进公共福利的前提下，且没有其他途径获得土地时，才予以准许。

从联邦宪法法院的实践来看，最初回避对公共利益的实质审查，后来才逐步介入。该院认为，仅仅公共利益本身并不足以启动征收程序，只有那些紧迫且重要的公共利益才有此资格。在具体个案中，可以负面排除的方式来反向界定公共利益的概念。这些负面排除的种类包括，一是目的不明确的征收；二是仅为扩张国库增加财政收入的征收；三是仅为财富再分配或促进经济增长的征收；四是为了促进当权者私利的征收。

（四）补偿标准

根据德国《建筑法典》第 95 条第 1 款，不动产征收补偿是对因征收而产生的权利损失做出补偿，以被征收的土地或者其他征收客体的交易价值为补偿标准。相对来说，对不动产征收进行补偿的市场交易价值标准与其民法规定的损害赔偿标准形成鲜明的对比。[③]

根据《德国民法典》第 249 条，损害赔偿义务人必须履行这样的赔偿义务，能够把一种事实状态恢复到假定没有发生侵害之前的状态，即须赔偿所有损害，这属于充分赔偿。但征收补偿属于一种合法的“侵害”，目的在于实现公共利益，征收补偿并不确保一定能让当事人恢复到没有征收时的假定状态，也不对可能获得的期望利益进行补偿。通俗地说，损害赔偿可以主张可得利润损失，而征收补偿则不可以。

（五）征收程序

总的来看，德国作为一个典型的大陆法系国家，针对不动产征收规定了比较详

---

① 参见袁治杰：《德国土地征收中的公共利益》，载《行政法学研究》2010 年第 2 期。

② 参见房绍坤、王洪平：《从美、德法上的征收类型看我国的征收立法选择——以“公益征收”概念的界定为核心》，载《清华法学》2010 年第 1 期。

③ 参见袁治杰：《德国土地征收补偿法律机制研究》，载《环球法律评》2016 年第 3 期。

尽的程序。[①] 相关的土地征收程序散见于联邦和州的法律之中，以州法最为具体。根据《建筑法典》第 104 条，为了执行计划而进行征收需要履行相应的法定程序，《土地取得法》也有相应的程序方面的规定。

1. 征收申请

所有土地征收启动之际，都必须首先向州征收机构提出申请，一般是由州内务部负责初步审查。申请书和所附材料必须齐全。如不符合要求，会被要求更正。如果在期限内没有补正，则申请会被驳回。

2. 听证协商

这是较有德国法特色的一个程序。在此之前，土地征收机构会要求各方准备好相应的材料，并向土地权利人，征收申请人和相关机构说明征收土地的理由。就补偿问题，征收机构可委托鉴定机构明确具体的额度。征收机构在正式召集各方协商前，会向各方发送邀请函，注明邀请人以及拟征收地块等信息。在此期间，征收机构会创造机会让各方见面，交换意见，尽量在这一阶段达成合意。

3. 征收申请裁定

在前述基础上，根据申请人的申请以及被征收人的意见，对于双方无法达成一致的意见进行协调。如果最终仍有某些条件达不成一致，那么土地征收机构就要进行裁定。一旦裁定作出，土地权利就会实现相应的转移。

4. 征地决议

在征收申请获得批准后，土地征收机构会作出征地决议，主要内容有以下几个方面。一是记载本次征地的相关各方情况、征收目标以及用地期限等；二是对被征收土地进行详细说明；三是说明新旧土地权利变化情况；四是说明补偿的具体情况；五是关于强制执行条款和期限延长情况的说明。

5. 强制执行

在征收决议的基础上，可能还需要执行决定。到了这一阶段，补偿应当首先完成，也就是先补偿后执行的原则。这个期限一般是两个月，如果没有收到补偿，被征收人有权提出执行终止的要求。

三、日本

日本与我国一衣带水，早年深受中华法系的影响，形成了封建法律制度。明治

---

① 参见袁治杰:《德国法上的土地征收程序及中国镜鉴》，载《比较法研究》2020 年第 2 期。

维新后师法欧美,形成了自成一体的法律体系。

(一)不动产物权

日本明治维新之前,天皇、寺庙和封建领主等占有大片土地。维新后的1871年开始在全国推行地租改正,领主支配体制瓦解,土地的个人所有制建立。随着1889年《大日本帝国宪法》以及1896年日本《民法》出台,土地私有制得到确认,现代意义上的不动产物权制度在日本建立起来。

根据战后《日本国宪法》第29条第1项,不得侵犯财产权,申明了财产神圣原则;根据该条第2项,财产权的内容应适合于公共福利,由法律规定之。这是对财产的必要限制,体现了当时的社会思潮,并且有因公共利益而被征收的可能性。①

更具体的不动产物权制度要到日本《民法》中去考察,根据其第二编,不动产物权分为所有权、用益物权和担保物权三种类型。其中,所有权与德国一样,并没有所谓的国家所有权、集体所有权和私人所有权之分,仅于第206条规定,所有人于法令限制的范围内,有自由使用、收益及处分所有物的权利。这里的所有权,当然包括不动产。该法还规定了三种用益物权,即地上权、永佃权和地役权,显然这几乎就是为不动产的情形量身定做的。担保物权规定了4种,包括留置权、先取特权(优先权)、质权和抵押权,其中与不动产有关系的主要是抵押权。

日本法律允许私人就土地和房屋分别拥有独立的所有权,如欲建造房屋,既可以直接购买土地,取得土地所有权,也可以租借土地而仅取得土地使用权,但无碍房屋所有权。② 这种土地所有权和使用权分离的状态多少存在一些不确定性,因此如果国家或企业为兴办公共事业而需用土地,通常都需要获取土地所有权才可以,以避免需要长期存续的公共设施等处于不稳定状态。

(二)相关立法

早在明治时期日本就仿效法国,于1875年制定了《公用土地买入规则》,奉行强制买卖模式。1889年制定了《土地收用法》,战后后者部分条款失效但整体上却

---

① 参见[日]宫泽俊义、[日]芦部信喜:《日本国宪法精解》,董璠舆译,中国民主法制出版社1990年版,第250-251页。

② 参见[日]平松弘光:《从日本法视角看中国土地征收法律制度》,杨官鹏译,载《科学发展》2016年第8期。

沿用到1951年。这里的"收用"一词相当于汉语中的征收或征用。

根据战后新宪法第29条第3款,私有财产在正当补偿下得收归公用。这里的公用,按照日本学者,应作广义理解。[①] 除这一宪法基础外,于1951年重新制定了《土地收用法》,此后70年间里历经多次修改,其中2001年的修改更是至关重要,可谓日本征收基本法。在本节中,如无特别说明,均指的是2001年版该法。另外,日本《城市规划法》也含有部分征收条款,与其他法律一起构成了日本的不动产征收法律体系。

(三)公共利益

根据日本《土地收用法》第3条,共计有49种公共利益的情形,可谓事无巨细。从世界范围内的立法来看,规定得如此细致的并不多见。在具体的征收案例中,中国人也耳熟能详的是著名的成田机场钉子户事件。[②] 它尽管造成了一定的公共利益损失,但由此佐证日本法治精神也颇为世人称道。根据1953年最高法院农地改革案,[③]公共利益中的公共性有了扩张性解释。在具体个案中,如何对公共属性进行判定,仍是一个非常重要但可能多有争执的问题。[④]

(四)征收补偿

从日本现行宪法来看,不动产征收的补偿标准为正当补偿,但对于何为正当,则需要仔细斟酌。从日本最高法院的判例来看,似乎采取了完全补偿原则,即补偿能够让被征收人的财产在征收前后等值,也就是能确保被征收人在附近取得至少与被征收地等值的替代地之金额。[⑤]

(五)征收程序

日本宪法中没有如美国宪法修正案那样的财产剥夺程序规定,行政法中的正当程序保障原则一般是参照性援引宪法第31条的规定。不过,日本有成文的行政程序法,它当然也适用于不动产征收事务。与对公共利益的认定一样,日本征

---

① 参见[日]芦部信喜:《宪法》(第3版),林来梵等译,北京大学出版社2006年版,第206页。

② 参见张超:《成田机场:一桩30年未果的征用案》,载《法制日报》2010年2月9日,第11版。

③ 参见[日]山田洋:《土地収用と事业の公共性》,载高木光、宇贺克也编:《行政法の争点》,有斐阁2014年版,第264-265页。

④ 参见朱芸:《日本房屋征收制度的基本状况》,载《法学》2007年第8期。

⑤ 参见钟头朱:《论日本的土地征收制度》,载《改革与战略》2010年第4期。

收法中对征收程序的规定也是比较详细和规范的。从总体上来看,可分为事业(兴业)认定程序和收用委员会裁决程序两个大的阶段,[①]它们又有进一步细分的环节。

1. 征收预备(兴业预备)

对于拟使用被征收土地的主体来说,它们也可被称为兴业人,即拟征收土地的(国家)中央公共团体、地方政府(地方公共团体)以及其他主体等。[②] 它们在征收预备阶段可能需要提前进入被征收的土地进行初步调查,按照法律规定,应当提前5日通知当地的市、町、村首长,由其告知土地所有权人,并发布公告。

2. 事业认定前的事业说明会

根据《土地收用法》第15条,兴业人应当依据国土交通省的相关规定召开事业说明会。根据该法第18条,会议内容应形成书面文件记入将来的申请书中。无此项记载,则可能被认定违反了日本《行政程序法》第7条,属于不符合法令规定的形式要件的申请。根据《土地收用法》第8条和第43条,参加人包括关系人和准关系人,范围极大,并不仅限于土地所有权人,甚至因兴业受损或受益的周边居民也在此列。尽管如此,这些人可能参加事前的说明会,但并不属于日本《行政诉讼法》第9条规定的利益相关人,无诉讼原告主体资格。

3. 事业认定

这是日本土地征收程序中非常重要的一个环节,它的主要目的是确定兴业人、兴业地点和兴业计划,对是否具备征收要件以及随后赋予其征收权作出判断。[③] 根据《土地收用法》第16条,兴业人提出申请后,由建设大臣和都、道、府或县的官员进行认定,如有必要则需要进行公开听证,征求公众意见。

其中,根据《土地收用法》第17条,中央政府建设大臣认定的事业有以下几类。一是需要认定的事业属于国家或国家作为事业兴业人的;二是拟兴办的事业跨越两个或以上都、道、府、县地界的;三是有权进行事业认定的都、道、府、县首长不予认定或超过三个月不作认定的。除前述情形以外,均为地方的都、道、府、县首长进行认定。

4. 收用听证会

一直以来,尽管法律规定了可以召开听证会,但实际上召开的次数并不多。

---

① 参见[日]宇贺克也:《日本土地征收法中的行政程序》,肖军译,载《时代法学》2010年第2期。

② 参见杨建顺:《日本行政法通论》,中国法制出版社1998年版,第472-474页。

③ 参见[日]室井力主编:《日本现代行政法》,吴微译,中国政法大学出版社1995年版,第420-421页。

《土地收用法》于 2001 年修改后，召开听证会成为强制性条款。根据该法第 23 条，只要有资格的人申请召开听证，则必须举行。事实上，这也是日本《行政程序法》第 10 条的要求。另外，日本国会参众两院的国土交通委员会还通过了附带决议，要求听证会的时间地点告知应当到位，保障尽可能多的人员参加，主持人必须中立，不能光听不证，否则在裁决阶段可能会被否决。

5. 事业认定公示

根据《土地收用法》第 26 条，国土交通大臣或者都、道、府、县知事在对事业通过认定后，须立即通知兴业人并进行公示。由国土交通大臣通过的事业认定须登载在政府公报上，由都、道、府、县知事通过的事业认定必须以当地规定的方式进行。公示的内容包括兴业人名称、事业种类、事业地、图纸阅览场所以及认定事业的理由等。

6. 土地调查

根据《土地收用法》第 36 条，在事业认定及公示完成后，兴业人必须进行土地调查，制作土地调查书和物件调查书，由在场的土地权人和关系人签字确认。如果遭到无理由拒绝，则可邀请市、町、村长到场签名盖章。

7. 协议价购

用地人与土地相关权利人进行平等协商，尝试达成购买协议。如成交则需要由征用委员会确认，协议才具有法律效力。在日本，绝大多数的用地行为是通过协商购买的方式解决的。①

8. 收用委员会裁决

根据《土地收用法》第 39 条，兴业人向在都、道、府、县设立的收用委员会递交收用裁决申请，以便确定正当补偿的金额以及收用权的生效日期。收用委员会是独立于政府的机构，成员任命由都、道、府、县知事提名，同级议会确认，独立行使职权。补偿金额由该委员会决定，具体计算依据《平成十一年 248 号政令》进行，它是《土地收用法》第 88 条有关的详细规定，在征用委员会裁定后，4 年内需要作出让地裁定，如果对此不服，可向建设大臣请求审查。

9. 补偿

收用裁决下达后，兴业人应作出补偿。补偿方式多种多样，既可以现金补偿，也可以耕地开发、代替地、迁移代办、工程代办或宅地开发等方式补偿。在实践中，日

---

①　参见［日］盐野宏：《行政法》，杨建顺译，法律出版社 1999 年版，第 507 页。

本法学界和实务界人士一度就补偿主体应当是谁产生了不少争议。美浓部达吉认为补偿主体应为征收发起人,[①]这一观点占据了上风。

10. 取得土地所有权

根据《土地收用法》第 101 条,自收用裁决下达之日起,兴业人取得相应地块的所有权,原所有权消灭。根据日本《不动产登记法》第 118 条,兴业人可进行土地所有权登记,所有权转移,尽管地上可能仍有附着物存在。根据《土地收用法》第 102 条,原所有权人有义务拆除地上附着物,如果拒绝拆除,则兴业人可申请政府强制执行。

四、印度

印度位于南亚大陆,面积只有中国的 1/3,人口在 2023 年已经超过中国,人地矛盾十分突出。英国曾在印度殖民上百年,留下一个普通法、习惯法、宗教法和大陆法混合的独特法律体系。1950 年,部分承袭自《印度政府法》(The Government of India Act)的印度《宪法》(Indian Constitution)制定并生效,其字数之多堪称世界之最。印度的法院系统包括最高法院、高级法院、区法院和乡法院。印度虽然是联邦制国家,但邦的权力不如美国的州那样大。

(一)不动产财产权

印度的不动产财产权制度是非常复杂的,可从以下几个事实得到印证。[②] 从总体上来看,土地约 70% 为私有的永久产权,另外 30% 为公有或无主地。从 18 世纪开始,英印殖民当局对印度土地进行整理,彻底摧毁了原始农村公社,封建地主土地所有制普遍确立。印度独立后,尽管进行了土地改革,但土地兼并集中的现象并未根本扭转。大量农民租用地主土地进行耕种,获取微薄收入养家糊口。印度土地虽然是私有制,但市场发育不够充分,有的邦土地交易税高达 14.5% 。[③] 在正常情况下为发展经济而收购私人土地变得困难重重,这就要求政府必须进行强制征收。

---

① 参见[日]居石正和:《近代日本的城市化浪潮与土地征收》,牟宪魁、王琦译,载《人大法律评论》2011 年第 1 期。

② See Bhagat – Ganguly, *V. Tracing Journey of Legislative Processes for Land Acquisition and Resettlement in India from Right's Perspective*, Journal of Land and Rural Studies, (2016)4(1), p. 36 – 48.

③ See S. Morris & A. Pandey, *Towards Reform of Land Acquisition Framework in India*, Economic and Political Weekly, (2007)42(22), p. 2083 – 2090.

(二)相关立法

早在 19 世纪末,殖民当局就制定了《土地征收法》(Land Acquisition Act, 1894),1985 年进行了修订。其规定只有利益人才能获得补偿,包括土地所有人、部分权利所有人、承租人或执照持有人,而租地农户、技工或林地工人等均无权获得补偿,人数众多的小自耕农或佃农也不在此列。另外,该法尽管多次修订,但一直没有纳入移民安置与重建的内容,因征收而致贫的民众比比皆是,多次引发严重的社会动荡。1961 年,印度独立后第一任总理贾瓦哈拉尔·尼赫鲁(Jawaharlal Nehru, 1889－1964)为修建萨尔达尔萨罗瓦尔水坝(Sardar Sarovar Dam)奠基,但正式开工却拖延到了 1987 年,1996 年至 2000 年又被迫停工 4 年。它于 2017 年启用时,群众抗议又是风起云涌。该项目之所以命运多舛,主要原因就是征收纠纷一直此起彼伏,因此相关法律变革已经刻不容缓。

经过多轮讨价还价,完全取代旧征收法的《土地征收、重建、安置公平补偿与透明度权利法案》(The Right to Fair Compensation and Transparency in Land Acquisition, Rehabilitation and Resettlement Act, LARR Act 2013)(以下简称新法)于 2013 年先后由印度人民院(下院)和联邦院(上院)通过,2014 年 1 月 1 日正式施行。废旧法立新法的原因主要在于,[①]一是旧法虽经过多次修订,但在现有框架下已无法妥善解决存在的问题;二是为《国家移民安置与重建政策》(National Rehabilitation and Resettlement Policy, 2007)提供国家层面的法律支撑;三是平衡对受影响人权益保护和促进印度工业化与城镇化二者关系的需要。不过,或许是因应"好事多磨"这句话,新法就在施行的第一年,因立法本身的缺陷,又提出了修正的动议。[②]

(三)公共利益

根据新的征收法,作为公共利益载体的基础设施项目类别包括印度商务部基础设施司于 2012 年 3 月 27 日第 13/6/2009－INF 通报中所列举的细目,以及《国家制造政策》(National Manufacturing Policy)规定的工业走廊、矿产开发或者国家投资制造区,以此来判断是否符合公共利益标准。[③]

---

① 参见周潇君、施国庆、钱宁:《印度〈土地征收、移民安置与重建法〉评析》,载《南亚研究季刊》2015 年第 4 期。

② 参见姚国跃、刘胜华:《中国与印度土地制度及其效能比较研究》,载《世界地理研究》2015 年第 2 期。

③ 参见李来孺:《印度新土地征收法对基础建设发展的影响》,载《南亚研究季刊》2014 年第 4 期。

另外,因公共利益而启动征收分为中央和邦两个层次,但几乎都是为了基础设施和经济增长这两个基本目标。① 就公共利益的判断来看,在几乎每一次因征收而对公共利益进行审查时,参加听证的异议方意见得到政府支持的机会寥寥无几。② 至少在这一层面,政府推动征收的决心还是比较大的,但在具体落实时,一旦遇到大规模抗议仍显得束手无策。

(四)征收补偿

根据统计,印度独立以来的征收补偿安置中,至少有 3/4 的失地农民没有获得安置。③ 在新的征收法中,一个重大举措就是把原来的补偿标准提高 2 倍到 4 倍。而在旧法中,一直秉持的是英国法中的以市场价值为基础的补偿,仅仅补偿实际损失,而不补偿期待收益,仅在特殊情况下考虑重置价格或侵扰补偿。从字面上来看,新法比旧法提高了补偿,④但实际上是否能够落实到被征收人手中仍是一个未知数。

另外,新法的补偿对象明显拓宽了范围。根据新法第 3 条第 24 款,除旧法中对被征收土地拥有权利或权利受法律认可的当事人以外,普通部落居民和森林部落居民以及生计来源受征收影响的一切人员也涵盖了进来。至于补偿项目类别,新法与旧法没有变化,仍为四大项,即土地市场价值、征收造成的损失、抚助金、搬迁费。其中,根据新法第 26 条,市区的土地按照市场价值补偿,农村的土地则依据与市区中心距离的远近乘以相应的倍数来补偿。征收造成的损失主要包括,一是土地附着物的补偿,如树木、农作物、建筑物设施等;二是因征收导致的个人财务损失、收入损失;三是因初次公告等原因造成的土地收益减少。根据新法第 30 条,抚助金的金额等于土地市场价值与附着物之和,相当于二者又重新补偿了一次。而根据旧法规定则只能获得土地市场价值的 30%。

(五)征收程序

根据印度《宪法》第 31A、31B 和 300A 节,如果政府是出于公共目的而征收土

① See Sinha K., *Singh N. Land Acquisition in India: History and Present Scenario*, Journal of Legal Studies and Research, (2016)2(4), p. 2455 – 2437.

② See Hiroshi S., *Politics of Land Acquisition in Contemporary India*, Contemporary political history of South Asia, (2019)9, p. 79 – 84.

③ See Fermandes W., *Power and Powerlessness: Development Projects and Displacement of Tribals*, Social Action, (1991)41(3), p. 243 – 260.

④ 参见梅新育:《征地两难及其对印度投资环境的损害研究》,载《西部发展评论》2015 年第 00 期。

地,那政府的自由裁量权还是比较大的,甚至法院的司法审查权都可能受到一定程度上的限制。另外,前面提到的新的征收法甚至规定了紧急情形下的特殊权力(special powers in case of urgency)。一旦满足特定条件,政府可以绕开该法第5A节规定的异议听证(hearing of objections)程序,在无须向土地权利人发出告示的情况下就宣布土地可用于公共利益。至于具体的程序,主要包括以下几个步骤①:

1. 征收提案

一般由需要使用土地的企业或政府部门提出初步动议,经过初步研究后,认为具有一定可行性的,形成书面提案,上交到政府相关部门。政府进行初步研究后,认为切实可行的,向相关各方初步告知。

2. 社会影响评估

根据新法第4条第1款,对于可能涉及农村地区的,先与格拉姆萨巴(Gram Sabha)磋商,它是一种类似中国村民会议或村委会性质的农村组织;可能涉及城镇地区的,也要先与市民自治会等城镇中的类似机构进行磋商。根据新法第5条,接着要举行听证会,征求受影响家庭的意见,并把他们的意见记录在社会影响评估报告里。根据新法第2条第2款,私营项目或公私合营项目如欲取得土地,首先需要向被征收方征询是否同意征收的意见。私营项目应至少取得被征收方80%的同意比率,公私合营项目应取得被征收方至少70%的同意比率,征收程序才可以继续进行。在此期间,双方可以讨价还价。如果双方意见差异过大,可能在这个阶段征收项目就无疾而终。根据新法第4条第2款,政府须在6个月之内完成征收项目的社会影响评估工作。

3. 专家评估

专家组完成组建后,应在两个月内提出专家意见,无论同意与否均须明确给出答案。专家组的人数通常为7人,由2个非官方的社会科学工作者、2个格拉姆萨巴成员或市民自治会成员、2个复兴重建方面的专业人员、1个建设项目相关领域的专业人员组成。根据新法第7条第2款,专家组组长由政府从上述7人中指定一人。他们的工作重点在于审核拟征收项目是否符合公共利益,分别从形式上和实质上进行审查。专家组的结论很重要,如果认为项目建设并非公共利益或者经济技术成本不可行,根据新法第7条第4款,就会否决该项目。相反,根据新法第7条第5款,如果专家组认为公共利益目的正当,且潜在效益大于成本和社会不良影响,

---

① See Dhanmanjiri Sathe, *The political economy of land acquisition in India: how a village stops being one*, Singapore: Palgrave Macmillan, 2017, P. 13-29.

那么只需再审查征收面积是否已经足够小且无其他替代方案，如果答案仍是正面的，那么专家组将会给出肯定意见。在这一基础上，根据新法第 8 条，政府最终对社会影响评估报告作出决定。一般来说，专家组通过的结论很少被政府否定。

4. 移民安置与重建方案

根据新法第 16 条，所有征收项目均需编制移民安置与重建方案。在对各方初步告知后，由政府专门负责移民安置与重建工作的官员对受影响家庭进行调查，拟订草案，并把草案交由格拉姆萨巴或市民自治会讨论。在此基础上，组织听证，收集各方意见并形成书面报告交给土地征收实施部门。该部门会同移民与重建委员会商讨草案，最终形成决议并提交该委员会委员长签字，正式的移民与重建计划得以出台。

5. 发布公告并予以补偿安置

在完成上述流程后，有关方面开始落实具体的补偿费发放工作，并启动事实上的移民安置。对被征收土地进行清理后，交由用地单位使用，征收遂宣告完成。

第七节　不动产征收与补偿法学

法学是关于法律的一门科学，是以法律、法律现象及其规律为研究内容的一门社会科学。对于这样的一门学问，在我国先秦时代被称为刑名之学，汉代开始又有律学之称。古罗马法学家乌尔比安则用古拉丁语 *Jurisprudentia* 指称法学，认为它是“人和神的事务的概念，正义和非正义之学”。[①] 本节所讨论的“不动产征收与补偿法学”也是一门法学，并且是一门正在成长中的法学。

不动产征收与补偿法学是研究不动产征收与补偿法及其发展规律的一门法学学科，与作为其研究对象的不动产征收与补偿法本身是两个不同的概念，二者之间呈现一种辩证统一的关系。前者依附于后者，但研究成果又会对后者产生推动作用。

首先，没有作为法律现象的不动产征收与补偿法，就不会有不动产征收与补偿法学，皮之不存，毛将焉附。但不能将二者完全等同，前者主要是一种法律现象，后者主要是对这种法律现象及其内部规律进行思辨的学术产物。其次，不动产征收与补偿法学的产生和发展，为不动产征收与补偿法本身的发展开辟了道路。不动

① 参见[古罗马]查士丁尼：《法学总论——法学阶梯》，张企泰译，商务印书馆 1989 年版，第 5 页。

产征收与补偿法学研究得越深入，对不动产征收与补偿法律现象的认识就越深刻。以此为基础，是否需要制定新的法律法规？是否需要修改现有法律法规？是否需要废止某些法律法规？如何在实践中更好地适用相关法律法规？这些问题都有可能获得更理想、更完善的答案。

从逻辑起点来看，不动产征收与补偿法学显然以民法中的不动产物权法学为基础，带有一定的私法属性。尽管如此，在整体骨架上它却是行政法学，属公法领域。不动产征收与补偿法学是行政法学中的一个分支，或者说是作为部门法学的行政法学中的一个亚部门法学。当然，也可以借用近年来较为流行的领域法学概念，[①]把不动产征收与补偿法学界定为一门具有自身价值的独立的领域法学，或许更有前瞻意义。

如果仍以行政行为的类别进行划分，那么不动产征收与补偿行为属于行政征收的一个类别。在本章第一节概念辨析部分，已经针对征收与补偿的关系进行了讨论。一般行政法学教科书上的行政征收通常没有连用“补偿”一词，但如果是有偿征收，那么显然这里的行政征收就已经包含了补偿的含义。

“需要强调的是，从广义上来理解我国行政征收制度的话，土地征收制度和房屋征收制度自然都应算作一个重要的类型。如果将税和费的征收称为无偿性行政征收的话，那么，对土地、房屋的征收以及根据《宪法》第 13 条对公民的私有财产实行的征收等，则可归类为有偿性行政征收。基于这种分类方法对征收的不同领域展开深入研究，具有重要意义。尤其是鉴于近年来土地、房屋等征收领域的纠纷接连不断这种现状，行政法学应当将其作为重要的研究课题。”[②]

到目前为止，学科意义上的不动产征收与补偿法学尚未建立起来。尽管由于实务操作和理论研究的双重需要已经出现了大量的文献，包括结集性质的著作[③]或者专题性质的著作等[④]。但建立这样一门独立学科的相关尝试却仍比较少见。与庞大的不动产征收与补偿法律法规体系相比，建立起对它进行深入研究学科意义上的不动产征收与补偿法学仍需加倍努力。

不动产征收与补偿法在整个法律体系中的法律地位，以及不动产征收法学在整个法学体系之中的学科地位，对于这两个问题的探讨，与它的法律地位和学科地

---

① 参见梁文永：《一场静悄悄的革命：从部门法学到领域法学》，载《政法论丛》2017 年第 1 期。

② 姜明安主编：《行政法与行政诉讼法》（第 6 版），北京大学出版社、高等教育出版社 2015 年版，第 264 页。

③ 参见房绍坤、王洪平主编：《不动产征收法律制度纵论》，中国法制出版社 2009 年版。

④ 参见房绍坤、王洪平：《公益征收法研究》，中国人民大学出版社 2011 年版。

位相似的税收法和税收法学是一个较好的参考系。在这一视角中，不动产征收与补偿活动就类似于税收活动；不动产征收与补偿法就类似于税收征管法、税收法或税法；不动产征收与补偿法学就类似于税收法学或税法学。

许多学者对税收活动进行了考察。例如，“税是国家以实现为提供公共服务而筹集资金这一目的，基于法律的规定，向私人所课征的金钱给付”①“税捐乃国家或地方公共团体，为获得财政收入之目的，而无对待给付的，对于一切具备法定课税要件的人，所课征的一种金钱给付”②“税收是国家或其他公法团体为财政收入或其他附带目的，对满足法定构成要件的人强制课予的无对价金钱给付义务”③。虽然上述定义各有不同，但无论是在行为主体、行为过程和行为结果等方面都与不动产征收与补偿活动极为类似，无非一个为无偿征收，另一个为有偿征收。在明确税收的概念之后，就得到了税收法或税法的概念。一般来说，税收法或税法是调整发生于国家、税收机关和纳税主体等各方当事人之间税收活动法律规范的总称。对比一下本章前面已经讨论过的不动产征收与补偿法的概念，事实上也是极为相似的。

“当宪法学热衷于研究国家根本政治经济制度而无暇顾及税收行为的合宪性时，当经济法学致力于宏观调控的政策选择而不能深入税法的制度设计时，当行政法学也只注意最一般的行政行为、行政程序、行政救济原理而难以触及税法的特质时，将所有的与税收相关的法律规范集合起来进行研究，使之形成一门独立的法学学科显得尤其重要。”④从目前来看，以税法作为研究对象的税法学已经建立起来，尽管其仍属于一门年轻的学科⑤，但不仅有了专门的研究机构，也有了一大批年轻学者，相关的学术著述也是层出不穷。与之相比，目前不动产征收与补偿法学的现状并不令人满意。为了实现至少与税法这样的“姊妹”学科比肩而立的学术前景，今后一段时间应当在以下几个方面着力突破。

首先，应当明晰自己的主要研究对象。一门法学学科之所以能够被当作一门独立学科，首先要有自己独立的研究对象。尽管宪法、民法、行政法、经济法、诉讼法都可能把不动产征收与补偿活动作为其研究对象，但充其量只是研究对象之一，从来不会是主要研究对象。唯有不动产征收与补偿法学能够专注地研究这一现象，矢志不渝。

---

① [日]金子宏：《日本税法原理》，刘多田等译，中国财政经济出版社1989年版，第15页。
② 陈清秀：《税法总论》，台北，翰芦图书出版有限公司2001年版，第1页。
③ 刘剑文、熊伟：《税法基础理论》，北京大学出版社2004年版，第9页。
④ 刘剑文、熊伟：《中国税法学研究的现状与反思》，载《法学》2001年第5期。
⑤ 参见刘剑文、李刚：《二十世纪末期的中国税法学》，载《中外法学》1999年第2期。

其次，采用多学科多方法的研究视角。尽管不动产征收与补偿法在整体上属于行政法的范畴，但对它的研究如果仅仅局限在行政法视角内，可能难以实现“窥一斑而知全豹、处一隅而观全局”的愿景。无论是宪法中的公民权利保障与公共利益关系，还是民法中的私权保护，以及诉讼法中的权利救济，对于这些主题完全可以从法学之外的经济学、行政学或博弈论等学科着手进行深入研究。

最后，加强基础理论研究。目前，市面上充斥着这样或那样的征收拆迁维权大全、法律汇编、实务指南或攻略等书目。做必要的法律普及工作并非不可以，但如果始终停留在浅层，恐怕难以在深度和广度上有所提高。不动产征收与补偿法学当然要对现行有效的法律法规进行解释，这是进一步研究的前提，既有利于不动产征收与补偿法自身的完善，又有利于相关普法工作，利国利民。显然，今后的努力方向应当是立足实在法又超越实在法，以一种宏观视角来观察这一现象，才能更有深度地取得研究结论。唯有如此，才能把握自身在整体法律体系中的定位，关切如何与其他法律相互协调，内部如何形成一个有机整体，使概念、原则和规则相互之间环环相扣，形成一个逻辑自洽的学理体系。

经过不懈努力，尽快形成完整的或至少相对完整的学科体系，产出一批高质量的研究成果。那么在不远的将来，一个以宪法为灵魂，以民法为起点和终点，以行政法为骨架，以刑法为对征迁各参与方的最后威慑，以诉讼法等程序法为救济途径的不动产征收与补偿法学是能够昂首挺胸步入当代中国法学殿堂的。

第二章

不动产物权

有恒产者有恒心，无恒产者无恒心

——《孟子·滕文公上》

不动产物权是物权的一种，以不动产为标的物。与动产物权相比，它具有多方面的独特品性，与土地的天然联系是其最显著的一点。早在十七世纪工业革命前夜，英国古典经济学家威廉·配第(William Petty)就雄辩地指出，“土地为财富之母，劳动为财富之父”①。卡尔·马克思(Karl Marx)在其不朽巨著《资本论》(Das Kapital：Kritik der politischen Ökonomie)中也再次肯定了这一观点，②认为它揭示了土地在经济生活中的重要作用。在某种意义上，不动产物权就是一个以土地为圆心渐次展开的静态和动态权利体系。

与全球视野的动产制度相比，大陆法系与英美法系在不动产制度方面的差异更为显著。而作为受大陆法系影响更深的社会主义国家，我国的不动产物权制度又有鲜明的自身特色。本章的内容既是不动产征收与补偿的物权法起点，也是其征收目的实现的物权法终点。不过，本章仅在不动产征收与补偿背景下讨论不动产物权问题，更详细或更深入的内容请参阅相关的民法或物权法著述。

---

① [英]配第：《赋税论　献给英明人士货币略论》，陈冬野等译，商务印书馆1978年版，第66页。

② 参见[德]卡尔·马克思：《资本论》，中共中央马克思恩格斯列宁斯大林著作编译局译，人民出版社1975年版，第57页。

第一节　不动产物权概述

任何一项不动产征收与补偿活动,始于旧的不动产物权征收,终于新的不动产物权设立,是同一土地上新旧不动产物权的非市场化变动把它们在逻辑纽带上连接了起来。

一、不动产物权的法律定义

在现行法律文件中,没有查到关于“不动产物权”的直接定义。但是结合《民法典》关于“物权”的定义和关于“物”的定义,这一法律概念可以顺理成章地推导出来。另外,由于“不动产”概念本身的重要性,本章第三节将对它进行专门讨论。

根据《民法典》第一百一十四条第二款,物权是权利人依法对特定的物享有直接支配和排他的权利,包括所有权、用益物权和担保物权,这一定义原出于《物权法》(2021 年 1 月 1 日废止)第二条第三款。一般来说,物权这一术语是大陆法系特有的,英美法系更多地使用诸如财产权之类的概念。在当代中国民法体系中,物权与债权构成了财产权利体系,并与人格权利共同构成了更广阔的民事权利体系。

在《民法典》中至少有 8 处出现了“不动产物权”字样,但并未给出进一步解释。不过,在弄清楚“不动产”和“物权”的概念之后,“不动产物权”这一概念就清晰可见了。《民法典》第一百一十五条规定,物包括不动产和动产。把《民法典》第一百一十四条第二款和第一百一十五条结合起来,就可以给出关于“不动产物权”的法律定义,不动产物权是权利人依法对特定的不动产享有直接支配和排他的权利,包括所有权、用益物权和担保物权。

二、不动产物权的要素

根据不动产物权的法律定义,它在逻辑上可分解为主体、客体和内容三要素,任何一个要素的变化都意味着不动产物权的变化。其中,主体为不动产物权所属,客体为不动产物权所附,内容为不动产物权所具,此三要素是观察与理解不动产物权概念的“金钥匙”,也是不动产物权分类的基本依据。

(一)主体

不动产物权的主体是参加不动产物权法律关系,享有不动产物权权利,承担不动产物权义务或不动产物权责任的人。这里的“人”显然是广义上的,其内涵和外延本章将会进一步讨论。不动产物权法律关系主体有时又称为当事人,享有权利的主体为权利人;负有义务的主体为义务人;承担责任的主体为责任人,本章的关注重点是权利人。

(二)客体

不动产物权的客体即不动产本身,是物权权利和物权义务的指向对象,是导致物权权利和物权义务发生的事物。全部的不动产物权法律关系都是经由不动产这一客体产生联系的,客体决定内容,而非内容决定客体,客体的性质是辨别不动产物权性质的重要依据。

(三)内容

不动产物权的内容是物权权利和物权义务的具体化,不同的不动产物权有不同的内容,而不同的内容又在一定程度上决定着不动产物权的性质。在客体和主体相同的情况下,不同的权利义务内容决定了它们是不同的物权。

第二节　不动产物权的主体

“不动产物权主体”并非立法概念而属于学理称谓。《民法典》第一百一十四条第一款规定,民事主体依法享有物权,但其第二款则规定,物权是权利人依法对特定的物享有直接支配和排他的权利,包括所有权、用益物权和担保物权。因此,不动产物权主体可以简称为不动产权利人,在不至引起混淆的情况下可以直接简称为权利人。

厘清不动产物权的主体非常重要。对于不动产征收与补偿活动来说,它首先关系到被征收人和被补偿人的确定,其次涉及征收过程中征收人与被征收人的互动关系判断,最后也涉及征收目的实现后新的不动产物权主人到底是谁。旧的不动产物权主体随着旧的不动产物权消失而消失,新的不动产物权主体随着新的不动产物权设立而出现。

一、基本分类

即使仅仅囿于不动产物权这一背景,而不涉及债权等其他领域,不动产物权主体的分类标准界定也是极其复杂的。根据《民法典》第二条,民事主体包括自然人、法人和非法人组织三类。因此,断言不动产物权的权利主体包括自然人、法人和非法人组织三类当无疑义。不过,需要留意一下《民法典》第一百一十四条第一款的措辞。尽管大多数情况下是由民事主体享有物权的,但是该条款仅仅陈述民事主体依法享有物权,但并未申明唯有民事主体才能享有物权,对其他权利主体未作出排除性规定。

从《民法典》第二编"物权"第五章的章名——"国家所有权和集体所有权、私人所有权"来看,当代中国还有两种特殊类型的不动产物权主体,一个是国家,另一个是集体。根据《民法典》第二编第一章中的第二百零七条,国家、集体、私人的物权和其他权利人的物权受法律平等保护。这样,除国家、集体和私人之外,又出现了"其他权利人"这一类别。

由前述法律规定可知,对于不动产物权主体既有自然人、法人、非法人组织三分法,也有国家、集体、私人三分法,还有国家、集体、私人、其他权利人四分法。人们自然会问,它们之间的关系是什么?组织能否等同于集体?自然人与私人是不是一回事?对于这些问题,目前学术界没有统一的认识,这里也无法展开深入论述。可以给出的一个明确结论是,现行法律规定之下的任何一种不动产物权主体类别划分都不会是周延无隙的。

基于种种现实考量,本书以《民法典》第二条和第二百零七条为起点,既尊重国家、集体、私人等概念的法律属性,也对其政治属性、政策属性以及历史属性予以必要顾及,把不动产物权主体划分为国家、集体、私人(自然人)、法人、非法人组织五大类。其中,对《民法典》第二百零七条中的其他权利人进行再次拆分,纳入法人和非法人组织。把私人概念狭义化,从而与《民法典》第二条中的自然人实现逻辑联结。当然,上述划分是否合理,有待进一步理论探讨或实务检验。

按照现代法治理念,国家、集体、私人和其他权利人的身份并无高低贵贱之分,这也是《民法典》第二百零七条强调平等保护,《民法典》第二条强调平等主体的立法本意所在。对于不动产征收与补偿而言,不动产物权主体在很多情况下就是被征收人,而准确地识别被征收人,无论是对于征收机关合法地推进征补活动,还是有关民事主体维护自己的征收权益都至关重要。

需要指出的是,本节的不动产权利人分类是就不动产物权主体本身而言的,与不动产物权客体要素和内容要素关联不大。因此征迁实务中经常遇到的不动产权利人称谓划分,如所有权人、用益物权人、担保物权人或占有人等,不在本节讨论范围。

二、国家

对于“国家”这个概念,法学、政治学、国际关系学或行政管理学等不同学科有各自的定义,有的还有详细的解释与论证。但就作为不动产物权主体之一的“国家”来说,无论是现行《宪法》还是《民法典》都没有进行相应的界定,基本上都是作为一个不言自明的法学术语来使用的。一般来说,“国家是指拥有一定的居民、领土、政权组织和主权的社会实体”①。作为国有不动产所有权主体,国家可进一步细分为权利主体、行使主体和管理主体三个层次。

(一)权利主体

根据《宪法》第六条第一款、第七条和第九条,“国家所有”与“全民所有”无论是在内涵上还在外延上都是等同的,“国家所有”有时可简称为“国有”。国家是一个抽象的概念,由国家作为不动产的权利主体,天然地存在所有者缺位带来的代理人道德风险问题,《民法典》第二百五十八条特别规定,国家所有的财产受法律保护,禁止任何组织或者个人侵占、哄抢、私分、截留、破坏。

在当代中国,国家是完全的不动产物权主体,既可以是土地所有权人,也可以是土地使用权人,还可以是土地附着物所有权人。仅从这一点来看,目前只有劳动群众集体可以与之媲美,而所有的其他类型权利人在土地所有权方面均在法律上严格受限。

(二)行使主体

我国地域辽阔,人口众多,国情复杂,国有不动产种类更是分布广泛,种类繁多,有的甚至远在万里之遥的国外。“国家”不可能也无力事必躬亲地行使国有不动产所有权的全部权能。因此,根据《民法典》第二百四十六条第二款,包括不动产在内的国有财产由国务院代表国家行使所有权,法律另有规定的除外。《土地管理法》第二条第二款对此进一步明确,全民所有即国家所有土地的所有权由国务院代表国家行使。需要注意的是,不能把国家和国家机关混为一谈,这是两个不同的主体。

(三)管理主体

同理,国务院作为中央人民政府,也不可能面面俱到地管理全国各地或各行业

---

① 张文显主编:《法理学》(第5版),高等教育出版社2018年版,第155页。

的全部国有不动产，也需要进一步根据法律授权有关单位行使相应的权能。例如，根据《土地管理法》第五条第一款，国务院自然资源主管部门统一负责全国土地的管理和监督工作。根据《企业国有资产法》(2008年10月28日实施)第十一条第一款，国务院国有资产监督管理机构和地方人民政府按照国务院的规定设立的国有资产监督管理机构，根据本级人民政府的授权，代表本级人民政府对国家出资企业履行出资人职责，企业财产中的不动产显然也在此之列。

三、(劳动群众)集体

根据《宪法》第六条第一款，作为社会主义经济制度基础的生产资料社会主义公有制包括全民所有制和劳动群众集体所有制。此为劳动群众集体作为具有中国特色不动产权利主体的宪法效力来源，在不至引起混淆的情况下，可简称为集体。尽管它比国家概念的抽象程度要低，但作为一种公有制实现形式，在很多情况下也需要把权利主体与行使主体进行分离。另外，集体能够成为土地的所有权人，也能够成为土地使用权人，还能够成为土地附着物所有权人，但对于地下的矿产资源则不能当然地拥有所有权，与国家这一权利主体相比有所受限。

根据《宪法》第六条第一款、第八条第一款和第二款，《民法典》第二百零七条，《土地管理法》第二条第一款、第九条第二款，劳动群众集体包括农村劳动群众集体和城镇劳动群众集体两大类，前者有时又简称为农村集体或农民集体，并且又分为村级、村级以下(村民小组)和乡镇三个层次。

(一)村农民集体

根据《民法典》第二百六十二条第(一)项和《土地管理法》第十一条，“村农民集体”是其土地等财产的所有权人。这一层次的农民集体也就是人们经常说的自然村，许多上了年纪的村民还经常称之为生产大队或大队，这是20世纪中叶人民公社化运动遗留下来的历史痕迹。村农民集体仍是一个比较抽象的概念，为了把它从想象转化为现实，相关法律法规作了许多规定。例如，《村民委员会组织法》(2018年修正，2018年12月29日实施)第四章就专章规定了村民会议制度和村民代表会议制度，并对相关的实体问题和程序问题作了详细规定。

1. 权利主体

需要特别注意的是，如果严格按照立法条文的字面表述，农民集体或农村集体与农村集体经济组织是不同的概念。例如，《民法典》第二百六十二条第(一)

项的表述是这样的,“属于村农民集体所有的,由村集体经济组织或者村民委员会依法代表集体行使所有权”。显然,村集体经济组织只是村集体物权所有权的行使主体,性质同国务院代表国家行使国有土地权利一样,而非等同村集体本身。不过,在相关立法或实务中二者经常混用,村集体和村集体经济组织往往不作严格区分。

2. 行使主体——村集体经济组织

根据《民法典》第九十九条和第一百零一条第二款,农村集体经济组织依法取得法人资格,法律、行政法规对农村集体经济组织有规定的,依照其规定。未设立村集体经济组织的,村民委员会可以依法代行村集体经济组织的职能。《农业法》(2012 年修正,2013 年 1 月 1 日实施)第二条第二款把农村集体经济组织、农民专业合作经济组织、农业企业和其他从事农业生产经营的组织都视为农业生产经营组织,它的外延比农村集体经济组织更宽。

农业农村部印发了《农村集体经济组织示范章程(试行)》(农政改发〔2020〕5 号,2020 年 11 月 4 日实施),目的在于促进农村集体经济组织规范发展,保障农村集体经济组织及其成员的合法权益。尽管它并不是部门规章,也不具备强制力,但对于长期以来一直不太规范的农村集体经济组织管理仍有较大的指导和示范意义。

3. 行使主体——村民委员会

根据《民法典》第二百六十二条第(一)项和《土地管理法》第十一条,村民委员会可以代表集体行使所有权,此时它的角色与《民法典》第九十九条和第一百零一条第二款中规定的特别法人角色并不完全相同。村民委员会作为特别法人,主要是从民事活动的视角进行的观察,而作为集体所有权行使主体的村民委员会,则带有一定的行政管理色彩,此时更多地受《村民委员会组织法》等法律法规调整。

(二)村内农民集体(村民小组)

根据《民法典》第二百六十二条第(二)项和《土地管理法》第十一条,村农民集体之下还可以有村内两个以上农民集体作为不动产权利主体,而由村内各该集体经济组织或者村民小组依法代表集体行使所有权。这一层次的农民集体也并不罕见,如广东省揭阳市揭西县金和镇山湖村北门小组或者广东省深圳市龙岗区龙岗街道同乐村下坑组等。同样,有些年纪较大的村民可能还是经常习惯性地称之为生产队或小队。《国务院关于加强农村集体资产管理工作的通知》(国发〔1995〕35

号,1995 年 12 月 31 日实施,2016 年 6 月 25 日废止)也提到“组(原生产队)”。

同样需要特别注意的是,村级集体层次之下的村内集体,与村内集体经济组织,或村民小组(村小组)在概念上还是有区别的,这也是对《民法典》第二百六十二条第(二)项和《土地管理法》第十一条进行仔细甄别后的结论。不过,与前面讨论过的村级情形一样,在实务中,甚至在相关立法中,村内农民集体与村内集体经济组织或村民小组(村小组)经常不加区分地混用。因此就不对村内集体层次的权利主体和行使主体两个概念赘述了。

(三)乡镇农民集体

根据《民法典》第二百六十二条第(三)项和《土地管理法》第十一条,乡镇农民集体也是与村集体和村内集体并列的不动产权利主体。相对来说,这一层次的农民集体不太常见,它在结构层次上大致可对标 20 世纪中叶一度普遍存在的人民公社,如果在当时土地已经归公社所有,那么就有可能出现乡镇农民集体所有土地的情形。

由于在 20 世纪 80 年代后普遍废除了人民公社,恢复或设立了乡镇政府。如果乡镇集体经济组织仍然存在,它可以依法行使所有权。但是如果因某种原因乡镇集体经济组织已经不复存在,可以由乡镇人民政府代管,但是不能取得依法属于乡镇农民集体的所有权。根据《关于农村集体确权登记发证的若干意见》(国土资发〔2011〕178 号)第五条第二款,没有乡(镇)农民集体经济组织的,乡(镇)集体土地所有权由乡(镇)政府代管。在办理土地确权登记手续时,由农民集体所有权主体代表申请办理。

(四)农村合作经济组织

根据《宪法》第八条第一款,农村中的生产、供销、信用、消费等各种形式的合作经济是社会主义劳动群众集体所有制经济。根据《民法典》第九十六条和第一百条,农村合作经济组织法人都是特别法人,依法取得法人资格,法律、行政法规对农村合作经济组织有规定的,依照其规定。不过,《农业法》第二条第二款规定的农业生产经营组织概念比农村合作经济组织范围更大,还包括农村集体经济组织、农业企业和其他从事农业生产经营的组织。需要注意的是,农村中的合作经济组织也是一种集体所有制经济,但无法同村集体、村内集体或乡镇集体相提并论,它无法享有农村土地所有权。

（五）城镇劳动群众集体

在现实中，城镇劳动群众集体很少以本身的面目单独存在，往往都是以城镇集体经济组织的形式出现的，一般简称城镇集体企业。众所周知，现行《宪法》是1982年制定的，其第十条第一款规定城市的土地属于国家所有，随后的《土地管理法》等也相继确认了这一事实。在这种情况下，城镇劳动群众集体已不可能拥有土地所有权，只能拥有土地使用权或房屋等土地附着物所有权。与农村合作经济组织一样，根据《民法典》第九十六条和第一百条，城镇劳动群众集体也是特别法人，依法取得法人资格，法律、行政法规对城镇合作经济组织有规定的，依照其规定。

1. 权利主体

根据《民法典》第二百六十三条，城镇集体所有的不动产，依照法律、行政法规的规定由本集体享有占有、使用、收益和处分的权利。根据《城镇集体所有制企业条例》（国务院令第666号，2016年2月6日实施）第四条第一款，城镇集体所有制企业是财产属于劳动群众集体所有、实行共同劳动、在分配方式上以按劳分配为主体的社会主义经济组织。根据该条例第六条和第二十一条第（一）项，集体企业依法取得法人资格，以其全部财产独立承担民事责任。对其全部财产享有占有、使用、收益和处分的权利，拒绝任何形式的平调。

2. 行使主体

根据《城镇集体所有制企业条例》第八条和第九条，城乡集体企业权利行使主体有三类，一是集体企业的职工；二是职工（代表）大会；三是厂长（经理）。

（六）“农村集体”与“农村集体经济组织”的异同

前面事实上已经涉及“农村集体”与“农村集体经济组织”的异同问题，由于它比较重要，这里进一步讨论一下。尽管现行《宪法》至少提及“集体”19次；《民法典》至少提及了57次，但也都没有对其进行界定。从检索到的其他法律法规，包括一些比较细化的司法解释或规范性文件来看，也没有一个比较权威的解释。不仅如此，还有一个比较重要的理论问题就是“集体”是否等同于“集体经济组织”。

从现行《宪法》第六条、第八条、第九条、第十条第二款、第十二条第二款、第十七条、第十九条第四款、第二十一条第二款和第四十二条第三款来看，分别出现了“劳动群众集体”、“集体”和“集体经济组织”三个不同的概念。

根据《不动产登记暂行条例实施细则》（自然资源部令第5号，2019年7月24

日实施)第二十九条第(一)项,集体土地所有权登记,依照下列规定提出申请:(一)土地属于村农民集体所有的,由村集体经济组织代为申请,没有集体经济组织的,由村民委员会代为申请。很明显,这里同时出现了三个概念,"村农民集体"、"村集体经济组织"和"村民委员会",那么有一点就是肯定的,它们是三个不同的概念,在实务中需要仔细厘清。不过,正如本书多次提及的,村农民集体和村集体经济组织经常不加区分地使用,这已是既成事实,再人为地强行区分可能也是徒劳之举。由于这一主体的重要性,本章在后续小节还会对它继续讨论。

四、私人(自然人)

从字面上来看,私人与自然人是两个不同的法律概念,当然二者存在诸多重叠之处。广义上的私人与私法主体或私主体的外延大致相同,不仅涵盖了自然人,也包括特定情形下的组织,《公私合营工业企业暂行条例》(1986年7月25日失效)里的私人概念就是如此。狭义上的私人概念在外延上大致等同于自然人,但在不同的语境中还是有一些差别的,本书在狭义上使用这个概念。

(一)自然人(一般意义)

自然人就是自然意义上的人,我们每天在生活中遇到的男人或女人、老人或年轻人、中国人或外国人、黄种人或其他肤色的人等,都是自然人。这个概念由托马斯·霍布斯(Thomas Hobbes)在其《利维坦》(*Leviathan*)一书中明确进行界定。①根据《民法典》第二百六十六条和第二百六十七条,私人对其合法的房屋等不动产享有所有权,私人的合法不动产受法律保护,禁止任何组织或者个人侵占、哄抢、破坏。由于我国实行的是土地公有制,因而在当代中国不可能有私人土地,但私人可依法获得土地使用权并对其进行出租或转让等民事处分。此外,当代中国的自然人概念与国外还是有很大不同的,主要是颇具中国特色的个体工商户和农村承包经营户等制度。

(二)个体工商户

根据《民法典》第五十四条、第五十六条第一款和《促进个体工商户发展条例》(国务院令第755号,2022年10月1日实施)第二条,自然人从事工商业经营,经依

---

① 参见[英]霍布斯:《利维坦》,黎思复、黎廷弼译,商务印书馆2011年版,第122页。

法登记，为个体工商户，个体工商户可以起字号。

（三）农村承包经营户

根据《民法典》第五十五条、第五十六第二款以及《农村土地承包法》（2018年修正，2019年1月1日实施）第十六条第一款，农村集体经济组织的成员，依法取得农村土地承包经营权，从事家庭承包经营的，为农村承包经营户，是本集体经济组织的农户。

（四）农村家庭户

前面谈到的农村承包经营户是《民法典》等已经给出明确称谓的权利人类别。但在农村现实中，特别是涉及农村宅基地事务时，还可能涉及普通家庭户的问题，即他们可能并非农村承包经营户，已经没有土地可耕种了，但仍然生活在农村并且属于农村集体成员。这类人员是宅基地用益物权合法主体。根据《民法典》第三百六十三条，宅基地使用权的取得、行使和转让，适用土地管理的法律和国家有关规定。根据《土地管理法》第六十二条第一款，农村村民一户只能拥有一处宅基地。显然，《土地管理法》第六十二条第一款中所说的“一户”并不一定都是农村承包经营户，可能只是一个普通的农户而已。

五、法人

根据《民法典》第五十七条，法人是具有民事权利能力和民事行为能力，依法独立享有民事权利和承担民事义务的组织。一般认为这一概念萌芽于罗马法，但罗马法本身并没有出现正式的法人概念，它是中世纪注释法学派在对罗马法进行总结提炼的基础上提出的。与自然意义上的人相比，法人属概念拟制，有多种分类方式，各国的做法也不尽相同。根据《民法典》第一编第三章，法人分为营利法人、非营利法人和特别法人三大类。

（一）营利法人

根据《民法典》第七十六条和第二百六十九条第一款，营利法人是以取得利润并分配给股东等出资人为目的成立的法人，对其不动产依照法律、行政法规以及章程享有占有、使用、收益和处分的权利，当然这里的处分权能不涉及土地所有权。根据《土地管理法》第八十五条，外商投资企业使用土地的，适用该法；法律另有规定的从其规定。由于《中华人民共和国中外合资经营企业法》《中华人民共和国外资企业法》《中华人民共和国中外合作经营企业法》已于2020年1月1日废止，开始施行统一的《外商投资法》（2020年1月1日实施），因此外商投资企业作为营利法人也适用本节分类。

1. 有限责任公司

根据《公司法》（2023年修订，2024年7月1日实施）第三条、《市场主体登记管理条例》（国务院令第746号，2022年3月1日实施）第二条和《市场主体登记管理条例实施细则》（国家市场监督管理总局令第52号，2022年3月1日实施）第九条第一款第（一）项，有限责任公司简称有限公司，是股东以其认缴的出资额为限对公司承担责任，有独立的法人财产，享有法人财产权，以其全部财产对公司的债务承担责任的营利性企业法人。

2. 股份有限公司

根据《公司法》第三条、《市场主体登记管理条例》第二条和《市场主体登记管理条例实施细则》第九条第一款第（一）项，股份有限公司简称股份公司，是股东以其认购的股份为限对公司承担责任，有独立的法人财产，享有法人财产权，以其全部财产对公司的债务承担责任的营利性企业法人。

3. 其他企业法人

其他企业法人是营利法人中除有限责任公司和股份有限公司以外的其他法人，如国有独资公司等。

（二）非营利法人

根据《民法典》第八十七条，为公益目的或者其他非营利目的成立，不向出资人、设立人或者会员分配所取得利润的法人，为非营利法人，包括事业单位、社会团体、基金会、社会服务机构等。另据《民法典》第二百六十九条第二款，营利法人以外的法人，对其不动产的权利，适用有关法律、行政法规以及章程的规定。因此，非营利法人也是不动产物权的权利主体。在本节中，暂不讨论事业单位的情形，而是在本章后面讨论具体物权时一并介绍。

1. 社会团体法人

根据《民法典》第九十条和第二百七十条，具备法人条件，基于会员共同意愿，为公益目的或者会员共同利益等非营利目的设立的社会团体，经依法登记成立，取得社会团体法人资格；依法不需要办理法人登记的，从成立之日起，具有社会团体法人资格。社会团体法人依法所有的不动产,受法律保护。

2. 捐助法人

根据《民法典》第九十二条和第二百七十条,具备法人条件,为公益目的以捐助财产设立的基金会、社会服务机构等,经依法登记成立,取得捐助法人资格。依法设立的宗教活动场所,具备法人条件的,可以申请法人登记,取得捐助法人资格。法律、行政法规对宗教活动场所有规定的,依照其规定。捐助法人依法所有的不动产,受法律保护。

(三)特别法人

根据《民法典》第九十六条,特别法人没有一个明确定义,而是采用列举的方式把机关法人、农村集体经济组织法人、城镇农村的合作经济组织法人和基层群众性自治组织法人统称为特别法人。需要指出的是,前面已经讨论了农村集体经济组织,但主要从它作为不动产物权行使主体的视角进行,带有一定的管理色彩。而《民法典》中的相关规定侧重于民事活动角色,这里就不赘述了。

六、非法人组织

根据《民法典》第一百零二条,非法人组织是不具有法人资格,但是能够依法以自己的名义从事民事活动的组织,包括个人独资企业、合伙企业、不具有法人资格的专业服务机构等,它们也是不动产物权主体。

(一)个人独资企业

根据《个人独资企业法》(2000 年 1 月 1 日实施)第二条,个人独资企业是指依照该法在中国境内设立,由一个自然人投资,财产为投资人个人所有,投资人以其个人财产对企业债务承担无限责任的经营实体。

(二)合伙企业

根据《合伙企业法》(2006 年修订,2007 年 6 月 1 日实施)第二条第一款,合伙企业是指自然人、法人和其他组织依照该法在中国境内设立的普通合伙企业和有限合伙企业。

(三)不具有法人资格的专业服务机构

目前,这类机构多指不具有法人资格的律师事务所、会计师事务所、税务师事务所和资产评估师事务所等，如根据《资产评估法》(2016年12月1日实施)第十五条第二款规定设立的有两名以上评估师合伙形式的评估机构。

第三节　不动产物权的客体

结合不动产的法律定义和生产生活常识，不动产物权的客体可分为土地和土地附着物两大类别。与不动产物权主体相比，不动产物权客体在不动产征收与补偿活动中也非常重要。它直接关系到被征收物、被补偿物、补偿物及其价值的确定，而这恰恰是在征迁活动中最易引发矛盾冲突的地方。

一、土地

土地概念有广义和狭义之分，并且这种广义和狭义的界分标准也是各不相同。例如，山岭、滩涂、海岛等在广义上也属于土地，但在狭义上则属于自然资源。从目前的立法体例来看，多一般性地提及土地，再以特别列举式提及山岭等土地的特殊类型。

(一)土地的法律定义

目前，规章以上的现行法律文件均未见关于"土地"的法律定义，基本上都是直接使用的。根据国家标准《土地基本术语》(GB/T 19231—2003，2003年11月1日实施)3.1.1，土地是地球陆地表面具有一定范围的地段，包含垂直于它上下的生物圈的所有属性，是由近地表气候、地貌、表层地质、水文、土壤、动植物以及过去和现在人类活动的结果相互作用而形成的物质系统。另据行业标准《房地产业基本术语标准》(JGJ/T 30—2015，2016年5月1日实施)2.0.4，土地是指地球陆地表面一定高度和深度的土壤、岩石和相关水文、气候、植被等要素构成的自然综合体。

(二)土地的法律分类

作为最重要的不动产类型之一，同时又是所有其他不动产类型的基座，土地分类在不动产征收与补偿法中是非常重要的，也一直为征迁各方所关注。

根据《土地管理法》第四条第二款和第三款，土地分为农用地、建设用地和未利用地三大类，这一分类方式对一系列相关的法律法规、政策文件和标准文件等起着约束作用。然而，根据《中共中央、国务院关于建立国土空间规划体系并监督实施的若干意见》(2019 年 5 月 23 日实施)、《中共中央办公厅、国务院办公厅关于建立以国家公园为主体的自然保护地体系的指导意见》(2019 年 6 月 26 日实施)、《中共中央办公厅、国务院办公厅关于在国土空间规划中统筹划定落实三条控制线的指导意见》(2019 年 11 月 1 日实施)以及《自然资源部、生态环境部、国家林业和草原局关于加强生态保护红线管理的通知(试行)》(自然资发〔2022〕142 号,2022 年 8 月 16 日实施)等文件,一个以“三区三线”为主轴的国土空间分类体系正在形成。“三区”分别是指城镇空间,即以承载城镇经济、社会、政治、文化、生态等要素为主的功能空间;农业空间,即以农业生产、农村生活为主的功能空间;生态空间,即以提供生态系统服务或生态产品为主的功能空间。与之遥相呼应,“三线”分别是指在城镇空间、农业空间、生态空间划定的城镇开发边界、永久基本农田边界、生态保护红线。

因此,在《土地管理法》确定的土地类别三分法中,未利用地中包含了相当数量的生态空间,是不能随意开发利用的。而农用地则与农业空间大致对应;建设用地与城镇空间大致对应,但并不完全相等。考虑到上述因素,本节依据自然资源部 2020 年发布的《国土空间调查、规划、用途管制用地用海分类指南(试行)》(自然资办发〔2020〕51 号,2020 年 11 月 17 日实施),参考国家标准《固定资产等资产基础分类与代码》(GB/T 14885—2022,2022 年 12 月 30 日实施),同时注意与国家标准《土地利用现状分类》(GB/T 21010—2017,2017 年 11 月 1 日实施)等衔接,既着眼当下,也给予新旧标准过渡一定的时间,对土地作如下分类:

1. 农用地

农用地是指直接用于农业生产的土地,包括耕地、林地、草地、农田水利用地、养殖水面等。但在某些分类标准中,农田水利用地被调整到公用设施用地一类。另外,根据新的发展理念,农用地中的部分也包含生态空间用地,如林地、草地和湿地等。

(1)耕地。指利用地表耕作层种植农作物为主,每年种植一季及以上(含以一年一季以上的耕种方式种植多年生作物)的土地。

(2)园地。种植以采集果、叶、根、茎、汁等为主的集约经营的多年生作物,覆盖度大于 50% 或每亩株数大于合理株数 70% 的土地,包括用于育苗的土地。

(3)林地。根据《森林法实施条例》(国务院令第 698 号修订,2018 年 3 月 19 日实施)第二条第四款,林地是指郁闭度 0.2 以上的乔木林地以及竹林地、灌木林地、疏林地、采伐迹地、火烧迹地、未成林造林地、苗圃地和县级以上人民政府规划的宜林地。

(4)草地。指生长草本植物为主的土地,包括乔木郁闭度 <0.1 的疏林草地、灌木覆盖度 <40% 的灌丛草地,不包括生长草本植物的湿地、盐碱地。

(5)湿地。指陆地和水域的交汇处,水位接近或处于地表面,或有浅层积水,且处于自然状态的土地。

(6)养殖水面。指水域滩涂,根据《水域滩涂养殖发证登记办法》(农业部令 2010 年第 9 号,2010 年 5 月 24 日实施)(农业部已撤销)第二条第一款,是指经县级以上地方人民政府依法规划或者以其他形式确定可以用于水产养殖业的水域、滩涂。

(7)农业设施建设用地。对地表耕作层造成破坏的,为农业生产、农村生活服务的乡村道路用地以及种植设施、畜禽养殖设施、水产养殖设施建设用地。

2. 建设用地

是指建造建筑物、构筑物的土地,包括城乡住宅和公共设施用地、工矿用地、交通水利设施用地、旅游用地、军事设施用地等。

(1)居住用地。城乡住宅用地及其居住生活配套的社区服务设施用地。居住用地又分为 4 类,之下又有进一步细分。

①城镇住宅用地,即用于城镇生活居住功能的各类住宅建筑用地及其附属设施用地,一类城镇住宅用地,指配套设施齐全、环境良好,以三层及以下住宅为主的住宅建筑用地及其附属道路、附属绿地、停车场等用地;二类城镇住宅用地,配套设施较齐全、环境良好,以四层及以上住宅为主的住宅建筑用地及其附属道路、附属绿地、停车场等用地;三类城镇住宅用地,配套设施较欠缺、环境较差,以需要加以改造的简陋住宅为主的住宅建筑用地及其附属道路、附属绿地、停车场等用地,包括危房、棚户区、临时住宅等用地。

②城镇社区服务设施用地,即为城镇居住生活配套的社区服务设施用地,包括社区服务站以及托儿所、社区卫生服务站、文化活动站、小型综合体育场地、小型超市等用地,以及老年人日间照料中心(托老所)等社区养老服务设施用地,不包括中小学、幼儿园用地。

③农村宅基地,即农村村民用于建造住宅及其生活附属设施的土地,包括住房、附属用房等用地。包括一类农村宅基地,农村用于建造独户住房的土地;二类农村宅基地,农村用于建造集中住房的土地。

④农村社区服务设施用地,即为农村生产生活配套的社区服务设施用地,包括

农村社区服务站以及村委会、供销社、兽医站、农机站、托儿所、文化活动室、小型体育活动场地、综合礼堂、农村商店及小型超市、农村卫生服务站、村邮站、宗祠等用地，不包括中小学、幼儿园用地。

(2)公共管理与公共服务用地。机关团体、科研、文化、教育、体育、卫生、社会福利等机构和设施的用地，不包括农村社区服务设施用地和城镇社区服务设施用地。

(3)商业服务业用地。商业、商务金融以及娱乐康体等设施用地，不包括农村社区服务设施用地和城镇社区服务设施用地。

(4)工矿用地。用于工矿业生产的土地。

(5)仓储用地。物流仓储和战略性物资储备库用地。

(6)交通运输用地。铁路、公路、机场、港口码头、管道运输、城市轨道交通、各种道路以及交通场站等交通运输设施及其附属设施用地，不包括其他用地内的附属道路、停车场等用地。

(7)公用设施用地。用于城乡和区域基础设施的供水、排水、供电、供燃气、供热、通信邮政、广播电视、环卫、消防、干渠、水工等设施用地。

(8)绿地与开敞空间用地。城镇、村庄建设用地范围内的公园绿地、防护绿地、广场等公共开敞空间用地，不包括其他建设用地中的附属绿地。它又分为3类，包括公园绿地、防护绿地、广场用地。

(9)特殊用地。军事、外事、宗教、安保、殡葬，以及文物古迹等具有特殊性质的用地。它包括军事设施用地、使领馆用地、宗教用地、文物古迹用地、监教场所用地、殡葬用地、其他特殊用地。

(10)陆地水域。陆域内的河流、湖泊、冰川及常年积雪等天然陆地水域，以及水库、坑塘水面、沟渠等人工陆地水域。它包括河流水面、湖泊水面、水库水面、坑塘水面、沟渠、冰川及常年积雪。

(11)渔业用海。为开发利用渔业资源、开展海洋渔业生产所使用的海域及无居民海岛。它包括渔业基础设施用海、增养殖用海、捕捞海域。

(12)工矿通信用海。开展临海工业生产、海底电缆管道建设和矿产能源开发所使用的海域及无居民海岛。它包括工业用海、盐田用海、固体矿产用海、油气用海、可再生能源用海、海底电缆管道用海。

(13)交通运输用海。用于港口、航运、路桥等交通建设的海域及无居民海岛。它包括港口用海、航运用海、路桥隧道用海。

（14）游憩用海。开发利用滨海和海上旅游资源，开展海上娱乐活动的海域及无居民海岛。它包括风景旅游用海、文体休闲娱乐用海。

（15）特殊用海。用于科研教学、军事及海岸防护工程、倾倒排污等用途的海域及无居民海岛。它包括军事用海、其他特殊用海。例如，《海域使用管理法》（2002年1月1日实施）第五十三条，军事用海的管理办法，由国务院、中央军事委员会依据本法制定。

3. 未利用地

是指农用地和建设用地以外的土地，即在某一地理范围内，排除了上述农用地和建设用地后的所有其他土地。需要指出的是，这里的未利用地与前面提到的自然资办发〔2020〕51号文件中代码分别为16、23和24的留白用地、其他土地和其他海域并不完全等同。一方面是由于现行土地管理法中的未利用地没有一个严格的定义，另一方面也是由于新旧土地分类标准衔接还处于过渡期，有重叠之处。考虑到中国的国情，地少人多，农村的未利用地实际上已经很少见了。即使表面上看起来是未利用地，多半也是由于各种原因引起的荒芜，而实际上就土地性质本身是已有定论的。

（1）留白用地。国土空间规划确定的城镇、村庄范围内暂未明确规划用途、规划期内不开发或特定条件下开发的用地。

（2）其他土地。上述地类以外的其他类型土地，包括盐碱地、沙地、裸土地、裸岩石砾地等植被稀少的陆域自然荒野等土地以及空闲地、田坎、田间道等。

（3）其他海域。需要限制开发，以及从长远发展角度应当予以保留的海域及无居民海岛。

二、土地附着物

上一小节讨论了作为不动产物权客体基础的土地，本小节开始介绍附着于土地的土地附着物。根据其自然禀性，土地附着物分为天然附着物和人工附着物两大类，后者随着人类对地球表面的改造日益扩大而范畴越来越大。实际上，天然附着物就是人们在狭义上所说的自然资源，它不包括土地在内。尽管全国上下各级国土资源主管部门都已经改革为自然资源主管部门，但是现行宪法、民法、土地管理法和其他法律法规中关于自然资源的广义与狭义界分问题一直没有解决，这种立法与实践之间的张力可能会在相当长时间内令人困扰不已。

（一）土地附着物的概念

从字面上来看，土地附着物就是附着于土地的物，有时也称为土地定着物，后者可能更侧重于不可移动或不便移动之意。有人认为附着物与定着物是不同的，但除了在学理上论证并未给出过硬的法律依据。《不动产登记暂行条例实施细则》第六十五条第一款第（二）项使用了“建筑物和其他土地附着物”这一表述；其第二条第二款以及第五条第二款和第三款则使用了“房屋等建筑物、构筑物以及森林、林木定着物的”这一表述，二者似有细微差别，但并无严格区分。在学理性著述中，特别是在一些民法教材中，更多地使用定着物这一概念，而在立法上则常见附着物这一概念。本书为与多数现行立法规定保持一致，在全书中统一地使用土地附着物概念，并且不对两个概念作严格区分。

在征收活动中，全国各地对土地附着物的分类各不相同，并没有统一的标准。本章依据现行法律法规的相关规定，综合不同的标准规范，对土地附着物进行初步分类。在后续的章节中，还会针对具体的权利类型和征补事务进一步讨论。

（二）土地附着物的基本分类

既然土地附着物是附着于土地的物，二者之间当然就存在一个从属关系，因此要先考察土地管理法的相关规定。在 2020 年 1 月 1 日现行土地管理法修改施行之前，关于农村集体土地征收补偿的相关规定都是笼统地提及土地附着物，而没有把农村住宅单列出来，显然是把农村住宅与其他土地附着物同等看待的。但在现行《土地管理法》第四十八条第二款中，出现了“农村村民住宅、其他地上附着物和青苗等”这样的表述。引文中的“等”字显然是一个助词，在此上下文中体现的不是列举未穷尽的意思，而是列举后的煞尾，类似《史记·项羽本纪》中的“与樊哙、夏侯婴、靳强、纪信等四人持剑盾步走”。因此，该条款对土地附着物分类运用了三分法而非四分法。《土地管理法实施条例》第二十六条第三款和第三十二条第四款也是类似的表述，不过，在该条例第四十一条出现了“地上建筑物、构筑物等附着物”表述。依据常识，住宅是建筑物的一种。

因此，从现行的土地管理基本法律来看，土地附着物有建筑物、构筑物、其他附着物和青苗四分法。除以上常见的土地附着物类型外，土壤、河流、矿藏也属于土地附着物。对于如此种类繁多的土地附着物，进行一定程度的分类就是非常有必要的了。

此外，根据《民法典》第三百四十五条，建设用地使用权可以在土地的地表、地上或者地下分别设立。根据《矿产资源法》（2009 年修正，2009 年 8 月 27 日实施）第三条第一款，地表或者地下的矿产资源的国家所有权，不因其所依附的土地的所有权或者使用权的不同而改变。这就提示我们，除土地管理法对土地附着物的类别列举以外，还应有地下矿产资源这一特殊的土地附着物。

第四节　不动产物权的内容

关于不动产物权的内容，《民法典》中已多次提及。例如，《民法典》第一百一十六条规定，物权的种类和内容，由法律规定；第二百一十六条规定，不动产登记簿是物权归属和内容的根据；第二百三十四条规定，因物权的归属、内容发生争议的，利害关系人可以请求确认权利。

在不动产物权主体与客体之间，不动产物权内容把二者连接了起来，它是以一定的权利义务为内容的社会关系。根据《民法典》物权编和债权编的相关规定，不动产物权的内容包括所有权、用益物权、担保物权和特殊情况下的准物权及其各自的具体权能。

一、所有权

不动产所有权是一种非常典型的权利类型，在某种意义上，它是物权中最能体现权利特征的，具有物权的全部权能。根据《民法典》第二百四十条和第二百四十一条，所有权人对自己的不动产，依法享有占有、使用、收益和处分的权利，所有权人有权在自己的不动产上设立用益物权和担保物权。用益物权人、担保物权人行使权利，不得损害所有权人的权益。

二、用益物权

用益物权是一种从所有权衍生出来的他物权，是一种定限物权，以支配他人所有物的使用价值为内容。不动产用益物权是用益物权的一个主要类别，根据《民法典》第三百二十三条和第三百二十六条，用益物权人对他人所有的不动产，依法享有占有、使用和收益的权利。用益物权人行使权利，应当遵守法律有关保护和合理开发利用资源、保护生态环境的规定。所有权人不得干涉用益物权人行使权利。

在不动产用益物权中，最普遍也最重要的是各类土地使用权。根据《宪法》第十条第四款和《土地管理法》第二条第三款，土地的使用权可以依照法律的规定转让。经由这一制度设计，即使我国的土地本身或土地所有权不能转让，但土地使用权可以从土地所有权中分离出来并进入要素交易市场，从而为土地的市场化配置开辟道路。可以说，土地使用权是把土地所有权与其他类型的不动产用益物权连接起来的不可或缺的法律环节。

三、担保物权

与用益物权类似，担保物权是一种他物权，也是一种定限物权，是以支配他人所有物的交换价值为内容的物权。根据《民法典》第三百八十六条，不动产担保物权人在债务人不履行到期债务或者发生当事人约定的实现担保物权的情形，依法享有就担保的不动产优先受偿的权利，但是法律另有规定的除外。

四、其他物权

除上述法定的物权内容以外，还有一些情况可参照适用，不妨称之为准物权。这里的“准”英文是 quasi，意为类似的或外表的。在本书中，准物权的类型包括特殊情况下的租赁权以及占有，但不采纳把渔业权等纳入准物权的传统做法，实际上渔业权等在《民法典》中已经有了明文规定。准物权是类似物权的财产权，具有一定程度的支配性、排他性、绝对性或对世性。

（一）特殊情况下视同物权的租赁权

租赁权是债权，不是物权，这是简单的法学常识，不需要过多争论。另外根据物权法定原则也不能任意创设新的物权种类，徒增世人的负担。不过，由于我国的特殊国情，在某些情况下还是需要对某些特殊的不动产租赁权慎重处理，如某些特殊情况下的公房租赁权或者经营性房屋租赁权等。

（二）特殊情况下视同物权的占有

关于占有概念的内涵，学界多有分歧。就现行民法的立法现状来看，并不把占有视为一种物权，而是作为一种事实来看待。但是在特殊情况下，占有可能成为法律保护的对象，不妨将其作为一种准物权予以对待。例如，广东省高级人民法院在(2020)粤民申 903 号《民事裁定书》中就判定，即使涉案房产系未经政府确权的违法建筑，但对占有仍有法律上的保护利益。

第五节　国有土地所有权

“普天之下，莫非王土，率土之滨，莫非王臣。”这句出自《诗经·小雅·北山》，后为《左传·昭公七年》转述的一句话，形象地揭示了中国这片古老大地上漫长而悠久的土地国有历史。

一、概述

国有土地所有权是当代中国不动产物权的基底，也是不动产征收与补偿目的实现后的一种土地法律状态。

（一）国有财产（不动产）所有权

《宪法》序言第六段指出我国生产资料私有制的社会主义改造已经完成，第十三段指出宪法以法律的形式确认了中国各族人民奋斗的成果，第六条第一款规定社会主义经济制度的基础是生产资料的社会主义公有制，即全民所有制和劳动群众集体所有制。众所周知，包括土地在内的不动产是最重要的生产资料，结合《土地管理法》第二条第一款，我国实行土地的社会主义公有制，即全民所有制和劳动群众集体所有制。因此。土地国家所有权就构成了当代中国不动产物权法律制度的基石。

国有不动产所有权的直接法源是《民法典》第二百四十六条第一款，法律规定属于国家所有的财产，属于国家所有即全民所有。在这里的财产概念中，显然不动产是其中最重要的一种。宪法和土地管理法均属公法，其对不动产国家所有权进行规定并不奇怪。而民法在主体上属于私法，通过私法的再次确认，不动产国家所有权在公法私法两个法域均得以确立。

（二）国有土地所有权的法律定义

在国有不动产所有权中，土地所有权是其基石。根据《民法典》第二百四十条、第二百四十二条、第二百四十六条第一款，国有土地所有权（state - owned land ownership）是指国家作为土地所有者依法对土地的占有、使用、收益和处分的权利，国家所有即全民所有。凡是法律规定专属于国家所有的土地，任何组织或者个人不能取得所有权。

根据《宪法》第十条第一款和第二款，以及《土地管理法》第九条，城市的土地和法律规定属于国家所有的农村和城市郊区的土地，属于国家所有。根据《宪法》第十条第四款和《土地管理法》第二条第三款等规定，在当代中国，土地所有权是不可以买卖或者以其他形式非法转让的，任何单位和个人不得侵占、买卖或者以其他形式非法转让土地，能够转让的只能是使用权。习惯上，人们经常把国家所有的土地简称为国有土地。以这一土地自物权为起点，国家构造了一系列土地他物权，以保证在土地所有权不变的情况下充分发挥土地的政治、经济、社会、文化、军事和生态等方面的效益。

（三）国有土地的范围

根据《宪法》第十条第一款和第二款、第九条第一款，《民法典》第二百四十二条、第二百四十六条第一款、第二百四十七条、第二百四十八条、第二百四十九条和第二百五十条；《土地管理法》第九条、《海域使用管理法》第三条第一款、《海岛保护法》第四条，国有土地的范围主要包括：一是城市的土地；二是法律规定属于国家所有的农村和城市郊区土地；三是海域；四是无居民海岛；五是法律规定不属于集体所有的森林和山岭、草原、荒地、滩涂。显然，这里的土地概念是广义的，包括山岭、荒地和海岛等。

（四）国有土地所有权的分类

根据《土地管理法》第四条第二款，土地本身在用途上分为农用地、建设用地和未利用地。因此，国有土地所有权又分为国有农用地所有权、国有建设用地所有权和国有未利用地所有权三大类。国有农用地又分为耕地、国有林地、国有草地、国有农田水利用地和国有养殖水面等。

（五）国有土地所有权的主体

国家是国有土地所有权的主体，并且它是一种极为特殊的法律主体，本章第二节第二部分已经较为详细地进行了讨论，这里就不再赘述了。需要指出，国有土地所有权是本章排序第一的不动产物权类型，在当代中国不动产物权体系中起着举足轻重的作用。

(六)国有土地所有权的内容

本章第三节讨论了不动产物权的内容这一问题,国有土地所有权的内容同样也包括占有、使用、收益和处分的基本权能。根据《民法典》第二百四十条,国家可以依法占有国有土地并进行使用,2021 年 9 月 30 日国务院批复设立的三江源国家公园、大熊猫国家公园和东北虎豹国家公园等就是国家依法行使占有和使用权能的例证。另据《民法典》第二百四十一条,国家作为国有土地所有权人可以在土地上设立国有土地使用权,并依法进行出让,这同样也是国家对土地所有权依法行使的例证。

二、国有土地的取得方式

国有土地所有权是一个法律上的物权类型,当代中国的国有土地所有权取得方式主要有以下几类。

(一)承继

1949 年 10 月 1 日,旧中国成为历史,新中国成立。此前的中华民国当然也有一定数量的国有土地,随着新生人民政权的出现自然就成为中华人民共和国的国有土地。

(二)没收

这是新中国成立前后通过对城市官僚资本等所有的土地予以没收并收归国家所有而取得的土地。

(三)土改

根据 1950 年颁布的《土地改革法》(1950 年 6 月 28 日实施,1987 年 11 月 24 日失效),相当数量的土地,包括森林、荒地、荒山和河湖海港等都收归国有。

(四)立法

1982 年 12 月 4 日,现行《宪法》颁布施行。其第十条第一款规定,城市的土地属于国家所有。自此,城市就不再有私有土地,全部属于国有。权利主体能够享有的只有地上房产的所有权或使用权等。对于 1982 年《宪法》第十条如何理解,是一个比较棘手的理论难题。显然,20 世纪 80 年代的中国已不可能再有土改,也不能把它归于没收。由于没有履行相应的征收程序,也没有任何补偿,认为它是征收也无法自圆其说,因而把它视为对新中国成立后几十年来城市土地国有化未完成的少数遗留问题一并处理可能比较恰当。

(五)征收

这是一种现今最大规模的国有土地所有权取得方式,已经纳入法治轨道,有一套严格的征收流程,也正是本书讨论的主题。

(六)其他方式

例如,根据 2014 年版的《土地管理法实施条例》第二条第(五)项和第(六)项,农村集体经济组织全部成员转为城镇居民的,原属于其成员集体所有的土地属于国有土地;因国家组织移民、自然灾害等原因,农民成建制地集体迁移后不再使用的原属于迁移农民集体所有的土地属于国有土地。尽管上述条款在新的《土地管理法实施条例》中均已不见踪影,但在其有效期间依法转为国有的土地所有权当然继续有效。

第六节　国有土地使用权

国有土地的使用主体包括国家和集体这两类公有制主体,以及自然人、法人和非法人组织等多为非公有制的民事主体。因此,国有土地使用权可划分为国有土地国家使用权、国有土地集体使用权和国有土地非公民事主体使用权三类,最后一类也称为国有土地普通使用权。它们是直接从土地国家所有权分离出来的第一层次的用益物权,其法律基础主要为《宪法》第十条第四款、《民法典》第二百四十一条和《土地管理法》第二条第三款和第十条等。

一、国有土地国家使用权

既然是国家所有的土地,那么显然国家就有权使用,此为其题中应有之义。但正如前面已经讨论过的,国家是一个抽象的概念,具体的使用需要由一些可见的有形实体来进行。

(一)国家机关

根据《民法典》第二百五十五条,国家机关对其直接支配不动产享有占有、使用以及依照法律和国务院的有关规定处分的权利。这里的不动产显然包括土地在内。需要指出的是,直接从本条款无法看出此时国家机关是以公法面目出现还是以私法面目出现。如果是前者,那么它是在行使行政职权,履行行政职能。如果是后者,根据《民法典》第九十七条和第九十八条,它属于特别法人中的机关法人。

由上述规定可知,国家机关本身并非其所直接支配不动产的所有权人,只是因国家的授权才具有不动产所有权人的部分权利。另外,其通常只有占有和使用的权能,用于维持机关的正常运转,一般不包括收益权能。最后,处分权能是有限的,只有在有法律规定或国务院规定的情况下才能行使,如果擅自对其享有的国有不动产进行处分,是非法和无效的。

有独立经费的机关和承担行政职能的法定机构从成立之日起,具有机关法人资格,可以从事为履行职能所需要的民事活动。需要注意的是,此时它是具有民事主体身份的机关法人,如果它依据职权从事行政管理活动,则是具有行政权的国家机关,而非机关法人。另结合《民法典》第一百一十四条第一款,民事主体依法享有物权。当它被撤销时,机关法人身份终止,其民事权利和义务由继任的机关法人享有和承担;没有继任机关法人的,由作出撤销决定的机关法人享有和承担。

(二)事业单位

根据《民法典》第二百五十六条,国家举办的事业单位对其直接支配的不动产享有占有、使用以及依照法律和国务院的有关规定收益、处分的权利。这里的不动产包括土地在内。注意这里的表述,与针对国家机关的规定相比,多了收益权。事业单位是一个具有中国特色的权利主体,根据《事业单位登记管理暂行条例》(国务院令第411号,2004年6月27日实施)第二条第一款,事业单位是指国家为了社会公益目的,由国家机关举办或者其他组织利用国有资产举办的,从事教育、科技、文化、卫生等活动的社会服务组织。

不过,与国家机关一样,事业单位对其享有的国有不动产同样不具有所有权人身份,而是根据国家法律规定或国务院规定行使相应的所有者权能。如果擅自处分国家不动产,属于违法且无效。例如,根据《教育法》第三十二条第三款,学校及其他教育机构中的国有资产属于国家所有。根据《高等教育法》第三十八条第一款,高等学校对举办者提供的财产、国家财政性资助、受捐赠财产依法自主管理和使用。根据该法第三十八条第二款,高等学校不得将用于教学和科学研究活动的财产挪作他用。

目前,有些事业单位还具有双重身份,承担一部分行政管理职能。虽然近年来相关改革一直在推进,但在可预见的一段时间内,仍会有部分事业单位具有这种公法角色。另据《民法典》第八十七条、第八十八条和第八十九条,它也属于非营利法人中的事业单位法人,这时它是一个纯粹的民事主体。

(三)国家出资的企业

根据《民法典》第二百五十七条,国家出资的企业,由国务院、地方人民政府依照法律、行政法规规定分别代表国家履行出资人职责,享有出资人权益。根据《企业国有资产法》第二条,企业国有资产是指国家对企业各种形式的出资所形成的权益。在这里,企业形式可能是多种多样的,包括国有独资企业、国有控股企业、国有参股企业、有国资投资的中外合资经营企业或合作企业等。

根据《企业国有资产监督管理暂行条例》(国务院令第709号,2019年3月2日实施)第五条第三款,国务院,省、自治区、直辖市人民政府,设区的市、自治州级人民政府履行出资人职责的企业,统称所出资企业。其中,国家的出资人权益主要是指国务院或地方人民政府依照法律或行政法规代表国家履行出资者职责,按照股份额享有收益权、重大事项决定权以及选择经营管理层人员等。从目前来看,主要分为三个层级,即国务院、省级人民政府和地级市人民政府等。

(四)国家作为出资人享有企业不动产权利和义务

根据《民法典》第二百六十八条,国家依法可以出资设立有限责任公司、股份有限公司或者其他企业。国家所有的不动产投到企业的,由出资人按照约定或者出资比例享有资产收益、重大决策以及选择经营管理者等权利并履行义务。这里的不动产也包括土地。

二、国有土地集体使用权

除了上一部分谈到的土地国有国用以外,实践中还有土地国有集体使用的情形,以城镇集体企业和国有农场等最为常见。根据《宪法》第八条第三款,国家保护城乡集体经济组织的合法的权利和利益,鼓励、指导和帮助集体经济的发展。这里的合法权利和利益包括土地权利和土地利益在内。

（一）城镇集体

根据《民法典》第二百六十三条，城镇集体所有的不动产，依照法律、行政法规的规定由本集体享有占有、使用、收益和处分的权利。由于土地所有权只能由国家和农村集体享有，城镇集体已经不可能再享有此项权利，因此城镇集体对于国有土地只能享有使用权。

（二）国有农场

作为一种带有鲜明时代印记的主体，国有农场拥有的土地权利主要是国有农用地，当然也包括少量的建设用地和未利用地。国有农场有广义和狭义之分，狭义上仅指从事农业生产的主体，但在广义上，还涵盖国有草场、国有牧场、国有林场或者作为企业存在的国有林业局等。根据《关于依法保护国有农场土地合法权益的意见》（国办发〔2001〕8 号，2001 年 2 月 2 日实施），县级以上人民政府及有关部门关于组建国有农场的批文和国有农场与周边农民集体签定的用地协议书，原则上应作为确认国有农场的国有土地使用权的依据，并区分不同情形作了更细致的规定。

国有农用地使用权主体确立的过程是比较曲折的。1979 年，国务院批转了《财政部、国家农垦总局关于农垦企业实行财务包干的暂行规定》（国发〔1979〕55 号，1986 年 7 月 25 日失效），农垦企业从统收统支中摆脱出来，成为一个独立的主体。同年，当时的农垦部（注：1982 年之前与国家水产总局一样是并列于原农业部的国务院部委）发布了《国营农场工作条例（试行草案）》（1979 年 8 月 1 日发布），规定国家与企业之间实行合同制，国营农场有经营自主权。自此，农场作为一个独立的主体使用国家所有的农用地，而不再仅仅只是执行国家意志的“传声筒”。

（三）农村集体

有些农村集体也是国有土地使用权主体，主要是农用地。根据《民法典》第三百三十条第二款、《土地管理法》第十三条第一款和《农村土地承包法》第十三条第二款，国家所有由农民集体使用的耕地、林地、草地以及其他用于农业的土地，依法实行土地承包经营制度，可由使用该土地的农村集体经济组织、村民委员会或者村民小组发包。

（四）特殊情况下的国企或乡镇政府等

在特殊情况下，相关国有企业和乡镇人民政府可能代行国有土地使用权权属职责。例如，根据《浦东新区国有农用地使用管理办法》（浦农业农村委规〔2021〕10号，2021年12月31日实施）第九条和第十条，国有农用地的使用权权属单位包括相关区属国企或者各镇人民政府。

三、国有土地普通使用权

国家和集体都属于公有制主体，均为比较特殊的权利主体类型。在人们的日常生活中，最常见的还是自然人、法人和非法人组织等普通民事主体作为国有土地使用权主体的情形，本书称之为国有土地普通使用权，以与国家和集体使用的情形相区分。在不动产征收与补偿活动中，这是一类最常见的被征收主体，其权利也最有可能受到侵犯。因此，厘清他们的土地使用权权属来源就显得十分重要了，本节将用较大篇幅对此进行较为详尽的讨论。

（一）法律依据

前面两类特殊的土地使用权情形都有相应的法律依据，但对于并不处于强势地位的非公民事主体而言，强调其拥有土地使用权的法律依据更显重要。

1. 主要依据

（1）宪法依据。根据《宪法》第十条第四款，任何组织或者个人不得侵占、买卖或者以其他形式非法转让土地。土地的使用权可以依照法律的规定转让。

（2）民法依据。根据《民法典》第三百二十四条，国家所有或者国家所有由集体使用以及法律规定属于集体所有的自然资源，组织、个人依法可以占有、使用和收益。这里的自然资源概念是广义上的，包括土地在内。

（3）土地法依据。根据《土地管理法》第十条，国有土地和农民集体所有的土地，可以依法确定给单位或者个人使用。

（4）专门法依据。根据《城镇国有土地使用权出让和转让暂行条例》（国务院令第732号，2020年11月29日实施）第二条第一款，国家按照所有权与使用权分离的原则，实行城镇国有土地使用权出让、转让制度，但地下资源、埋藏物和市政公用设施除外。

2. 其他依据

其他依据主要有《招标拍卖挂牌出让国有建设用地使用权规定》(国土资源部令第 39 号,2007 年 11 月 1 日实施)、《招标拍卖挂牌出让国有土地使用权规范(试行)》(国土资发〔2006〕114 号,2006 年 8 月 1 日实施)、《协议出让国有土地使用权规定》(国土资源部令第 21 号,2003 年 8 月 1 日实施)以及《协议出让国有土地使用权规范(试行)》(国土资发〔2006〕114 号,2006 年 8 月 1 日实施)等。

(二)主体的广泛性

在前面引述的法律依据中,可见有时称组织和个人,有时称单位和个人,实际上它们的范围是非常广泛的,几乎代表了所有的民事主体类型。根据《城镇国有土地使用权出让和转让暂行条例》第三条,中华人民共和国境内外的公司、企业、其他组织和个人,除法律另有规定者外,均可依照本条例的规定取得土地使用权,进行土地开发、利用、经营。

(三)次级经济利益

对于普通的国有土地使用权来说,它的经济利益属性是最受人瞩目的。根据《城镇国有土地使用权出让和转让暂行条例》第四条,依照本条例的规定取得土地使用权的土地使用者,其使用权在使用年限内可以转让、出租、抵押或者用于其他经济活动,合法权益受国家法律保护。

上述规定主要是指出让土地使用权的情形,划拨土地使用权受到的法律限制比较大。不过,在特殊情形下的划拨土地也可以转让、出租或抵押,并且根据《城镇国有土地使用权出让和转让暂行条例》第四十五条第二款,转让、出租、抵押前款划拨土地使用权的,分别依照出让土地使用权的相关规定办理。

(四)变动形式

这里所说的变动形式,是在比较宽泛的意义上使用的,包括了出让、转让和其他物权的市场化和非市场化变动方式。

1. 土地使用权出让

国有土地使用权出让是土地的国家所有权对外分离出使用权的第一步,与转让不同,需要特别注意。《城镇国有土地使用权出让和转让暂行条例》从第八条到第十八条对此进行了规制。

（1）法律定义。根据该条例第八条第一款，土地使用权出让是指国家以土地所有者的身份将土地使用权在一定年限内让与土地使用者，并由土地使用者向国家支付土地使用权出让金的行为。

（2）书面合同。根据该条例第八条第二款，土地使用权出让应当签订出让合同。

（3）出让主体。根据该条例第九条，土地使用权的出让，由市、县人民政府负责，有计划、有步骤地进行。

（4）出让方。根据该条例第十一条，土地使用权出让合同应当按照平等、自愿、有偿的原则，由市、县人民政府自然资源管理部门与土地使用者签订。在实务中，这一部门被称为出让方，而另一方被称为受让方。

（5）出让条件。根据该条例第十条，土地使用权出让的地块、用途、年限和其他条件，由市、县人民政府土地管理部门会同城市规划和建设管理部门、房产管理部门共同拟定方案，按照国务院规定的批准权限报经批准后，由土地管理部门实施。

（6）出让年限。根据该条例第十二条，土地使用权出让最高年限按下列用途确定：①居住用地七十年；②工业用地五十年；③教育、科技、文化、卫生、体育用地五十年；④商业、旅游、娱乐用地四十年；⑤综合或者其他用地五十年。

（7）出让方式。根据该条例第十三条第一款，土地使用权出让可以采取下列方式：①协议；②招标；③拍卖。根据该条第二款，依照前款规定方式出让土地使用权的具体程序和步骤，由省、自治区、直辖市人民政府规定。

（8）支付出让金。根据该条例第十四条，土地使用者应当在签订土地使用权出让合同后六十日内，支付全部土地使用权出让金。逾期未全部支付的，出让方有权解除合同，并可请求违约赔偿。

（9）提供使用权。根据该条例第十五条，出让方应当按照合同规定，提供出让的土地使用权。未按合同规定提供土地使用权的，土地使用者有权解除合同，并可请求违约赔偿。

（10）取得使用权。根据该条例第十六条，土地使用者在支付全部土地使用权出让金后，应当依照规定办理登记，领取土地使用证，取得土地使用权。

（11）使用要求。根据该条例第十七条第一款，土地使用者应当按照土地使用权出让合同的规定和城市规划的要求，开发、利用、经营土地。根据该条第二款，未按合同规定的期限和条件开发、利用土地的，市、县人民政府土地管理部门应当予以纠正，并根据情节可以给予警告、罚款直至无偿收回土地使用权的处罚。

根据原国土资源部和原国家工商行政管理总局发布的《〈国有建设用地使用权出让合同〉示范文本》(GF—2008—2601,国土资发〔2008〕86 号,2008 年 7 月 1 日实施)十三条,受让人在本合同项下宗地范围内新建建筑物、构筑物及其附属设施的,应符合市(县)政府规划管理部门确定的出让宗地规划条件。

(12)改变用途的特别要求。根据该条例第十八条,土地使用者需要改变土地使用权出让合同规定的土地用途的,应当征得出让方同意并经土地管理部门和城市规划部门批准,依照本章的有关规定重新签订土地使用权出让合同,调整土地使用权出让金,并办理登记。

2. 土地使用权划拨

在国有土地所有权中分离出土地使用权的方式中,除了出让以外,还有一种方式,就是划拨。它也是从所有权中的第一层分离,但在后续利用方面受到的法律限制更大一些,《城镇国有土地使用权出让和转让暂行条例》第四十三条至第四十五条对此作出了规定。

(1)法律定义。根据该条例第四十三条第一款,划拨土地使用权是指土地使用者通过各种方式依法无偿取得的土地使用权。需要对这里的无偿概念有一个正确认识,它仅仅是指在取得过程中是无偿的,但该纳的税还是要纳的。根据该条第二款,前款土地使用者应当依照《中华人民共和国城镇土地使用税暂行条例》的规定缴纳土地使用税。

(2)转让、出租或抵押受限。根据该条例第四十四条,划拨土地使用权,除本条例第四十五条规定的情况外,不得转让、出租、抵押。根据该条例第四十六条,对未经批准擅自转让、出租、抵押划拨土地使用权的单位和个人,市、县人民政府土地管理部门应当没收其非法收入,并根据情节处以罚款。

根据该条例第四十五条第一款,符合下列条件的,经市、县人民政府土地管理部门和房产管理部门批准,其划拨土地使用权和地上建筑物、其他附着物所有权可以转让、出租、抵押:①土地使用者为公司、企业、其他经济组织和个人;②领有国有土地使用证;③具有地上建筑物、其他附着物合法的产权证明;④依照本条例第二章的规定签订土地使用权出让合同,向当地市、县人民政府补交土地使用权出让金或者以转让、出租、抵押所获收益抵交土地使用权出让金。

3. 土地使用权转让

国有土地使用权从国有土地所有权中分离出来后,就完成了出让过程。在此基础上,还可以进一步向外流转,以更好地实现土地价值。其中,转让是其比较重要的一种方式,《城镇国有土地使用权出让和转让暂行条例》第十九条到第二十六条作出了相应规定。

(1)法律定义。根据该条例第十九条第一款,土地使用权转让是指土地使用者将土地使用权再转移的行为,包括出售、交换和赠与。根据该条第二款,未按土地使用权出让合同规定的期限和条件投资开发、利用土地的,土地使用权不得转让。

(2)书面合同。根据该条例第二十条,土地使用权转让应当签订转让合同。

(3)出让权利义务同步转移。根据该条例第二十一条,土地使用权转让时,土地使用权出让合同和登记文件中所载明的权利、义务随之转移。

(4)转让年限。根据该条例第二十二条,土地使用者通过转让方式取得的土地使用权,其使用年限为土地使用权出让合同规定的使用年限减去原土地使用者已使用年限后的剩余年限。

(5)房地一体。根据该条例第二十三条,土地使用权转让时,其地上建筑物、其他附着物所有权随之转让。

根据该条例第二十四条第一款,地上建筑物、其他附着物的所有人或者共有人,享有该建筑物、附着物使用范围内的土地使用权。根据该条第二款,土地使用者转让地上建筑物、其他附着物所有权时,其使用范围内的土地使用权随之转让,但地上建筑物、其他附着物作为动产转让的除外。

(6)过户登记。根据该条例第二十五条第一款,土地使用权和地上建筑物、其他附着物所有权转让,应当依照规定办理过户登记。根据其第二款,土地使用权和地上建筑物、其他附着物所有权分割转让的,应当经市、县人民政府土地管理部门和房产管理部门批准,并依照规定办理过户登记。

(7)转让价格调控。根据该条例第二十六条第一款,土地使用权转让价格明显低于市场价格的,市、县人民政府有优先购买权。根据该条第二款,土地使用权转让的市场价格不合理上涨时,市、县人民政府可以采取必要的措施。

(8)改变用途的特别要求。根据该条例第二十七条,土地使用权转让后,需要改变土地使用权出让合同规定的土地用途的,依照本条例第十八条的规定办理。

4. 土地使用权出租

前面讨论的是土地使用权转让,包括出售、交换和赠与。打个并不十分贴切的比喻,这相当于把使用权作为“所有权”转移给了他人。除此以外,在保留使用权的情况下,可以把它出租。

(1)法律定义。根据《城镇国有土地使用权出让和转让暂行条例》第二十八条第一款，土地使用权出租是指土地使用者作为出租人将土地使用权随同地上建筑物、其他附着物租赁给承租人使用，由承租人向出租人支付租金的行为。

（2）禁止出租的情形。根据该条例第二十八条第二款，未按土地使用权出让合同规定的期限和条件投资开发、利用土地的，土地使用权不得出租。

（3）书面合同。根据该条例第二十九条，土地使用权出租，出租人与承租人应当签订租赁合同。租赁合同不得违背国家法律、法规和土地使用权出让合同的规定。

（4）出租人的保留义务。根据该条例第三十条，土地使用权出租后，出租人必须继续履行土地使用权出让合同。

（5）依法登记。根据该条例第三十一条，土地使用权和地上建筑物、其他附着物出租，出租人应当依照规定办理登记。

5. 土地使用权抵押

除了转让和出租以外，土地使用权还可以作为一种担保物权实现其价值。基于不动产的根本属性，实际上就是抵押权。

（1）法律依据。根据《城镇国有土地使用权出让和转让暂行条例》第三十二条，土地使用权可以抵押。

（2）房地一体。根据该条例第三十三条，土地使用权抵押时，其地上建筑物、其他附着物随之抵押。地上建筑物、其他附着物抵押时，其使用范围内的土地使用权随之抵押。

（3）书面合同。根据该条例第三十四条，土地使用权抵押，抵押人与抵押权人应当签订抵押合同。抵押合同不得违背国家法律、法规和土地使用权出让合同的规定。

（4）抵押登记。根据该条例第三十五条，土地使用权和地上建筑物、其他附着物抵押，应当依照规定办理抵押登记。

（5）抵押不动产的处分。根据该条例第三十六条和第三十七条，抵押人到期未能履行债务或者在抵押合同期间宣告解散、破产的，抵押权人有权依照国家法律、法规和抵押合同的规定处分抵押财产。因处分抵押财产而取得土地使用权和地上建筑物、其他附着物所有权的，应当依照规定办理过户登记。处分抵押财产所得，抵押权人有优先受偿权。

6. 土地使用权终止

根据《城镇国有土地使用权出让和转让暂行条例》第三十九条，土地使用权因土地使用权出让合同规定的使用年限届满、提前收回及土地灭失等原因而终止。

(1)终止处理。根据该条例第四十条,土地使用权期满,土地使用权及其地上建筑物、其他附着物所有权由国家无偿取得。土地使用者应当交还土地使用证,并依照规定办理注销登记。

(2)续期规定。根据该条例第四十一条,土地使用权期满,土地使用者可以申请续期。需要续期的,应当依照本条例第二章的规定重新签订合同,支付土地使用权出让金,并办理登记。

第七节　国有土地附着物所有权

前面两节分别对国有土地所有权和国有土地使用权进行了考察,从本节开始,对国有土地附着物所有权展开讨论,这样的顺序安排是有意为之的。由国有土地所有权到国有土地使用权,再到国有土地附着物所有权,由里而外,对它们进行抽丝剥茧式的三层次分析,厘清国家、集体和非公民事主体这三类权利主体,才能真正把握国有土地附着物所有权的全貌和实质。

一、国有土地附着物国家所有权

国有土地附着物国家所有权的情形主要包括狭义自然资源、基础设施和国有公房等。由于属于国有,一般来说不存在征收与补偿问题,国家可以直接调配使用。当然,在特定情形下也是需要进行征收与补偿的,只是具体做法相对普通权利主体而言有其自身特点。

(一)狭义自然资源

根据《国务院关于全民所有自然资源资产有偿使用制度改革的指导意见》(国发〔2016〕82号,2016年12月29日实施),全民所有自然资源是宪法和法律规定属于国家所有的各类自然资源,主要包括国有土地资源、水资源、矿产资源、国有森林资源、国有草原资源、海域海岛资源等。显然,这里的自然资源概念是包含土地资源的,是一种明显的广义观点。

但正如前文已经讨论过的,狭义的自然资源不含土地。《宪法》的第九条和第十条、《民法典》第二百四十九条和第二百五十条以及《土地管理法》都是如此处理的,只不过把土地放在了自然资源的前面进行列举。从法律位阶上来看,显然要尊重宪法和法律的规定。

(二)基础设施

基础设施(infrastructure)是指一个国家为国民经济、社会发展和公众生活提供公共服务的工程设施,通常为民用,但有时也包括军用或军民两用的设施。根据《民法典》第二百五十四条第二款,铁路、公路、电力设施、电信设施和油气管道等基础设施,依照法律规定为国家所有的,属于国家所有。

(三)国有公房

除上面讨论过的土地、狭义自然资源和基础设施等以外,国家作为一个不动产物权主体对普通的建筑物和构筑物都可以享有所有权,如普通住宅或办公楼等。在这一点上,国家与其他物权主体没有什么不同,并且这些不动产类型也不具有专有性。需要注意的是,如果说土地和狭义自然资源等的所有权登记可以不予进行或者空白。但国有房屋是需要登记的,并且可以直接登记在某些国家机关名下。例如,根据中共中央办公厅、国务院办公厅《党政机关办公用房管理办法》(中办发〔2017〕70号,2017年12月5日实施)第五条第一款,党政机关办公用房的房屋所有权、土地使用权等不动产权利(办公用房权属),统一登记至本级机关事务管理部门名下。

目前,尚无全国统一的关于国有房屋管理方面的法律法规。原建设部曾于1994年3月23日制定过《城市公有房屋管理规定》,但这部规章已于2001年10月26日废止。在实际工作中,各地更多地适用地方性法规或规范性文件。如《北京市人民政府关于城市公有房屋管理的若干规定》(北京市人民政府第12号令,1997年12月31日实施)、《上海市房屋租赁条例》(2010年修正,2010年9月17日实施,2023年2月1日失效)以及《广东省公有房产管理办法》(广东省人民政府令第75号修改,2002年7月1日实施)等。

1. 所有人

以上海市为例,根据《上海市城镇公有房屋管理条例》(1999年12月27日失效)第三条第一款,全民所有的房屋产权属国家所有。由国家授权管理全民所有房屋的国家机关、团体、部队、全民所有制企业、事业单位,在授权范围内,依法行使权利。根据该条例第三十九条第二款,全民所有房屋的所有人系指在国家授权范围内依法行使权利的国家机关、团体、部队、全民所有制企业、事业单位。尽管该条例已经失效,但所有权的设定并不因此发生改变。

2. 经营人

以北京市为例,根据《北京市人民政府关于城市公有房屋管理的若干规定》第三条第(一)项,机关、团体、学校等行政、事业单位使用的全民所有的公房,由房管机关所属的管房单位直接管理,或按现实情况由各该单位自行管理。根据该条第(二)项,国有企业使用的全民所有的公房,除由房管机关所属单位或其他行政事业单位管理的以外,属国家授予企业经营管理的固定资产,由企业负责管理。

二、国有土地附着物集体所有权

根据《民法典》第二百六十三条,城镇集体所有的不动产,依照法律、行政法规的规定由本集体享有占有、使用、收益和处分的权利。除了可以享有国有土地使用权以外,当然还可以享有土地上的房屋及其附属设施等的所有权。集体所有的房屋,与国有房屋一样也属于公有房屋。关于集体所有的公房,相关法律规定与国有公房相似,可参阅关于国有公房的情形。

例如,根据《上海市城镇公有房屋管理条例》第三条第二款,集体所有的房屋产权属其劳动群众集体所有。劳动群众集体组织享有占有、使用、收益和处分的权利。根据《上海市城镇公有房屋管理条例》第三十九条第三款,集体所有房屋的所有人系指劳动群众集体组织。同样,尽管该条例已经失效,但此期间确认或取得的权属并不会因此发生改变。

三、国有土地附着物普通所有权

前面两个小节讨论的主题是国有土地附着物国家所有权和集体所有权,本小节考察二者之外的普通民事主体作为房屋所有权主体的情形。正如上一节所讨论的,单位和个人可以拥有国有土地使用权。一旦拥有了这一权利,就可能享有土地附着物所有权,即国有土地附着物普通所有权。在全部不动产征收与补偿活动中,包括房屋等在内的国有土地附着物所有权面临的征收是最常见的,其权利也最容易遭到侵犯。

(一)与国有土地使用权的关系

根据《民法典》第三百四十四条,建设用地使用权人依法对国家所有的土地享有占有、使用和收益的权利,有权利用该土地建造建筑物、构筑物及其附属设施。根据《民法典》第三百五十二条，建设用地使用权人建造的建筑物、构筑物及其附属设施的所有权属于建设用地使用权人，但是有相反证据证明的除外。

（二）自建房

根据前面刚刚提到的《民法典》第三百四十四条和第三百五十二条，理论上城镇国有土地上是可以建造房屋等附着物的。不过，由于我国地少人多的现实国情，普通人想拥有的一户建可能只是一个美好的想象而已。另外，由于严格的城乡规划管制，即使取得了国有土地使用权，想要自行建造房屋也不太可行，更遑论相应的给排水、电力、燃气和网络等辅助设施配套方面的条件局限。目前，在国有土地上自建房的数量不多，在可预见的将来也不会大规模出现。由此可见，国有土地上自建房所有权只是偶尔可见的情形。

（三）商品房

相比土地所有权和土地使用权而言，针对国有土地上房屋所有权主体的限制还是比较少的。目前，从国内来看主要是一些大中型城市为防止楼市过热而采取的限制措施，从国外来看是针对一些外籍民事主体的限制。

在当下，商品房有特殊的含义，而非可用于出售的都是商品房。一般它需要经过有关政府部门批准，由开发公司开发。其中又分为不限价的完全商品房和限价商品房两类，前者完全随行就市；后者在土地出让时就被限定了一个价格或价格区间，并且在将来出售时也有一定的限制条件。

（四）其他房屋

在现实生活中，还有其他一些特殊类型的房屋。尽管数量与商品住宅相比可能不大，但其由于特殊性在不动产征收与补偿活动中产生了新问题。它们包括经济适用房、集资房、房改房、公租房、廉租房、安置房和“城中村”房屋等。它们的所有权基本上是不完全产权，有些还存在诸多先天缺陷。部分是由于这些原因，这类房屋不仅在交易时可能产生一系列复杂的法律纠纷，在征收时无论是对于征收方还是被征收方而言都可能成为“烫手的山芋”。

第八节　集体土地所有权

根据《宪法》第六条第一款，劳动群众集体所有制是除全民所有制之外另一种以社会主义经济制度为基础的生产资料社会主义公有制的实现形式，包括农村集体和城镇集体两大类。农村集体可拥有集体土地所有权，而城镇集体则不具有这一资格，因此，所谓的集体土地所有权只能是针对农村集体而言的。

一、概述

当前，与国有土地上征迁活动逐渐走向规范的趋势相比，集体土地上征迁活动引发的法律纠纷却与日俱增。其中，几乎每一个案例都若隐若现地与集体土地所有权问题有着这样或那样的潜在勾连。

（一）集体土地所有权的法律基础

根据《宪法》第十条第二款、《民法典》第二百六十条第（一）项以及《土地管理法》第九条第二款，农村和城市郊区的土地，除由法律规定属于国家所有的以外，属于集体所有；宅基地和自留地、自留山，也属于集体所有。根据《民法典》第二百六十五条第一款，集体所有的不动产受法律保护，禁止任何组织或者个人侵占、哄抢、私分、破坏。需要指出的是，集体所有的土地，只包括其空间或位置，不包括其土壤。

（二）集体土地所有权的主体

在本章第 2 节第 3 小节，已经谈到了“集体”这一概念，它正是本节要讨论的集体土地所有权的主体。集体还可以成为集体土地使用权的主体，以及集体土地附着物所有权的主体，但集体土地所有权的主体只能是集体本身，而不能是其他任何主体。

（三）集体土地所有权的客体

根据《土地管理法》第四条第二款和第三款，与国有土地所有权客体的分类情形一样，集体所有的土地也分为农用地、建设用地和未利用地三类。其中，农用地是指直接用于农业生产的土地，包括耕地、林地、草地、农田水利用地、养殖水面等；建设用地是指建造建筑物、构筑物的土地，包括村庄住宅和乡村公共设施用地等；未利用地是指农用地和建设用地以外的土地，包括荒地等。

（四）集体土地所有权的内容

与国有土地所有权的内容一样，根据《民法典》第二百四十条，集体土地所有权的内容包括集体对其所有的土地依法享有占有、使用、收益和处分的权利。当然，集体毕竟与国家不同，集体在行使上述权能的时候，必须遵守相关法律规定。除此以外，根据《土地管理法》第二条第三款和第十条，集体土地所有权中也可以分离出集体土地使用权。但与国有土地使用权相比，集体土地使用权在法律上受到的限制更大，市场流动性更弱，价值变现能力更低。

二、集体成员资格认定立法

前面已经提到，集体本身是一个抽象的概念。如果要行使集体土地所有权，就必须有一个有形的实体来做出相应的行为。在这一过程中，就必然涉及集体成员资格认定问题。

（一）概念辨析

仅在《民法典》中，就提到了三个相似的概念。首先是第一千一百六十条的“集体所有制组织成员”，从上下文来看它显然既包括农村集体也包括城镇集体；其次是第五十五条的“农村集体经济组织成员”；最后是第二百六十一条和其他条文的“集体成员”。

从严格的法律规定来看，农村集体成员资格与集体经济组织成员资格不是同一概念。在同时存在农村集体与农村集体经济组织的情况下，这两个概念基本上可以互换使用。但是如果没有成立农村集体经济组织，相应的管理事务需要由村民委员会或村小组来承担。在这种情况下，把集体成员与集体经济组织成员混为一谈就不合适了。这也是为什么《民法典》第一百零一条第二款作如下规定：未设立村集体经济组织的，村民委员会可以依法代行村集体经济组织的职能。

（二）国家层面立法

根据《农村土地承包法》第六十九条，确认农村集体经济组织成员身份的原则、程序等，由法律、法规规定。由此可见，只有法律、法规才能对此进行规定。由于《农村土地承包法》是全国人大常委会通过的法律，这一留白条款的指引力是不容小觑的。

但令人遗憾的是，目前在国家层面既无法律也无法规对此进行规定。在这种情况下，相关的政策文件或者地方立法以及司法判例等可能需要发挥其作用。其中，一些基层政府的法律文件更是起着直接的规则供给重任。2013 年 5 月，全国人大常委会法制工作委员会作出《对十二届全国人大一次会议第 3220 号建议的答复》，明确农村集体经济组织成员资格的认定可在当地人民政府指导下，根据本地、本村实际情况，由所在村的村集体经济组织依照法定程序予以认定。该答复曾被浙江省高级人民法院(2016)浙民申 2985 号《民事裁定书》引用。

(三)国家政策文件

根据《中共中央、国务院关于稳步推进农村集体产权制度改革的意见》(2016 年 12 月 26 日实施)“四(十)”，在确认农村集体经济组织成员身份时，要依据有关法律法规，按照尊重历史、兼顾现实、程序规范、群众认可的原则，统筹考虑户籍关系、农村土地承包关系、对集体积累的贡献等因素，协调平衡各方利益，做好农村集体经济组织成员身份确认工作，解决成员边界不清的问题。改革试点中，要探索在群众民主协商基础上确认农村集体经济组织成员的具体程序、标准和管理办法，建立健全农村集体经济组织成员登记备案机制。成员身份的确认既要得到多数人认可，又要防止多数人侵犯少数人权益，切实保护妇女合法权益。

根据《中共中央、国务院关于抓好“三农”领域重点工作确保如期实现全面小康的意见》(2020 年 1 月 2 日实施)“五(二十七)”，也要求全国各地有序开展集体成员身份确认，并把它作为新时期农村重点改革任务之一。

(四)民政部《村民委员会选举规程》

在实践中，曾有人主张在某村参加人大代表选举，户籍在该村且由该村发放了选民资格证，以此来证明其为某村集体成员。坦率地讲，这是比较牵强的。不过，如果户籍在本村，同时也能参加村委会选举，或者户籍不在本村，但本村村民会议或村民代表会议同意其参加选举的，证明其本村集体成员资格就比较有说服力了。根据民政部《村民委员会选举规程》(民发〔2013〕76 号，2013 年 5 月 2 日实施)第三章关于登记对象的规定，认为三类人员属于可以参加选举的人员，即(1)户籍在本村并且在本村居住的村民；(2)户籍在本村，不在本村居住，本人表示参加选举的村民；(3)户籍不在本村，在本村居住一年以上，本人申请参加选举，并且经村民会议或者村民代表会议同意参加选举的公民。

(五)司法解释

目前的司法解释也没有较为对应的相关文件。“最高人民法院在制定《关于审理涉及农村土地承包纠纷案件适用法律问题的解释》过程中曾对农村集体经济组织成员资格的确定问题提出了初步意见。后经最高人民法院审判委员会讨论认为，农村集体经济组织成员资格问题事关广大农民的基本民事权利，属于《立法法》(2015年)第四十五条第一项规定的情形，其法律解释权在全国人大常委会，最高人民法院不宜通过司法解释的形式对此问题予以规定。在此情况下，司法解释未能对此问题予以明确以弥补立法的空白。”①

尽管尚无具有直接拘束力的司法解释，根据《最高人民法院关于为实施乡村振兴战略提供司法服务和保障的意见》(法发〔2018〕19号，2018年10月23日实施)的相关规定，要求各级法院依法妥善处理农村集体经济组织成员资格问题，保护农民基本财产权利。充分认识集体经济组织成员资格对农民享有土地承包经营权、宅基地使用权和集体收益分配权等基本财产权利的重要意义，审慎处理尊重村民自治和保护农民基本财产权利的关系，防止简单以村民自治为由剥夺村民的基本财产权利。不断加强与农村农业管理部门、土地管理部门等单位的沟通协作，依法依规保护农村外嫁女(出嫁女)、入赘女婿(上门女婿)的合法权益。

另据《最高人民法院关于为抓好“三农”领域重点工作确保如期实现全面小康提供司法服务和保障的意见》(法发〔2020〕15号，2020年4月26日实施)规定，各级法院要依法妥善审理农村集体经济组织成员资格纠纷，保护农民基本财产权利。对于因分配土地补偿费、其他集体经济收益等产生的集体组织成员资格认定问题，综合考虑当事人生产生活状况、户口登记状况以及农村土地对农民的基本生活保障功能等因素认定相关权利主体。将当事人是否获得其他替代性基本生活保障作为重要考量因素，慎重认定当事人权利主体资格的丧失，注重依法保护妇女、儿童等群体的合法权益。

《最高人民法院第八次全国法院民事商事审判工作会议(民事部分)纪要》也提出了类似的要求，根据其规定，各级法院要在现行法律规定框架内，综合考虑当事人生产生活状况、户口登记状况以及农村土地对农民的基本生活保障功能等因素认定相关权利主体。要以当事人是否获得其他替代性基本生活保障为重要考量因素，慎重认定其权利主体资格的丧失，注重依法保护妇女、儿童以及农民工等群体的合法权益。

---

① 赵风暴：《关于农村集体经济组织成员资格问题的几点思考》，载《人民法院报》2022年9月1日，第7版。

（六）地方性立法

根据前述法律授权，许多地方的人大常委会或人民政府制定了各自的地方性法规或规章，在各自的管辖区域内适用。在有的地方，设区的市或区县政府也制定了相应的细则类文件。

以浙江省为例，《浙江省村经济合作社组织条例》（2020 年 7 月 31 日实施）区分三种情况进行了规定。首先，根据其第十七条，户籍在本村，符合下列条件之一，且遵守村经济合作社章程的农村居民，为本村经济合作社社员：（1）开始实行农村双层经营体制时原生产大队成员；（2）父母双方或者一方为本村经济合作社社员的；（3）与本社社员有合法婚姻关系落户的；（4）因社员依法收养落户的；（5）政策性移民落户的；（6）符合法律、法规、规章、章程和国家、省有关规定的其他人员。其次，根据其第十八条，因下列原因之一户籍关系迁出本村或者被注销的，应当保留社员资格：（1）解放军、武警部队的现役义务兵和符合国家有关规定的初级士官；（2）全日制大、中专学校的在校学生；（3）被判处徒刑的服刑人员；（4）符合法律、法规、规章、章程和国家、省有关规定的其他人员。最后，根据其第十九条第一款，除本条例第十七条、第十八条规定以外的人员，履行村经济合作社章程规定义务，经本社社员（代表）大会表决通过的，可以成为本社社员或者保留本社社员资格。

再以广东省为例，《广东省农村集体经济组织管理规定》（广东省人民政府令第 189 号，2013 年 6 月 20 日实施）第十五条用四个款分别针对 4 种情况进行了规定。首先，其第一款，原人民公社、生产大队、生产队的成员，户口保留在农村集体经济组织所在地，履行法律法规和组织章程规定义务的，属于农村集体经济组织的成员。其次，其第二款，实行以家庭承包经营为基础、统分结合的双层经营体制时起，集体经济组织成员所生的子女，户口在集体经济组织所在地，并履行法律法规和组织章程规定义务的，属于农村集体经济组织的成员。再次，其第三款，实行以家庭承包经营为基础、统分结合的双层经营体制时起，户口迁入、迁出集体经济组织所在地的公民，按照组织章程规定，经社委会或者理事会审查和成员大会表决确定其成员资格；法律、法规、规章和县级以上人民政府另有规定的，从其规定。最后，其第四款，农村集体经济组织成员户口注销的，其成员资格随之取消；法律、法规、规章和组织章程另有规定的，从其规定。

（七）其他规范性文件

在实际工作中，甚至还有乡镇人民政府发布适用于本地的更细节性的规范性文件。例如,湖南省岳阳市华容县章华镇人民政府就发布了《章华镇农村集体经济组织成员身份界定工作实施方案》(章政办发〔2019〕58 号,2019 年 7 月 13 日实施),分 12 种情形直接认定,分 6 种情形由成员大会或成员代表会议表决后间接决定,分 8 种情形不予认定。严格来说,这类文件都不属于法规或规章,一旦涉及诉讼,人民法院未必会认可其法律效力。但如果它们不与现行法律法规相冲突,且有利于保护弱势群体的利益,人民法院可能也会酌情参考适用。

三、集体成员资格认定实务

前面已经提到,在全国层面并无关于集体成员资格认定的统一立法。而在各地方层面的立法中,也不可能涵盖全部情形。在这种情况下,人民法院的能动司法作用就必须受到重视。

(一)相关纠纷处理的法律依据

根据《民法典》第二百六十五条第二款,农村集体经济组织、村民委员会或者其负责人作出的决定侵害集体成员合法权益的,受侵害的集体成员可以请求人民法院予以撤销。

根据《村民委员会组织法》第二十七条第二款和第三款,村民自治章程、村规民约以及村民会议或者村民代表会议的决定不得与宪法、法律、法规和国家的政策相抵触,不得有侵犯村民的人身权利、民主权利和合法财产权利的内容。村民自治章程、村规民约以及村民会议或者村民代表会议的决定违反前款规定的,由乡、民族乡、镇的人民政府责令改正。根据该法第三十六条第二款,村民委员会不依照法律、法规的规定履行法定义务的,由乡、民族乡、镇的人民政府责令改正。

根据《农村集体经济组织示范章程(试行)》第三十条,成员(代表)大会、理事会或监事会的决议违反法律、法规、政策和章程规定,侵害本社利益或成员合法权益的,任何成员有权向乡镇人民政府(街道办事处)或县(市、区)有关部门反映或依法提起诉讼,任何组织、个人不得阻挠或打击报复。

(二)相关纠纷处理的共性问题

从全国范围来看,因集体成员资格引发的纠纷量长期居高不下,成为“三农”问题中的焦点问题。由于没有统一的立法,不同法院的裁判标准和尺度也各不相同,这里仅撷取部分实例,从中可窥其未来的发展趋势。

1. 直接向人民法院起诉的受理可能性

以北京市为例,根据《北京市高级人民法院关于涉农纠纷受理问题的指导意见》(京高法发〔2005〕264 号,2005 年 10 月 18 日实施)“三(三)”,村民起诉村民委员会或者村集体经济组织,要求确认其享有村民资格的案件,不予受理。

2. 属地乡镇政府先行处理

以广东省为例,根据广东省高级人民法院(2020)粤民申 12408—12412 号《民事裁定书》,作为侵害集体经济组织成员权益纠纷,某街道办作出行政处理决定书后,对黄某某等人具有惠州市惠城区某街道某村的集体经济组织成员资格予以确认。上述行政处理决定书作出后,某经济合作社对此并未提起行政复议以及行政诉讼,在某经济合作社未能提交证据证明上述行政决定已被依法撤销的情况下,二审法院据此认定黄某某等人具有某经济合作社成员资格并享有分红收益并无不当。

3. 冻结时点问题

2018 年 5 月 15 日,《最高人民法院发布 8 起人民法院征收拆迁典型案例(第二批)》。其中,“王某某诉北京市房山区住房和城乡建设委员会拆迁补偿安置行政裁决案”位列第一,其裁判文书载体为北京市第二中级人民法院(2014)二中行终字第 1289 号《行政判决书》。该案的核心在于,集体成员资格在集体土地征收拆迁中关乎补偿安置人员资格,有些地方在征迁实践中仅仅考虑行政效率,简单地设立一个时间节点冻结迁入,排除因婚姻、出生、回国、军人退伍转业等原因必须入户或分户的特殊情形,导致这些弱势群体的合法征迁利益得不到保护,这是错误的。

4. 村民会议与集体成员资格

以河南省为例,根据河南省新乡市中级人民法院(2008)新中民一终字第 545 号《民事判决书》,[①]户籍在本村,且在外村未享受过村民待遇,即使在形式上被迫出具放弃声明,但其集体成员资格并不因此丧失。

5. 集体成员资格原始取得

以广西为例,根据广西壮族自治区高级人民法院(2019)桂民申 5364 号《民事裁定书》,被申请人出生后随母亲刘某某落户在再审申请人所在的集体经济组织,自出生之日起,即属于再审申请人的集体经济组织成员,属于原始取得。被申请人随母亲在再审申请人村民小组内生活、读书、建房居住,户籍一直未迁移。被申请人应与其他村民享有同等待遇和在农村集体经济组织中的各项利益。

---

① 参见张西、王文信:《集体经济组织成员资格不因放弃而取消》,《人民司法》2009 年第 18 期。

6. 户口迁入与集体成员资格的联系

以北京市为例，根据北京市高级人民法院（2016）京民申 3130 号《民事裁定书》，经原审法院向南街村村委会调查，南街村村委会称 1982 年前户口迁入南街村的属于南街村集体经济组织成员，侯某某及家人的户口均系 1982 年后迁入南街村，故侯某某及家人不属于南街村集体经济组织成员，亦不享受南街村集体经济组织成员过年过节的分红、福利等待遇。在上述调查的基础上原审认定侯某某非南街村集体经济组织成员无不当之处，并据此确认张某某与侯某某签订的房屋买卖协议无效也无不妥。

7. 形式要件加实质要件审查

以山西省为例，根据山西省高级人民法院（2019）晋民申 80 号《民事裁定书》，集体成员资格认定通常以是否形成较为固定的生产、生活为基本条件，并结合是否具有依法登记的集体经济所在地常住户口为一般原则，同时还应考虑农村富余劳动力向城市转移的趋势以及农村土地承包对未丧失集体经济组织成员资格的人所具有的基本生活保障功能等特殊情形，具体而言，应持以是否具有登记所在地常住户口作为判断集体经济组织成员资格的形式要件，以是否需要本集体经济组织农村土地为基本生活保障为实质要件之裁断思路。

（三）弱势群体的司法保护

在实务中，一些群体处于弱势地位，他们的权益，特别是征迁权益经常受到侵犯，需要司法特别保护。

1. 结婚妇女、离婚妇女或离异妇女

根据《妇女权益保障法》（2022 年修订，2023 年 1 月 1 日实施）第五十五条第一款，妇女在农村集体经济组织成员身份确认、土地承包经营、集体经济组织收益分配、土地征收补偿安置或者征用补偿以及宅基地使用等方面，享有与男子平等的权利。根据《农村土地承包法》第三十一条，承包期内，妇女结婚，在新居住地未取得承包地的，发包方不得收回其原承包地；妇女离婚或者丧偶，仍在原居住地生活或者不在原居住地生活但在新居住地未取得承包地的，发包方不得收回其原承包地。

根据最高人民法院（2017）最高法行申 5157 号《行政裁定书》，离婚并非农村集体经济组织成员资格丧失的法定条件，离婚后户口未迁出，仍然在夫家所在地的，并不丧失所在村村集体组织成员的资格，只要继续尽村民的义务，就应当享有与该村村民同等的权利。

根据海南省高级人民法院(2018)琼行终1128号《行政判决书》,本案涉及离婚妇女农村集体经济组织成员资格认定的问题……《关于印发三亚市"外嫁女"征地补偿费分配的指导意见的通知》(三府〔2013〕214号)第一条第(一)项规定,集体经济组织成员资格认定的基本依据为是否以本集体经济组织的土地为基本生活保障,兼顾户籍及与该集体经济组织形成较为固定的生产生活关系,在认定时要注意避免出现"两头占"(在出嫁地和嫁入地均享有成员资格)或者"两头空"(在出嫁地和嫁入地均不享有成员资格)的情况发生。

根据最高人民法院(2020)最高法行申10652号《行政裁定书》,王某某系征地前家庭联产承包成员,对案涉被征收的2.9亩承包地具有土地使用权。在长兴岛管委会未能提供合法有效的证据证明王某某案涉承包地在征收前已因其外嫁被收回或王某某已在新居住地另行取得承包地的情况下,王某某有权要求长兴岛管委会履行给付其土地补偿费的补偿职责。

根据《北京市高级人民法院关于涉农纠纷受理问题的指导意见》"一(八)"第二款,结婚者在新居住地未取得承包地,离婚者、丧偶者仍在原居住地生活或者不在原居住地生活但在新居住地未取得承包地的情况下,发包方收回其原承包地,结婚者、离婚者、丧偶者起诉要求退还原承包土地,恢复土地承包经营权的,依法受理。

根据广东省高级人民法院(2020)粤民申12408—12412号《民事裁定书》,"下梅湖经济合作社提交的村规民约中关于'外嫁女不得享受参加集体经济分红'的规定,违反了《中华人民共和国妇女权益保障法》第三十三条第一款规定,侵害了妇女合法权益"。

根据福建省福州市中级人民法院(2017)闽01民终2767号《民事判决书》,集体经济组织成员资格应以户籍为基本原则,以形成较为固定的生产、生活条件进行充分考虑。外嫁女户籍并未迁出,虽然短暂在外村生产生活,但并未享受外村的村民待遇。在本村村民多外出打工作为主要生活来源的情况下,也不宜简单地以土地是否作为基本生活保障为标准进行判断,此时户籍成为最重要的考虑标准。

2. 超生子女

根据湖南省郴州市中级人民法院(2008)郴民一终字第24号《民事判决书》,[①]违法生育与集体成员资格即土地补偿利益分配资格并无必然联系,不能因父母违法生育曾受到行政处罚就剥夺超生人员依法应当享有的民事权利,村规民约中涉

① 参见陈英辉:《集体经济组织成员不因违法生育丧失土地收益分配款》,《人民司法》2008年第24期。

及违反计划生育不得分配集体收益的内容与国家法律相违背，不具有法律效力。

仅仅数年，中国的人口出生率开始断崖式地下降，2022 年已经开始人口负增长。但在多年前，中国农村还在严格执行计划生育政策，对超生子女进行歧视性对待。一些地方的农村自治章程、村规民约、村民会议或村民代表会议不把超生子女列为集体经济组织成员。这些非正式的做法不具有法律效力。

3. 户籍迁出

根据最高人民法院（2020）最高法行再 28 号《行政判决书》、2009 年修正的《中华人民共和国农村土地承包法》第十五条的规定，家庭承包的承包方是本集体经济组织的农户。也就是说，只有具备本集体经济组织成员资格的村民，以户为单位依法才享有承包本集体经济组织土地的权利。户籍已经迁出、不再尽本村村民义务，且在其他集体经济组织已经享有村民待遇、履行该村村民义务的人，或者户籍迁往城镇，依法享有城镇居民权利义务的人，不再享有本村村民待遇，不具有承包本村集体土地的权利。

4. 本村出生户口迁回

根据最高人民法院（2018）最高法行申 3774 号《行政裁定书》，虽然刘某某不持有宅基地使用证，但不能否定 1992 年刘某某依法取得宅基地的事实，刘某某在该村出生，退休后户口又迁回该村，故其应当享受段庄村村民待遇。

5. 进城农民或进城农户

对于广大进城农民来说，其集体成员资格并不必然同步消失，而是需要充分考虑农民的个人意愿。根据《农村土地承包法》第二十七条，承包期内，发包方不得收回承包地。国家保护进城农户的土地承包经营权。不得以退出土地承包经营权作为农户进城落户的条件。承包期内，承包农户进城落户的，引导支持其按照自愿有偿原则依法在本集体经济组织内转让土地承包经营权或者将承包地交回发包方，也可以鼓励其流转土地经营权。承包期内，承包方交回承包地或者发包方依法收回承包地时，承包方对其在承包地上投入而提高土地生产能力的，有权获得相应的补偿。另据《国务院关于进一步推进户籍制度改革的意见》（国发〔2014〕25 号，2014 年 7 月 24 日实施）四（十二），土地承包经营权和宅基地使用权是法律赋予农户的用益物权，集体收益分配权是农民作为集体经济组织成员应当享有的合法财产权利。进城落户农民是否有偿退出“三权”，应根据党的十八届三中全会精神，在尊重农民意愿前提下开展试点。现阶段，不得以退出土地承包经营权、宅基地使用权、集体收益分配权作为农民进城落户的条件。

6. 在校学生(高校学生、大中专学生或入学人员)

以西安市为例,根据《西安市棚户区改造管理办法》(市政发(2014)34号,2014年11月1日实施,2019年11月1日废止)第九条第二款,户口迁出集体土地上棚户区的在校学生在改造时享受村民同等待遇。尽管该办法目前已因自身的时效规定而失效,但其对实务操作的影响仍在。事实上,从全国各地的情况来看,对于“跳出农门”的高校学生在征迁时的待遇还是有所照顾的。

7. 服役士兵(参军人员、入伍人员或服兵役人员)

以北京市为例,根据《北京市集体土地房屋拆迁管理办法》(北京市人民政府令第124号,2003年8月1日实施)第八条第一款第(三)项,军人退伍转业的身份不受影响。再以西安市为例,根据《西安市棚户区改造管理办法》第九条,户口迁出集体土地上棚户区的服役士兵在改造时享受村民同等待遇。因此,人数众多的参军人员、入伍人员或服兵役人员等都享有这一待遇。

8. 服刑人员(罪犯或两劳人员)

根据《监狱服刑人员行为规范》(司法部令第88号,2004年5月1日实施),早先带有人身贬义的犯罪分子或罪犯等称谓统一被服刑人员代替。他们的公民身份并未丧失,其集体成员资格也未因服刑而丧失。以北京市为例,根据《北京市集体土地房屋拆迁管理办法》第八条第一款第(三)项,服刑人员的补偿安置利益并不因服刑而受到影响。再以西安市为例,根据《西安市棚户区改造管理办法》第九条,户口迁出集体土地上棚户区的服刑人员在改造时享受村民同等待遇。

四、农村集体权力机构

在涉及不动产物权的处分时,农村集体拥有的不动产到底如何处置才算合法,哪些主体有权进行处置,有没有侵犯村民的合法权益,这些都与农村集体的权力机构问题有关。农村集体组织既不同于一般的企业法人,也不同于社会团体,更不同于行政组织。它具有自己独特的经济特性、政治特性和法律特性,因而其决策机构也具有自己的特点。

(一)村民会议(社员大会等)

这是农村集体最高权力机构或决策机构,它的法律地位有点类似于股份有限公司的股东大会,当然有很多不同之处。

1. 成员组成

根据《村民委员会组织法》第二十一条第一款，村民会议由本村十八周岁以上的村民组成。许多地方性法规或规章也作了类似规定，以浙江省为例，根据《浙江省村经济合作社组织条例》第二十三条第一款，社员大会是村经济合作社的权力机构，由本社十八周岁以上的社员组成，依照本条例和章程行使职权。

2. 召开形式

根据《村民委员会组织法》第二十一条第二款，村民会议由村民委员会召集。有十分之一以上的村民或者三分之一以上的村民代表提议，应当召集村民会议。召集村民会议，应当提前十天通知村民。

3. 通过形式

根据《村民委员会组织法》第二十二条第一款，召开村民会议，应当有本村十八周岁以上村民的过半数，或者本村三分之二以上的户的代表参加，村民会议所作决定应当经到会人员的过半数通过。法律对召开村民会议及作出决定另有规定的，依照其规定。

（二）村民会议职责

根据《民法典》第二百六十一条第一款，农民集体所有的不动产，属于本集体成员集体所有。

根据《民法典》第二百六十一条第二款，需要依照法定程序经本集体成员决定的与土地有关的事项包括：(1)土地承包方案以及将土地发包给本集体以外的组织或者个人承包；(2)个别土地承包经营权人之间承包地的调整；(3)土地补偿费等费用的使用、分配办法；(4)集体出资的企业的所有权变动等事项；(5)法律规定的其他事项。

1. 涉及土地的重大事项

根据《村民委员会组织法》第二十四条第一款，涉及村民利益的下列事项，经村民会议讨论决定方可办理：(1)本村享受误工补贴的人员及补贴标准；(2)从村集体经济所得收益的使用；(3)本村公益事业的兴办和筹资筹劳方案及建设承包方案；(4)土地承包经营方案；(5)村集体经济项目的立项、承包方案；(6)宅基地的使用方案；(7)征地补偿费的使用、分配方案；(8)以借贷、租赁或者其他方式处分村集体财产；(9)村民会议认为应当由村民会议讨论决定的涉及村民利益的其他事项。不过，根据该条第三款，法律对讨论决定村集体经济组织财产和成员权益的事项另有规定的,依照其规定。

2. 自治章程、村规民约制定和修改

根据《村民委员会组织法》第二十七条第一款,村民会议具有此职权,但需要并报乡、民族乡、镇的人民政府备案。根据该条第二款,村民自治章程、村规民约以及村民会议或者村民代表会议的决定不得与宪法、法律、法规和国家的政策相抵触,不得有侵犯村民的人身权利、民主权利和合法财产权利的内容。

3. 与村民委员会和村民代表会议的关系

根据《村民委员会组织法》第二十三条第一款,村民会议审议村民委员会的年度工作报告,评议村民委员会成员的工作;有权撤销或者变更村民委员会不适当的决定;有权撤销或者变更村民代表会议不适当的决定。

4. 相关司法判例

最高人民法院(2015)民申字第759号《民事裁定书》认为,土地出租涉及全体村民利益,签订相应的租用土地协议如未经村民会议讨论决定属于违法行为;最高人民法院(2016)最高法行申1433号《行政裁定书》认为,村民对相关行政行为不服且村集体经济组织或者村民委员会不主动提起诉讼的,应当通过村民会议或村民代表会议形成集体决定后才有权提起相应的诉讼;最高人民法院(2017)最高法行再59号《行政裁定书》认为,作为村农民集体成员的个别村民认为村农民集体享有的土地所有权受到行政行为侵害,应当将个别村民的意愿通过村民会议等法定途径转化为村农民集体的意愿,以村农民集体的名义主张权利。

(三)村民会议违法如何救济

根据《村民委员会组织法》第二十七条第三款和《地方各级人民代表大会和地方各级人民政府组织法》(2022年修正,2022年3月12日实施)第七十六条第(三)项,村民自治章程、村规民约以及村民会议或者村民代表会议的决定违反本条第二款规定的,由乡、民族乡、镇的人民政府责令改正。

(四)村民代表会议及其职责

根据《村民委员会组织法》第二十五条,人数较多或者居住分散的村,可以设立村民代表会议,讨论决定村民会议授权的事项。村民代表会议由村民委员会成员和村民代表组成,村民代表应当占村民代表会议组成人员的五分之四以上,妇女村民代表应当占村民代表会议组成人员的三分之一以上。村民代表由村民按每五户至十五户推选一人,或者由各村民小组推选若干人。村民代表的任期与村民委员会的任期相同。村民代表可以连选连任。村民代表应当向其推选户或者村民小组负责,接受村民监督。

1. 人数较多的界定

前面谈到的人数较多或者居住分散如何理解,目前各地有不同做法。以北京市为例,根据《北京市实施〈中华人民共和国村民委员会组织法〉的若干规定》(2012年修订,2012年11月1日实施)第十六条,一百户以上或者居住分散的村,可以设立村民代表会议,讨论决定村民会议授权的事项。

2. 与村民委员会的关系

根据《村民委员会组织法》第二十三条第二款,经村民会议授权,审议村民委员会的年度工作报告,评议村民委员会成员的工作,撤销或者变更村民委员会不适当的决定。

3. 涉及土地的重大事项

根据《村民委员会组织法》第二十四条第二款,经村民会议授权可以讨论决定《村民委员会组织法》第二十四条第一款规定的事项。

(五)村民小组会议及其职责

根据《村民委员会组织法》第二十八条第一款和第二款,召开村民小组会议,应当有本村民小组十八周岁以上的村民三分之二以上,或者本村民小组三分之二以上的户的代表参加,所作决定应当经到会人员的过半数同意。村民小组组长由村民小组会议推选。村民小组组长任期与村民委员会的任期相同,可以连选连任。

根据《村民委员会组织法》第二十八条第三款,属于村民小组的集体所有的土地等事项的办理,由村民小组会议依照有关法律的规定讨论决定,所作决定及实施情况应当及时向本村民小组的村民公布。

(六)集体成员权利受到侵害时的救济

根据《民法典》第二百六十五条第二款,农村集体经济组织、村民委员会或者其负责人作出的决定侵害集体成员合法权益的,受侵害的集体成员可以请求人民法院予以撤销。

(七)"四议两公开"制度

根据中央全面依法治国委员会印发《关于加强法治乡村建设的意见》(2020年

3 月 25 日实施)"二(七)",村级重大事项决策"四议两公开"制度是指村党组织提议、村"两委"会议商议、党员大会审议、村民会议或者村民代表会议决议,决议公开、实施结果公开。前面提到的"两委"中第一个"委"指的是设在农村中党的基层组织,根据工作需要和党员人数,经上级党组织批准,可以设立支部委员会、总支部委员会或者党的基层委员会。

根据《中国共产党农村工作条例》(2019 年 8 月 19 日实施)第十九条,已经明确要求村党组织书记应当通过法定程序担任村民委员会主任和村级集体经济组织、合作经济组织负责人,推行村"两委"班子成员交叉任职。健全村党组织领导下的议事决策机制、监督机制,建立健全村务监督委员会,村级重大事项决策实行"四议两公开"。

由于党的基层组织既不属行政主体也不属民事主体,不会参与到相关的复议或诉讼活动中。如果发生相关纠纷,相应的主体仍为《民法典》、《土地管理法》或《村民委员会组织法》等所规定的村集体、村集体经济组织、村民委员会或村民小组等。尽管如此,"四议两公开"制度已为司法判例所确认。根据最高人民法院(2020)最高法行申 2324 号《行政裁定书》,"四议两公开"制度已是其重要裁判理由之一。

五、农村集体经济组织

农村集体经济组织是集体土地所有权的行使主体之一,在相关立法中,比另一集体土地所有权行使主体——村民委员会的位次更靠前。正如前面已经讨论过的,农民(农村)集体与农村集体经济组织是两个不同的概念,但在当前的立法体系和法律实务中,二者经常被不加区分地互换使用。

(一)相关立法

据了解,制定一部正式的"农村集体经济组织法"已被列入十三届全国人大立法规划以及 2022 年全国人大常委会立法计划,相关部门已经牵头组织开展起草工作。2022 年 12 月 30 日,中国人大网和国家法律法规数据库均刊登了《中华人民共和国农村集体经济组织法(草案)》,公开征求意见,截止日期为 2023 年 1 月 28 日。根据当代中国的立法经验,对于这样一部关涉全国广大农民切身利益的法律,立法机构一定会慎之又慎,真正出台可能还要等待一段时间。

2020 年,农业农村部印发了《农村集体经济组织示范章程(试行)》,公文种类是通知，在国务院网站上注明的是国务院部门文件。① 尽管它并不是正式的部门规章，其约束力显然有限，但在农村集体经济组织法出台之前，其全国性示范作用还是应当重视的。

目前，关于农村集体经济组织的相关立法大多存在于地方层面，包括地方性法规和地方政府规章。据悉目前已有20多个省份先后制定了农村集体经济组织条例或农村集体资产管理条例等地方性法规，其中就有针对农村集体经济组织成员资格方面的规定，包括《浙江省村经济合作社组织条例》、《广东省农村集体经济组织管理规定》、《上海市农村集体资产监督管理条例》（2020年修正，2021年1月1日实施）、《江苏省农村集体资产管理条例》（2018年10月1日实施）以及《四川省农村集体经济组织条例》（2021年10月1日实施）等。除上述省级文件以外，全国各地设区的市和区县也下发了大量的规范性文件或非规范性文件，它们的指导作用可能更为具体和有针对性。

（二）角色定位

根据《农村集体经济组织示范章程（试行）》第三条，村集体经济组织的主要任务是以维护集体成员权益、实现共同富裕为宗旨，坚持集体所有、合作经营、民主管理，实行各尽所能、按劳分配、共享收益的原则。另以上海市为例，根据《上海市农村集体资产监督管理条例》第二条第三款，农村集体经济组织是指乡镇、村、组成员以生产资料集体所有制为基础建立的合作经营、民主管理、服务成员的组织。

（三）农村集体土地所有权的行使主体

根据《民法典》第二百六十二条以及《土地管理法》第十一条，对于集体所有的土地，如果它属于村农民集体所有，由村集体经济组织依法代表集体行使所有权。根据《农村集体经济组织示范章程（试行）》第四条，其所列举的就是集体所有的资产，基本上属于平移。

（四）具有独立的民事主体资格

根据最高人民法院（2018）最高法行再55号《行政裁定书》，参照《最高人民法院关于审理涉及农村集体土地行政案件若干问题的规定》有关适格行政诉讼原告

---

① 参见《农业农村部关于印发〈农村集体经济组织示范章程（试行）〉的通知》，载中华人民共和国中央人民政府网，http://www.gov.cn/zhengce/zhengceku/2020-11/18/content_5562197.htm。

主体资格的规定，对涉及农村集体土地的行政行为不服，具有适格行政复议申请人主体资格的组织和个人主要有作为集体土地所有权人的村民委员会或者农村集体经济组织等。

(五)村内集体经济组织

根据《民法典》第二百六十二条第(二)项以及《土地管理法》第十一条，不动产分别属于村内两个以上农民集体所有的，由村内各该集体经济组织或者村民小组依法代表集体行使所有权。因此，关于村内集体经济组织的相关规定可以参照村级集体经济组织的相关规定。

(六)乡镇集体经济组织

根据《民法典》第二百六十二条第(三)项和《土地管理法》第十一条，已经属于乡镇农民集体所有的不动产由乡镇集体经济组织代表集体行使所有权。对于乡镇集体经济组织而言，相关规制可参照村级集体经济组织的相关规定。例如，2022 年 9 月 16 日召开了云南省昆明市嵩明县牛栏江镇农村集体经济组织联合总社成立大会，这是该县首家农村集体经济联合总社，由镇(街道)党(工)委领办，设立了理事会和监事会，致力于拓宽不同建制村股份经济合作社的运营渠道，改变各村单打独斗的局面，壮大集体经济总量。

六、村民委员会

村民委员会是除农村集体经济组织之外另一个集体土地所有权的行使主体。根据《民法典》第一百零一条第二款以及第二百六十二条第一款第(一)项，对于集体所有的土地首先是由村集体经济组织依法代表集体行使所有权，其次才是村民委员会。但在具体实践中，由于村委会兼有部分行政管理的职能，这两个机构之间的关系并非法律规定字面上那样简单。

(一)角色定位

在《民法典》中，村民委员会被划分为特别法人中的一类，这主要是针对其民事主体所做的角色定位。但在实践中，更准确地揭示其角色定位的是《村民委员会组织法》第二条第一款所作的规定，即村民委员会是村民自我管理、自我教育、自我服务的基层群众性自治组织，实行民主选举、民主决策、民主管理、民主监督。显然，集体土地所有权行使主体是村民委员会重要的角色定位之一。

(二)主要职责

根据《村民委员会组织法》第八条第二款,村民委员会依照法律规定,管理本村属于村农民集体所有的土地和其他财产,引导村民合理利用自然资源,保护和改善生态环境。

这一条款是村民委员会作为集体土地所有权行使主体之一对土地进行管理的直接职责,如果狭隘地对其进行理解就失之偏颇了。事实上,根据《村民委员会组织法》第二条第二款,村民委员会办理本村的公共事务和公益事业,调解民间纠纷,协助维护社会治安,向人民政府反映村民的意见、要求和提出建议,这其中就必然包括诸多与集体土地有关的事项。根据《民法典》第二百六十四条,农村集体经济组织或者村民委员会、村民小组应当依照法律、行政法规以及章程、村规民约向本集体成员公布集体财产的状况。集体成员有权查阅、复制相关资料。土地作为集体财产中重要的一个组成部分,公开原则显得更为重要。

(三)与村民会议、村民代表会议的关系

在当代中国农村中,村民委员会与村民会议和村民代表会议的关系是比较微妙的,实际上的具体操作与法律规定之间经常有鸿沟。

1. 村民会议的召集者

根据《村民委员会组织法》第二十一条第二款,村民会议由村民委员会召集。有十分之一以上的村民或者三分之一以上的村民代表提议,应当召集村民会议。召集村民会议,应当提前十天通知村民。

2. 村民代表会议的召集者

根据《村民委员会组织法》第二十六条第一款,村民代表会议由村民委员会召集。村民代表会议每季度召开一次。有五分之一以上的村民代表提议,应当召集村民代表会议。

3. 负责并报告工作

根据《村民委员会组织法》第二条第三款,村民委员会向村民会议、村民代表会议负责并报告工作。

4. 执行者

根据《村民委员会组织法》第十条,村民委员会及其成员应当执行村民会议、村

民代表会议的决定、决议。

(四)与村集体经济组织的关系

根据《村民委员会组织法》第八条第三款,村民委员会应当尊重并支持集体经济组织依法独立进行经济活动的自主权,维护以家庭承包经营为基础、统分结合的双层经营体制,保障集体经济组织和村民、承包经营户、联户或者合伙的合法财产权和其他合法权益。

(五)与基层政府的关系

经过多年普法,村民委员会不是政府组织,也不是政府的派出机关,目前已经广为人知。但它与政府,特别是基层乡镇政府或街道办事处之间的关系到底如何,可能许多人仍一知半解。

1. 指导、支持和帮助

根据《村民委员会组织法》第五条第一款,乡、民族乡、镇的人民政府对村民委员会的工作给予指导、支持和帮助,但是不得干预依法属于村民自治范围内的事项。

2. 开展工作协助

根据《村民委员会组织法》第五条第二款,村民委员会协助乡、民族乡、镇的人民政府开展工作。

3. 村务公开不尽职责令改正

根据《村民委员会组织法》第三十一条,村民委员会不及时公布应当公布的事项或者公布的事项不真实的,村民有权向乡、民族乡、镇的人民政府或者县级人民政府及其有关主管部门反映,有关人民政府或者主管部门应当负责调查核实,责令依法公布;经查证确有违法行为的,有关人员应当依法承担责任。

4. 不履行法定义务责令改正

根据《村民委员会组织法》第三十六条第二款,村民委员会不依照法律、法规的规定履行法定义务的,由乡、民族乡、镇的人民政府责令改正。

5. 非法干预的申诉

根据《村民委员会组织法》第三十六条第三款,乡、民族乡、镇的人民政府干预依法属于村民自治范围事项的,由上一级人民政府责令改正。

(六)村民小组

根据《村民委员会组织法》第三条第三款,村民委员会可以根据村民居住状况、集体土地所有权关系等分设若干村民小组。不过，这里的村民小组到底所指为何，在实践中一直颇有争议。村民小组是不是下一级或下一层次的村民委员会，即村民委员会本身的分支？如果答案是否定的，那么村民小组是下一级或下一层次的村农民集体，即村集体本身的一个分支吗？对于这些疑问，相关立法并没有明确。

（七）村民委员会的组成

根据《村民委员会组织法》第六条和第七条，村民委员会由主任、副主任和委员共三至七人组成，必须有妇女成员，如果属多民族村民居住的村应当有人数较少的民族的成员。村民委员会成员没有工资，但根据工作情况给予适当补贴。村民委员会根据需要设人民调解、治安保卫、公共卫生与计划生育等委员会或者由成员分工负责这些工作。

根据《村民委员会组织法》第十一条，村民委员会主任、副主任和委员，由村民直接选举产生。任何组织或者个人不得指定、委派或者撤换村民委员会成员。村民委员会每届任期五年，届满应当及时举行换届选举。村民委员会成员可以连选连任。

1. 被选举人

根据《村民委员会组织法》第十三条第一款，年满十八周岁的村民，都有选举权和被选举权，但依照法律被剥夺政治权利的人除外。

2. 选举人

根据《村民委员会组织法》第十三条第二款，选民包括（1）户籍在本村并且在本村居住的村民；（2）户籍在本村，不在本村居住，本人表示参加选举的村民；（3）户籍不在本村，在本村居住一年以上，本人申请参加选举，并且经村民会议或者村民代表会议同意参加选举的公民。

（八）村民委员会侵犯成员合法利益的处理

根据《村民委员会组织法》第三十六条第一款，村民委员会或者村民委员会成员作出的决定侵害村民合法权益的，受侵害的村民可以申请人民法院予以撤销，责任人依法承担法律责任。当然，属消极不履行法定义务而侵犯村民权益的，还可以根据该条第二款的规定向基层人民政府寻求救济。

七、村改居过渡期的居民委员会

随着城镇化大潮的不停奔流，一些城市近郊区或城中村等由于各种原因而出现了“村改居”现象，即所谓的村民委员会改制成居民委员会，相应的村民身份可能也转变为居民身份，并引起一系列相关变动。但由于土地权属及其管理事务的滞后性，可能会出现虽然完成了“村改居”，但仍有大量的原集体土地及其关联权益需要处理。那么，这种情况下的居民委员会是否仍有相应的职责或义务？

答案是肯定的。尽管目前并无国家层面的立法对此予以明确，但各地在具体操作过程中一般都本着尊重历史、平稳过渡的原则进行处理。中共中央办公厅、国务院办公厅印发《关于深入推进农村社区建设试点工作的指导意见》（2015 年 5 月 31 日实施），其“四（一）”要求农村社区建设要在维护农民土地承包经营权和宅基地用益物权前提下开展。中共中央办公厅、国务院办公厅印发《关于加强和改进城市社区居民委员会建设工作的意见》（2010 年 8 月 26 日实施）也明确要求加快城乡结合部、城中村、工矿企业所在地、新建住宅区、流动人口聚居地的社区居民委员会组建工作。原国土资源部、中央农村工作领导小组办公室、财政部、原农业部印发的《关于农村集体土地确权登记发证的若干意见》第四条第五款明确，对于“撤村建居”后，未征收的原集体土地，只调查统计，不登记发证。调查统计时在新建单位名称后载明原农民集体名称。该意见第十条还明令不得借户籍管理制度改革或者擅自通过“村改居”等方式非经法定征收程序将农民集体所有土地转为国有土地。

以广东省为例，根据《广东省农村集体经济组织管理规定》第二十五条第二款，乡（镇）人民政府改制为街道办事处和村民委员会改制为居民委员会后，原农村集体经济组织适用本规定。再以近期的一个“村改居”工作为例，根据广西壮族自治区钦州市灵山县人民政府《灵山县推进 2020 年“村改居”工作实施意见》（灵政发〔2020〕15 号，2020 年 11 月 13 日实施），对村改居工作设置了 8 年过渡期，明确“村改居”后的集体用地原权属不变。村民委员会撤销后，由社区居民合作社代替行使原属村集体所有的土地所有权，原土地用途和使用功能及其合法土地使用权人不变。

目前，村民委员会改制为居民委员会已有相应的法律依据。根据《村民委员会组织法》第三条第二款，村民委员会的撤销，由乡、民族乡、镇的人民政府提出，经村民会议讨论同意，报县级人民政府批准。根据《城市居民委员会组织法》第六条第二款，居民委员会的设立由不设区的市、市辖区的人民政府决定。

第九节　集体土地使用权总述

农村集体所有权问题已经够复杂了,集体土地使用权问题更是不遑多让,由此引发的法律纠纷量也长期居高不下。本节先讨论集体土地使用权的共性问题,随后的3小节分别讨论各类集体土地使用权的个性问题。

一、集体土地国家使用权

在保留土地所有权的前提下,国家作为主体能否拥有集体土地使用权。从已有的实务做法来看,一个是临时使用,另一个是并不征收的征用。前者将在本章最后一节讨论,这里简要介绍集体土地征用问题。

根据《宪法》第十条第三款,国家为了公共利益的需要,可以依照法律规定对土地实行征收或者征用并给予补偿。该条款把“征收”与“征用”并列,显然它们在逻辑层次上属于同一位阶,即使是征用,也需要针对集体所有的土地进行补偿。当然,具体的补偿额度可能与征收有较大差距,毕竟土地所有权并未发生转移。

《民法典》关于集体土地征用的条文有三个,分别是第一百一十七条、第二百四十五条和第三百二十七条。从中可以看出,即使是征用而非征收,也要依法补偿,也应依照法律规定的权限和程序进行,无非严格程度可能有所不同。

《土地管理法》第二条第四款基本上重复了宪法关于土地征用的相关规定。《土地管理法实施条例》则没有直接规定,但其第二十条和第二十一条关于临时用地的规定实际也可适用于对集体土地征用的情形,详见本章最后一节关于临时用地使用权的介绍。

二、集体土地集体使用权

对于农村集体土地,由集体本身直接使用的情形主要包括集体公共用地和集体经营性建设用地。

(一)集体公共用地

一般来说,农村集体公共建设用地是指农民集体在本集体所有的土地上确立的,服务于本集体成员的生存和发展等公共福利需要,通常由本集体占有、使用和收益的非经营性土地。它必须是集体所有的,如果村内的某一土地尽管也是用于本村的公共利益，但已经被收归国有，则不能被划为农村集体公共建设用地。

与耕地或宅基地相比，农村集体公共建设用地的法律问题长期受到忽视。实际上，这种土地类型可谓历史悠久。尽管在中国历史上几乎每数百年甚至更短的时间就会发生血雨腥风的朝代更迭，但以血缘与姓氏为纽带的农村社区却往往能够呈现一种相对稳定的状态，这与农村集体公共用地的存在有着千丝万缕的联系，其在维系传统农村社区的基本生活秩序中发挥了重要作用。① 例如，晋朝时期农村普遍存在供家族葬地之用的墓田或葬田，明代古徽州歙县棠樾村分布在村口牌坊群后面的祠堂礼制建筑用地，清代长治壶关县树掌村的四眼井用地，等等，都是典型的非农用公共用地的例证。

1. 用地类型

根据《乡村建设规划许可实施意见》（建村〔2014〕21 号，2014 年 1 月 21 日实施）第二条第六款，乡村公共设施和公益事业包括垃圾收集处理、供水、排水、供电、供气、道路、通信、广播电视、公厕等基础设施和学校、卫生院、文化站、幼儿园、福利院等公共服务设施。

2. 规划管理

根据《土地管理法》第五十九条，乡（镇）村公共设施、公益事业、农村村民住宅等乡（镇）村建设，应当按照村庄和集镇规划，合理布局，综合开发，配套建设；建设用地，应当符合乡（镇）土地利用总体规划和土地利用年度计划，并依照本法第四十四条、第六十条、第六十一条、第六十二条的规定办理审批手续。

3. 用地审批

根据《土地管理法》第六十一条，乡（镇）村公共设施、公益事业建设，需要使用土地的，经乡（镇）人民政府审核，向县级以上地方人民政府自然资源主管部门提出申请，按照省、自治区、直辖市规定的批准权限，由县级以上地方人民政府批准；其中，涉及占用农用地的，依照本法第四十四条的规定办理审批手续。

4. 公共用地获取

根据《土地管理法》第六十六条第一款第（一）项，有下列情形之一的，农村集体经济组织报经原批准用地的人民政府批准，可以收回土地使用权：为乡（镇）村公共设施和公益事业建设，需要使用土地的。

---

① 参见赵淑德：《中国土地制度史》，三民书局 1999 年版，第 89、125 页。

5. 农业基础设施用地

根据《农村土地承包法》第十五条第(四)项,村集体应当执行县、乡(镇)土地利用总体规划,组织本集体经济组织内的农业基础设施建设。根据《种子法》(2021年修正,2022年3月1日实施)第六十三条第一款,国家加强种业公益性基础设施建设,保障育种科研设施用地合理需求。根据《农业法》第十七条,各级人民政府应当采取措施,加强农业综合开发和农田水利、农业生态环境保护、乡村道路、农村能源和电网、农产品仓储和流通、渔港、草原围栏、动植物原种良种基地等农业和农村基础设施建设,改善农业生产条件,保护和提高农业综合生产能力。

6. 殡葬用地

根据《殡葬管理条例》(2012年修正,2013年1月1日实施)第八条第三款,农村为村民设置公益性墓地,经乡级人民政府审核同意后,报县级人民政府民政部门审批。根据该条例第九条第二款,农村的公益性墓地不得对村民以外的其他人员提供墓穴用地。

7. 禁止抵押

尽管农用地承包经营权、宅基地使用权和集体经营性建设用地使用权都已经开始试点流转,但一般来说农村集体公共建设用地一般是不能抵押的,特别是学校、卫生所或养老院等。

(二)集体经营性建设用地

对于可由集体使用的土地来说,除了前面讨论的公共用地以外,还有一类可由其直接支配的农村土地,就是集体经营性建设用地。在刨除公共用地、农用地和宅基地之后,剩余的就是这一类土地了。用诙谐的口吻来说,目前它已经成为各方紧盯的一块"肥肉",特别是靠近大中城市的这类土地。

根据《土地管理法》第六十条第一款,农村集体经济组织使用乡(镇)土地利用总体规划确定的建设用地兴办企业或者与其他单位、个人以土地使用权入股、联营等形式共同举办企业的,应当持有关批准文件,向县级以上地方人民政府自然资源主管部门提出申请,按照省、自治区、直辖市规定的批准权限,由县级以上地方人民政府批准;其中,涉及占用农用地的,依照本法第四十四条的规定办理审批手续。根据该条第二款,按照前款规定兴办企业的建设用地,必须严格控制。省、自治区、直辖市可以按照乡镇企业的不同行业和经营规模,分别规定用地标准。根据《乡村建设规划许可实施意见》第二条第六款,乡镇企业是指乡、村庄内的各类企业。其土地早期可以视为是集体本身在使用，性质属于集体经营性建设用地。近年来，由于乡镇企业大潮退却，空闲出来的经营性建设用地亟待找到更有效的使用方式。

为了扭转这一局面，各地相继进行了有益的探索。中共中央办公厅、国务院办公厅印发《关于农村土地征收、集体经营性建设用地入市、宅基地制度改革试点工作的意见》（中办发〔2014〕71 号，2014 年 12 月 31 日实施）可谓较早对此进行松绑的政策文件之一，由此开启了允许集体经营性建设用地进入市场交易的大幕，本章将会单独用一节讨论这一问题。

三、集体土地普通使用权

与本章第六节一样，本节的“普通”也是意指非国家、非集体的普通民事主体而言的，包括本集体成员在内。之所以称之为集体土地普通使用权，是为了在逻辑分类体系中与国家土地普通使用权保持平仄对仗。但需要强调的是，国有土地普通使用权确实“普通”，因为对主体几乎没有限制。然而，对于集体土地普通使用权来说，有时还是有一定身份限制的，这时的“普通”又有点不那么“普通”了。

（一）土地承包经营权

根据《农村土地承包法》第二条以及第三条第一款，国家对农村土地实行承包经营制度，农村土地是指农民集体所有和国家所有依法由农民集体使用的耕地、林地、草地，以及其他依法用于农业的土地。如果说中国的土地制度在世界范围内具有相当大的独特性，那么其中的农村土地承包经营权可谓特色中的特色。一般来说，它是指农户或农民等以进行农业生产为目的，对农民集体所有或国家所有的由农民集体使用的土地行使占有、使用和收益的权利。近年来，随着形势的发展变化，出现了三权分置情形，即从土地所有权中分离出承包经营权，又从承包经营权中分离出经营权，极大地丰富了农村土地承包经营权的内涵和样态。农村土地承包经营权的主体，客体和内容等方面都有自己的特点。

（二）宅基地使用权

农村集体建设用地分为宅基地、集体公共建设用地、集体经营性建设用地三类，因其用途等差异导致其权利样貌也呈现各不相同的特点。其中，宅基地使用权是与农民日常生活起居关系最为密切的一种用益物权。

所谓安居乐业，安居在前，乐业在后，表明安居才能乐业。宅基地是农民的日常起居之所,是农民生产生活的心灵港湾。作为保障农民安居乐业的一项基础性制度安排,它关乎全国上下的社会和谐稳定,是新时代乡村振兴战略中不可或缺的一个环节。

(三)入市后的集体经营性建设用地使用权

正如前面刚刚讨论的,如果村集体自己使用集体经营性建设用地,那么集体仍是这一土地的使用权人。但为了更好地发挥它的效益,在入市后可以由其他主体使用,而自己享有所有者权益。在这种情况下,集体经营性建设用地就成为一种对主体几乎没有限制,类似于国有建设用地的权利类型。显然,与宅基地和承包地相比,它能够为集体带来更大的收益。

第十节 农村土地承包经营权

目前我国农村普遍实行集体土地承包制度,它的雏形早在“文化大革命”结束后不久即已在中国各地生根发芽,早于正式制度的出台。例如,1978 年 2 月山西省闻喜县南郭村、1978 年 10 月安徽省肥西县小井庄以及 1978 年 11 月安徽省凤阳县凤梨公社小岗村,都相继在事实上开始分田到户,此即极具中国特色的家庭联产承包责任制之滥觞。

一、立法沿革

风起云涌的改革开放大潮席卷全国后,农村土地承包制度在全国推广开来。最早在制度层面把僵化的公社体制撕开一道口子的是 1979 年 9 月 28 日党的十一届四中全会《中共中央关于加快农业发展若干问题的决定》。尽管它在总体上仍规定“不许分田单干”“也不要包产到户”,但毕竟为“除某些副业生产的特殊需要和边远山区、交通不便的单家独户外”留下了余地,政策开始逐步放松。

1980 年 9 月 27 日,中共中央印发了《关于进一步加强和完善农业生产责任制的几个问题》,正式允许包产到户等多种灵活经营举措。此后,1982 年中共中央 1 号文件《全国农村工作会议纪要》、1983 年中共中央 1 号文件《当前农村经济政策的若干问题》和 1984 年中共中央 1 号文件《关于一九八四年农村工作的通知》相继出台,努力实现家庭联产承包责任制长期化、稳定化和制度化。

1986 年制定并于次年元旦开始施行的《土地管理法》(已修改)正式把农村土

地承包制度纳入法治化轨道。其第十二条明确规定,集体所有的土地,全民所有制单位、集体所有制单位使用的国有土地,可以由集体或者个人承包经营,从事农、林、牧、渔业生产。承包经营土地的集体或者个人,有保护和按照承包合同规定的用途合理利用土地的义务。土地的承包经营权受法律保护。

1993 年《宪法修正案》对《宪法》第八条第一款进行了修改,规定农村中的家庭联产承包为主的责任制和生产、供销、信用、消费等各种形式的合作经济,是社会主义劳动群众集体所有制经济。参加农村集体经济组织的劳动者,有权在法律规定的范围内经营自留地、自留山、家庭副业和饲养自留畜。自此,家庭联产承包的宪法基础更加牢固。

1997 年,中共中央办公厅、国务院办公厅发布《关于进一步稳定和完善农村土地承包关系的通知》(中办发〔1997〕16 号,1997 年 8 月 27 日实施)。根据其第二条第(一)项和第(三)项,在第一轮土地承包到期后,土地承包期再延长 30 年,指的是家庭土地承包经营的期限。"小调整"的方案要经村民大会或村民代表大会三分之二以上成员同意,并报乡(镇)人民政府和县(市、区)人民政府主管部门审批。根据该通知,中央不提倡实行"两田制",即土地分为"口粮田"和"责任田",严格控制预留"机动地"。这份文件的另一个亮点是"三权分置"制度,从承包权中又可以分离出使用权,这就出现了土地的集体所有权,农户的承包权和承包权流转的使用权三权分离的制度。在少数经济发达地区,农民自愿将部分"责任田"的使用权有偿转让或交给集体实行适度规模经营,这属于土地使用权正常流转范围,应当允许。但必须明确农户对集体土地的承包权利不变,使用权的流转要建立在农民自愿、有偿的基础之上,不得搞强迫命令和平调。

2001 年,中共中央发布了《关于做好农户承包地使用权流转工作的通知》(中发〔2001〕18 号,2001 年 12 月 30 日实施),规定在承包期内村集体经济组织无权单方面解除土地承包合同,也不能用少数服从多数的办法强迫农户放弃承包权或改变承包合同。土地流转的主体是农户,土地使用权流转必须建立在农户自愿的基础上。在承包期内,农户对承包的土地有自主的使用权、收益权和流转权,有权依法自主决定承包地是否流转和流转的形式。农户的土地收益包括承包土地直接经营的收益,也包括流转土地的收益。土地使用权的流转应当是有偿的。土地流转的转包费、转让费和租金等,应由农户与受让方或承租方协商确定,流转的收益应归农户所有,任何组织和个人不得擅自截留、扣缴。

2019 年,《中共中央、国务院关于保持土地承包关系稳定并长久不变的意见》

(2019年11月26日实施)发布。此后又有较多相关文件出台,包括每年的一号文件等均有涉及农村土地承包经营权方面的规定。这些文件中的许多规定已经通过对现行法律法规的制定或修改等实现了衔接,已经形成了从宪法到中央文件,包括民法、土地法以及农村土地承包法等在内的农村土地承包法律体系。

二、土地承包经营权的概念

农村土地承包经营权是一个总括的名称,既包含承包经营权,也包含经营权,所指的范围还是比较宽泛的。

(一)设立依据

根据《宪法》第八条第一款,农村集体经济组织实行家庭承包经营为基础、统分结合的双层经营体制。根据《民法典》第三百三十条第一款,农村集体经济组织实行家庭承包经营为基础、统分结合的双层经营体制。根据《民法典》第三百三十条第二款,农民集体所有和国家所有由农民集体使用的耕地、林地、草地以及其他用于农业的土地,依法实行土地承包经营制度。根据《土地管理法》第十三条第一款,农民集体所有和国家所有依法由农民集体使用的耕地、林地、草地,以及其他依法用于农业的土地,采取农村集体经济组织内部的家庭承包方式承包。根据《农村土地承包法》第三条第一款,国家实行农村土地承包经营制度。

(二)法律定义

根据《民法典》第三百三十一条,土地承包经营权是权利人享有的依法对其承包经营的耕地、林地、草地等享有占有、使用和收益的权利,有权从事种植业、林业、畜牧业等农业生产。它是《民法典》创设或确认的一项法定权利。

(三)土地承包经营权的基本原则

根据《农村土地承包法》第七条,农村土地承包应当坚持公开、公平、公正的原则,正确处理国家、集体、个人三者的利益关系。

(四)与集体土地所有权的关系

根据《农村土地承包法》第四条和第八条,农村土地承包后,土地的所有权性质不变。承包地不得买卖。国家保护集体土地所有者的合法权益,任何组织和个人不得侵犯。

（五）基本分类

根据《农村土地承包法》第二章和第三章，农村土地承包经营权可分为家庭承包经营权、非家庭承包的其他承包经营权、从承包经营权首次流转的土地经营权以及二次或多次流转的经营权等。

（六）土地承包经营权的主体

因承包形式的不同，主体包括农户、农民个人和其他主体。根据《农村土地承包法》第五条第一款，农村集体经济组织成员有权依法承包由本集体经济组织发包的农村土地。根据《农村土地承包法》第五条第二款，任何组织和个人不得剥夺和非法限制农村集体经济组织成员承包土地的权利。

根据《农村土地承包法》第六条，农村土地承包，妇女与男子享有平等的权利。承包中应当保护妇女的合法权益，任何组织和个人不得剥夺、侵害妇女应当享有的土地承包经营权。

（七）土地承包经营权的客体

主要是农用地，也包括未利用地。当然，未利用地在这里必须开发用于农业生产，而不能用于建设，否则就失去承包的意义了。

1. 农用地

根据《民法典》第三百三十条第二款和《农村土地承包法》第二条，农民集体所有和国家所有由农民集体使用的耕地、林地、草地以及其他用于农业的土地，依法实行土地承包经营制度。由此来看，家庭承包经营权的客体是多种多样的，基本可以涵盖所有类型。特别是上述条款中的“等”字属于兜底性规定，只要是用于农业的都可以。

2. 土地用途不变

根据《农村土地承包法》第十一条，农村土地承包经营应当遵守法律、法规，保护土地资源的合理开发和可持续利用。未经依法批准不得将承包地用于非农建设。国家鼓励增加对土地的投入，培肥地力，提高农业生产能力。

3. 应包尽包

根据《农村土地承包法》第六十七条，本法实施前已经预留机动地的，机动地面积不得超过本集体经济组织耕地总面积的百分之五。不足百分之五的，不得再增加机动地。本法实施前未留机动地的，本法实施后不得再留机动地。

(八)监督管理机构

目前对农村土地承包经营负有管理职责的行政机关主要是农业农村主管部门和属地的乡镇人民政府等。

1. 农业农村部门

根据《农村土地承包法》第十二条，国务院农业农村、林业和草原主管部门分别依照国务院规定的职责负责全国农村土地承包经营及承包经营合同管理的指导。县级以上地方人民政府农业农村、林业和草原等主管部门分别依照各自职责，负责本行政区域内农村土地承包经营及承包经营合同管理。

2. 乡镇人民政府

根据《农村土地承包法》第十二条第三款，乡(镇)人民政府负责本行政区域内农村土地承包经营及承包经营合同管理。

(九)法律保护方式

根据《农村土地承包法》第五十六条，任何组织和个人侵害土地承包经营权、土地经营权的，应当承担民事责任。一般来说，通过集体成员资格获得的家庭承包经营权，其保护方式主要是物权保护；而集体内外的其他成员获得的非家庭承包方式取得的土地经营权，其保护方式主要是债权保护。

三、家庭承包经营权

这是当前我国农村最基本的土地承包经营权实现形式，有着极强的身份依附性。换句话说，只有集体成员才有资格享此权利。上一小节已经对土地承包经营权进行了整体讨论，其相关内容在本小节也适用。其中，权利客体相同，主体有其自身的特点，权利内容也不同。

(一)法律依据

除上一小节提及的宪法、民法、土地管理法和土地承包法相关规定以外，《农村土地承包法》作为一部关于农村土地承包的专门立法，其规定更为具体，本小节主要以该法为基础讨论土地承包经营权问题。

(二)发包方

根据《农村土地承包法》第十三条以及《土地管理法》第十一条,依不同的情形分别由相应的组织进行发包。

1. 村集体经济组织

农民集体所有的土地依法属于村农民集体所有的,由村集体经济组织发包。村集体经济组织是否可以直接发包村内两个以上农村集体组织所有的土地?根据《农村土地承包法》第十三条第一款的整体表述来看,似有模糊之处。不过,该款中间的句号之前是由一个分号组成的并行语句,表明了村级组织和村内组织的分工。而所谓"村集体经济组织或者村民委员会发包的,不得改变村内各集体经济组织农民集体所有的土地的所有权"这一表述,应该是对其职权的限缩。但在现实中,可能仍有直接由村级组织与农民签订承包合同的。以 2016 年之前的情形为例,根据《国土资源部关于依法加快集体土地所有权登记发证工作的通知》(国土资发〔2001〕359 号,2016 年 5 月 27 日废止),凡是土地家庭联产承包中未打破村民小组(原生产队)界限,无论是以村的名义还是以组的名义与农户签订承包合同,土地应确认给村民小组农民集体所有。

另据《村民委员会组织法》第二十八条第三款,属于村民小组的集体所有的土地、企业和其他财产的经营管理以及公益事项的办理,由村民小组会议依照有关法律的规定讨论决定,所作决定及实施情况应当及时向本村民小组的村民公布。因此,通常来说村级组织是无权对村内不同集体的土地进行发包的。

2. 村民委员会

农民集体所有的土地依法属于村农民集体所有的,可以由村民委员会发包。注意这里的表述,村民委员会是位于村集体经济组织之后的。也就是说,在同时存在村集体经济组织和村民委员会的情况下,村民委员会通常不宜再介入。另外,依循前述分析,村民委员会同样也不可以发包村内两个以上农村集体组织所有的土地。

3. 村内集体经济组织

已经分别属于村内两个以上农村集体经济组织的农民集体所有的,可以由村内各该农村集体经济组织发包。

4. 村民小组

已经分别属于村内两个以上农村集体经济组织的农民集体所有的,可以由村民小组发包。注意这里的表述同样是村内集体经济组织处于前置地位,如果已经有了村内集体经济组织,通常村民小组不宜再介入。

(三)发包方的权利

根据《农村土地承包法》第十四条,发包方享有下列权利:(1)发包本集体所有的或者国家所有依法由本集体使用的农村土地;(2)监督承包方依照承包合同约定的用途合理利用和保护土地;(3)制止承包方损害承包地和农业资源的行为;(4)法律、行政法规规定的其他权利。

另据《农村土地承包法》第六十四条,土地经营权人擅自改变土地的农业用途、弃耕抛荒连续两年以上、给土地造成严重损害或者严重破坏土地生态环境,承包方在合理期限内不解除土地经营权流转合同的,发包方有权要求终止土地经营权流转合同。土地经营权人对土地和土地生态环境造成的损害应当予以赔偿。

(四)发包方的义务

根据《农村土地承包法》第十五条,发包方承担下列义务:(1)维护承包方的土地承包经营权,不得非法变更、解除承包合同;(2)尊重承包方的生产经营自主权,不得干涉承包方依法进行正常的生产经营活动;(3)依照承包合同约定为承包方提供生产、技术、信息等服务;(4)执行县、乡(镇)土地利用总体规划,组织本集体经济组织内的农业基础设施建设;(5)法律、行政法规规定的其他义务。

另据《农村土地承包法》第二十五条,承包合同生效后,发包方不得因承办人或者负责人的变动而变更或者解除,也不得因集体经济组织的分立或者合并而变更或者解除。

1. 承包期内的土地调整

根据《民法典》第三百三十六条以及《农村土地承包法》第二十八条第一款,承包期内发包人不得调整承包地,因自然灾害严重毁损承包地等特殊情形,需要适当调整承包的耕地和草地的,应当依照农村土地承包的法律规定办理。根据《农村土地承包法》第二十八条第二款,承包期内,因自然灾害严重毁损承包地等特殊情形对个别农户之间承包的耕地和草地需要适当调整的,必须经本集体经济组织成员的村民会议三分之二以上成员或者三分之二以上村民代表的同意,并报乡(镇)人民政府和县级人民政府农业农村、林业和草原等主管部门批准。承包合同中约定不得调整的,按照其约定。

另据《农村土地承包法》第二十九条,下列土地应当用于调整承包土地或者承包给新增人口:(1)集体经济组织依法预留的机动地;(2)通过依法开垦等方式增加的;(3)发包方依法收回和承包方依法、自愿交回的。

2. 承包期内的土地收回

根据《民法典》第三百三十七条和《农村土地承包法》第二十七条第一款,承包期内发包人不得收回承包地。法律另有规定的,依照其规定。根据《农村土地承包法》第二十七条第四款,承包期内,承包方交回承包地或者发包方依法收回承包地时,承包方对其在承包地上投入而提高土地生产能力的,有权获得相应的补偿。

另据《农村土地承包法》第五十七条,发包方有下列行为之一的,应当承担停止侵害、排除妨碍、消除危险、返还财产、恢复原状、赔偿损失等民事责任:(1)干涉承包方依法享有的生产经营自主权;(2)违反本法规定收回、调整承包地;(3)强迫或者阻碍承包方进行土地承包经营权的互换、转让或者土地经营权流转;(4)假借少数服从多数强迫承包方放弃或者变更土地承包经营权;(5)以划分"口粮田"和"责任田"等为由收回承包地搞招标承包;(6)将承包地收回抵顶欠款;(7)剥夺、侵害妇女依法享有的土地承包经营权;(8)其他侵害土地承包经营权的行为。

(五)承包方

根据《民法典》第五十五条和第三百三十一条,农村集体经济组织的成员,依法取得农村土地承包经营权,从事家庭承包经营的,为农村承包经营户,是适格的土地承包经营权人之一。根据《农村土地承包法》第十六条第一款,家庭承包的承包方是本集体经济组织的农户。

需要特别注意的是,家庭承包经营权的主体在目前的立法规定中只能是农户家庭,而非农民个人,由此也导致相关的权利确定具有独特之处。事实上,从这一权利类型的名称上即可看出,它是以家庭为单位的。"家庭承包方式的农村土地承包经营权属于农户家庭,而不是属于某一个家庭成员。以家庭承包方式取得的承包经营权具有社会保障功能,其主要目的在于为承包农户的全体家庭成员提供基本的生活保障,而非成员的个人财产。"①

就家庭内部的成员关系而言,根据《农村土地承包法》第十六条第二款,农户内家庭成员依法平等享有承包土地的各项权益。针对这一点,需要特别强调对农村

---

① 罗立军、林子龙:《以家庭承包方式取得的农村土地承包经营权能否继承》,载《人民法院报》2018年8月22日,第7版。

妇女权益的保护。根据《妇女权益保障法》第五十五条第二款，申请农村土地承包经营权登记，应当在不动产登记簿和权属证书上将享有权利的妇女等家庭成员全部列明。

（六）承包方的权利

根据《农村土地承包法》第八条，国家保护承包方的土地承包经营权，任何组织和个人不得侵犯。另据《农村土地承包法》第十七条，承包方享有下列权利：(1)依法享有承包地使用、收益的权利，有权自主组织生产经营和处置产品；(2)依法互换、转让土地承包经营权；(3)依法流转土地经营权；(4)承包地被依法征收、征用、占用的，有权依法获得相应的补偿；(5)法律、行政法规规定的其他权利。

1. 集体内部互换的权利

根据《农村土地承包法》第三十三条，承包方之间为方便耕种或者各自需要，可以对属于同一集体经济组织的土地的土地承包经营权进行互换，并向发包方备案。另据《农村土地承包法》第三十五条，土地承包经营权互换的，当事人可以向登记机构申请登记。未经登记，不得对抗善意第三人。

2. 集体内部转让的权利

根据《民法典》第三百三十四条，土地承包经营权人依照法律规定，有权将土地承包经营权互换、转让。未经依法批准，不得将承包地用于非农建设。另据《民法典》第三百三十五条，土地承包经营权互换、转让的，当事人可以向登记机构申请登记；未经登记，不得对抗善意第三人。

根据《农村土地承包法》第三十四条，经发包方同意，承包方可以将全部或者部分的土地承包经营权转让给本集体经济组织的其他农户，由该农户同发包方确立新的承包关系，原承包方与发包方在该土地上的承包关系即行终止。另据《农村土地承包法》第三十五条，土地承包经营权转让的，当事人可以向登记机构申请登记。未经登记，不得对抗善意第三人。

3. 集体外部流转的权利

根据《民法典》第三百三十九条，土地承包经营权人可以自主决定依法采取出租、入股或者其他方式向他人流转土地经营权。另据《农村土地承包法》第三十六条，承包方可以自主决定依法采取出租（转包）、入股或者其他方式向他人流转土地经营权，并向发包方备案。

根据《农村土地承包法》第九条，承包方承包土地后，享有土地承包经营权，可以自己经营,也可以保留土地承包权,流转其承包地的土地经营权,由他人经营。另据《农村土地承包法》第十条,国家保护承包方依法、自愿、有偿流转土地经营权,保护土地经营权人的合法权益,任何组织和个人不得侵犯。承包方的这一权利可导致土地经营权的设立,具体规定将在本章后续小节进行讨论。

(七)承包方的义务

根据《农村土地承包法》第十八条,承包方承担下列义务:(1)维持土地的农业用途,未经依法批准不得用于非农建设;(2)依法保护和合理利用土地,不得给土地造成永久性损害;(3)法律、行政法规规定的其他义务。

(八)承包期限

土地承包经营权的期限是一个非常重要的问题,实践中产生的争议也比较多,需要认真对待。

1. 基本年限

根据《民法典》第三百三十二条第一款(《土地管理法》第十三条第一款),耕地的承包期为三十年。草地的承包期为三十年至五十年。林地的承包期为三十年至七十年。

2. 续期规定

根据《民法典》第三百三十二条第二款(《土地管理法》第十三条第一款),前款规定的承包期限届满,由土地承包经营权人依照农村土地承包的法律规定继续承包。

(九)承包经营权设立

根据《民法典》第三百三十三条第一款,土地承包经营权自土地承包经营权合同生效时设立。另据《农村土地承包法》第二十三条,承包合同自成立之日起生效。承包方自承包合同生效时取得土地承包经营权。

(十)承包合同

根据《土地管理法》第十三条第三款,发包方和承包方应当依法订立承包合同,约定双方的权利和义务。承包经营土地的单位和个人,有保护和按照承包合同约定的用途合理利用土地的义务。

1. 书面合同

根据《农村土地承包法》第二十二条第一款，发包方应当与承包方签订书面承包合同。

2. 合同内容

根据《农村土地承包法》第二十二条第二款，承包合同一般包括以下条款：(1)发包方、承包方的名称，发包方负责人和承包方代表的姓名、住所；(2)承包土地的名称、坐落、面积、质量等级；(3)承包期限和起止日期；(4)承包土地的用途；(5)发包方和承包方的权利和义务；(6)违约责任。

3. 无效约定

根据《农村土地承包法》第五十八条，承包合同中违背承包方意愿或者违反法律、行政法规有关不得收回、调整承包地等强制性规定的约定无效。

4. 违约责任

根据《农村土地承包法》第五十九条，当事人一方不履行合同义务或者履行义务不符合约定的，应当依法承担违约责任。

（十一）农村土地承包经营权证

在早期，农村土地承包经营合同的权证管理是非常混乱的。经常是口头约定或草草书写一纸凭证，一旦双方发生纠纷，引发的争执旷日持久，成本巨大。近年来，这种局面逐渐改观，目前已有法律明文规定对其进行规范。

1. 法律依据

根据《民法典》第三百三十三条第二款，登记机构应当向土地承包经营权人发放土地承包经营权证、林权证等证书，并登记造册，确认土地承包经营权。另据《农村土地承包法》第二十四条第一款，国家对耕地、林地和草地等实行统一登记，登记机构应当向承包方颁发土地承包经营权证或者林权证等证书，并登记造册，确认土地承包经营权。

2. 法律性质

《农村土地承包经营权证管理办法》（农业部令第33号，2004年1月1日实施，2023年5月1日废止）第二条第一款规定，农村土地承包经营权证是农村土地承包合同生效后，国家依法确认承包方享有土地承包经营权的法律凭证。根据《农村土地承包合同管理办法》第三十三条，本办法施行以前依法签订的承包合同继续有效。因此，在2023年5月1日之前颁发的农村土地承包经营权证继续有效。

3. 家庭全员列入

根据《农村土地承包法》第二十四条第二款，土地承包经营权证或者林权证等证书应当将具有土地承包经营权的全部家庭成员列入。

4. 行为性质

根据最高人民法院(2020)最高法行再28号《行政判决书》，颁发农村土地承包经营权证，是县级以上人民政府对承包方享有土地承包经营权的行政确认行为，乡(镇)农村经营管理部门和县级以上地方人民政府农业行政主管部门及县级以上人民政府审核的主要内容应当是承包方是否依法享有合法的农村土地承包经营权。

(十二)家庭承包经营权的保护

总的来说，目前农民仍是相对弱势的群体，其作为“命根子”的土地承包权经常受到来自各方的侵犯。

1. 行政机关的干预防止

根据《农村土地承包法》第二十六条，国家机关及其工作人员不得利用职权干涉农村土地承包或者变更、解除承包合同。

2. 进城农户的特别保护

根据《农村土地承包法》第二十七条第二款和第三款，国家保护进城农户的土地承包经营权。不得以退出土地承包经营权作为农户进城落户的条件。承包期内，承包农户进城落户的，引导支持其按照自愿有偿原则依法在本集体经济组织内转让土地承包经营权或者将承包地交回发包方，也可以鼓励其流转土地经营权。

3. 承包地交回的自愿性

根据《农村土地承包法》第三十条，承包期内，承包方可以自愿将承包地交回发包方。承包方自愿交回承包地的，可以获得合理补偿，但是应当提前半年以书面形式通知发包方。承包方在承包期内交回承包地的，在承包期内不得再要求承包土地。

4. 对农村妇女的特别保护

根据《妇女权益保障法》第五十五条第一款以及《农村土地承包法》第三十一条，农村妇女的土地承包经营权依法受到保护，相关条款的具体内容在本章前节已经陈述。

5. 强迫互换、转让或流转行为无效

根据《农村土地承包法》第六十条，任何组织和个人强迫进行土地承包经营权互换、转让或者土地经营权流转的,该互换、转让或者流转无效。

(十三)家庭承包经营权的继承

由于家庭承包经营权的主体是农户而非农户中的个人,其继承问题就呈现较为复杂的特点,主要因土地类型或者获得土地承包权的方式而多有不同。一般来说,如果家庭中的某个或某些成员去世,但家庭还有其他成员,那么这个家庭本身仍然存续。既然如此,此时发生的就不是继承问题,而是这个家庭作为承包方在一个整体上继续进行土地承包经营的问题。

如果家庭中的全部成员去世,那么这个家庭也就不存在了,既然如此,此时发生的就是承包经营权归于消灭的问题,农村集体经济组织收回承包地,另行分配。不妨进行一个简单的思想实验,如果可以继承,那么在本村就可能出现有人因继承拥有两份甚至多份承包地和多份承包权的情况,这无疑侵犯了本集体其他成员的合法权益,也背离了国家设立劳动群众集体土地所有制和农村土地承包经营权的初衷。

当然,在具体实践中对不同的农地还是区别对待的。例如,根据《农村土地承包法》第三十二条第二款,林地承包的承包人死亡,其继承人可以在承包期内继续承包。制定这一条款的主要出发点在于林木生长周期较长,有的林木从种植到成材可能需要一代人甚至数代人的时间甚至更长,一般不会出现前面设想过的思想实验的情形。

四、其他方式承包经营权

当前在我国农村,家庭承包经营方式属于基本形式。除此以外,还有其他方式的承包经营作为补充。如果说家庭承包带有明显的社会保障性质,对于具有集体成员身份的可谓家家有份或人人有份。但其他方式的承包则不具有此类属性,更多的是强调土地的效益属性。

(一)其他方式承包经营权的概念

根据《民法典》第三百四十二条、《土地管理法》第十三条第一款以及《农村土地承包法》第三条第二款,其他方式承包经营权是指对于不宜采取家庭承包方式的荒山、荒沟、荒丘、荒滩等,可以采取招标、拍卖、公开协商等方式承包,从事种植业、林业、畜牧业、渔业生产,承包经营人依法享有的占有、使用和收益的权利。

另据《农村土地承包法》第四十九条，以其他方式承包农村土地的，应当签订承包合同，承包方取得土地经营权。综合考虑前述相关法律规定，相对于家庭承包经营权而言的其他方式的承包经营权具有双重属性。一方面，它在形式上属于承包；另一方面，在实质上它属于土地经营权。

（二）其他方式承包经营权的主体

根据《农村土地承包法》第五十一条和第五十二条，以其他方式承包经营集体所有的土地的，其权利主体首先是本集体经济组织成员，且具有优先权。另外，这里仅强调成员，而没有强调农户，集体经济组织成员个人是具有主体资格的。其次，本集体经济组织以外的单位或者个人也是适格主体。在当代中国的法律语境下，单位或者个人事实上已经基本涵盖几乎所有的民事主体。

如果是本集体经济组织成员承包，现行法律没有规定特别程序。但如果是由集体经济组织以外的单位或个人承包，根据《农村土地承包法》第五十二条第一款，应当事先经本集体经济组织成员的村民会议三分之二以上成员或者三分之二以上村民代表的同意，并报乡（镇）人民政府批准。另据该条第二款，由本集体经济组织以外的单位或者个人承包的，应当对承包方的资信情况和经营能力进行审查后，再签订承包合同。

（三）其他方式承包经营权的客体

根据《土地管理法》第十三条第一款以及《农村土地承包法》第三条第二款，其他方式承包经营权的客体主要包括荒山、荒沟、荒丘、荒滩等农村土地。显然，这里采取了列举加兜底的表述模式。对于这一条款中所说的“农村土地”，根据《农村土地承包法》第二条，农村土地是指农民集体所有和国家所有依法由农民集体使用的耕地、林地、草地，以及其他依法用于农业的土地。

此外，另有附随的生态保护义务。根据《农村土地承包法》第五十条第二款，承包荒山、荒沟、荒丘、荒滩的，应当遵守有关法律、行政法规的规定，防止水土流失，保护生态环境。

（四）合同形式

根据《农村土地承包法》第四十九条，以其他方式承包农村土地的，应当签订承包合同，承包方取得土地经营权。当事人的权利和义务、承包期限等，由双方协商确定。以招标、拍卖方式承包的，承包费通过公开竞标、竞价确定；以公开协商等方式承包的，承包费由双方议定。

（五）直接承包与间接承包

《农村土地承包法》第五十条第一款，荒山、荒沟、荒丘、荒滩等可以直接通过招标、拍卖、公开协商等方式实行承包经营，也可以将土地经营权折股分给本集体经济组织成员后，再实行承包经营或者股份合作经营。

（六）其他方式承包经营权的流转

根据《民法典》第三百四十二条和《农村土地承包法》第五十三条，通过招标、拍卖、公开协商等方式承包农村土地，经依法登记取得权属证书的，可以依法采取出租、入股、抵押或者其他方式流转土地经营权。

（七）其他方式承包经营权的继承

根据《农村土地承包法》第五十四条，依照本章规定通过招标、拍卖、公开协商等方式取得土地经营权的，该承包人死亡，其应得的承包收益，依照继承法的规定继承；在承包期内，其继承人可以继续承包。

五、土地经营权

土地经营权是农村土地实践中新出现的权利类型，近年来日益引起关注。农村集体土地的所有权、承包权和经营权实现"三权分置"后，可极大促进土地高效利用。尽管现行宪法的规定仍是两权，未对第三权进行详细规定。但根据《中共中央办公厅、国务院办公厅关于引导农村土地经营权有序流转发展农业适度规模经营的意见》（中办发〔2014〕61 号，2014 年 11 月 20 日实施）、《中共中央办公厅、国务院办公厅关于完善农村土地所有权承包权经营权分置办法的意见》（中办发〔2016〕67 号，2016 年 11 月 3 日实施）以及《中共中央、国务院关于实施乡村振兴战略的意见》（中发〔2018〕1 号，2018 年 1 月 2 日实施）等，结合现行民法、土地法和土地承包法等的相关规定，这一权利类型目前在我国农村已经完全确立。

（一）土地经营权的概念

根据《农村土地经营权流转管理办法》（农业农村部令 2021 年第 1 号，2021 年 3

月1日实施）第一条和第三十四条第二款，在承包方与发包方承包关系保持不变的前提下，承包方依法在一定期限内将承包土地流转给其他组织或个人进行经营并取得相应的收益，其他组织或个人所享有的这一权利就是土地经营权，是从土地承包经营权中分离出的一项权利。

（二）土地经营权的主体

土地所有权严格限制在国家和农村集体，土地承包经营权严格限制于农户，但土地经营权的主体并无太多限制。根据《民法典》第三百三十九条和《农村土地承包法》第三十六条，对土地经营权主体的表述都是“他人”即可，这一概念的外延是相当宽泛的。显然，这里的“他人”是在民法视域中使用的，与刑法上狭义“他人”的概念不同。

根据《农村土地经营权流转管理办法》第九条，土地经营权流转的受让方应当为具有农业经营能力或者资质的组织和个人。在同等条件下，本集体经济组织成员享有优先权。由此可知，土地经营权主体分为两类，一是集体内部的其他成员，二是集体外部的组织和个人。无论是内部流转还是外部流转，都要求受让方具备一定的农业经营能力或者资质，否则就失去了设立土地经营权的意义。

（三）土地经营权的客体

与前两权稍有不同的是，对土地经营权的客体进行规范的法律文件有所不同。根据《农村土地经营权流转管理办法》第三十四条第一款，本办法所称农村土地，是指除林地、草地以外的，农民集体所有和国家所有依法由农民集体使用的耕地和其他用于农业的土地。由此来看，林地和草地的流转不为这部法律文件所调整规范。

以林地为例，根据当时有效的《国家林业局关于规范集体林权流转市场运行的意见》（林改发〔2016〕100号，2016年7月29日实施，2020年5月18日废止）第一条，集体林权流转是指在不改变林地所有权和林地用途的前提下，林权权利人将其拥有的集体林地经营权、林木所有权、林木使用权依法全部或者部分转移给他人的行为，不包括依法征收致使林地经营权发生转移的情形。集体林权可通过转包、出租、互换、转让、入股、抵押或作为出资、合作条件及法律法规允许的其他方式流转。区划界定为公益林的林地、林木暂不进行转让，允许以转包、出租、入股等方式流转。

（四）土地经营权流转的原则

根据《农村土地承包法》第三十八条，土地经营权流转应当遵循以下原则：

(1)依法、自愿、有偿,任何组织和个人不得强迫或者阻碍土地经营权流转;(2)不得改变土地所有权的性质和土地的农业用途,不得破坏农业综合生产能力和农业生态环境;(3)流转期限不得超过承包期的剩余期限;(4)受让方须有农业经营能力或者资质;(5)在同等条件下,本集体经济组织成员享有优先权。

(五)自己流转或委托流转

根据《农村土地经营权流转管理办法》第八条第一款,承包方自愿委托发包方、中介组织或者他人流转其土地经营权的,应当由承包方出具流转委托书。委托书应当载明委托的事项、权限和期限等,并由委托人和受托人签字或者盖章。根据该条第二款,没有承包方的书面委托,任何组织和个人无权以任何方式决定流转承包方的土地经营权。

(六)流转方式

土地经营权的流转方式多种多样,根据《农村土地经营权流转管理办法》第十四条第一款,承包方可以采取出租(转包)、入股或者其他符合有关法律和国家政策规定的方式流转土地经营权。

1. 出租

根据《农村土地经营权流转管理办法》第十四条第二款,出租(转包),是指承包方将部分或者全部土地经营权,租赁给他人从事农业生产经营。

2. 入股

根据《农村土地经营权流转管理办法》第十四条第三款,入股,是指承包方将部分或者全部土地经营权作价出资,成为公司、合作经济组织等股东或者成员,并用于农业生产经营。

3. 可全部或部分流转

根据《农村土地经营权流转管理办法》第十五条,承包方依法采取出租(转包)、入股或者其他方式将土地经营权部分或者全部流转的,承包方与发包方的承包关系不变,双方享有的权利和承担的义务不变。

4. 可采取优先股方式

根据《农村土地经营权流转管理办法》第十六条,承包方自愿将土地经营权入股公司发展农业产业化经营的,可以采取优先股等方式降低承包方风险。公司解散时入股土地应当退回原承包方。

（七）土地经营权流转监督主体

根据《农村土地经营权流转管理办法》第五条，监督管理主体主要包括农业农村部门和属地乡镇人民政府，在这一点上与一般意义上的土地承包管理没有什么不同，这里就不重复了。

（八）土地经营权流转与发包方的关系

根据《农村土地承包法》第四十四条，承包方流转土地经营权的，其与发包方的承包关系不变。

（九）土地经营权流转收益归属

根据《农村土地承包法》第三十九条，土地经营权流转的价款，应当由当事人双方协商确定。流转的收益归承包方所有，任何组织和个人不得擅自截留、扣缴。根据《农村土地承包法》第六十一条，任何组织和个人擅自截留、扣缴土地承包经营权互换、转让或者土地经营权流转收益的，应当退还。

（十）合同形式要求

土地经营权事关多方利益，并且由于农民的文化水平以及生活经验可能欠缺，通常需要以书面合同的形式把权利义务固定下来。

1. 书面合同

根据《农村土地承包法》第四十条第一款，土地经营权流转，当事人双方应当签订书面流转合同。

2. 合同的条款

根据《农村土地承包法》第四十条第二款，土地经营权流转合同一般包括以下条款：(1)双方当事人的姓名、住所；(2)流转土地的名称、坐落、面积、质量等级；(3)流转期限和起止日期；(4)流转土地的用途；(5)双方当事人的权利和义务；(6)流转价款及支付方式；(7)土地被依法征收、征用、占用时有关补偿费的归属；(8)违约责任。

3. 可不签订合同的情形

根据《农村土地承包法》第四十条第三款，承包方将土地交由他人代耕不超过一年的，可以不签订书面合同。

4.可以登记的情形

根据《农村土地承包法》第四十一条,土地经营权流转期限为五年以上的,当事人可以向登记机构申请土地经营权登记。未经登记,不得对抗善意第三人。

(十一)土地经营权的设立

根据《民法典》第三百四十一条,流转期限为五年以上的土地经营权,自流转合同生效时设立。当事人可以向登记机构申请土地经营权登记;未经登记,不得对抗善意第三人。

(十二)土地经营权人的权利

根据《民法典》第三百四十条和《农村土地承包法》第三十七条,土地经营权人有权在合同约定的期限内占有农村土地,自主开展农业生产经营并取得收益。另据《农村土地承包法》第四十三条和《农村土地经营权流转管理办法》第十三条,经承包方同意,受让方可以依法投资改良土壤,建设农业生产附属、配套设施,并按照合同约定对其投资部分获得合理补偿。

(十三)承包方可单方解除合同的情形

根据《农村土地承包法》第四十二条,承包方不得单方解除土地经营权流转合同,但受让方有下列情形之一的除外:(1)擅自改变土地的农业用途;(2)弃耕抛荒连续两年以上;(3)给土地造成严重损害或者严重破坏土地生态环境;(4)其他严重违约行为。

(十四)发包方直接终止流转合同的情形

根据《农村土地经营权流转管理办法》第二十条第二款,有《农村土地承包法》第四十二条规定情形的,承包方在合理期限内不解除土地经营权流转合同的,发包方有权要求终止土地经营权流转合同。根据该条第三款,受让方对土地和土地生态环境造成的损害应当依法予以赔偿。

(十五)社会资本流转取得土地经营权的特别规定

根据《农村土地承包法》第四十五条,县级以上地方人民政府应当建立工商企业等社会资本通过流转取得土地经营权的资格审查、项目审核和风险防范制度。

工商企业等社会资本通过流转取得土地经营权的,本集体经济组织可以收取适量管理费用。具体办法由国务院农业农村、林业和草原主管部门规定。

(十六)土地经营权再流转

根据《农村土地承包法》第四十六条,经承包方书面同意,并向本集体经济组织备案,受让方可以再流转土地经营权。

(十七)土地经营权融资担保

根据《农村土地承包法》第四十七条,承包方可以用承包地的土地经营权向金融机构融资担保,并向发包方备案。受让方通过流转取得的土地经营权,经承包方书面同意并向发包方备案,可以向金融机构融资担保。担保物权自融资担保合同生效时设立。当事人可以向登记机构申请登记;未经登记,不得对抗善意第三人。实现担保物权时,担保物权人有权就土地经营权优先受偿。土地经营权融资担保办法由国务院有关部门规定。

六、设施农业

清代小说家文康创作了融侠义与言情于一体的《儿女英雄传》,在其第33回中有一句名言脍炙人口——“靠天吃饭,赖地穿衣”,极为形象地揭示了古代中国农业的真实面貌。新中国成立后,特别是改革开放以后,为从根本上改变农业生产的这种被动局面,在天然土地上修建相应的农业生产设施以提高农产品的产量和质量,这就是与天然农业相对而言的设施农业(protected agriculture)。

(一)法律依据

目前,关于设施农业方面的法律文件主要是不同时期相继制定的4个部门规章。一是2007年9月21日发布的《国土资源部、农业部关于促进规模化畜禽养殖有关用地政策的通知》(国土资发〔2007〕220号,2017年11月29日失效);二是2010年9月30日发布的《国土资源部、农业部关于完善设施农用地管理有关问题的通知》(国土资发〔2010〕155号,2014年9月29日失效);三是2014年9月29日发布的《国土资源部、农业部关于进一步支持设施农业健康发展的通知》(国土资发〔2014〕127号,2019年12月17日失效);四是2019年12月17日发布的《自然资源部、农业农村部关于设施农业用地管理有关问题的通知》(自然资规〔2019〕4号,

2019 年 12 月 17 日实施，2024 年 12 月 17 日失效）。

（二）权利主体

结合本章前面几节的介绍可知，当前可以从事农业生产的主体已经不再局限于农村集体经济组织成员这样的单一主体，其他组织或个人在符合相应条件的情况下都可在农村天地中大有作为，也可以成为设施农业的权利主体。

（三）设施农业的客体

可用于设施农业的土地类型也是比较宽泛的，但是有着严格要求。例如，国土资发〔2007〕220 号文件就明确要求应坚持鼓励利用废弃地和荒山荒坡等未利用地、尽可能不占或少占耕地的原则，禁止占用基本农田。

（四）用地手续办理

设施农业用地方面的办理手续在不同的时期有不同的要求。以 2007 年至 2010 年为例，国土资发〔2007〕220 号文件针对不同的经营主体进行了区别规定。对于本村集体经济组织、农民和畜牧业合作经济组织按照乡（镇）土地利用总体规划，兴办规模化畜禽养殖所需用地按农用地管理，作为农业生产结构调整用地，不需办理农用地转用审批手续。但对于其他企业和个人兴办或与农村集体经济组织、农民和畜牧业合作经济组织联合兴办规模化畜禽养殖所需用地，实行分类管理。畜禽舍等生产设施及绿化隔离带用地，按照农用地管理，不需办理农用地转用审批手续；管理和生活用房、疫病防控设施、饲料储藏用房、硬化道路等附属设施，属于永久性建（构）筑物，其用地比照农村集体建设用地管理，需依法办理农用地转用审批手续。

再以 2010 年至 2014 年为例，国土资发〔2010〕155 号文件把设施农用地分为生产设施用地和附属设施用地两类，并对其建设进行了更细致的规定。生产设施用地和附属设施用地直接用于或者服务于农业生产，其性质不同于非农业建设项目用地，依据当时有效的国家标准《土地利用现状分类》（GB/T 21010—2007，2007 年 8 月 10 日实施，2017 年 11 月 1 日失效），按农用地管理。兴建农业设施占用农用地的，不需办理农用地转用审批手续。但对以农业为依托的休闲观光项目以及各类农业园区，涉及建设永久性餐饮、住宿、会议、大型停车场、工厂化农产品加工、中高档展销等的用地，不属于设施农用地范围，按非农建设用地管理。确需建设的，必须符合土地利用规划，依法办理建设用地审批手续。

(五)审批流程

以2007年至2010年为例,国土资发〔2007〕220号文件要求的流程是:需经乡(镇)人民政府同意,向县级畜牧主管部门提出规模化养殖项目申请,进行审核备案,并到县级国土资源管理部门办理用地备案手续。

(六)复耕要求

根据《土地管理法实施条例》第十一条第三款,县级以上地方人民政府应当加强对农业结构调整的引导和管理,防止破坏耕地耕作层;设施农业用地不再使用的,应当及时组织恢复种植条件。

(七)非农化的情形

根据农业农村部、自然资源部印发的《关于开展"大棚房"问题专项清理整治行动坚决遏制农地非农化的方案》(农农发〔2018〕3号,2018年9月14日实施)第二条,属于非农化的情形包括:(1)在各类农业园区内占用耕地或直接在耕地上违法违规建设非农设施,特别是别墅、休闲度假设施等。(2)在农业大棚内违法违规占用耕地建设商品住宅。(3)建设农业大棚看护房严重超标准,甚至违法违规改变性质用途,进行住宅类经营性开发。

(八)关于设施农业的相关司法判例

实事求是地讲,多年来全国各地对于设施农业的管理一直并不完善,而在法律上毫无瑕疵的设施农业更是凤毛麟角。一旦面临征收,权利基础方面的先天缺陷就成了被征收人的"阿喀琉斯之踵"。在这种情况下,为推进征迁进度,追究不动产权利人的法律缺陷就成为征收方屡试不爽的利器。对于人民法院来说,近年来如何审理这类案件也是一个比较棘手的问题。

以第二届全国法院"百篇优秀裁判文书"——安徽省蚌埠市中级人民法院(2018)皖03行赔初1号《行政赔偿判决书》为例,经过审理认定,涉案养殖场从2000年一直经营至拆除前,虽然其未向所在地国土局申报用地情况,但乡政府对原告在辖区内租赁集体土地并进行经营养殖的事实是知情的,在养殖场所在集体土地未被征收前,各级部门也从未对原告用地行为予以查处或要求其按照规定补办相关手续……综上,根据以上的国家出台的养殖用地政策,结合考虑原告长期养殖的过程等因素，不宜认定原告建造的养殖场为违法建设。

根据最高人民法院(2019)最高法行申4750号《行政裁定书》，尽管当事人的临时用地到期并未办理续用手续，但柯城区政府相关职能部门并未以此为由强制当事人停止养殖，相反对于其生猪养殖给予了诸多政策帮持，帮助其扩大生产规模。对于当事人的各项奖励也表明了政府对于其发展生猪养殖产业的认可。诚然，当事人的用地手续上确实存在一定问题，但是由于相关的政府部门并未及时作出处罚决定，当事人基于对政府的信赖，在涉案土地上兴建了一批养猪设施来满足其养殖产业发展的需要，故以此来认定其所建造的建筑属于非法建筑，不具有合理性。

也有相反的裁判观点。根据最高人民法院(2017)最高法行申8524号《行政裁定书》以及最高人民法院(2019)最高法行申924号《行政裁定书》，设施农用地即使不需要办理农用地转用审批手续，也仍应办理相应的用地手续，并向当地国土资源主管部门(现在的自然资源主管部门)和农业主管部门(现在的农业农村主管部门)备案，否则即属违法。

第十一节　农村宅基地使用权

农村承包土地经营权为农民提供了生计保障，而农村宅基地则为农民提供安身立命的日常起居之所，二者共同构成当代中国农村土地制度的两根支柱。

一、概述

"宅基地"可谓独具中国特色的一个法律概念，在地类性质上属于农村集体建设用地。它也是一个农村专属概念，城镇国有土地上是没有也不需要有它的容身之处的。

(一)宅基地的法律定义

根据《中央农村工作领导小组办公室、农业农村部关于进一步加强农村宅基地管理的通知》(中农发〔2019〕11号，2019年9月11日实施)以及农业农村部农村合作经济指导司编印的《农村宅基地工作手册》和《农村宅基地管理法律政策问答》，[①]宅基地是农村村民用于建造住宅及其附属设施的集体建设用地，包括住房、

① 注：这是两本小册子，无正式出版信息，由农业农村部向各地印发，指导性较强。参见2020年9月11日农业农村部《对十三届全国人大三次会议第8378号建议的答复》(农办议〔2020〕190号)。

附属用房和庭院等用地，不包括与宅基地相连的农业生产性用地、农户超出宅基地范围占用的空闲地等土地。

结合《民法典》第三百二十三条，宅基地使用权就是村集体成员对集体所有的宅基地依法享有的占有、使用和收益的权利。再结合《民法典》第二百四十条，宅基地使用权人对宅基地不具有处分权能，这一权能只有村集体本身才能依法享有。

（二）宅基地使用权的主体

与承包土地的情形相似，宅基地使用权的主体也有严格的法律限制。在历史上，只有短暂的特定时间对某些特定群体放开过，此外均需集体成员身份。

1. 本集体成员

《房屋登记办法》（建设部令第 168 号，2008 年 7 月 1 日实施，2019 年 9 月 6 日废止）第八十七条就明确规定，申请农村村民住房所有权转移登记，受让人不属于房屋所在地农村集体经济组织成员的，除法律、法规另有规定外，房屋登记机构应当不予办理。

2. 户为单位

宅基地使用权的主体又称宅基地使用权人。根据《土地管理法实施条例》第三十四条第一款，农村村民申请宅基地的，应当以户为单位向农村集体经济组织提出申请。由此可以看出，与农村土地承包经营权一样，其权利主体也是农户，而非农民个人。由于它是以户为单位的，因而户内也不发生继承问题。

3. 进城农户保留

目前，进城农户仍然有权拥有宅基地使用权。根据《土地管理法》第六十二条第六款以及《土地管理法实施条例》第三十五条，国家允许进城落户的农村村民依法自愿有偿退出宅基地。乡（镇）人民政府和农村集体经济组织、村民委员会等应当将退出的宅基地优先用于保障该农村集体经济组织成员的宅基地需求。这实际上也是为进城农户保留一条后路，万一在经济形势不好时，还有一个缓冲机会。

此外，《国土资源部关于进一步加快宅基地和集体建设用地确权登记发证有关问题的通知》（国土资发〔2016〕191 号，2016 年 12 月 16 日实施）、《中共中央、国务院关于坚持农业农村优先发展做好“三农”工作的若干意见》（中发〔2019〕1 号，2019 年 1 月 3 日实施）和《中共中央、国务院关于全面推进乡村振兴加快农业农村现代化的意见》（2021 年 1 月 4 日实施）等也都有类似规定。另以广东省为例，《广州市人民政府办公厅关于加强农村住宅建设管理的实施意见》（穗府办规〔2020〕18

号,2020年7月22日实施,2025年7月22日废止)还特别强调户籍分户登记不作为宅基地分配前置条件。

(三)宅基地使用权的客体

顾名思义,宅基地使用权的客体就是宅基地。根据《土地管理法实施条例》第三十三条,农村居民点布局和建设用地规模应当遵循节约集约、因地制宜的原则合理规划。县级以上地方人民政府应当按照国家规定安排建设用地指标,合理保障本行政区域农村村民宅基地需求。乡(镇)、县、市国土空间规划和村庄规划应当统筹考虑农村村民生产、生活需求,突出节约集约用地导向,科学划定宅基地范围。

(四)宅基地使用权的内容

根据《民法典》第三百六十二条,宅基地使用权人依法对集体所有的土地享有占有和使用的权利,有权依法利用该土地建造住宅及其附属设施。

(五)符合土地管理法规定

根据《民法典》第三百六十一条,集体所有的土地作为建设用地的,应当依照土地管理的法律规定办理。另据该法第三百六十三条,宅基地使用权的取得、行使和转让,适用土地管理的法律和国家有关规定。

例如,根据《土地管理法》第六十二条第三款,农村村民建住宅,应当符合乡(镇)土地利用总体规划、村庄规划,不得占用永久基本农田,并尽量使用原有的宅基地和村内空闲地。编制乡(镇)土地利用总体规划、村庄规划应当统筹并合理安排宅基地用地,改善农村村民居住环境和条件。

(六)宅基地的灭失及其法律后果

根据《民法典》第三百六十四条,宅基地因自然灾害等原因灭失的,宅基地使用权消灭。对失去宅基地的村民,应当依法重新分配宅基地。

(七)宅基地使用权变动应登记

根据《民法典》第三百六十五条,已经登记的宅基地使用权转让或者消灭的,应当及时办理变更登记或者注销登记。

（八）宅基地主管部门

目前，宅基地的主管部门已经确定由农业农村部门负责，主要法律依据包括《土地管理法》第六十二条第七款、农业农村部《关于落实党中央国务院2022年全面推进乡村振兴重点工作部署的实施意见》（农发〔2022〕1号，2022年1月14日实施）、《农业农村部、自然资源部关于规范农村宅基地审批管理的通知》（农经发〔2019〕6号，2019年12月12日实施）以及《中央农村工作领导小组办公室、农业农村部关于进一步加强农村宅基地管理的通知》等。

（九）宅基地三权分置

根据《中共中央、国务院关于实施乡村振兴战略的意见》"九（二）"，要求完善农民闲置宅基地和闲置农房政策，探索宅基地所有权、资格权、使用权"三权分置"，落实宅基地集体所有权，保障宅基地农户资格权和农民房屋财产权，适度放活宅基地和农民房屋使用权。另据《中共中央、国务院关于全面推进乡村振兴加快农业农村现代化的意见》四（二十一），也明确要求加强宅基地管理，稳慎推进农村宅基地制度改革试点，探索宅基地所有权、资格权、使用权分置有效实现形式。

二、立法沿革

与农村土地承包经营有一部专门的全国人大常委会立法不同，目前在宅基地方面并没有一部与《农村土地承包法》媲美的同一层次法律，相关规定散见于《宪法》《民法典》《土地管理法》《城乡规划法》《不动产登记暂行条例》等。相比之下，与农村宅基地相关的政策文件或部门规章等却庞杂繁多。

1954年《宪法》规定农民对宅基地拥有所有权，根据其第八条第一款，国家依照法律保护农民的土地所有权和其他生产资料所有权。1962年9月27日，中共中央发布《农村人民公社工作条例修正草案》，根据其第二十一条第一款，生产队范围内的土地，都归生产队所有。生产队所有的土地，包括社员的自留地、自留山、宅基地等等，一律不准出租和买卖。自此，中国农民对土地的所有权再次丧失。这部条例尽管一直属于草案性质，但在实际中却起到了作用，它共计60个条文，俗称其为"人民公社六十条"，在当代中国农村土地制度沿革进程中影响深远。

1963年3月20日，中共中央发布《关于各地对社员宅基地问题作一些补充规定的通知》。该通知"二（二）"首创了宅基地所有权和使用权分离的制度架构；该通知“二(三)”规定了宅基地可以无偿使用,占用耕地的,应根据“六十条规定”,报县人民委员会批准。需要解释一下,当时的社员相当于现在的村民,社员大会相当于现在的村民会议,生产队相当于现在的村民小组或村集体,县人民委员会相当于现在的县人民政府,“六十条规定”就是前面提到的《农村人民公社工作条例修正草案》。

1982 年,国务院颁布了行政法规《村镇建房用地管理条例》(1982 年 2 月 13 日实施,1986 年 6 月 25 日废止)。其第十四条规定,农村社员,回乡落户的离休、退休、退职职工和军人,回乡定居的华侨,建房需要宅基地的,应向所在生产队申请,经社员大会讨论通过,生产大队审核同意,报公社管理委员会批准;确实需要占用耕地、园地的,必须报经县级人民政府批准。批准后,由批准机关发给宅基地使用证明。由于当时刚刚改革开放,许多体制还没有改革到位或理顺,这里所涉及的社员、生产队和社员大会的含义同上,而所谓生产大队一般是指几个生产队联合起来的较大的组织,相当于现在的村或较大的建制村,公社相当于现在的乡镇。

1985 年,当时的城乡建设环境保护部印发了《村镇建设管理暂行规定》(〔85〕城乡字第 558 号,1985 年 10 月 29 日实施,2003 年 8 月 12 日废止)。根据其第十二条,村镇居民使用宅基地和建设单位使用规划区范围内的土地,必须经建设主管部门核定建设项目的建址和用地范围,并办理用地手续;根据其第十七条,村镇居民新建、改建、扩建住宅,必须履行申请审批手续,由本人向所在村(居)民委员会提出申请,报镇(乡)人民政府审批,建设主管部门核发准建证件,领证后方可进行建设。

1986 年,我国颁布了第一部正式的《土地管理法》(1987 年 1 月 1 日实施,1988 年 12 月 29 日修正前)。根据其第三十八条,农村居民建住宅,应当使用原有的宅基地和村内空闲地。使用耕地的,经乡级人民政府审核后,报县级人民政府批准;使用原有的宅基地、村内空闲地和其他土地的,由乡级人民政府批准。农村居民建住宅使用土地,不得超过省、自治区、直辖市规定的标准。出卖、出租住房后再申请宅基地的,不予批准。

此后,国家对宅基地的管理越来越严格。根据《土地管理法》(1998 年 8 月 29 日修订,2004 年 8 月 28 日修正前)第六十二条,农村村民一户只能拥有一处宅基地,其宅基地的面积不得超过省、自治区、直辖市规定的标准。农村村民建住宅,应当符合乡(镇)土地利用总体规划,并尽量使用原有的宅基地和村内空闲地。农村村民住宅用地,经乡(镇)人民政府审核,由县级人民政府批准;其中,涉及占用农用地的,依照本法第四十四条的规定办理审批手续。农村村民出卖、出租住房后,再申请宅基地的,不予批准。至此,无论是否占有耕地,乡镇人民政府都只有审核权,最终的审批权上收到了县级人民政府。

不过，在现实的管理工作中，由于县级人民政府政务繁杂，事实上很难事无巨细地把管理触手伸到农民的宅基地这样底层的事务之中，因此《土地管理法》2019年最新一次的修正对乡镇人民政府与县级人民政府的权限划分再次进行了调整。根据现行《土地管理法》第六十二条第四款，农村村民住宅用地，由乡(镇)人民政府审核批准；其中，涉及占用农用地的，依照本法第四十四条的规定办理审批手续。而该版本的第四十四条是关于农用地转用的审批权限规定，因此，审视近年来的走向，如果宅基地审批涉及农用地，在复杂的农用地转用审批流程之下，一般是很难通过的。

1990年，当时的国家土地管理局在给当时的浙江省土地管理局《关于以其他形式非法转让土地的具体应用问题请示的答复》(〔1990〕国土函字第97号，1990年8月25日实施)中明确，原宅基地使用者未经依法批准通过他人出资翻建房屋，给出资者使用，并从中牟利或获取房屋产权，是属“以其他形式非法转让土地”的违法行为之一。

1999年，国务院办公厅发布《关于加强土地转让管理严禁炒卖土地的通知》(国办发〔1999〕39号，1999年5月6日实施)，正式为非村民获得宅基地使用权套上“紧箍咒”。根据其第二条第三款，农民的住宅不得向城市居民出售，也不得批准城市居民占用农民集体土地建住宅，有关部门不得为违法建造和购买的住宅发放土地使用证和房产证。

2004年，《国务院关于深化改革严格土地管理的决定》(国发〔2004〕28号，2004年10月21日实施)发布。根据其“二(十)”，改革和完善宅基地审批制度，加强农村宅基地管理，禁止城镇居民在农村购置宅基地。

2019年，《中央农村工作领导小组办公室、农业农村部关于进一步加强农村宅基地管理的通知》发布，强调要充分保障宅基地农户资格权和农民房屋财产权。不得以各种名义违背农民意愿强制流转宅基地和强迫农民“上楼”，不得违法收回农户合法取得的宅基地，不得以退出宅基地作为农民进城落户的条件。严格控制整村撤并，规范实施程序，加强监督管理。宅基地是农村村民的基本居住保障，严禁城镇居民到农村购买宅基地，严禁下乡利用农村宅基地建设别墅大院和私人会馆。严禁借流转之名违法违规圈占、买卖宅基地。

新的自然资源部组建完成后，对我国农村宅基地管理实际情况进行了充分调研。为更好地指导基层工作，自然资源部办公厅下发了《宅基地和集体建设用地使用权确权登记工作问答》(自然资办函〔2020〕1344号,2020年7月22日实施)。以常见的"一户多宅"问题为例,根据其第33条第2段,对于因继承房屋占用宅基地,形成"一户多宅"的,可按规定确权登记,并在不动产登记簿和证书附记栏进行注记。

三、申请流程

早期不规范的宅基地申请流程导致层出不穷的法律纠纷,近年来,国家层面的立法已经开始对此予以规制。不过,它针对的主要是增量问题,而数目庞大的存量问题仍属宅基地使用权保护问题,还是要本着尊重历史的原则处理。

(一)提出申请

根据《土地管理法实施条例》第三十四条第一款,农村村民申请宅基地的,应当以户为单位向农村集体经济组织提出申请;没有设立农村集体经济组织的,应当向所在的村民小组或者村民委员会提出申请。该条例没有对申请的具体形式作出规定,以河南省为例,根据《河南省人民政府关于印发河南省农村宅基地和村民自建住房管理办法(试行)的通知》(豫政〔2021〕4号,2021年1月29日实施)第八条,符合宅基地申请条件的村民,以户为单位向所在村民小组提出宅基地和建房书面申请。村民填写《农村宅基地和村民自建住房申请表》《农村宅基地使用承诺书》。

(二)申请层级

如果只有农村集体经济组织,没有村民小组;或者没有农村集体经济组织,只有村民小组。那么根据《土地管理法实施条例》第三十四条第一款,择一申请即可。但如果二者同时存在,又该如何处理,《土地管理法实施条例》没有明确规定。以河南省为例,根据《河南省人民政府关于印发河南省农村宅基地和村民自建住房管理办法(试行)的通知》第九条,村民小组收到申请后,提交村民小组会议讨论。讨论通过后,将村民申请、村民小组会议记录等材料提交村级组织审查。

(三)集体讨论

根据《土地管理法实施条例》第三十四条第一款,宅基地申请依法经农村村民集体讨论通过。从该条款本身来看,集体讨论的具体形式没有明确。不过,根据《村民委员会组织法》第二十四条第一款第(六)项,涉及宅基地的使用方案这一村民利益的事项，经村民会议讨论决定方可办理。因此，宅基地申请事项通常应当召开村民会议来决定。

（四）公示

根据《土地管理法实施条例》第三十四条第一款，宅基地申请依法经农村村民集体讨论通过后，应当在本集体范围内公示。对于这里公示如何具体操作，该条例没有明确规定。

以广东省为例，根据《广东省村务公开条例》（2014 年修订，2015 年 1 月 1 日实施）第十条第一款，村民委员会应当在位于其所在地的公共场所设置固定的村务公开栏或者电子信息平台，有条件的可以在村民小组所在地增设村务公开栏或者电子信息平台；对于区域较大或者较为分散的村，可以在其便于村民观看的公共场所增设村务公开栏。根据该条第二款，村民委员会可以结合实际需要，通过会议、宣传单、广播、明白卡、入户告知、网络、手机等多种方式同步公开村务，公布的内容应当一致。根据该条例第十一条第一款，村务公开栏的内容应当保留不少于十日，涉及宅基地分配事项的，应当保留六个月以上。根据该条例第十二条，村民委员会应当建立村务公开档案并统一妥善保管，便于查阅。村务公开档案内容应当与村务公开栏公布的内容一致。村民查阅村务公开档案，村民委员会不得拒绝。

（五）上报乡（镇）人民政府

根据《土地管理法实施条例》第三十四条第一款，在公示后应当报乡（镇）人民政府审核批准。条例本身没有规定应当由谁上报，但也没有强调以什么具体形式，在公示后多长时间上报。以河南省为例，根据《河南省人民政府关于印发河南省农村宅基地和村民自建住房管理办法（试行）的通知》第十条，由村级组织签署意见，与相关材料一并报乡镇政府。

从近年来频发的宅基地纠纷来看，早期很多农户的宅基地申请在走完村级程序后获得了同意。但由于各种原因，村级组织没有将相应的材料上报给乡镇人民政府。而村民由于文化水平不高或其他原因，也就稀里糊涂地进行修建，并一直使用至纠纷发生。显然，这一不利法律后果不应当完全由农户自己来承担。

（六）乡（镇）人民政府审核批准

根据《土地管理法》第六十二条第四款和《土地管理法实施条例》第三十四条第

一款，乡（镇）人民政府审核批准是农户宅基地申请的最后一个环节。当前，农村土地管理已经比较正规，可能会履行这一程序。但在现存的许多宅基地中，并没有履行这一程序。如果仅仅由于农户自身无法掌控的这一因素导致宅基地权利基础动摇，显然不是立法的本意所在。

（七）涉及占用农用地的办理转用审批手续

大多数宅基地申请都不涉及占用农用地。不过，如果在特殊情况下必须占用，根据《土地管理法》第六十二条第四款和《土地管理法实施条例》第三十四条第二款，涉及占用农用地的，应当依法办理农用地转用审批手续。

（八）核发乡村建设规划许可证

根据《乡村建设规划许可实施意见》第二条第一款，在乡、村庄规划区内，进行农村村民住宅、乡镇企业、乡村公共设施和公益事业建设，依法应当申请乡村建设规划许可的，应按本实施意见要求，申请办理乡村建设规划许可证。根据《自然资源部、农业农村部关于保障农村村民住宅建设合理用地的通知》（自然资发〔2020〕128 号，2020 年 7 月 29 日实施），对农村村民住宅建设占用农用地的，在下达指标范围内，各省级政府可将《土地管理法》规定权限内的农用地转用审批事项，委托县级政府批准。根据《农业农村部、自然资源部关于规范农村宅基地审批管理的通知》（农经发〔2019〕6 号，2019 年 12 月 12 日实施），自然资源部门负责审查用地建房是否符合国土空间规划、用途管制要求，其中涉及占用农用地的，应在办理农用地转用审批手续后，核发乡村建设规划许可证；在乡、村庄规划区内使用原有宅基地进行农村村民住宅建设的，可按照本省（区、市）有关规定办理规划许可。

（九）宅基地使用权保护

根据《土地管理法实施条例》第三十六条第一款，依法取得的宅基地和宅基地上的农村村民住宅及其附属设施受法律保护。根据该条第二款，禁止违背农村村民意愿强制流转宅基地，禁止违法收回农村村民依法取得的宅基地，禁止以退出宅基地作为农村村民进城落户的条件，禁止强迫农村村民搬迁退出宅基地。根据该条例第六十三条，违反本条例规定，侵犯农村村民依法取得的宅基地权益的，责令限期改正，对有关责任单位通报批评、给予警告；造成损失的，依法承担赔偿责任；对直接负责的主管人员和其他直接责任人员，依法给予处分。另据《妇女权益保障法》第五十五条第二款,申请农村宅基地使用权等不动产登记,应当在不动产登记簿和权属证书上将享有权利的妇女等家庭成员全部列明。

四、宅基地的一些特殊问题

由于宅基地的自身特点,历史遗留问题比较多,考虑到我国农村经济社会发展现状,与宅基地有关的一些特殊问题需要在法律上进行厘清。

(一)“一户一宅”

根据《土地管理法》第六十二条第一款,农村村民一户只能拥有一处宅基地,其宅基地的面积不得超过省、自治区、直辖市规定的标准。

(二)户有所居

这事实上是“一户一宅”的另一层含义。根据《土地管理法》第六十二条第二款,人均土地少、不能保障一户拥有一处宅基地的地区,县级人民政府在充分尊重农村村民意愿的基础上,可以采取措施,按照省、自治区、直辖市规定的标准保障农村村民实现户有所居。《中央农村工作领导小组办公室、农业农村部关于进一步加强农村宅基地管理的通知》第三条也基本上原文表达了相同意思。

(三)“一户多宅”

结合前面提及的关于“一户一宅”和户有所居的规定,“一户多宅”在通常情况下是不被允许的,但对于一些特殊情况也要区分对待。

1. 依法分类处理

根据《中央农村工作领导小组办公室、农业农村部关于进一步加强农村宅基地管理的通知》第三条,对历史形成的“一户多宅”等问题,要按照有关政策规定分类进行认定和处置。人均土地少、不能保障一户拥有一处宅基地的地区,县级人民政府在充分尊重农民意愿的基础上,可以采取措施,按照省、自治区、直辖市规定的标准保障农村村民实现户有所居。

2. 房屋继承的

根据《关于农村集体土地确权登记发证的若干意见》第六条第一款,已拥有一处宅基地的本农民集体成员、非本农民集体成员的农村或城镇居民,因继承房屋占用农村宅基地的,可按规定登记发证,在《集体土地使用证》记事栏应注记“该权利人为本农民集体原成员住宅的合法继承人"。

3. 应分户未分户的

根据《国土资源部关于进一步加快宅基地和集体建设用地确权登记发证有关问题的通知》,结合实际依法处理"一户多宅"问题。宅基地使用权应按照"一户一宅"要求,原则上确权登记到"户"。符合当地分户建房条件未分户,但未经批准另行建房分开居住的,其新建房屋占用的宅基地符合相关规划,经本农民集体同意并公告无异议的,可按规定补办有关用地手续后,依法予以确权登记;未分开居住的,其实际使用的宅基地没有超过分户后建房用地合计面积标准的,依法按照实际使用面积予以确权登记。

另据最高人民法院(2017)最高法行申 1126 号《行政裁定书》,我国《土地管理法》确实规定农村村民实行"一户一宅"的制度,目的在于延续宅基地分配公平优先原则的同时,遏制宅基地无序扩张和乱占滥用耕地的行为。但是,实践中因继承、买卖、与户籍管理制度的衔接等原因,确实存在"一户多宅"现象,对此应区分形成原因分别处理,而不能简单地一撤了之。如果因村民家庭人口众多,住房困难,经村集体同意后出资购买取得宅基地使用权,权属来源合法。特别是如果子女已经符合分户条件而未能分得宅基地的,这种情况下的"一户多宅"不应视为违法。

(四)主动失不能复得

根据《土地管理法》第六十二条第五款,农村村民出卖、出租、赠与住宅后,再申请宅基地的,不予批准。

(五)继续享有地役权

根据《民法典》第三百七十八条,土地所有权人享有地役权或者负担地役权的,设立土地承包经营权、宅基地使用权等用益物权时,该用益物权人继续享有或者负担已经设立的地役权。

(六)未经使用权人同意不得设立地役权

根据《民法典》第三百七十九条,土地上已经设立土地承包经营权、建设用地使用权、宅基地使用权等用益物权的,未经用益物权人同意,土地所有权人不得设立地役权。

（七）宅基地使用权不以登记为生效要件

根据最高人民法院（2019）最高法民申5205号《民事裁定书》，鉴于案涉房屋所使用土地为集体土地中的宅基地，依照原《中华人民共和国物权法》第一百五十三条、第一百五十五条之规定，宅基地使用权不以登记为生效要件，对于宅基地上因合法建造、拆除房屋等事实行为设立和消灭物权的，应自该事实行为成就时发生效力。[①]

（八）非集体成员取得宅基地

根据《关于农村集体土地确权登记发证的若干意见》第六条第一款，非农业户口居民（含华侨）原在农村合法取得的宅基地及房屋，房屋产权没有变化的，经该农民集体出具证明并公告无异议的，可依法办理土地登记，在《集体土地使用证》记事栏应注记“该权利人为非本农民集体成员”。

根据《国土资源部关于进一步加快宅基地和集体建设用地确权登记发证有关问题的通知》第七条，依法确定非本农民集体成员合法取得的宅基地使用权。非本农民集体成员因扶贫搬迁、地质灾害防治、新农村建设、移民安置等按照政府统一规划和批准使用宅基地的，在退出原宅基地并注销登记后，依法确定新建房屋占用的宅基地使用权。

根据《确定土地所有权和使用权的若干规定》（国土资发〔2010〕190号修订，2010年12月3日实施）第四十八条，非农业户口居民（含华侨）原在农村的宅基地，房屋产权没有变化的，可依法确定其集体土地建设用地使用权。房屋拆除后没有批准重建的，土地使用权由集体收回。

根据2020年9月9日《自然资源部对十三届全国人大三次会议第3226号建议的答复》（自然资人议复字〔2020〕089号，2020年9月9日实施）第六条，农民的宅基地使用权可以依法由城镇户籍的子女继承并办理不动产登记。根据《继承法》规定，被继承人的房屋作为其遗产由继承人继承，按照房地一体原则，继承人继承取得房屋所有权和宅基地使用权，农村宅基地不能被单独继承。《不动产登记操作规范（试行）》明确规定，非本农村集体经济组织成员（含城镇居民），因继承房屋占用宅基地的，可按相关规定办理确权登记，在不动产登记簿及证书附记栏注记“该权

---

① 注：《中华人民共和国物权法》已失效，其第一百五十三条和第一百五十五条分别对应于《民法典》第三百六十三条和第三百六十五条。

利人为本农民集体经济组织原成员住宅的合法继承人”。

根据《不动产登记操作规范（试行）》（自然资函〔2021〕242 号，2021 年 6 月 7 日实施）10.3.5，已拥有一处宅基地的本集体经济组织成员、非集体经济组织成员的农村或城镇居民，因继承取得宅基地使用权及房屋所有权的，在不动产权属证书附记栏记载该权利人为本农民集体原成员住宅的合法继承人。

根据最高人民法院（2020）最高法行再 375 号《行政判决书》，虽然当事人的户籍信息登记为城镇居民户口，但是其本人自退休以后一直居住在该集体经济组织之中，依靠集体经济组织所有的集体土地作为其基本的生活和居住保障，形成了稳定的生产、生活关系。因此，当事人在原祖宅年久失修，存在安全隐患，无法继续居住之后，有权申请重修祖宅或者根据规划向所在村民小组和村委会申请宅基地异地建房居住。

以海南省为例，《海南省土地权属确定与争议处理条例》（2022 年修正，2022 年 5 月 31 日实施）第二十三条规定，非农业户口居民原有或者合法继承的农村房屋，房屋产权没有变化的，可以依法确定其房屋宅基地的集体土地建设用地使用权。房屋拆除后不再批准重建的，土地使用权由农村集体经济组织收回。最高人民法院（2020）最高法行申 13002 号《行政裁定书》也据此作出了类似的司法认定。

（九）没有权属来源证明的宅基地

根据《关于农村集体土地确权登记发证的若干意见》第六条第二款，对于没有权属来源证明的宅基地，应当查明土地历史使用情况和现状，由村委会出具证明并公告 30 天无异议，经乡（镇）人民政府审核，报县级人民政府审定，属于合法使用的，确定宅基地使用权。

（十）宅基地超面积的处理原则

正是由于前面多次提及的历史原因，全国各地农村中宅基地及其房屋超面积的现象比比皆是。显然，“一刀切”式地处理不适合，必须因地制宜和因时制宜。

1. 依法分类认定和处置

根据《中央农村工作领导小组办公室、农业农村部关于进一步加强农村宅基地管理的通知》第三条，对历史形成的宅基地面积超标等问题，要按照有关政策规定分类进行认定和处置。

2. 适用当时规定

根据《国土资源部关于进一步加快宅基地和集体建设用地确权登记发证有关问题的通知》第六条第二款，历史上接受转让、赠与房屋占用的宅基地超过当地规定面积标准的，按照转让、赠与行为发生时对宅基地超面积标准的政策规定，予以确权登记。

3. 特别标记

根据《确定土地所有权和使用权的若干规定》第五十一条，按照本规定第四十五条至第四十九条的规定确定农村居民宅基地集体土地建设用地使用权时，其面积超过当地政府规定标准的，可在土地登记卡和土地证书内注明超过标准面积的数量。以后分户建房或现有房屋拆迁、改建、翻建或政府依法实施规划重新建设时，按当地政府规定的面积标准重新确定使用权，其超过部分退还集体。

（十一）宅基地超面积的历史分期处理

根据《关于农村集体土地确权登记发证的若干意见》第七条，《国土资源部关于进一步加快宅基地和集体建设用地确权登记发证有关问题的通知》第六条第一款，对不同历史时期形成的宅基地超面积处理如下：

1. 在 1982 年 2 月 13 日之前的

《村镇建房用地管理条例》实施前，农村村民建房占用的宅基地，在《村镇建房用地管理条例》实施后至今未扩大用地面积的，可以按现有实际使用面积进行确权登记。

2. 在 1982 年 2 月 13 日至 1987 年 1 月 1 日之间的

《村镇建房用地管理条例》实施起至 1987 年《土地管理法》实施时止，农村村民建房占用的宅基地，超过当地规定的面积标准的，超过部分按当时国家和地方有关规定处理后，可以按实际使用面积进行确权登记。

3. 在 1987 年 1 月 1 日之后的

在 1987 年《土地管理法》实施后，农村村民建房占用的宅基地，超过当地规定的面积标准的，按照实际批准面积进行确权登记。其面积超过各地规定标准的，可在土地登记簿和土地权利证书记事栏内注明超过标准的面积，待以后分户建房或现有房屋拆迁、改建、翻建、政府依法实施规划重新建设时，按有关规定作出处理，并按照各地规定的面积标准重新进行确权登记。

(十二)农村集体土地确权登记依据的文件类型

根据《关于农村集体土地确权登记发证的若干意见》第二条第二款,农村集体土地确权登记依据的文件资料包括:人民政府或者有关行政主管部门的批准文件、处理决定;县级以上人民政府国土资源行政主管部门的调解书;人民法院生效的判决、裁定或者调解书;当事人之间依法达成的协议;履行指界程序形成的地籍调查表、土地权属界线协议书等地籍调查成果;法律、法规等规定的其他文件等。

(十三)本村村民之间买卖房屋的宅基地转移

根据最高人民法院(2020)最高法行申3011号《行政裁定书》,"根据《中华人民共和国物权法》第一百四十七条规定,建筑物、构筑物及其附属设施转让、互换、出资或者赠与的,该建筑物、构筑物及其附属设施占用范围内的建设用地使用权一并处分,以及《中华人民共和国土地管理法》第六十二条规定的精神及实践,农村村民出卖住房亦包括宅基地一并出卖。本案系同一农村村民之间的宅基地上房屋买卖,应视为宅基地一并出卖"。

(十四)房屋空闲或坍塌如何处理

根据《确定土地所有权和使用权的若干规定》第五十二条,空闲或房屋坍塌、拆除两年以上未恢复使用的宅基地,不确定土地使用权。已经确定使用权的,由集体报经县级人民政府批准,注销其土地登记,土地由集体收回。

对于上述条文的理解,有司法判例认为它并不自动导致宅基地使用权丧失。根据最高人民法院(2018)最高法行申2353号《行政裁定书》,《确定土地所有权和使用权的若干规定》第五十二条的规定,属于行政机关的管理性规定,并非直接判断村民是否失去宅基地使用权的法律依据,虞城县人民政府没有经过任何程序,直接在当事人作为第三人的确权程序中认定当事人失去涉案土地的使用权,属于适用法律错误。

五、宅基地的经营性利用

尽管从名称上看,宅基地是用于农民居住的土地。但随着经济发展和社会进步,对宅基地,特别是闲置宅基地的深入利用成为可能。

（一）一般规定

《国务院办公厅关于支持返乡下乡人员创业创新促进农村一二三产业融合发展的意见》（国办发〔2016〕84 号，2016 年 11 月 18 日实施）提出，各省（区、市）可以根据本地实际，制定管理办法，支持返乡下乡人员依托自有和闲置农房院落发展农家乐。在符合农村宅基地管理规定和相关规划的前提下，允许返乡下乡人员和当地农民合作改建自住房。

《中央农村工作领导小组办公室、农业农村部关于进一步加强农村宅基地管理的通知》提出，鼓励村集体和农民盘活利用闲置宅基地和闲置住宅，通过自主经营、合作经营、委托经营等方式，依法依规发展农家乐、民宿、乡村旅游等。城镇居民、工商资本等租赁农房居住或开展经营的，要严格遵守合同法的规定，租赁合同的期限不得超过二十年。合同到期后，双方可以另行约定。根据《民法典》第七百零五条第一款，租赁期限不得超过二十年。超过二十年的，超过部分无效。根据《民法典》第七百零五条第二款，租赁期限届满，当事人可以续订租赁合同；但是，约定的租赁期限自续订之日起不得超过二十年。

《农业农村部关于积极稳妥开展农村闲置宅基地和闲置住宅盘活利用工作的通知》（农经发〔2019〕4 号，2019 年 9 月 30 日实施）提出，以下三类主体可以依法参与盘活利用，一是农村集体经济组织成员；二是返乡人员；三是有实力、有意愿、有责任的企业。鼓励利用闲置住宅发展符合乡村特点的休闲农业、乡村旅游、餐饮民宿、文化体验、创意办公、电子商务等新产业新业态，以及农产品冷链、初加工、仓储等一二三产业融合发展项目。

（二）旅游民宿等

根据文化和旅游部制定的国家标准《旅游民宿基本要求与评价》（LB/T 065—2019，2019 年 7 月 3 日实施），旅游民宿（home stay inn），指利用当地民居等相关闲置资源，经营用客房不超过 4 层、建筑面积不超过 800 平方米，主人参与接待，为游客提供体验当地自然、文化与生产生活方式的小型住宿设施，根据所处地域的不同可分为城镇民宿和乡村民宿。由此来看，宅基地用于民宿是允许的。另以河南省为例，根据《河南省人民政府关于印发河南省农村宅基地和村民自建住房管理办法（试行）的通知》（豫政〔2021〕4 号，2021 年 2 月 5 日实施）第二十五条，在充分尊重村民意愿的前提下，积极稳妥开展闲置宅基地和闲置住宅盘活利用工作，可建成游园、果园、菜园、花园、文化广场、村庄景观等。

(三)抵押

根据《民法典》第三百九十九条第(二)项,宅基地等集体所有土地的使用权不得抵押,但是法律规定可以抵押的除外。当然,随着形势的发展变化,上述规定在特定条件下可能会被突破。

2015 年 12 月 27 日,第十二届全国人民代表大会常务委员会第十八次会议通过《全国人民代表大会常务委员会关于授权国务院在北京市大兴区等 232 个试点县(市、区)、天津市蓟县等 59 个试点县(市、区)行政区域分别暂时调整实施有关法律规定的决定》,授权国务院在天津市蓟县等 59 个试点县(市、区)行政区域暂时调整实施《中华人民共和国物权法》《中华人民共和国担保法》关于集体所有的宅基地使用权不得抵押的规定。

第十二节　集体经营性建设用地使用权

前面两节分别讨论了承包土地和宅基地,除这两个土地类型外,与宅基地一样同属建设用地的集体经营性建设用地已经成为近年来坊间热议话题。

一、概述

农村集体经营性建设用地使用权是指组织或个人对农村集体经营性建设用地行使的占有、使用和收益的权利,与宅基地使用权和集体公共用地使用权相比,具有更强的市场属性。

(一)集体经营性建设用地的概念

根据《土地管理法》第六十三条第一款,土地利用总体规划、城乡规划确定为工业、商业等经营性用途,并经依法登记的集体土地为集体经营性建设用地。当然,随着国土空间规划逐步替代旧的土地利用总体规划和城乡规划等,上述条文中的表述可能会发生变化。不过,至少目前仍在过渡期内,两大类规划可能会在较长时间内共存。

(二)农村集体经营性建设用地使用权的主体

根据《土地管理法实施条例》第三十七条第二款,鼓励乡村重点产业和项目使用集体经营性建设用地。在这种情况下,主体仍为村集体经济组织。早期只有农民集体拥有农村集体经营性建设用地的所有权,也只有它才拥有其使用权。随着改革开放的深入,对主体的限制也越来越少。

根据《土地管理法》第六十三条第一款,土地所有权人,即集体经济组织可以通过出让、出租等方式把集体经营性建设用地使用权交由单位或者个人使用。显然,这里的主体为单位或者个人,如此宽泛的表述实际上基本涵盖所有民事主体,已经不再局限于本村集体经济组织。

(三)农村集体经营性建设用地使用权的客体

首先,在国土空间规划上,即此前的土地利用总体规划和城乡规划中,集体经营性建设用地使用权的客体必须属于建设用地,且所有权属于集体。其次,根据《土地管理法》第六十三条第一款,它应当属于经营性的土地。再次,根据《土地管理法实施条例》第三十七条第一款,国土空间规划应当统筹并合理安排集体经营性建设用地布局和用途,依法控制集体经营性建设用地规模,促进集体经营性建设用地的节约集约利用。最后,不能出于经济动因,挤占原本应当用于村民居住的宅基地和用于集体公益的公共设施用地。

(四)农村集体经营性建设用地使用权的内容

根据《民法典》第三百二十三条,农村集体经营性建设用地使用权的内容就是使用权人对集体经营性建设用地依法享有的占有、使用和收益的权利。当然,组织和个人在行使这一权利时,必须符合土地或规划方面的法律规定。例如,根据《土地管理法》第六十四条,集体建设用地的使用者应当严格按照土地利用总体规划、城乡规划确定的用途使用土地。

二、立法沿革

对于村集体而言,集体经营性建设用地既带有一定的公共属性,也带有一定的商业属性。长期以来,它的流转一直受到较严格的限制。近年来,随着农业农村改革迈入深水区,集体经营性建设用地入市问题提上日程。可以说,这一问题对于充分发挥土地效益,实现农民增收,以及乡村振兴等都意义重大。

首先以明确的方式为集体经营性建设用地入市松绑的法律文件是 2011 年的《关于加快推进农村集体土地确权登记发证工作的通知》,根据其第二条第(六)项,凡是依法进入市场流转的经营性集体建设用地使用权，必须经过确权登记，做到产权明晰、四至清楚、没有纠纷，没有经过确权登记的集体建设用地使用权一律禁止流转。

随后，2013 年 11 月 12 日《中共中央关于全面深化改革若干重大问题的决定》通过，首次明确提出建立城乡统一的建设用地市场。在符合规划和用途管制前提下，允许农村集体经营性建设用地出让、租赁、入股，实行与国有土地同等入市、同权同价。

当然，最明确的相关法律文件是 2014 年 12 月 31 日中共中央办公厅、国务院办公厅印发的《关于农村土地征收、集体经营性建设用地入市、宅基地制度改革试点工作的意见》。它在整体上为集体经营性建设用地入市打开了大门。

2015 年 2 月 27 日，根据《全国人民代表大会常务委员会关于授权国务院在北京市大兴区等三十三个试点县（市、区）行政区域暂时调整实施有关法律规定的决定》，自 2015 年 2 月 27 日起至 2017 年 12 月 31 日，授权国务院在北京市大兴区等三十三个试点县（市、区）行政区域，暂时调整实施《中华人民共和国土地管理法》《中华人民共和国城市房地产管理法》关于集体经营性建设用地入市等的有关规定。

2016 年 5 月 13 日，原中国银监会和原国土资源部联合印发《农村集体经营性建设用地使用权抵押贷款管理暂行办法》（银监发〔2016〕26 号，2016 年 5 月 13 日实施，2019 年 12 月 31 日失效），明确在 15 个市（县）试点地区，对符合规划、用途管制、依法取得要求，以出让、租赁、作价出资（入股）方式入市和具备入市条件的农村集体经营性建设用地使用权，可以办理抵押贷款。

2017 年 11 月 27 日，经原中央全面深化改革领导小组批准，原国土资源部决定将农村集体经营性建设用地入市试点地区由原有 15 个县（市、区）扩大为 33 个县（市、区）。

2018 年 12 月 29 日，通过《全国人民代表大会常务委员会关于延长授权国务院在北京市大兴区等三十三个试点县（市、区）行政区域暂时调整实施有关法律规定期限的决定》，把原定于 2017 年 12 月 31 日结束的试点调整实施有关法律规定的期限延长至 2019 年 12 月 31 日。

2020 年 1 月 1 日，新修订的《土地管理法》开始施行，吸收前述成果，在第六十三条第一款明确规定集体经营性建设用地可以由土地所有权人出让、出租给单位或者个人使用。

2021 年 1 月 4 日，《中共中央、国务院关于全面推进乡村振兴加快农业农村现代化的意见》再次强调要积极探索实施农村集体经营性建设用地入市制度。

2021 年 9 月 1 日，新修订的《土地管理法实施条例》开始施行，作了进一步的细化规定。其第三十八条规定，国土空间规划确定为工业、商业等经营性用途，且已依法办理土地所有权登记的集体经营性建设用地，土地所有权人可以通过出让、出租等方式交由单位或者个人在一定年限内有偿使用。相关表述与《土地管理法》的相关规定大同小异，只是根据国土空间规划代替了土地利用总体规划和城乡规划。

目前，各地方的探索也紧锣密鼓地开展了起来，有代表性的主要有《天津市深化农村集体经营性建设用地入市试点工作方案》（津政办发〔2023〕15 号，2023 年 5 月 24 日实施）、《上海市深化农村集体经营性建设用地入市试点工作方案》（沪规划资源乡〔2023〕201 号，2023 年 6 月 15 日实施）、《海南省集体经营性建设用地入市试点办法》（琼自然资改〔2024〕22 号，2024 年 1 月 24 日实施）和《四川省农村集体经营性建设用地入市交易办法》（川自然资规〔2024〕1 号，2024 年 4 月 9 日实施）等。

三、集体经营性建设用地使用权流转

与国有土地建设用地使用权流转一样，集体经营性建设用地使用权流转也需要履行相应的法律程序。

（一）流转的法律基础

主要是前面已经提及的《土地管理法》第六十三条第一款以及《土地管理法实施条例》第三十八条。

（二）流转需要符合规划条件、产业准入和生态环境保护要求

根据《土地管理法实施条例》第三十九条，土地所有权人拟出让、出租集体经营性建设用地的，市、县人民政府自然资源主管部门应当依据国土空间规划提出拟出让、出租的集体经营性建设用地的规划条件，明确土地界址、面积、用途和开发建设强度等。市、县人民政府自然资源主管部门应当会同有关部门提出产业准入和生态环境保护要求。

（三）编制流转方案

根据《土地管理法实施条例》第四十条第一款，土地所有权人应当依据规划条

件、产业准入和生态环境保护要求等，编制集体经营性建设用地出让、出租等方案，并依照《土地管理法》第六十三条的规定，由本集体经济组织形成书面意见，在出让、出租前不少于十个工作日报市、县人民政府。市、县人民政府认为该方案不符合规划条件或者产业准入和生态环境保护要求等的，应当在收到方案后五个工作日内提出修改意见。土地所有权人应当按照市、县人民政府的意见进行修改。

另据《土地管理法实施条例》第四十条第二款，集体经营性建设用地出让、出租等方案应当载明宗地的土地界址、面积、用途、规划条件、产业准入和生态环境保护要求、使用期限、交易方式、入市价格、集体收益分配安排等内容。

（四）流转形式为出让、出租等

根据《土地管理法》第六十三条第一款，流转的方式主要有出让、出租等方式。注意这里并没有完全锁定只有两种方式，在实践中，其他方式可以参照国有建设用地使用权流转的方式进行。

（五）须签订书面合同

《土地管理法》第六十三条第一款明确规定应当签订书面合同，载明土地界址、面积、动工期限、使用期限、土地用途、规划条件和双方其他权利义务。《土地管理法实施条例》第四十一条也明确要求双方应当签订书面合同，载明土地界址、面积、用途、规划条件、使用期限、交易价款支付、交地时间和开工竣工期限、产业准入和生态环境保护要求，约定提前收回的条件、补偿方式、土地使用权届满续期和地上建筑物、构筑物等附着物处理方式，以及违约责任和解决争议的方法等，并报市、县人民政府自然资源主管部门备案。未依法将规划条件、产业准入和生态环境保护要求纳入合同的，合同无效；造成损失的，依法承担民事责任。合同示范文本由国务院自然资源主管部门制定。

（六）村集体批准程序

根据《土地管理法》第六十三条第二款，前款规定的集体经营性建设用地出让、出租等，应当经本集体经济组织成员的村民会议三分之二以上成员或者三分之二以上村民代表的同意。

（七）使用权人的义务与权利

根据《土地管理法实施条例》第四十二条，集体经营性建设用地使用者应当按照约定及时支付集体经营性建设用地价款,并依法缴纳相关税费,对集体经营性建设用地使用权以及依法利用集体经营性建设用地建造的建筑物、构筑物及其附属设施的所有权,依法申请办理不动产登记。

(八)可以再流转

根据《土地管理法》第六十三条第三款,通过出让等方式取得的集体经营性建设用地使用权可以转让、互换、出资、赠与或者抵押,但法律、行政法规另有规定或者土地所有权人、土地使用权人签订的书面合同另有约定的除外。另据《土地管理法实施条例》第四十三条第一款,通过出让等方式取得的集体经营性建设用地使用权依法转让、互换、出资、赠与或者抵押的,双方应当签订书面合同,并书面通知土地所有权人。

(九)可参照同类用途的国有建设用地执行

根据《土地管理法》第六十三条第四款,集体经营性建设用地的出租,集体建设用地使用权的出让及其最高年限、转让、互换、出资、赠与、抵押等,参照同类用途的国有建设用地执行。具体办法由国务院制定。另据《土地管理法实施条例》第四十三条第二款,集体经营性建设用地的出租,集体建设用地使用权的出让及其最高年限、转让、互换、出资、赠与、抵押等,参照同类用途的国有建设用地执行,法律、行政法规另有规定的除外。

第十三节　集体土地附着物所有权

与本章前面提到的国有土地附着物所有权一样,集体土地附着物所有权主体既可以是集体本身,也可以是作为集体成员的农户或农民个人,以及少数情况下的国家。但与国有土地附着物所有权对主体几乎没有任何限制相比,农村集体土地附着物的所有权主体还是带有一定的身份限制的。

一、集体土地附着物国家所有权

尽管土地可能归农村集体所有,但其土地附着物本身的所有权可能存在国家所有的情形,很多人对此有所忽视。

（一）矿产资源

根据《民法典》第二百四十七条和《矿产资源法》第三条第一款，矿产资源属于国家所有。地表或者地下的矿产资源的国家所有权，不因其所依附的土地的所有权或者使用权的不同而改变。需要指出的是，土地中的土壤本身也是一种矿产资源。土地归集体所有，但集体并无处置土壤的权利。

（二）水流

根据《民法典》第二百四十七条，集体土地上的水流属于国家所有。根据《水法》（2016年修正，2016年7月2日实施）第三条，水资源属于国家所有。水资源的所有权由国务院代表国家行使。农村集体经济组织的水塘和由农村集体经济组织修建管理的水库中的水，归各该农村集体经济组织使用。

（三）文物

根据《民法典》第二百五十三条和《文物保护法》（2017年修正，2017年11月5日实施）第五条第一款，中华人民共和国境内地下、内水和领海中遗存的一切文物，属于国家所有。根据该条第三款，国有不可移动文物的所有权不因其所依附的土地所有权或者使用权的改变而改变。

（四）国防不动产

根据《民法典》第二百五十四条第一款，国防资产属于国家所有。其中有为数不少的不动产，即使它位于集体土地，也是归国家所有的。

（五）重大基础设施

根据《民法典》第二百五十四条第二款，铁路、公路、电力设施、电信设施和油气管道等基础设施，依照法律规定为国家所有的，属于国家所有。同样，集体土地上可能也有此类不动产，它们并不属于集体所有。

（六）国有公房

集体土地上是否可能存在一些国家所有的房屋，目前相关案例不多，但在实践中，不能完全排除这种情况。对于此类不动产，在不动产征收中只需对土地进行征收就可以了，房屋本身则无须征收。不过，补偿问题仍比较复杂，可能并非简单平调就万事大吉了。

二、集体土地附着物集体所有权

实际上，集体土地附着物集体所有权大致等同于集体财产中除土地本身以外的其他不动产，包括房屋、基础设施和自然资源等，其所有人即集体组织本身。例如，根据当时有效的《上海市城镇公有房屋管理条例》第三十九条第三款，集体所有房屋的所有人系指劳动群众集体组织。根据该条例第三条第二款，集体所有的房屋产权属其劳动群众集体所有。劳动群众集体组织享有占有、使用、收益和处分的权利。

（一）狭义自然资源

根据《宪法》第九条第一款以及《民法典》第二百六十条第（一）项，由法律规定属于集体所有的森林和山岭、草原、荒地、滩涂等自然资源属于集体所有。例如，《草原法》第十一条第三款，集体所有的草原，由县级人民政府登记，核发所有权证，确认草原所有权。

（二）地上建筑物、构筑物和附属设施等

根据《民法典》第二百六十条第（二）项，集体所有的建筑物、生产设施、农田水利设施等归集体所有。

（三）公共服务不动产

根据《民法典》第二百六十条第（三）项，集体所有的教育、科学、文化、卫生、体育等设施归集体所有。对于这一类设施，根据《关于村庄建设项目施行简易审批的指导意见》（发改农经〔2020〕1337 号，2020 年 8 月 27 日实施），今后可以予以简易审批，其范围包括生活垃圾污水、厕所粪污处理、村容村貌提升等农村人居环境建设，以及农村供排水、村内道路、文化体育等村庄建设领域。不包括投资规模较大、技术方案相对复杂的工程，以及关系人民群众生命财产安全的房屋修造类、能源类等项目。简化环节主要有，政府投资可以保留可行性研究报告，把项目建议书和初步设计合并进来，企业投资正常办理核准或备案手续。可以简化前期的用地规划手续，使用集体建设用地开展建设的，项目单位无须办理建设项目用地预审与选址

意见书，并可采取区域综合评估代替项目单位评价。

（四）其他不动产

根据《民法典》第二百六十条第（四）项，集体所有的其他不动产归集体所有。这是一个立法中常见的兜底性条款，充分考虑到列举可能难以概括或者立法时暂时预测不到的情形，以因应社会情势的变迁。例如，在农村中由村委会直接组织人员耕种的土地，附着于土地的农作物所有权就归村集体所有。

三、集体土地附着物普通所有权

在集体土地上，除了上面提到的土地附着物的国家所有权和集体所有权之外，还存在集体成员拥有的附着物所有权，也可能存在集体成员之外的附着物所有权，这里把它们称为集体土地附着物普通所有权，与国有土地附着物普通所有权相对应，但其情形更为复杂。

（一）土地的生长物所有权

根据《农村土地承包法》，对于集体农用地的使用权至少包括家庭承包经营权、经营权和其他方式承包经营权三类。但无论是哪一类，其地上生长物的所有权均归使用人所有。

1. 家庭承包经营权

根据《民法典》第三百三十一条和《农村土地承包法》第十七条第（一）项，土地承包经营权人依法对其承包经营土地的生长物享有所有权，其收益归自己，有权自主处置产品。这里的生长物包括稻米、小麦、林木和牛羊，等等。

根据《农村土地承包法》第三十三条和第三十四条，在本集体经济组织内部，土地承包经营权可以转让和互换。对于这两种情形，土地上的生长物归转让或互换后的土地实际使用人所有。

2. 土地经营权

正如本章前面已经谈到的，土地经营权是土地承包经营权人向外流转的结果，其主体可能是本集体成员，也可以是并非本集体成员的组织和个人。根据《农村土地承包法》第三十六条，承包方可以自主决定依法采取出租（转包）、入股或者其他方式向他人流转土地经营权。根据该法第三十七条，土地经营权人对土地生长物享有所有权。

其他方式承包。根据《农村土地承包法》第四十八条和第四十九条，以非家庭承包方式承包土地的，获得的也是土地经营权。同样，根据该法第三十七条，土地经营权人对于土地生长物也享有所有权。

（二）宅基地上的住宅

作为一种特殊的土地附着物，农村住宅对于农民的意义同样不可小觑。根据《农村人民公社工作条例修正草案》第四十四条第三款，即使经历了多次合作化运动，但农村住宅一直没有实行公有，其所有权一直保留在农民手中。在这种情况下，一旦面临征收，对于具有所有权的住宅就与住宅之下的宅基地有了区别。后者的主体可能是农村家庭而非个人，但住宅则可能仅归个人所有。

根据《民法典》第三百六十一条，集体所有的土地作为建设用地的，应当依照土地管理的法律规定办理。根据《城乡规划法》第四十一条第二款，在乡、村庄规划区内使用原有宅基地进行农村村民住宅建设的规划管理办法，由省、自治区、直辖市制定。以贵州省为例，根据《贵州省农村村民住宅建设管理办法（试行）》（黔府发〔2021〕7号，2021年8月14日实施）第十六条第五款，依不同的情形核发乡村建设规划许可证。由此来看，农村住宅建设也是需要乡村建设规划许可证的。

（三）集体经营性建设用地上的建筑物、构筑物

集体经营性建设用地直接入市已经开展了广泛的试点，目前也已有相应的法律依据。因此，在这一土地上建设的建筑物、构筑物的所有权主体就不再仅仅局限于集体内部了。

因此，如果不违反相关的土地和城乡规划等约束条件，根据《土地管理法实施条例》第四十二条，集体经营性建设用地使用者对集体经营性建设用地使用权以及依法利用集体经营性建设用地建造的建筑物、构筑物及其附属设施的所有权，依法申请办理不动产登记。

（四）小产权房问题

关于“小产权房”这个概念，首次于国家层面立法中出现是在国土资源部办公厅、住房城乡建设部办公厅专门下发的《关于坚决遏制违法建设、销售“小产权房”的通知》（国土资电发〔2012〕98号，2012年8月8日实施）中。由于它违反土地和城乡建设管理法律法规，不符合土地利用总体规划和城乡建设规划，不符合土地用

途管制制度,因而不可能取得合法的所有权。

不过,在全国范围内,这种现象非常普遍。例如,在北京市昌平区的宏福苑地区小产权房数量庞大,甚至有大型中央国企都为职工团购了这类房子。对于开发它的农村集体经济组织而言,它是有产权的。但如果它作为商品房来出售,购买者则无法取得完整的产权。根据《自然资源部关于加快宅基地和集体建设用地使用权确权登记工作的通知》(自然资发〔2020〕84 号,2020 年 5 月 14 日实施)第三条第二款,对乱占耕地建房、违反生态保护红线管控要求建房、城镇居民非法购买宅基地、小产权房等,不得办理登记,不得通过登记将违法用地合法化。

第十四节 不动产物权的特殊问题

除了前面整齐划一的三大类国有土地和集体土地不动产物权以外,在当代中国不动产物权体系还存在一些较为特殊的类型,因其特殊性的存在又导致相应的征收和补偿问题也具有了特殊性。

一、狭义自然资源用益物权

由于狭义上的自然资源不包括土地资源,并且这种资源又与其依附的国有土地所有权或集体土地所有权无关,因此它们就成了一类比较特殊的不动产物权类型。

(一)有偿使用

根据《民法典》第三百二十五条,国家实行自然资源有偿使用制度,但是法律另有规定的除外。

(二)海域使用权

根据《民法典》第三百二十八条,依法取得的海域使用权受法律保护。根据《海域使用管理法》第三条第二款,单位和个人使用海域,必须依法取得海域使用权。

(三)矿业权

根据《民法典》第三百二十九条,依法取得的探矿权、采矿权、取水权受法律保护。

1. 探矿权

根据《矿产资源法实施细则》(国务院令第152号,1994年3月26日实施)第六条第二款,探矿权是指在依法取得的勘查许可证规定的范围内勘查矿产资源的权利。取得勘查许可证的单位或者个人称为探矿权人。

2. 采矿权

根据《矿产资源法实施细则》第六条第三款,采矿权是指在依法取得的采矿许可证规定的范围内开采矿产资源和获得所开采的矿产品的权利。取得采矿许可证的单位或者个人称为采矿权人。

3. 取水权

根据《水法》第四十八条第一款,直接从江河、湖泊或者地下取用水资源的单位和个人,应当按照国家取水许可制度和水资源有偿使用制度的规定,向水行政主管部门或者流域管理机构申请领取取水许可证,并缴纳水资源费,取得取水权。但是,家庭生活和零星散养、圈养畜禽饮用等少量取水的除外。

(四)养殖、捕捞权

根据《民法典》第三百二十九条,依法取得的使用水域、滩涂从事养殖、捕捞的权利受法律保护。

1. 养殖权

根据《渔业法》(2013年修正,2013年12月28日实施)第十一条第一款,国家对水域利用进行统一规划,确定可以用于养殖业的水域和滩涂。单位和个人使用国家规划确定用于养殖业的全民所有的水域、滩涂的,使用者应当向县级以上地方人民政府渔业行政主管部门提出申请,由本级人民政府核发养殖证,许可其使用该水域、滩涂从事养殖生产。核发养殖证的具体办法由国务院规定。根据该条第二款,集体所有的或者全民所有由农业集体经济组织使用的水域、滩涂,可以由个人或者集体承包,从事养殖生产。

2. 捕捞权

根据《渔业法》第二十二条第一款,国家根据捕捞量低于渔业资源增长量的原则,确定渔业资源的总可捕捞量,实行捕捞限额制度。根据该法第二十三条第一款,国家对捕捞业实行捕捞许可证制度。

二、公房承租权

按照通常意义上的民法原理,房屋承租权属于债权而非物权,这原本是简单常识。不过，正如美国法学家霍姆斯（Oliver Wendell Holmes, Jr.）所强调的，法律的生命不在逻辑而在经验。在当代中国人的日常生活中，有一类房屋租赁权与人们的生活息息相关，甚至具有一定意义上的物权属性。其中，以国有公房承租权问题最为常见，集体公房的租赁程序等情形基本上与之类似。

公房租赁问题涉及众多的权利主体，历史成因也比较复杂。根据《北京市住房租赁条例》（2022 年 9 月 1 日实施）第二条第二款，城市公有房屋、公共租赁住房的租赁不适用本条例。也就是说，原本作为债权对待的房屋租赁由于公房的特殊属性，需要适用专门的法律文件加以规制。根据《北京市人民政府关于城市公有房屋管理的若干规定》第十二条第（一）项，除中、小学校舍和市人民政府规定不能出租的房屋以外，其他公房均可出租。

（一）公房出租人

以北京市为例，根据《北京市人民政府关于城市公有房屋管理的若干规定》第三条第一款第（四）项，居民租用的公房，由出租公房的单位管理。而上海市的情形稍有不同，根据《上海市城镇公有房屋管理条例实施细则》第七条第二款，所有人出租房屋，应设置经营机构或委托其他房屋经营机构代理经租。但出租房屋建筑面积在一千平方米以下的，也可指定部门负责经营。

（二）承租人

仍以北京市为例，根据《北京市人民政府关于城市公有房屋管理的若干规定》第十二条第（二）项，单位租房须持有批准文件，个人租房须有本市正式户口。根据该条第（三）项，单位或个体工商户租用公房，租赁合同须经房管机关审核同意。根据该条第（五）项，承租者外迁或死亡，原同住者要求继续承租的，须经出租单位同意，并新订租赁合同。另据《北京市房屋土地管理局关于启用新的〈北京市公有住宅租赁合同〉的通知》（京房地房字〔1997〕第 946 号，1997 年 11 月 26 日实施）"七"，租赁期限内，乙方外迁或死亡，乙方同一户籍共同居住两年以上又无其他住房的家庭成员愿意继续履行原合同，其他家庭成员又无异议的，可以办理更名手续。

三、经营性房屋承租权

与前面谈到的公房承租权类似，经营性房屋承租权显然也是一种债权而非物权。但在不动产征收与补偿实践中，经营性房屋承租人由于与法定的停产停业损失或装饰装修补偿等有直接或间接的利害关系。因此,在这一意义上,它也具有了某种物权属性。与公房承租权还有一点相同的是,它在目前的国家层面立法中也无栖身之地。不过,前者在许多地方立法中都已有明文规定,其补偿权益至少在法律上能够得到保障。但经营性房屋承租人则没有这么幸运,目前进行相关地方立法的也不多见。

根据《最高人民法院关于适用〈中华人民共和国行政诉讼法〉的解释》(法释〔2018〕1 号,2018 年 2 月 8 日实施)第十三条,债权人以行政机关对债务人所作的行政行为损害债权实现为由提起行政诉讼的,人民法院应当告知其就民事争议提起民事诉讼,但行政机关作出行政行为时依法应予保护或者应予考虑的除外。因此,这里的债权是否具有一定的物权属性就取决于它是否具有行政机关作出行政行为时依法应予保护或应予考虑的利益。

根据最高人民法院(2018)最高法行申 9423 号《行政裁定书》,关于房屋承租人是否具有诉讼主体资格的问题,搬迁费用和停产停业损失均是对因征收所致房屋使用权损失的部分所给予的补偿,该部分补偿可以直接对房屋使用权人进行。因当事人与房屋所有权人签订租赁合同,当事人作为房屋承租人具有向某市政府主张因征收产生的搬迁费用和停产停业损失的请求权。某市政府提出当事人不具有房屋征收的被补偿主体资格的主张于法无据。

根据最高人民法院(2020)最高法行申 7667 号《行政裁定书》,除非承租人在租赁的房屋上有重大添附或者依托承租的房屋依法享有生产经营权,征收行为将会直接造成其在房屋上的重大添附损失或者存在停产停业损失,为维护其自身合法权益,承租人除依法对征收决定或强制执行行为享有原告资格和复议申请人资格外,一般情况下,作为被征收房屋的普通承租人,与房屋所有权人之间存在的仅仅是普通的债权债务关系,对政府征收房屋行为通常不具有原告资格和复议申请人资格。

四、居住权

尽管在实践中可能早已存在,但居住权作为一种正式的不动产物权类型,是在《民法典》正式确立的。根据其第三百六十六条,居住权人有权按照合同约定,对他人的住宅享有占有、使用的用益物权,以满足生活居住的需要。

(一)居住权与承租权的区别

根据《民法典》第三百六十八条,居住权无偿设立,但是当事人另有约定的除外。设立居住权的,应当向登记机构申请居住权登记。居住权自登记时设立。一般的承租权则没有如此严格的要求。

(二)居住权的限制

根据《民法典》第三百六十九条,居住权不得转让、继承。设立居住权的住宅不得出租,但是当事人另有约定的除外。

(三)居住权消灭

根据《民法典》第三百七十条,居住权期限届满或者居住权人死亡的,居住权消灭。居住权消灭的,应当及时办理注销登记。

五、地役权

地役权是一个比较古老的不动产权利类型。根据《民法典》第三百七十二条,地役权人有权按照合同约定,利用他人的不动产,以提高自己的不动产的效益。前款所称他人的不动产为供役地,自己的不动产为需役地。

(一)地役权的设立

根据《民法典》第三百七十三条和第三百七十四条,当事人应当采用书面形式订立地役权合同,设立地役权。地役权自地役权合同生效时设立。当事人要求登记的,可以向登记机构申请地役权登记;未经登记,不得对抗善意第三人。

(二)地役权人的权利义务

根据《民法典》第三百七十五条和第三百七十六条,供役地权利人应当按照合同约定,允许地役权人利用其不动产,不得妨害地役权人行使权利;地役权人应当按照合同约定的利用目的和方法利用供役地,尽量减少对供役地权利人物权的限制。

(三)地役权期限

根据《民法典》第三百七十七条,地役权期限由当事人约定;但是,不得超过土地承包经营权、建设用地使用权等用益物权的剩余期限。

(四)地役权与相关不动产物权的关系

地役权作为一种用益物权,在实践中可能与其他不动产物权发生重叠或交叉,呈现一种比较复杂的关系。

1. 原地役权不受新设用益物权影响

根据《民法典》第三百七十八条,土地所有权人享有地役权或者负担地役权的,设立土地承包经营权、宅基地使用权等用益物权时,该用益物权人继续享有或者负担已经设立的地役权。

2. 新设地役权需原用益物权人同意

根据《民法典》第三百七十九条,土地上已经设立土地承包经营权、建设用地使用权、宅基地使用权等用益物权的,未经用益物权人同意,土地所有权人不得设立地役权。

3. 地役权一并转让

根据《民法典》第三百八十条,地役权不得单独转让。土地承包经营权、建设用地使用权等转让的,地役权一并转让,但是合同另有约定的除外。

4. 地役权不得单独抵押

根据《民法典》第三百八十一条,地役权不得单独抵押。土地经营权、建设用地使用权等抵押的,在实现抵押权时,地役权一并转让。

5. 需役地部分用益物权与相应地役权一并转让

根据《民法典》第三百八十二条,需役地以及需役地上的土地承包经营权、建设用地使用权等部分转让时,转让部分涉及地役权的,受让人同时享有地役权。

6. 供役地部分用益物权转让及于相应地役权

根据《民法典》第三百八十三条,供役地以及供役地上的土地承包经营权、建设用地使用权等部分转让时,转让部分涉及地役权的,地役权对受让人具有法律约束力。

(五)地役权消灭

根据《民法典》第三百八十四条,地役权人有下列情形之一的,供役地权利人有权解除地役权合同,地役权消灭:(1)违反法律规定或者合同约定,滥用地役权;(2)有偿利用供役地,约定的付款期限届满后在合理期限内经两次催告未支付费用。

（六）地役权变动需登记

根据《民法典》第三百八十五条，已经登记的地役权变更、转让或者消灭的，应当及时办理变更登记或者注销登记。

（七）地役权典型案例

根据《百山祖国家公园集体林地设立地役权改革的实施方案》（丽政发〔2020〕5号，2020年4月10日实施），2020年浙江省丽水市人民政府在百山祖国家公园范围内的集体林地为供役地，国有林地为需役地，以百山祖国家公园管理机构为地役权人，与有关集体林地承包经营户、村民小组、村民委员会或村集体经济组织等供役地权利人签订地役权合同，最终设立了地役权。

六、担保物权（抵押权）

在不动产他物权中，除了用益物权以外，还有担保物权。由于不动产自身的特点，这里的担保物权实际上就是不动产抵押权。

（一）不动产担保物权与所有权和用益物权的关系

结合本章前面的相关讨论可知，我国实行的是严格的土地公有制，无论是国有土地还是集体土地之上均不可能设立担保物权。在同一土地上不可能出现用益物权与担保物权并列的情形，担保物权只能在土地用益物权之上设立。

然而，由于在土地所有权上可以直接设立地役权和居住权，因此在实务中就可能出现担保物权与居住权、地役权并存的情形，如何确定它们的优先级就成为一个需要解决的问题。由于登记公示主义的盛行，二者有冲突时应当公示在先原则来解决权利竞合问题。

（二）不动产抵押权

根据《民法典》第三百八十六条和第三百九十四条，不动产抵押权是指为担保债务的履行，债务人或者第三人不转移不动产的占有，将该不动产抵押给债权人，债务人不履行到期债务或者发生当事人约定的实现抵押权的情形，债权人有权就该不动产优先受偿。抵押权人就抵押财产优先受偿的权利，即为抵押权。其中，债务人或者第三人为抵押人，债权人为抵押权人，提供担保的不动产为抵押不动产。

（三）可抵押不动产的范围

根据《民法典》第三百九十五条第一款，抵押人有权处分的下列不动产可以抵押：建筑物和其他土地附着物；建设用地使用权；海域使用权；正在建造的建筑物，法律、行政法规未禁止抵押的其他不动产。根据《民法典》第三百九十五条第二款，抵押人可以将上述类型的不动产一并抵押，并不相互排斥。

根据《国务院关于开展农村承包土地的经营权和农民住房财产权抵押贷款试点的指导意见》（国发〔2015〕45号，2015年8月10日实施），经全国人大常委会授权，可在部分地区开展农村承包土地的经营权和农民住房财产权抵押贷款试点。

（四）抵押中的房地一体原则

根据《民法典》第三百九十七条第一款，以建筑物抵押的，该建筑物占用范围内的建设用地使用权一并抵押。以建设用地使用权抵押的，该土地上的建筑物一并抵押。根据该条第二款，抵押人未依据前款规定一并抵押的，未抵押的财产视为一并抵押。另据《城市房地产抵押管理办法》（住房和城乡建设部令第52号修改，2021年3月30日实施）第四条，以依法取得的房屋所有权抵押的，该房屋占用范围内的土地使用权必须同时抵押。

（五）不得抵押的不动产

由于不动产在人们日常生产生活中很重要，对可抵押的不动产范围还是有较大限制的。

根据《民法典》第三百九十九条，下列财产中不得抵押：（1）土地所有权；（2）宅基地、自留地、自留山等集体所有土地的使用权，但是法律规定可以抵押的除外；（3）学校、幼儿园、医疗机构等为公益目的成立的非营利法人的教育设施、医疗卫生设施和其他公益设施；（4）所有权、使用权不明或者有争议的财产；（5）依法被查封、扣押、监管的财产；（6）法律、行政法规规定不得抵押的其他财产。

根据《城市房地产抵押管理办法》第八条，下列房地产不得设定抵押：（1）权属有争议的房地产；（2）用于教育、医疗、市政等公共福利事业的房地产；（3）列入文物保护的建筑物和有重要纪念意义的其他建筑物；（4）已依法公告列入拆迁范围的房地产；（5）被依法查封、扣押、监管或者以其他形式限制的房地产；（6）依法不得抵押的其他房地产。

此外,根据《民法典》第三百八十一条,地役权不得单独抵押。土地经营权、建设用地使用权等抵押的,在实现抵押权时,地役权一并转让。另据该法第三百九十八条,乡镇、村企业的建设用地使用权不得单独抵押。以乡镇、村企业的厂房等建筑物抵押的,其占用范围内的建设用地使用权一并抵押。

七、临时用地使用权

严格来说,临时用地不属于法定的不动产物权类型。但从其实质和形态上来看,它属于用益物权的一种。临时用地的来源既可以是国有土地,也可以是集体所有的土地。

(一)临时用地的概念

根据《自然资源部关于规范临时用地管理的通知》(自然资规〔2021〕2 号,2021 年 11 月 4 日实施,2026 年 11 月 4 日废止),临时用地是指建设项目施工、地质勘查等临时使用,不修建永久性建(构)筑物,使用后可恢复的土地(通过复垦可恢复原地类或者达到可供利用状态)。临时用地具有临时性和可恢复性等特点,与建设项目施工、地质勘查等无关的用地,使用后无法恢复到原地类或者复垦达不到可供利用状态的用地,不得使用临时用地。

(二)临时用地的取得

根据《土地管理法》第五十七条第一款,建设项目施工和地质勘查需要临时使用国有土地或者农民集体所有的土地的,由县级以上人民政府自然资源主管部门批准。其中,在城市规划区内的临时用地,在报批前,应当先经有关城市规划行政主管部门同意。土地使用者应当根据土地权属,与有关自然资源主管部门或者农村集体经济组织、村民委员会签订临时使用土地合同,并按照合同的约定支付临时使用土地补偿费。

(三)禁止行为

根据《土地管理法》第五十七条第二款,临时使用土地的使用者应当按照临时使用土地合同约定的用途使用土地,并不得修建永久性建筑物。

(四)临时用地期限

根据《土地管理法》第五十七条第三款和《自然资源部关于规范临时用地管理

的通知》第二条第二款，临时使用土地期限一般不超过两年。建设周期较长的能源、交通、水利等基础设施建设项目施工使用的临时用地，期限不超过四年。城镇开发边界内临时建设用地规划许可、临时建设工程规划许可的期限应当与临时用地期限相衔接。临时用地使用期限，从批准之日起算。

（五）审批机关

根据《自然资源部关于规范临时用地管理的通知》第三条第一款，县（市）自然资源主管部门负责临时用地审批，其中涉及占用耕地和永久基本农田的，由市级或者市级以上自然资源主管部门负责审批。

（六）临时建筑

根据住房和城乡建设部发布的行业标准《施工现场临时建筑物技术规范》（JGJ/T 188—2009，2010 年 7 月 1 日实施）3.0.7，临时用地上的临时建筑不宜采用钢筋混凝土楼面、屋面结构，严禁采用钢管、毛竹、三合板、石棉瓦等搭设简易的临时建筑物。

八、“住改非”房屋所有权

所谓的“住改非”，有时也叫“住改商”，并不是一个正式的法律术语。一般来说，它是指权属证明文件上载明的用途为住宅，但改做经营，且依法取得了营业执照、税务登记证等经营手续，既包括国有土地上的住宅，也包括集体土地上的住宅。

从盛行于欧美地下车库的创业文化来看，“住改非”甚至本身都不成问题。但在国内，并无法律明文规定是允许或不允许。结合相关法律法规或政策文件来看，也有其容身之地。例如，根据《国有土地上房屋征收评估办法》（建房〔2011〕77 号，2011 年 6 月 3 日实施）第十三条第二款，被征收房屋或者其类似房地产有经济收益的，应当选用收益法评估。显然，这里的经济收益包括出租或经营等。另据《江苏省高级人民法院关于国有土地上房屋征收与补偿行政案件若干问题审理指南》“（二）9.”和“10.”，尽管营业用房承租人对房屋征收决定不具有诉讼原告主体资格，但对补偿决定一般来说具有诉讼原告的主体资格。

九、基于信赖利益的不动产物权

与“住改非”房屋一样，基于信赖利益的不动产物权也不是一个法定的物权类型。本节单独进行讨论,一方面是因为普通民众出于对政府的信赖而在手续尚不完备时就建造不动产的情形相当常见;另一方面是因为近年来不动产征收中这类不动产经常因手续不完备而遭受补偿上的重大损失。

(一)带有信赖利益保护的不动产

在全国各地的企业不动产中,手续极其完备的并不多见。多年以来,各种招商引资活动层出不穷。对于在生产经营上是行家里手的企业家来说,对于企业投资而必须的不动产建造却并不是特别清楚。很多都是在有了立项批文等相关手续后就开工建设,而当时的行政机关也是"睁一只眼闭一只眼"。在经营了多年以后,一纸违建通知书下来,企业家才如梦初醒,但为时已晚。

一般来说,信赖利益保护或信赖保护利益是指当个人或组织对行政机关的行为产生了具有正当性的信赖利益时,行政机关负有保护这种信赖利益的义务,否则就应当赔偿或补偿信赖利益损失。通俗地说,这一原则要求政府也要诚实守信,而不能光要求老百姓诚实守信。

(二)法律依据

此前,人们一直说信赖利益保护原则并没有在我国立法中明文确立。不过,2022 年 3 月 11 日第十三届全国人民代表大会第五次会议通过《关于修改〈中华人民共和国地方各级人民代表大会和地方各级人民政府组织法〉的决定》,并于 2022 年 3 月 12 日重新公布施行。其中,该法第六十五条明确规定,地方各级人民政府应当坚持诚信原则,加强政务诚信建设,建设诚信政府。自此以后,信赖保护利益原则在我国当代法律体系中明确建立起来。由于它是在行政组织基本法中得到确立的,其意义更是十分重大。除此之外,目前还有下述法律文件也有相应规定。

首先,根据《行政许可法》(2019 年修正,2019 年 4 月 23 日实施)第八条第一款,公民、法人或者其他组织依法取得的行政许可受法律保护,行政机关不得擅自改变已经生效的行政许可。根据《外商投资法》第二十五条,地方各级人民政府及其有关部门应当履行向外国投资者、外商投资企业依法作出的政策承诺以及依法订立的各类合同。因国家利益、社会公共利益需要改变政策承诺、合同约定的,应当依照法定权限和程序进行,并依法对外国投资者、外商投资企业因此受到的损失予以补偿。

其次,根据《国务院关于加强政务诚信建设的指导意见》(国发〔2016〕76 号,

2016年12月22日实施),政府应当坚持守信践诺。因国家利益、公共利益或其他法定事由需要改变政府承诺和合同约定的,要严格依照法定权限和程序进行,并对相关企业和投资人的财产损失依法予以补偿。

再次,根据《中共中央、国务院关于完善产权保护制度依法保护产权的意见》第七条,大力推进法治政府和政务诚信建设,地方各级政府及有关部门要严格兑现向社会及行政相对人依法作出的政策承诺,认真履行在招商引资、政府与社会资本合作等活动中与投资主体依法签订的各类合同,不得以政府换届、领导人员更替等理由违约毁约,因违约毁约侵犯合法权益的,要承担法律和经济责任。因国家利益、公共利益或者其他法定事由需要改变政府承诺和合同约定的,要严格依照法定权限和程序进行,并对企业和投资人因此而受到的财产损失依法予以补偿。对因政府违约等导致企业和公民财产权受到损害等情形,进一步完善赔偿、投诉和救济机制,畅通投诉和救济渠道。

又次,根据《最高人民法院关于充分发挥审判职能作用切实加强产权司法保护的意见》(法发〔2016〕27号,2016年11月28日实施)第9条,对因招商引资、政府与社会资本合作等活动引发的纠纷,要认真审查协议不能履行的原因和违约责任,切实维护行政相对人的合法权益。对政府违反承诺,特别是仅因政府换届、领导人员更替等原因违约毁约的,要坚决依法支持行政相对人的合理诉求。对确因国家利益、公共利益或者其他法定事由改变政府承诺的,要依法判令补偿财产损失。

最后,根据最高人民法院印发《关于依法妥善处理历史形成的产权案件工作实施意见》(法发〔2016〕28号,2016年11月28日实施)"三、6.",尊重历史,实事求是,以发展眼光客观看待和依法妥善处理改革开放以来各类企业特别是民营企业经营过程中存在的不规范问题。根据其"五、16.",对于在招商引资、政府与社会资本合作等活动中与投资主体依法签订的各类合同,因政府换届、领导人员更替而违约毁约侵犯投资主体合法权益的,或者因法定事由改变政府承诺和合同约定,对投资主体受到的财产损失没有依法补偿的,人民法院应当依法再审和改判。

第三章

征收补偿

民亦劳止，汔可小康。惠此中国，以绥四方

——《诗经·大雅·民劳》

在美国，人们经常调侃生命里只有两件事情是确定的，一个是死亡；另一个是税收。税收在任何一个国家都是强制性无偿征收的，但作为本书主题的不动产征收则不同，从世界范围来看其都必须进行相应的补偿。当然，尽管这已是共识，在每一次具体的不动产征收中是否能够合法与公平地进行补偿，仍是一个见仁见智的问题。不同的人处在不同的立场，对同一补偿可能有着大相径庭的观感，这是现代社会的正常现象。

需要注意的是，本章与下一章"征收目的"的顺序是固有深意的。从常理上来看，一般都是先有征收动向，然后人们才会考虑征收补偿问题。但在当代中国，除了大中型水利水电工程建设等少数情况以外，人们能获得的补偿与征收目的并无多大关联，补偿标准基本上都是事先就有相关法律规定的。另外，本章与第十四章"行政赔偿"在内容上不可避免地有所重叠，相关内容可互为参照。

第一节　法定补偿标准

国家层面立法关于不动产征收补偿的规定都是比较宏观的，往往需要地方立法、地方规范性文件乃至具体的征收补偿方案予以细化。尽管如此，国家明文立法规定征收必须补偿，比起无法可依的时代已经进步许多了，并且已成为全国各地不动产征收与补偿活动制定具体补偿标准的法定依据。

一、国家层面立法规定

（一）宪法规定

2004年之前的宪法文本没有关于补偿的相关规定，2004年3月14日全国人大对1982年《宪法》进行第四次修正并通过了宪法修正案，至此才明确出现补偿这一词语。在2018年又一次修正时，这一表述没有变化。

《宪法》第十条第三款规定，国家为了公共利益的需要，可以依照法律规定对土地实行征收或者征用并给予补偿。该法第十三条第三款规定，国家为了公共利益的需要，可以依照法律规定对公民的私有财产实行征收或者征用并给予补偿。至此，《宪法》这两个条款就成为所有下位法中关于不动产征收补偿相关规定的最高依据和最终法源。不过，这里都只提及"补偿"，而没有对"补偿"作进一步说明，需要不同层次的下位法予以细化。

（二）民法规定

在当代中国，《民法典》可谓"一法之下、万法之上"，其鲜明的私权保护特征决定了其在不动产征收补偿规定中的卓越地位。

1. 一般规定

根据《民法典》第一百一十七条，为了公共利益的需要，依照法律规定的权限和程序征收、征用不动产的，应当给予公平、合理的补偿。

可以看出，这里首次对补偿进行了补充描述，设立了补偿的"公平、合理"标准。尽管它仍是一个抽象性的描述，但在一定程度上可以达到这样的效果，即一旦征收方为降低征迁成本，试图人为压低给予被征收方的补偿，被征收方可以援引这一法律规定，理直气壮地要求获得公平、合理的补偿。

2. 具体规定

根据《民法典》第二百四十三条第二款，征收集体所有的土地，应当依法及时足额支付土地补偿费、安置补助费以及农村村民住宅、其他地上附着物和青苗等的补偿费用，并安排被征地农民的社会保障费用，保障被征地农民的生活，维护被征地农民的合法权益。根据该条第三款，征收组织、个人的房屋以及其他不动产，应当依法给予征收补偿，维护被征收人的合法权益；征收个人住宅的，还应当保障被征收人的居住条件。

3. 用益物权补偿

根据《民法典》第三百二十七条，因不动产被征收、征用致使用益物权消灭或者影响用益物权行使的，用益物权人有权依据本法第二百四十三条、第二百四十五条的规定获得相应补偿。

4. 承包地补偿

根据《民法典》第三百三十八条，承包地被征收的，土地承包经营权人有权依据本法第二百四十三条的规定获得相应补偿。

5. 担保物权补偿

《民法典》第三百九十条，担保期间，担保财产毁损、灭失或者被征收等，担保物权人可以就获得的保险金、赔偿金或者补偿金等优先受偿。被担保债权的履行期限未届满的，也可以提存该保险金、赔偿金或者补偿金等。

（三）土地管理法规定

由于土地在不动产中处于基石地位，因而在不动产征收与补偿的相关立法中，土地管理法的地位仅次于宪法和民法，高于其他征迁法律文件。

1. 一般规定

根据《土地管理法》第二条第四款，国家为了公共利益的需要，可以依法对土地实行征收或者征用并给予补偿。

2. 补偿标准

根据《土地管理法》第四十八条第一款，征收土地应当给予公平、合理的补偿，保障被征地农民原有生活水平不降低、长远生计有保障。

相比《民法典》，该法同样设立了一个"公平、合理"标准，但是考虑到农民的特殊保护，又设立了一个"原有生活水平不降低、长远生计有保障"标准。由于农民在征迁活动中权利受到侵犯的情形远比城市居民严重得多，这一规定可谓"黄金条款"，成为农民对抗非法征收和不合理补偿的法律利器。

（四）国有土地上房屋征收与补偿条例规定

根据《国有土地上房屋征收与补偿条例》第二条，为了公共利益的需要，征收国有土地上单位、个人的房屋，应当对被征收房屋所有权人给予公平补偿。

对于这样一部脱胎于原《城市房屋拆迁管理条例》，适用于城镇国有土地上征迁活动的基本立法来说，其对补偿标准的描述是"公平"。相对其母体立法而言，已经是一个很大的进步了,在早先的《城市房屋拆迁管理条例》中原本是没有它的位置的。

(五)其他国家层面的立法规定

除上述最为常见也最常用的一般化法律文件以外,还有一些比较特殊的立法也针对不同的特殊情形就其不动产征收补偿作出相应的规定。

首先是外商。根据《外商投资法》第二十条第二款,在特殊情况下,国家为了公共利益的需要,可以依照法律规定对外国投资者的投资实行征收或者征用。征收、征用应当依照法定程序进行,并及时给予公平、合理的补偿。可以看出,这里对补偿的描述又增加了一个“及时”。正如人们常说“迟到的正义不是正义”一样,不及时的补偿同样也是广大被征收人的梦魇所在。

其次是归侨侨眷。根据《归侨侨眷权益保护法》(2009 年修正,2009 年 8 月 27 日实施)第十三条第二款,依法征用、拆迁归侨、侨眷私有房屋的,建设单位应当按照国家有关规定给予合理补偿和妥善安置。注意这里的表述,一个是“合理”,另一个是“妥善安置”,要求还是比较高的。

由此可以看出,由于归侨侨眷长期在国外工作生活,可能对国内的情况了解不够,或者不如当地人有各种各样的人际关系。对归侨侨眷的不动产征收补偿,其规定与农民类似,也强调了需要妥善安置。因此,该法第二十七条又特别规定,非法侵占归侨、侨眷在国内私有房屋的,有关主管部门应当责令退还;造成损失的,依法承担赔偿责任。

再次是水域、滩涂。根据《渔业法》第十四条和《渔业法实施细则》(国务院令第 732 号,2020 年 11 月 29 日实施)第十三条,国家建设征收集体所有的水域、滩涂,按照《土地管理法》有关征地的规定办理。

最后是大中型水利、水电工程。根据《土地管理法》第五十一条,大中型水利、水电工程建设征收土地的补偿费标准和移民安置办法,由国务院另行规定。为此,国家先后制定了《长江三峡工程建设移民条例》(国务院令第 588 号修订,2011 年 1 月 8 日实施)和《南水北调工程建设征地补偿和移民安置暂行办法》(国调委发〔2005〕1 号,2005 年 1 月 27 日实施)等专门立法。

另外,根据《水法》第二十九条第一款,国家对水工程建设移民实行开发性移民的方针,按照前期补偿、补助与后期扶持相结合的原则,妥善安排移民的生产和生活,保护移民的合法权益。

（六）中央政策文件

根据《中共中央、国务院关于完善产权保护制度依法保护产权的意见》第八条，完善土地、房屋等财产征收征用法律制度，遵循及时合理补偿原则，完善国家补偿制度，进一步明确补偿的范围、形式和标准，给予被征收征用者公平合理补偿。从该意见来看，对补偿的修饰用了诸如"及时"、"合理"和"公平"等字样，而在许多特定的征迁补偿实践中，这恰恰是最薄弱之处。

二、人民法院衡平法则

根据《最高人民法院关于充分发挥审判职能作用切实加强产权司法保护的意见》第十条，依法公正审理财产征收征用案件，维护被征收征用者的合法权益。准确把握立法精神，合理把握征收征用适用的公共利益范围，坚决防止公共利益扩大化。遵循及时合理补偿原则，对土地征收和房屋拆迁补偿标准明显偏低的，要综合运用多种方式进行公平合理补偿，充分保护被征收征用者的合法权益。

目前，无论是征收方还是被征收方，甚至是人民法院本身，对这一文件的重视程度都不够。实际上，它的作用类似于英美法系中相对普通法院而言的衡平法院角色。从近年来全国各地的征迁实践来看，几乎所有人民法院都把征收方补偿方案确定的补偿标准奉为圭臬，即使这一补偿标准有严重的缺陷，但似乎人民法院都一筹莫展。事实上，如果认真执行最高人民法院的上述规定，就不会总是这样束手无策，当然这对法院的裁判能力和法律技艺提出了更高要求。

第二节　国有土地使用权补偿

我国实行土地的社会主义公有制，国有土地所有权为全民所有，由国务院代为行使所有权。因此，国有土地所有权是不存在征收的，当然也就不存在补偿问题，国有土地征收实质是对国有土地使用权及其二阶权益的征收。

一、现行法律规定

根据《民法典》第三百二十七条，因不动产被征收、征用致使用益物权消灭或者影响用益物权行使的，用益物权人有权依据本法第二百四十三条、第二百四十五条的规定获得相应补偿。

根据《民法典》第三百五十八条,建设用地使用权期限届满前,因公共利益需要提前收回该土地的,应当依据本法第二百四十三条的规定对该土地上的房屋以及其他不动产给予补偿,并退还相应的出让金。

根据《土地管理法》第五十八条第一款第(一)项和第二款,为实施城市规划进行旧城区改建以及其他公共利益需要,确需使用土地的,可以收回国有土地土地使用权。据此收回国有土地使用权的,对土地使用权人应当给予适当补偿。

根据前述法律规定,国有土地使用权补偿实际上涉及两种情形。首先是根据《民法典》第三百二十七条的规定,因不动产征收、征用导致用益物权消灭或影响用益物权行使的,依法获得补偿。很明显,这一规定与目前国有土地上的相关法律规定是契合的。这是因为,目前实行的仍是《国有土地上房屋征收与补偿条例》规定的房屋征收模式,只是在这一过程中根据该条例第十三条第三款规定的房地一体原则,同时对国有土地使用权进行征收并补偿。至于此时的补偿到底是什么,在《民法典》第三百二十七条中,只是规定了应当获得"相应"补偿。从字面上理解,是与这里提到的国有土地使用权"相应"的意思,但并没有进一步明确。

其次,《民法典》第三百五十八条和《土地管理法》第五十八条第一款第(一)项和第二款所涉及的都是因公共利益而在其期限届满之前提前收回国有土地使用权的问题。实际上,对比一下前面讨论的国有土地上房屋征收情形,只要不是房屋所有权人的国有土地使用权恰巧在征收之际到期,国有土地上房屋征收事实上也是因公共利益而提前收回,只不过掩盖在房屋征收名义之下而已。

因此,《民法典》第三百二十七条中的"相应"补偿可以参照《民法典》第三百五十八条和《土地管理法》第五十八条第一款第(一)项和第二款中的相关规定。除了需要退还土地出让金以外,还有一个何谓"适当"的问题,并且还要考虑土地价值增值问题。

另外需要指出的是,在这里并没有区分国有土地使用权人在获得该土地使用权时的方式。从现有规定来看,存在以"划拨""出让"方式取得国有土地使用权,并未排除划拨方式取地补偿权。因此,如果遇到征收方以所谓被征收人是通过划拨的方式取得土地使用权为由而不予补偿,显然是缺乏法律依据的。

土地管理法本身并没有针对"适当"有具体规定,但是从其他相关法律规定中可以推导出来。根据《国有土地上房屋征收评估办法》第十一条,被征收房屋价值是指被征收房屋及其占用范围内的土地使用权在正常交易情况下,由熟悉情况的交易双方以公平交易方式在评估时点自愿进行交易的金额。在这里,扣除土地之上的建筑物或构筑物价值，剩下的显然就是该土地的土地使用权价值。

二、特定类型的补偿

除上述一般情形以外，下面分别就国有土地使用权一些特定情形的补偿予以具体分析。

（一）出让土地使用权补偿

作为一种用益物权，出让的国有土地使用权可以出租、转让、作价入股，显然具有财产权属性，一旦被征收，必然是有补偿的。而且更重要的是，国有土地上房屋征收实质就是对国有土地使用权的征收或收回，无非是在补偿中土地吸收房屋还是房屋吸收土地的问题。

根据最高人民法院（2017）最高法行申 1342 号《行政裁定书》，“结合我国土地和城市房地产管理法律法规规定以及国家依法保护产权政策，对于上述‘给予适当补偿’，不宜单纯以法条规定的文意为限，不能静止、孤立、机械地解释为以受让土地价格为基础给予相应补偿，而宜作统一的法律解释”。行政主体因公共利益需要收回国有土地使用权的，收回的土地使用权以出让方式供应的，应当根据土地面积、剩余土地使用年期、原批准用途、土地开发利用程度、城市规划限制等，参照市场地价水平经专业评估后予以补偿；收回的土地使用权以划拨方式供应的，参照评估的划拨土地使用权价格，核定土地使用者应有权益后予以补偿；确定补偿标准的基准日，原则上应当以行政主体作出收回决定的日期或者以收回土地事宜向社会公告的日期为准。

根据最高人民法院（2018）最高法行申 1096 号《行政裁定书》，根据土地管理法相关规定，为公共利益需要收回国有土地使用权的，对土地使用权人应当给予适当补偿。所谓“适当补偿”，补偿标准应当参照《国有土地上房屋征收与补偿条例》相关规定，不得低于征收决定公告之日被征收土地类似的市场价格，并对逾期支付补偿款的利息予以补偿。

根据最高人民法院（2019）最高法行赔申 1293 号《行政裁定书》，有征收必有补偿，无补偿则无征收。为了保障国家安全、促进国民经济和社会发展等公共利益的需要，国家可以依法收回国有土地使用权，但必须对被征收人给予及时公平补偿，而不能只征收不补偿，也不能迟迟不予补偿。

根据最高人民法院（2020）最高法行再 100 号《行政裁定书》，土地管理法规定的对土地使用权人应当给予的适当补偿,不能理解为仅补偿土地出让金、前期投入及相应利息,而宜考虑收回土地原因及土地的具体用途、原土地使用权剩余开发年限、土地使用权人的过错情况与实际投入等多重因素,参考收回土地时案涉土地类似房地产的市场价格,在确保补偿金额不低于土地使用权人取得土地成本的情况下,综合确定公平合理的补偿金额。但万宁市国土局委托中天运会计师事务所作出审核报告,系采用土地出让金加利息的方式确定补偿金额,既非专业的不动产评估机构对案涉土地市场价格的客观合理评估,也未参考案涉土地类似房地产的市场价格,不符合土地管理法相关规定精神。

最后举一个山东省案例,根据山东省高级人民法院(2019)鲁行终1937号《行政判决书》,行政主体因公共利益需要收回国有土地使用权的,收回的土地使用权以出让方式供应的,应当根据土地面积、剩余土地使用年期、原批准用途、土地开发利用程度、城市规划限制等,参照市场地价水平经专业评估后予以补偿。

(二)划拨土地使用权补偿

众所周知,国有土地使用权取得的方式主要有两种,一个是出让,另一个是划拨。出让方式需要缴纳相应的出让费用,因故被收回应当获得补偿一般没有疑问,以划拨的方式取得的国有土地使用权是否也可以获得补偿,有人可能有疑问。实际上,在符合一定条件的情形下,这也是可以获得补偿的。

1. 不予补偿

根据《城镇国有土地使用权出让和转让暂行条例》第四十七条第一款,无偿取得划拨土地使用权的土地使用者,因迁移、解散、撤销、破产或者其他原因而停止使用土地的,市、县人民政府应当无偿收回其划拨土地使用权,并可依照本条例的规定予以出让。

从上述规定来看,显然都不是因公共利益而导致划拨土地使用权收回的情形,而是法律规定的事实出现后,因国家无偿划拨而导致无偿收回。这正是国有土地国家所有权的正常行使。更重要的是,这里的表述是“应当”,而非“可以”,遵循有法必依的基本准则,不给予补偿。

2. 可以补偿

根据《城镇国有土地使用权出让和转让暂行条例》第四十七条第二款,对划拨土地使用权,市、县人民政府根据城市建设发展需要和城市规划的要求,可以无偿收回,并可依照本条例的规定予以出让。

注意这里的表述是“可以无偿收回”，而该条例第四十七条第一款的表述是“应当无偿收回”。这就说明，立法者为“可以补偿”留有余地。基于此，人民法院的司法判例同样也明确可以补偿。

3. 一并补偿

根据《城镇国有土地使用权出让和转让暂行条例》第四十七条第三款，无偿收回划拨土地使用权时，对其地上建筑物、其他附着物，市、县人民政府应当根据实际情况给予适当补偿。

从上述规定可以看出，尽管没有对土地使用权补偿作出规定，但规定了必须对地上建筑物、其他附着物予以补偿。实际上，如果补偿足够公平，其中暗含土地使用权的价值及其升值部分，那么也是可以接受的。

根据最高人民法院（2017）最高法行申7621号《行政裁定书》，出让土地使用权和划拨土地使用权，都属于财产权，是用益物权的一种。两者的主要区别在于，划拨土地使用权取得时没有向政府缴纳土地使用权出让金。因此，划拨土地使用权相较出让土地使用权，其权利并不完整并受到一定限制。这点在对划拨土地使用权价格的评估中也有体现。根据《城镇土地估价规程》的规定，该规程所指土地价格，其权利特征是出让土地使用权。划拨土地使用权价格是其特殊形式。划拨土地使用权价格与土地使用权出让金之和为出让土地使用权价格。

根据最高人民法院（2020）最高法行申7453号《行政裁定书》，收回的国有土地使用权以划拨方式供应的，参照评估的划拨土地使用权价格，核定土地使用者应有权益后予以补偿；确定补偿标准的基准日，原则上应当以行政主体作出收回决定的日期或者以收回土地事宜向社会公告的日期为准。划拨土地使用权也是土地使用者依法取得的土地使用权，不能仅以土地使用权系划拨方式取得为由认定土地使用者无权获得土地使用权补偿。

（三）空地补偿

根据《最高人民法院关于征收国有土地上房屋时是否应当对被征收人未经登记的空地和院落予以补偿的答复》（〔2012〕行他字第16号，2013年5月15日实施），对土地公有制之前，通过购买房屋方式使用私有的土地，土地转为国有后迄今仍继续使用的，未经确权登记，亦应确定现使用者的国有土地使用权。国有土地上房屋征收补偿中，应将当事人合法享有国有土地使用权的院落、空地面积纳入评估范围，按照征收时的房地产市场价格，一并予以征收补偿。

以江苏省为例，根据《江苏省高级人民法院关于国有土地上房屋征收与补偿行政案件若干问题审理指南》（2020 年 11 月 11 日实施）第 37 条第（4）项，如果土地使用证记载的土地面积大于合法房屋的面积，征收人是否对“地大于房”部分的土地予以补偿属于法院审查要点之一。

最后举一个山东省司法判例。根据山东省高级人民法院（2016）鲁行终 769 号《行政判决书》，涉案评估未涉及国有土地使用权范围内空置土地的价值，涉案评估报告系根据委托单位的要求进行，是作为征收补偿决定的参考依据，征收单位应当全面考量，以作出合法、合理的征收补偿决定。根据对现有房地产市场的普遍认识，被上诉人在涉及土地价值的补偿方面明显不当，应予撤销。

（四）国有农用地使用权补偿

需要指出的是，在前面讨论国有土地使用权补偿时，虽然没有明确指出，但实际上讨论的都是国有建设用地使用权的情形。相比之下，还有另一类国有土地使用权，即国有农用地使用权，它的补偿有一定的特殊性。通过进行法律检索并仔细研究后发现，在保持国有基底的前提下，国有农用地使用权补偿带有明显的集体土地印迹，二者之间的相似点很多。

根据《国土资源部、农业部关于加强国有农场土地使用管理的意见》（国土资发〔2008〕202 号，2008 年 1 月 10 日实施）第三条第一款，因国家经济建设或地方公益性建设需要收回国有农场农用地的，参照征收农民集体土地的补偿标准进行补偿；需要收回国有农场建设用地的，参照征收农民集体建设用地的补偿标准进行补偿，保障农场职工的长远生计。

根据《国土资源部办公厅、农业部办公厅关于收回国有农场农用地有关补偿问题的复函》（国土资厅函〔2009〕850 号，2009 年 9 月 18 日实施），将收回国有农场农用地的补偿分为土地补偿费、安置补助费、青苗和地上附着物补偿费，具体的补偿费用标准由地方自行规定，但应保持失地的国有农场职工原有生活水平不降低。其中，国有农场土地归国家所有，但国有农场享有土地的长期使用权，土地补偿费应当给予国有农场。长期承包国有农场农用地并将其作为生产生活主要来源的农业职工，失地后自谋职业并与农场解除劳动关系的，安置补助费给予个人；但由国有农场重新安排就业岗位的，安置补助费给予国有农场。对于地上附着物和青苗补偿费，按照“谁投入，谁获得”的原则给予补偿。

根据《关于依法保护国有农场土地合法权益的意见》（国办发〔2001〕8 号，2011

年2月2日实施），要依照国家有关法律规定严格控制建设占用国有农场土地，确需占用农场土地搞建设的，要依法办理审批手续，并依法给予补偿和安置，不得随意强行划转国有农场土地。

根据《国有林场管理办法》（林场规〔2021〕6号，2021年10月9日实施）第十八条第二款，经批准占用国有林场林地的，应当按规定足额支付林地林木补偿费、安置补助费、植被恢复费和职工社会保障费用。

（五）海域使用权补偿

根据《海域使用管理法》第三十条第一款，因公共利益或者国家安全的需要，原批准用海的人民政府可以依法收回海域使用权。根据该条第二款，依照前款规定在海域使用权期满前提前收回海域使用权的，对海域使用权人应当给予相应的补偿。

第三节 国有土地附着物所有权补偿

前面提到的国有土地使用权补偿很少以单独的面目出现，更多的是根据房地一体原则被吸收在房屋等国有土地附着物所有权补偿之中。国有土地附着物除房屋以外，偶尔可见其他构筑物、森林、作物或矿产资源等。不过，本节主要以房屋补偿为例进行讨论。

根据《国有土地上房屋征收与补偿条例》第十七条，补偿主要包括：被征收房屋价值补偿、因征收房屋造成的搬迁临时安置补偿、因征收房屋造成的停产停业损失补偿以及补助和奖励等。

一、房屋本身价值补偿

在国有土地附着物所有权补偿中，关于诸如房屋等的补偿占据主要地位，其他补偿多处于从属地位。

（一）通常情形

根据《国有土地上房屋征收与补偿条例》第十七条第一款第（一）项以及第十九条第一款，对被征收房屋价值的补偿，不得低于房屋征收决定公告之日被征收房屋类似房地产的市场价格。根据《国有土地上房屋征收评估办法》第三十条第一款，被征收房屋的类似房地产是指与被征收房屋的区位、用途、权利性质、档次、新旧程度、规模、建筑结构等相同或者相似的房地产。根据该条第二款,被征收房屋类似房地产的市场价格是指被征收房屋的类似房地产在评估时点的平均交易价格。确定被征收房屋类似房地产的市场价格,应当剔除偶然的和不正常的因素。

至于被征收房屋价值,根据《国有土地上房屋征收评估办法》第十一条第一款,是指被征收房屋及其占用范围内的土地使用权在正常交易情况下,由熟悉情况的交易双方以公平交易方式在评估时点自愿进行交易的金额,但不考虑被征收房屋租赁、抵押、查封等因素的影响。根据该条第二款,前款所述不考虑租赁因素的影响,是指评估被征收房屋无租约限制的价值;不考虑抵押、查封因素的影响,是指评估价值中不扣除被征收房屋已抵押担保的债权数额、拖欠的建设工程价款和其他法定优先受偿款。

这个一般性规定是一个“硬杠杠”,如果补偿方案中的价格严重偏离了被征收房屋类似房地产的市场价格,即使涉及人数众多,也可能被撤销。相应的判例可见《最高人民法院 2014 年 8 月 29 日发布征收拆迁十大案例》中的案例三,即“孔某丰诉泗水县人民政府房屋征收决定案”。

由上述规定可以推断出,被征收房屋价值是由两部分组成的,一个是被征收房屋本身的价值,另一个是被征收房屋占用范围内的土地使用权价值。二者之间可能存在相互吸收问题。

(二)未登记房屋补偿

根据《国有土地上房屋征收与补偿条例》第二十四条第二款,市、县级人民政府作出房屋征收决定前,应当组织有关部门依法对征收范围内未经登记的建筑进行调查、认定和处理。对认定为合法建筑和未超过批准期限的临时建筑的,应当给予补偿;对认定为违法建筑和超过批准期限的临时建筑的,不予补偿。另据《国务院办公厅关于认真做好城镇房屋拆迁工作维护社会稳定的紧急通知》(国办发明电〔2003〕42 号,2003 年 9 月 19 日实施),对拆迁范围内由于历史原因造成的手续不全房屋,应依据现行有关法律法规补办手续。

上述规定有相应的司法判例支持。根据最高人民法院(2018)最高法行申 1995 号《行政裁定书》,虽然未取得房屋所有权证,但长期实际使用房屋的权利人是适格的被征收人和补偿安置对象,应得到相应的征收补偿,具有提起要求市、县人民政府履行补偿安置职责之诉的原告主体资格。

二、其他补偿

除房屋本身的补偿外，还附随大量的其他项目补偿。虽然在金额或价值上无法与之相提并论，但也可能是引发纠纷的争执点之一。

（一）装饰装修与附属物补偿

根据《民法典》第三百二十二条，因加工、附合、混合而产生的物的归属，有约定的，按照约定；没有约定或者约定不明确的，依照法律规定；法律没有规定的，按照充分发挥物的效用以及保护无过错当事人的原则确定。在正常情况下，如果不动产所有人和装饰装修人是同一人，通常不会发生纠纷。但如果装饰装修是承租人出资的，可能涉及补偿归谁所有的问题。

（二）搬迁、安置补偿

根据《国有土地上房屋征收与补偿条例》第十七条第一款第（二）项，因征收房屋造成的搬迁、临时安置的有权要求补偿。另据该条例第二十二条，因征收房屋造成搬迁的，房屋征收部门应当向被征收人支付搬迁费；选择房屋产权调换的，产权调换房屋交付前，房屋征收部门应当向被征收人支付临时安置费或者提供周转用房。

（三）停产停业损失

根据《国有土地上房屋征收与补偿条例》第十七条第一款第（三）项，因征收房屋造成的停产停业损失的有权要求补偿。另据该条例第二十三条，对因征收房屋造成停产停业损失的补偿，根据房屋被征收前的效益、停产停业期限等因素确定。具体办法由省、自治区、直辖市制定。

以浙江省为例。根据《浙江省国有土地上房屋征收与补偿条例》（2020 年修正，2020 年 9 月 24 日实施）第二十九条第一款，征收非住宅房屋造成停产停业损失的，应当根据房屋被征收前的效益、停产停业期限等因素给予补偿。补偿的标准不低于被征收房屋价值的百分之五，具体标准由设区的市、县（市）人民政府规定。以金华市为例，根据《金华市市区国有土地上房屋征收与补偿办法》（金华市人民政府令第 62 号，2022 年 2 月 1 日实施）第四十五条第一款和第二款，征收非住宅房屋造成停产停业损失的，按照被征收房屋价值的百分之五给予补偿。生产经营者认为停产停业损失超过前款规定的补偿费，应当向房屋征收部门提供房屋被征收前三年的效益、纳税凭证、停产停业期限等相关证明材料。房屋征收部门应当与生产经营者共同委托依法设立的评估机构对停产停业损失进行评估，并按照评估结果支付补偿费。

（四）补助和奖励等

根据《国有土地上房屋征收与补偿条例》第十七条第二款，市、县级人民政府应当制定补助和奖励办法，对被征收人给予补助和奖励。在具体的征收与补偿工作中，这实际上是一个兜底条款，一方面是为补偿当事人为征收做出的牺牲，另一方面也是适应千差万别的现实情况而作的灵活规定。需要注意的是，这里的表述是“应当”，而不是“可以”，这说明补助和奖励都是被征收人本来就应得的部分，而不是征收人的“恩典”。

另外，《最高人民法院关于审理行政赔偿案件若干问题的规定》（法释〔2022〕10号，2022年5月1日实施）第二十九条第（三）项也明确规定了通过行政补偿程序依法应当获得的奖励、补贴等也是《国家赔偿法》第三十六条第（八）项规定的“直接损失”，是被征收人本来就应得的补偿。

（五）优先住房保障

根据《国有土地上房屋征收与补偿条例》第十八条，征收个人住宅，被征收人符合住房保障条件的，作出房屋征收决定的市、县级人民政府应当优先给予住房保障。具体办法由省、自治区、直辖市制定。另据《城市房地产管理法》（2019年修正，2020年1月1日实施）第六条，为了公共利益的需要，国家可以征收国有土地上单位和个人的房屋，并依法给予拆迁补偿，维护被征收人的合法权益；征收个人住宅的，还应当保障被征收人的居住条件。具体办法由国务院规定。

（六）困难家庭

对于国有土地上的房屋征收与补偿工作，有时可能遇到被征收人的特定身份补偿问题。根据《国务院办公厅关于认真做好城镇房屋拆迁工作维护社会稳定的紧急通知》，在城镇房屋拆迁工作中要特别重视妥善处理好“双困”家庭的拆迁安置工作。

(七)经营性房屋承租人

按照严格的法律规定,补偿对象只有房屋所有权人,承租人一般不被认可是补偿对象,而是与补偿对象有民事关系。例如《重庆市国有土地上房屋征收停产停业损失补偿办法(暂行)》(2022 年 4 月 14 日失效)第八条规定,被征收房屋的生产、经营单位或个人不是被征收人的,依照与被征收人的约定分配停产停业损失;没有约定的,由被征收人和生产、经营的单位或个人协商分配。这一关于停产停业损失的认定文件是作为《重庆市国有土地上房屋征收与补偿办法(暂行)》(渝办发〔2011〕123 号,2011 年 5 月 5 日,2022 年 4 月 14 日废止)这一主文的附文形式发布的,尽管该主文已废止,但新的附文尚未出台,因此它在实践中仍继续适用。

三、一些特殊问题

在现实中,除了以上房屋本身补偿及其附随项目补偿外,还可能有种种需要特别考量的情形,也需要认真对待。

(一)有权选择货币补偿或房屋产权置换

根据《国有土地上房屋征收与补偿条例》第二十一条第一款,被征收人可以选择货币补偿,也可以选择房屋产权调换。根据该条第二款,被征收人选择房屋产权调换的,市、县级人民政府应当提供用于产权调换的房屋,并与被征收人计算、结清被征收房屋价值与用于产权调换房屋价值的差价。根据该条第三款,因旧城区改建征收个人住宅,被征收人选择在改建地段进行房屋产权调换的,作出房屋征收决定的市、县级人民政府应当提供改建地段或者就近地段的房屋。根据《国有土地上房屋征收评估办法》第二十九条,除政府对用于产权调换房屋价格有特别规定外,应当以评估方式确定用于产权调换房屋的市场价值。

选择安置房屋的,可能会涉及公摊面积问题。以青岛市为例,根据《青岛市国有土地上房屋征收与补偿条例》(2017 年修正,2017 年 7 月 28 日实施)第二十一条第一款第(四)项,征收住宅房屋实行就地房屋补偿的,补偿房屋的公摊面积单独计入应补偿面积。

(二)房屋吸收土地问题

根据最高人民法院(2016)最高法行再 80 号《行政判决书》,对国有土地上房屋所有权人补偿内容已经包含了国有土地使用权补偿的,对同时收回的国有土地的土地使用权人不再单独给予补偿。

(三)国有公房征收补偿

从直觉上来看,国有公房的所有权归国家即全民所有,是不存在征收补偿的。但是在实践中,还是需要具体情况具体分析。以北京市为例,根据《北京市人民政府关于城市公有房屋管理的若干规定》第十一条第一款,公房被建设单位征用拆除,或调拨给其他单位使用,除经市人民政府批准无偿征用或无偿调拨者外,应按规定的房价标准,对所有权单位给予合理补偿。根据该条第二款,征用拆除或调拨全民所有公房的补偿价款,只准用于房屋建设,或上交同级财政,不准挪作它用。

第四节 集体土地所有权补偿

随着拆迁浪潮席卷全国,城市土地由于为国有土地,相关补偿标准比较明确,并且城市居民的文化水平、法治意识比较强,城市土地上征迁有难度,获得的潜在溢价空间也比较小。近年来,有关方面把征收土地的目光越来越多地聚焦于农村集体土地征收。集体土地所有权在被征收时的补偿,无论是被补偿人,还是补偿对象,抑或补偿项目,都应当结合集体土地所有权的相关规定进行考虑。

一、基本规定

前面几节讨论的都是国有土地上的补偿标准问题,相对来说,它的操作还是比较规范的。农村集体土地由于特殊的历史和国情等原因,征收和补偿工作一直处于比较混乱的状态,农民权利受到侵犯的现象比较严重。

(一)2020 年 1 月 1 日之前的旧标准

众所周知,《土地管理法》于 2019 年进行了第三次修正,并于 2020 年 1 月 1 日实施。在这之前,显然也有许多集体土地上的征迁项目正在进行,其中有相当数量因各种原因可能拖延的时间也比较长,有时甚至长达数年之久。因此,仍有必要对此前的补偿标准作一简要介绍。

根据当时的《土地管理法》(2004 年修正,2004 年 8 月 28 日实施,2020 年 1 月 1 日失效)第四十七条第一款,征收土地的,按照被征收土地的原用途给予补偿。根据该条第二款，征收耕地的补偿费用包括土地补偿费、安置补助费以及地上附着物和青苗的补偿费。征收耕地的土地补偿费，为该耕地被征收前三年平均年产值的六至十倍。征收耕地的安置补助费，按照需要安置的农业人口数计算。需要安置的农业人口数，按照被征收的耕地数量除以征地前被征收单位平均每人占有耕地的数量计算。每一个需要安置的农业人口的安置补助费标准，为该耕地被征收前三年平均年产值的四至六倍。但是，每公顷被征收耕地的安置补助费，最高不得超过被征收前三年平均年产值的十五倍。根据该条第六款，依照本条第二款的规定支付土地补偿费和安置补助费，尚不能使需要安置的农民保持原有生活水平的，经省、自治区、直辖市人民政府批准，可以增加安置补助费。但是，土地补偿费和安置补助费的总和不得超过土地被征收前三年平均年产值的三十倍。根据该条第七款，国务院根据社会、经济发展水平，在特殊情况下，可以提高征收耕地的土地补偿费和安置补助费的标准。

（二）基本原则

2020 年 1 月 1 日之后，新的《土地管理法》正式颁布施行，补偿标准发生了较大变化，在更好地保障被征收土地农民集体、农民家庭和农民个人权利方面有了较大进步。根据《土地管理法》第四十八条第一款，征收土地应当给予公平、合理的补偿，保障被征地农民原有生活水平不降低、长远生计有保障。可以说，上述规定是整个集体土地上征收与补偿活动中的帝王条款或黄金条款。对于被征收土地的集体、农户和个人而言，它可以起着衡平实际补偿标准的重要作用。

（三）补偿项目

根据《土地管理法》第四十八条第二款、第三款和第四款以及《土地管理法实施条例》第三十二条第一款，征收集体土地所有权应当补偿的项目需要区分土地类型。其中，对农用地的补偿项目有土地补偿费、安置补助费；对农用地以外土地的补偿费，没有明确提及安置补助费。究其原因，农用地对于农民而言起着一定的社会保障作用，而其他土地则未必有这一功能。

另外，根据《土地管理法实施条例》第三十二条第三款，社会保障费用主要用于符合条件的被征地农民的养老保险等社会保险缴费补贴，按照省、自治区、直辖市的规定单独列支。由此可见，社会保障费用在本条规定中与其第一款规定的安置补助费并列，是一项单独的补偿。

（四）区片综合地价

根据《土地管理法》第四十八条第三款和《土地管理法实施条例》第三十二条第一款，征收农用地的土地补偿费、安置补助费标准由省、自治区、直辖市通过制定公布区片综合地价确定。制定区片综合地价应当综合考虑土地原用途、土地资源条件、土地产值、土地区位、土地供求关系、人口以及经济社会发展水平等因素，并至少每三年调整或者重新公布一次。

根据《自然资源部办公厅关于加快制定征收农用地区片综合地价工作的通知》（自然资办发〔2019〕53号，2019年12月9日实施）第二条第（四）项，合理确定土地补偿费和安置补助费比例。区片综合地价确定后，按照主要用于被征地农民的原则，参照近年征地补偿费用在农村集体和农民个人之间的实际支付比例，合理确定区片综合地价中土地补偿费、安置补助费比例。具体应由省级人民政府根据当地实际情况作出规定。

（五）补偿标准制定机构

根据《土地管理法》第四十八条第三款和第四款，征收农用地的土地补偿费、安置补助费标准由省、自治区、直辖市通过制定公布区片综合地价确定。征收农用地以外的其他土地的补偿标准，由省、自治区、直辖市制定。例如，上海市就制定了专门标准——《上海市征地土地补偿费标准（2020）》（沪规划资源规〔2020〕20号，2021年1月1日实施）。此外，安徽省的地方规定也较有代表性，现以其为例简要介绍。

1. 农用地

根据《安徽省实施〈中华人民共和国土地管理法〉办法》（2022年12月1日实施）第三十一条第一款，征收集体农用地的土地补偿费和安置补助费按照省人民政府制定的全省征地区片综合地价标准执行，其中土地补偿费不高于征地区片综合地价的百分之四十，安置补助费不低于征地区片综合地价的百分之六十。

2. 建设用地

根据《安徽省实施〈中华人民共和国土地管理法〉办法》第三十一条第二款，征收农村集体建设用地的土地补偿费和安置补助费采用宗地地价评估的方式进行补偿安置，但不得低于集体农用地区片综合地价标准。据其第三十三条第一款，征收宅基地的土地补偿费和安置补助费按照征收集体建设用地的标准进行补偿安置。

3. 未利用地

根据《安徽省实施〈中华人民共和国土地管理法〉办法》第三十一条第三款，征收集体未利用地的土地补偿费和安置补助费，按照征收集体农用地的标准进行补偿安置。

（六）兜底条款的运用

《土地管理法》第四十八条第二款在列举土地补偿费、安置补助费、农村村民住宅、其他地上附着物和青苗项目之后，加了一个“等”字，这表明立法者也认识到在具体实践中可能还有其他补偿项目，而非仅仅局限于上述几项。对于这一点，可以由省、自治区、直辖市进行地方立法时予以增列，也可以在具体的征地补偿安置方案中予以补偿，这并不违反立法本意。

（七）社会保障费用

根据《土地管理法》第四十八条第五款和《土地管理法实施条例》第三十二条第三款，县级以上地方人民政府应当将被征地农民纳入相应的养老等社会保障体系。被征地农民的社会保障费用主要用于符合条件的被征地农民的养老保险等社会保险缴费补贴。被征地农民社会保障费用的筹集、管理和使用办法，由省、自治区、直辖市制定。社会保障费用主要用于符合条件的被征地农民的养老保险等社会保险缴费补贴，按照省、自治区、直辖市的规定单独列支。

根据《自然资源部办公厅关于加快制定征收农用地区片综合地价工作的通知》第二条第（一）项，新法规定的区片综合地价是征收农民集体农用地的土地补偿费和安置补助费标准，不包括法律规定用于社会保险缴费补贴的被征地农民社会保障费用、征收农用地涉及的地上附着物和青苗等的补偿费用。另据《上海市被征收农民集体所有土地农业人员就业和社会保障办法》（沪府规〔2022〕3 号，2022 年 4 月 1 日实施，2027 年 3 月 31 日失效）第五条第二款，它是可计入征地成本单独列支的费用。

（八）开发经营，兴办企业

除上述直接可见的补偿安置外，还有另外一种无形的安置补偿方式。根据《土地管理法》第五十条，地方各级人民政府应当支持被征地的农村集体经济组织和农民从事开发经营，兴办企业。从更长远的角度来看，失地农民真正获得补偿，需要更有基础的实业。

二、被补偿主体

正如本书反复强调过的，由于农村集体是一个抽象的概念，而非一个有形的实体，在对集体土地所有权进行补偿时，必然需要一个有形的接受者。

（一）支付给村集体

根据旧的2014年修订版《土地管理法实施条例》第二十六条第一款，土地补偿费归农村集体经济组织所有。根据该条第二款，征收土地的安置补助费必须专款专用，不得挪作他用。需要安置的人员由农村集体经济组织安置的，安置补助费支付给农村集体经济组织，由农村集体经济组织管理和使用；由其他单位安置的，安置补助费支付给安置单位；不需要统一安置的，安置补助费发放给被安置人员个人或者征得被安置人员同意后用于支付被安置人员的保险费用。

在新的《土地管理法实施条例》中，上述两个条款已经不见踪迹，但是没有对两项费用应该支付给哪个主体进行明确规定。从物权法基本原理上来看，上述两项费用属于对土地所有权的补偿，正常情况下应该支付给所有权主体，也就是村集体、村内集体或乡镇集体。这种立法上的留白或许有着深层次的考量，由于全国各地农村的情形千差万别，经济发展水平严重不平衡，把它留给各地自主规定或者充分发挥基层能动性，待条件成熟时再行全国统一立法，或许是一种比较好的折中选择。

不过，还是可能存在一个实际接收者。在具体的土地征收补偿发放工作中，如果农村集体已经设立了农村集体经济组织，且该组织有完备的账务机构和账务制度，那么就有可能直接发放到其银行账户中。不过，如果没有设立集体经济组织，或者虽然设立了但其财务制度不完备，那么就有可能发放到村委会。

（二）可直接发放给个人

根据《国务院办公厅关于规范国有土地使用权出让收支管理的通知》（国办发〔2006〕100号，2006年12月17日实施）第四条第二款，有条件的地方，土地补偿费、安置补助费以及地上附着物和青苗补偿费等相关费用中应当支付给被征地农民的部分，可以根据征地补偿方案，由集体经济组织提供具体名单，通过发放记名银行卡或者存折方式直接发放给被征地农民，减少中间环节，防止被截留、挤占和挪用，切实保障被征地农民利益。

以福建省为例，该省已经开始实行这一做法。根据《福建省土地管理条例》（2022 年 7 月 1 日实施）第二十七条第二款，县级以上地方人民政府应当将被征地农民的补偿安置等费用直接发放至被征地农民个人账户。征地所在的农村集体经济组织应当提供补偿费用分配方案和具体名单，没有设立农村集体经济组织的，由所在的村民小组或者村民委员会提供。

（三）保护妇女权益

根据《妇女权益保障法》第五十五条第一款，妇女在集体经济组织收益分配等方面，享有与男子平等的权利。因此，在补偿款发放方面，不能因性别不同区别对待。

三、补偿分配

根据《土地管理法实施条例》第三十二条第一款，省、自治区、直辖市应当制定公布区片综合地价，确定征收农用地的土地补偿费、安置补助费标准，并制定土地补偿费、安置补助费分配办法。

（一）分配比例

根据《国务院关于深化改革严格土地管理的规定》第三条第（十五）项，省、自治区、直辖市人民政府应当根据土地补偿费主要用于被征地农户的原则，制订土地补偿费在农村集体经济组织内部的分配办法。

《最高人民法院关于审理涉及农村土地承包纠纷案件适用法律问题的解释》（法释〔2020〕17 号，2021 年 1 月 1 日实施）第二十四条规定，农村集体经济组织或者村民委员会、村民小组，可以依照法律规定的民主议定程序，决定在本集体经济组织内部分配已经收到的土地补偿费。征地补偿安置方案确定时已经具有本集体经济组织成员资格的人，请求支付相应份额的，应予支持。但已报全国人大常委会、国务院备案的地方性法规、自治条例和单行条例、地方政府规章对土地补偿费在农村集体经济组织内部的分配办法另有规定的除外。

从目前来看，全国大多数省、自治区、直辖市对于土地补偿费、安置补助费在农村集体经济组织与被征收农民之间，或者没有设立农村集体经济组织的村委会与被征收农民之间，对被征地农民的分配比例大致在七成或八成，下面以几个省份为例简要介绍。

根据《江西省征收土地管理办法》(2022 年 6 月 1 日实施)第三十三条第一款，农村集体经济组织应当在收到土地补偿费、安置补助费之日起三十日内制定分配使用方案，并将不少于百分之八十的土地补偿费和全部的安置补助费支付给被征地农民。

根据《江苏省土地管理条例》(2021 年修订，2021 年 5 月 1 日实施)第四十五条第一款，土地补偿费归被征地的农村集体经济组织所有。设区的市、县(市、区)人民政府应当在征收土地公告发布之日起十五个工作日内将土地补偿费足额支付到农村集体经济组织，农村集体经济组织应当在收到后十个工作日内将不少于百分之七十的土地补偿费支付给被征地农民。

根据《河北省人民政府关于实行征地区片价的通知》(冀政〔2008〕132 号，2009 年 1 月 1 日实施)，土地补偿费 20% 归集体经济组织，80% 归被征地的土地使用权人或者按照家庭承包方式承包土地的农户；被征土地没有土地使用权人和集体经济组织未发包以及实行其他方式承包的土地，土地补偿费全部归集体经济组织，由村集体经济组织依法分配或者使用。

根据《河南省人民政府办公厅关于规范农民集体所有土地征地补偿费分配和使用的意见》(豫政办〔2006〕50 号，2006 年 6 月 22 日实施，2020 年 5 月 6 日失效)，坚持土地补偿费主要用于被征地农户的原则。已承包到户的农村集体所有土地被全部或部分征收的，其土地补偿费以不得低于 80% 的比例支付给被征地农户，其余部分留给农村集体经济组织。分配给被征地农民的征地补偿费归农民个人所有。

根据《山东省土地征收管理办法》(山东省人民政府令第 355 号，2024 年 2 月 1 日实施)第二十八条第二款，农民集体所有的土地全部被征收或者征收土地后没有条件调整承包土地的，土地征收补偿安置费的 80% 支付给土地承包户，主要用于被征收土地农民的社会保障、生产生活安置，其余的 20% 支付给被征收土地的农村集体经济组织，用于兴办公益事业或者进行公共设施、基础设施建设。

(二)依法公示

根据《土地管理法》第四十九条第一款，被征地的农村集体经济组织应当将征收土地的补偿费用的收支状况向本集体经济组织的成员公布，接受监督。

(三)禁止侵占、挪用

根据《土地管理法》第四十九条第二款，禁止侵占、挪用被征收土地单位的征地补偿费用和其他有关费用。

（四）加强监管

根据中共中央纪委办公厅、原监察部办公厅《关于加强监督检查进一步规范征地拆迁行为的通知》三，各级纪委和监察机关要督促农业（农村）部门严格农村集体土地征地补偿费分配使用情况的监管。要建立健全矛盾纠纷排查调处机制，及时解决苗头性、倾向性问题，防止矛盾纠纷积累激化。

（五）纠纷处理

目前，在农村因征收补偿款分配引发的纠纷不在少数。其中，尤其以村民与村委会之间的纠纷较为多见。根据《最高人民法院研究室关于人民法院对农村集体经济所得收益分配纠纷是否受理问题的答复》（法研〔2001〕51 号，2001 年 7 月 9 日实施），农村集体经济组织与其成员之间因收益分配产生的纠纷，属平等民事主体之间的纠纷。当事人就该纠纷起诉到人民法院，只要符合民事诉讼法相关规定，人民法院应当受理。但集体经济组织成员就用于分配的土地补偿费数额提起民事诉讼的，人民法院不予受理。

第五节　集体土地使用权补偿

集体土地使用权属于用益物权，面临征收时同样也有补偿。但其补偿可能与所有权和土地附着物所有权存在重叠或吸收问题，这是需要特别注意的。

一、总述

集体土地使用权种类较多，有的类型其主体身份可能受限，与土地所有权主体有着这样那样的勾连。

（一）法律依据

根据《民法典》第三百二十七条，因不动产或者动产被征收、征用致使用益物权消灭或者影响用益物权行使的，用益物权人有权依据本法第二百四十三条、第二百四十五的规定获得相应补偿。

(二)集体土地国家使用权补偿

结合本书第二章对集体土地国家使用权问题的讨论,仅就这一权利类型本身而言,可以发现征收方和被征收方是同一的,通常不存在所谓的征收补偿问题。

(三)集体土地集体使用权补偿

同样,结合本书第二章对于这一权利类型的讨论,由于土地所有权人和使用权人是同一的,对于使用权的补偿往往被所有权吸收,一般不再对其进行补偿。

(四)集体土地普通使用权补偿

在实际工作中,这才是集体土地使用权补偿的常见情形。结合本书第二章的研究成果,它们分为土地承包经营权补偿、宅基地使用权补偿和集体经营性建设用地使用权补偿三种主要情形。

二、土地承包经营权补偿

由前面刚刚提到的《民法典》第三百二十七条可知,土地承包经营权作为一种用益物权,当然有权获得补偿,而根据《民法典》第三百三十八条,承包地被征收的,土地承包经营权人有权依据本法第二百四十三条的规定获得相应补偿。这又为土地承包经营权人要求补偿提供了更为直接的法律依据。然而,在具体的补偿实践中,针对土地承包经营权本身的补偿仍是一个未解的难题。

根据《土地管理法》第四十八条所列举的项目,并没有对于土地承包经营权本身的补偿。其中,土地补偿费、安置补助费的被补偿主体是集体,农村村民住宅、其他地上附着物和青苗等的补偿是面向其所有权人的。换句话说,如果土地承包经营权已经流转出去,根据《土地管理法实施条例》第三十二条第二款,地上附着物和青苗等的补偿费用又归实际经营人所有,土地承包经营权人可能一分钱补偿都拿不到。

土地承包经营权人在取得承包权后,必然会有相应的土地生产能力投入,这一部分补偿是否可视为针对土地承包经营权本身的补偿?根据《最高人民法院关于审理涉及农村土地承包纠纷案件适用法律问题的解释》第十七条第二款,对提高土地生产能力的投入,对方当事人请求承包方给予相应补偿的,应予支持。但这一条文的前提是只能向发包方提出,而发包方获得的补偿实际上还是《土地管理法》第四十八条列举的土地补偿费和安置补助费。

三、宅基地使用权补偿

在实务中，经常会遇到老百姓向有关方面或律师询问宅基地使用权是否应当补偿，如何进行补偿的问题。特别是当群众手里举着红皮白纸黑字的宅基地权利证书时，这就成了一个直击灵魂深处的朴素而直白的发问。

（一）房屋所有权补偿对宅基地使用权补偿的吸收

由于宅基地是用于建造住宅的集体建设用地，根据“房地一体”原则，在征收补偿中很可能会被吸收到对房子的补偿中。通俗地说，就是本来应当对宅基地使用权进行补偿的，但是给房子的补偿已经包含了宅基地使用权这部分的补偿，因而可能就不再单独给予补偿。

实际上人人都明白一个道理，对集体土地上住宅的征收，征收方看上的是房子下边的土地，而非房子本身。更确切地说，土地蕴含的价值通常远远高于依附于土地之上房子的价值。因此，对农村住宅的征收实质上是对作为一种集体建设用地使用权的宅基地使用权的征收。如果让一切重新回到尊重常识的逻辑轨道上来，农村住宅征收应当首先计算土地使用权的价值，然后再考虑房子的价值，应该是土地吸收房子，而非房子吸收土地。

就目前而言，或者就可预见的将来而言，这仍将仅仅只是一个美好的愿望而已。在现行有效的立法中，并无明确的对宅基地使用权单独进行补偿的法律规定。也就是说，现行的惯常做法都是着眼于对房屋进行补偿，宅基地使用权补偿已经包含在了房屋补偿之中。

（二）宅基地使用权单独补偿的法律空间

不过，从现行立法的相关表述中，还是能窥见对宅基地使用权予以单独考量的立法空间。首先，根据《民法典》第三百二十七条，因不动产或者动产被征收、征用致使用益物权消灭或者影响用益物权行使的，用益物权人有权依据本法第二百四十三条、第二百四十五条的规定获得相应补偿。谁都不会否认，宅基地使用权是一种用益物权，其权利人当然有权要求依法获得相应补偿。

其次，《民法典》第二百四十三条第三款提出，征收个人住宅的，应当保障被征收人的居住条件。《土地管理法》第四十八条第四款更进一步提出，征收农村村民住宅,应当使得居住条件有改善。从这两个条文可以明显看出,它们都是针对宅基地的居住功能而言的,而这正是宅基地使用权的本质所在。就此而言,一些地方的相关规定体现了这一点。

例如,《北京市集体土地房屋拆迁管理办法》第十四条和《北京市宅基地房屋拆迁补偿规则》(京国土房管征〔2003〕606 号,2003 年 8 月 1 日实施)第四条第一款中出现的"宅基地区位补偿价"概念,以及《上海市征收集体土地房屋补偿规定》第十一条第一款中出现的"土地使用权基价"概念,至少对宅基地使用权进行了单独考量。

(三)宅基地使用权补偿单独考量的司法判例

根据最高人民法院(2017)最高法行申 3063 号《行政裁定书》,宅基地的征收补偿,应当针对不同的权益主体给予不同的补偿。作为宅基地所有者的农村集体经济组织,应当获得剥离了宅基地使用权价值的一般土地价值的补偿费用;作为宅基地使用权人的农民个人,应当获得宅基地使用价值——居住功能的相应补偿或者安置;作为宅基地上房屋所有人的农民个人,应当获得地上房屋价值的相应补偿。

根据最高人民法院(2020)最高法行申 13515 号《行政裁定书》,宅基地使用权是农村集体经济组织成员的一项基本权利,应当保障农村村民实现户有所居。对于本村村民而言,应当依法享有包括宅基地使用权在内的村集体经济组织成员的各项权利。在征收补偿中,即使房屋属于违法建设或者坍塌,仍有基于宅基地使用权的合法补偿安置权。

在上海市一系列的相关司法判例中,也出现了类似表述。例如,根据上海市金山区人民法院(2020)沪 0116 民初 827 号《民事判决书》,农村宅基地房屋的动迁补偿一般分为房屋补偿和宅基地使用权补偿。地上物的补偿,应当归属房屋权利人。对于宅基地使用权的补偿,应当考虑其较强的身份属性,它系农村集体经济组织无偿提供给本集体成员,应当按户计算。另据上海市第一中级人民法院(2021)沪 01 民终 3386 号《民事判决书》,考虑宅基地房屋特性、动迁补偿协议确定的内容及九亭动迁办的意见,可以区分三部分:宅基地使用权补偿、地上物补偿、其他补助。

(四)宅基地使用权人与房屋所有权人不一致时的处理

在个别情况下,可能会出现宅基地使用权人与房屋所有人不一致的情形,此时,如何确定安置补偿对象就成了一个问题。以上海市一个案件为例,补偿协议是由上海市奉贤区土地房屋征收指挥部与宅基地使用权人签订的，而房屋所有权人的权益受到了较大损害，该案显然是宅基地使用权优先于房屋所有权的一个例证。

四、集体经营性建设用地使用权补偿

《土地管理法实施条例》第四章第五节已经对集体经营性建设用地使用权作出了明确规定，换句话说，它已经是一项法定的用益物权。根据前面多次提到的《民法典》第三百二十七条，当然有权要求合理合法的补偿。另外，根据《土地管理法实施条例》第四十三条第一款，以出让方式获得的集体经营性建设用地使用权已经可以依法转让、互换、出资、赠与或者抵押，具有了明显的财产权属性。一旦面临征收，其获得补偿当属题中应有之义。不过，从全国范围来看，目前针对集体经营性建设用地使用权的入市基本上仍处于试点探索阶段。而针对它的征收与补偿问题，援引上述规定进行操作的具体案例尚不多见。

以上海市为例。根据《上海市征收集体土地房屋补偿规定》第二十条第二款，通过集体经营性建设用地入市取得土地使用权的非居住房屋，其货币补偿金额计算公式为：房屋建安重置价 + 相应的土地使用权取得费用。显然，非居住房屋补偿减去房屋建安重置价即土地使用权取得费用。在征收时，这部分补偿应当予以考虑。

再以海南省为例。根据《海南省集体经营性建设用地入市试点办法》（2019 年 11 月 28 日实施）第三十五条，因公共利益需要征收集体经营性建设用地的，由土地所有权人报经原批准用地的人民政府批准后，可提前收回土地使用权，并对相关权益人依法给予合理补偿。土地所有权人和使用权人应当服从。收回集体经营性建设用地使用权，依照双方签订的书面合同办理，法律、行政法规另有规定的除外。

第六节　集体土地附着物所有权补偿

正如本书第二章已经讨论过的，集体土地附着物所有权包括国家所有权、集体所有权和普通所有权三大类。在面临征收时，除个别情形以外，国家所有权通常不发生补偿问题。而集体所有权往往随着对土地所有权的征收一并进行，并且常常因村委会与上级行政机关之间若隐若现的指导或协助等关系而较少发生争执。在当前，征收方与被征收方发生纠纷的主要是集体土地附着物普通所有权，即依附于土地承包经营权、宅基地使用权和集体经营性建设用地使用权之上的附着物所有

权补偿纠纷。

一、总述

与国有土地的情形稍有不同的是，集体土地附着物所有权与其土地使用权有着千丝万缕的联系，特别是身份上的联系。

（一）集体土地附着物类别

根据《土地管理法》第四十八条第四款，目前在集体土地上的附着物主要有以下三类：

1. 地上附着物

这是最宽泛的表述，与2004年版《土地管理法》第四十七条第四款相差无几，只提及了这一类别和青苗，除此之外再无分号。它除了包括住宅之外，还包括其他地上附属设施，如灌溉设施、水井、下水道、围墙等。

2. 青苗

主要是农用地里的生长物，包括水稻、玉米、小麦和果树等。有时把水库里养殖的鱼类等也置入这一类别看待。

3. 住宅

即使是新修改的2020年版《土地管理法》，也还是把住宅视为一种土地附着物类别，只不过用了附着物“其中的住宅”这样的表述。

（二）基本补偿标准

现行立法中没有一个能够把上述三类土地附着物综合起来的补偿标准。一般来说，它还是要结合《土地管理法》第四十八条第一款予以考量，即在刨除了土地本身的补偿后，也应当给予公平、合理的补偿，保障被征地农民原有生活水平不降低、长远生计有保障。

（三）标准制定机构

由于我国幅员辽阔，各地农村经济社会发展水平差异极大，不宜或无法制定一个适用于全国的统一标准。为此，《土地管理法》第四十八条第四款规定由省、自治区、直辖市制定。当然，这里只表达了地域层次，没有指明具体的行政机关。在实践中，一般都是由当地的自然资源主管部门牵头制定，并由同级人民政府批准。

有的省份把这一权限进一步下放，由设区的市负责。例如，根据《安徽省实施〈中华人民共和国土地管理法〉办法》第三十二条第二款，设区的市人民政府根据经济发展水平和实际情况，制定本行政区域被征收土地地上附着物、青苗等补偿标准，报省人民政府批准后执行。

（四）被补偿主体

在实践中，征收方经常为省时省力，把土地补偿和土地附着物补偿一并打包发放给村委会，由村委会进行二次发放。由于各种原因，村委会可能会截留或不及时发放给村民，导致纠纷产生。对于这类行为，法院的裁判观点是比较鲜明的，明确其归属附着物所有权人所有。

根据最高人民法院（2020）最高法行申 12344 号《行政裁定书》以及（2020）最高法行申 13840 号《行政裁定书》，农村土地被依法征收，其地上附着物及青苗补偿费，归地上附着物及青苗的所有者所有。

（五）纳入城市规划区的建筑物、构筑物

根据《最高人民法院关于审理涉及农村集体土地行政案件若干问题的规定》（法释〔2011〕20 号，2011 年 9 月 5 日实施）第十二条第二款，征收农村集体土地时未就被征收土地上的房屋及其他不动产进行安置补偿，补偿安置时房屋所在地已纳入城市规划区，土地权利人请求参照执行国有土地上房屋征收补偿标准的，人民法院一般应予支持，但应当扣除已经取得的土地补偿费。

当然，上述补偿应当考虑时间差。如果在征收后所在区域被纳入城市规划区，一般难以援引上述规定据此主张。只有在一开始进行了土地征收，但土地上的建筑物、构筑物并未征收，经历了较长时间后，又开始对建筑物、构筑物进行征收，那么才有充分的理由要求按照城市规划区予以补偿。因此，最高人民法院（2020）最高法行申 6893 号《行政裁定书》就据此直接拒绝了当事人请求参照国有土地上房屋征收补偿标准补偿的主张。

至于这个时间差到底应为多长时间，有地方法院认为至少应为 5 年。根据《重庆市高级人民法院关于审理土地征收行政案件的解答》（渝高法〔2011〕339 号，2011 年，注：具体月日不详）8，征地批复下达后，土地补偿和人员安置已经完成，因行政机关怠于履行法定职责，超过五年时间，未对征地补偿安置对象进行住房安置，农村房屋所在地已纳入城市规划区且与周边土地形成土地级差的，行政机关拆除该

农村房屋时,征地补偿安置对象要求参照城市房屋征收补偿标准进行住房安置的,人民法院一般应予支持,但应当扣除已经取得的土地补偿费。

(六)农村临时建筑

以上海市为例,根据《上海市征收集体土地房屋补偿评估技术规范》(沪规土资征〔2012〕378 号,2012 年 5 月 10 日实施)第十九条,未超过批准期限的临时建筑应评估其建筑物残值。

(七)未登记房屋

由于多种历史遗留原因,我国广大农村地区大量存在这样或那样的未登记不动产。甚至在很多地方,未登记一度是常态,已登记反倒异常。近年来,国家注意到这个问题,开始下大力气予以解决,相继下发《关于农村集体土地确权登记发证的若干意见》、《关于进一步加快推进宅基地和集体建设用地使用权确权登记发证工作的通知》(国土资发〔2014〕101 号,2014 年 8 月 1 日实施)、《国土资源部关于进一步加快宅基地和集体建设用地确权登记发证有关问题的通知》、《自然资源部关于加快宅基地和集体建设用地使用权确权登记工作的通知》和《宅基地和集体建设用地使用权确权登记工作问答》等文件,针对"缺少权属来源材料"等诸多现实情况,按照房地一体要求进行确权登记并颁发相应证书,努力提高农村不动产权利登记率。

另外,一些司法判例也明确简单地以未登记为由不予补偿是错误的。例如,根据河南省高级人民法院(2017)豫行终 2450 号《行政判决书》,由于农村发展程度及行政管理的实际情况等,农村集体土地上房屋普遍存在只有部分建设手续甚至完全缺乏建设手续的情况,这是一种客观现实,不是农村居民能够克服和解决的,其不存在过错,相反,这种管理现状在很大程度上是行政机关造成的。

二、宅基地住宅补偿

在新旧土地管理法中,集体土地附着物的概念经历了一定的变化。2020 年 1 月 1 日之前,当时的土地管理立法把住宅概念完全淹没在土地附着物概念之中。只是在这之后,住宅才从总的附着物集合中单独进行列举,从而把它与其他附着物相区分,这无疑是一个进步,有助于更好地保护农民的补偿利益。

（一）基本标准

根据《土地管理法》第四十八条第四款，农村住宅的补偿标准是居住条件有改善，并且要公平、合理，保障农村村民居住的权利和合法的住房财产权益。这一表述看起来平淡无奇，它用一句俗语来说，就是“起码要比原来要好，而不能越搬越差”。另据中共中央纪委办公厅、原监察部办公厅《关于加强监督检查进一步规范征地拆迁行为的通知》第二条，还要充分考虑农民的生活习惯和生产需要。

不过，从《土地管理法》第四十八条第四款的表述来看，住宅仍属土地附着物之列，其具体的补偿标准也需要由省、自治区、直辖市制定。以北京市为例，根据《北京市宅基地房屋拆迁补偿规则》第三条，房屋拆迁补偿价，由宅基地区位补偿价、被拆迁房屋重置成新价构成；计算公式为：房屋拆迁补偿价 = 宅基地区位补偿价 × 宅基地面积 + 被拆迁房屋重置成新价。宅基地面积按照《北京市集体土地房屋拆迁管理办法》第十八条确定；宅基地区位补偿价由区县人民政府以乡镇为单位，依本规则第四条的规定确定并公布，报市国土房管局备案。

（二）三种补偿方式

根据《土地管理法》第四十八条第四款，合法的农村住宅征收应当至少为被征收人提供三种补偿方式供其选择。

1. 重新安排宅基地建房

对于这一方式，就是另择一地，在综合考虑区位差别后，再提供一些重建费用，让被征收人重新建房。

2. 提供安置房

在有些情况下，如果已经没有空闲或调配的宅基地了，可以统一建造新的安置房，或把现有的安置房源调配出来供被征收人选择。

3. 货币补偿

这是又一种方式，在很多情况下也比较受被征收人欢迎。因为拿到钱后，被征收人可以自由选择在何处安居。

（三）另提供搬迁、临时安置等费用

《土地管理法》第四十八条第四款明文规定需要对因征收造成的搬迁、临时安置等费用予以补偿。这也是人之常情。只要有征收，就会有搬迁。只要涉及搬迁，

就必然需要临时安置。当然,因采取重新安排宅基地建房、提供安置房和货币补偿等具体补偿方式的不同,其搬迁、临时安置等费用也有所差异。

(四)符合分户条件而未分户的安置补偿

根据最高人民法院(2016)最高法行再82号《行政判决书》,土地征收部门对被征收房屋进行安置补偿时,在以“户籍”为分配原则的同时,对于因“户籍”与“产权”关系不一致导致的单纯以“户籍”为标准安置补偿显失公平的情形,应适当兼顾被征收房屋的“产权”属性,体现房屋的居住价值,从而确保被征地农民合法权益的最大化,最高人民法院(2020)最高法行申8969号《行政裁定书》也表明了类似的裁判观点。

三、其他附着物、青苗补偿

除宅基地住宅外,集体土地附着物所有权补偿就是其他附着物和青苗的补偿了,它们依附于土地承包经营权。同样,根据《土地管理法》第四十八条第四款,国家层面不宜对此进行规定,而是交由省、自治区、直辖市制定。

以天津市为例。根据《天津市征收土地地上附着物和青苗补偿标准》(津政规〔2022〕3号,2022年5月13日实施)第二条,其基本标准是确定的补偿额为重置成本价格或市场价格。实际执行中,补偿项目规格与本标准一致或者类似的,参照本标准执行;个别补偿项目规格与本标准不一致或者本标准未包含的项目,经有关专业、技术评估部门评估后,依法严格按程序给予相应补偿。分列的项目主要有非居住房屋及附属设施补偿标准、农田水利电力设施补偿标准、苗木补偿标准、果树补偿标准、水产养殖补偿标准和青苗补偿标准,与其他地方类似规定相比,还是比较详尽的。

第七节　征收补偿的特殊问题

本书第二章第十四节对一些特殊类型的不动产物权进行了讨论,本节与之相呼应,讨论其补偿问题。不可避免的,补偿问题也会呈现一定的特殊性。

一、狭义自然资源用益物权补偿

由于狭义自然资源不包括土地,因而其补偿问题就需要援引《土地管理法》之外的其他法律规定。根据《民法典》第三百二十五条、第三百二十八条和第三百二十九条，自然资源除特殊情况以外基本上都是有偿使用的。既然是有偿使用的，那么在权利有效期间被征收，就当然有权要求补偿。另外，依法取得的狭义自然资源用益物权受法律保护，面临征收时同样有权要求依法保障其补偿权利。参照《行政许可法》第八条第二款，行政许可所依据的法律、法规、规章修改或者废止，或者准予行政许可所依据的客观情况发生重大变化的，为了公共利益的需要，行政机关可以依法变更或者撤回已经生效的行政许可。由此给公民、法人或者其他组织造成财产损失的，行政机关应当依法给予补偿。

以海域使用权征收为例，根据《民法典》第三百二十八条，依法取得的海域使用权受法律保护。根据《海域使用管理法》第三条第二款，单位和个人使用海域，必须依法取得海域使用权。根据该法第三十条，因公共利益或者国家安全的需要，原批准用海的人民政府可以依法收回海域使用权。依照前款规定在海域使用权期满前提前收回海域使用权的，对海域使用权人应当给予相应的补偿。

二、公房承租权补偿

在当前的不动产征补实践中，针对公房承租权补偿在一定程度上是参照所有权进行的，当然其中的差别还是比较大的。由于在国家层面并无关于公房承租权补偿的统一立法，在征补实践中基本上是以各地的地方规定为依据。

以天津市为例，《天津市国有土地上房屋征收与补偿规定》（天津市人民政府令第27号，2017年4月1日实施）第一条就把公有房屋承租人与房屋所有权人并列予以同等保护。根据该规定第二十七条第一款，征收公有房屋，被征收人和公有房屋承租人对解除租赁关系达不成协议的，按照下列规定给予补偿：(1)住宅房屋按照被征收房屋价值的5%给予被征收人补偿，按照被征收房屋价值的95%给予公有房屋承租人补偿；非住宅房屋按照被征收房屋价值的20%给予被征收人补偿，按照被征收房屋价值的80%给予公有房屋承租人补偿。(2)搬迁费、临时安置费或者周转用房、停产停业损失补偿和补助、奖励应当给予公有房屋承租人。根据该条第二款，公有房屋承租人选择房屋产权调换的，应当按照前款规定的被征收房屋价值补偿比例计算、结清与用于产权调换房屋价值的差价。

再以甘肃省兰州市为例。根据《兰州市国有土地上房屋征收与补偿实施办法》（兰政发〔2021〕26号，2021年6月16日实施），其用了整整一章对直管公房征收与补偿问题进行规定，即共计9个条文的第六章，它可谓目前国内相关规定最为详尽的地方立法之一。根据该办法第七十二条第一款，征收直管公房时，在租赁协议中对补偿安置有约定的从其约定，未约定或约定不明确的，对公房承租人、被征收人按照下列规定进行补偿安置：(1)公房承租人选择继续租赁使用直管公房的，对被征收人按照本办法第四十二条、第五十八条规定进行安置。安置后的房屋所有权归被征收人，由原公房承租人继续租赁使用。(2)公房承租人选择直管公有住宅房屋居住权置换所有权的，分别对公房承租人按建筑面积70%份额、对被征收人按建筑面积30%份额按照本办法第四十二条、第五十八条规定进行安置。安置后的房屋所有权分别归公房承租人、被征收人。被征收人征收范围内的若干房屋建筑面积所占份额可合并累计，原则上整栋整单元安置。(3)公房承租人选择货币补偿的，直管公有住宅房屋货币补偿金额的70%给公房承租人，30%给被征收人；直管公有非住宅房屋货币补偿金额的60%给公房承租人，40%给被征收人。

另据重庆市高级人民法院(2017)渝行终700号《行政裁定书》，虽然《国有土地上房屋征收与补偿条例》将房屋所有权人作为被征收人，但并没有排除与房屋征收有利害关系的其他人参与补偿安置，单位的公房承租人符合该利害关系特征，其享有因房屋被征收而获得的补偿安置待遇。

三、经营性房屋承租权补偿

对于经营性房屋承租权来说，其补偿可能会出现两种情况：一是征收方与房屋所有权人直接协商相关事宜，其停产停业损失或装饰装修损失等涵盖在内。如果承租人不知情，或者租赁合同中约定了补偿事项，那么征收事实上与承租人是没有什么关系的。二是如果租赁合同中没有约定，或者约定了承租人有权要求停产停业损失和装饰装修损失等，那么承租人显然与本次征收有着法律上的利害关系。如果涉及相关的法律救济，那么其就是适格的申请人或原告。

有些司法判例支持其在不动产征补活动中的利害关系人资格，有些则不予支持。目前，从可查阅到的法律文件来看，以《江苏省高级人民法院关于国有土地上房屋征收与补偿行政案件若干问题审理指南》为例，其第41条第(1)项和第(2)项明确要求人民法院在审理补偿决定案件中，一是要审查承租人享有停产停业损失、装饰装潢损失补偿的，房屋补偿决定是否包括停产停业以及装饰装潢损失补偿。二是要审查房屋补偿决定给予的停产停业、装饰装潢损失补偿是否能保障房屋所有权人、承租人合法权益。

四、居住权补偿

早在居住权正式载入《民法典》之前，就已经有保障其征收补偿权益的司法判例了。根据江苏省无锡市南长区人民法院（2009）南民一初字第417号民事判决书，[①]一方依据拆迁政策与他人共同取得安置房屋的居住权，即使共同居住的他人已取得该房屋的所有权，也不能排除其对房屋占有、使用的权利，即享有居住权。在一方居住权人另行购买或租赁房屋并自动迁出安置房屋后，其居住权归于消灭，但其享有向房屋所有权人主张经济补偿的权利。

根据《民法典》第三百二十七条的用益物权补偿规定，因为居住权是《民法典》规定的法定用益物权，居住权人显然有权据此条款要求广义上的补偿。另据《民法典》第二百四十三条第三款，征收个人住宅的，还应当保障被征收人的居住条件。同样，这里的居住如果不局限对房屋所有权的限制性理解，而是包含设立于其中的居住权，那么居住权人显然有权要求继续保障居住条件。

五、地役权补偿

同样，根据《民法典》第三百二十七条的用益物权补偿规定，因为地役权是《民法典》第二编第三分编明文规定的用益物权，故地役权人有权要求征收补偿。不过，目前关于地役权征收的专门规定尚未出现，相关司法判例也没有关于其征收补偿的明确规定，在面临征收时需要与征收方协商解决。协商不成，就应当寻求法律救济。

本书第二章介绍的浙江省丽水市百山祖国家公园地役权为例，如果供役地因国家建设被征收，有关集体林地承包经营户、村民小组、村民委员会或村集体经济组织等供役地权利人当然有权依照《土地管理法》的相关规定获得补偿，而作为地役权人的百山祖国家公园管理机构同样有权依照《民法典》有关规定获得补偿。

六、担保物权（抵押权）补偿

根据《民法典》第三百八十六条，担保物权人在债务人不履行到期债务或者发生当事人约定的实现担保物权的情形，依法享有就担保财产优先受偿的权利。一旦担保财产面临征收，就可能涉及担保物权人的合法利益，从而担保物权主体就主

① 参见陈瑜：《居住权利益的补偿标准》，载《人民司法》2011年第10期。

动或被动地加入征迁法律关系之中。

面临征收时，担保权人要及时向征收部门进行抵押权权益登记，从现行法律法规的相关规定来看，担保权人对于征收拆迁补偿款享有物上代位权，可对此款项优先受偿，也可以在担保债权履行期届满之前，对征收拆迁补偿款项事先予以提存。根据本章第一节已经提及的《民法典》第三百九十条，其可以就获得的保险金、赔偿金或者补偿金等优先受偿，也可以提存该保险金、赔偿金或者补偿金等。

如果抵押人与征收人串通，损害抵押权人的利益，根据《民法典》第四百零八条，抵押人的行为足以使抵押财产价值减少的，抵押权人有权请求抵押人停止其行为；抵押财产价值减少的，抵押权人有权请求恢复抵押财产的价值，或者提供与减少的价值相应的担保。抵押人不恢复抵押财产的价值，也不提供担保的，抵押权人有权请求债务人提前清偿债务。

根据《最高人民法院关于适用〈中华人民共和国民法典〉有关担保制度的解释》（法释〔2020〕28号，2021年1月1日实施）第四十二条第一款，抵押权依法设立后，抵押财产被征收的，抵押权人请求按照原抵押权的顺位就保险金、赔偿金或者补偿金等优先受偿的，人民法院应予支持。根据该条第二款，给付义务人已经向抵押人给付了保险金、赔偿金或者补偿金，抵押权人请求给付义务人向其给付保险金、赔偿金或者补偿金的，人民法院不予支持，但是给付义务人接到抵押权人要求向其给付的通知后仍然向抵押人给付的除外。根据该条第三款，抵押权人请求给付义务人向其给付保险金、赔偿金或者补偿金的，人民法院可以通知抵押人作为第三人参加诉讼。

如果抵押人怠于行使被征收人的权利，与征收方达成的协议实际远低于正常价值，此时担保物权人对征收行为是否在法律上有救济申请权利，确实是一个理论与实务难题。从一般法理来分析，其应该是有权就此寻求法律救济的，否则担保物权人的权利就成了一纸空文。

七、临时用地使用权补偿

与居住权和地役权的情形类似，根据《民法典》第三百二十七条的用益物权补偿规定，临时用地使用权人也有权要求补偿。尽管在《民法典》第二编第三分编用益物权中没有关于临时用地使用权的明文规定，但它在《土地管理法》第五十七条有明文规定，当然应当补偿。在实践中，可首先进行协商，协商不成的话，可要求征收方作出补偿决定。对于补偿标准，基于法理和人情，最起码也要考虑临时用地的剩余期限以及合法的临时建筑价值。

八、"住改非"房屋补偿

在近年来的征收补偿实践中，越来越倾向于对所谓的"住改非"或"住改商"房屋给予合法补偿。根据《国务院办公厅关于认真做好城镇房屋拆迁工作维护社会稳定的紧急通知》第四条第二款，对拆迁范围内产权性质为住宅，但已依法取得营业执照经营性用房的补偿，各地可根据其经营情况、经营年限及纳税等实际情况给予适当补偿。最高人民法院（2019）最高法行再109号《行政裁定书》也在引用了该通知后认定，对待遗留问题，不能"一刀切"，完全按照产权性质不给予"住改商"房屋有关经营方面的任何补偿。

一些地方规范性文件明确规定认可这类房屋合法性质。以山西省长治市为例，根据《长治市人民政府关于进一步规范城市规划区房屋征收与补偿工作的通知》（长政发〔2018〕31号，2018年4月24日实施）"三（二）、3."住宅房自行改为营业房，有合法经营手续的，按该住宅房的实际经营面积，再给予每平方米500元的经营性补助。再以江苏省为例，根据《江苏省高级人民法院关于国有土地上房屋征收与补偿行政案件若干问题审理指南》第41条第（3）项，"住改非"房屋承租人依法享有停产停业、装饰装潢损失补偿的，在审理补偿决定案件时，一方面要审查房屋补偿决定是否包括停产停业以及装饰装潢损失补偿，另一方面要审查房屋补偿决定给予的停产停业、装饰装潢损失补偿是否能保障房屋所有权人、承租人合法权益。

九、基于信赖利益的不动产物权补偿

由于目前在立法上并无直接关于信赖利益保护的条款，一般都是参照《地方各级人民代表大会和地方各级人民政府组织法》第六十五条关于政务诚信建设，建设诚信政府的规定以及《行政许可法》第八条第二款关于行政许可因公共利益变更而进行补偿的规定。在司法实践中，对这种不动产的补偿利益保护也渐呈增多趋势。从可检索到的相关案例来看，从全国各地的地方法院到最高人民法院皆有相关裁判，且理由多种多样。

根据山东省高级人民法院（2018）鲁行终2900号行政判决书，行政机关在行政执法过程中，对于行政相对人因政府招商引资或行政允诺而为的经营行为，不宜简单认定为违法行为而采取行政强制措施，而应结合信赖利益保护原则，充分考虑裁判的公平正义价值及实际效果……行政机关在行政执法过程中，应当从维护政府公信力的角度，充分考虑行政相对人的合理诉求，维护其正当的信赖利益。

根据北京市高级人民法院(2019)京行申1407号行政裁定书，涉案建筑所属北京姜某某养猪场曾在2009年前后存在改扩建行为，该改扩建项目经过环保、国土部门的审批同意，规划部门未持异议，某某镇政府亦两次出具证明同意该改扩建项目。北京姜某某养猪场作为行政相对人实施了改扩建行为，并一直将涉案建筑实际用于养殖，符合农用地的用途管制要求，亦满足养殖产业发展的需求。参考最高人民法院(2019)最高法行申4750号“行政裁定书”的裁判意旨，北京姜某某养猪场对涉案建筑及利用涉案建筑进行养殖的合法性产生了合理信赖，该信赖利益应受法律保护，某某镇政府直接认定涉案建筑为违法建设并强制拆除，明显不当。

根据最高人民法院(2016)最高法行申2251号行政裁定书，行政相对人的信赖利益应当获得法律保护。我国正在实施依法治国方略，推进法治国家、法治政府、法治社会一体建设。而建设法治社会的核心与基础即建设法治政府。建设法治政府不仅要求政府形式上做到依法行政，更要使行政管理和服务活动具有实质合法性、正当性。政府的行政行为一经作出，即应被推定合法有效，在其被依法变更、撤销或者撤回之前，公民对其信赖所形成的利益应该获得法律保护，如因国家利益、公共利益或者其他法定事由，行政机关对有效的行政行为需要变更、撤销或者撤回，应当依据法定的权限和程序来进行，同时对行政行为相对人因信赖利益而遭受的财产损失予以补偿。

根据最高人民法院(2019)最高法行申4750号行政裁定书，在再审被申请人的临时用地到期并未办理续用手续的情况下，某区政府相关的职能部门并未以此为由强制再审被申请人停止养殖，相反对于其生猪养殖给予了诸多政策帮持，帮助其扩大生产规模。同时。从现有证据来看，对于再审被申请人及其法定代表人的各项奖励，也表明了政府对于其发展生猪养殖产业的认可。

根据最高人民法院(2019)最高法行申9071号行政裁定书，某某公司2016年1月15日前的建设行为，是在某市政府部门的支持和要求下进行的，相应的投入是基于对政府行为的合理信赖产生。某某公司因处罚而遭受的损失，某市政府应当根据政府过错等因素承担适当比例，应对某某公司2016年1月15日之前的合理实际投入给予适当补偿，某某公司也可另行申请某某市政府进行补偿。某某市政府及其部门在今后的招商引资中不应违法对企业作出承诺，应严格遵守法律规定，在法治化的前提下营造良好的营商环境，推动地方经济发展。

十、征收范围之外的关联人补偿

如果某不动产只有一部分在征收范围而另一部分不在，或者全部不在征收范围但在征收的次生影响辐射范围内，因征收可能导致相关人合法权益遭受损失。在这种情况下，权利受到不利影响或侵犯的关联方如何取得补偿就成为不动产征收补偿中一个比较特殊的问题。本节以公路建设为例予以说明。

根据《公路安全保护条例》(国务院令第 593 号，2011 年 7 月 1 日实施)第十一条第二款，公路建筑控制区的范围，从公路用地外缘起向外的距离标准为：(1)国道不少于 20 米；(2)省道不少于 15 米；(3)县道不少于 10 米；(4)乡道不少于 5 米。而根据该条第三款，属于高速公路的，公路建筑控制区的范围从公路用地外缘起向外的距离标准不少于 30 米。

一旦遇到公路建设需要征收房屋，如果部分在红线范围而部分不在，需要考虑部分拆除是否对整体产生不可逆转的影响，如果答案是肯定的，那么就需要整体征收，而不能拆一部分留一部分。如果有不利影响，但关联人在接受相应补偿后愿意保留原不动产，则可以通过协商或诉讼的方式解决问题。

在司法实践中，有相应案例对此作出了回应。2014 年 8 月 29 日，最高人民法院发布了第一批"征收拆迁十大案例"，①其中杨某芬诉株洲市人民政府房屋征收决定案位列第一位。经由湖南省株洲市中级人民法院判决确定，政府出于对实用性、居住安全性等因素的考虑，将未被纳入征收规划范围的房屋一并征收的，人民法院应当认可相关征收决定的合法性。最高人民法院认为该案的典型意义在于，在房屋征收过程中，如果因规划不合理，致使整幢建筑的一部分未纳入规划红线范围，则政府出于实用性、居住安全性等因素考虑，将未纳入规划的部分一并征收，该行为体现了以人为本，有利于征收工作顺利推进。

十一、不动产征收补偿的纳税

在经济发达的大中型城市以及沿海省份，不动产征收带来的补偿价值可能是巨大的。例如，北京市海淀区东升乡八家村，与被戏称"宇宙中心"的五道口地区仅 10 分钟左右自行车车程，一度是与唐家岭齐名的"蚁族"聚集地。2010 年前后，附近的清华大学开始筹建八家(八家村)教师住宅楼、专家公寓和配套幼儿园等项目，

① 参见《最高人民法院 2014 年 8 月 29 日发布征收拆迁十大案例》，载最高人民法院网 2015 年 2 月 10 日，https://www.court.gov.cn/zixun-xiangqing-13405.html。

有些村民的补偿甚至是高达 8 位的天文数字。

对于这样的高额补偿款项,如果按照普通的税制正常纳税,给被征收人带来的沉重税务负担可能是其无法承受的,许多被征收人对这一问题一直十分关注。因被征收人是个人还是企业等的不同,其征收补偿纳税问题也是各不相同。企业征迁补偿比较专业,需要专门和税务筹划,本节主要讨论个人补偿纳税问题。

根据《个人所得税法》(2018 年修正,2019 年 1 月 1 日实施)第二条第一款,其所列举的 9 项所得类别不包含征收补偿所得。但在该法第四条第一款所列举的 9 项免税所得类别中,也没有关于征收补偿免税的规定。不过,根据该法第四条第一款第(十)项的兜底规定,以及《财政部、国家税务总局关于城镇房屋拆迁有关税收政策的通知》(财税〔2005〕45 号,2005 年 3 月 22 日实施,2012 年 12 月 6 日部分失效),对被拆迁人按照国家有关城镇房屋拆迁管理办法规定的标准取得的拆迁补偿款,免征个人所得税。该通知部分失效的条文是关于拆迁居民因拆迁重新购置住房征收契税问题的规定。

根据《国家税务总局关于个人取得青苗补偿费收入征免个人所得税的批复》(国税函发〔1995〕79 号,1995 年 3 月 1 日实施),乡镇企业的职工和农民取得的青苗补偿费,属种植业的收益范围,同时,也属经济损失的补偿性收入,因此,对他们取得的青苗补偿费收入暂不征收个人所得税。

根据《国家税务总局关于单位和个人土地被国家征用取得土地及地上附着物补偿费有关营业税的批复》(国税函〔2007〕969 号,2007 年 9 月 12 日实施),对国家因公共利益或城市规划需要而收回单位和个人所拥有的土地使用权,并按照《土地管理法》规定标准支付给单位和个人的土地及地上附着物(包括不动产)的补偿费,不征收营业税。

第四章

征收目的

女平水土，维是勉之

——《史记·夏本纪》

第二章介绍了不动产物权，第三章探究了征收补偿，本章开始讨论征收目的，它们是所有不动产征收与补偿活动都必须面对的三个实体问题。由于地少人多的国情在短时间内还无法改变，国土空间资源配置仍需进一步优化，国家就必须对这一稀缺资源进行再调配、再利用，一定范围内的不动产征收是不可避免的。作为触发不动产征收的根本动因，征收目的既包括征收目的的实体正当性问题，即是否符合公共利益；也包括程序正当性问题，即是否履行了必要的批准手续。解决了这两方面的问题，就为消灭旧的不动产物权并依法给予补偿，在同一土地设立作为征收目的载体的新不动产物权开辟了道路。

第一节　征收目的之公共利益实质

2019 年修正的《土地管理法》第四十七条第二款正式要求在征收补偿方案中应当明确向被征收人告知征收目的；2021 年修订的《土地管理法实施条例》第二十六条第一款和第二十七条第二款要求不仅在征收土地预公告中应当告知征收目的，在征地补偿安置方案中同样也要告知征收目的。至此，“征收目的”作为不动产征收与补偿活动中的一个法律术语得以正式确立。

虽然作为国有土地上房屋征补活动法典的《国有土地上房屋

征收与补偿条例》并无直接表述，但其关于公共利益的相关规定仍可视为一种间接表述，实质意义上的“征收目的”在条例中也是存在的。

一、征收目的的法律规定

在现行立法中，只有公共利益才可以启动不动产征收活动，即公共利益是征收目的的根本动因，这也是世界各国的通行惯例。不过，许多国家的情形不同，公共利益的标准也不一致。在我国目前的法律体系或法律实践中，关于公共利益的规定，特别是与不动产征收或征用有关的规定一直都比较模糊。

（一）宪法

作为国家的根本大法，《宪法》至少有两处明确规定了不动产征收的公共利益属性，分别是针对土地征收和房屋私有财产征收。《宪法》第十条第三款规定，国家为了公共利益的需要可以对土地实行征收或者征用；第十三条第三款规定，国家为了公共利益的需要可以对公民的私有财产实行征收或者征用。

（二）民法

早在《民法典》出台之前，《民法总则》（2021 年 1 月 1 日废止）或《物权法》（2021 年 1 月 1 日废止）等就有了关于不动产征收目的的相关规定。总的来看，《民法典》原文基本上承袭了原有规定，其第一百一十七条、第二百四十三条第一款、第二百四十五条和第三百五十八条都明文规定了不动产征收的公共利益属性。

（三）土地管理法

《土地管理法》第二条第四款、第四十五条第一款和第五十八条第一款第（一）项，都规定了国家为了公共利益的需要，可以对土地进行征收，其中也包括因公共利益需要对国有土地使用权的收回。

（四）房地产管理法

《城市房地产管理法》第六条和第二十条分别规定，为了公共利益的需要，国家可以征收国有土地上单位和个人的房屋，或者对国有土地使用权予以收回。

（五）国有土地上房屋征收与补偿条例

《国有土地上房屋征收与补偿条例》第二条规定，为了公共利益的需要，可以征收国有土地上单位、个人的房屋,第八条详细列举了公共利益的具体类型。

二、公共利益的基本类型

公共利益如果简称为公益是不太合适的,后者在汉语中已经有了特定含义,如《公益事业捐赠法》第三条所列举的情形。本书只讨论不动产征补法视域中的相关含义,目前有两部法律文件对此进行了初步列举,即《土地管理法》和《国有土地上房屋征收与补偿条例》,具体表述稍有不同,但基本意思差不多。

(一)军事和外交

《国有土地上房屋征收与补偿条例》第八条第(一)项的表述是国防和外交;而《土地管理法》第四十五条第一款第(一)项的表述是军事和外交。对于这一类公共利益,由于《土地管理法》的位阶更高,且更为晚近,本书采纳后者的表述。

(二)基础设施建设

《国有土地上房屋征收与补偿条例》第八条第(二)项的表述是由政府组织实施的能源、交通、水利等基础设施建设;《土地管理法》第四十五条第一款第(二)项的表述是由政府组织实施的能源、交通、水利、通信、邮政等基础设施建设。显然,增加了通信和邮政,范围宽了许多,更符合实际。

(三)公共事业

《国有土地上房屋征收与补偿条例》第八条第(三)项的表述是,由政府组织实施的科技、教育、文化、卫生、体育、环境和资源保护、防灾减灾、文物保护、社会福利、市政公用等公共事业的需要。而《土地管理法》第四十五条第一款第(三)项的表述是,由政府组织实施的科技、教育、文化、卫生、体育、生态环境和资源保护、防灾减灾、文物保护、社区综合服务、社会福利、市政公用、优抚安置、英烈保护等公共事业需要。同样,后者比前者增加了优抚安置和英烈保护,并对原来的环境和资源保护更改为生态环境和资源保护,更体现了时代进步。

(四)扶贫安居工程

《国有土地上房屋征收与补偿条例》第八条第(四)项的表述是,由政府组织实施的保障性安居工程建设;《土地管理法》第四十五条第一款第(四)项的表述是由政府组织实施的扶贫搬迁、保障性安居工程建设。后者增加了扶贫搬迁，这也是全面实现小康社会的要求。

（五）成片开发建设

《国有土地上房屋征收与补偿条例》第八条第（五）项的表述是，由政府依照城乡规划法有关规定组织实施的对危房集中、基础设施落后等地段进行旧城区改建；而《土地管理法》第四十五条第一款第（五）项的表述是，在土地利用总体规划确定的城镇建设用地范围内，经省级以上人民政府批准由县级以上地方人民政府组织实施的成片开发建设需要。显然，后者的规定更为详尽和具体，也更有可操作性。关于这方面的规定，也符合《城市房地产管理法》第四条的要求，即国家根据社会、经济发展水平，扶持发展居民住宅建设，逐步改善居民的居住条件。

很容易看到，这里的成片开发建设是一个包容性比较强的概念，在实践中可能面临解释扩大化的风险。为此，自然资源部专门颁发了相应规定予以约束。根据《土地征收成片开发标准（试行）》（自然资规〔2020〕5 号，2020 年 11 月 5 日实施，2023 年 11 月 5 日失效）第一条第二款，成片开发是指在国土空间规划确定的城镇开发边界内的集中建设区，由县级以上地方人民政府组织的对一定范围的土地进行的综合性开发建设活动。它应当坚持新发展理念，以人民为中心，注重保护耕地，注重维护农民合法权益，注重节约集约用地，注重生态环境保护，促进当地经济社会可持续发展。

根据该标准第三条第二款第（四）项以及第三款，一般而言依据国土空间规划确定的一个完整的土地征收成片开发范围内基础设施、公共服务设施以及其他公益性用地比例，通常不得低于 40%，各市县的具体比例由省级人民政府根据各地情况差异确定。

根据该标准第四条，土地征收成片开发方案应当充分征求成片开发范围内农村集体经济组织和农民的意见，并经集体经济组织成员的村民会议 2/3 以上成员或者 2/3 以上村民代表同意。未经集体经济组织的村民会议 2/3 以上成员或者 2/3 以上村民代表同意，不得申请土地征收成片开发。

根据该标准第五条第一款，省级人民政府应当组织人大代表、政协委员和土地、规划、经济、法律、环保、产业等方面的专家组成专家委员会，对土地征收成片开发方案的科学性、必要性进行论证。论证结论应当作为批准土地征收成片开发方案的重要依据。

根据该标准第六条，存在以下情形的，不得批准土地征收成片开发方案：涉及占用永久基本农田的；市县区域内存在大量批而未供或者闲置土地的；各类开发区、城市新区土地利用效率低下的；已批准实施的土地征收成片开发连续两年未完成方案安排的年度实施计划的。

（六）其他公共利益

《国有土地上房屋征收与补偿条例》第八条第（六）项的表述是法律、行政法规规定的其他公共利益。《土地管理法》第四十五条第一款第（六）项的表述是法律规定为公共利益需要可以征收农民集体所有的土地的其他情形。从后者的规定来看，由于它征收的是农民的土地，兜底条款依据的底线是“法律”；而从前者的规定来看，对于国有土地上的房屋征收之公共利益兜底条款依据的底线多了一个行政法规，所受的限制就少了很多。

需要特别提及的是，这里的兜底规定能否把土地储备兜进公共利益的行列中去？根据《土地储备管理办法》[①]（国土资规〔2017〕17 号，2018 年 1 月 3 日实施，2023 年 1 月 3 日失效）三（八）第二款，不得为了收储而强制征收土地。因此，单纯的土地储备本身不能成为证成公共利益的依据。不过，在许多真正的公共利益征收中，特别是在成片开发项目中，土地储备可能是中间的一个阶段。

目前，我国关于公共利益本身判断的司法判例并不多，在这一点上，与域外国家或地区形成了鲜明的对比，特别是在美国，几乎每个征迁纠纷都可能涉及公共利益本身是否成立的问题。

根据最高人民法院（2017）最高法行申 4693 号《行政裁定书》，公共利益属于典型的不确定法律概念，建设项目是否符合公共利益的需要，一方面应主要由立法判断，即只有立法明确列举的建设项目才属于公共利益的需要；另一方面对于立法规定不明确或者可能认识有分歧的，则宜尊重通过正当程序而形成的判断，地方人大及其常委会、绝大多数被征收居民同意的建设项目，应当认为属于公共利益的需要。尤其是以征收形式进行的旧城区改建，既交织公共利益与商业开发，也涉及旧城保护与都市更新，更应尊重拟征收范围内被征收人的改建意愿；大多数或者绝大多数被征收人同意改建方案的，即可以认为建设项目符合公共利益的需要。

另据最高人民法院（2017）最高法行申 8518 号《行政裁定书》，公共利益属于不

① 注：《土地储备管理办法》七（二十六）规定有效期 5 年，2023 年 1 月 3 日已失效，但失效之日并未发布新版本，现有版本仍在实际适用，读者请自行留意其动态。

确定法律概念,一种公共利益的实现经常是以私人利益的减损作为代价的,故在界定公共利益时应当遵循比例原则,对可能减损的私人利益与可能增长的公共利益加以权衡,通过权衡,最大限度地避免因小失大,同时应当对减损的私人利益给予必要的公平、合理的补偿或赔偿。

三、符合相关规划、计划或标准

对于上述公共利益,其批准或实现过程需要符合相应的规划、计划或标准,即所谓的四规划、一计划或一标准。

(一)土地管理法规定

根据《土地管理法》第四十五条第二款,前款规定的建设活动,应当符合国民经济和社会发展规划、土地利用总体规划、城乡规划和专项规划;第(四)项、第(五)项规定的建设活动,还应当纳入国民经济和社会发展年度计划;第(五)项规定的成片开发并应当符合国务院自然资源主管部门规定的标准。

另据《土地管理法实施条例》第十四条,建设项目需要使用土地的,应当符合国土空间规划、土地利用年度计划和用途管制以及节约资源、保护生态环境的要求,并严格执行建设用地标准,优先使用存量建设用地,提高建设用地使用效率。从事土地开发利用活动,应当采取有效措施,防止、减少土壤污染,并确保建设用地符合土壤环境质量要求。

(二)国有土地上房屋征收与补偿条例规定

根据《国有土地上房屋征收与补偿条例》第九条第一款,依照本条例第八条规定,确需征收房屋的各项建设活动,应当符合国民经济和社会发展规划、土地利用总体规划、城乡规划和专项规划。保障性安居工程建设、旧城区改建,应当纳入市、县级国民经济和社会发展年度计划。

第二节　公共利益的宏观规划

不动产征补法视域中的公共利益不是一蹴而就的,在征迁工程启动之前,可能就需要根据相关的规划、计划或政策等提前谋篇布局。其中,在公共利益必须符合的规划类别中,国土空间规划让其最终落地,同时它还关涉同一土地旧不动产物权的征收与补偿,这非常重要,下一节还会专门予以讨论。

一、中华民族永续发展

很少有人从头到尾认真完整地读过《宪法》全文,即使对很多法科学生来说亦是如此。在《宪法》"序言"中,第一句话就是:"中国是世界上历史最悠久的国家之一。"中国并不是一个虚构的想象共同体,它是一个活生生的现实,有它的历史,有它当下的存在。更重要的是,它将在未来的历史长河中仍然存在,这就是中华永续,每一个中国人都应承担起让这个历史延续下去的责任。

2021年11月11日,中国共产党第十九届中央委员会第六次全体会议在北京召开,通过了《中共中央关于党的百年奋斗重大成就和历史经验的决议》。这是中共百年历史上通过的第三个历史决议,对于党和国家事业发展具有长远指导意义。

该决议共有53次提及"中华民族",特别是在第七部分"新时代的中国共产党"中庄严地指出,"中国共产党立志于中华民族千秋伟业";在第四部分"开创中国特色社会主义新时代"中提到"中华民族永续发展"。正是立足这一宏大的历史视野,中国共产党团结带领中国人民踏上了实现第二个百年奋斗目标新的"赶考"之路。

二、第二个百年奋斗目标

1997年9月12日,中国共产党第十五次全国代表大会在京隆重开幕。本次会议立足于邓小平同志提出的"三步走"战略,提出了新"三步走"的战略目标。在21世纪第一个10年实现国内生产总值比2000年翻一番,使人民的小康生活更加宽裕,形成比较完善的社会主义市场经济体制;再经过10年的努力,到建党100年时,使国民经济更加发展,各项制度更加完善;到21世纪中叶、新中国成立100年时,基本实现现代化,建成富强民主文明的社会主义国家。党的十六大、党的十七大、党的十八大和党的十九大均对"两个一百年"奋斗目标作了强调和安排。在2021年,第一个百年奋斗目标已经实现,全国人民正在向第二个百年奋斗目标全力冲刺。

三、二〇三五年远景目标

2020年10月29日,中国共产党第十九届中央委员会第五次全体会议通过《中共中央关于制定国民经济和社会发展第十四个五年规划和二〇三五年远景目标的建议》,提出到二〇三五年基本实现社会主义现代化远景目标,并把它作为实现第二个百年奋斗目标,即实现富强民主文明和谐美丽的社会主义现代化强国的两个阶段推进战略安排的第一步。2021 年 3 月 11 日，第十三届全国人民代表大会第四次会议通过了这一远景目标。

具体提出，到 2035 年基本实现社会主义现代化。届时我国经济实力、科技实力、综合国力大幅跃升，经济总量和城乡居民人均收入再迈上新的大台阶，关键核心技术实现重大突破，进入创新型国家前列；基本实现新型工业化、信息化、城镇化、农业现代化，建成现代化经济体系；基本实现国家治理体系和治理能力现代化，人民平等参与、平等发展权利得到充分保障，基本建成法治国家、法治政府、法治社会；建成文化强国、教育强国、人才强国、体育强国、健康中国，国民素质和社会文明程度达到新高度，国家文化软实力显著增强；广泛形成绿色生产生活方式，碳排放达峰后稳中有降，生态环境根本好转，美丽中国建设目标基本实现；形成对外开放新格局，参与国际经济合作和竞争新优势明显增强；人均国内生产总值达到中等发达国家水平，中等收入群体显著扩大，基本公共服务实现均等化，城乡区域发展差距和居民生活水平差距显著缩小；平安中国建设达到更高水平，基本实现国防和军队现代化；人民生活更加美好，人的全面发展、全体人民共同富裕取得更为明显的实质性进展。

四、国民经济和社会发展五年规划纲要

1952 年 12 月 22 日，中共中央发布了《关于编制一九五三年计划及五年建设计划纲要的指示》，提出为了加速国家建设，除应动员全国力量，集中全国人力和财力以赴外，必须加强国家建设的计划工作，使大规模建设能在正确的计划指导下进行，避免可能发生的盲目性。自此，基本上每隔 5 年就有相应的计划或规划，一般是由中共中央建议制定，经全国人大批准后向全社会公布实施，从而把党的主张转化为国家意志和全民行动。

当前，正在实施的是国民经济和社会发展第十四个五年规划，即“十四五”规划，于 2021 年 3 月 11 日第十三届全国人民代表大会第四次会议通过。该规划强调经济发展要取得新成效；改革开放迈出新步伐；社会文明程度得到新提高；生态文明建设实现新进步；民生福祉达到新水平；国家治理效能得到新提升。

根据《国务院关于加强国民经济和社会发展规划编制工作的若干意见》（国发〔2005〕33 号，2005 年 10 月 22 日实施），国民经济和社会发展规划按行政层级分为国家级规划、省（区、市）级规划、市县级规划；按对象和功能类别分为总体规划、专项规划、区域规划。国家总体规划和省（区、市）级、市县级总体规划分别由同级人

民政府组织编制，并由同级人民政府发展改革部门会同有关部门负责起草；专项规划由各级人民政府有关部门组织编制；跨省（区、市）的区域规划，由国务院发展改革部门组织国务院有关部门和区域内省（区、市）人民政府有关部门编制。

总体规划是国民经济和社会发展的战略性、纲领性、综合性规划，是编制本级和下级专项规划、区域规划以及制定有关政策和年度计划的依据，其他规划要符合总体规划的要求。区域规划是以跨行政区的特定区域国民经济和社会发展为对象编制的规划，是总体规划在特定区域的细化和落实。跨省（区、市）的区域规划是编制区域内省（区、市）级总体规划、专项规划的依据。国家总体规划、省（区、市）级总体规划和区域规划的规划期一般为 5 年，可以展望到 10 年以上。市县级总体规划和各类专项规划的规划期可根据需要确定。

五、国民经济和社会发展年度计划

由前述可知，五年期的国民经济和社会发展战略安排通常称为规划，而在此之下，更细化的年度安排仍然称为计划。每年的国民经济和社会发展年度计划是对国民经济和社会发展各项内容所进行的为期 1 年的具体安排，时间起始一般是每年春季的各地人民代表大会到下一年的人民代表大会。按照惯例，每年的人民代表大会都要对上一年度的计划执行情况进行总结，并对下一年度的计划草案进行审议，并且往往还有同级的政协委员参与审议。

六、专项规划

根据《国务院关于加强国民经济和社会发展规划编制工作的若干意见》，专项规划是以国民经济和社会发展特定领域为对象编制的规划，是总体规划在特定领域的细化，也是政府指导该领域发展以及审批、核准重大项目，安排政府投资和财政支出预算，制定特定领域相关政策的依据。不仅如此，专项规划也有长期规划、短期规划以及年度计划之分，如土地利用年度计划，拆迁年度计划等。

根据《国家级专项规划管理暂行办法》（发改规划〔2007〕794 号，2007 年 5 月 1 日实施）第二条，国家级专项规划是指国务院有关部门以经济社会发展的特定领域为对象编制的、由国务院审批或授权有关部门批准的规划。以浙江省为例，根据《浙江省省级专项规划管理规定》（浙政办发〔2020〕45 号，2020 年 9 月 8 日实施）第二条，省级专项规划是指除空间规划、区域规划以外的，以专门领域为对象编制的规划，包括产业发展、基础设施建设、生态环境保护、社会民生、公共服务、安全保障、资源保护与开发利用等各种行业规划、建设规划、专题规划，是全省规划体系的重要组成部分。

根据《国家级专项规划管理暂行办法》第三条，国家级专项规划要突出指导性、预测性、宏观性。规划的编制要坚持政企分开的原则，突出政府职能，充分发挥市场配置资源的基础性作用。能够以指导意见等形式引导发展的领域，一般不编制规划。国家级专项规划的编制原则上应限于以下领域：(1)关系国民经济和社会发展全局的重要领域；(2)需要国务院审批或核准重大项目以及安排国家投资数额较大的领域；(3)涉及重大产业布局或重要资源开发的领域；(4)法律、行政法规和国务院要求的领域。

城乡规划立法中有关于专项规划的整合规定，根据《城乡规划法》第十七条第一款，城市总体规划、镇总体规划中应当包括各类专项规划。另据《城市规划编制办法》(建设部令第146号，2006年4月1日实施)第三十四条，城市总体规划应当明确综合交通、环境保护、商业网点、医疗卫生、绿地系统、河湖水系、历史文化名城保护、地下空间、基础设施、综合防灾等专项规划的原则。以江苏省为例，根据《江苏省城乡规划条例》(2019年修正，2019年5月1日实施)第十五条第三款，单独编制的区域性交通、生态环境保护、绿化、供水、排水、污水处理、燃气、电力、通信、防灾减灾等专项规划，应当符合省域城镇体系规划的总体要求，并与区域性城镇体系规划相衔接。

还有更细专业领域内的专项规划。例如，《矿产资源法实施细则》第十五条第一款所说的全国矿产资源中、长期勘查规划；《石油天然气管道保护法》(2010年10月1日实施)第十一条第一款规定的全国管道发展规划；《防洪法》(2016年修正，2016年7月2日实施)第九条第一款规定的防洪规划；《土地管理法》第二十二条规定的江河、湖泊综合治理和开发利用规划。

七、产业政策

产业政策与前面提到的专项规划有时会有概念上的重叠，如浙江省专项规划概念就包含了产业发展。一般来说，产业政策(industrial policy)是指某一国家的政府为了实现一定的政治、经济和社会等目标而对国内相关产业进行干预的各种政策，其功能主要着眼于弥补市场缺陷，高效配置资源，保护幼稚产业，缩小经济差距，熨平经济周期，发挥后发优势，从而在国家间产业竞争中取胜。

任何一个国家都有产业政策，即使是以市场经济信条为圭臬的美国，其产业政策也是五花八门，有的甚至比较隐蔽。例如，经过一番讨价还价式的拉锯战，影响深远的《芯片与科学法案》（Chips and Science Act）于2022年7月27日和28日在美国参众两院通过，2022年8月9日由拜登（Joseph Robinette Biden，Jr）总统签署正式成为美国法律。而对于日本或韩国这样的后发东亚国家来说，其产业政策在经济腾飞过程的作用更是功不可没，并为改革开放初期的中国所广泛借鉴。

当前，我国正在实行的宏观性产业政策主要体现在《产业结构调整指导目录（2019年本）》（国家发展和改革委员会令第49号，2021年12月30日实施）之中，成为引导投资方向、政府管理投资项目，制定实施财税、信贷、土地、进出口等政策的重要依据。根据该目录，我国的产业分为鼓励、限制、淘汰和允许四类，凡是允许类的不列入相关管制政策之中，而由市场自主调整，政策的发力点主要着眼于前三类。

第三节　国土空间规划

上一节讨论的是一般化的公共利益宏观规划，本节开始讨论落实到国土空间位置的公共利益需要符合什么样的规划。这是因为，任何公共利益都不是空中楼阁，而是需要一个实实在在的国土空间才能容身。

当前，正在大力推行以“三区三线”为代表的国土空间资源规划大调整。由于《城乡规划法》等法律法规中的相关规定都还未来得及修改，而中央又提出了推行统一的国土空间资源整合要求。在这样一个过渡时期，规划和自然资源主管部门的任务是非常繁重的。考虑到过渡期的长短一时难以确定，本节仍需对传统的土地利用总体规划以及城乡规划等进行介绍。

一、土地利用总体规划

土地利用总体规划是土地管理法规专章规定的内容，它在宏观上从用途方面对土地进行规划。

（一）编制土地利用总体规划的依据

根据《土地管理法》第十五条第一款，编制土地利用总体规划的依据主要有五类，一是应当依据国民经济和社会发展规划；二是国土整治规划；三是资源环境保护的要求；四是考虑土地供给能力；五是各项建设对土地的需求。

(二)土地利用总体规划的规划期限

任何规划总有一个期限,否则就会陷入一种僵化状态失去其应有的效能。根据《土地管理法》第十五条第二款,土地利用总体规划的规划期限由国务院规定。

(三)上下级土地利用总体规划的关系

根据《土地管理法》第十六条第一款和第二款,下级土地利用总体规划应当依据上一级土地利用总体规划编制。地方各级人民政府编制的土地利用总体规划中的建设用地总量不得超过上一级土地利用总体规划确定的控制指标,耕地保有量不得低于上一级土地利用总体规划确定的控制指标。

(四)省级规划不减少耕地原则

根据《土地管理法》第十六条第三款,省、自治区、直辖市人民政府编制的土地利用总体规划,应当确保本行政区域内耕地总量不减少。

(五)土地利用总体规划的编制原则

根据《土地管理法》第十七条,土地利用总体规划的编制原则主要包括:一是落实国土空间开发保护要求,严格土地用途管制;二是严格保护永久基本农田,严格控制非农业建设占用农用地;三是提高土地节约集约利用水平;四是统筹安排城乡生产、生活、生态用地,满足乡村产业和基础设施用地合理需求,促进城乡融合发展;五是保护和改善生态环境,保障土地的可持续利用;六是占用耕地与开发复垦耕地数量平衡、质量相当。

(六)县级、乡(镇)土地利用总体规划的要求

根据《土地管理法》第十九条第一款,县级土地利用总体规划应当划分土地利用区,明确土地用途。《土地管理法》第十九条第二款,乡(镇)土地利用总体规划应当划分土地利用区,根据土地使用条件,确定每一块土地的用途,并予以公告。

(七)土地利用总体规划的审批权限

根据《土地管理法》第二十条第一款、第五款,土地利用总体规划实行分级审批,并且一经批准就必须严格执行。根据该条第二款,省、自治区、直辖市的土地利

用总体规划,报国务院批准。根据该条第三款,省、自治区人民政府所在地的市、人口在100万以上的城市以及国务院指定的城市的土地利用总体规划,经省、自治区人民政府审查同意后,报国务院批准。根据该条第四款,本条第二款、第三款规定以外的土地利用总体规划,逐级上报省、自治区、直辖市人民政府批准;其中,乡(镇)土地利用总体规划可以由省级人民政府授权的设区的市、自治州人民政府批准。

(八)土地利用总体规划修改

根据《土地管理法》第二十五条第一款,经批准的土地利用总体规划的修改,须经原批准机关批准;未经批准,不得改变土地利用总体规划确定的土地用途。根据该条第二款,经国务院批准的大型能源、交通、水利等基础设施建设用地,需要改变土地利用总体规划的,根据国务院的批准文件修改土地利用总体规划。根据该条第三款,经省、自治区、直辖市人民政府批准的能源、交通、水利等基础设施建设用地,需要改变土地利用总体规划的,属于省级人民政府土地利用总体规划批准权限内的,根据省级人民政府的批准文件修改土地利用总体规划。

二、土地利用年度计划

土地利用总体规划是一个静态的宏观规划,在土地的利用活动中,必然涉及某一时间段的计划问题,这就是土地利用年度计划,同样非常重要。

(一)法律依据

根据《土地管理法》第二十三条第一款,各级人民政府应当加强土地利用计划管理,实行建设用地总量控制。

(二)计划编制

根据《土地管理法》第二十三条第二款,土地利用年度计划,根据国民经济和社会发展计划、国家产业政策、土地利用总体规划以及建设用地和土地利用的实际状况编制。土地利用年度计划应当对本法第六十三条规定的集体经营性建设用地作出合理安排。土地利用年度计划的编制审批程序与土地利用总体规划的编制审批程序相同,一经审批下达,必须严格执行。

(三)执行监督

根据《土地管理法》第二十四条,省、自治区、直辖市人民政府应当将土地利用年度计划的执行情况列为国民经济和社会发展计划执行情况的内容，向同级人民代表大会报告。

三、城乡规划

从现行《土地管理法》和《城乡规划法》分立的现状来看，土地本身的规划和地上的城乡规划还是分割为两套体系的。

（一）规划区的概念

根据《城乡规划法》第二条第三款，规划区是指城市、镇和村庄的建成区以及因城乡建设和发展需要，必须实行规划控制的区域。规划区的具体范围由有关人民政府在组织编制的城市总体规划、镇总体规划、乡规划和村庄规划中，根据城乡经济社会发展水平和统筹城乡发展的需要划定。因此，如果不在规划区，根据该法第四十二条，则不允许设立规划许可，即城乡规划主管部门不得在城乡规划确定的建设用地范围以外作出规划许可。

（二）城乡规划的概念

根据《城乡规划法》第二条第二款，城乡规划包括城镇体系规划、城市规划、镇规划、乡规划和村庄规划。城市规划、镇规划分为总体规划和详细规划。详细规划分为控制性详细规划和修建性详细规划。

其中，城市总体规划（master plan，comprehensive planning）、城市详细规划（detailed plan）、控制性详细规划（regulatory plan）和修建性详细规划（site plan）是比较重要的，其定义分别规定于国家标准《城市规划基本术语标准》（GB/T 50280—98，1999 年 2 月 1 日实施）词条 3.0.10、3.0.13、3.0.14 和 3.0.15，城市总体规划是指对一定时期内城市性质、发展目标、发展规模、土地利用、空间布局以及各项建设的综合部署和实施措施；城市详细规划是指以城市总体规划或分区规划为依据，对一定时期内城市局部地区的土地利用、空间环境和各项建设用地所作的具体安排；控制性详细规划是指以城市总体规划或分区规划为依据，确定建设地区的土地使用性质和使用强度的控制指标、道路和工程管线控制性位置以及空间环境控制的规划要求；修建性详细规划是指以城市总体规划、分区规划或控制性详细规划为依据，制订用以指导各项建筑和工程设施的设计和施工的规划设计。

（三）详细规划可以由企业编制

根据最高人民法院（2019）最高法行申9398号《行政裁定书》，1994年琼海市政府已经编制有龙湾港控制性总体规划，琼海市规划局批复某A公司、某B公司在龙湾港开发区内投资兴建高科技微藻生物工程项目时，亦告知某B公司在批准规划选址后，应抓紧编制用地的详细规划，规划各项指标要严格按照龙湾港总体规划执行。

（四）城乡规划的主管机关

根据《城乡规划法》第十一条，国务院城乡规划主管部门负责全国的城乡规划管理工作。县级以上地方人民政府城乡规划主管部门负责本行政区域内的城乡规划管理工作。在2018年国务院机构改革前，该职责一直是由住房和城乡建设主管部门担当的。根据《中共中央办公厅、国务院办公厅关于调整住房和城乡建设部职责机构编制的通知》（厅字〔2018〕85号，2018年9月13日实施），住房和城乡建设部城乡规划管理职责划入自然资源部，目前全国各地的机构改革已经完成，因此，城乡规划职能目前已经由各级自然资源主管部门负责。

（五）城乡规划的依据

根据《城乡规划法》第五条，城市总体规划、镇总体规划以及乡规划和村庄规划的编制，应当依据国民经济和社会发展规划，并与土地利用总体规划相衔接。根据《土地管理法》第二十一条第二款，城市总体规划、村庄和集镇规划，应当与土地利用总体规划相衔接，城市总体规划、村庄和集镇规划中建设用地规模不得超过土地利用总体规划确定的城市和村庄、集镇建设用地规模。

（六）颁证后城乡规划的修改

根据《城乡规划法》第五十条第一款，在选址意见书、建设用地规划许可证、建设工程规划许可证或者乡村建设规划许可证发放后，因依法修改城乡规划给被许可人合法权益造成损失的，应当依法给予补偿。

（七）审定后详规和总平面图的修改

根据《城乡规划法》第五十条第二款，经依法审定的修建性详细规划、建设工程设计方案的总平面图不得随意修改；确需修改的，城乡规划主管部门应当采取听证会等形式，听取利害关系人的意见；因修改给利害关系人合法权益造成损失的，应当依法给予补偿。

四、近期建设规划

根据《城乡规划法》第三十四条第一款，城市、县、镇人民政府应当根据城市总体规划、镇总体规划、土地利用总体规划和年度计划以及国民经济和社会发展规划，制定近期建设规划，报总体规划审批机关备案。根据该条第二款，近期建设规划应当以重要基础设施、公共服务设施和中低收入居民住房建设以及生态环境保护为重点内容，明确近期建设的时序、发展方向和空间布局。近期建设规划的规划期限为5年。

五、与国土空间规划的衔接问题

根据《土地管理法》第十八条第一款，国家建立国土空间规划体系。编制国土空间规划应当坚持生态优先，绿色、可持续发展，科学有序统筹安排生态、农业、城镇等功能空间，优化国土空间结构和布局，提升国土空间开发、保护的质量和效率。值得注意的是，在十三届人大常委会立法规划中，《国土空间规划法》被列入了第三类项目，即立法条件暂时并不具备，需要继续进行研究论证。

根据《土地管理法》第十八条第二款，经依法批准的国土空间规划是各类开发、保护、建设活动的基本依据。已经编制国土空间规划的，不再编制土地利用总体规划和城乡规划。另据该法第八十六条，在根据本法第十八条的规定编制国土空间规划前，经依法批准的土地利用总体规划和城乡规划继续执行。

根据《中共中央、国务院关于统一规划体系更好发挥国家发展规划战略导向作用的意见》(中发〔2018〕44号，2018年11月18日实施)以及《自然资源部关于全面开展国土空间规划工作的通知》(自然资发〔2019〕87号，2019年5月28日实施)的工作部署，国家在今后将会开展国土空间规划，这是由于相应改革的推进，今后可能取代土地利用总体规划和城乡规划。

由此来看，在今后一段时间内，土地利用总体规划和城乡规划还会持续一段时间，与国土空间规划并存，直到最终由国土空间规划完全取代土地利用总体规划和城乡规划。例如，《土地管理法实施条例》第二章的标题直接就是“国土空间规划”，其第二条第三款重复了《土地管理法》第十八条第二款和第八十六条的规定，即已经编制国土空间规划的，不再编制土地利用总体规划和城乡规划。在编制国土空间规划前，经依法批准的土地利用总体规划和城乡规划继续执行。

第四节 公共利益的项目载体

本章第一节和第二节在概念上讨论了作为征收目的的公共利益，第三节的国土空间规划把它落实到了地面上。即使是这样，至此的公共利益仍是抽象的，如果真正实现其目的，并为人们带来实实在在的好处，就需要一个看得见、摸得着的有形的项目载体，这是本节要讨论的内容。

一、建设项目的概念

建设项目简称为项目，并以建设工程项目最有代表性。关于这一概念，几份不同的法律文件给出了不同的解释。但总的来看，其基本含义差不多。

（一）建设项目的法律定义

简单地说，根据国家标准《工程咨询 基本术语》（GB/Z 40846—2021，2022 年 5 月 1 日实施）3.2，项目（project）是指为创造独特的产品、服务或成果而进行的有明确时间起点和终点的工作。根据国家标准《工程造价术语标准》（GB/T 50875—2013，2013 年 9 月 1 日实施）2.1.6，建设项目是指按一个总体规划或设计进行建设的，由一个或若干个互有内在联系的单项工程组成的工程总和。根据国家标准《建设工程项目管理规范》（GB/T 50326—2017，2018 年 1 月 1 日实施）2.0.1，项目是建设工程项目（construction project）的简称，是指为完成依法立项的新建、扩建、改建工程而进行的、有起止日期的、达到规定要求的一组相互关联的受控活动，包括策划、勘察、设计、采购、施工、试运行、竣工验收和考核评价等阶段。

对于任何一个建设项目来说，它都是有周期概念的。以建设工程项目为例，大致可划分为项目建议书、可行性研究、立项、初步设计、招投标、施工、竣工验收等阶段。

（二）建设项目的过程分类

根据《建设工程质量管理条例》（国务院令第 714 号，2019 年 4 月 23 日实施）第二条第二款以及前面刚刚提到的 3 份国家标准，从无形的项目设计到有形的建设工程，至少需要相应的土木工程、建筑工程、线路管道和设备安装工程及装修工程等过程，并且它们又可以进一步细分如下。

1. 单项工程(sectional works)

单项工程具有独立的设计文件，建成后能够独立发挥生产能力或使用功能的工程项目，比如新建工厂中的一个车间大楼、冷却塔或仓库等，或者新建学校中的图书馆、食堂或宿舍楼等。

2. 单位工程(unit works)

单位工程具有独立的设计文件，能够独立组织施工，但不能独立发挥生产能力或使用功能的工程项目，它是单项工程的一部分，比如一幢大楼的地基工程、建筑工程、装饰工程、电气工程或排水工程等。

3. 分部工程(divisional works)

分部工程是单位工程的组成部分，系按结构部位、路段长度及施工特点或施工任务将单位工程划分为若干个项目单元，比如装饰工程中的地面工程、墙柱面工程、天棚工程和门窗工程等。

4. 分项工程(work element)

分项工程是分部工程的组成部分，系按不同施工方法、材料、工序及路段长度等将分部工程划分为若干个项目单元，比如作为分部工程的土石方工程可以再划分为场地平整或沟槽开挖等分项工程，它是工程质量形成的直接过程和建设项目的基本计价单元。

5. 措施项目(preliminaries)

措施项目是为完成工程项目施工，发生于施工准备和施工过程中的技术、生活、安全、环境保护等方面的项目。

(三)建设项目的整体分类

为了实现公共利益而出现的建设项目，根据建设性质、投资作用、建设规模、市场需求以及投资来源等标准有多种分类。根据住房和城乡建设部办公厅《建筑术语标准(征求意见稿)》(2022 年 7 月 5 日发布)2.1.4 - 2.1.7，可以有如下整体分类。

1. 新建(construction; new - built)

新建是指建设新建(构)筑物的行为，或是将原建(构)筑物全部拆除而重新建设的行为，这是最常见的一类。

2. 扩建(extension)

扩建是对既有建筑,进行扩大建设规模或体量的建设行为。相对来说,这一类别对各项手续的要求略低。

3. 改建(reconstruction)

改建是对既有建筑,将其一部分拆除,在建设规模和体量不变的前提下,进行重新建设的行为;或因建筑使用性质、结构体系改变而进行的建设行为。

4. 改造(reform renovation)

改造是对既有建筑,在不改变原有建筑结构体系、使用性质及不增加建设规模的前提下,对原有建筑的安全性、功能完整性、性能提升进行改善的建设行为。一般包括:修缮、维修、加固、改善、恢复等活动。

(四)项目投资中的征收补偿费用

有些建设项目可能不涉及征收补偿费用问题,但这种情况不多。由于我国人口众多,工程建设往往会处于或者至少处于人口密集区,这样就必然涉及对原有的不动产进行征收问题。而根据现行法律规定,显然是需要补偿的。其中,对于有些工程建设而言,因征收而引起的补偿费用在总费用中的占比还不低,需要引起格外重视。

(五)基本建设程序

1978 年 4 月 22 日,当时的国家计委、国家建委、财政部联合发布了《关于基本建设程序的若干规定》,至今已经过去近半个世纪,但该规定仍然有效,后续的法律文件对此多有引用。例如,根据《建设工程质量管理条例》第五条第一款,从事建设工程活动,必须严格执行基本建设程序,坚持先勘察、后设计、再施工的原则。根据该条第二款,县级以上人民政府及其有关部门不得超越权限审批建设项目或者擅自简化基本建设程序。

当然,随着时代的发展,其中许多规定已经略显陈旧。目前来看,与作为征收目的之公共利益有形载体的建设项目可划分为以下四个阶段,一是根据发展国民经济长远规划和布局的要求,编制计划任务书,选定建设地点;二是经批准后,进行勘察设计;三是初步设计经过批准,列入国家年度计划后,组织施工;四是工程按照设计内容建成,进行验收,交付生产使用。

根据《国务院关于投资体制改革的决定》国发〔2004〕20 号,2004 年 7 月 16 日实施,对于政府投资项目,采用直接投资和资本金注入方式的,从投资决策角度只审批项目建议书和可行性研究报告,除特殊情况外不再审批开工报告,同时应严格政府投资项目的初步设计、概算审批工作;采用投资补助、转贷和贷款贴息方式的,只审批资金申请报告。

根据《中共中央、国务院关于深化投融资体制改革的意见》2016 年 7 月 5 日实施"二(三)",精简投资项目准入阶段的相关手续,只保留选址意见、用地(用海)预审以及重特大项目的环评审批作为前置条件。根据该意见"三(五)",政府投资资金只投向市场不能有效配置资源的社会公益服务、公共基础设施、农业农村、生态环境保护和修复、重大科技进步、社会管理、国家安全等公共领域的项目,以非经营性项目为主,原则上不支持经营性项目。根据该意见"三(七)",建立覆盖各地区各部门的政府投资项目库,未入库项目原则上不予安排政府投资。

二、项目主体

围绕着一个项目,必然会有各种主体参与进来。其中,既可能有行政主体,也可能有各种民事主体。但就项目本身而言,可以分为以下几类。

(一)投资主体

投资主体也称投资人或投资者,是某一项目建设资金来源的筹措者和决策者,对投资所形成的资产享有所有权和支配权,并有权交由其他主体占有、使用和收益。投资主体包括政府(中央政府或地方政府)、企业(含外商企业)和个人。不过,对于作为征收目的实现载体的建设项目来说,常见的是政府投资,其次是企业投资,个人投资的比较少见。

(二)建设主体

建设主体有时也称为建设单位,既可能就是投资主体本身,也可能是投资主体之外的另一个主体,在项目全程中处于发包方的地位。例如,对于 2022 年 12 月 20 日全面投产发电的白鹤滩水电站来说,投资主体和建设主体都是中国长江三峡集团有限公司。而对将于 2025 年竣工的沈白高铁来说,投资主体是国铁集团、辽宁省人民政府和吉林省人民政府,建设主体则是中国铁路沈阳局集团有限公司。

(三)施工主体

施工主体有狭义和广义之分,狭义上仅指参与项目具体建设活动的主体,广义上还包括设计主体、勘察主体和监理主体等。施工主体是把某一项目从资金、图纸和规划等无形要素转化为有形要素的一个核心过程。以前面刚刚提到的沈白高铁为例，施工主体较多，包括中铁二局集团有限公司、中铁二十局集团有限公司和中铁上海工程局集团有限公司等。

(四)使用主体

使用主体有时又称管理主体。实际上它也就是用户(end user)，即根据国家标准《工程咨询 基本术语》"4.6"，工程项目交付后的使用者或负责运营/运行、维护的组织。以沈白高铁为例，据初步了解使用主体是京沈铁路客运专线辽宁有限责任公司。

(五)受益主体

作为征收目的有形载体的某一项目建成后，受益主体可能是多方面的。以沈白高铁为例，沿线居民或企业等都将会是受益主体。再以浙江省绍兴市鲁迅外国语学校华齐路校区为例，其建成后周边居民的适龄子女入学条件大幅提升，而周边房屋也因学区因素而升值，受益主体是直观可见的。当然，有些项目的受益主体就更加广泛了，如各种生态工程建设，受益主体可能是不特定的。

三、项目投资来源

对于任何一个建设项目来说，资金来源都是首当其冲的问题，这一问题不解决，公共利益实现就是一句空话。

(一)法律依据

项目投资来源的法律依据主要包括《国务院关于投资体制改革的决定》、《中央预算内直接投资项目管理办法》(国家发展和改革委员会令第1号，2023年5月1日实施)、《中共中央、国务院关于深化投融资体制改革的意见》、《中央预算内投资补助和贴息项目管理办法》(国家发展和改革委员会令第1号，2023年5月1日实施)、《政府核准的投资项目目录(2016年本)》(国发〔2016〕72号，2016年12月12日实施)、《企业投资项目核准和备案管理条例》(国务院令第673号，2017年2月1日实施)、《政府投资条例》(国务院令第712号，2019年7月1日实施)、《外商投资法》、《国家发展改革委关于规范中央预算内投资资金安排方式及项目管理的通知》

(发改投资规〔2020〕518 号,2020 年 7 月 1 日实施)、《国家发展改革委关于加强基础设施建设项目管理　确保工程安全质量的通知》(发改投资规〔2021〕910 号,2021 年 6 月 19 日实施),《市场准入负面清单(2022 年版)》(发改体改规〔2022〕397 号,2022 年 3 月 12 日实施)和《中央预算内投资项目监督管理办法》等。

(二)政府投资

根据《政府投资条例》第二条,政府投资是指在中国境内使用预算安排的资金进行固定资产投资建设活动,包括新建、扩建、改建、技术改造等。

(三)企业投资

根据《企业投资项目核准和备案管理条例》第二条,企业投资项目是指企业在中国境内投资建设的固定资产投资项目。这里的企业,并不排除外商,根据《外商投资法》第二条第二款,外商投资是指外国的自然人、企业或者其他组织直接或者间接在中国境内进行的投资活动。

企业投资并不是说不拿政府的一分钱。例如,根据《浙江省中央预算内投资项目管理实施办法》(浙发改投资〔2020〕401 号,2021 年 2 月 1 日实施)第六条,采取直接投资、资本金注入方式投资的项目,为政府投资项目,实行审批制。对企业投资项目仅采取投资补助、贷款贴息方式支持的,仍为企业投资项目,实行核准或备案制。

四、政府投资监管总述

在任何国家,对于政府投资都有严格的监管程序,主要原因在于其天然存在的"委托—代理人"风险。

(一)投向限制

根据《政府投资条例》第三条第一款,政府投资资金应当投向市场不能有效配置资源的社会公益服务、公共基础设施、农业农村、生态环境保护、重大科技进步、社会管理、国家安全等公共领域的项目,以非经营性项目为主。上面所说的实际上是政府直接投资。根据该条例第三条第二款,国家完善有关政策措施,发挥政府投资资金的引导和带动作用,鼓励社会资金投向前款规定的领域。

(二)投资方式

根据《政府投资条例》第六条第一款,政府投资资金按项目安排,以直接投资方式为主;对确需支持的经营性项目,主要采取资本金注入方式,也可以适当采取投资补助、贷款贴息等方式。

根据《国家发展改革委关于规范中央预算内投资资金安排方式及项目管理的通知》,中央预算内投资资金的安排方式包括直接投资、资本金注入、投资补助、贷款贴息等,直接投资是指政府安排政府投资资金投入非经营性项目,并由政府有关机构或其指定、委托的机关、团体、事业单位等作为项目法人单位组织建设实施的方式;资本金注入是指政府安排政府投资资金作为经营性项目的资本金,指定政府出资人代表行使所有者权益,项目建成后政府投资形成相应国有产权的方式;投资补助是指政府安排政府投资资金,对市场不能有效配置资源、确需支持的经营性项目,适当予以补助的方式;贷款贴息是指政府安排政府投资资金,对使用贷款的投资项目贷款利息予以补贴的方式。

根据《中央预算内投资补助和贴息项目管理办法》第三条第一款,投资补助是指国家发展改革委对符合条件的地方政府投资项目和企业投资项目给予的投资资金补助。根据该办法第三条第二款,贴息是指国家发展改革委对符合条件,使用了贷款的投资项目给予的贷款利息补贴。根据该办法第三条第三款,投资补助和贴息资金均为无偿投入。

根据《中央预算内投资补助和贴息项目管理办法》第四条,投资补助和贴息资金重点用于市场不能有效配置资源,需要政府支持的经济和社会领域。具体包括:(1)社会公益服务和公共基础设施;(2)农业和农村;(3)生态环境保护和修复;(4)重大科技进步;(5)社会管理和国家安全;(6)符合国家有关规定的其他公共领域。

(三)审批程序要求

根据《政府投资条例》第九条第一款,政府采取直接投资方式、资本金注入方式投资的项目,项目单位应当编制项目建议书、可行性研究报告、初步设计,按照政府投资管理权限和规定的程序,报投资主管部门或者其他有关部门审批。

上述规定在不动产征收与补偿法学中非常重要,它是征收目的证成过程中相关程序的法律依据。尽管可能在一定程度上降低了行政效率,但它是必要的控制环节，否则可能就会陷入一抓就死，一放就乱的恶性循环。

（四）审查要求

根据《政府投资条例》第十一条第一款，投资主管部门或者其他有关部门应当根据国民经济和社会发展规划、相关领域专项规划、产业政策等，从下列方面对政府投资项目进行审查，作出是否批准的决定：（1）项目建议书提出的项目建设的必要性；（2）可行性研究报告分析的项目的技术经济可行性、社会效益以及项目资金等主要建设条件的落实情况；（3）初步设计及其提出的投资概算是否符合可行性研究报告批复以及国家有关标准和规范的要求；（4）依照法律、行政法规和国家有关规定应当审查的其他事项。

（五）审查结论

根据《政府投资条例》第十一条第二款，投资主管部门或者其他有关部门对政府投资项目不予批准的，应当书面通知项目单位并说明理由。

（六）慎重决策

根据《政府投资条例》第十一条第三款，对经济社会发展、社会公众利益有重大影响或者投资规模较大的政府投资项目，投资主管部门或者其他有关部门应当在中介服务机构评估、公众参与、专家评议、风险评估的基础上作出是否批准的决定。

（七）初步设计超标的处理

根据《政府投资条例》第十二条第二款，初步设计提出的投资概算超过经批准的可行性研究报告提出的投资估算10%的，项目单位应当向投资主管部门或者其他有关部门报告，投资主管部门或者其他有关部门可以要求项目单位重新报送可行性研究报告。

（八）审批简化

根据《政府投资条例》第十三条第一款，对下列政府投资项目，可以按照国家有关规定简化需要报批的文件和审批程序：（1）相关规划中已经明确的项目；（2）部分扩建、改建项目；（3）建设内容单一、投资规模较小、技术方案简单的项目；（4）为应对自然灾害、事故灾难、公共卫生事件、社会安全事件等突发事件需要紧急建设的项目。第十三条第二款规定,前款第三项所列项目的具体范围,由国务院投资主管部门会同国务院其他有关部门规定。

（九）列入年度计划

根据《政府投资条例》第十七条,列入政府投资年度计划的项目应当符合下列条件:(1)采取直接投资方式、资本金注入方式的,可行性研究报告已经批准或者投资概算已经核定;(2)采取投资补助、贷款贴息等方式的,已经按照国家有关规定办理手续;(3)县级以上人民政府有关部门规定的其他条件。

五、项目招标、投标

一旦建设单位确定下来,就可能需要进行招标工作了。作为发包方,进行招标与投标都是法律规定的必经程序。不仅如此,事实上可能在多个阶段都会涉及,而非人们通常认为的仅仅是施工招标投标。

（一）确定建设单位

以国家重点建设项目为例。根据国务院发布的《国家重点建设项目管理办法》(国务院令第 588 号,2011 年 1 月 8 日实施)第七条第二款,建设项目法人负责国家重点建设项目的筹划、筹资、建设、生产经营、偿还债务和资产的保值增值,依照国家有关规定对国家重点建设项目的建设资金、建设工期、工程质量、生产安全等进行严格管理。根据该办法第十三条第一款,国家重点建设项目主体工程的设计、施工、监理、设备采购,由建设项目法人依法公开进行招标,择优选定中标单位;但是,按照规定经批准可以议标、邀请招标的除外。根据该办法第十九条第一款,国家重点建设项目建成并经过试运营,应当按照批准的设计文件和其他有关文件,由建设项目法人及时组织设计、施工等单位进行初步验收。根据该办法第十九条第二款,初步验收合格的,由国务院计划主管部门或者其委托的机构,组织有关单位进行竣工验收。根据该办法第二十条,国家重点建设项目竣工验收合格的,经过运营,应当按照国家有关规定进行项目后评价。

（二）需要招标的项目

根据《招标投标法》(2017 年修正,2017 年 12 月 28 日实施)第三条第一款,在中华人民共和国境内进行下列工程建设项目包括项目的勘察、设计、施工、监理以及与工程建设有关的重要设备、材料等的采购,必须进行招标:(1)大型基础设施、公用事业等关系社会公共利益、公众安全的项目;(2)全部或者部分使用国有资金投资或者国家融资的项目;(3)使用国际组织或者外国政府贷款、援助资金的项目。根据该条第二款,前款所列项目的具体范围和规模标准,由国务院发展计划部门会同国务院有关部门制订,报国务院批准。根据该条第三款,法律或者国务院对必须进行招标的其他项目的范围有规定的,依照其规定。

另据《招标投标法实施条例》(国务院令第 709 号,2019 年 3 月 2 日实施)第三条,依法必须进行招标的工程建设项目的具体范围和规模标准,由国务院发展改革部门会同国务院有关部门制订,报国务院批准后公布施行。

(三)不需要招标的项目

根据《招标投标法》第六十六条,涉及国家安全、国家秘密、抢险救灾或者属于利用扶贫资金实行以工代赈、需要使用农民工等特殊情况,不适宜进行招标的项目,按照国家有关规定可以不进行招标。另据《招标投标法实施条例》第九条第一款,除《招标投标法》第六十六条规定的可以不进行招标的特殊情况外,有下列情形之一的,可以不进行招标:(1)需要采用不可替代的专利或者专有技术;(2)采购人依法能够自行建设、生产或者提供;(3)已通过招标方式选定的特许经营项目投资人依法能够自行建设、生产或者提供;(4)需要向原中标人采购工程、货物或者服务,否则将影响施工或者功能配套要求;(5)国家规定的其他特殊情形。

(四)招标方式

根据《招标投标法》第十条,招标分为公开招标和邀请招标。公开招标,是指招标人以招标公告的方式邀请不特定的法人或者其他组织投标。邀请招标,是指招标人以投标邀请书的方式邀请特定的法人或者其他组织投标。

第五节　立　　项

前面讨论了征收目的所涉及的国家宏观目标、公共利益类型、国土空间规划以及建设项目载体等。本节开始讨论征收目的的启动问题,其动力来源于人民对美好生活的追求、专业人士的呼吁以及政府方面的推动等。

项目启动阶段的审批依建设项目的性质不同而有所不同。对于实行审批制度的,需要项目建议书;对于实行核准制度的,需要申请报告;对于实行备案制度的,需要备案报告。由于征收目的的公共利益属性,本节涉及的征收目的建设项目以政府投资为主,企业投资为辅,因此主要以政府投资为例进行介绍。

需要指出的是,对于立项与后续审批环节的接续问题,一直是众说纷纭。有的认为项目建议书获批为立项,有的认为还需要可行性研究报告获批才算立项。本书采纳前一种观点,而把可行性研究报告获批放在项目批准环节。基于此,分别依据政府投资项目、企业投资核准项目和企业投资备案项目而区分对待,政府投资的项目建议书获批、企业投资核准申请书递交以及企业投资的备案均属于立项完成。

一、项目建议书

项目建议书是作为公共利益有形载体的建设项目启动的第一个正式环节,对于整个项目建设起着提纲挈领的作用。本节主要以中央预算内直接投资项目为例进行介绍,即《中央预算内直接投资项目管理办法》第二条第一款规定的中央预算内直接投资项目是指国家发展改革委安排中央预算内投资建设的中央本级(包括中央部门及其派出机构、垂直管理单位、所属事业单位)非经营性固定资产投资项目。它的标准起点比较高,其他级别或类型的项目标准要求较低一些,可参照理解。

(一)项目建议书的概念

项目建议书(project proposal)有时又称为立项申请书或申请报告,或者预可行性研究(pre - feasibility study of engineer project)(预可研),是立项程序启动的一个重要环节,即某一单位或个人根据某一主体的需要,结合国家经济社会发展政策、国家或地方的中长期发展规划、产业政策、社会政策或生态环境保护政策等,提出一项动议,建议有关行政机关批准某一新建、改建或扩建项目等。项目建议书能否获得认可,是后续一系列工程建设程序得以推进的第一个前提。

根据《中央预算内直接投资项目管理办法》第四条第一款,立项阶段的主要文件是项目建议书,即预可行性研究。根据《工程咨询 基本术语》5.1.12,预可行性研究是指项目策划与决策阶段与项目初步可行性研究及立项初步决定相关的研究咨询服务及其交付物,包括拟投资项目的必要性、迫切性(时机)、可行性(技术、工程、账务、经济、环境、社会)、可能性(建设条件)等调查比选论证,对总体方案进行综合比选提出初步推荐方案,对推荐方案投资规模、财务效益、经济效益和风险等进行初步估算和分析,为项目立项初步决策和进一步研究提出意见和建议。

（二）项目建议书启动的依据

任何一个建设项目都不是自天而降的，而是有着复杂的政治、经济、文化或生态等方面的考量与纠葛。与西方国家那种反复的讨价还价政治议程相比，当代中国的项目决策程序相对来说更为简洁，也更有效率，但也有可能产生浪费等。

1. 宏观目标驱动

宏观目标驱动是本章前面几节已经讨论过的内容，包括国家的宏观规划、人民对美好生活的追求并转化为执政党或人大议程等。

2. 相关规划要求

无论是国民经济和社会发展五年规划，还是国土空间规划，其确立的目标都有可能成为驱动建设项目的动力。不过，最直接的还是各类专项规划，它与建设项目的启动关系最为密切。根据《中央预算内直接投资项目管理办法》第九条，适宜编制规划的领域，国家发展改革委和中央有关部门应当编制专项规划。按照规定权限和程序批准的专项规划，是项目决策的重要依据。

3. 项目储备库

上面讨论的是一般的启动因素，如果某一公共利益动议或项目草案已经被列入了项目储备库，那么它正式启动的可能性就更大了。根据《中央预算内直接投资项目管理办法》第十条，国家发展改革委会同有关部门建立项目储备库，作为项目决策和年度计划安排的重要依据。当然，并非所有的项目都必须经历这一环节，关于这一问题，下面还会讨论。

（三）项目建议书的主要内容

根据《中央预算内直接投资项目管理办法》第十一条第一款，项目建议书要对项目建设的必要性、主要建设内容、拟建地点、拟建规模、投资匡算、资金筹措以及社会效益和经济效益等进行初步分析，并附相关文件资料。项目建议书的编制格式、内容和深度应当达到规定要求。

（四）项目建议书的编制主体

根据《中央预算内直接投资项目管理办法》第十一条第二款，由国家发展改革委负责审批的项目，其项目建议书应当由具备相应资信的甲级工程咨询机构编制。

（五）项目建议书的前置文件

尽管相关法律规定只提出了项目建议书这一比较正式的阶段性要求，但在实际工作中，在项目建议书之前还可能有相关程序。例如，有的项目建议书就是在规划咨询（consulting services for development/construction planning）和投资机会研究（opportunity study of engineering based investment）等前期咨询（consulting services for project development/decision making）的基础上作出的。特别是对于一些比较重大的建设项目而言，早在总体规划、专项规划、区域规划、主体功能区规划或行业规划等制定或调整过程中就对其已经有所预判，至于当前正在推行的一体化国土空间规划就更是对建设项目预判性提出了更高要求。

投资机会研究分为行业投资机会和项目投资机会两大类，包括对相应的政治环境、经济环境和社会环境等进行宏观分析，并对潜在行业或项目的相关背景、市场状况、投资条件、投资回报与投资风险等进行初步调查、初步分析和初步预测。这些研究结果可供有关方面进行投资方向或项目筛选，从而建立相应的项目储备库。对于有些项目来说，是需要先建立项目库，然后从项目库中进行选择。根据《中央预算内直接投资项目管理办法》第十条，国家发展改革委会同有关部门建立项目储备库，作为项目决策和年度计划安排的重要依据。根据《国家重大建设项目库运行管理暂行办法》（发改办投资〔2020〕410 号，2020 年 6 月 4 日实施）第十四条，储备库实行动态调整制度，因建设条件长期无法落实的要清除出去。

（六）不需要编制项目建议书的情形

根据《中央预算内直接投资项目管理办法》第四条第二款，国务院、国家发展改革委批准的专项规划中已经明确、前期工作深度达到项目建议书要求、建设内容简单、投资规模较小的项目，可以直接编报可行性研究报告，或者合并编报项目建议书。

（七）审批流程

根据《中央预算内直接投资项目管理办法》第四条第一款，直接投资项目实行审批制，包括审批项目建议书、可行性研究报告、初步设计。情况特殊、影响重大的项目，需要审批开工报告。根据该条第二款，国务院、国家发展改革委批准的专项规划中已经明确、前期工作深度达到项目建议书要求、建设内容简单、投资规模较小的项目,可以直接编报可行性研究报告,或者合并编报项目建议书。

根据该办法第五条第一款,申请安排中央预算内投资3000万元及以上的项目,以及需要跨地区、跨部门、跨领域统筹的项目,由国家发展改革委审批或者由国家发展改革委委托中央有关部门审批,其中特别重大项目由国家发展改革委核报国务院批准;其余项目按照隶属关系,由中央有关部门审批后抄送国家发展改革委。

(八)咨询机构评估或专家评议

根据《中央预算内直接投资项目管理办法》第六条,审批直接投资项目时,一般应当委托具备相应能力的工程咨询机构对项目建议书、可行性研究报告进行评估。特别重大的项目实行专家评议制度。

(九)项目建议书批准

根据《政府投资条例》第十一条第一款第(一)项,审查项目建议书提出的项目建设的必要性。根据《中央预算内直接投资项目管理办法》第十二条第一款,项目建议书编制完成后,由项目单位按照规定程序报送项目审批部门审批。项目审批部门对符合有关规定、确有必要建设的项目,批准项目建议书。

(十)部门联动

根据《中央预算内直接投资项目管理办法》第十二条第一款,批准后的项目建议书需要抄送自然资源、生态环境等部门。这一规定非常重要,其原因在于,任何一个项目的审批,都需要多个部门并时或顺时参与。

(十一)项目建议书有效期

根据《中央预算内直接投资项目管理办法》第十二条第二款,项目审批部门可以在项目建议书批复文件中规定批复文件的有效期。

二、企业投资项目申请书(核准)

前面讨论的都是作为政府投资类型之一的中央预算内直接投资项目。对于企业投资而言,项目建议书这一环节不是必需的。但对于一些大型的企业投资项目或国企来说,项目建议书根据不同情况各有相应的要求。一般来说,企业投资核准申请报告的地位相当于前面所说的项目建议书,甚至也涉及了审批制中的可行性研究报告。

(一)企业投资项目的概念

根据《企业投资项目核准和备案管理条例》第二条,企业投资项目是指企业在中国境内投资建设的固定资产投资项目。

(二)企业投资项目核准的法律依据

根据《企业投资项目核准和备案管理条例》第三条第一款和《企业投资项目核准和备案管理办法》第四条第二款,对关系国家安全、涉及全国重大生产力布局、战略性资源开发和重大公共利益等项目,实行核准管理。具体项目范围以及核准机关、核准权限依照政府核准的投资项目目录执行。政府核准的投资项目目录由国务院投资主管部门会同国务院有关部门提出,报国务院批准后实施,并适时调整。国务院另有规定的,依照其规定。

(三)企业投资项目申请书的概念

企业投资项目申请书又称项目申请报告。根据《企业投资项目核准和备案管理条例》第六条第一款,企业办理项目核准手续,应当向核准机关提交项目申请书;由国务院核准的项目,向国务院投资主管部门提交项目申请书。根据《工程咨询 基本术语》"5.1.15",项目申请报告(project application report)是企业投资项目为取得投资主管部门行政许可编制提交的专项报告,可以自行编制,也可以委托他人在项目可行性研究基础上编制。该条例是为投资主管部门核准项目提供依据,主要内容包括项目名称、项目单位、拟建项目概况、资源开发及综合利用分析、生态环境影响分析、经济影响分析、社会影响分析等项目外部影响论证结论与应对的措施等。

(四)项目申请书的内容

根据《企业投资项目核准和备案管理条例》第六条第一款,项目申请书应当包括下列内容:(1)企业基本情况;(2)项目情况,包括项目名称、建设地点、建设规模、建设内容等;(3)项目利用资源情况分析以及对生态环境的影响分析;(4)项目对经济和社会的影响分析。

(五)项目申请书的前置条件

根据《企业投资项目核准和备案管理条例》第六条第三款,法律、行政法规规定办理相关手续作为项目核准前置条件的，企业应当提交已经办理相关手续的证明文件。通常情况下，企业投资带有很强的自主性，可谓自主投资，自担风险，自负盈亏，因此可以自行决定是否投资、投资规模与投资去向。但在实务中，以下三种情况仍需要办理立项手续，一是工程建设需要办理施工许可证的；二是申请专项基金且有立项要求的；三是申请银行固定资产贷款的。

（六）审批流程

根据《国务院关于投资体制改革的决定》，企业投资建设实行核准制的项目，仅需向政府提交项目申请报告，不再经过批准项目建议书、可行性研究报告和开工报告的程序。政府对企业提交的项目申请报告，主要从维护经济安全、合理开发利用资源、保护生态环境、优化重大布局、保障公共利益、防止出现垄断等方面进行核准。

（七）核准审查

根据《企业投资项目核准和备案管理条例》第九条第一款，核准机关应当从下列方面对项目进行审查：(1)是否危害经济安全、社会安全、生态安全等国家安全；(2)是否符合相关发展建设规划、技术标准和产业政策；(3)是否合理开发并有效利用资源；(4)是否对重大公共利益产生不利影响。根据该条第二款，项目涉及有关部门或者项目所在地地方人民政府职责的，核准机关应当书面征求其意见，被征求意见单位应当及时书面回复。根据该条第三款，核准机关委托中介服务机构对项目进行评估的，应当明确评估重点；除项目情况复杂的，评估时限不得超过 30 个工作日。评估费用由核准机关承担。

根据《企业投资项目核准和备案管理条例》第十条第一款，核准机关应当自受理申请之日起 20 个工作日内，作出是否予以核准的决定；项目情况复杂或者需要征求有关单位意见的，经本机关主要负责人批准，可以延长核准期限，但延长的期限不得超过 40 个工作日。核准机关委托中介服务机构对项目进行评估的，评估时间不计入核准期限。

（八）核准结果

根据《企业投资项目核准和备案管理条例》第十条第二款，核准机关对项目予以核准的，应当向企业出具核准文件；不予核准的，应当书面通知企业并说明理由。由国务院核准的项目，由国务院投资主管部门根据国务院的决定向企业出具核准文件或者不予核准的书面通知。

(九)建设地点或建设内容较大变更的

根据《企业投资项目核准和备案管理条例》第十一条,企业拟变更已核准项目的建设地点,或者拟对建设规模、建设内容等作较大变更的,应当向核准机关提出变更申请。核准机关应当自受理申请之日起20个工作日内,作出是否同意变更的书面决定。

(十)企业投资核准有效期

根据《企业投资项目核准和备案管理条例》第十二条,项目自核准机关作出予以核准决定或者同意变更决定之日起2年内未开工建设,需要延期开工建设的,企业应当在2年期限届满的30个工作日前,向核准机关申请延期开工建设。核准机关应当自受理申请之日起20个工作日内,作出是否同意延期开工建设的决定。开工建设只能延期一次,期限最长不得超过1年。国家对项目延期开工建设另有规定的,依照其规定。

三、企业投资项目申请书(备案)

企业投资除了前面谈到的需要核准以外,其他的只需备案即可。从改革趋势来看,这一类别占比日益增多。

(一)企业投资备案的法律依据

根据《企业投资项目核准和备案管理条例》第三条第二款,对前款规定以外的项目,实行备案管理。除国务院另有规定的,实行备案管理的项目按照属地原则备案,备案机关及其权限由省、自治区、直辖市和计划单列市人民政府规定。

根据《政府核准的投资项目目录(2016年本)》,企业投资建设本目录内的固定资产投资项目,须按照规定报送有关项目核准机关核准。企业投资建设本目录外的项目,实行备案管理。事业单位、社会团体等投资建设的项目,按照本目录执行。

(二)备案流程

根据《企业投资项目核准和备案管理条例》第十三条第一款,实行备案管理的项目,企业应当在开工建设前通过在线平台将下列信息告知备案机关:(1)企业基本情况;(2)项目名称、建设地点、建设规模、建设内容;(3)项目总投资额;(4)项目符合产业政策的声明。根据该条第三款,备案机关收到本条第一款规定的全部信息即为备案;企业告知的信息不齐全的,备案机关应当指导企业补正。

尽管企业投资属于自主决策,但因企业类型的不同,还是有较大差异。例如,对于由国资委管理的中央企业,以及地方国资委管理的地方国有企业,其投资就受到一定程度的事先监控。对于有些大型国企而言,其投资的监管严格程度甚至与政府投资监管不相上下。

第六节　用地预审(与规划选址意见书)

由于国家对土地有着严格的规划管控,为了更好地利用土地,充分发挥其政治、经济、社会和生态效益,在建设项目准备的前期阶段就有必要及时介入,避免事后造成无法挽回的损失,这就是建设项目用地预审以及规划选址等制度的存在意义。

一、建设项目用地预审意见书

建设项目用地预审意见书是在建设项目初步审查的基础上进行的,因不同的项目而有所不同,目的在于根据已经依法审批的国土空间规划以及相关的法律规范,对各类建设项目和建设项目用地进行预判性控制、协调、引导和组织,使新的建设项目与旧的建设项目都纳入统一的国土空间规划之中。

(一)建设项目用地预审的概念

根据《建设项目用地预审管理办法》(国土资源部令第68号,2017年1月1日实施)第二条,建设项目用地预审是指国土资源主管部门在建设项目审批、核准、备案阶段,依法对建设项目涉及的土地利用事项进行的审查。以中央预算内直接投资项目为例,根据《中央预算内直接投资项目管理办法》第十一条第一款,批准后的项目建议书需要抄送自然资源、生态环境等部门。众所周知,目前城乡规划职能和国土资源职能都已经归并为自然资源主管部门。因此,一旦项目建议书获得批准后,需要同步抄送给自然资源主管部门,这也就开启了用地预审的程序。

正式的建设项目用地预审制度建立时间还是比较早的,根据2001年《建设项目用地预审管理办法》(国土资源部令第7号,2001年7月25日实施)第二条,建设项目用地预审是指在建设项目可行性研究阶段,有关人民政府土地行政主管部门依法对建设项目涉及土地利用的事项进行的审查。由此可以看出这一程序在建设项目整体运转流程中是相当靠前的,这也与当时的比较严格甚至有些僵硬的管理体制相适应。根据该办法第六条,申请用地预审应当提交项目建议书批复文件、建设项目可行性研究报告(其中应当包括规划选址情况、用地总规模和用地类型、补充耕地资金落实情况、土地利用的章节)和地质灾害危险性评估报告(单独选址的建设项目且拟占用地质灾害防治规划确定的地质灾害易发区内土地的)。该办法分别于 2004 年 10 月 29 日国土资源部令第 27 号的形式进行修订,2008 年 11 月 12 日国土资源部令第 42 号的形式进行修正,以及 2016 年 11 月 25 日国土资源部令第 68 号的形式进行修正,总的趋势是简政放权。

(二)用地预审的法律依据

根据《土地管理法》第五十二条,建设项目可行性研究论证时,自然资源主管部门可以根据土地利用总体规划、土地利用年度计划和建设用地标准,对建设用地有关事项进行审查,并提出意见。

根据 2014 年《土地管理法实施条例》第二十四条第(二)项,建设项目批准、核准前或者备案前后,由自然资源主管部门对建设项目用地事项进行审查,提出建设项目用地预审意见。建设项目需要申请核发选址意见书的,应当合并办理建设项目用地预审与选址意见书,核发建设项目用地预审与选址意见书。

根据《建设用地审查报批管理办法》(国土资源部令第 69 号,2017 年 1 月 1 日实施)第四条第一款,在建设项目审批、核准、备案阶段,建设单位应当向建设项目批准机关的同级国土资源主管部门提出建设项目用地预审申请。根据该条第二款,受理预审申请的国土资源主管部门应当依据土地利用总体规划、土地使用标准和国家土地供应政策,对建设项目的有关事项进行预审,出具建设项目用地预审意见。

(三)免予用地预审的情况

从逻辑上讲,如果建设项目不涉及新增建设用地,并且用地是以土地出让方式获取的,那么既不需要办理用地预审,也不需要办理选址意见书,是不是国家在土地出让的时候已经确定了土地用途和规划?答案是肯定的。根据《国土资源部关于改进和优化建设项目用地预审和用地审查的通知》(国土资规〔2016〕16 号,2017

年1月1日实施,2022年1月1日失效)[①]第二条第(九)项,不涉及新增建设用地,在土地利用总体规划确定的城镇建设用地范围内使用已批准建设用地进行项目建设的,可不进行用地预审。

(四)预审机关

根据《建设项目用地预审管理办法》第四条第一款,建设项目用地实行分级预审的基本原则。

1. 项目审批制的

根据《建设项目用地预审管理办法》第四条第二款,需人民政府或有批准权的人民政府发展和改革等部门审批的建设项目,由该人民政府的国土资源主管部门预审。

2. 项目核准和备案的

根据《建设项目用地预审管理办法》第四条第三款,需核准和备案的建设项目,由与核准、备案机关同级的国土资源主管部门预审。

3. 自然资源部用地预审的

根据《关于规范建设项目用地预审办理有关事项的通知》(自然资办函〔2022〕455号,2022年3月16日实施),由自然资源部用途管制司处理,分为受理和决定两个步骤。

根据《自然资源部关于贯彻落实〈国务院关于授权和委托用地审批权的决定〉的通知》(自然资规〔2020〕1号,2020年3月6日实施,2025年3月6日失效)第二条,对应国务院授权和委托的用地审批权,将部的用地预审权同步下放省级自然资源主管部门。根据《建设项目用地预审管理办法》第六条第三款,应当由原国土资源部负责预审的输电线塔基、钻探井位、通讯基站等小面积零星分散建设项目用地,由省级国土资源主管部门预审,并报国土资源部备案。

根据《建设项目用地预审管理办法》第六条第一款,依照本办法第四条规定应当由原国土资源部预审的建设项目,原国土资源部委托项目所在地的省级国土资源主管部门受理,但建设项目占用规划确定的城市建设用地范围内土地的,委托市级国土资源主管部门受理。受理后,提出初审意见,转报原国土资源部。

---

① 注:该通知因自身规定已于2022年1月1日自动失效,但目前尚无接续文件,实务中仍在适用。

4. 特殊项目的

根据《建设项目用地预审管理办法》第六条第二款,涉密军事项目和国务院批准的特殊建设项目用地,建设用地单位可直接向原国土资源部提出预审申请。

(五)预审时机

用地预审的时机主要是涉及如何把项目审批阶段中的相关环节与用地预审环节的前后关系理清楚,根据批准形式的不同而有所不同。

1. 需审批的

根据《建设项目用地预审管理办法》第五条第一款,需审批的建设项目在可行性研究阶段,由建设用地单位提出预审申请。实际上,结合下面两种情况的规定,用地预审是在可行性研究报告获批之前。

2. 需核准的

根据该办法第五条第二款,需核准的建设项目在项目申请报告核准前,由建设单位提出用地预审申请。

3. 需备案的

根据该办法第五条第三款,需备案的建设项目在办理备案手续后,由建设单位提出用地预审申请。

(六)报送材料

根据《建设项目用地预审管理办法》第七条第一款,申请用地预审的项目建设单位,应当提交下列材料:(1)建设项目用地预审申请表;(2)建设项目用地预审申请报告,内容包括拟建项目的基本情况、拟选址占地情况、拟用地是否符合土地利用总体规划、拟用地面积是否符合土地使用标准、拟用地是否符合供地政策等;(3)审批项目建议书的建设项目提供项目建议书批复文件,直接审批可行性研究报告或者需核准的建设项目提供建设项目列入相关规划或者产业政策的文件。根据该条第二款,前款规定的用地预审申请表样式由原国土资源部制定。

(七)审查内容

根据《建设项目用地预审管理办法》第十一条第一款,预审应当审查以下内容:(1)建设项目用地是否符合国家供地政策和土地管理法律、法规规定的条件;(2)建设项目选址是否符合土地利用总体规划,属《土地管理法》第二十六条规定情形,建设项目用地需修改土地利用总体规划的,规划修改方案是否符合法律、法规的规定;(3)建设项目用地规模是否符合有关土地使用标准的规定;对国家和地方尚未颁布土地使用标准和建设标准的建设项目,以及确需突破土地使用标准确定的规模和功能分区的建设项目,是否已组织建设项目节地评价并出具评审论证意见。根据该办法第十一条第二款,占用基本农田或者其他耕地规模较大的建设项目,还应当审查是否已经组织踏勘论证。其原因在于,目前国家对确保18亿亩耕地红线的要求越来越严格,凡是可能导致其减少的,必须慎之又慎,现场调查研究就是其中一个必要手段。根据该办法第十三条,预审意见应当包括对本办法第十一条规定内容的结论性意见和对建设用地单位的具体要求。

此外,还可能根据其他法律文件的专门规定进行必要的审查。例如,拟建设的项目需要避开电力设施一定距离,具体要求参见《电力设施保护条例》(国务院令第588号,2011年1月8日实施)第十条以及《电力设施保护条例实施细则》(国家发展和改革委员会令第10号,2011年6月30日实施)全文和《电气安全管理规程》(机械工业部〔86〕机生字76号,1987年1月1日实施)全文。另外还有防洪和抗震要求等,也需要参阅相应的法律法规。

(八)需要重新预审的情形

根据《国土资源部关于改进和优化建设项目用地预审和用地审查的通知》第二条第(三)项,在用地预审通过后、可行性研究报告批准或核准前,建设项目选址发生局部调整,不符合土地利用总体规划或者用地总规模超过土地使用标准的,应重新申请用地预审。

(九)用地预审与用地审批的关系

根据《国土资源部关于改进和优化建设项目用地预审和用地审查的通知》第二条第(三)项,已通过用地预审的建设项目,在用地报批阶段原则上不再重复审查是否符合土地利用总体规划、是否符合土地使用标准等情况,但项目用地位置、规模、功能分区发生变化的,应依据土地利用总体规划和土地使用标准进行复核。

(十)预审阶段需要修改总体规划的规定

根据《国土资源部关于改进和优化建设项目用地预审和用地审查的通知》第二条第(三)项,属于《土地管理法》第二十六条规定情形(包括占用基本农田情形),

确需修改土地利用总体规划的，必须对修改规划的必要性和可行性进行论证说明，在用地预审阶段编制规划修改方案（包括基本农田补划内容），并在建设项目用地报批前完成规划修改听证、规划实施影响评估和专家论证等工作。

（十一）根据对补充耕地和征地补偿等简化审查

根据《国土资源部关于改进和优化建设项目用地预审和用地审查的通知》第二条第（四）项，用地预审阶段，不再对补充耕地和征地补偿费用、矿山项目土地复垦资金安排情况进行审查，相应审查在用地报批阶段进行。

（十二）改进地质灾害危险性评估的审查

根据《国土资源部关于改进和优化建设项目用地预审和用地审查的通知》第二条第（五）项，用地预审阶段，不再对单独选址的审批类建设项目是否开展地质灾害危险性评估进行审查。在用地报批阶段，部对地质灾害危险性评估情况进行形式性审查，地方国土资源主管部门应核实建设项目是否位于地质灾害易发区，位于地质灾害易发区的，应进一步核实建设单位是否按规定进行了地质灾害危险性评估；省级国土资源主管部门在提交建设项目用地审查报告时，应对是否进行地质灾害危险性评估进行说明。未按规定开展地质灾害危险性评估的，不得批准建设用地。

（十三）改进压覆重要矿产资源的审查

根据《国土资源部关于改进和优化建设项目用地预审和用地审查的通知》第二条第（六）项，用地预审阶段，不再对单独选址的审批类建设项目是否压覆重要矿产资源进行审查。在用地报批阶段，建设项目涉及压覆重要矿产资源的，在建设单位说明已与矿业权人就压矿补偿问题进行协商、有关市县人民政府承诺做好压矿补偿协调工作的前提下，可办理用地审批手续。

根据《矿产资源法》第二十三条，在建设铁路、工厂、水库、输油管道、输电线路和各种大型建筑物或者建筑群之前，建设单位必须向所在省、自治区、直辖市地质矿产主管部门了解拟建工程所在地区的矿产资源分布和开采情况。非经国务院授权的部门批准，不得压覆重要矿床。

（十四）单独选址的需审查地质灾害和矿产资源压覆情况

根据《建设项目用地预审管理办法》第八条，建设单位应当对单独选址建设项目是否位于地质灾害易发区、是否压覆重要矿产资源进行查询核实；位于地质灾害易发区或者压覆重要矿产资源的，应当依据相关法律法规的规定，在办理用地预审手续后，完成地质灾害危险性评估、压覆矿产资源登记等。

（十五）考古调查、勘探审查必要性

根据《文物保护法》第二十九条第一款，进行大型基本建设工程，建设单位应当事先报请省、自治区、直辖市人民政府文物行政部门组织从事考古发掘的单位在工程范围内有可能埋藏文物的地方进行考古调查、勘探。

不过，并无相关的法律明文规定需要在用地预审阶段进行考古调查、勘探。对于这一环节到底应该放在什么阶段，目前实务做法也是不一。考虑到“放管服”改革的大背景，预审阶段可不强制进行。

（十六）预审审查流程

根据《建设项目用地预审管理办法》第九条，负责初审的国土资源主管部门在转报用地预审申请时，应当提供下列材料：(1)依据本办法第十一条有关规定，对申报材料作出的初步审查意见；(2)标注项目用地范围的土地利用总体规划图、土地利用现状图及其他相关图件；(3)属于《土地管理法》第二十六条规定情形，建设项目用地需修改土地利用总体规划的，应当出具规划修改方案。

根据该办法第十条第一款，符合本办法第七条规定的预审申请和第九条规定的初审转报件，国土资源主管部门应当受理和接收。不符合的，应当场或在 5 日内书面通知申请人和转报人，逾期不通知的，视为受理和接收。

根据该办法第十条第二款，受原国土资源部委托负责初审的国土资源主管部门应当自受理之日起 20 日内完成初审工作，并转报原国土资源部。

根据该办法第十二条，国土资源主管部门应当自受理预审申请或者收到转报材料之日起 20 日内，完成审查工作，并出具预审意见。20 日内不能出具预审意见的，经负责预审的国土资源主管部门负责人批准，可以延长 10 日。

（十七）预审意见的法律地位

根据《建设项目用地预审管理办法》第十四条，预审意见是有关部门审批项目可行性研究报告、核准项目申请报告的必备文件。

根据该办法第十五条第二款，未经预审或者预审未通过的，不得批复可行性研

究报告、核准项目申请报告;不得批准农用地转用、土地征收,不得办理供地手续。预审审查的相关内容在建设用地报批时,未发生重大变化的,不再重复审查。

(十八)预审意见有效期

根据《建设项目用地预审管理办法》第十五条第一款,建设项目用地预审文件有效期为3年,自批准之日起计算。已经预审的项目,如需对土地用途、建设项目选址等进行重大调整的,应当重新申请预审。

二、建设项目选址意见书

关于选址意见书,其早期雏形始于《关于基本建设程序的若干规定》第二条规定的选点报告。根据该规定,建设项目必须慎重选择建设地点,要在综合研究和进行多方案比较的基础上,提出选点报告。在某种意义上,它也与《城市规划法》(已失效)第三十一条规定的定点申请类似,即在城市规划区内进行建设需要申请用地的,必须持国家批准建设项目的有关文件,向城市规划行政主管部门申请定点。《关于统一实行建设用地规划许可证和建设工程规划许可证的通知》([90]建规字第66号,1990年2月23日实施)也有关于建设项目定点申请的相关规定,基本上属于对《城市规划法》相关规定的重申。

(一)选址意见书的概念

根据《城市规划基本术语标准》"5.0.4",选址意见书(permission notes for location)是指城市规划行政主管部门依法核发的有关建设项目选址布局的法律凭证。

(二)法律依据

根据《城乡规划法》第三十六条第一款,按照国家规定需要有关部门批准或者核准的建设项目,以划拨方式提供国有土地使用权的,建设单位在报送有关部门批准或者核准前,应当向城乡规划主管部门申请核发选址意见书。根据该条第二款,前款规定以外的建设项目不需要申请选址意见书。

(三)选址要求

由于我国地少人多的现实国情,对土地实行节约利用就成为不得不采纳的国策。根据《土地管理法》第二十一条第一款,城市建设用地规模应当符合国家规定的标准,充分利用现有建设用地,不占或者尽量少占农用地。另据该法第三十七条第一款,非农业建设必须节约使用土地,可以利用荒地的,不得占用耕地;可以利用劣地的,不得占用好地。

根据《节约集约利用土地规定》(自然资源部令第5号,2019年7月24日实施)第二条,节约集约利用土地是指通过规模引导、布局优化、标准控制、市场配置、盘活利用等手段,达到节约土地、减量用地、提升用地强度、促进低效废弃地再利用、优化土地利用结构和布局、提高土地利用效率的各项行为与活动。

三、用地预审与规划选址意见书的合并

仅仅在数年前,建设项目用地预审意见和建设项目选址意见书还是两个独立的行政审批环节。由于它们功能相似,一直有呼声要求合并,但迟迟未果。

(一)合并的法律依据

2019年9月17日,组建刚满1年的自然资源部发布了《关于以“多规合一”为基础推进规划用地“多审合一、多证合一”改革的通知》(自然资规〔2019〕2号,2019年9月17日实施,2024年9月17日失效),将建设项目选址意见书、建设项目用地预审意见合并,自然资源主管部门统一核发“建设项目用地预审与选址意见书”,不再单独核发建设项目选址意见书以及建设项目用地预审意见。其根本宗旨是将建设项目审批流程所涉及的立项、用地规划以及竣工验收等阶段的同类审批事项进行合并处理,最大限度地避免多头审批、重复审查、钳制审查、多次发证,从而做到简政放权,提高效率,为最终建立统一的国土空间规划审批制度打下基础。

(二)选址意见书和建设用地预审合并办理申请实例演示

前面都是抽象地对报批审批进行讨论,如果有更具体的要求,给人以直观的印象或许更佳。下边以浙江省杭州市江干规划资源分局2021年3月15日发布的《建设项目选址意见书和建设用地预审合并办理申请材料》为例,列举申请人需要提供的材料,对全国各地都有示范意义。

1. 建设项目选址意见书和建设用地预审合并办理申请表;

2. 授权委托书、社会统一代码证及受托人身份证明;

3. 建设项目的四至范围、预测绘成果(含用地预审与选址意见书附图、电子文件)及TXT坐标文件;

4. 计划批复文件或项目建设计划；

5. 标明拟选址位置的地形图；

6. 项目所在地土地利用总体规划局部图；

7. 实地踏勘表及现状照片；

8. 其他相关资料：涉及农转用项目或跨区域项目提供县（市）级选址预审初审意见；预测绘成果涉及耕地的需提供耕地占补平衡承诺书；涉及留用地项目核对指标信息；涉及生态保护区、自然保护区的项目需提供行业主管部门意见；建设项目规划选址和用地预审论证报告（对城乡空间布局有重大影响的建设项目，涉及穿越或占用生态保护红线的交通、能源等线性工程和军事设施等特殊建设项目，允许纳入用地预审受理范围的占用永久基本农田及占用耕地规模较大的重大建设项目需提供，由申请人委托编制单位制作并提供）。

第七节　农用地转用

不是每一个建设项目都必然经历农用地转用审批程序，因而本节的内容并非所有建设项目都需要履行的环节。事实上，如果拟占用的地块本来就是建设用地性质，就谈不上农用地转用问题，而是可以直接进入下一阶段的审批程序。无论是集体农用地，还是国有农用地，涉及转用的都必须履行农用地转用审批手续。这已经成为国家目前对土地用途进行管制，保护永久基本农田，限制农用地随意转为建设用地的重要抓手之一，这也是 2019 年《土地管理法》第四条的意旨所在。

一、农用地转用的概念

一般来说，农用地转用是指原用途为农用地的土地按照国土空间规划（土地利用总体规划）和法律规定的批准权限，在履行必要的法定程序后，经过有权机关批准后其用途转为建设用地的行为。

正式的农用地转用制度始于 1998 年 8 月 29 日《土地管理法》的修订，该法修订版于 1999 年 1 月 1 日实施，其第四十四条正式设立了这一制度。此后，尽管《土地管理法》经历了多次修改，但这一制度不仅保留了下来，而且越发严格，成为国家对土地实施用途管制的重要法律手段。

（一）法律依据

根据《土地管理法》第四十四条第一款，建设占用土地，涉及农用地转为建设用地的,应当办理农用地转用审批手续。而于2021年9月1日开始实施的修订版《土地管理法实施条例》第四章“建设用地”第二节的节名为“农用地转用”,从第二十三条到第二十五条,对此进行了更细致的规定。

(二)国土空间规划建设用地规模范围内外两种情形

根据《土地管理法》第四十四条第三款,在土地利用总体规划确定的城市和村庄、集镇建设用地规模范围内,为实施该规划而将永久基本农田以外的农用地转为建设用地的,按土地利用年度计划分批次按照国务院规定由原批准土地利用总体规划的机关或者其授权的机关批准。在已批准的农用地转用范围内,具体建设项目用地可以由市、县人民政府批准。

根据该条第四款,在土地利用总体规划确定的城市和村庄、集镇建设用地规模范围外,将永久基本农田以外的农用地转为建设用地的,由国务院或者国务院授权的省、自治区、直辖市人民政府批准。

二、农用地转用条件

如果一块土地原本是用于维系14亿中国人生存的农用地,把它转为建设用地显然需要符合一定的条件才能获得批准,主要法律依据是《土地管理法实施条例》第二十四条第(三)项的规定。

(一)符合国土空间规划(土地利用总体规划)

在当代中国现行的土地制度中,土地用途管制的核心是国土空间规划,即目前仍然普遍实行但将在未来逐步由国土空间规划替代的土地利用总体规划。在这里,又需要区分两种情况。

1.既有规划

在某一时间段内,即使还没有农用地转用目的出现,也是需要对某一地域范围内的国土空间进行事先规划。通过这一规划,每个区分单位的土地被标注为某一具体用途,由此确定土地使用条件,并依法向社会进行公告。对于某一农用地来说,其是否可被转用为建设用地,首先就要考察它是否符合该规划。如果答案肯定,那么就可以转用。如果答案否定,就不能转用。

显然,这里存在一个考察层次问题。根据《中共中央、国务院关于建立国土空间规划体系并监督实施的若干意见》,正在进行并将大力推进的是“五级三类”国土空间规划体系，即全国、省级、市、县和乡镇五个层级以及总体规划、详细规划和专项规划三种类别。考察某一建设项目类型是否符合国土空间规划，主要是指市县以下的详细规划。对于国家和省级规划来说，主要是针对市县宏观规划布局管控，一般涉及不到建设项目的具体层次。

2. 修改规划

古代有句成语，百密一疏，再周密的考虑也有欠缺的地方，何况人类要面对的是无时无刻不在变化的现实。原则上，国土空间规划（土地利用总体规划）一经制定就须严格执行，不能朝令夕改。不过，这也不是绝对的。对于有些体现公共利益的建设项目来说，很难如神算子那样未卜先知。就这些对建设位置有特殊要求的建设项目来说，涉及现有规划的修改问题。如果一味地墨守成规，需要先修改规划，再按照上面提到的程序使建设项目符合规划，显然过于迂腐了，时间也不允许拖得如此之长。为了保障这类用地需求，现行土地管理法是留有余地的。

根据《土地管理法》第二十五条第一款，经批准的土地利用总体规划的修改，须经原批准机关批准；未经批准，不得改变土地利用总体规划确定的土地用途。根据该条第二款，经国务院批准的大型能源、交通、水利等基础设施建设用地，需要改变土地利用总体规划的，根据国务院的批准文件修改土地利用总体规划。根据该条第三款，经省、自治区、直辖市人民政府批准的能源、交通、水利等基础设施建设用地，需要改变土地利用总体规划的，属于省级人民政府土地利用总体规划批准权限内的，根据省级人民政府的批准文件修改土地利用总体规划。

（二）符合土地利用年度计划

如果说前面提到的建设项目需要符合国土空间规划属于一种空间上的管控，那么土地利用年度计划则属于一种时间上的管控。曾经有人天真地认为只要严格执行国土空间规划就万事大吉了，对地方政府或相关方面的政绩冲动等显然认识不够。如果不在时间节奏上有所把控，在短时间内可能就有地方把用地指标用完，然后继任者不得不想办法突破国土空间规划。因此，《土地管理法》第二十三条第一款明确规定，各级人民政府应当加强土地利用计划管理，实行建设用地总量控制。该条第二款则规定，土地利用年度计划，根据国民经济和社会发展计划、国家产业政策、土地利用总体规划以及建设用地和土地利用的实际状况编制。土地利用年度计划应当对本法第六十三条规定的集体经营性建设用地作出合理安排。土地利用年度计划的编制审批程序与土地利用总体规划的编制审批程序相同，一经审批下达,必须严格执行。

(三)符合耕地占补平衡要求

《土地管理法》第一条、第三条和第三十条第一款对保护耕地作了一般性规定,《土地管理法》第三十条第二款则明确要求,国家实行占用耕地补偿制度。非农业建设经批准占用耕地的,按照“占多少,垦多少”的原则,由占用耕地的单位负责开垦与所占用耕地的数量和质量相当的耕地;没有条件开垦或者开垦的耕地不符合要求的,应当按照省、自治区、直辖市的规定缴纳耕地开垦费,专款用于开垦新的耕地。

根据《土地复垦条例》(国务院令第592号,2011年3月5日实施)第十三条第一款,土地复垦义务人应当在办理建设用地申请或者采矿权申请手续时,随有关报批材料报送土地复垦方案。另据该条第二款,土地复垦义务人未编制土地复垦方案或者土地复垦方案不符合要求的,有批准权的人民政府不得批准建设用地,有批准权的国土资源主管部门不得颁发采矿许可证。

(四)占用永久基本农田需特别理由

如果有些建设项目不得不占用永久基本农田,需要对此进行额外的说明,否则就不会批准。根据《土地管理法实施条例》第二十四条第(二)项,涉及占用永久基本农田的,还应当对占用永久基本农田的必要性、合理性和补划可行性作出说明。

三、农用地转用报批

这里需要区分两种情形,已经有国土空间规划确定的建设用地范围的,以及没有国土空间规划确定的建设用地范围的。

(一)已有规划确定在建设用地范围的

根据《土地管理法实施条例》第二十三条第一款,在国土空间规划确定的城市和村庄、集镇建设用地范围内,为实施该规划而将农用地转为建设用地的,由市、县人民政府组织自然资源等部门拟订农用地转用方案,分批次报有批准权的人民政府批准。根据该条第二款,农用地转用方案应当重点对建设项目安排、是否符合国土空间规划和土地利用年度计划以及补充耕地情况作出说明。根据该条第三款,农用地转用方案经批准后,由市、县人民政府组织实施。

(二)已有规划确定在建设用地范围之外的

根据《土地管理法实施条例》第二十四条,建设项目确需占用国土空间规划确定的城市和村庄、集镇建设用地范围外的农用地,涉及占用永久基本农田的,由国务院批准;不涉及占用永久基本农田的,由国务院或者国务院授权的省、自治区、直辖市人民政府批准。具体按照下列规定办理:

首先,建设项目批准、核准前或者备案前后,由自然资源主管部门对建设项目用地事项进行审查,提出建设项目用地预审意见。建设项目需要申请核发选址意见书的,应当合并办理建设项目用地预审与选址意见书,核发建设项目用地预审与选址意见书。

其次,建设单位持建设项目的批准、核准或者备案文件,向市、县人民政府提出建设用地申请。市、县人民政府组织自然资源等部门拟订农用地转用方案,报有批准权的人民政府批准;依法应当由国务院批准的,由省、自治区、直辖市人民政府审核后上报。农用地转用方案应当重点对是否符合国土空间规划和土地利用年度计划以及补充耕地情况作出说明,涉及占用永久基本农田的,还应当对占用永久基本农田的必要性、合理性和补划可行性作出说明。

最后,农用地转用方案经批准后,由市、县人民政府组织实施。

(三)可分期办理

根据《土地管理法实施条例》第二十五条第一款,建设项目需要使用土地的,建设单位原则上应当一次申请,办理建设用地审批手续,确需分期建设的项目,可以根据可行性研究报告确定的方案,分期申请建设用地,分期办理建设用地审批手续。建设过程中用地范围确需调整的,应当依法办理建设用地审批手续。

根据自然资源部等七个部门联合发布《关于加强用地审批前期工作积极推进基础设施项目建设的通知》(自然资发〔2022〕130 号,2022 年 8 月 3 日实施),允许分期分段办理农用地转用和土地征收。确需分期建设的项目,可以根据可行性研究报告确定的方案,分期申请建设用地,分期办理建设用地审批手续。线型基础设施建设项目正式报批用地时,可根据用地报批组卷进度,以市(地、州、盟)分段报批用地。

四、农用地转用审批

我国严守 18 亿亩耕地红线的制度,对于农用地征收的权限设置了严格标准,甚至上达了作为中央人民政府的国务院层级，相对于其他行政管理事务而言，其严格程度由此可见一斑。

（一）国务院审批

根据《土地管理法》第四十四条第二款，永久基本农田转为建设用地的，由国务院批准。当然，尽管规定如此，但从多年来的实务操作来看，具体细节的工作还是由原国土资源部，即现在的自然资源部负责了很大一部分。

（二）总规批准机关或授权机关批准

根据《土地管理法》第四十四条第三款，在土地利用总体规划确定的城市和村庄、集镇建设用地规模范围内，为实施该规划而将永久基本农田以外的农用地转为建设用地的，按土地利用年度计划分批次按照国务院规定由原批准土地利用总体规划的机关或者其授权的机关批准。

（三）省级政府批准

根据《土地管理法》第四十四条第四款，在土地利用总体规划确定的城市和村庄、集镇建设用地规模范围外，将永久基本农田以外的农用地转为建设用地的，由国务院或者国务院授权的省、自治区、直辖市人民政府批准。

（四）省级政府权限扩大规定

根据《国务院关于授权和委托用地审批权的决定》，将国务院可以授权的永久基本农田以外的农用地转为建设用地审批事项授权各省、自治区、直辖市人民政府批准。自本决定发布之日起，按照《土地管理法》第四十四条第三款的规定，对国务院批准土地利用总体规划的城市在建设用地规模范围内，按土地利用年度计划分批次将永久基本农田以外的农用地转为建设用地的，国务院授权各省、自治区、直辖市人民政府批准；按照《土地管理法》第四十四条第四款的规定，对在土地利用总体规划确定的城市和村庄、集镇建设用地规模范围外，将永久基本农田以外的农用地转为建设用地的，国务院授权各省、自治区、直辖市人民政府批准。

（五）市、县级政府批准

根据《土地管理法》第四十四条第三款，在已批准的农用地转用范围内，具体建设项目用地可以由市、县人民政府批准。

五、农用地转用批复

农用地转用批复是上级人民政府针对下级人民政府的报批所进行的回复，通常属于对报批材料的一种内部批准行为，但其法律性质仍众说纷纭。

（一）农用地转用批复的有效期

在通常情况下，农用地转用批复的有效期为2年。曾经至少先后有4个国家层面的法律文件对此予以规定，但其中2个已经失效。尽管如此，该失效文件在其有效期间对批复的法律界定仍是有效的。

根据《国务院关于深化改革严格土地管理的决定》"四（十九）"，严禁闲置土地。农用地转用批准后，满两年未实施具体征地或用地行为的，批准文件自动失效。根据《国土资源部关于严格建设用地管理促进批而未用土地利用的通知》（国土资发〔2009〕106号，2009年8月11日实施）一、第三款，省级国土资源管理部门要加强对城市建设用地批后实施的跟踪管理和督促。国务院批准的城市建设用地，自省级人民政府审核同意实施方案后满两年未实施具体征地或用地行为的，该部分土地的农用地转用失效，并应以适当方式予以公告。

（二）农用地转用方案实施

根据《土地管理法实施条例》第二十四条第（三）项，农用地转用方案经批准后，由市、县人民政府组织实施。

六、土地复垦

对于不适用于农用地的土地，可通过采取土地整治措施，使之成为或恢复为可供农用的状态。不动产征补视域中的土地复垦是由于占用农用地作为建设用地而在他处进行复垦，以保持农用地总量在一定的时空范围内维持平衡的活动。

（一）法律依据

根据《土地管理法》第三十条第二款和《土地管理法实施条例》第八条第一款，国家实行占用耕地补偿制度。非农业建设经批准占用耕地的，按照"占多少，垦多少"的原则，由占用耕地的单位负责开垦与所占用耕地的数量和质量相当的耕地；

没有条件开垦或者开垦的耕地不符合要求的，应当按照省、自治区、直辖市的规定缴纳耕地开垦费，专款用于开垦新的耕地。

（二）复垦人

根据《土地管理法实施条例》第八条第一款，分别由县级人民政府、农村集体经济组织和建设单位负责开垦与所占用耕地的数量和质量相当的耕地；没有条件开垦或者开垦的耕地不符合要求的，建设单位应当按照省、自治区、直辖市的规定缴纳耕地开垦费，专款用于开垦新的耕地。

（三）复垦方式

本书的主题是不动产征收与补偿，因此这里仅关涉因不动产征收而导致耕地减少需要复垦的情形。

1. 当地开垦

根据《土地管理法实施条例》第八条第一款，有开垦条件的，开垦与所占用耕地的数量和质量相当的耕地。

2. 易地开垦

根据《土地管理法实施条例》第八条第三款，个别省、直辖市需要易地开垦耕地的，依照《土地管理法》第三十二条的规定执行。

3. 缴纳耕地开垦费

根据《土地管理法实施条例》第八条第一款，没有条件开垦或者开垦的耕地不符合要求的，应当按照省、自治区、直辖市的规定缴纳耕地开垦费，专款用于开垦新的耕地。

（四）复垦验收

根据《土地管理法实施条例》第八条第二款，省、自治区、直辖市人民政府应当组织自然资源主管部门、农业农村主管部门对开垦的耕地进行验收，确保开垦的耕地落实到地块。划入永久基本农田的还应当纳入国家永久基本农田数据库严格管理。占用耕地补充情况应当按照国家有关规定向社会公布。

七、农用地转用与土地征收的关系

根据现行的土地管理法律制度，农用地转用审批和集体土地征收是两个相互独立但又有一定关联的事项，呈现出一种较为复杂的关系。

（一）涉及征收的须办理征地手续

《土地管理法实施条例》第二十五条第二款，农用地转用涉及征收土地的，还应当依法办理征收土地手续。

1. 先转用后征收

根据《土地管理法》第四十六条第三款，征收农用地的，应当依照本法第四十四条的规定先行办理农用地转用审批。

2. 国务院批准转用的同时办理征收

根据同上条款，经国务院批准农用地转用的，同时办理征地审批手续，不再另行办理征地审批。

3. 省级政府权限内的转用征收同时办理

根据同上条款，经省、自治区、直辖市人民政府在征地批准权限内批准农用地转用的，同时办理征地审批手续，不再另行办理征地审批。

4. 省级政府权限外的另行办理征地审批

根据同上条款，超过征地批准权限的，应当依照本条第一款的规定另行办理征地审批。

（二）只转不征

随着集体经营性建设用地入市政策的逐渐放开，在实践中可能涉及农村集体土地用途改变，但所有权不改变的情况。目前，已经有地方进行了大胆实践。例如，江苏省常州市就允许只转不征，即“对集体所有的农用地、未利用地等非建设用地，依法办理农用地和未利用地转为建设用地审批手续，但不予以征收，仍保留农民集体所有性质的土地利用方式”①。

（三）只征不转

在个别情况下，只需征收农民集体土地即可，不需要办理农用地转用审批手续。例如，根据《自然资源部办公厅关于以“三调”成果为基础做好建设用地审查报批地类认定的通知》（自然资办函〔2022〕411 号，2022 年 4 月 15 日实施）第三条，新

---

① 刘一珉、李树：《我市首次批准“只转不征”用地》，载《常州日报》2020 年 10 月 9 日，第 1 版。

建水利水电工程中水库淹没区形成的水库水面，不办理农用地转用手续；涉及使用农民集体所有土地的，应办理土地征收手续，按淹没前的现状地类报批；涉及占用永久基本农田的，应落实永久基本农田补划任务；涉及占用耕地的，要先行落实耕地“进出平衡”。

八、针对农用地转用批复的法律救济

农用地转用批复在法律性质上到底如何，长期以来备受争议。参照《国法办对宁夏回族自治区人民政府法制办公室〈关于省级人民政府土地批复行政复议案件有关问题的请示〉的复函》（国法秘复函〔2017〕817 号，注：具体月日不详），征地批复属于行政复议范围。既然农用地转用批复与征地批复相似，而征地批复可以复议，那么农用地转用批复是否也可以复议？对此，最高人民法院的一个判例回答了这一问题。

根据最高人民法院（2018）最高法行再 49 号《行政裁定书》，农用地转用审批与征地审批具有高度关联性和相似性，两者往往同步进行、一并作出，均可直接影响所涉土地权利人的权益。虽然目前关于省级人民政府农用地转用批复是否可以申请行政复议没有明确规定，但由于其与征地批复的高度相似性，可以比照征地批复的救济规则予以处理。

根据《行政诉讼法》第七十九条，复议机关与作出原行政行为的行政机关为共同被告的案件，人民法院应当对复议决定和原行政行为一并作出裁判。既然农用地转用批复属于行政复议的范围，而对行政复议行为又可以提起行政诉讼，并且人民法院也要对原行政行为一并审查，那么农用地转用批复显然也是可以由人民法院司法审查的。因此，一般来说当事人对于作为一种行政行为的农用地转用批复具有行政法上的救济权。

第八节　项 目 批 准

在完成了立项，完成了用地预审，涉及农用地的完成了农用地转用审批，拟建设的项目就可以获得批准了。当然，依据建设项目本身的不同，项目批准的标准也各不相同。对于监管较为严格的政府投资而言，项目建议书、可行性研究报告和初步设计都获批后才算项目批准，特殊情况下还需要开工报告；对于企业投资而言获得核准即为项目批准；对于仅需备案而不需要严格批准程序的企业投资而言，备案

完成即可。本节同样以中央预算内直接投资项目为例进行介绍,其他类别的项目要求比它要低一些,可参照理解。

一、可行性研究报告

在项目审批程序中,可行性研究是项目建议书的下一步骤,是项目建议书获批后的深化,项目建议书如果没有批准是没法开展可行性研究的。

(一)可行性研究报告的概念

可行性研究有时简称“可研”,工程可行性研究有时简称“工可”或“工可研”,是很多类别的项目投资必不可少的一道程序。根据《工程咨询 基本术语》“5.1.14”,项目可行性研究(feasibility study of engineering project)是指项目策划与决策阶段与项目可行性论证、立项最终决策和实施策划相关的研究。它通常是在项目投资机会、预可行性研究基础上进行的,主要包括对拟投资项目的必要性作进一步论证,对项目可行性(技术、工程、账务、经济、环境、社会)、项目实施条件与保障措施等进一步调查比选论证,提出项目推荐方案,对推荐方案的建设规模、主要技术标准、总体与重要局部方案、项目实施计划、投资规模、投融资方案、财务效益、经济效益、风险与应对措施等进行全面深入分析,为项目立项最终决策和实施提出意见和建议。

(二)法律依据

根据《中央企业投资监督管理办法》(国资委令第34号,2017年1月7日实施)第十四条第一款第(三)项,列入中央企业投资项目负面清单特别监管类的投资项目应当有投资项目可研报告(尽职调查)等相关文件;根据该办法第十五条,对于新投资项目应当有可行性研究与论证。根据《中央预算内直接投资项目管理办法》第十三条,项目单位依据项目建议书批复文件,组织开展可行性研究。

(三)可行性研究报告的内容

根据《中央预算内直接投资项目管理办法》第十五条,项目建议书批准后,项目单位应当委托工程咨询机构编制可行性研究报告,对项目在技术和经济上的可行性以及社会效益、节能、资源综合利用、生态环境影响、社会稳定风险等进行全面分析论证,落实各项建设和运行保障条件,并按照有关规定取得相关许可、审查意见。

可行性研究报告的编制格式、内容和深度应当达到规定要求。

(四)审查要求

根据《政府投资条例》第十一条第一款第(二)项,审查可行性研究报告分析的项目的技术经济可行性、社会效益以及项目资金等主要建设条件的落实情况。根据《中央预算内直接投资项目管理办法》第二十三条,直接投资项目应当符合规划、产业政策、环境保护、土地使用、节约能源、资源利用等方面的有关规定。例如,根据《地质灾害防治条例》(国务院令第394号,2004年3月1日实施)第二十一条第一款,在地质灾害易发区内进行工程建设应当在可行性研究阶段进行地质灾害危险性评估,并将评估结果作为可行性研究报告的组成部分;可行性研究报告未包含地质灾害危险性评估结果的,不得批准其可行性研究报告。

(五)关联审查手续

在进行可行性研究的同时,可以同步开展相关的其他手续研究,并进行相应的报批,以节约审批时间,保证项目尽快实施。在实务中,这些手续中的一部分可能在此之前就已经进行或完成了。

1. 规划选址申请

根据《中央预算内直接投资项目管理办法》第十三条,项目单位在组织开展可行性研究的同时办理规划选址申请审批手续。

2. 用地预审申请

根据该办法第十三条,项目单位在组织开展可行性研究的同时办理用地预审申请审批手续。

3. 环境影响评价申请

根据该办法第十三条,项目单位在组织开展可行性研究的同时办理环境影响评价申请审批手续。

(六)可行性研究报告报批材料

根据《中央预算内直接投资项目管理办法》第十七条,可行性研究报告编制完成后,由项目单位按照规定程序报送项目审批部门审批,并应当附以下文件:

1. 选址意见书

城乡规划行政主管部门出具的选址意见书。这一环节前面已经讨论过,是一个项目必备的手续，城乡规划管理职能目前已归自然资源主管部门。

2. 用地预审意见

国土资源行政主管部门出具用地预审意见。同样，用地预审意见也是项目必备手续，并且国土资源行政主管部门目前已经改称自然资源主管部门。

3. 环境影响评价审批文件

根据《环境影响评价法》（2018 年修正，2018 年 12 月 29 日实施）第二条，环境影响评价是指对规划和建设项目实施后可能造成的环境影响进行分析、预测和评估，提出预防或者减轻不良环境影响的对策和措施，进行跟踪监测的方法与制度。根据该法第三条，在中华人民共和国领域和中华人民共和国管辖的其他海域内建设对环境有影响的项目，应当依照本法进行环境影响评价。

至于审批文件的具体形式，根据《环境影响评价法》第十六条第一款，国家根据建设项目对环境的影响程度，对建设项目的环境影响评价实行分类管理。根据该条第二款，建设单位应当按照下列规定组织编制环境影响评价文件：（1）可能造成重大环境影响的，应当编制环境影响报告书，对产生的环境影响进行全面评价；（2）可能造成轻度环境影响的，应当编制环境影响报告表，对产生的环境影响进行分析或者专项评价；（3）对环境影响很小、不需要进行环境影响评价的，应当填报环境影响登记表。

4. 节能审批文件

节能审批文件包括节能评估报告书、节能评估报告表或者节能登记表（由中央有关部门审批的项目，需附国家发展改革委出具的节能审查意见）。根据《节约能源法》（2018 年修正，2018 年 10 月 26 日实施）第三条，节约能源是指加强用能管理，采取技术上可行、经济上合理以及环境和社会可以承受的措施，从能源生产到消费的各个环节，降低消耗、减少损失和污染物排放、制止浪费，有效、合理地利用能源。根据该法第十五条，国家实行固定资产投资项目节能评估和审查制度。不符合强制性节能标准的项目，建设单位不得开工建设；已经建成的，不得投入生产、使用。政府投资项目不符合强制性节能标准的，依法负责项目审批的机关不得批准建设。具体办法由国务院管理节能工作的部门会同国务院有关部门制定。

5. 其他文件

例如，根据《矿产资源法》第三十三条，在建设铁路、工厂、水库、输油管道、输电线路和各种大型建筑物或者建筑群之前，建设单位必须向所在省、自治区、直辖市地质矿产主管部门了解拟建工程所在地区的矿产资源分布和开采情况。非经国务院授权的部门批准,不得压覆重要矿床。可行性研究报告批准之前需要资本金证明、安全评价,以及其他行业方面的意见,如对公路、铁路交通设施影响,石油管线影响,天然气管线影响,水利影响,矿产资源压覆影响,文物保护等。不过,随着"放管服"改革,上述其他行业要求中很多已经可以简化或置于后续的审批程序中进行,从而避免项目审批久拖不决。

(七)可行性研究报告审批

根据《中央预算内直接投资项目管理办法》第十八条第一款,项目审批部门对符合有关规定、具备建设条件的项目,批准可行性研究报告。根据该办法第六条,审批直接投资项目时,一般应当委托具备相应能力的工程咨询机构对项目建议书、可行性研究报告进行评估。特别重大的项目实行专家评议制度。

(八)抄送相关部门

根据《中央预算内直接投资项目管理办法》第十八条第一款,项目审批部门对符合有关规定、具备建设条件的项目,批准可行性研究报告,并将批复文件抄送自然资源、生态环境等部门。

(九)可行性研究报告批复有效期

根据《中央预算内直接投资项目管理办法》第十八条第二款,项目审批部门可以在可行性研究报告批复文件中规定批复文件的有效期。目前,尚无这一期限的相关法律规定。据了解,国家发展和改革委员会投资司的态度是,考虑到项目建设实践的复杂性,可行性研究报告批复有效期不宜作统一规定。

(十)明确是否需要开工报告

根据《中央预算内直接投资项目管理办法》第十八条第三款,对于情况特殊、影响重大的项目,需要审批开工报告的,应当在可行性研究报告批复文件中予以明确。

(十一)明确是否需要代理建设

根据《中央预算内直接投资项目管理办法》第二十四条,对于项目单位缺乏相关专业技术人员和建设管理经验的直接投资项目,项目审批部门应当在批复可行性研究报告时要求实行代理建设制度（“代建制”），通过招标等方式选择具备工程项目管理资质的工程咨询机构，作为项目管理单位负责组织项目的建设实施。项目管理单位按照与项目单位签订的合同，承担项目建设实施的相关权利义务，严格执行项目的投资概算、质量标准和建设工期等要求，在项目竣工验收后将项目交付项目单位。

（十二）节约集约用地论证分析专章

根据自然资源部等七个部门联合发布的《关于加强用地审批前期工作积极推进基础设施项目建设的通知》，可行性研究阶段，用地涉及耕地、永久基本农田、生态保护红线的建设项目，需开展节约集约用地论证分析，从占用耕地和永久基本农田的必要性、用地规模和功能分区的合理性、不可避让生态保护红线的充分性、节地水平的先进性等对方案进行分析比选，形成节约集约用地专章作为用地预审申报材料提交审查，审查后的内容纳入可行性研究报告或项目申请报告相关章节。

根据《土地管理法》第五十二条，建设项目可行性研究论证时，自然资源主管部门可以根据土地利用总体规划、土地利用年度计划和建设用地标准，对建设用地有关事项进行审查，并提出意见。

（十三）与计划任务书（设计任务书）的关系

前面已经提到，1978 年颁布的《关于基本建设程序的若干规定》仍然有效。根据该规定第一条，计划任务书（又称设计任务书），是确定基本建设项目，编制设计文件的主要依据。所有的新建、改扩建项目，都要根据国家发展国民经济的长远规划和建设布局，按照项目的隶属关系，由主管部门组织计划、设计等单位，提前编制计划任务书。但从目前的实务来看，计划任务书已经不是每一个项目都必需的法定环节了。

计划任务书与可行性研究报告是什么关系，与初步设计又是什么关系，目前没有明确的法律规定来进行厘清，在实务界也是莫衷一是。近半个世纪前，还没有正式设立可行性研究报告或初步设计等制度。从以上表述来看，设计任务书应该是位于可行性研究报告之后，初步设计之前。它把可行性研究报告里的主要要求具体细化，是建设工程项目设计方案的前提，是给建筑设计单位的技术文件，是对功能和空间格局进行论证的过程，是编制初步设计的主要依据，但它本身并非建设项目动工兴建的法律文件。

设计任务书的内容主要包括投资规模、工程内容、经济技术指标、质量要求和工程进度等，其中，与不动产征收有关的内容主要有建设条件和征地情况、环境保护措施方案、实施进度与建设工期、投资估算、资金筹措和财务分析等。如果不做过于严苛的要求，它与《建设工程勘察设计管理条例》（国务院令第687号，2017年10月7日实施）第二十六条第二款所说的方案设计文件颇有相似之处。

（十四）可行性研究报告的作用

根据《中央预算内直接投资项目管理办法》第十九条，经批准的可行性研究报告是确定建设项目的依据。

二、初步设计

仍以中央预算内直接投资项目为例，可行性研究报告获得批准后，接下来就是初步设计。从某种意义上来说，它是拟创设新不动产物权的一个框架性草案，但并非所有的项目都需要这一环节。

（一）法律依据

根据《中央预算内直接投资项目管理办法》第十九条，项目单位可以依据可行性研究报告批复文件，按照规定向自然资源等部门申请办理规划许可、正式用地等手续，并委托具有相应资质的设计单位进行初步设计。

（二）与设计文件的关系

根据《关于基本建设程序的若干规定》第三条，设计文件是安排建设项目和组织工程施工的主要依据，建设项目的计划任务书和选点报告经批准后，主管部门应指定或委托设计单位，按计划任务书规定的内容，认真编制设计文件。大中型建设项目，一般采用两段设计，即初步设计和施工图。重大项目和特殊项目，可根据各个行业的特点，经主管部门指定，增加技术设计阶段。

（三）与工程设计的关系

根据《工程咨询 基本术语》“5.1.22”，工程设计包括方案设计、初步设计和施工图设计等阶段。根据住房和城乡建设部印发的《建筑工程设计文件编制深度规定（2016年版）》（建质函〔2016〕247号，2017年1月1日实施），对于比较简单的民用建筑且不需要审批的，不需要进行初步设计，可以由方案设计一步到位于施工图设计。

（四）前置要求

根据《政府投资条例》第十一条第一款第（三）项，在进行项目批准时，需要审查初步设计及其提出的投资概算是否符合可行性研究报告批复以及国家有关标准和规范的要求。

（五）编制流程

根据《中央预算内直接投资项目管理办法》第二十条第一款，初步设计应当符合国家有关规定和可行性研究报告批复文件的有关要求，明确各单项工程或者单位工程的建设内容、建设规模、建设标准、用地规模、主要材料、设备规格和技术参数等设计方案，并据此编制投资概算。投资概算应当包括国家规定的项目建设所需的全部费用。另据该条第二款，由国家发展改革委负责审批的项目，其初步设计应当由具备相应资质的甲级设计单位编制。

根据该办法第二十一条，投资概算超过可行性研究报告批准的投资估算10%的，或者项目单位、建设性质、建设地点、建设规模、技术方案等发生重大变更的，项目单位应当报告项目审批部门。项目审批部门可以要求项目单位重新组织编制和报批可行性研究报告。

（六）审批流程

根据《中央预算内直接投资项目管理办法》第二十二条第一款，初步设计编制完成后，由项目单位按照规定程序报送项目审批部门审批。法律法规对直接投资项目的初步设计审批权限另有规定的，从其规定。根据该条第二款，对于由国家发展改革委审批项目建议书、可行性研究报告的项目，其初步设计经中央有关部门审核后，由国家发展改革委审批或者经国家发展改革委核定投资概算后由中央有关部门审批。

（七）初步设计的作用

根据《中央预算内直接投资项目管理办法》第二十二条第三款，经批准的初步设计及投资概算应当作为项目建设实施和控制投资的依据。根据《建设工程勘察设计管理条例》第二十六条第三款，编制初步设计文件，应当满足编制施工招标文件、主要设备材料订货和编制施工图设计文件的需要。

（八）与勘察设计的关系

根据《建设工程勘察设计管理条例》第四条，从事建设工程勘察、设计活动，应当坚持先勘察、后设计、再施工的原则。根据该条例第二十五条第一款，编制建设工程勘察、设计文件，应当以下列规定为依据：（1）项目批准文件；（2）城乡规划；（3）工程建设强制性标准；（4）国家规定的建设工程勘察、设计深度要求。该条第二款，铁路、交通、水利等专业建设工程，还应当以专业规划的要求为依据。

（九）特殊建筑的特殊要求

根据《住房和城乡建设部、国家发展改革委关于进一步加强城市与建筑风貌管理的通知》（建科〔2020〕38号，2020年4月27日实施），超大体量公共建筑、超高层地标建筑、自然生态、历史人文、景观敏感等重点地段建筑，需要审定后报省级或国家住房和城乡建设部门备案。必要时会同有关部门组织复核。

三、项目批准书

就项目本身而言，项目批准书是最后的审批环节。当然，在它之后，还需要有用地规划手续和用地批准手续，这已经从项目本身开始牵连不动产征收环节了。本小节仍以要求较高的中央预算内直接投资项目为例进行简要介绍，其他类型的建设项目可以参照理解。

（一）法律依据

根据《政府投资条例》第十一条第一款，投资主管部门或者其他有关部门应当根据国民经济和社会发展规划、相关领域专项规划、产业政策等，从下列方面对政府投资项目进行审查，作出是否批准的决定。根据《中央预算内直接投资项目管理办法》第二十二条第一款，初步设计编制完成后，由项目单位按照规定程序报送项目审批部门审批。法律法规对直接投资项目的初步设计审批权限另有规定的，从其规定。

（二）批准机关

在实务中，批准机关通常是各级发展和改革委员会。例如，根据《中央预算内直接投资项目管理办法》第二十二条第二款,对于由国家发展改革委审批项目建议书、可行性研究报告的项目,其初步设计经中央有关部门审核后,由国家发展改革委审批或者经国家发展改革委核定投资概算后由中央有关部门审批。

(三)审批依据

根据《政府投资条例》第十一条第一款,审批的主要依据是国民经济和社会发展规划、相关领域专项规划、产业政策等,本书前面已经较为详细地进行讨论了。

(四)审批内容

根据《政府投资条例》第十一条第一款,审批的主要内容如下:(1)项目建议书提出的项目建设的必要性;(2)可行性研究报告分析的项目的技术经济可行性、社会效益以及项目资金等主要建设条件的落实情况;(3)初步设计及其提出的投资概算是否符合可行性研究报告批复以及国家有关标准和规范的要求;(4)依照法律、行政法规和国家有关规定应当审查的其他事项。

对于这里的其他事项,以节能为例。根据《节约能源法》第六十八条第一款,负责审批政府投资项目的机关违反本法规定,对不符合强制性节能标准的项目予以批准建设的,对直接负责的主管人员和其他直接责任人员依法给予处分。这表明,节能基本上是一票否决的要求。节能审查不通过的,项目本身通常也不可能获得批准。

(五)审批结果

经过审批,只有两种结果,一个是获得批准,另一个是不予批准。

1. 批准

根据《政府投资条例》第十一条第一款,审批机关需要作出是否批准的决定,如果作出批准决定,即为本小节所说的项目批准文件。

2. 不予批准

根据《政府投资条例》第十一条第二款,投资主管部门或者其他有关部门对政府投资项目不予批准的,应当书面通知项目单位并说明理由。

(六)特殊审批程序

根据《政府投资条例》第十一条第三款,对经济社会发展、社会公众利益有重大影响或者投资规模较大的政府投资项目，投资主管部门或者其他有关部门应当在中介服务机构评估、公众参与、专家评议、风险评估的基础上作出是否批准的决定。

四、企业投资项目的核准与备案

除了上面提到的政府直接投资外，现实中更多的实际上是企业投资。多年前，政府对此的控制也比较严苛。随着“放管服”改革，呈现逐步放松的趋势。

（一）核准机关和核准权限

根据《企业投资项目核准和备案管理办法》第五条第一款，实行核准管理的具体项目范围以及核准机关、核准权限，由国务院颁布的《政府核准的投资项目目录》确定。法律、行政法规和国务院对项目核准的范围、权限有专门规定的，从其规定。

（二）核准目录

根据《企业投资项目核准和备案管理办法》第五条第二款，《政府核准的投资项目目录》由国务院投资主管部门会同有关部门研究提出，报国务院批准后实施，并根据情况适时调整。该办法第五条第三款规定，未经国务院批准，各部门、各地区不得擅自调整《政府核准的投资项目目录》确定的核准范围和权限。

（三）备案机关及其权限

根据《企业投资项目核准和备案管理办法》第六条第一款，除国务院另有规定外，实行备案管理的项目按照属地原则备案。根据该条第二款，各省级政府负责制定本行政区域内的项目备案管理办法，明确备案机关及其权限。另据该办法第七条第三款，依据国务院专门规定和省级政府规定具有项目备案权限的行政机关统称项目备案机关。

（四）未经核准建设的法律后果

根据《企业投资项目核准和备案管理办法》第五十六条第一款，实行核准管理的项目，企业未依法办理核准手续开工建设或者未按照核准的建设地点、建设规模、建设内容等进行建设的，由核准机关责令停止建设或者责令停产，对企业处项目总投资额1‰以上5‰以下的罚款；对直接负责的主管人员和其他直接责任人员处2万元以上5万元以下的罚款，属于国家工作人员的，依法给予处分。项目应视情况予以拆除或者补办相关手续。

（五）事业单位社会团体投资项目

此外，根据《企业投资项目核准和备案管理办法》第六十四条第一款，事业单位、社会团体等非企业组织在中国境内利用自有资金、不申请政府投资建设的固定资产投资项目，按照企业投资项目进行管理。

（六）个人投资建设项目

根据《企业投资项目核准和备案管理办法》第六十四条第二款，个人投资建设项目参照本办法的相关规定执行。

（七）外商投资核准要求

根据《外商投资法》第二十八条第一款，外商投资准入负面清单规定禁止投资的领域，外国投资者不得投资。根据该条第二款，外商投资准入负面清单规定限制投资的领域，外国投资者进行投资应当符合负面清单规定的条件。根据该条第三款，外商投资准入负面清单以外的领域，按照内外资一致的原则实施管理。根据《外商投资法》第二十九条，外商投资需要办理投资项目核准、备案的，按照国家有关规定执行。

另据《外商投资法实施条例》（国务院令第723号，2020年1月1日实施）第四条第一款，外商投资准入负面清单（以下简称负面清单）由国务院投资主管部门会同国务院商务主管部门等有关部门提出，报国务院发布或者报国务院批准后由国务院投资主管部门、商务主管部门发布。根据该条第二款，国家根据进一步扩大对外开放和经济社会发展需要，适时调整负面清单。调整负面清单的程序，适用前款规定。

根据《企业投资项目核准和备案管理办法》第六十二条，外商投资项目和境外投资项目的核准和备案管理办法另行制定。《外商投资项目核准和备案管理办法》（国家发展和改革委员会令第12号，2014年12月27日实施）对整个流程有较为详细的相关规定。

第九节　建设用地规划许可证（用地批准书）

经过了前面一系列审批流程，特别是项目本身获得发改部门批准，接下来就是这个项目如何落地的问题。也就是说,在从抽象的项目概念向有形的建设转化过程中,如何在一个具体而特定的地点或地域对其予以实现。

一、建设用地规划许可证

伴随近年来的机构改革,建设用地规划许可证的概念、内涵发生了较大变化。此前,它是指经城乡规划主管部门审核,认定建设用地符合城乡规划要求的一个法律凭证。当前,它是指经规划和自然资源主管部门(或自然资源和规划主管部门)审核,认定建设用地符合国土空间规划的一个法律凭证。

(一)规划职能由城乡建设主管部门转隶自然资源主管部门

根据《中共中央办公厅、国务院办公厅关于调整住房和城乡建设部职责机构编制的通知》,住房和城乡建设部城乡规划管理职责,划入自然资源部,不再保留城乡规划司。原国土资源部撤销组建自然资源部之后,为承接规划职能的划转,成立了国土空间规划局。该局负责拟订国土空间规划相关政策,承担建立空间规划体系工作并监督实施。组织编制全国国土空间规划和相关专项规划并监督实施。相应地,今后建设用地规划许可证(用地批准书)等涉及国土空间规划,即原来的城乡规划方面的环节由自然资源主管部门负责。

(二)建设用地规划许可证的概念

根据《城市规划基本术语标准》"5.0.5",建设用地规划许可证(land use permit)是指经城市规划行政主管部门依法确认其建设项目位置和用地范围的法律凭证。它是建设单位根据城乡规划向有关机关申领的一个法律凭证,以此证明建设用地的合法性。在不动产征收与补偿活动视野中,这一法律凭证是必须在征收活动开始之前就完成的事项,否则征收活动就失去了合法基础。

(三)立法沿革

建设用地规划许可证的雏形诞生于1984年《城市规划条例》(国发〔1984〕2号,1984年1月5日实施,1990年4月1日失效)中的"建设用地许可证",当时没有"规划"这两个字。根据该条例第三十一条第一款,任何组织和个人在城市规划区内进行各项建设,需要使用属于国家所有的土地或者征用属于集体所有的土地,都必须持经国家规定程序批准的建设计划、设计任务书或者其他有关证明文件,向城市规划主管部门提出建设用地的申请。根据该条第二款，申请建设用地的组织和个人，经城市规划主管部门审查批准其用地位置、用地面积和范围，并划拨土地，发给建设用地许可证后，方可使用土地。至此，建设用地许可证制度正式建立。

1990 年 4 月 1 日，《城市规划条例》废止，《城市规划法》(1990 年 4 月 1 日实施，2008 年 1 月 1 日废止)开始施行，这项制度几乎原封不动地继承了下来，只是在名称中加了“规划”二字，称为“建设用地规划许可证”。根据该法第三十一条，在城市规划区内进行建设需要申请用地的，必须持国家批准建设项目的有关文件，向城市规划行政主管部门申请定点，由城市规划行政主管部门核定其用地位置和界限，提供规划设计条件，核发建设用地规划许可证。

为了确保新旧法的衔接，1990 年 2 月 23 日，原建设部发布了《关于统一实行建设用地规划许可证和建设工程规划许可证的通知》，就该证的申领程序进行了规定。就核发机关而言，设市城市由市人民政府城市规划行政主管部门核发；县人民政府所在地镇和其他建制镇，由县人民政府城市规划行政主管部门核发。首先需要取得项目批准手续，然后向城市规划行政主管部门提出定点申请；城市规划行政主管部门根据用地项目的性质、规模等，按照城市规划的要求，初步选定用地项目的具体位置和界限；根据需要，征求有关行政主管部门对用地位置和界限的具体意见；城市规划行政主管部门根据城市规划的要求向用地单位提供规划设计条件；审核用地单位提供规划设计总图；核发建设用地规划许可证。建设用地规划许可证应当包括标有建设用地具体界限的附图和明确具体规划要求的附件。附图和附件是建设用地规划许可证的配套证件，具有同等法律效力。附图和附件由发证单位根据法律、法规规定和实际情况制定。

2008 年 1 月 1 日，《城乡规划法》施行，《城市规划法》废止。但 2008 年《城乡规划法》对建设用地规划许可证制度承袭了下来，名称也没有变化，仍为“建设用地规划许可证”，且在该法 2019 年的修订中继续保留。根据《城乡规划法》第三十七条第一款，在城市、镇规划区内以划拨方式提供国有土地使用权的建设项目，经有关部门批准、核准、备案后，建设单位应当向城市、县人民政府城乡规划主管部门提出建设用地规划许可申请，由城市、县人民政府城乡规划主管部门依据控制性详细规划核定建设用地的位置、面积、允许建设的范围，核发建设用地规划许可证。

(四)前置条件

以中央预算内直接投资项目为例，根据《中央预算内直接投资项目管理办法》

第十九条,经批准的可行性研究报告是确定建设项目的依据。项目单位可以依据可行性研究报告批复文件,按照规定向自然资源等部门申请办理规划许可、正式用地等手续,并委托具有相应资质的设计单位进行初步设计。

二、用地批准书

仅仅在数年前,用地批准书还是紧接着建设用地规划许可证之后的又一个重要审批环节。随着“放管服”改革,它的功能被吸收到建设用地规划许可证之中。

(一)法律依据

根据《土地管理法》第五十三条和《土地管理法实施条例》第二十四条第(二)项,经批准的建设项目需要使用国有建设用地的,建设单位应当持法律、行政法规规定的有关文件,向有批准权的县级以上人民政府自然资源主管部门提出建设用地申请,经自然资源主管部门审查,报本级人民政府批准。

(二)支付征地补偿款

如果涉及征地,那么在申请用地之前需要由用地单位按期足额支付征地补偿款后才能申领用地许可。根据《国土资源部关于改进和优化建设项目用地预审和用地审查的通知》第二条第(四)项,用地预审阶段,不再对补充耕地和征地补偿费用进行审查,相应审查在用地报批阶段进行。尽管该通知已经失效,但相应的做法仍得以保留。根据《国务院办公厅关于规范国有土地使用权出让收支管理的通知》,国有土地使用权出让收入是政府以出让等方式配置国有土地使用权取得的全部土地价款,包括受让人支付的征地和拆迁补偿费用、土地前期开发费用和土地出让收益等。土地使用者以划拨方式取得国有土地使用权,依法向市、县人民政府缴纳的土地补偿费、安置补助费、地上附着物和青苗补偿费、拆迁补偿费等费用(不含征地管理费),一并纳入土地出让收入管理。

(三)申请批次

根据《土地管理法实施条例》第二十五条第一款,建设项目需要使用土地的,建设单位原则上应当一次申请,办理建设用地审批手续,确需分期建设的项目,可以根据可行性研究报告确定的方案,分期申请建设用地,分期办理建设用地审批手续。建设过程中用地范围确需调整的,应当依法办理建设用地审批手续。

(四)用地申请

因项目建设需要,在完成建设用地预审,获得建设用地预审意见书后,应当提出正式的用地申请。

(五)用地申请(建设用地规划范围外单独选址的)

前面讨论的是一般情形,如果属于建设用地规划范围外单独选址的,还有一些特别规定。

1. 向土地所在地资源主管部门申请

根据《建设用地审查报批管理办法》第五条第一款,在土地利用总体规划确定的城市建设用地范围外单独选址的建设项目使用土地的,建设单位应当向土地所在地的市、县国土资源主管部门提出用地申请。

2. 申请时提交的材料

根据《建设用地审查报批管理办法》第五条第二款,建设单位提出用地申请时,应当填写《建设用地申请表》,并附具下列材料:(1)建设项目用地预审意见;(2)建设项目批准、核准或者备案文件;(3)建设项目初步设计批准或者审核文件。

3. 特殊要求

《建设用地审查报批管理办法》第五条第三款,建设项目拟占用耕地的,还应当提出补充耕地方案;建设项目位于地质灾害易发区的,还应当提供地质灾害危险性评估报告。对于这一类用地申请,由于不在规划范围内,单独选定一个地址进行建设,因此不涉及是否符合规划的问题。通俗地讲,某一地块规划不是建设用地,现状也不是建设用地。

4. 受理并上报

根据《建设用地审查报批管理办法》第七条,市、县国土资源主管部门对材料齐全、符合条件的建设用地申请,应当受理,并在收到申请之日起 30 日内拟订农用地转用方案、补充耕地方案、征收土地方案和供地方案,编制建设项目用地呈报说明书,经同级人民政府审核同意后,报上一级国土资源主管部门审查。

(六)规划已是建设用地但现状不是建设用地的

根据《建设用地审查报批管理办法》第八条第一款,在土地利用总体规划确定的城市建设用地范围内,为实施城市规划占用土地的,由市、县国土资源主管部门拟订农用地转用方案、补充耕地方案和征收土地方案，编制建设项目用地呈报说明书，经同级人民政府审核同意后，报上一级国土资源主管部门审查。

根据《建设用地审查报批管理办法》第八条第二款，在土地利用总体规划确定的村庄和集镇建设用地范围内，为实施村庄和集镇规划占用土地的，由市、县国土资源主管部门拟订农用地转用方案、补充耕地方案，编制建设项目用地呈报说明书，经同级人民政府审核同意后，报上一级国土资源主管部门审查。

（七）受理机关

根据《建设用地审查报批管理办法》第三条，县级以上国土资源主管部门负责建设用地的申请受理、审查、报批工作。实际上，它就是现在的自然资源主管部门。

（八）自然资源部门上报

在现行的用地报批制度中，根据不同情况仍实行一书四方案、一书三方案、一书两方案或一书一方案制度。

1. 集体农用地

根据《建设用地审查报批管理办法》第七条，市、县国土资源主管部门对材料齐全、符合条件的建设用地申请，应当受理，并在收到申请之日起30日内拟订农用地转用方案、补充耕地方案、征收土地方案和供地方案，编制建设项目用地呈报说明书，经同级人民政府审核同意后，报上一级国土资源主管部门审查。

2. 国有农用地

根据《建设用地审查报批管理办法》第九条第一款，建设只占用国有农用地的，市、县国土资源主管部门只需拟订农用地转用方案、补充耕地方案和供地方案。

3. 集体建设用地

根据《建设用地审查报批管理办法》第九条第二款，建设只占用农民集体所有建设用地的，市、县国土资源主管部门只需拟订征收土地方案和供地方案。

4. 国有未利用地

根据《建设用地审查报批管理办法》第九条第三款，建设只占用国有未利用地，按照《土地管理法实施条例》第二十四条规定应由国务院批准的，市、县国土资源主管部门只需拟订供地方案；其他建设项目使用国有未利用地的，按照省、自治区、直辖市的规定办理。

(九)用地批准

根据《城乡规划法》第三十七条第二款,建设单位在取得建设用地规划许可证后,方可向县级以上地方人民政府土地主管部门申请用地,经县级以上人民政府审批后,由土地主管部门划拨土地。

根据《建设用地审查报批管理办法》第二十二条第一款,以有偿使用方式提供国有土地使用权的,由市、县国土资源主管部门与土地使用者签订土地有偿使用合同,并向建设单位颁发《建设用地批准书》。土地使用者缴纳土地有偿使用费后,依照规定办理土地登记。

根据《建设用地审查报批管理办法》第二十二条第二款,以划拨方式提供国有土地使用权的,由市、县国土资源主管部门向建设单位颁发《国有土地划拨决定书》和《建设用地批准书》,依照规定办理土地登记。《国有土地划拨决定书》应当包括划拨土地面积、土地用途、土地使用条件等内容。

根据《自然资源听证规定》(自然资源部令第6号,2020年3月20日实施)第十九条第二款第(二)项,国有土地使用权、探矿权、采矿权的许可直接涉及申请人与他人之间重大利益关系的,主管部门在报批之前,应当书面告知当事人有要求举行听证的权利。

二、建设用地规划许可证与用地批准书的合并

根据《城乡规划法》第三十七条第二款,建设单位在取得建设用地规划许可证后,方可向县级以上地方人民政府土地主管部门申请用地。从这一表述来看,是应当先取得建设用地规划许可证,再申请用地,然后取得用地批准书。事实上,这也是之前的通行做法。不过,由于该过程烦琐而重复,多年来一直有人呼吁简化。

(一)合并的法律依据

2019年,借机构改革和“放管服”改革的东风,这两个环节的简化终于迈出了实质性的一步。根据《自然资源部关于以“多规合一”为基础推进规划用地“多审合一、多证合一”改革的通知》,对分立的建设用地规划许可证和建设用地批准书进行合并处理,其名称虽仍为建设用地规划许可证,但它本身包含了单独核发的建设用地批准书,由自然资源主管部门统一核发。由于当前国有土地获得的途径主要有划拨和出让两大类,其用地手续的取得方式也有所不同。

1. 划拨土地方式的

早先的划拨决定书和土地出让合同仍然存在，但与用地规划许可证同步办理，从而实现规划许可与用地批准这两个手续的实质合并。对于符合划拨用地条件的，建设用地规划许可证和划拨决定书由市、县自然资源主管部门同时核发，取得土地使用权。

2. 出让土地方式的

项目建设单位在与自然资源主管部门签订国有建设用地使用权出让合同以后，同样由自然资源主管部门向其核发建设用地规划许可证，此前还需要单独申领的建设用地批准书就不需要再由自然资源主管部门进行核发了，直接取得土地使用权。

3. 旧流程的回顾

考虑到新旧程序可能出现的衔接性，这里简单介绍一下改革之前的上述手续办理过程。对于使用划拨用地的建设项目，建设单位需要先向规划主管部门申领建设用地规划许可证，然后再向国土资源主管部门申领用地批准手续，由国土资源主管部门报送县级以上政府批准，再由原国土资源部门向其核发划拨用地决定书。而对于使用出让用地的建设项目，在建设单位进行相应的申请后，国土资源主管部门需要首先从规划主管部门获取规划条件书，标明出让地块的位置、使用性质和开发强度等信息，作为国有土地使用权出让合同的组成部分。建设单位在与国土资源主管部门签订国有土地使用权出让合同后，向规划主管部门申领建设用地规划许可证，又得回过头来再由国土资源主管部门向其核发建设用地批准书。由此可见，手续是相当繁琐的，在两个部门之间有时会发生沟通不畅导致程序卡壳问题。

（二）具体位置和示意位置

根据自然资源部等七个部门联合发布的《关于加强用地审批前期工作积极推进基础设施项目建设的通知》，坚持国土空间“唯一性”，充分发挥国土空间规划对各类开发保护建设活动的指导作用，统筹协调交通能源水利等基础设施的用地需求。经工程可行性论证、已确定详细空间位置的，在国土空间规划“一张图”上明确具体位置、用地规模及空间关系；尚未确定详细空间位置的，列出项目清单，在国土空间规划“一张图”上示意位置、标注规模，并依据项目建设程序各阶段法定批复据实调整，逐步精准确定位置和规模、落地上图。

四、征收范围的确定

从建设用地规划许可证、用地批准书以及二者合并后的建设用地规划许可证(用地批准书)的概念实质来看,一旦它最终确定,作为征收目的载体的建设项目用地范围也就最终确定下来了,也就是说,征收范围最终确定成形。

(一)建设地点的固定性

首先,看政府投资的项目。根据《政府投资条例》第二十一条,政府投资项目应当按照投资主管部门或者其他有关部门批准的建设地点实施,拟变更建设地点的,应当按照规定的程序报原审批部门审批。

其次,看企业投资项目。根据《企业投资项目核准和备案管理条例》第十八条,对于实行核准管理的项目,企业未按照核准的建设地点等进行建设的,由核准机关进行处罚。也就是说,不按照核准地点进行建设是违法的。

因此,一旦建设用地规划许可证(用地批准书)颁发给作为申请人的建设单位,那么拟建设项目的地点就基本上固定下来了。除非发生极特殊的情况,申请人还要重新走一遍审批流程,拿到新的地点上的新的建设用地规划许可证(用地批准书)。

(二)建设用地规划许可证(用地批准书)与征收范围的关系

从简单的逻辑推理来说,一旦建设用地规划许可证(用地批准书)确定下来,那么征收范围显然也就确定下来了。不仅如此,还有相应的法律文件对此予以明确规定。以上海市为例,根据《上海市国有土地上房屋征收与补偿实施细则》(上海市人民政府令第71号,2011年10月19日实施)第十条,其括号内的标题就是"房屋征收范围的确定"。根据该条第一款,符合本细则第八条第(一)项至第(四)项规定的建设项目需要征收房屋的,房屋征收范围根据建设用地规划许可证确定。而根据该条第二款,征收范围本身基本上就是固定的,不需要选取新的地点或范围,对于这种情况下的征收范围确定,由市建设行政管理部门会同市房屋管理、发展改革、规划土地、财政等行政管理部门以及相关区(县)人民政府确定。至于其他情形,根据该条第三款,房屋征收范围由市房屋行政管理部门会同相关行政管理部门和区(县)人民政府确定。

再以北京市为例,根据《北京市集体土地房屋拆迁管理办法》第八条第一款,用地单位取得征地或者占地批准文件后,可以向区、县国土房管局申请在用地范围内对被征收的不动产本身和被补偿人的身份进行暂时冻结。这里所谓的用地范围,显然是征收范围。

第十节 针对征收先行行为的法律救济

基于不动产物权稳定性考虑,如果需要对某一范围内的土地进行征收另做他用,在同一土地上设立一个假定能更大发挥土地效益的新不动产物权,显然需要一定的正当性基础。为了证成新的不动产物权的合法性与合理性,就必然需要做出一系列的征收先行行为。那么,对于被征收人而言,其与这些先行行为是否具有法律上的利害关系?就成为被征收人对征收先行行为的复议权、诉讼权或其他救济权利能否获得足够支持的现实问题。

一、征收先行行为的含义

考察不动产征收先行行为的法律性质,一个首要的问题就是划定一个时间界限。在此之前的是先行行为,在此之后的是征收行为。但是在实践中,如何划定这样一个时间界限并不容易。

有些人认为,在不动产征收工作正式开始之前,有关组织或人员对被征收的房屋或土地的权属、类别、结构、面积或附属物等进行调查、测绘、登记、制图、现场勘查以及四邻走访等行为都属于不动产征收的先行行为,这是不妥的。

根据《土地管理法实施条例》第二十六条第二款和第三款,上述情形实际上属于预征收行为,即发布了征收预公告后所进行的行为。预征收也是征收,表明征收已经开始,它与征收先行行为并非一回事。在本书中,关于不动产征收先行行为的时间界限划定为征收预公告之前的行为,基本上等同于征收目的启动之时到征收目的被证明具有正当性、必要性和可行性之时。

另外,在现有立法中,已经有了征收"前期工作"之类的表述,前期工作的概念已经有了特定的含义。但经过仔细考察,可以发现这里的前期工作是指征收开始之后的前期工作,而非本节所说的征收之前的先行行为。

二、被征收人与征收先行行为的利害关系

总的来看,征收先行行为是为了启动征收工作而进行的准备工作,具有阶段性

或不成熟性，其最终法律效果可被吸收到后续的征收行为之中。被征收人如果认为这些行为侵犯了自己的合法权益，可以通过对后续的征收行为寻求法律救济。换句话说，由于不动产征收是一个多阶段、长时间、多行为的集合体，如果针对这样不具备终局性和对外性效力的过程性行为可以申请行政复议或提起行政诉讼，而后面的成熟行政行为同样可以申请行政复议或提起行政诉讼，将会发生当事人对同一类行为在不同阶段重复复议或重复诉讼的问题，可能出现法律救济循环，不仅降低行政效率，而且浪费司法资源。

（一）部分相关立法规定

从现有的部分法律文件来看，是承认被征收人与征收先行行为具有利害关系的。但这种利害关系是否足以赋予被征收人在法律上的救济权，如申请行政复议或提起行政诉讼，仍是存疑的。

根据《国务院办公厅关于认真做好城镇房屋拆迁工作维护社会稳定的紧急通知》，各地要充分发挥城市规划的调控和指导作用，严格依据经批准的城市规划审批建设工程项目。对涉及拆迁的，在规划审批前应以适当形式予以公示，充分听取被拆迁人等利害关系人的意见。这足以证明，一旦涉及拆迁，应当听取可能受影响当事人的意见，否则就构成行政不作为。至少在这个程度上，被征收人与之是有利害关系的。

根据《城乡规划法》第九条第一款，任何单位和个人都应当遵守经依法批准并公布的城乡规划，服从规划管理，并有权就涉及其利害关系的建设活动是否符合规划的要求向城乡规划主管部门查询。根据该条第二款，任何单位和个人都有权向城乡规划主管部门或者其他有关部门举报或者控告违反城乡规划的行为。城乡规划主管部门或者其他有关部门对举报或者控告，应当及时受理并组织核查、处理。

根据《行政许可法》第三十六条，行政机关对行政许可申请进行审查时，发现行政许可事项直接关系他人重大利益的，应当告知该利害关系人。申请人、利害关系人有权进行陈述和申辩。行政机关应当听取申请人、利害关系人的意见。一系列的征收先行行为都涉及行政许可，行政机关在作出这类许可之前，有义务查明其是否直接涉及他人重大利益。如果涉及，那么应当依法告知利害关系人相应权利，否则就是严重违反法定程序的行政行为，对利害关系人的实体权益产生不利影响。

（二）听证权

在前述一系列对征收目的有形载体的项目审批过程中，行政复议或行政诉讼有时会受到限制。但对于其中的很多环节事实上可以要求听证，可在一定程度上保护自己的合法权利。

1. 法律依据

根据《行政许可法》第四十七条第一款，行政许可直接涉及申请人与他人之间重大利益关系的，行政机关在作出行政许可决定前，应当告知申请人、利害关系人享有要求听证的权利；申请人、利害关系人在被告知听证权利之日起5日内提出听证申请的，行政机关应当在20日内组织听证。

2. 听证程序

根据《行政许可法》第四十八条第一款，听证按照下列程序进行：(1)行政机关应当于举行听证的7日前将举行听证的时间、地点通知申请人、利害关系人，必要时予以公告；(2)听证应当公开举行；(3)行政机关应当指定审查该行政许可申请的工作人员以外的人员为听证主持人，申请人、利害关系人认为主持人与该行政许可事项有直接利害关系的，有权申请回避；(4)举行听证时，审查该行政许可申请的工作人员应当提供审查意见的证据、理由，申请人、利害关系人可以提出证据，并进行申辩和质证；(5)听证应当制作笔录，听证笔录应当交听证参加人确认无误后签字或者盖章。根据该条第二款，行政机关应当根据听证笔录，作出行政许可决定。

(三)征收先行行为的例外情形

前面谈到的是在正常情况下所进行的征收先行行为，被征收人与其在法律上的利害关系一直处于比较模糊的状态。但如果出现以下情况，就不太有疑问了。

1. 征收不再启动

如果先行行为产生了法律后果，正式征收行为继续进行，那么可以从征收行为中寻求救济，例如对征收决定申请行政复议或提起行政诉讼。如果先行行为进行到一半就停止了，该先行行为显然对被征收人的权利义务产生了直接影响，具有穿透性或外部性，存在利害关系。不过，由于复议或诉讼期限的限制，在实践中，如果不起诉，那么这些程序过了6个月后往往很难再寻求司法救济。

2. 非法征收

有关主体为了规避正式的不动产征收法律程序，而是采用非正规的方式，如协议征收，没有正式的征收决定，在这种情况下如果仍认为先行行为不具有法律上的可救济性，显然是在纵容有关方面的违法行为。

3.“毛地”出让

根据《国土资源部、住房和城乡建设部关于进一步加强房地产用地和建设管理调控的通知》(国土资发〔2010〕151号,2010年9月21日实施),土地出让必须以宗地为单位提供规划条件、建设条件和土地使用标准,不得“毛地”出让。拟出让地块要依法进行土地调查和确权登记,确保地类清楚、面积准确、权属合法,没有纠纷。

这里的“毛地”是一个与“净地”相对而言的用语,一般是指尚未经过征收安置补偿程序,未完成土地使用权收回,尚不具备基本建设条件的土地。而“净地”则相反,其是符合条件的可以依法出让的土地。在实务中,有时会出现未经征收就对土地出让的情形。在早些年,这一势头非常猖獗,近年来有所改观,但也时有发生。对于“毛地”出让而言,完全规避了本章所讨论的征收目的证成手续,危害极大,必须予以严厉打击。至少从法理上来说,被征收人对于相应的行为应当具有法律救济权。否则,“任何人不能因其非法行为而获利”这一法律名言就成了反面教唆。

三、具体先行行为的司法救济案例

结合本章前述讨论,本小节择取部分先行行为系列中的个别环节,讨论一下被征收人或利害关系人对其寻求司法救济的问题。

1.总体规划

一般来说,对总体规划司法权通常不宜介入,而应当由其他途径解决相关争议,最高人民法院的相关判例也持有这一观点。根据最高人民法院(2019)最高法行申10407号《行政裁定书》,就总体规划可诉性而言,总体规划内容实施尚有不确定性,且需借助详细规划尤其是修建性详细规划才能实施,更需要通过“一书两证”才能得以具体化。当事人认为总体规划内容侵犯其合法权益的,应当通过对实施总体规划的详细规划尤其是修建性详细规划的异议程序以及对颁发或不颁发“一书两证”行政行为的司法审查程序寻求救济。对总体规划的监督既可以通过《城乡规划法》第十六条等规定的民主审议程序进行,也可以通过专业判断和公众参与等程序进行,但不宜通过司法审查程序监督。

2.详细规划

对于详细规划,特别是修建性详细规划,根据最高人民法院(2019)最高法行申10407号《行政裁定书》,理论上司法权可以介入,但特定地块权利人不宜对整体内容提起诉讼,并且对特定内容提起诉讼的,只有在已经不需要后续环节就认定影响当事人权利义务的情况下,在需要尊重专业机关专业意见的基础上予以司法救济。

如果详细规划的编制或修改已经对当事人造成损失，有权依法要求补偿。

3. 选址意见书

尽管用地预审与选址意见书两份审批文件已经合并，但此前分别关于它们的判例精神仍然适用。一般认为被征收人与其利害关系的相关性不足以引发司法救济权介入。如果当事人认为侵犯了自己的合法权益，可以依据《城乡规划法》相关规定向有关机关寻求帮助。

另据山东省高级人民法院（2020）鲁行终 898 号《行政判决书》，选址意见书是用地预审的必备文件，系在立项过程中形成的，主要是为相关部门审批决策建设项目提供参考，且在建设项目开始实施之前还有其他审批、核准、许可程序尚待完成。因此，仅凭选址意见书并不能直接决定建设项目的实施与否，也不会直接侵犯上诉人主张的土地、房屋等个人利益，即使此种利益存在，也非城乡规划部门核发选址意见书时需要重点审查的权益。因此，当事人并非涉案选址意见书的行政相对人，且没有提供证据证明因颁发该选址意见书致使其合法权益遭遇侵害，仅以其土地房屋处于建设项目征收范围内，主张选址意见书侵犯其权益，明显缺乏依据。所以，当事人与颁发建设项目选址意见书的行政行为没有法律上的利害关系。

4. 用地规划许可证

有判例认为，诸如用地规划许可证之类的"一书两证"等并不侵犯当事人权益，对当事人侵犯权益的只可能发生在后续的征收环节。尽管这一判例依据的先行程序已经发生了变化，即用地规划许可证已经与用地批准书合并，但其结论性的裁判理由仍然适用。根据最高人民法院（2016）最高法行申 1739 号《行政裁定书》，城市规划主管部门决定是否向建设单位颁发建设用地许可证，本身并不会直接影响当事人的合法权益。如果当事人认为自己的合法权益受到了侵害，其侵害只可能出现在征收或补偿环节，而非颁发建设用地许可证环节。

5. 笼统的"一书两证"

"一书两证"，即前面所述的用地预审与规划选址意见书、用地规划许可证（用地批准书）和建设工程规划许可证。注意在之前用地预审和规划选址意见书，以及用地规划许可证和用地批准书都是分开的，如果涉及相关问题，需要考虑当时的情况。从最高人民法院的判例来看，"一书两证"是有司法救济权的，但是否能够支持诉讼请求则是另外一回事。

根据最高人民法院（2019）最高法行申 10407 号《行政裁定书》，规划行政主管部门已经依据详细规划作出"一书两证"行为的，当事人应直接对颁发"一书两证"

行为申请行政复议或提起行政诉讼,或者对规划行政主管部门不依法履行颁发"一书两证"行政许可职责的行为申请行政复议或提起行政诉讼,而不宜再对详细规划的内容申请复议或提起诉讼。当事人认为详细规划侵犯其土地利用权的,可以根据行政复议法和行政诉讼法的相关规定在对"一书两证"行为引发的复议和诉讼案件中,一并请求对详细规划进行审查,以维护合法权益。

第五章

不动产征收与补偿

致中和，天地位焉，万物育焉

——《礼记·中庸》

从本章开始，将讨论作为一个整体法律行为的不动产征收与补偿，它是行政行为在不动产征收与补偿领域的具象化，可简称为不动产征补。第二章、第三章和第四章分别讨论了不动产物权、征收补偿和征收目的这三个实体问题，从第七章到第十六章将讨论不动产征补程序问题，而本章和下一章是把它们连接起来的桥梁。

弄清楚了一种标准的、正常的、合法的或合规的不动产征补行为是什么，可为全国各地各行业名副其实但千差万别的征补活动提供一个理想模板，类似于柏拉图哲学的原型（Archetype）概念；可为其他名副其实的合法近似行为提供一个类型参照；可为揭露打着其他行为旗号的征迁行为提供一个刺破面纱工具，让五花八门的“以拆违代拆迁”或“以租代征”等掩饰行为原形毕露。本章只考察征补行为的作出方面，暂不涉及被征补人对征补行为的回应方面。

第一节　不动产征补行为的法律性质

我国目前尚无统一的不动产征补法典，如果要在整体上对不动产征补行为的法律性质进行考察，就需要从不同的立法规定进行分析。本节分别从《宪法》《民法典》《土地管理法》《国有土地上房屋征收与补偿条例》中抽取关于不动产征补的骨架性规定，以此来完成管中窥豹之重任。

一、不动产征补行为的行政行为属性

《宪法》对不动产征补的基本规定是两个条款，分别是第十条第三款，即国家为了公共利益的需要，可以依照法律规定对土地实行征收或者征用并给予补偿；以及第十三条第三款，即国家为了公共利益的需要，可以依照法律规定对公民的私有财产实行征收或者征用并给予补偿。

《民法典》关于不动产征补的条款有很多，但没有主语，单单从字面上来看无法得出征补主体到底是谁，其中的原因不得而知。作为一部私法性质的法典，或许不宜对不动产征补这一公法行为过多着墨。不过从上下文来看，指称的应当是国家，这与《宪法》规定实际上是一致的。

土地征补显然是不动产征补的基座，《土地管理法》第二条第四款规定，国家为了公共利益的需要，可以依法对土地实行征收或者征用并给予补偿。另据该法第四十七条第一款，国家征收土地的，依照法定程序批准后，由县级以上地方人民政府予以公告并组织实施。从土地管理法的现行规定来看，既规定了国家这一征补主体，也规定了组织实施主体。

由此可以看出，不动产征补显然是由国家作为征补主体而做出的一种对内的公法行为。对于一个具体的征补活动来说，当前的法治现状也决定了暂时无法如欧美国家那样把它上升为宪法行为层次。另外，正如前面在不动产物权一章已经讨论过的，国家作为一个抽象的行为主体，通常需要一个具体的权力或权利行使主体来完成这一具体化的法律行为，如同《国有土地上房屋征收与补偿条例》第四条第一款所说的市、县级人民政府。

这样一路分析下来，很明显，不动产征补在整体上是一种行政行为。作为一种法律行为的行政行为，不动产征补既有行政行为的一般特征，又有自己的特点，其行政行为属性主要表现在以下三点。首先，它是行政机关实施的行政行为；其次，它是行政机关行使行政职权、履行行政职责的行为；最后，它是行政机关实施的能够产生法律效果的行为。

二、不动产征补行为的合法要件

既然不动产征补是一种行政行为，而行政行为的合法要件一般来说包括以下要素。一是行政行为的主体合法，即作出行政行为的组织须有行政主体资格，并能够以自己的名义承担相应的法律责任；二是行政主体须有相应的职权依据，并且行政行为不超出法定权限范围；三是行政行为的内容必须合法且适当，即行政行为对权利与义务的处理应符合法律法规的规定，内容清晰明确且公平合理；四是行政行为的作出应符合法定程序，即符合法律、法规或规章等规定的步骤、方式、顺序和时限等，不得任性而为；五是目的正当，即行政行为的作出应秉持正当的目的。前面4个要件都是从行政行为的外部特征进行的考察，而行政行为的目的则涉及了行政行为的内在驱动因素，是判断行为合理性的重要参考之一。

结合上述一般意义上的行政行为合法要件，不动产征补的合法要件必然也包括上述5个方面。当然，由于不动产征补活动自身的特点，相应的合法性要件还是有其自身特殊之处的。这样，我们就获得了一条清晰的主线，从而能够游刃有余地考察全国各地形形色色的不动产征补活动或与其近似的其他活动。当然，如果做到了这些，同样也能够为各种打着其他行为旗号但实质上是征迁活动的各种掩护行为或掩饰行为提供了一个揭穿其真实面目的分析工具。

综上，不动产征补活动可分解为主体适格、权限合法、内容合法、程序合法和目的合法这5个合法要件，大致对应于《行政诉讼法》第七十条所规定的主体适格、运用职权得当、有事实根据、法律适用正确、程序合法、无明显不当等6个司法审查要点。

三、不动产征补行为的特点

与其他类型的行政行为相比，不动产征补具有非常明显的自身特点，相关纠纷也是近年来各级司法机关受理最多的行政案件类型。

（一）多主体与多阶段的复合行为

多主体与多阶段的复合行为是不动产征补活动最显著的一个特点，需要引起格外重视。以集体土地上征补活动为例，它是“典型的多阶段、多步骤、多程序行为，其行政主体多元、行政过程多阶、行为形式多样”①而在国有土地上的城镇房屋征补工作中，这一特点也是不遑多让。

仅仅根据前面几章的分析，就可以看出不动产征补涉及的部门让人眼花缭乱。在假定被征收的不动产物权不存在权利瑕疵的情况下，征收目的的证成就至少需

---

① 耿宝建、殷勤：《集体土地征收与补偿过程中可诉行政行为的判定与审查——兼谈〈土地管理法〉修改建议》，载《法律适用》2019年第1期。

要发展改革部门、生态环境部门、自然资源部门和财政部门参与其中。而一旦征收程序开始,就至少还要有属地的市、县人民政府,乡镇人民政府或街道办事处,还可能成立形形色色的征迁指挥部或办公室等。

从多阶段性的特点来看。第一,需要假定在某一土地上有一个不动产物权存在,这是一个建立了相应法律制度框架的国家才有的事。如果一个国家根本就没有这项制度,征收也就无从谈起,甚至可以直接明火执仗的抢劫了。第二,出现了一个公共利益动因,或者至少是装扮成公共利益的动因,才有可能发动对现存不动产物权进行征收。第三,这一动因的推进需要使用旧不动产所依附的土地。第四,需要对拟被征收的不动产进行补偿,并且补偿的数额在统一折算后要低于公共利益体现出来的价值,否则就没有征收的必要了。以上涉及的多为实体阶段性问题,而程序问题上的多阶段更是让人眼花缭乱,如征收预公告、补偿方案制定与公告(在国有土地上表现为房屋征收决定)、评估、洽谈与签订补偿协议、作出征收土地决定(在国有土地上被房屋征收决定所吸收),以及在双方无法达成协议情况下作出补偿决定、强制执行、行政赔偿、实现征收目的等。

(二)抽象行政行为与具体行政行为并存

尽管在《行政诉讼法》中已经不太强调具体行政行为与抽象行政行为之分,但在不动产征补活动中这种区分还是具有一定意义的。抽象行政行为包括行政立法和制定行政规范性文件。对于前者来说,本书所依凭的法律根据也可纳入这一行列,如各种行政法规或部门规章等。由于它们是本书的前提,这里就不拟过多讨论。在不动产征补特定语境中,抽象行政行为主要是地方政府或行政部门制定的规范性文件,特别是那些基层政府或部门制定的在一定的时间和空间范围内可以反复适用并带有普遍性的规范性文件。它们应被视为抽象行政行为还是具体行政行为,不仅牵涉征收方与被征收方的互动博弈地位,也因其是否能够进入人民法院司法审查范围而备受关注。

例如,广东省中山市古镇镇人民政府印发了《古镇镇产业类意向供地项目准入细则》(中古府〔2022〕6号,2022年6月10日实施,2025年6月10日失效),在其网站上注明的文件类型是镇街规范性文件。如果把它视为一种抽象行政行为,那么它本身可能就无法被起诉到人民法院接受司法审查。如果认为它是一种具体行政行为,那么它本身是可诉的,而非只能进行附带审查。在具体的司法实践中,各地的做法不一,可能会让人无所适从。

(三)行政法律行为与行政事实行为并存

在不动产征补行为整体中,以行政法律行为最为常见,偶尔可见行政事实行为。例如,在有些地方,为了加快拆迁进度,可能在没有下达任何法律文书的情况下对被征收人的房屋进行了非法强拆。这就是一种行政事实行为。在以往的行政法理论与实务中,它是不可诉的。但近年来随着对行政相对人保护力度的意识增强,这类行为已经可以迈进人民法院的大门了。

(四)单方行政行为与双方行政行为并存

与行政处罚和行政强制等行政行为相比,不动产征补同时存在单方行政行为与双方行政行为,特别是补偿活动中,多数情况下是以双方行政行为来了结的。只有在双方长期协商不成的情况下才可能涉及单方行政行为的补偿决定以及随之而来的单方行政强制执行等。

(五)内部行政行为与外部行政行为并存

在不动产征补这一复合行为总体中,有内部行为与外部行为之分。不过,这里的内部和外部与行政法学教科书通常所说的内部行政行为与外部行政行为不太一样,它主要是着眼于是否具有可复议性或可诉讼性而言的。一般认为,只有那些直接对外产生法律效果的行政行为才具有可诉性,而其他阶段的行政行为只是行政机关或行政机关之间的内部行为,可以被吸收到对外产生法律效果的外部行政行为之中。换句话说,如果对最终行政行为进行司法审查就可以为行政相对人提供法律救济,那么就无须对前面的阶段性行政行为进行单独审查。

例如,根据最高人民法院(2017)最高法行申295号《行政裁定书》,在存在复数行政行为的情况下,只有直接对外发生法律效果的那个行为才是可诉的行政行为,其他阶段的行政行为只是行政机关的内部程序。如果行政机关作出行政行为须有其他行政机关批准、附和、参与始能完成,那么这些附带情形显然不具有独立的外部性。

第二节　主体适格

任何一项行为,包括作为行政行为一个特定类别的不动产征补行为,其行为作出首先需要有一个行为主体。在先不考虑征补活动本身权限的情况下,第一个问题就是这个主体在一般行政法意义上是不是一个适格主体。在现行相关立法中,主要涉及行为主体的有关法律有《地方各级人民代表大会和地方各级人民政府组织法》、《公务员法》(2018 年修订,2019 年 6 月 1 日实施)、《行政诉讼法》和《行政复议法》(2023 年修订,2024 年 1 月 1 日实施)等,从中可以发现,不动产征补主体主要包括行政机关、法律法规授权的组织和行政机关委托的组织。

一、行政机关

在不动产征补行为主体类别中,行政机关是最重要,也是最常见的,甚至在《行政诉讼法》和《行政复议法》等法律法规中,径自以"行政机关"来直接指称所有的行政主体,而没有作进一步细分。

(一)人民政府

根据《地方各级人民代表大会和地方各级人民政府组织法》第二条第三款,地方各级人民政府是地方各级国家权力机关的执行机关,是地方各级国家行政机关。根据该法第六十一条,省、自治区、直辖市、自治州、县、自治县、市、市辖区、乡、民族乡、镇设立人民政府。根据该法第七十三条,县级以上的地方各级人民政府行使至少 11 项职权,几乎每一项都与不动产征补活动有着直接或间接的关系,仅举数例予以简要说明。根据该条第(一)项,执行本级人民代表大会及其常务委员会的决议,以及上级国家行政机关的决定和命令,规定行政措施,发布决定和命令。在集体土地征收中,征地批复一旦由国务院或省级人民政府下达后,地方政府就需要执行这一上级国家行政机关的决定。根据该条第(二)项,领导所属各工作部门和下级人民政府的工作。显然,作出房屋征收决定前,市、县级人民政府组织有关部门依法对征收范围内未经登记的建筑进行调查、认定和处理,这里的组织就是领导所属各工作部门的一种工作。

根据《地方各级人民代表大会和地方各级人民政府组织法》第七十六条,乡、民族乡、镇的人民政府行使至少 7 项职权。例如,根据该条第(一)项,执行本级人民代表大会的决议和上级国家行政机关的决定和命令,发布决定和命令。一旦市、县级人民政府作出了房屋征收决定,作为与行政相对人联系最密切的基层人民政府,乡、民族乡、镇的人民政府就有职责完成相应的工作。根据该条第(七)项,办理上级人民政府交办的其他事项。

（二）工作部门

根据《地方各级人民代表大会和地方各级人民政府组织法》第七十九条第一款，地方各级人民政府根据工作需要和优化协同高效以及精干的原则，设立必要的工作部门。根据该条第三款，省、自治区、直辖市的人民政府的厅、局、委员会等工作部门和自治州、县、自治县、市、市辖区的人民政府的局、科等工作部门的设立、增加、减少或者合并，按照规定程序报请批准，并报本级人民代表大会常务委员会备案。

（三）派出机关

根据《地方各级人民代表大会和地方各级人民政府组织法》第八十五条第一款，省、自治区的人民政府在必要的时候，经国务院批准，可以设立若干派出机关。例如，在2005年，为了对作为全国十大名山的长白山进行“统一规划、统一保护、统一开发、统一管理”，成立了长白山保护与开发区管理委员会，作为吉林省人民政府的派出机关，正厅级建制，代表省政府依法对区域内的自然资源、经济和社会行政事务等统一领导和管理。

根据《地方各级人民代表大会和地方各级人民政府组织法》第八十五条第三款，市辖区、不设区的市的人民政府，经上一级人民政府批准，可以设立若干街道办事处，作为它的派出机关。根据该法第八十六条，街道办事处在本辖区内办理派出它的人民政府交办的公共服务、公共管理、公共安全等工作，依法履行综合管理、统筹协调、应急处置和行政执法等职责，反映居民的意见和要求。在实际工作中，街道办事处的级别和功能与乡镇人民政府非常相似。

（四）工作人员

《行政诉讼法》第二条第一款规定，公民、法人或者其他组织认为行政机关和行政机关工作人员的行政行为侵犯其合法权益，有权依照本法向人民法院提起诉讼。这里不仅提及了行政机关，还提及了行政机关工作人员，以增加其涵盖性。至于此处的工作人员如何理解，根据《公务员法》第二条第一款，公务员是指依法履行公职、纳入国家行政编制、由国家财政负担工资福利的工作人员。根据该法第十条，公务员依法履行职责的行为，受法律保护。

二、法律、法规、规章授权的组织

在目前的行政组织法中，没有关于法律、法规、规章授权的组织的法律地位的明确规定,但从一些程序法中可以反向推导出来。《行政诉讼法》第二条第二款提到了一类行政主体,即法律、法规、规章授权的组织,其所作出的行政行为可以如该条第一款行政机关的行政行为一样,如果侵犯了公民、法人和其他组织的合法权益,可能被起诉到人民法院。对于行政复议来说,情形也基本相似。根据《行政复议法》第二条第二款和第十九条第一款,法律、法规、规章授权的组织是适格的行政复议被申请人。至于该组织工作人员的法律地位,根据《公务员法》第一百一十二条,法律、法规授权的具有公共事务管理职能的事业单位中除工勤人员以外的工作人员,经批准参照本法进行管理。

三、委托的组织

与前面刚刚提到的法律、法规、规章授权的组织一样,委托的组织在目前行政组织法中也没有明确规定,同样也需要从一些程序法中反向推导。根据《行政诉讼法》第二十六条第五款,行政机关委托的组织所作的行政行为,委托的行政机关是被告。根据《最高人民法院关于适用〈中华人民共和国行政诉讼法〉的解释》第二十条第一款,行政机关组建并赋予行政管理职能但不具有独立承担法律责任能力的机构,以自己的名义作出行政行为,当事人不服提起诉讼的,应当以组建该机构的行政机关为被告。另依据《行政复议法》第十九条第三款,行政机关委托的组织作出行政行为的,委托的行政机关是被申请人。

根据最高人民法院(2020)最高法行再203号《行政裁定书》,与民事主体之间委托代理的一般规则不同,行政主体虽然可以通过委托方式,来组织实施具体的行政行为,但其法定职责,不能通过委托方式假手他人并推卸责任。根据土地管理法律法规,某某市政府具有组织实施案涉征地拆迁工作的职责,就意味着其虽然可以委托相关主体具体落实拆迁工作,但也同时要尽到监督和管理的责任,并承担受托主体实施相关行为的法律后果。某某市政府如认为其委托的某某公司超出委托范围实施的行为给当事人造成的损失,不应由国家最终承担,可在其依法承担相应法律责任后,依照法律规定或者协议约定向某某公司追偿。

四、征补主体的变动

众所周知,不动产征补活动可能是一个漫长的过程。在这期间,相关主体很可能会发生变动,此时该如何处理就成为一个关涉征收方、被征收方乃至第三方的重要问题。根据《行政诉讼法》第二十六条第一款,公民、法人或者其他组织直接向人民法院提起诉讼的,作出行政行为的行政机关是被告。根据该条第六款,行政机关被撤销或者职权变更的,继续行使其职权的行政机关是被告。

以福建省厦门市翔安区马巷镇农村系列征迁案件为例,在诉讼过程中就遇到了行政主体变动问题。2021 年 3 月 1 日,根据《厦门市人民政府关于同意翔安区新店马巷两个街道析置六个街道行政区划调整的批复》(厦府〔2021〕44 号),原属于马巷镇的亭洋社区和内垵社区等划入了新成立的民安街道办事处,而马巷镇则被废置并成立新的马巷街道办事处。在起诉时被告为原来的主体,但在人民法院审理过程中,被告在主体上发生了变化,每个案件都需要原告重新签署认可被告主体资格的文件。

第三节 权限合法

上一节讨论的是征补主体本身是否适格的问题,主要是从更根本的行政组织法视角对它进行审视。本节开始讨论征补权限合法性问题,是一般意义上的主体适格问题在征补领域的具体化。例如,对于受委托的征补实施单位来说,如果其民事主体资格被当地市场监管部门撤销,这就是主体不适格问题;如果在征迁工作中没有得到征补组织实施者的正式授权,这就是权限不合法问题。《民法典》第二百四十四条特别强调不得违反法律规定的权限,这里的权限包含了上述双重含义。

在不动产征补工作中,涉及的主体有很多,对此可有狭义和广义两种理解。狭义上仅指征补阶段的主体,广义上则包括征补先行阶段和征补后续阶段的征补主体,这样其类别就很多了。本节采用狭义的理解,仅指预征收公告阶段之后的征补主体。

一、征收主体

根据现行法律规定,无论是在国有土地上,还是在集体土地上,其征收主体都不是单一的行政机关。在某种意义上,这也是不动产征补工作的重要性决定的。

(一)批准主体

根据《土地管理法》第四十六条第一款和第二款,对集体土地所有权进行征收的批准主体一个是国务院,即中央人民政府;另一个是省、自治区、直辖市人民政府。由此可知,土地征收的批准单位只有两级,其他层级的人民政府并无任何权限。需要指出的是，这种批准权是可以授权和委托的。例如，根据《国务院关于授权和委托用地审批权的决定》，可以试点将国务院的审批事项委托部分省、自治区、直辖市人民政府批准。但这种授权和委托并没有改变批准主体权限的法定设置。

上面谈到的是对集体土地所有权进行征收的情形，出于审慎原则而在法律上设置了批准主体。就国有土地上的征补活动来说，需要分两种情形进行讨论。如果是以收回国有土地使用权的面目出现，那么也是有批准主体的。根据《土地管理法》第五十八条第一款，由有关人民政府自然资源主管部门报经原批准用地的人民政府或者有批准权的人民政府批准，可以收回国有土地使用权。

如果是以国有土地上房屋征收决定的面目出现，同时依《国有土地上房屋征收与补偿条例》第十三条第三款的规定收回国有土地使用权的，那么暂时无须批准主体。《国有土地上房屋征收与补偿条例》第六条第一款规定的是上级人民政府对下级人民政府房屋征收与补偿工作的监督权，而非批准权。当然，在实际工作中，下级政府可能出于各种考虑与上级政府沟通或汇报，但这与法定的批准权不是一回事。

（二）责任主体

批准只是一个抽象的准予行为，真正的履职工作还是要由下级人民政府来做的。就集体土地征收而言，根据《土地管理法》第四十七条第一款，批准后的责任主体是县级以上地方人民政府。这里需要注意的是，到底是由地级市的人民政府，即设区的市级人民政府来组织实施，还是由区县级人民政府来组织实施。一般认为，谁发布预征收公告，谁来组织实施。

根据《国有土地上房屋征收与补偿条例》第四条第一款，国有土地上房屋征收的责任主体是市、县人民政府。同样，这里的市如何理解也是一个问题。在实践中，以区县级人民政府居多，直接由设区的市，甚至是直辖市这样的市政府来进行征收的并不多见。另外，《国有土地上房屋征收与补偿条例》第十二条第一款规定，对于房屋征收决定涉及被征收人数量较多的，应当经政府常务会议讨论决定，这是对责任主体内部职权划分的进一步明确。

应该指出，就不动产征收的责任主体而言，《土地管理法》中的相关规定与《国有土地上房屋征收与补偿条例》中的相关规定还是有些细微差别的。前者的表述是“组织实施”，后者的表述是“负责”。但在具体工作中，这一层级的人民政府所从事的基本上是统筹各方力量推进征收工作的职责，本书统一称为责任主体。

（三）实施主体

根据《土地管理法》第四十七条第四款、《土地管理法实施条例》第二十七条第一款和第二十九条第一款，县级以上地方人民政府应当组织有关部门测算并落实有关费用，保证足额到位，组织自然资源、财政、农业农村、人力资源和社会保障等有关部门拟定征地补偿安置方案，组织有关部门与拟征收土地的所有权人、使用权人就补偿、安置等签订协议等。

在前述规定中，只有拟定征地补偿安置方案这一工作明确了具体的部门名称，且把自然资源部门放在最前面。其他两项主要工作是比较模糊的有关部门表述。但一些地方规定就比较具体，例如，根据《上海市征收集体土地房屋补偿规定》第五条第二款，区人民政府可以指定区规划资源等部门组织实施本行政区域的征地房屋补偿工作。而实际上，全国各地也正如上海市的地方立法所规定的那样，基本上是由自然资源部门在主抓这一工作。

国有土地上的房屋征收工作有明确的实施主体。根据《国有土地上房屋征收与补偿条例》第四条第二款，即市、县级人民政府确定的房屋征收部门。不过，在全国各地相应部门的设置中，可能各有不同。例如，北京市海淀区住房和城乡建设委员会加挂北京市海淀区人民政府房屋征收办公室的牌子，实行的是"一套人马两套机构"，它是本区的房屋征收部门，组织实施本行政区域的房屋征收与补偿工作。但在实际工作中，也可能街道办事处或乡、镇人民政府也是事实上的实施主体。例如，根据《上海市征收集体土地房屋补偿规定》第四条第三款，镇（乡）人民政府、街道办事处应当配合做好征地房屋补偿工作。需要注意，上海市的这一地方规定虽然写的是配合实施，但有时在实际工作中甚至可能是大包大揽。

因此，各地的街道办事处或乡镇人民政府在不动产征补工作中的角色一直是比较微妙的。现行的法律规定并无明确赋予其在不动产征补工作中的具体职责，但其起到的作用有时又非常大。从《地方各级人民代表大会和地方各级人民政府组织法》第七十六条的具体表述来看，其职责划分的边界是非常模糊的。作为最基层一级的人民政府或派出机关，它几乎包揽了本辖区的所有行政管理事务，征迁事务显然也不可能置身事外，也可能是一种事实上的征迁实施主体。

（四）具体实施主体

就某一地区而言，如果在某一时段内只有少量不动产征收工作，那么征收实施主体有可能直接承担相应的工作。例如,集体土地上的自然资源部门或国有土地上的房屋征收部门可能会亲力亲为,包括与被征收人进行面对面的协商谈判等。然而,就目前全国各地的征迁形势来看,这种状态有点理想化了。实际上,几乎每一个地区都有大量的征迁工作需要完成,越是经济发达地区越是如此。在这种情况下,实施主体之下仍要设置一级主体,即具体实施主体。

在集体土地上的征迁活动中,关于这一层级的主体尚无国家层面立法规定,但许多地方立法则考虑到了这种情况。例如,根据《上海市征收集体土地房屋补偿规定》第五条第三款,区人民政府指定的区征地事务机构具体实施征地房屋补偿工作。这里的区征地事务机构就是诸如上海市青浦区征地事务中心(上海市青浦区土地整理中心)之类的实体,主要职能是全面负责本区建设用地征收集体土地事务管理工作,具体实施本区征收集体土地房屋补偿相关事务工作,负责本区土地整理(垦复整理、土地整治、增减挂钩相关工作)等工作。它设在上海市青浦区规划资源局内,属事业单位,与该局作为机关处室的征收补偿管理科不是同一单位。

关于国有土地上的房屋征收具体实施主体,目前尚无明确规定,但实际上设立此类机构的地方并不少见。以北京市海淀区为例,依法成立的北京市海淀区房屋征收事务中心就是本区征迁工作的具体实施主体,其职能几乎涵盖了征迁全流程事务,包括负责向区房屋征收办提出对未达成补偿协议的被征收人作出补偿决定的申请等。与之相对,与区住建委"一套人马两块牌子"的区征收办则是征收实施主体,区政府是责任主体。另外,这里的区征收办完全不同于设在区住建委内部作为机关科室的房屋征收审核科和房屋征收补偿科,不能把它们混为一谈。

(五)实施单位

即使已经有了具体实施主体,如果工作量仍然过大,可能还需要进一步设立相应的主体分担相应的工作,这就是实施单位的概念。根据《国有土地上房屋征收与补偿条例》第五条,房屋征收部门可以委托房屋征收实施单位,承担房屋征收与补偿的具体工作,房屋征收实施单位不得以营利为目的。

这里的规定是房屋征收部门直接与实施单位对接,但这与很多地方的实际情况并不相符了,具体实施主体与实施单位对接的情形可能更为常见。根据《上海市征收集体土地房屋补偿规定》第五条第四款,区征地事务机构委托实施单位承担征地房屋补偿具体工作的,应当对实施单位在委托范围内实施的征地房屋补偿行为进行监督,并对其行为后果承担法律责任。再以上面谈到的北京市海淀区为例,实务中往往也是由征收事务中心与实施单位接洽委托事宜。

实施单位一般来说是民事主体,如北京市政建设集团有限责任公司作为大股东的北京市建喜联征地拆迁有限公司。它们处理征迁相关事务比较灵活、变通,这是其优势。但也正是由于其非行政主体身份,有时会游走于法律的边缘地带或灰色地带,这就会给委托方带来风险,侵犯被征收人的人身权益和财产权益的事情也时有耳闻。因此,对此必须有必要的法律限制。根据《国有土地上房屋征收与补偿条例》第五条第二款,房屋征收部门对房屋征收实施单位在委托范围内实施的房屋征收与补偿行为负责监督,并对其行为后果承担法律责任。

(六)配合实施主体

在集体土地上,根据《土地管理法实施条例》第二十七条第一款,财政、农业农村、人力资源和社会保障等有关部门都可能成为配合实施主体。在国有土地上,根据《国有土地上房屋征收与补偿条例》第四条第三款,市、县级人民政府有关部门应当依照本条例的规定和本级人民政府规定的职责分工,互相配合,保障房屋征收与补偿工作的顺利进行。根据该条例第六条第二款,住房城乡建设主管部门、原国土资源、财政、国家发展改革委员会等有关部门,加强对房屋征收与补偿实施工作的指导。

需要注意的是,这里的市、县级人民政府有关部门,通常不包括公安局、检察院和法院,甚至是纪检监察委等。在实际工作中,个别征迁项目的领导小组或指挥部等有时会出现这些单位的影子,这是违法的。作为执法机关,不能既作裁判员又作运动员,这是依法治国、依法行政的底线。

(七)监督主体

根据《土地管理法》第五条和第六条,上级自然资源主管机关显然对下级政府或自然资源主管机关有监督履职的权力,这当然也包括集体土地征收问题。根据《国有土地上房屋征收与补偿条例》第六条第一款,上级人民政府应当加强对下级人民政府房屋征收与补偿工作的监督。根据该条例第七条第二款,监察机关应当加强对参与房屋征收与补偿工作的政府和有关部门或者单位及其工作人员的监察。不过,随着国家监察体制的改革,这一条款是否还适用就值得商榷了。

二、补偿主体

一般来说,补偿人或补偿主体应当与征收人或征收主体是一致的。对于集体土地来说，根据《土地管理法实施条例》第三十一条，补偿主体是县级以上地方人民政府；对于国有土地而言，根据《国有土地上房屋征收与补偿条例》第十七条第一款，补偿主体是作出房屋征收决定的市、县级人民政府。

补偿主体能否进一步下放，目前有不同意见。“新法明确规定了市、县政府是土地征收与补偿安置的责任主体，但补偿安置工作是一项庞大的工程，涉及多环节、多阶段的多个行政行为，从操作层面来说不可能也不应该全部由市、县政府直接作出，需要通过法规授权、行政授权或行政委托方式将一部分职权交由其他行政机关行使。”①尽管如此，一旦双方无法达成补偿安置协议而需要作出补偿决定，那么作出这一行为的主体仍应符合上述法律规定。换句话说，应当由市、县人民政府作出的补偿决定，不能由街道办事处或乡镇人民政府作出。

第四节　内 容 合 法

在不动产征补活动的全过程中，某一特定行政行为的内容主要包括赋予权益或剥夺权益，科以义务或免除义务，以及确认法律事实和法律地位等，其合法性问题也必须引起高度重视。

内容合法的第一个方面是认定事实清楚。第一，要对拟征收的不动产物权有一个正确而全面的认识。无论是对它的主体，还是对它的客体，抑或对它的内容，都必须如此，否则，在起点上就误入了歧途。第二，要对征收目的有一个正确认识，它牵涉整个征收的基本动因，名不正则言不顺，甚至都难以调动征收方或关联方的积极性。第三，或许最重要的是，要对补偿价值有一个正确认识，否则就会陷入非法剥夺当事人合法权益的泥沼而无法自拔。第四，对征收过程有哪些步骤也要有清晰的认识，否则就会东一榔头、西一棒槌，毫无章法。

内容合法的第二个方面是适用法律正确。在正确认识事实的基础上，不动产征收中的具体行政行为还必须有充分的法律依据。这其中的基本要求是，第一，需要适用现行有效的法律，已经失效的不能再适用。第二，必须适用达到位阶要求的法律，宪法最高，法律次之，行政法规再次之，随后是地方性法规和部门规章，最后才是规范性文件。在许多地方的不动产征迁工作中，法律适用的位阶颠倒，唯地方性的法律文件是用，而置更高的宪法和法律于不顾。第三，要保持法律适用的一致性，

① 耿宝建、殷勤：《集体土地征收与补偿过程中可诉行政行为的判定与审查——兼谈〈土地管理法〉修改建议》，载《法律适用》2019 年第 1 期。

例如,不能把合法建设当作违法建设来适用行政处罚方面的法律。第四,必须依据法律本来的面目来适用,而不能望文生义。第五,必须适用法律的具体条款,而不能泛泛而指声称依据法律规定。

第五节 程序合法

征收机关在征迁工作中必须要履行什么样的程序?这个问题是比较复杂的。第一,因被征收的土地性质不同而导致明显的城乡差异,城镇国有土地上房屋征迁和农村集体土地上房屋征迁的二元分割格局很难在短时间内消除;第二,由于我国在不动产管理方面遗留的历史问题比较多,近几年或近几十年来的违法建设也比较普遍,夹杂于征迁过程中的拆违问题额外增加了许多程序负担;第三,我国地域辽阔,各地经济社会发展状况不一样,试图总结出一个放之全国而皆准的完整征迁程序也是困难重重;第四,我国目前还没有一部行政程序法典,呈现于征迁工作中的行政程序也必然不太规范;第五,也是最重要的一点,目前尚无统一的不动产征收与补偿法典,涉及征迁程序的法律规定分散在不同的法律文件之中,不仅带来了沉重的理解负担,甚至可能会让一些图谋不轨的人有了浑水摸鱼的机会。

对此,有地方立法走在了全国前列。根据上海市规划和自然资源局、上海市人力资源和社会保障局、上海市住房和城乡建设管理委员会、上海市房屋管理局联合发布《本市建设项目涉及土地房屋征收工作程序》(沪规划资源规〔2022〕7 号,2022 年 8 月 25 日实施,2027 年 8 月 24 日失效),对不动产征收与补偿的整个程序进行了鸟瞰式的回顾与整合,是厘清程序合法问题的有效参照。另外,《南宁市征收集体土地工作程序规定》(南府规〔2023〕4 号,2023 年 3 月 15 日实施)、《厦门市集体土地征收与补偿若干规定》(厦府办规〔2021〕15 号,2021 年 12 月 1 日施行)第二章“征收程序”以及《山东省土地征收管理办法》(山东省人民政府令第 355 号,2024 年 2 月 1 日实施)第二章“土地征收程序”等,都是很好的示范。

总的来看,不动产征补程序整体可从狭义和广义来考察。通常的专业著述一般是从本书第 7 章的征收预公告开始,到了行政赔偿即宣告结束。但本书基于不动产征补的非市场化物权变动这一本质出发,首先介绍不动产物权,探究征收补偿,讨论征收目的证成,其次才是第 7 章的狭义征收启动程序。而在收束阶段,专门讨论了征收目的实现和法律救济。只有这样,才能真正做到对不动产征补全程进行完整的程序考察。

根据《全面推进依法行政实施纲要》(国发〔2004〕10号,2004年3月22日实施)的要求,行政机关实施行政管理,除涉及国家秘密和依法受到保护的商业秘密、个人隐私的外,应当公开,注意听取公民、法人和其他组织的意见;要严格遵循法定程序,依法保障行政管理相对人、利害关系人的知情权、参与权和救济权。行政机关工作人员履行职责,与行政管理相对人存在利害关系时,应当回避。这些程序要求在不动产征补中都要得到贯彻,最高人民法院(2018)最高法行申8737号《行政裁定书》对上述规定也直接予以引用。而根据最高人民法院(2018)最高法行申952号《行政裁定书》,程序合法是行政法的基本原则之一,行政机关作出任何行政行为,均应按照相应的法定程序进行。

第六节 目的正当

无论是对于不动产征补作为一个整体的复合行为之目的,还是其中一个又一个特定环节的具体行为之目的,其正当性考察都是极为重要的。但凡从事过不动产征补法律实务或者进行过相关研究的人都知道,以其他行为之名,行征迁行为之实的事例可谓不胜枚举,令人深恶痛绝的"以拆违代拆迁"或"以拆违促拆迁"更是屡禁不止,严重侵犯公民的合法权益。

对行政行为的目的进行考察,主要是弥补现行法律救济制度中通常仅针对行政行为的外部表现来进行判断的做法。正如马克思主义经典作家恩格斯指出的,"在社会历史领域为进行活动的,全是具有意识的、经过思虑或凭激情行动的、追求某种目的的人;任何事情的发生都不是没有自觉的意图,没有预期的目的的"。[①] 同样,不动产征补中的行政行为目的也应当成为实际征收过程和司法救济过程中的重要因素。

本小节的内容与下一章讨论的不动产征补近似行为有密切关系,可以说是它的先导。只有目的正当,即为了公共利益而征收,并履行必要的法定程序,如此行事才能服众。如果是为了其他利益,而打着征收的旗号,或者声称是为了征收,但在行为过程却反复地穿插进来与征收无关的拆违、土地或城建整治,都会让真正的不动产征补工作蒙上不必要的阴影。

---

① 马克思、恩格斯:《马克思恩格斯选集》(第4卷),中共中央马克思恩格斯列宁斯大林著作编译局编,人民出版社1972年版,第243页。

第七节　集体与国有土地征补活动的统一

截至目前，几乎所有与不动产征补主题有关的著述都是分国有土地和集体土地两种情形分别撰写的。而根据最高人民法院（2016）最高法行申 1863 号《行政裁定书》，实务中遇到集体土地和国有土地的情形也需要分别进行征收。本书尝试把它们统一起来，这无疑是一个良好的初衷。但要实现这一点，首当其冲的就是必须找到能够把二者统一起来的共同逻辑基础。

一、不动产征收的实质

任何一项不动产征收活动，无论是集体土地上的还是国有土地上的，其实质都是寻求获得拟征收位置的土地，而非地上的附着物。通俗地说，征收方看中的是房子下边的土地，而非房子本身。其原因在于，征收方或有关方面认为征收后，对锚定的土地加以重新利用，能够获得比原来更大的价值。当然，这里的价值需要从广义上理解，而不能简单化地以经济利益作为唯一的衡量标准。

在弄清楚了上述道理之后，就会发现，集体土地上的征补活动表面上看起来与国有土地上的征补活动差异巨大，但并无本质上的差别。二者的目的都是要获得相关的土地。真正稀缺的不是房子，而是房子之下的土地所承载的空间位置。

二、国有土地使用权因公共利益收回的实质

国有土地使用权收回是一个固定的法律概念，在实务中也经常发生。关于这一行为的法律性质，根据原国家土地管理局印发的《关于认定收回土地使用权行政决定法律性质的意见》（〔1997〕国土〔法〕字第 153 号，1997 年 10 月 30 日实施）第三条，依照《城市房地产管理法》第十九条和《城镇国有土地使用权出让和转让暂行条例》第四十二条的规定，在特殊情况下，根据社会公共利益的需要，人民政府或者土地管理部门依照法律程序提前收回出让的国有土地使用权，属于行政处理决定。

注意该条文中引用的 1994 年《城市房地产管理法》和 1990 年《城镇国有土地使用权出让和转让暂行条例》都已经修改，具体的条文也无法严格对应。尽管如此，这种修改并未改变这份通知的立法原意。也就是说，如果是出于公共利益的需要而收回国有土地使用权，不属于行政处罚，而是一种普通的行政处理行为。

结合本书第二章对不动产物权的讨论，国有土地上的不动产物权大致分为三

个基本层次。一是土地所有权,其主体为国家;二是国有土地使用权,其主体既可以是国家,还可以是集体,更可以是身份几乎不受限的所有非公民事主体;三是国有土地附着物所有权,它的主体与国有土地使用权一样,也是几乎不受任何限制的。显然,国有土地使用权与国有土地附着物所有权一样,有着极强的财产权属性,除必要的监管程序以外,可以在市场上自由流动。因此,把国有土地使用权收回视为对国有土地使用权的征收,逻辑上毫无问题。

已有地方实践佐证这一点。根据《海南省自然资源和规划厅关于进一步明确"只征不转""不征不转""只转不征"有关问题的通知》(琼自然资规〔2021〕13 号,2021 年 12 月 20 日实施),"只征不转",是指将集体所有的农用地、未利用地等非建设用地根据法定权限征收为国有,或将国有土地使用权依法收回。显然,把国有土地使用权收回视为与集体土地所有权征收并列的一种征收活动。

三、国有土地上房屋征收的实质

紧跟前面的思路继续推进,我们就可以找到打通集体土地上与国有土地上不动产征补活动区隔的共同点。集体土地上的征收与补偿活动,既包括对土地所有权的征收,也包括对土地使用权的征收,还包括对土地附着物所有权的征收。而在国有土地上,由于土地所有权属于国家,就不存在征收问题。可能征收的是国有土地使用权。而要完成对国有土地使用权的征收,先要完成对土地附着物所有权的征收。

根据《国有土地上房屋征收与补偿条例》第十三条第三款,房屋被依法征收的,国有土地使用权同时收回。因此,国有土地上房屋征收实质上就是对国有土地使用权的征收。而该条例第八条所说的房屋征收决定,实质上就是国有土地使用权征收决定;该条例第十条第一款所说的房屋征收补偿方案,实质上就是国有土地使用征收补偿方案;该条例第二十五条所说的房屋征收补偿协议,实质上就是国有土地使用权补偿协议;该条例第二十六条所说的房屋征收补偿决定,实质上就是国有土地使用权征收补偿决定。

因此,国有土地上房屋征收决定事实上一身分饰两个角色,既是补偿方案的书面载体,也是征收土地决定,即征收国有土地使用权决定。经过这样一个类似数学上的拉普拉斯变换式的思维操作,表面上看似不可调和的集体土地上和国有土地上不动产征收其实可以统一在完整的不动产征收与补偿逻辑框架之下。在许多地方实践中,国有土地上房屋征收程序与集体土地上房屋征收程序有相互靠拢的趋势。

四、统一的不动产征收与补偿法律框架

由此，在真正的意义上，就实现了集体土地与国有土地不动产征收与补偿活动的统一。在这样一个统一的框架下，早先严重分立的集体土地上不动产征补与国有土地上不动产征补就可以共享统一的不动产征补之名称。

在国有土地上，如果要对国有土地使用权进行征收，就必须首先对依附于它的土地附着物所有权进行征收。在完成这一必要步骤后，再对国有土地使用权进行征收。在对《国有土地上房屋征收与补偿条例》修改时，或者制定统一的"不动产征收与补偿法"时，可以废黜房屋征收决定，而代之以国有土地使用权征收决定。从以前的房屋吸收土地原则，转换为土地吸收房屋原则，而这正是当前集体土地上征补活动中一以贯之的做法。

在集体土地上，如果要对集体土地所有权进行征收，就必须首先对依附于它的集体土地使用权进行征收，而要对集体土地使用权进行征收，就必须完成对同样依附它的集体土地附着物所有权进行征收。因此，现行立法体系下，集体土地上不动产征收与补偿活动和国有土地上不动产征收与补偿活动的差异就在这里。完全可以设想，假以时日，一个充分考虑二者差异但能够实现逻辑转换的统一的不动产征收与补偿法典将会出现于神州大地，从而彻底终结现行不动产征收与补偿工作的城乡二元分割格局，为征迁领域的行政法治建设添砖加瓦。

第六章

不动产征收与补偿的近似行为

材与不材之间，似之而非也，故未免乎累

——《庄子·山木》

上一章讨论了正规而合法的不动产征收与补偿的构成要件，可把它类比于现代物理学中的标准模型（Standard Model）。以此为参照，一方面可以把与不动产征收与补偿活动类似的其他合法行为区分开来；另一方面也可以把打着其他行为的旗号但实为不动产征收的掩饰行为辨识出来。对于后一类行为来说，近年来在某些地方已愈演愈烈，成为侵蚀正常不动产征收秩序的毒瘤。

第一节　非因公共利益的国有土地使用权收回

当代中国的城镇土地都是国有的，相当一部分农村土地也是国有的。既然是国有且有使用期限，就必然会出现国有土地使用权收回问题。在本书中，因公共利益而在期限届满之前收回国有土地使用权的行为被界定为国有土地使用权征收，成为广义土地征收范畴的一个概念子集。因此，本章所说的国有土地使用权收回是狭义的，不包括因公共利益而在使用期限届满之前收回的情形。

一、概述

一般来说，国有土地使用权收回是指由于某种法律事实的出现，自然资源主管部门报经原批准用地的人民政府批准，依照法定的权限和程序收回单位或个人的国有土地使用权。在广义上国有土地使用权收回概念中的法律事实包括公共利益出现的情形,但在狭义上则排除在外。

(一)国有土地使用权收回的法律性质

根据原国家土地管理局印发的《关于认定收回土地使用权行政决定法律性质的意见》,国有土地使用权收回是一种行政行为,包括行政处理和行政处罚两类。至于究竟是界定为行政处理还是界定为行政处罚,需要具体情况具体分析。

(二)国有土地使用权收回的法律限制

由于国有土地使用权是国有土地上几乎所有其他类型不动产物权的基础,保持国有土地使用权的稳定就至关重要,一般不允许轻易提前收回。《城市房地产管理法》第二十条和《城镇国有土地使用权出让和转让暂行条例》第四十二条都明文规定只有在特殊情况下,才可以提前收回。

(三)国有土地使用权收回的主体

虽然国有土地的所有权主体是国家,但国有土地使用权收回的行为主体是国有土地所有权的行使主体以及有关机关。据《土地管理法》第五十八条第一款和《闲置土地处置办法》(国土资源部令第 53 号,2012 年 7 月 1 日实施)第四条第一款,自然资源主管部门负责本行政区域内闲置土地的调查认定和处置工作的组织实施,报经原批准用地的人民政府或者有批准权的人民政府批准,收回土地使用权。

1. 收回主体并非审批机关

根据最高人民法院(2020)最高法行再 100 号《行政裁定书》,根据《土地管理法》《土地管理法实施条例》的有关规定,收回原划拨的国有土地使用权和拍卖出让国有建设用地权均需报有批准权的人民政府审批,但是,收回行为主体并非该审批机关。

2. 批准收回行为的外部化

收回的行为主体是土地主管部门,即现在的自然资源主管部门,通常来说上级政府的批准行为仅仅是对下级行政机关的批复,是内部行为,不对外产生影响。不过,如果下级行政机关未依法作出收回土地决定,导致当事人无法寻求有效的法律救济,那么批复行为就产生了外部化效果,对当事人的权利义务产生直接影响。最高人民法院(2017)最高法行申 8467 号《行政裁定书》和山东省高级人民法院(2020)鲁行终 261 号《行政裁定书》均作出了类似的裁判。

(四)拒不归还的处理

根据《土地管理法》第八十一条,依法收回国有土地使用权当事人拒不交出土地的,临时使用土地期满拒不归还的,或者不按照批准的用途使用国有土地的,由县级以上人民政府自然资源主管部门责令交还土地,并处以罚款。

二、可以收回国有土地使用权的情形

从现行法律规定来看,可以收回国有土地使用权的情形多种多样,形态差异也比较大,除因公共利益之外,主要有以下几种情形。

(一)临时用地期满

根据《土地管理法》第五十七条第一款,在履行必要手续后,国有土地可以临时被单位或个人使用。根据该条第三款,临时使用土地期限一般不超过 2 年。期满后,如果没有申请续期,土地自然收回。

(二)土地出让期满

根据《土地管理法》第五十八条第一款第(二)项,土地出让等有偿使用合同约定的使用期限届满,土地使用者未申请续期或者申请续期未获批准的,可以收回。根据《民法典》第三百五十九条第一款,住宅建设用地使用权期限届满的,自动续期。续期费用的缴纳或者减免,依照法律、行政法规的规定办理。根据该条第二款,非住宅建设用地使用权期限届满后的续期,依照法律规定办理。该土地上的房屋以及其他不动产的归属,有约定的,按照约定;没有约定或者约定不明确的,依照法律、行政法规的规定办理。

(三)土地划拨停用

根据《土地管理法》第五十八条第一款第(三)项,因单位撤销、迁移等原因,停止使用原划拨的国有土地的,可以收回。此外,根据《城镇国有土地使用权出让和转让暂行条例》第四十七条第一款,无偿取得划拨土地使用权的土地使用者,因迁移、解散、撤销、破产或者其他原因而停止使用土地的,市、县人民政府应当无偿收回其划拨土地使用权,并可依照本条例的规定予以出让。

(四)基础设施报废

根据《土地管理法》第五十八条第一款第(四)项,公路、铁路、机场、矿场等经核准报废的可以收回。

(五)土地闲置

就以上收回土地的情形而言,可以说是一种自然而然的事情。但有一种特殊情形,在实践中发生得更多,也更有研究价值,这就是所谓的土地闲置,下面将详细讨论。

三、闲置土地收回

作为一个处于并将长期处于地少人多状态的国家,闲置土地历来为国家和社会所不容。为规范土地市场行为,促进节约集约用地,就必须对闲置土地进行有效处理和充分利用。

(一)闲置土地的概念

根据《闲置土地处置办法》第二条第一款,闲置土地是指国有建设用地使用权人超过国有建设用地使用权有偿使用合同或者划拨决定书约定、规定的动工开发日期满1年未动工开发的国有建设用地。不仅如此,根据该条第二款,已动工开发但开发建设用地面积占应动工开发建设用地总面积不足1/3或者已投资额占总投资额不足25%,中止开发建设满1年的国有建设用地,也可以认定为闲置土地。

至于上面所说的动工开发,根据该办法第三十条,是指依法取得施工许可证后,需挖深基坑的项目,基坑开挖完毕;使用桩基的项目,打入所有基础桩;其他项目,地基施工完成1/3。而所谓的已投资额、总投资额,根据这一条,均不含国有建设用地使用权出让价款、划拨价款和向国家缴纳的相关税费。

从以上文字中,可以看出它们均是一种对土地闲置状态的客观描述。但闲置土地处置最重要的是对其原因进行正确认定。如果是土地使用权人自身之外的原因,如政府原因或自然灾害,那么就不应当苛责土地使用权人,而是应当寻求解决办法。

(二)闲置土地的分类

土地开发利用往往都需要巨额的投入,一旦被认定为闲置,可能面临严重的后果,甚至损失惨重,因此对闲置的原因认定就非常重要。根据现行法律规定,土地闲置分为客观原因和自身原因两种,前者又包括政府原因和自然灾害原因。

1. 政府原因

根据《闲置土地处置办法》第八条第一款,有下列情形之一,属于政府、政府有关部门的行为造成动工开发延迟的,国有建设用地使用权人应当向市、县国土资源主管部门提供土地闲置原因说明材料,经审核属实的,依照本办法第十二条和第十三条规定处置:(1)因未按照国有建设用地使用权有偿使用合同或者划拨决定书约定、规定的期限、条件将土地交付给国有建设用地使用权人,致使项目不具备动工开发条件的;(2)因土地利用总体规划、城乡规划依法修改,造成国有建设用地使用权人不能按照国有建设用地使用权有偿使用合同或者划拨决定书约定、规定的用途、规划和建设条件开发的;(3)因国家出台相关政策,需要对约定、规定的规划和建设条件进行修改的;(4)因处置土地上相关群众信访事项等无法动工开发的;(5)因军事管制、文物保护等无法动工开发的;(6)政府、政府有关部门的其他行为。

2. 自然灾害原因

根据《闲置土地处置办法》第八条第二款,因自然灾害等不可抗力导致土地闲置的,依照本条第一款规定办理。

3. 自身原因

对于因自身原因导致的土地闲置,现行法律没有进行详细列举,而是采用了排除法,即排除《闲置土地处置办法》第八条第一款和第二款所列举的情形之外的,均属于因自身原因导致的土地闲置。

(三)政府原因的协议收回

根据《闲置土地处置办法》第十二条第一款第(四)项,采取协议有偿收回国有建设用地使用权的方式。《自然资源部办公厅关于政府原因闲置土地协议有偿收回相关政策的函》(自然资办函〔2018〕1903 号,2018 年 12 月 18 日实施)规定,需要协议收回闲置土地使用权的,应当遵循协商一致和合理补偿的原则;有偿收回的补偿金额应不低于土地使用权人取得土地的成本,综合考虑其合理的直接损失,参考市场价格,由双方共同协商确定。

从上述规定可以看出,由于客观原因而非自身原因的国有土地使用权收回,与因公共利益而提前收回有些相似。之所以没有把它归入后者之列,一并纳入国有土地使用权征收范畴,是由于它毕竟只是政府方面的单方原因,而不一定有公共利益出现,甚至可能只是因政府不同部门协调出了问题才酿成这一不利后果。在这种情况下,尽管二者有相似之处,但并不属于同一范畴。

（四）非客观原因的强制收回

根据《土地管理法》第三十八条第一款,禁止任何单位和个人闲置、荒芜耕地。已经办理审批手续的非农业建设占用耕地,1 年内不用而又可以耕种并收获的,应当由原耕种该幅耕地的集体或者个人恢复耕种,也可以由用地单位组织耕种;1 年以上未动工建设的,应当按照省、自治区、直辖市的规定缴纳闲置费;连续 2 年未使用的,经原批准机关批准,由县级以上人民政府无偿收回用地单位的土地使用权;该幅土地原为农民集体所有的,应当交由原农村集体经济组织恢复耕种。

根据《土地管理法》第三十八条第二款,在城市规划区范围内,以出让方式取得土地使用权进行房地产开发的闲置土地,依照《城市房地产管理法》的有关规定办理。另据《城市房地产管理法》第二十六条,以出让方式取得土地使用权进行房地产开发的,必须按照土地使用权出让合同约定的土地用途、动工开发期限开发土地。超过出让合同约定的动工开发日期满 1 年未动工开发的,可以征收相当于土地使用权出让金 20% 以下的土地闲置费;满 2 年未动工开发的,可以无偿收回土地使用权;但是,因不可抗力或者政府、政府有关部门的行为或者动工开发必需的前期工作造成动工开发迟延的除外。

根据《基本农田保护条例》(国务院令第 588 号,2011 年 1 月 8 日实施)第十八条第一款,禁止任何单位和个人闲置、荒芜基本农田。经国务院批准的重点建设项目占用基本农田的,连续 2 年未使用的,经国务院批准,由县级以上人民政府无偿收回用地单位的土地使用权。

根据《闲置土地处置办法》第十四条第(二)项,未动工开发满两年的,由市、县国土资源主管部门按照土地管理法和城市房地产管理法相关规定,报经有批准权的人民政府批准后,向国有建设用地使用权人下达《收回国有建设用地使用权决定书》,无偿收回国有建设用地使用权。闲置土地设有抵押权的,同时抄送相关土地抵押权人。根据《国务院关于促进节约集约用地的通知》,严格执行闲置土地处置政策。土地闲置满 2 年、依法应当无偿收回的,坚决无偿收回,重新安排使用;不符合法定收回条件的，也应采取改变用途、等价置换、安排临时使用、纳入政府储备等途径及时处置、充分利用。

四、闲置土地收回程序

闲置土地收回程序具体分以下几个主要步骤，主要依据《闲置土地处置办法》相关规定，同时需要遵守其他一般意义的行政程序相关规定。

（一）发出闲置土地调查通知书

根据《闲置土地处置办法》第五条第一款，市、县国土资源主管部门发现有涉嫌构成本办法第二条规定的闲置土地的，应当在30日内开展调查核实，向国有建设用地使用权人发出《闲置土地调查通知书》。这是一个必经程序，如果缺失即属违法。例如，山东省高级人民法院（2017）鲁02行终59号《行政判决书》认定，没有发出闲置土地调查通知书即作出闲置土地认定书，属于违法。

（二）下达闲置土地认定书

根据《闲置土地处置办法》第九条，经调查核实，符合本办法第二条规定条件，构成闲置土地的，市、县国土资源主管部门应当向国有建设用地使用权人下达《闲置土地认定书》。

根据最高人民法院（2018）最高法行申8877号《行政裁定书》，闲置土地是指超过土地出让合同约定的动工开发日期满1年未动工开发的国有建设用地。土地出让合同是以宗地为单位签订，是否属于闲置土地根据出让合同约定的动工开发日期计算。确定是否属于闲置土地当然应当以宗地为单位，而不是以整体项目为单位。

根据最高人民法院（2019）最高法行申9398号《行政裁定书》，虽然某某公司在涉案土地上开挖池塘，建造厂房及宿舍，出租给他人作养殖鱼虾使用，但上述行为并未向规划部门申请报建、未取得建设工程施工许可证，与《国有土地使用权出让合同》约定开发用途不一致。在此情形下，上述建设行为不属于“按照土地使用权出让合同约定的土地用途”进行开发建设的行为，涉案土地仍属于法律上的闲置状态。

再举一个山东省的案例。根据山东省高级人民法院（2019）鲁行终1937号《行政判决书》，相关部门在闲置土地收回之前必须对土地是否构成闲置、闲置原因（包括是否符合动工开发条件等)按照法定程序作出调查认定。在相关部门没有作出闲置土地认定的情况下,人民法院不宜以司法权代替行政权,直接作出闲置土地认定。况且,闲置土地有多种处理方式,土地收回只是其中之一,而土地收回又分为无偿收回和有偿收回,无偿收回的条件之一是非政府原因或不可抗力,并非闲置土地一律应当无偿收回。

(三)公开土地闲置信息

根据《闲置土地处置办法》第十一条,《闲置土地认定书》下达后,市、县国土资源主管部门应当通过门户网站等形式向社会公开闲置土地的位置、国有建设用地使用权人名称、闲置时间等信息。

(四)下达收回国有建设用地使用权决定书

根据《闲置土地处置办法》第十四条第(二)项,由市、县国土资源主管部门按照相关法律规定报经有批准权的人民政府批准后,向国有建设用地使用权人下达《收回国有建设用地使用权决定书》,无偿收回国有建设用地使用权。闲置土地设有抵押权的,同时抄送相关土地抵押权人。

第二节　集体土地使用权收回

上一节讨论的是非因公共利益的国有土地使用权收回,本节则讨论集体土地使用权收回问题。虽然这两个概念只有国有和集体两字之差,但无论是被收回的土地性质,还是收回行为的主体,以及收回程序等方面均存在重大差异。

一、集体土地使用权收回的概念

国有土地使用权收回的概念界定是依据现行有效的立法,本节对集体土地使用权收回的概念界定同样遵循这一做法。

(一)集体土地使用权收回的法律定义

根据《土地管理法》第六十六条第一款,集体土地使用权收回是指如果某种法定情形出现,农村集体经济组织报经原批准用地的人民政府批准,对本村集体土地的土地使用权进行收回。

(二)集体土地使用权收回的三种法定情形

根据《土地管理法》第六十六条第一款,只有以下几种情形可以收回集体土地上的使用权。

1. 公共设施和公益事业

根据《土地管理法》第六十六条第一款第(一)项,为乡(镇)村公共设施和公益事业建设,需要使用土地的。

2. 违反土地用途

根据《土地管理法》第六十六条第一款第(二)项,不按照批准的用途使用土地的。以承包土地为例,根据《基本农田保护条例》第十八条第二款,承包经营基本农田的单位或者个人连续2年弃耕抛荒的,原发包单位应当终止承包合同,收回发包的基本农田。宅基地的情形也是如此,根据1995年《确定土地所有权和使用权的若干规定》第五十二条,空闲或房屋坍塌、拆除2年以上未恢复使用的宅基地,不确定土地使用权;已经确定使用权的,由集体报经县级人民政府批准,注销其土地登记,土地由集体收回。

在最高人民法院(2018)最高法行申4651号《行政裁定书》、最高人民法院(2019)最高法行申5101号《行政裁定书》、最高人民法院(2019)最高法行申5530号《行政裁定书》和最高人民法院(2019)最高法行申8134号《行政裁定书》等裁判文书中,均作出了相同或相似的裁判,认为农户在其村只能有一处宅基地,作为建设用地的宅基地,权利人取得集体土地使用权后,未按照批准的土地用途使用土地,空闲、坍塌或拆除2年以上没有恢复的,经村民会议讨论、半数以上通过,报县级人民政府批准,集体经济组织有权收回宅基地使用权。

3. 停止使用土地

根据《土地管理法》第六十六条第一款第(三)项,因撤销、迁移等原因而停止使用土地的。

4. 临时用地期满

根据《土地管理法》第五十七条,建设项目施工和地质勘查需要临时使用农民集体所有的土地的,由县级以上人民政府自然资源主管部门批准。

5. 集体经营性建设用地使用权合同期满

根据《土地管理法》第六十六条第三款,收回集体经营性建设用地使用权,依照双方签订的书面合同办理,法律、行政法规另有规定的除外。之所以对收回集体经营性建设用地使用权专辟一款进行规定，主要是考虑到这类土地的特殊性。它与村集体成员的身份关联较少，流转的市场化程度较高，更多地体现了现代民法的私权自治理念，因而主要应依据双方签订的合同来处理。

（三）集体土地使用权收回的补偿

根据《土地管理法》第六十六条第二款，依照本条第一款第（一）项规定收回农民集体所有的土地的，对土地使用权人应当给予适当补偿。根据《农村土地经营权流转管理办法》第十三条，经承包方同意，受让方依法投资改良土壤，建设农业生产附属、配套设施，及农业生产中直接用于作物种植和畜禽水产养殖设施的，土地经营权流转合同到期或者未到期由承包方依法提前收回承包土地时，受让方有权获得合理补偿。具体补偿办法可在土地经营权流转合同中约定或者由双方协商确定。

究竟何谓“适当”，确实令人颇费思量。在实践中，应结合当地的经济社会发展状况，充分考虑土地性质用途区位、被收回人对土地的投入情况、使用权剩余年限以及本集体经济组织的经济实力等因素，避免对“适当”的判断过于随意，以体现法律的平等性、公正性和严肃性。

（四）集体土地使用权收回的主体

根据《土地管理法》第六十六条第一款，能够收回集体土地使用权的主体只有村集体经济组织，这一表述本身并无模糊之处。但在实践中，可能并不止这一主体，且并不违反法律规定。

1. 村集体经济组织

根据《民法典》第二百六十二条第（一）项，对于集体所有的土地和森林、山岭、草原、荒地、滩涂等，属于村农民集体所有的，由村集体经济组织依法代表集体行使所有权。

2. 村民委员会

根据《民法典》第一百零一条第二款，未设立村集体经济组织的，村民委员会可以依法代行村集体经济组织的职能。而根据该条第一款，村民委员会具有基层群众性自治组织法人资格，可以从事为履行职能所需的民事活动。因此，除村集体经济组织以外，村民委员会也可能是收回集体土地使用权的适格主体。

3. 村民小组

另据《土地管理法》第十一条，农民集体所有的土地已经分别属于村内 2 个以上农村集体经济组织的农民集体所有的,由村内各该农村集体经济组织或者村民小组经营、管理。由此可见,村民小组也可能成为集体土地使用权收回的主体。

(五)集体土地使用权收回的批准主体

根据《土地管理法》第六十六条第一款,收回集体土地使用权的批准主体是原批准用地的人民政府。在实践中,由于历年来相关法律规定的变化,原批准用地的政府层级也各不相同,需要根据当时批准用地的有效法律规定进行判断。

例如,根据《土地管理法》第六十二条第四款,农村村民住宅用地,由乡(镇)人民政府审核批准。但1986年《土地管理法》第三十八条规定,农村居民建住宅使用耕地的,经乡级人民政府审核后,报县级人民政府批准。因此,如果要收回农民1986年获批的宅基地,就需要报经当地县级人民政府批准。

(六)集体土地使用权收回行为的法律性质

由前述讨论可知,集体土地使用权收回实际上是两个阶段的行为序列。首先,村集体经济组织等民事主体收回土地使用权人的土地使用权;其次,人民政府对这一收回行为的批准。就收回行为本身而言,它是村集体经济组织等民事主体依法收回村集体成员或其他民事主体的集体土地使用权的民事行为。如果双方发生争议,应以民事纠纷来处理。

不过,如果是村民委员会作出的上述行为,就需要考察村民委员会的双重角色问题。从基本层面来说,村民委员会显然是一个无可辩驳的民事主体,但在特定条件下,村民委员会可能会承担部分行政管理职能,这时就具有了一定的行政职权,成为行政法上法律、法规授权的组织,可能成为行政诉讼的适格被告。这个问题比较复杂,全国各地法院的做法也不一致,就不展开讨论了。

(七)集体土地使用权收回批准行为的法律性质

由于村集体经济组织是一个民事主体,其对土地使用权进行收回的行为亦是一个民事行为。因此,人民政府对这一行为的批准是在行政机关与民事主体之间发生的动态法律关系,并非行政机关上下级之间的内部关系,具有外部效应,能够对村集体经济组织和土地使用权人的权利义务产生直接影响,是可诉的行政行为。

在最高人民法院(2017)最高法行申1167号《行政裁定书》和最高人民法院(2018)最高法行申7562号《行政裁定书》中,均认为收回集体土地使用权的主体是农村集体经济组织,县级人民政府并非适格主体。它与集体土地征收不同,收回行为并不改变集体土地的性质,属于集体内部的土地权利调整。政府的批准行为属于对收回行为的监督,防止集体经济组织以此方式侵害集体成员的合法权益。

(八)其他收回情形

除《土地管理法》第六十六条所规定的收回类型以外,还可能有其他类似的"收回"情形,主要是集体经济组织对原本是耕地的,已经审批用于非农业建设,但又在一定期限闲置的土地收回使用。对于这一部分内容而言,与上一节的内容有重叠之处。

根据《土地管理法》第三十八条第一款,已经办理审批手续的非农业建设占用耕地,1 年内不用而又可以耕种并收获的,应当由原耕种该幅耕地的集体或者个人恢复耕种。连续 2 年未使用的,经原批准机关批准,由县级以上人民政府无偿收回用地单位的土地使用权;该幅土地原为农民集体所有的,应当交由原农村集体经济组织恢复耕种。

根据《基本农田保护条例》第十八条第一款,禁止任何单位和个人闲置、荒芜基本农田。经国务院批准的重点建设项目占用基本农田的,满 1 年不使用而又可以耕种并收获的,应当由原耕种该幅基本农田的集体或者个人恢复耕种,也可以由用地单位组织耕种;1 年以上未动工建设的,应当按照省、自治区、直辖市的规定缴纳闲置费;连续 2 年未使用的,经国务院批准,由县级以上人民政府无偿收回用地单位的土地使用权;该幅土地原为农民集体所有的,应当交由原农村集体经济组织恢复耕种,重新划入基本农田保护区。

二、集体土地使用权收回的程序

从前面的讨论中可知,集体土地使用权收回对于收回方和被收回方来说,双方均为民事主体。但从这一行为本身来看,却可能对使用权人的权利义务产生重大影响,需要一定的程序进行约束。

(一)土地稳定原则

以承包地为例,近年来中央三令五申要求农村承包土地应保持长期稳定。根据《民法典》第三百三十七条,承包期内发包人不得收回承包地。法律另有规定的,依照其规定。《农村土地承包法》第二十七条第一款也作出了相同规定。

(二)参照国有土地原则

根据《闲置土地处置办法》第三十一条,集体所有建设用地闲置的调查、认定和处置,参照本办法有关规定执行。虽然这里仅仅提及是集体建设用地,但实际上对其他类型的集体土地也可以适当参照适用。

(三)村集体经济组织作出决定

根据《村民委员会组织法》第二十四条第一款第(三)项、第(四)项、第(五)项和第(六)项,村集体经济组织作出收回土地的决定应当经村民会议讨论方可办理。根据该法第二十二条第一款,召开村民会议,应当有本村 18 周岁以上村民的过半数,或者本村 2/3 以上的户的代表参加,村民会议所作决定应当经到会人员的过半数通过。

当然,根据具体情况也可以依照该法第二十四条第二款,由村民会议授权村民代表会议讨论决定前款规定的事项。并依照该法第二十六条第二款,村民代表会议有 2/3 以上的组成人员参加方可召开,所作决定应当经到会人员的过半数同意。

(四)上报原批准用地的人民政府批准

这一问题前面已经讨论过,不再重复。至于上报的具体形式,目前没有详细规定。考虑到这一事务的严肃性,尽管村集体经济组织不是基层政权组织,也可以参照中共中央办公厅、国务院办公厅印发的《党政机关公文处理工作条例》第八条第(十一)项的规定来进行。

(五)原批准用地的人民政府审核批准

根据村集体经济组织上报的收回集体土地使用权请示,具有相应职权的人民政府依法进行审核,符合法定条件的,依法批准,并下发给村集体经济组织。

根据最高人民法院(2018)最高法行中 5987 号《行政裁定书》,《土地管理法》等法律规定了农村集体经济组织报经原批准用地的人民政府批准可以收回土地使用权的权限及条件,但对具体程序及批准形式并没有作明确规定,由此对行政机关批准行为的具体形式未作严格要求。

(六)村集体经济组织收回土地

在经过人民政府批准后,相应的决定已经具有了既定力,土地使用权人有义务交出土地。当然,如果土地使用权人认为该行为侵犯了其合法权益,可以依法采取法律救济。在走完相应的法律程序后,可能由人民法院强制执行,最终收回集体土地使用权。

三、村委会等主导的征地拆迁概述

前面讨论的是集体土地使用权收回的法律问题,它与集体土地征收有着密切的关系。事实上,只要征地一开始,各类土地使用权人的土地用益物权和土地附着物所有权就必然受到影响。近年来,由于国家对集体土地征收的法律之网越织越密,有些基层行政机关感到手脚日益受缚,开始让作为村民自治组织的村委会走上前台,主导农村征地拆迁工作,引发了一系列新的矛盾。

(一)村委会适度参与征地拆迁并不违法

根据《村民委员会组织法》第二条第二款,村民委员会办理本村的公共事务和公益事业,调解民间纠纷,协助维护社会治安,向人民政府反映村民的意见、要求和提出建议。根据该法第五条第二款,村民委员会协助乡、民族乡、镇的人民政府开展工作。由此来看,村民委员会作为自治组织,在法律允许的范围参与集体土地征收工作并不违法,甚至在很多实际案例中,还起到了上下沟通、穿针引线的良好作用。

(二)村委会主导征地拆迁工作属于违法

在没有法律、法规或规章授权的情况下,如果村民委员会主动或被动地绕开了关于征地拆迁的强制性法律规定,并且主动或被动地承担起了本应由行政机关承担的行政职责,就会涉及严重违法问题。

近年来,在某些地方这种情况愈演愈烈,名称也是五花八门,有的叫集体土地腾退,有的冠以新农村建设之名。但其本质都是一个,即规避法律的强制规定,加快拆迁进度,以实现政绩突破。通行的做法是,可能没有正式的审批手续,由村集体经济组织或村委会出面,召开村民会议或村民代表会议。当然,更恶劣的甚至连上述过场都不走,少数几个人就作了决定,制定出方案,然后与被腾退户进行协商,达成协议。协商不成的,根据法律规定报经地方政府批准并由人民法院强制执行,在现实中经常可见村委会的少数领导在行政机关的授意下就进行了强制拆除。

根据中共中央办公厅、国务院办公厅印发的《关于规范村级组织工作事务、机制牌子和证明事项的意见》(2022 年 8 月 22 日实施),村级组织包括村党组织、村民自治组织、村集体经济组织、村务监督组织和其他村级经济社会组织。根据其第二条第(一)项第1目,不得将村级组织作为行政执法、拆迁拆违、招商引资、安全生产等事务的责任主体。

四、腾退

在由村委会主导的征地拆迁中,有一类被称为腾退。公允地讲,"腾退"这个词本身并无多大问题,如《国务院关于促进节约集约用地的通知》等文件都出现了这一表述。不过,根据上述文件,都是强调自愿腾退的原则而不能强迫。

根据《国务院关于促进节约集约用地的通知》"四(十七)",鼓励提高农村建设用地的利用效率。要在坚持尊重农民意愿、保障农民权益的原则下,依法盘活利用农村集体建设用地。按规划稳妥开展农村集体建设用地整理,改善农民生产生活条件。农民住宅建设要符合镇规划、乡规划和村庄规划,住宅建设用地要先行安排利用村内空闲地、闲置宅基地。对村民自愿腾退宅基地或符合宅基地申请条件购买空闲住宅的,当地政府可给予奖励或补助。

以北京市昌平区为例,根据北京市昌平区人民政府《昌平区集体土地上非住宅房屋拆迁补偿补助实施意见》第十二条,自愿采取自主腾退方式完成非住宅房屋拆迁工作的,给予自主腾退包干补助。根据项目、区域、完成时间、拆迁总量及项目资金的不同情况,按照除本项补助外签约的其他各项补偿补助奖励总额的3%～5%确定,具体使用标准和要求在自主腾退实施方案中明确。自主腾退包干补助应设立专用账户,由属地镇政府(街道办事处)与村民委员会(居民委员会)共管。属地镇(街道)、村民委员会(居民委员会)根据自主腾退实施方案联合制定自主腾退包干补助使用办法,确保补助资金的使用合法、合规及资金安全。自主腾退包干补助首先用于解决腾退过程中遇到的特殊问题,并全部用于补助被拆迁人。自主腾退包干补助应纳入项目腾退成本,由属地镇政府(街道办事处)和拆迁人报区政府批准后执行。

五、以租代征

在未经批准的情况下,村集体经济组织、村委会甚至村民个人把土地私自出租,从中赚取相应的收益,这种情况目前在我国农村普遍存在。如果这些土地是本来就在村集体经济组织或村委会的掌控之下,就只是属于违法用地问题。如果土地使用权属于农民或其他民事主体,村集体经济组织强行或软硬兼施把土地出租以达到某种目的,就可能涉及所谓的“以租代征”问题。

“以租代征”这个词早在2006年就已经出现于有关文件之中。根据《国务院关于加强土地调控有关问题的通知》(国发〔2006〕31号,2006年8月31日实施),禁止通过“以租代征”等方式使用农民集体所有农用地进行非农业建设。另据《国务院办公厅关于严格执行有关农村集体建设用地法律和政策的通知》(国办发〔2007〕71号,2007年12月30日实施),“以租代征”是指违反土地利用总体规划和土地利用年度计划,规避农用地转用和土地征收审批,通过出租(承租)、承包等“以租代征”方式非法使用农民集体所有土地进行非农业项目建设的行为。

在现行有效的法律文件中,“以租代征”这一做法并无其合法性,但在现实中却是屡禁屡犯。在当前,“以租代征”的具体表现形式主要包括:一是村委会出面与商业机构或个人签订租地协议;二是基层乡镇政府直接出面或授意对土地进行出租或转租;三是村委会出面租用村民的土地进行非农业建设。

根据最高人民法院(2018)最高法行申4399号《行政裁定书》,根据土地管理方面的法律规定,建设占用土地,涉及农用地转为建设用地的,应当办理农用地转用审批手续。因此,建设项目需要使用农用地等农村集体土地的,应当依法办理土地征收及农用地转建设用地审批手续。如果未经依法征收及办理农用地转用审批手续,通过所谓土地“流转”等方式占用农村集体土地进行建设,系违反土地管理相关法律法规,属于违法行政。

六、帮拆

基层拆迁工作人员的想象力永远都不容低估。为了推进拆迁进度,有些地方的农村自治组织发明了诸多语焉不详的词汇,其中,“帮拆”就是比较常见的一个。顾名思义,帮拆就是村委会帮助村民进行拆除。但在事实上,它是在有关基层政府的指使、纵容或默许下,一些尚未走完审批程序的建设项目,或者由于某种原因不便于行政机关出面,而由村委会牵头进行拆迁活动。在形式上,往往打着村民自治的幌子,可能履行一些村民自治程序。对于一些没有签订协议的村民,由集体组织或村委会等作出帮助村民拆除房屋的决议,甚至有的更为恶劣,什么决议都不作,而是直接下场进行强制拆除。

七、对村委会等主导征地拆迁的法律救济

在具体的征迁活动中,如果村民委员会侵犯了被征收人的合法权益,根据《村

民委员会组织法》第三十六条，村民委员会或者村民委员会成员作出的决定侵害村民合法权益的，受侵害的村民可以申请人民法院予以撤销，责任人依法承担法律责任。村民委员会不依照法律、法规的规定履行法定义务的，由乡、民族乡、镇的人民政府责令改正。乡、民族乡、镇的人民政府干预依法属于村民自治范围事项的，由上一级人民政府责令改正。

最高人民法院(2016)最高法行申42号《行政裁定书》认定，村民对村民委员会作出的侵犯村民合法权益的行为有两条救济途径：一是向人民法院提起诉讼，二是由乡、镇人民政府责令改正。村民一旦向乡、镇人民政府提出行使监督权的申请，有管辖权的乡、镇人民政府即有履行法定监督职责的义务，不履行监督义务，构成不履行法定职责。

最高人民法院(2017)最高法行申5824号《行政裁定书》认定，公民、法人或者其他组织请求行政机关履行法定职责所保护的权利范围，并不仅限于人身权、财产权，也包括法律、法规规定的人身权、财产权以外的其他合法权益。村民认为村民自治章程、村规民约以及村民会议或者村民代表会议的决定侵犯其人身权利、民主权利和合法财产权利的，有权请求乡、民族乡、镇的人民政府行使行政监督权。

最高人民法院(2019)最高法行申3801号《行政裁定书》认定，征收拆迁与征收补偿事宜均属公权力职权范畴，并不宜以村民自治形式进行。法律法规对强制搬迁合法房屋的步骤、程序和方式有具体明确的规定，并未规定村民委员会等自治组织有权实施强制搬迁和强制拆除。

最后再以北京市一个案件为例。根据北京市高级人民法院(2020)京行终7586号《行政判决书》，农村集体经济组织收回土地使用权的前提条件是报经原批准用地的人民政府批准。未经批准且属于村民委员会自治范畴的行为，可依据《村民委员会组织法》相关规定寻求救济。

另外，对于村委会主导的非法强拆，村委会成员可能承担刑事责任。根据《全国人大常委会关于〈中华人民共和国刑法〉第九十三条第二款的解释》(2009年修正，2009年8月27日实施)，如果村民委员会等村基层组织人员在协助上级行政机关从事相关的土地管理工作甚至代行拆迁工作时，属于《刑法》第九十三条第二款规定的“其他依照法律从事公务的人员”。在这种情况下，其是有可能涉及刑事责任的。最高人民法院(2019)最高法行申12680号《行政裁定书》和最高人民法院(2019)最高法行再281号《行政裁定书》都阐释了这一观点。

第三节 土 地 储 备

土地储备(land reserve or land banking or land storage)是一个源自国外的法律概念,最早出现于19世纪末的荷兰。在中国大陆,这一制度正式确立的时间并不长。1987年深圳市对国有土地使用权进行拍卖,1996年上海成立第一家土地储备机构,我国的土地储备制度逐渐建立起来。

一、土地储备的概念

根据《土地储备管理办法》(已失效)第二条、《土地储备项目预算管理办法(试行)》(财预〔2019〕89号,2019年5月20日实施)第二条第一款以及《房地产业基本术语标准》"3.1.3",土地储备是指县级(含)以上自然资源主管部门为调控土地市场、促进土地资源合理利用,依法取得土地,组织前期开发、储存以备供应的行为。它在整体上属于行政行为,但具有民事行为的部分属性。

二、土地储备与征收的关系

从我国目前的土地储备活动实践来看,它与不动产征收与补偿活动之间的关系呈现以下几种样态。

(一)与不动产征收与补偿无关的正常行政行为

在这种情况下,这一类土地储备活动是名副其实的土地储备,是自然资源主管机关在其他机关的配合下正常进行的行政管理活动,与不动产征收与补偿并无什么瓜葛。

(二)引发不动产征收与补偿活动的隐蔽动因

上面谈到的是一种正常的土地储备,但在全国各地的实践中,土地储备本身可能就是引发集体土地或国有土地上征迁活动的主要原因。但根据《土地储备管理办法》第八条,国家禁止为了收储而强制征收土地。在这种情况下,即使地方政府动了这一心思,也需要以其他至少带有公共利益名义的形式进行,但事实上的根本目的却是土地储备以及随后土地招拍挂带来的巨大地方财政收益。

（三）不动产征收与补偿活动的收尾阶段

例如，在《土地管理法》第四十五条第一款第（五）项以及《国有土地上房屋征收与补偿条例》第八条第（五）项规定的成片开发或地段开发中，一旦征迁活动基本完成，由于种种原因建设单位不能无缝对接入场，那么就可能需要先进行土地储备，以避免土地处于无人管理的状态。在这种情况下，土地储备就是不动产征收与补偿活动的一个收尾阶段。

三、主管机构

土地储备关涉自然资源资产管理、金融风险防范以及土地资源高效配置和合理利用等方面的工作，目前主要有四个部门介入其中，各司其职，构成了土地储备工作的管理体系。

（一）具体实施机构

根据《土地储备管理办法》第二条，土地储备机构承担土地储备的具体实施工作。由此可以看出，土地储备机构在整个土地储备制度中居于主导地位。它的名称并不完全统一，但职能基本上相同，如深圳市土地储备中心、上海市嘉定区土地储备中心（上海市嘉定区房屋土地征收中心）或广州萝岗土地储备交易中心等。

根据《土地储备管理办法》第三条，土地储备机构应为县级（含）以上人民政府批准成立、具有独立的法人资格、隶属于所在行政区划的国土资源主管部门、承担本行政辖区内土地储备工作的事业单位。另据《关于规范土地储备和资金管理等相关问题的通知》（财综〔2016〕4 号，2016 年 2 月 2 日实施）“二”，土地储备机构不得在土地储备职能之外，承担与土地储备职能无关的事务。

《最高人民法院关于审理涉及农村集体土地行政案件若干问题的规定》第五条规定，土地权利人认为土地储备机构作出的行为侵犯其依法享有的农村集体土地所有权或使用权的，向人民法院提起诉讼的，应当以土地储备机构所隶属的土地管理部门为被告。最高人民法院（2019）最高法行申 1304 号《行政裁定书》进一步明确了这一规定，认为土地储备机构应为市、县人民政府批准成立，具有独立的法人资格，隶属于原国土资源管理部门，统一承担本行政辖区内土地储备工作的事业单位。储备中心不是行政机关，对于拆迁事宜亦无法律、法规或者规章授权，并不具有行政管理上的法定职权。

(二)归口管理部门

根据《土地储备管理办法》第二、六、二十一、二十二条和第二十三条,土地储备工作统一归国土资源主管部门管理,每年第三季度会同财政部门组织编制完成下一年度土地储备计划,提交省级国土资源主管部门备案后,报同级人民政府批准。

(三)其他监管机构

根据《土地储备管理办法》第二、二十二条和第二十三条,财政部门负责土地储备资金及形成资产的监管。中国人民银行分支机构和银行业监督管理部门与国土资源主管部门和财政部门一起对储备土地、资产、资金、专项债券进行监督和指导。

四、土地储备程序

土地储备涉及方方面面,既与自然资源资产管理有关,也与本地方的金融风险防范工作密不可分。根据《财政部关于加强"三公"经费管理严控一般性支出的通知》(财预〔2022〕126 号,2022 年 9 月 24 日实施)"八",严禁通过举债储备土地。因此,土地储备工作必须履行法定程序。

(一)编制土地储备计划

凡事预则立,不预则废。多年来,许多地方的土地储备工作缺乏前瞻性、科学性和整体性,选址随意,零打碎敲,盲目跟风。为解决这个顽疾,国家要求加强土地储备计划管理。

1. 土地储备 3 年滚动计划

根据《土地储备管理办法》第四条,各地应根据国民经济和社会发展规划、国土规划、土地利用总体规划、城乡规划等,编制土地储备 3 年滚动计划,合理确定未来 3 年土地储备规模,对 3 年内可收储的土地资源,在总量、结构、布局、时序等方面作出统筹安排,优先储备空闲、低效利用等存量建设用地。

2. 年度土地储备计划

根据《土地储备管理办法》第五条,各地应根据城市建设发展和土地市场调控的需要,结合当地社会发展规划、土地储备 3 年滚动计划、年度土地供应计划、地方政府债务限额等因素,合理制订年度土地储备计划。

（二）开展前期研究

根据《土地储备项目预算管理办法（试行）》第八条，土地储备项目实行项目库管理，反映项目名称、地块区位、储备期限等基本信息，以及预期土地出让收入、项目成本、收益和融资平衡方案、政府净收益等信息，按项目统一配号、统一监管。另据《土地储备资金财务管理办法》（财综〔2018〕8号，2018年2月1日实施）第九条，土地储备机构用于征地和拆迁补偿费用以及土地开发费用支出，应当严格按照国家规范国有土地使用权出让收支管理的有关规定执行。

（三）土地入库

根据《土地储备管理办法》第五条第二款的表述，土地入库是指土地储备机构已取得完整产权，把土地纳入储备土地库管理。

1. 可纳入储备范围的土地

根据《土地储备管理办法》第八条第一款，可以纳入储备范围的土地包括：依法收回的国有土地，如根据《闲置土地处置办法》相关规定依法收回的闲置土地；收购的土地；行使优先购买权取得的土地；已办理农用地转用、征收批准手续并完成征收的土地；其他依法取得的土地。

2. 入库前审核是否符合相关规划

根据《土地储备管理办法》第七条，储备土地必须符合土地利用总体规划和城乡规划。存在污染、文物遗存、矿产压覆、洪涝隐患、地质灾害风险等情况的土地，在按照有关规定由相关单位完成核查、评估和治理之前，不得入库储备。

3. 入库前审核是否产权清晰

根据《土地储备管理办法》第八条第二款，土地储备机构应对土地取得方式及程序的合规性、经济补偿、土地权利（包括用益物权和担保物权）等情况进行审核，不得为了收储而强制征收土地。对于取得方式及程序不合规、补偿不到位、土地权属不清晰、应办理相关不动产登记手续而尚未办理的土地，不得入库储备。

4. 入库前办理登记手续

根据《土地储备管理办法》第十条，储备土地入库前，土地储备机构应向不动产登记机构申请办理登记手续。储备土地登记的使用权类型统一确定为“其他（政府储备）”，登记的用途应符合相关法律法规的规定。

（四）前期开发、管护与供应

土地收储入库本身并不是目的，更重要的是为土地供应做必要的准备工作。根据《土地储备管理办法》第十二条第一款，土地储备机构应组织开展对储备土地必要的前期开发，为政府供应土地提供必要保障。

1. 必要的通平要求

根据《土地储备管理办法》第十二条第二款，储备土地的前期开发应按照该地块的规划，完成地块内的道路、供水、供电、供气、排水、通讯、围挡等基础设施建设，并进行土地平整，满足必要的“通平”要求。具体工程要按照有关规定，选择工程勘察、设计、施工和监理等单位进行建设。

2. 加强日常管护

根据《土地储备管理办法》第十三条，土地储备机构应对纳入储备的土地采取自行管护、委托管护、临时利用等方式进行管护；建立巡查制度，对侵害储备土地权利的行为要做到早发现、早制止、早处理。对储备土地的管护，可以由土地储备机构的内设机构负责，也可由土地储备机构按照相关规定选择管护单位。

3. 可以临时利用

根据《土地储备管理办法》第十四条，在储备土地未供应前，土地储备机构可将储备土地或连同地上建（构）筑物，通过出租、临时使用等方式加以利用。储备土地的临时利用，一般不超过2年，且不能影响土地供应。储备土地的临时利用应报同级国土资源主管部门同意。其中，在城市规划区内储备土地的临时使用，需搭建建（构）筑物的，在报批前，应当先经城市规划行政主管部门同意，不得修建永久性建筑物。

4. 供应土地

根据《土地储备管理办法》第十五条，储备土地完成前期开发，并具备供应条件后，应纳入当地市、县土地供应计划，由市、县国土资源主管部门统一组织土地供应。供应已发证的储备土地之前，应收回并注销其不动产权证书及不动产登记证明，并在不动产登记簿中予以注销。

第四节　城市更新

作为世界上最早实现工业化和城市化的国家，英国最早提出了城市更新（urban

renewal)概念。1930 年,当时执政的工党政府制定了格林伍德住宅法案(The Greenwood Housing Act of 1930),对日益衰败的城区进行大规模更新改造。1958 年,国际住房和规划联合会(The International Federation for Housing and Planning, IFHP)在荷兰海牙召开了第一届城市更新研讨会(The First International Seminar on Urban Renewal),城市更新的概念在世界范围内得以广泛使用。

一、概述

尽管我国的城镇化进程远远晚于西方,但近年来城区老旧问题也日益引起关注。1990 年我国开始施行《城市规划法》,其第二十三条和第二十七条作出了旧城区改建的规定,而接续该法的《城乡规划法》历年版本也均有相应规定,城市更新也开始提上各级政府的工作日程。

(一)城市更新的概念

与汉语中“城市更新”最为对应的英文是 urban renewal,此外,还有 urban redevelopment(城市再开发)、urban rejuvenation(城市振兴)、urban revitalization(城市复兴)和 urban regeneration(城市革新)等。通常来说,它是一种以维修、整理、养护、拆除或重建等多种方式对城市中某一地段进行更新,优化国土空间资源配置,提高城市品质,确保长久良善的城市发展活动。1949 年《美国住房法案》(The Housing Act of 1949)使用的是城市再开发概念,在 1954 年修改后则正式使用了城市更新概念。《日本城市规划法》使用的也是城市更新,而我国台湾地区则称为都市更新。

根据原国土资源部发布的《关于深入推进城镇低效用地再开发的指导意见(试行)》(国土资发〔2016〕147 号,2016 年 11 月 11 日实施,2021 年 11 月 11 日失效),经第二次全国土地调查确定的建设用地中的布局散乱、利用粗放、用途不合理、建筑危旧的城镇存量建设用地,权属清晰且不存在争议,都可界定为城镇低效用地。更具体地说,下列土地都可列入改造开发范围,一是国家产业政策规定的禁止类、淘汰类产业用地;二是不符合安全生产和环保要求的用地;三是“退二进三”产业用地;四是布局散乱、设施落后,规划确定改造的老城区、城中村、棚户区、老工业区等。该意见因自身规定的 5 年有效期而失效,但它对低效用地的界定已广为业界接受。

城市更新这一概念有狭义和广义之分。在狭义上,一般严格限于各地关于城市更新方面专门立法中所界定的城市更新。但在广义上,它还包含前面刚刚提到的城镇低效用地再开发,以及“城中村”改造、棚户区改建、旧城改建、旧厂改建和城市疏解等，本章是在广义上使用这个概念。

城市更新的分类有不同的标准。依据更新的力度，可作以下划分。一是不对建筑主体结构和功能做出较大改变，完善现状和消除安全隐患，不增加或很少增加面积的整治类更新；二是不对土地使用权主体和使用期限予以变动，可能少量变更土地用途，可能少量拆除，可能少量增加面积的改建类更新；三是可能对更新单元范围内原有的建筑物或构筑物进行全部或大部分拆除，重新规划，重新建设，甚至土地使用权主体和期限都可能发生较大变化的拆建类更新。对于最后一种来说，实际上就是不动产征收与补偿，只是以城市更新的名义进行而已。以重庆市为例，根据《重庆市城市更新管理办法》(渝府发〔2021〕15 号，2021 年 6 月 16 日实施）第二十九条第一款，城市更新涉及国有土地使用权及房屋所有权变动的，可通过协议搬迁、房屋征收等方式实施。

（二）城市更新的区域

哪些区域能够被列入城市更新的范围，这是需要有一个标准的，但目前各地的做法不一。以广州市为例，根据《广州市城市更新办法》(广州市人民政府令第 134 号，2016 年 1 月 1 日实施）第十三条，可被纳入城市更新范围的区域包括：(1）城市市区“退二进三”产业用地；(2）城乡规划确定不再作为工业用途的厂房（厂区）用地；(3）国家产业政策规定的禁止类、淘汰类产业以及产业低端、使用效率低下的原厂房用地；(4）不符合安全生产和环境要求的厂房用地；(5）在城市建设用地规模范围内，布局散乱、条件落后，规划确定改造的旧村庄和列入“万村土地整治”示范工程的村庄；(6）由政府依法组织实施的对棚户区和危破旧房等地段进行旧城区更新改造的区域。

（三）实施主体

以重庆市为例，根据《重庆市城市更新管理办法》第十条第一款，城市更新项目可由政府、物业权利人作为实施主体，或由政府、物业权利人通过直接委托、公开招标等方式引入的相关主体作为实施主体。

（四）不得大拆大建

根据《住房和城乡建设部关于在实施城市更新行动中防止大拆大建问题的通知》(建科〔2021〕63 号，2021 年 8 月 30 日实施)“一（一）”，除违法建筑和经专业机构鉴定为危房且无修缮保留价值的建筑外，不大规模、成片集中拆除现状建筑，原则上城市更新单元（片区）或项目内拆除建筑面积不应大于现状总建筑面积的20%；根据该通知“一（二）”，严格控制大规模增建。除增建必要的公共服务设施外，不大规模新增老城区建设规模，不突破原有密度强度，不增加资源环境承载压力，原则上城市更新单元（片区）或项目内拆建比不应大于2；根据该通知“一（三）”，严格控制大规模搬迁。不大规模、强制性搬迁居民，不改变社会结构，不割断人、地和文化的关系。要尊重居民安置意愿，鼓励以就地、就近安置为主，改善居住条件，保持邻里关系和社会结构，城市更新单元（片区）或项目居民就地、就近安置率不宜低于50%；根据该通知“一（四）”，确保住房租赁市场供需平稳。不短时间、大规模拆迁城中村等城市连片旧区，防止出现住房租赁市场供需失衡加剧新市民、低收入困难群众租房困难。

（五）办理手续简化

根据《国务院办公厅关于全面推进城镇老旧小区改造工作的指导意见》（国办发〔2020〕23号，2020年7月10日实施），城镇老旧小区改造内容可分为基础类、完善类、提升类3类，可由市县人民政府组织有关部门联合审查改造方案，认可后由相关部门直接办理立项、用地、规划审批。不涉及土地权属变化的项目，可用已有用地手续等材料作为土地证明文件，无须再办理用地手续。探索将工程建设许可和施工许可合并为一个阶段，简化相关审批手续。不涉及建筑主体结构变动的低风险项目，实行项目建设单位告知承诺制的，可不进行施工图审查。鼓励相关各方进行联合验收。

（六）地方实践

目前，我国还没有统一的城市更新方面的法律、法规或规章，根据《住房和城乡建设部办公厅关于组织申报2022年科学技术计划项目的通知》（建办标函〔2022〕3号，2022年1月5日实施），“城市更新条例及配套规章研究”已经被住房和城乡建设部列入2022年科学技术计划项目申报工作。由此可见，关于城市更新的条例正式出台仍需时日。

本节暂参照各地的相关法规或规章进行讨论。根据《住房和城乡建设部办公厅关于开展第一批城市更新试点工作的通知》（建办科函〔2021〕443号，2021年11月4日实施），决定在北京市等21个城市（区）开展第一批城市更新试点工作。而在全国各地的律师协会中，已有多地成立了专门的委员会，如深圳市律师协会“城市更新法律专业委员会”等。

1. 深圳市

2020 年 12 月 30 日，《深圳经济特区城市更新条例》在深圳市第六届人民代表大会常务委员会第四十六次会议上通过，于 2021 年 3 月 1 日起施行。该条例第二条第二款规定，城市更新是指对城市建成区内具有以下四种情形之一的区域，根据本条例规定进行拆除重建或者综合整治的活动，一是城市基础设施和公共服务设施急需完善；二是环境恶劣或者存在重大安全隐患；三是现有土地用途、建筑物使用功能或者资源、能源利用明显不符合经济社会发展要求，影响城市规划实施；四是经市人民政府批准进行城市更新的其他情形。

该条例第 3 章和第 4 章分别就两大类城市更新活动进行了界定，即拆除重建类和综合整治类。显然，就前者而言，实际上是一种不动产征收与补偿活动，城市更新只是它的征收目的。而后者更贴近一般观念上的城市更新，即不需要拆除只是进行综合整治。

2. 北京市

根据《北京市人民政府关于实施城市更新行动的指导意见》（京政发〔2021〕10 号，2021 年 5 月 15 日实施），城市更新主要是指对城市建成区城市空间形态和城市功能的持续完善和优化调整，是小规模、渐进式、可持续的更新，涉及拆违腾退，对房屋行政主管部门认定的危旧楼房，允许通过翻建、改建或适当扩建方式进行改造，对首都功能核心区平房进行申请式退租、换租及保护性修缮和恢复性修建。城市更新项目产权清晰的，产权单位可作为实施主体，也可以协议、作价出资等方式委托专业机构作为实施主体；产权关系复杂的，由区政府依法确定实施主体。2022 年 11 月 25 日，北京市人大（含常委会）制定了《北京市城市更新条例》（2023 年 3 月 1 日实施），基本上吸收了前述指导意见，成为今后一个时期北京市城市更新的法律指南。

3. 天津市

《天津市老旧房屋老旧小区改造提升和城市更新实施方案》（津政办规〔2021〕10 号，2021 年 6 月 22 日实施）中，把老旧房屋改造提升分为保护、改建、重建三种方式，其中重建是指针对建筑结构差、安全标准低等不具有保留价值的非保护性建筑拆除重建，通过适当提高开发建设强度、增加居住建筑面积实现成套化，或者通过对原住户重新安置彻底改善居住条件。

4. 上海市

2021年8月25日,上海市第十五届人民代表大会常务委员会第三十四次会议通过了《上海市城市更新条例》(2021年9月1日实施)。该条例第二条第二款对“城市更新”进行了界定,即在本市建成区内开展持续改善城市空间形态和功能的活动,具体包括:(1)加强基础设施和公共设施建设,提高超大城市服务水平;(2)优化区域功能布局,塑造城市空间新格局;(3)提升整体居住品质,改善城市人居环境;(4)加强历史文化保护,塑造城市特色风貌;(5)市人民政府认定的其他城市更新活动。

该条例没有根据是否拆除重建进行分类,而是明确要“留改拆”并举类,并且以保留为主。该条例第六十三条申明,旧区改造、旧住房更新、“城中村”改造等城市更新活动,国家有相关规定的,从其规定。显然,以往所说的“城中村”改造、旧城区改造,或者棚户区改造等都是更上位的城市更新概念的一个子集。

二、“城中村”改造

目前,并没有一个严格的法律术语来界定“城中村”这一概念。以陕西省西安市为例,该市曾经制定过一部专门法规,即《西安市城中村改造管理办法》(市政发〔2007〕129号,2007年10月20日实施,2014年11月1日废止)。根据其第三条,城中村是指在城市建成区范围内失去或基本失去耕地,仍然实行村民自治和农村集体所有制的村庄。“城中村”改造是指根据社会经济发展计划和城市总体规划,按照城市化要求,对“城中村”进行综合改造的行为。

对于“城中村”改造的关键问题是实施主体到底为谁。通常情况下,以村集体经济组织或村委会为主导,有时地方政府也可能直接介入。另外,如果涉及土地征收,就是一个典型的农村集体土地上的征迁活动。如果不涉及土地征收,情况可能就更复杂。因此,依据是否对集体土地进行征收,城中村改造可分为涉及土地征收的城中村改造和不涉及土地征收的城中村改造。前者为本书探讨的主题,但后者也比较常见,并且并不必然会被认定为违法。例如,最高人民法院(2019)最高法行申10221号《行政裁定书》以及最高人民法院(2019)最高法行申10184号《行政裁定书》等就没有一竿子打翻这种做法,而是留有了余地。

一般来说,“城中村”改造即使以村级组织为主体进行实施,但通常需要报经地方政府批准,这就涉及如何对该批准行为定性的问题。从目前查阅到的几个最高人民法院判例来看,多认为属于内部行为,不对当事人的权利义务产生直接影响,产生直接影响的是后续的补偿安置行为。例如,最高人民法院(2016)最高法行申4469号《行政裁定书》、最高人民法院(2018)最高法行申1466号《行政裁定书》、最高人民法院(2020)最高法行申6862号《行政裁定书》和最高人民法院(2020)最高法行申7570号《行政裁定书》等均是如此裁判的。

但也有相反的判例。根据最高人民法院(2019)最高法行申13739号《行政裁定书》,某村集体成立了某贸易公司,该贸易公司成为整村改造的实施主体,并自认其拆除村民房屋的行为。但有证据证实属地的街道办和区政府主导了整村改造,因此该贸易公司的拆除行为应属行政委托,相应的法律责任应由行政机关承担。最高人民法院(2020)最高法行申5250号《行政裁定书》也持有类似的观点。

三、"棚户区"改造

同样,我国法律对"棚户区"也没有一个严格定义。根据《财政部、国家税务总局关于棚户区改造有关税收政策的通知》(财税〔2013〕101号,2013年12月2日实施),棚户区是指简易结构房屋较多、建筑密度较大、房屋使用年限较长、使用功能不全、基础设施简陋的区域,具体包括城市棚户区、国有工矿(含煤矿)棚户区、国有林区棚户区和国有林场危旧房、国有垦区危房。至于棚户区改造,根据该通知,是指列入省级人民政府批准的棚户区改造规划或年度改造计划的改造项目。

再以陕西省西安市为例,《西安市城中村改造管理办法》废止后,取代它的是《西安市棚户区改造管理办法》(市政发〔2014〕34号,2014年11月1日实施),根据其第三条第二款,棚户区是指城市规划区范围内,房屋建筑密度大、结构简陋、质量差、年久失修、安全隐患大(包括经房屋鉴定机构鉴定为C级、D级的危旧房屋),使用功能、配套设施不完善的住宅区域。包括国有土地上棚户区和集体土地上棚户区(城中村)。根据第三条第一款,"棚户区"改造是指根据本市城市总体规划和社会经济发展计划,对城市规划区内的棚户区进行综合改造的行为。

目前"棚户区"改造项目的法律依据主要有《国务院关于解决城市低收入家庭住房困难的若干意见》(国发〔2007〕24号,2007年8月7日实施),住房和城乡建设部、国家发展和改革委员会、财政部等发布的《关于推进城市和国有工矿棚户区改造工作的指导意见》(建保〔2009〕295号,2009年12月24日实施),《国务院关于加快棚户区改造工作的意见》(国发〔2013〕25号,2013年7月4日实施)和《国务院办公厅关于进一步加强棚户区改造工作的通知》(国办发〔2014〕36号,2014年7月21日实施)等。

四、旧城改造

旧城区改造、旧城区改建、旧城改造、旧城改建、旧区改造、旧区改建甚至旧改，意思都差不多。在1990年施行的《城市规划法》（已失效）第二十三条和第二十七条以及1991年《城市房屋拆迁管理条例》（已失效）第四条和第二十八条，用语均为旧区改建。2008年施行的《城乡规划法》第三十一条和2011年《国有土地上房屋征收与补偿条例》第八条等则称为旧城区改建。

根据《城市规划基本术语标准》“3.0.8”，旧城改建（urban redevelopment）是指对城市旧区进行的调整城市结构、优化城市用地布局、改善和更新基础设施、保护城市历史风貌等的建设活动。目前的主要法律依据是《国务院办公厅关于全面推进城镇老旧小区改造工作的指导意见》。从旧城改建的目标要求、实施主体、参与主体、资金来源、组织机制等方面来看，它与前面提到的城市更新、“棚户区”改造和“城中村”改造等可能都有重叠之处。例如，号称淘宝第一村旧改的“番禺区南村镇里仁洞村旧村改造”实质也是“城中村”改造，已于2022年11月10日获得广州市住房和城乡建设局批复，拟投资210亿元。

五、旧厂改建

旧厂改建实质上是旧城改建的一个特殊类型。根据《国务院办公厅关于推进城区老工业区搬迁改造的指导意见》（国办发〔2014〕9号，2014年3月3日实施），要求实行政府推动、市场运作，支持社会力量参与搬迁改造，凡利用市场机制能够解决的交由市场解决。充分考虑区位条件、资源禀赋、发展基础和环境承载能力，结合城市总体发展布局，合理确定搬迁改造的方向和目标，统筹安排规模和时序，努力探索各具特色的搬迁改造方式。

以北京市为例。根据《关于保护利用老旧厂房拓展文化空间的指导意见》（京政办发〔2017〕53号，2017年12月31日实施），旧厂区包括老旧工业厂房、仓储用房及相关工业设施，对保护利用老旧厂房改建、兴办文化馆、图书馆、博物馆、美术馆等非营利性公共文化设施的，依规批准后，可采取划拨方式办理相关用地手续。近年来，外地年轻人到北京游玩几乎必打卡798艺术区，它的前身就是1952年由苏联援建，民主德国（东德）设计建造，总面积高达110万平方米的重点电子工业项目。21世纪初开始对它进行旧厂改造，2020年被国家文旅部评为第二批国家级文化产业示范园区创建园区。

2022 年年初在北京市举办的第 24 届冬季奥林匹克运动会可谓精彩纷呈,美轮美奂,其中,位于石景山区的首钢滑雪大跳台更是吸引了全世界的目光。谷爱凌和苏翊鸣等体育健儿在此大展身手,而转播画面中频频出镜的原首都钢铁厂冷却塔更是大放异彩。事实上,这也是北京市旧厂改建的一个成功案例,被德国《明镜周刊》盛赞为冬奥赛场的建筑典范。

六、城市疏解

"城市疏解"这个概念目前仅在诸如北京或上海等超大型城市使用。以北京市为例,根据《北京市城乡规划条例》(2021 年修正,2021 年 9 月 24 日实施)第五条,坚持首都城市战略定位,实施以疏解北京非首都功能为重点的京津冀协同发展战略。该条例第六条提出以资源环境承载能力为刚性约束条件,注重减量集约。该条例第二十四条规定,本市城乡规划实施应当按照减量提质的要求,建立城乡建设用地减量、增减挂钩、综合平衡的实施机制,优化利用疏解腾退空间,鼓励对存量建设用地和存量建筑进行更新改造。另据《北京市城市更新条例》第四条第(一)项,开展城市更新活动,要坚持先治理、后更新,与"疏解整治促提升"工作相衔接,与各类城市开发建设方式、城乡接合部建设改造相协调。

目前,北京市关于疏解的专门文件主要有《北京市人民政府国有资产监督管理委员会关于市属国有企业在非首都功能疏解中加快推进搬迁腾退及地下空间综合整治工作的指导意见》(京国资发〔2016〕17 号,2019 年 8 月 19 日实施)等。疏解必然会引发一定的搬迁,但疏解主要是作为一种目的概念来使用的,本身并无正式的实体规定或程序规定,特别是相应的补偿也未见明确的标准依据。从正在进行的中心城区疏解实践来看,根据《关于加强直管公房管理的意见》(京政办发〔2018〕20 号,2018 年 5 月 14 日实施),平房直管公房申请式腾退是其中一个重要抓手。鼓励承租人自愿交回直管公房使用权;承租人申请交回直管公房使用权并由经营管理单位收回的,经营管理单位适当给予承租人货币补偿。承租人交回使用权后,可以申请购买区政府提供的共有产权房或承租公租房,符合条件的优先配售配租。

第五节 土 地 整 理

中国革命之所以能够取得成功,一个重要原因在于获得了广大农民的支持。中华人民共和国成立以来,特别是改革开放以来,几乎每年的中央一号文件都聚焦于农业、农村、农民这个带有中国独特印记的“三农”问题。可以说，从土地改革到包产到户，从脱贫攻坚到乡村振兴，农业、农村和农民一直被党和政府高度关注。

土地问题是所有“三农”问题的核心，各种政策、法律或法规等都可能对其产生直接或间接的影响。其中，广义的土地整理涵盖了新农村建设、新型城镇化、土地增减挂钩和乡村振兴等主题，也与农村征迁问题有着若明若暗的关系。

一、土地整理的概念

根据《土地管理法》第四十二条第一款，国家鼓励土地整理。县、乡（镇）人民政府应当组织农村集体经济组织，按照土地利用总体规划，对田、水、路、林、村综合整治，提高耕地质量，增加有效耕地面积，改善农业生产条件和生态环境。由上述规定来看，土地整理是土地规划实施的一个环节，在某一区域内根据国土空间规划的要求，采取一定的手段，对土地利用现状进行调整、改造和协调，以达到优化国土空间资源配置的目的。在这一过程中，既可能涉及土地征收与补偿问题，也可能涉及其他相关活动，因此土地整理就有狭义与广义之分。

土地整理有时又称为土地整治、土地整备、土地治理或土地重划等，是指对现状的土地，特别是农村土地进行必要的调整，以提高其利用效率。一方面，它是自然资源主管部门的日常工作之一；另一方面，它又经常嵌入新农村建设、新型城镇化、土地增减挂钩和乡村振兴等工作之中，但并不完全重叠。因此，狭义上的土地整理单纯指自然资源主管部门的一项行政管理活动，而广义上的土地整理则包含了刚才提到的新农村建设、新型城镇化、土地增减挂钩和乡村振兴等相关活动。本章使用广义上的这一概念。

（一）土地整理的主体

根据《土地管理法实施条例》第十条第一款，县级人民政府应当按照国土空间规划关于统筹布局农业、生态、城镇等功能空间的要求，制定土地整理方案，促进耕地保护和土地节约集约利用。另据《自然资源部关于开展全域土地综合整治试点工作的通知》（自然资发〔2019〕194 号，2019 年 12 月 10 日实施）第一条第二款，乡镇政府负责组织统筹编制村庄规划，将整治任务、指标和布局要求落实到具体地块，确保整治区域内耕地质量有提升、新增耕地面积不少于原有耕地面积的 5%，并做到建设用地总量不增加、生态保护红线不突破。

(二)目标任务

根据《自然资源部关于开展全域土地综合整治试点工作的通知》第一条第一款,以科学合理规划为前提,以乡镇为基本实施单元(整治区域可以是乡镇全部或部分村庄),整体推进农用地整理、建设用地整理和乡村生态保护修复,优化生产、生活、生态空间格局,促进耕地保护和土地集约节约利用,改善农村人居环境,助推乡村全面振兴。

(三)土地整理后的用途

根据《自然资源部关于开展全域土地综合整治试点工作的通知》第二条第二款,整治验收后腾退的建设用地,在保障试点乡镇农民安置、农村基础设施建设、公益事业等用地的前提下,重点用于农村一二三产业融合发展。节余的建设用地指标按照城乡建设用地增减挂钩政策,可在省域范围内流转。自然资源部将对试点工作予以一定的计划指标支持。

(四)地方实践

深圳市开展的土地整理工作比较早,且效果也比较好。不过,根据《深圳市人民政府关于推进土地整备工作的若干意见》(深府〔2011〕102 号,2011 年 7 月 2 日实施),该市的土地整备更多地指向城市更新领域的土地整理,甚至很多内容与前面讨论过的土地储备有重叠之处。考虑到该市近年来土地资源承载力已接近极限,全市的农用地已经很少,因此才要大力创新土地整备体制机制、挖掘土地潜力、缓解土地供求矛盾。

另以上海市为例,根据《关于实施全域土地综合整治的意见》(沪府办〔2022〕13 号,2022 年 2 月 28 日实施)以及《上海市全域土地综合整治工作管理办法(试行)》(沪规划资源乡〔2022〕348 号,2022 年 9 月 14 日实施),要求以镇(街道、乡)为基本实施单元,实施全域规划、整体设计、综合治理,统筹推进农用地整理、建设用地整理、生态保护修复和各类乡村建设行动等单体项目,落实国土空间用途管制的国土空间综合治理活动。具体步骤包括申报选址、规划和实施方案编制、实施、竣工验收等阶段,实施周期一般为 3 年,原则上不超过 5 年。

二、新农村建设

早在 1956 年,全国人大通过的《高级农业生产合作社示范章程》(1956 年 6 月

30 日实施,1987 年 11 月 24 日废止)就提出了建设社会主义新农村的目标。但由于种种原因,及至改革开放前农村的面貌并无太大改观,由此引发的征迁活动也不激烈,未对农村土地房屋等产生重大影响。

1978 年,党的十一届三中全会胜利召开,改革开放的号角吹响。自此,农业生产、农村面貌、农民生活发生了翻天覆地的变化,相关的征迁活动也开始日益增多。1979 年 12 月 2 日到 9 日,原农业部牵头召开了第一次全国农村房屋建设工作会议,提出了建设社会主义新村镇,重申农村住房属于生活资料,产权应当归社员个人所有,社员自建自用完全合法。1982 年,中共中央批转《全国农村工作会议纪要》(1982 年 1 月 1 日实施),明确规定要严格控制机关、企业、团体、部队、学校、社队占用耕地,特别是城市附近的菜地更不应占用。同年颁布的《村镇建房用地管理条例》(已废止)则对此提出了明确要求。

新农村建设的正式用语出现于 2005 年 12 月 31 日发布的《中共中央、国务院关于推进社会主义新农村建设的若干意见》(中发〔2006〕1 号,2005 年 12 月 31 日实施),明确要求加快乡村基础设施建设,要本着节约原则,充分立足现有基础进行房屋和设施改造,防止大拆大建,防止加重农民负担。实际上,早在 1982 年《村镇规划原则》(1982 年 1 月 14 日实施)第八条就规定要充分利用原有设施,逐步改建,不断完善,避免求新过急,大拆大建。

《中共中央办公厅、国务院办公厅关于深入推进农村社区建设试点工作的指导意见》(2015 年 5 月 31 日实施)规定,农村社区建设要在维护农民土地承包经营权和宅基地用益物权前提下开展,与当地国民经济和社会发展总体规划、土地利用规划、村庄规划和社会主义新农村建设规划等相衔接,与统筹城乡基层党的建设同步考虑。严禁强制推行大拆大建、撤村并居,严禁违反土地利用规划擅自改变农地用途,严禁以"管委会"等机构取代村党组织和村民委员会。

《住房和城乡建设部办公厅关于开展农村住房建设试点工作的通知》(建办村〔2019〕11 号,2019 年 2 月 2 日实施)提出,要坚持政府引导、村民主体的基本原则,在尊重农民安居需求和农房建设实际的基础上,通过农村住房建设试点工作,提升农房建设设计和服务管理水平,建设一批功能现代、风貌乡土、成本经济、结构安全、绿色环保的宜居型示范农房。

在新农村建设中,一度出现过合村并居的浪潮,俗称赶农民上楼。也许初衷是良好的,但在实践中出现了种种问题。在山东省这种做法曾经引起了媒体的批评声浪,目前已经不再大张旗鼓地进行。

三、新型城镇化

与新农村建设这一提法遥相呼应的是新型城镇化概念，二者有很多相似的地方，但发展方向和侧重点有所不同。另外，它也与前面提到的城市更新、棚户区改造和城中村改造等范畴多有制度重叠。

根据《国务院关于深入推进新型城镇化建设的若干意见》（国发〔2016〕8 号，2016 年 2 月 2 日实施），新型城镇化是中国现代化的必由之路，是最大的内需潜力所在，是经济发展的重要动力，也是一项重要的民生工程。但仍然存在农业转移人口市民化进展缓慢、城镇化质量不高、对扩大内需的主动力作用没有得到充分发挥等问题。该通知要求坚持走以人为本的中国特色新型城镇化道路，以人的城镇化为核心，以提高质量为关键，以体制机制改革为动力，紧紧围绕新型城镇化目标任务，加快推进户籍制度改革，提升城市综合承载能力，制定完善土地、财政、投融资等配套政策，充分释放新型城镇化蕴藏的巨大内需潜力，为经济持续健康发展提供持久强劲动力。

四、土地增减挂钩

土地增减挂钩是一个带有中国特色的土地制度创新，它是指某地的城镇建设用地增加与某地的农村建设用地减少进行挂钩的制度，依据国土空间规划（含原来的土地利用总体规划），把某地的农村建设用地予以复垦整理为耕地，弥补另一地的耕地减少，以此来增加城镇建设用地指标，从而在整体上保证耕地有效面积不减少。

根据《国务院关于严格规范城乡建设用地增减挂钩试点切实做好农村土地整治工作的通知》（国发〔2010〕47 号，2010 年 12 月 27 日实施），开展增减挂钩试点，必须举行听证、论证，充分听取当地农村基层组织和农民的意见。涉及土地调整互换使用的，未征得农村集体组织和农民同意，不得强行开展增减挂钩试点。必须按照明晰产权、维护权益的原则，合理分配土地调整使用中的增值收益。要明确受益主体，规范收益用途，确保所获土地增值收益及时全部返还农村，用于支持农业农村发展和改善农民生产生活条件，防止农村和农民利益受到侵害。

根据自然资源部、财政部、国家乡村振兴局印发的《巩固拓展脱贫攻坚成果同乡村振兴有效衔接过渡期内城乡建设用地增减挂钩节余指标跨省域调剂管理办法》（自然资发〔2021〕178 号，2021 年 12 月 21 日实施）第二条，城乡建设用地增减挂钩节余指标跨省域调剂，是指原“三区三州”及其他深度贫困县、国家乡村振兴重点帮扶县开展城乡建设用地增减挂钩，拆旧复垦安置节余的建设用地指标在省际协商基础上由国家统筹跨省域调剂使用。根据其第十一条，省级自然资源主管部门会同农业农村主管部门对拆旧复垦耕地的数量和质量进行核实。自然资源部对调剂节余指标的真实性、合法性进行核查，发现弄虚作假、违背群众意愿强行实施等问题的，要求限期整改，问题严重的，暂停节余指标调剂。

五、乡村振兴

形式意义上的乡村振兴是近年来提出的一个概念，但实质意义上的乡村振兴一直在进行之中，前面谈到的新农村建设等在多个方面都体现了这一点。2017 年 12 月 28 日至 29 日，乡村振兴战略在中央农村工作会议上正式提出，是党的“三农”工作一系列方针政策的继承和发展，是中国特色社会主义进入新时代做好“三农”工作的总抓手。2021 年 6 月 1 日起施行的《乡村振兴促进法》以法律的形式把它固定下来，成为今后“三农”工作的最重要的立法文件，对农村征迁工作具有深远影响。

（一）乡村的范围

根据《乡村振兴促进法》第二条第二款，乡村是指城市建成区以外具有自然、社会、经济特征和生产、生活、生态、文化等多重功能的地域综合体，包括乡镇和村庄等。

（二）耕地保护

根据《乡村振兴促进法》第十四条第一款，国家建立农用地分类管理制度，严格保护耕地，严格控制农用地转为建设用地，严格控制耕地转为林地、园地等其他类型农用地。省、自治区、直辖市人民政府应当采取措施确保耕地总量不减少、质量有提高。

（三）与城镇化的接续

根据《乡村振兴促进法》第五十条，各级人民政府应当协同推进乡村振兴战略和新型城镇化战略的实施，整体筹划城镇和乡村发展，科学有序统筹安排生态、农业、城镇等功能空间，优化城乡产业发展、基础设施、公共服务设施等布局，逐步健全全民覆盖、普惠共享、城乡一体的基本公共服务体系,加快县域城乡融合发展,促进农业高质高效、乡村宜居宜业、农民富裕富足。

(四)村庄建设

根据《乡村振兴促进法》第五十一条,县级人民政府和乡镇人民政府应当优化本行政区域内乡村发展布局,按照尊重农民意愿、方便群众生产生活、保持乡村功能和特色的原则,因地制宜安排村庄布局,依法编制村庄规划,分类有序推进村庄建设,严格规范村庄撤并,严禁违背农民意愿、违反法定程序撤并村庄。

(五)进城农民的保护

根据《乡村振兴促进法》第五十五条第二款,县级以上地方人民政府应当采取措施促进在城镇稳定就业和生活的农民自愿有序进城落户,不得以退出土地承包经营权、宅基地使用权、集体收益分配权等作为农民进城落户的条件;推进取得居住证的农民及其随迁家属享受城镇基本公共服务。

(六)与脱贫攻坚成果衔接

根据《中共中央、国务院关于实现巩固拓展脱贫攻坚成果同乡村振兴有效衔接的意见》(2020年12月16日实施)"(四)",做好易地扶贫搬迁后续扶持工作。聚焦原深度贫困地区、大型特大型安置区,从就业需要、产业发展和后续配套设施建设提升完善等方面加大扶持力度,完善后续扶持政策体系,持续巩固易地搬迁脱贫成果,确保搬迁群众稳得住、有就业、逐步能致富。提升安置区社区管理服务水平,建立关爱机制,促进社会融入。根据该意见"(十九)",以国土空间规划为依据,按照应保尽保原则,新增建设用地计划指标优先保障巩固拓展脱贫攻坚成果和乡村振兴用地需要,过渡期内专项安排脱贫县年度新增建设用地计划指标,专项指标不得挪用;原深度贫困地区计划指标不足的,由所在省份协调解决。过渡期内,对脱贫地区继续实施城乡建设用地增减挂钩节余指标省内交易政策;在东西部协作和对口支援框架下,对现行政策进行调整完善,继续开展增减挂钩节余指标跨省域调剂。

第六节 土地违法查处

土地违法案件是指违反土地管理法律、法规,依法应当追究法律责任的案件。

根据违法主体的不同,可以大致分为两类。一类是违法主体属单位或个人的,如非法占地行为;另一类是违法主体属行政机关的,如违法批地行为。由于本书的主题是讨论不动产征收与补偿,因此本节主要探讨作为行政相对人的单位或个人的土地违法行为。在实践中,有时会出现受征迁目的驱动的土地违法查处行为,甚至假手土地违法案件查处来完成征迁活动。至于对行政机关土地违法行为的监督检查,在本书的主题之下属于被征收人的法律救济途径之一,因此放在本书第十六章讨论。

另外,由于全国所有的土地主管机关都已经完成了改革,转为自然资源主管机关,因此土地违法拟称为自然资源违法可能更为妥当一些。不过,由于《土地管理法》仍然存在,并且人们的称呼改变可能也需要一定的时间,本书仍使用土地违法这一概念。

一、土地违法的类型

参照《自然资源违法行为立案查处工作规程(试行)》(自然资发〔2022〕165 号,2022 年 11 月 1 日实施)中的"附录 A:主要土地违法行为、法律依据与法律责任",本节把作为民事主体的单位或个人可能涉及的土地违法行为分为以下几种类型。

(一)违法占地类

违法占地是违反土地管理的法律、法规非法占用土地的行为,是目前普遍存在的一类土地违法案件,高发于农村,但在城镇也时有所闻。

1. 未经批准或者采取欺骗手段骗取批准,违法占用土地

这一类行为违反了《土地管理法》第二条第三款、第四十四条、第五十三条、第五十七条、第五十九条、第六十条、第六十一条和第六十三条以及《土地管理法实施条例》第二十一条和第二十二条第二款,主要包括建设占地未办理农用地转用审批、建设用地未经申请批准、临时用地未经批准、乡(镇)村建设用地未经批准等。

根据《土地管理法》第七十七条第一款,未经批准或者采取欺骗手段骗取批准,非法占用土地的,由县级以上人民政府自然资源主管部门责令退还非法占用的土地,对违反土地利用总体规划擅自将农用地改为建设用地的,限期拆除在非法占用的土地上新建的建筑物和其他设施,恢复土地原状,对符合土地利用总体规划的,没收在非法占用的土地上新建的建筑物和其他设施,可以并处罚款。

另有一个带有普遍性的特殊问题,即非法占地建住宅问题。根据《土地管理法》第七十八条第一款,农村村民未经批准或者采取欺骗手段骗取批准,非法占用

土地建住宅的,由县级以上人民政府农业农村主管部门责令退还非法占用的土地,限期拆除在非法占用的土地上新建的房屋。

2. 超过批准的数量或标准占用土地

这一行为与违法占地类行为有着密切的关系,它主要违反了《土地管理法》第七十七条第二款,对其查处方式与该条第一款规定的未经批准或者采取欺骗手段骗取批准违法占用土地的方式相同。

同样,也有一个带有普遍性的特殊问题,即超标准多占地建住宅问题。根据《土地管理法》第七十八条第二款,超过省、自治区、直辖市规定的标准,多占的土地以非法占用土地论处。

3. 依法收回非法批准、使用的土地,有关当事人拒不归还

根据《土地管理法》第七十九条,非法批准、使用的土地应当收回,有关当事人拒不归还的,以非法占用土地论处。该类行为实际上属于非法占用土地的延续状态,对它的处理方式与前面两类违法行为的处理方式相同。

(二)违法转让类

基于本书的主旨,这里所说的违法转让,主要是针对受让方而言的,对出让方的查处内容在本书第十七章有所涉及。

1. 买卖或者以其他形式非法转让土地

该类行为违反了《土地管理法》第二条第三款和第七十四条,对违反土地利用总体规划擅自将农用地改为建设用地的,限期拆除在非法转让的土地上新建的建筑物和其他设施,恢复土地原状,对符合土地利用总体规划的,没收在非法转让的土地上新建的建筑物和其他设施;可以并处罚款。

2. 未经批准,违法转让以划拨方式取得的国有土地使用权

该行为违反了《城市房地产管理法》第四十条和《城镇国有土地使用权出让和转让暂行条例》第四十四条和第四十五条,可按《土地管理法》第七十四条、《城市房地产管理法》第六十七条、《土地管理法实施条例》第五十四条和《城镇国有土地使用权出让和转让暂行条例》第四十六条的规定进行处理。

3. 不符合法律规定的条件,违法转让以出让方式取得的国有土地使用权

该行为违反了《土地管理法》第二条第三款,《城市房地产管理法》第三十七条、第三十八条和第三十九条,《城镇国有土地使用权出让和转让暂行条例》第十九条,可根据《土地管理法》第七十四条、《城市房地产管理法》第六十六条、《土地管理法

实施条例》第五十四条、《城市房地产开发经营管理条例》第三十五条的规定进行处理。

4. 擅自将农民集体所有的土地通过出让、转让使用权或者出租等方式用于非农业建设，或者违法将集体经营性建设用地通过出让、出租等方式交由单位或者个人使用

该行为违反了《土地管理法》第六十三条，可根据《土地管理法》第八十二条的规定进行处理。

（三）破坏农用地类

根据《土地管理法》第四条第一款，国家实行土地用途管制制度。其中，用途管制方面最重要的一点就是对农用地的用途管制，它事关 14 亿中国人能不能端稳自己饭碗的这一重大问题。

1. 破坏一般耕地行为

根据《土地管理法》第三十七条第二款，禁止占用耕地建窑、建坟或者擅自在耕地上建房、挖砂、采石、采矿、取土等。根据《土地管理法》第七十五条，违反本法规定，占用耕地建窑、建坟或者擅自在耕地上建房、挖砂、采石、采矿、取土等，破坏种植条件的，或者因开发土地造成土地荒漠化、盐渍化的，由县级以上人民政府自然资源主管部门、农业农村主管部门等按照职责责令限期改正或者治理，可以并处罚款；构成犯罪的，依法追究刑事责任。

2. 破坏永久基本农田行为

《土地管理法》第三十七条第二款针对破坏一般耕地的行为进行了列举，并规定不得"擅自"作出某些行为。但《基本农田保护条例》第十七条的规定更为严格和周详，禁止任何单位和个人在基本农田保护区内建窑、建房、建坟、挖砂、采石、采矿、取土、堆放固体废弃物或者进行其他破坏基本农田的活动。对其进行违法查处的方式同上，但执法更严。

3. 非法占用永久基本农田发展林果业或者挖塘养鱼

上述两类土地违法行为都破坏了种植条件，即使达不到一定程度，仍有可能违法。根据《土地管理法》第三十七条第三款，禁止占用永久基本农田发展林果业和挖塘养鱼。根据《土地管理法实施条例》第五十一条，非法占用永久基本农田发展林果业或者挖塘养鱼的，由县级以上人民政府自然资源主管部门责令限期改正；逾期不改正的，按占用面积处耕地开垦费 2 倍以上 5 倍以下的罚款；破坏种植条件的，

依照《土地管理法》第七十五条的规定处罚。

（四）其他类

除了前面提到的违法占地类、违法转让类和破坏农用地类等土地违法类型以外，尚有一些无法归入上述基本分类的土地违法行为，相关内容与本章前面几节可能有重叠之处。

1. 依法收回国有土地使用权、当事人拒不交出土地

该类土地违法行为在本章第二节已有详细讨论。

2. 临时使用土地期满，拒不归还

在该类土地违法行为中，对国有土地临时使用的情形在本章第二节已有讨论；对集体土地临时使用的情形在本章第三节已中讨论。

3. 不按照批准的用途使用国有土地

根据《土地管理法》第五十六条，建设单位使用国有土地的，应当按照土地使用权出让等有偿使用合同的约定或者土地使用权划拨批准文件的规定使用土地；确需改变该幅土地建设用途的，应当经有关人民政府自然资源主管部门同意，报原批准用地的人民政府批准。其中，在城市规划区内改变土地用途的，在报批前，应当先经有关城市规划行政主管部门同意。

对该类违法行为，根据《土地管理法》第八十一条，不按照批准的用途使用国有土地的，由县级以上人民政府自然资源主管部门责令交还土地，处以罚款。在本章第一节中，对此也有相关讨论。

4. 在临时使用的土地上修建永久性建筑物

根据《土地管理法》第五十七条第二款，临时使用土地的使用者应当按照临时使用土地合同约定的用途使用土地，并不得修建永久性建筑物。对该类违法行为，根据《土地管理法实施条例》第五十二条，违反《土地管理法》第五十七条的规定，在临时使用的土地上修建永久性建筑物的，由县级以上人民政府自然资源主管部门责令限期拆除，按占用面积处土地复垦费 5 倍以上 10 倍以下的罚款；逾期不拆除的，由作出行政决定的机关依法申请人民法院强制执行。

5. 现状违法用地上重建、扩建

根据《土地管理法》第六十五条，在土地利用总体规划制定前已建的不符合土地利用总体规划确定的用途的建筑物、构筑物，不得重建、扩建。根据《土地管理法实施条例》第五十三条，违反《土地管理法》第六十五条的规定，对建筑物、构筑物进

行重建、扩建的，由县级以上人民政府自然资源主管部门责令限期拆除；逾期不拆除的，由作出行政决定的机关依法申请人民法院强制执行。

6. 在禁止区域进行土地开发的

根据《土地管理法实施条例》第九条，禁止任何单位和个人在国土空间规划确定的禁止开垦的范围内从事土地开发活动。按照国土空间规划，开发未确定土地使用权的国有荒山、荒地、荒滩从事种植业、林业、畜牧业、渔业生产的，应当向土地所在地的县级以上地方人民政府自然资源主管部门提出申请，按照省、自治区、直辖市规定的权限，由县级以上地方人民政府批准。根据《土地管理法实施条例》第五十七条第二款，在国土空间规划确定的禁止开垦的范围内从事土地开发活动的，由县级以上人民政府自然资源主管部门责令限期改正，并依照《土地管理法》第七十七条的规定处罚。

二、查处程序

同样，这里的被查处对象主要针对违法用地的单位或个人而言的，暂时不涉及作出相关行政行为的行政机关。

（一）主管机关

根据自然资源主管部门职责，土地违法的主体职权是各级自然资源主管部门，但其他部门有时也会介入其中。

1. 自然资源主管部门

根据《自然资源行政处罚办法》（自然资源部令第12号，2024年5月1日实施）第五条，自然资源违法案件由土地、矿产资源所在地的县级自然资源主管部门管辖，但法律法规以及本办法另有规定的除外。如果违法主体可能是普通的单位或个人，很难上升到重大案件，因而通常是由这一层级的自然资源主管部门来处理的。

2. 农业农村主管部门

根据《土地管理法》第六十二条第七款，国务院农业农村主管部门负责全国农村宅基地改革和管理有关工作。此外，在个别情况下可能还有综合行政执法部门、乡镇人民政府或街道办事处对土地违法案件进行查处。

（二）追诉时效

在《最高人民法院行政审判庭关于如何计算土地违法行为追诉时效的答复》

(〔1997〕法行字第26号,1998年5月4日实施)中,就如何计算土地违法行为追诉时效给出了回答,认为对非法占用土地的违法行为,在未恢复原状之前,应视为具有继续状态,其行政处罚的追诉时效,从违法行为终了之日起计算。

(三)与征收的关系

在现实中,因各种非法或不规范原因使用土地或占用土地的情形屡见不鲜,现行土地管理法规进行了相应的规定。不过,有一些是不可归咎于自身的原因而导致的土地使用行为,当农民或相关主体遇到拆迁时,有可能面临无法获得相应补偿的问题。甚至在个别情况下,还会遭遇到以查违代拆迁的窘境,应当引起有关方面的重视。

(四)与违法建设的关系

土地违法通常伴随着地上附着物的违法问题,这就涉及违法建设这一概念的范围大小问题。事实上,土地违法整治几乎都会涉及对地上物的处理问题。在本书中采用狭义的违法建设概念,即违法建设仅仅指违反城乡规划法律法规的地上物,土地违法单独处理。不过,在未来土地管理与城乡规划管理真正统一纳入国土空间规划时,或许需要再次整合处理。

第七节　违法建设治理(拆违)

违法建设是近年来的热点话题,本节以不动产征收与补偿为参照系对其进行审视。在实务中,人们经常把违法建设治理简称为拆违。但实际上,并非所有的违法建设都是需要拆除的,“违法建设治理”这一称谓更为恰当。鉴于拆违已经成为人们耳熟能详的大众话语,本节把它放在标题括号里附带提示。

违法建设“涉及城乡建设、土地管理、环境保护、水资源管理、交通管理、广告管理、民政管理等多个领域。发生案件较多的集中在城乡建设规划领域的违法建设和土地管理领域的非法占地行为的强制执行”①。总的来看,违法建设可以分三大类:违反土地管理法的、违反城市规划法的和违反其他法律的。上一节已经讨论了因土地违法的违法建设问题,本节主要讨论后两类。

---

① 王晓滨:《违法建设强制拆除的主体》,载《人民司法》2013年第15期。

一、违法建设的概念

由于各种历史原因，我国城乡建筑中没有取得相关证照的情形普遍存在，在很多情况下并不能完全归咎于建设人或所有人。

（一）违法建设的实质含义

实质意义上的违法建设概念所依据的法律应当首先求助于《城乡规划法》，其次才是其他法律。该法于 2008 年 1 月 1 日实施，历经了 2015 年和 2019 年两次修正。

1. 城市、镇规划区内的非临时违法建设

根据《城乡规划法》第二条第一款，在规划区内进行建设活动，必须遵守本法。根据该法第四条第二款，在规划区内进行建设活动，应当遵守土地管理、自然资源和环境保护等法律、法规的规定。根据该法第四十条第一款，在城市、镇规划区内进行建筑物、构筑物、道路、管线和其他工程建设的，建设单位或者个人应当向城市、县人民政府城乡规划主管部门或者省、自治区、直辖市人民政府确定的镇人民政府申请办理建设工程规划许可证。根据该法第六十四条，未取得建设工程规划许可证或者未按照建设工程规划许可证的规定进行建设的，由县级以上地方人民政府城乡规划主管部门责令停止建设。根据该法第四十二条，城乡规划主管部门不得在城乡规划确定的建设用地范围以外作出规划许可。

2. 城市、镇规划区内的临时违法建设

根据《城乡规划法》第四十四条，在城市、镇规划区内进行临时建设的，应当经城市、县人民政府城乡规划主管部门批准。根据该法第六十六条，建设单位或者个人有下列行为之一的，由所在地城市、县人民政府城乡规划主管部门责令限期拆除，可以并处临时建设工程造价 1 倍以下的罚款：（1）未经批准进行临时建设的；（2）未按照批准内容进行临时建设的；（3）临时建筑物、构筑物超过批准期限不拆除的。

3. 乡、村庄规划区内的违法建设

除上一段提到的《城乡规划法》第二条第一款和第四条第二款以外，根据《城乡规划法》第四十一条第一款，在乡、村庄规划区内进行乡镇企业、乡村公共设施和公益事业建设的，建设单位或者个人应当向乡、镇人民政府提出申请，由乡、镇人民政府报城市、县人民政府城乡规划主管部门核发乡村建设规划许可证。根据该法第四十一条第二款,在乡、村庄规划区内使用原有宅基地进行农村村民住宅建设的规划管理办法,由省、自治区、直辖市制定。根据目前检索到的几个已经制定了相应办法的省份来看,均提出了需要申请核发乡村建设规划许可证。根据该法第六十五条,在乡、村庄规划区内未依法取得乡村建设规划许可证或者未按照乡村建设规划许可证的规定进行建设的,由乡、镇人民政府责令停止建设、限期改正。

由此可以看出,第一,这类建筑应当是位于乡、村庄规划区内,不在这类规划区的当然不适用该法条。第二,没有取得乡村建设规划许可证,或者虽然取得了乡村建设规划许可证,但是没有按照该许可证的要求进行实际建设,也属于违法建设。第三,它的查处主体是乡、镇人民政府,而不是通常情况下的住建部门或城管部门。第四,它要求发现即查,也就是说发现后应当责令停止建设,限期改正,逾期不改正的,可以拆除。

以上仅就严格的法律规定而言的,但从全国各地多年来的现实来看,由于各种不能归咎于老百姓自身的原因,广大农村完全符合法律规定的有证房屋并不多。对于这类房屋,简单粗暴地认定为违法建设,并强行拆除,甚至以此作为逼迫搬迁的手段,都是不可取的。正确的做法显然是综合考量房屋建造成因、建造年代和当地房屋管理情况等,合情、合理、合法地认定。

(二)违法建设的相关概念

相对来说,违法建设这个概念是晚近才普遍使用的。而在早期,无论是学界还是实务界都有其他更流行的称谓,并且至今仍时有可见。

1. 违法建筑

从目前可查到的法律文件来看,较早出现的与"违法建设"相近的概念是"违法建筑"。国务院批准原城乡建设环境保护部发布的《城镇个人建造住宅管理办法》(〔83〕国函字109号、〔83〕城住字第367号,1983年6月4日实施,2008年1月15日废止)中第九条的提法是"违法建筑",1990年施行的《城市规划法》第四十条和《国有土地上房屋征收与补偿条例》第二十四条第二款也是这一表述。

至于建筑的具体含义,根据《建筑术语标准(征求意见稿)》"2.1.1",建筑(building or construct or architecture),是建筑物和构筑物的统称,也表示实现建(构)筑物的营造活动,同时可表示建(构)筑物的类型和风格。这里既有静态含义,也有动态含义。但从一般人的观感来说,它更多的是静态含义。

2. 违章建设

1984 年国务院颁布的《城市规划条例》（1984 年 1 月 5 日实施，1990 年 4 月 1 日废止）第五十条第（二）项出现了“违章建设”这一表述，此外还提到了违章占地的情况。根据其上下文，这里的“章”指该条例本身。

从现在的立法分类标准来看，国务院制定的条例应当属于行政法规而非行政规章的范畴。不过，考虑到当时的法制建设情况，1984 年的时候对于规章与法规的区分可能还不是非常严格，因而把该条例也视为了“章”。也正是从这个意义来说，“违章建设”这样的称呼可能已经不太合时宜了。

3. 违章建筑

同样，还是在前面提到的 1984 年《城市规划条例》中，其第五十一条有“违章建筑物和构筑物”这一表述。后来的违章建筑概念很可能就是源自于此。另外，《城乡建设环境保护部关于房屋所有权登记工作中对违章建筑处理的原则意见》（〔88〕城房字第 95 号，1988 年 2 月 12 日实施，2011 年 1 月 26 日废止）中的违章建筑概念也是依据这部条例展开，该意见中的“章”明显也是指这部条例。1991 年《城市房屋拆迁管理条例》第十九条第二款提到的也是违章建筑。由于该条例早已废止，还使用违章建筑概念确实跟不上法律发展形势了。

4. 无证建设

1985 年《村镇建设管理暂行规定》（〔85〕城乡字第 558 号，1985 年 10 月 29 日实施，2003 年 8 月 12 日废止）第二十条出现了“无证建设”这一表述。根据上下文，这里的“证”是指该规定第十七条规定的准建证。

（三）违法建设的形式定义

违法建设的实质定义基本上是众所周知的，但在现行城乡规划法中，并没有对这一概念给出明确的形式定义，也未出现“违法建设”这一表述。《国务院办公厅关于加强和改进城乡规划工作的通知》（国办发〔2000〕25 号，2000 年 3 月 13 日实施，2016 年 6 月 25 日失效）中明确出现了“违法建设”字样。根据住房和城乡建设部发布的《关于规范城乡规划行政处罚裁量权的指导意见》（建法〔2012〕99 号，2012 年 9 月 1 日实施）第二条第二款，违法建设行为是指未取得建设工程规划许可证或者未按照建设工程规划许可证的规定进行建设的行为。但这个概念的外延还是比较狭窄的，没有涵盖乡、村庄规划区内的情形。

根据《城乡规划法》的上述条款，可以得出违法建设的形式定义，即违法建设是指在城市、镇规划区内或乡、村庄规划区内，违反城乡规划法律、法规的规定，未取得规划许可的建设行为。也就是说，违法建设通常是指没有取得建设工程规划许可证（乡村建设许可证）进行建设，或者虽然取得了该证但没有按照其内容进行建设。显然，这是一种狭义上的违法建设概念。而在广义上，违法建设不仅违反了城乡规划方面的法律法规，也可能违反了其他方面的法律法规。本书持有一种广义的观点，但把土地违法单独对待。

（四）地方实践

目前，全国各地的地方立法越来越多地采纳“违法建设”这一用语，而且越是近期这种趋势就越明显。可以断言，今后在法律实务中较为正规而专业的用语应为“违法建设”，其他表述尽量不用或少用。

1. 北京市

根据《北京市城乡规划条例》第九十二条以及《北京市禁止违法建设若干规定》（北京市人民政府令第 295 号，2020 年 11 月 15 日实施）第二条，违法建设包括城镇违法建设和乡村违法建设。前者是指未依法取得建设工程规划许可证、临时建设工程规划许可证或者未按照许可内容进行建设的城镇建设工程，以及逾期未拆除的城镇临时建设工程。后者是指未依法取得乡村建设规划许可证、临时乡村建设规划许可证或者未按照许可内容进行建设的乡村建设工程。从这个定义来看，落脚点是“建设工程”。

2. 上海市

根据《上海市城乡规划条例》（2018 年第二次修正，2019 年 1 月 1 日实施）第五十六条第一款第（三）项以及第五十七条，均采用了“违法建设”表述。不过，该市的其他相关立法仍未有及时调整。例如，《关于进一步加强本市违法建筑治理工作的实施意见》（沪建管联〔2014〕547 号，2014 年 6 月 23 日实施）和《上海市拆除违法建筑若干规定》（2018 年修正，2018 年 6 月 1 日实施）等仍沿用这一表述。

3. 天津市

根据对《天津市城乡规划条例》（2019 年修正，2019 年 5 月 30 日实施）的统计，采用“违法建设”的表述，共有 13 处。

4. 重庆市

根据对《重庆市城乡规划条例》（2019 年修正，2019 年 9 月 26 日实施）的统计，采用“违法建设”的表述，共有 29 处。

5. 广东省

《广东省城乡规划条例》(2013 年 5 月 1 日实施)、《广东省人民政府关于打好违法建设治理攻坚仗的指导意见》(粤府函〔2019〕320 号,2019 年 9 月 29 日实施)和《深圳市城市规划条例》(2021 年修正,2019 年 10 月 30 日实施)均采纳的是“违法建设”表述。

6. 福建省

根据《福建省实施〈中华人民共和国城乡规划法〉办法》(2011 年 5 月 1 日实施)以及《福建省违法建设处置若干规定》(2018 年 2 月 1 日实施)第三条第一款,违法建设是指城乡规划公布后,未取得规划许可或者未按照规划许可内容建设的行为及其形成的建筑物、构筑物。

7. 浙江省

《浙江省城乡规划条例》(2011 年修正,2011 年 12 月 13 日实施)和《浙江省村镇规划建设管理条例》(2004 年修正,2004 年 7 月 30 日实施,2014 年 11 月 28 日废止)均采纳“违法建设”的表述。在专门立法中,《浙江省违法建筑处置规定》(2020 年修正,2020 年 9 月 24 日实施)仍使用了“违法建筑”这一称谓,但把它与“违法建设行为”并列使用。

(五)违法建设之违法时间节点

根据《城乡建设环境保护部关于房屋所有权登记工作中对违章建筑处理的原则意见》(2011 年 1 月 26 日废止)的规定,考虑到《城市规划条例》是国务院 1984 年颁发的,各地制定审批城市规划也有先有后,各市、县可根据实际情况合情合理地确定处理违章建筑的时间界限,各地在处理违章建筑时,对时限以前的可适当放宽,时限以后的应从严处理。最高人民法院(2020)最高法行申 12452 号《行政裁定书》引用了上述规定对未登记建筑的补偿问题进行了裁判。

不过,以上仅供参考之用。事实上,全国各地都制定了许多细则性规定,对违法起止时间节点的界定也是各不相同。以吉林省为例,区分不同的时间点进行灵活处理。根据《吉林省房屋登记若干问题暂行规定(一)》(吉建房〔2009〕38 号,2009 年 12 月 29 日实施)第十三条第一款,下列房屋如果有历史证据,且其他材料符合要求,不视为违法建设:(1)1984 年 1 月 5 日前建设的无规划许可的房屋;(2)1984 年 1 月 5 日至 1990 年 4 月 1 日建设,影响城市规划、尚可采取改正措施,但已经规划行政主管部门依法处罚完毕的房屋;(3)1998 年 3 月 1 日前建设的无施工许可的房屋;(4)1998 年 3 月 1 日后建设的无施工许可且已经处罚完毕的房屋;(5)后划入城市规划区内,申请人持有原建房审批手续的房屋。

根据该规定第十三条第三款和第四款,历史证据是指政府各部门或企业存档的图件、文字档案;当时的处罚、审批文书;当时的航拍图片等各类档案。政府部门在第十三条第一款规定的时间界限之日无档案、图件、航拍图片记载的,应当以该时间界限后保存的最早档案、图件、航拍图片记载时间为准。

(六)追诉时效

根据《行政处罚法》(2021 年修订,2021 年 7 月 15 日实施)第三十六条第一款,违法行为在 2 年内未被发现的,不再给予行政处罚。法律另有规定的除外。根据该条第二款,前款规定的期限,从违法行为发生之日起计算;违法行为有连续或者继续状态的,从行为终了之日起计算。就其该条第二款而言,指明了一种违法行为的持续状态或连续状态,行政处罚的时效是从行为终了之日起算。那么,如果在违法建设建成之日起有关行政机关一直没有对其进行处罚,是否建成 2 年后就不应当再进行处罚? 对于这个问题一直有不同意见。

根据《全国人民代表大会常务委员会法制工作委员会对关于违反规划许可、工程建设强制性标准建设、设计违法行为追诉时效有关问题的意见》(法工办发〔2012〕20 号,2012 年 2 月 13 日实施),违反规划许可、工程建设强制性标准进行建设、设计、施工,因其带来的建设工程质量安全隐患和违反城乡规划的事实始终存在,应当认定其行为有继续状态,根据《行政处罚法》第三十六条的规定,行政处罚追诉时效应当自行为终了之日起计算。

不过,这里显然是有两个例外的。一是 1990 年《城市规划法》颁布实施前未办理规划许可的建设项目;二是实施建设活动时,所在区域未编制控制性详细规划,且建设项目不违反城乡规划确定的用地性质。

(七)违法建设概念在“三区三线”时代的趋势

前面讨论的都是依据现行的城乡规划法律而言的,但在已经设定了“三区三线”的时代,即便是不在现行规划区的,也可能涉及违反生态保护空间的问题,因而违法建设的含义可能更广了。由于“三区三线”相关立法及其调整时间尚未有定论,这里就不展开讨论了。

二、违法建设处置

目前全国层面并无一个专门的违法建设处置程序规定。根据《土地管理法》、《城乡规划法》、《行政处罚法》、《行政强制法》(2012 年 1 月 1 日实施)、《自然资源行政处罚办法》、《自然资源违法行为立案查处工作规程(试行)》和《住房和城乡建设行政处罚程序规定》(住房和城乡建设部令第 55 号,2022 年 5 月 1 日实施),参照北京市、上海市和浙江省等地方的违法建设治理专门规定,违法建设处置程序主要包括以下几方面。需要提醒的是,本节的内容与第 13 章是有部分重叠之处的。

(一)违法建设查处主体

由于违法建设问题涉及的主管机关众多,因而对其进行处置的有权主体也各不相同。

1. 一般规定

根据《自然资源违法行为立案查处工作规程(试行)》“1. 1”,自然资源主管部门立案查处自然资源违法行为,适用本规程,法律法规另有规定的除外。综合行政执法部门、乡镇人民政府、街道办事处等依法履行立案查处自然资源违法行为职责的,可以参照本规程。以北京市为例,根据《北京市城乡规划条例》第五十八条第一款,市人民政府应当明确规划自然资源主管部门、城市管理综合行政执法机关、乡镇人民政府、街道办事处等查处违法建设的职责分工。根据该条例第五十八条第二款,街道办事处查处违法建设,可以依照国家和本市有关规定开展综合执法工作,按照有关法律规定相对集中行使行政处罚权。

2. 自然资源主管部门(含规划部门)

在各地的机构设置中,具体名称并不统一。有的称为规划和自然资源主管部门,有的称为自然资源和规划主管部门。无论名称如何,规划职能已经与自然资源管理职能合并却是一个不争的事实。

3. 城市综合执法部门

根据《行政处罚法》第十八条第一款,国家在城市管理、市场监管、生态环境、文化市场、交通运输、应急管理、农业等领域推行建立综合行政执法制度,相对集中行政处罚权。由该规定列举的情形来看,自然资源并没有列入,因而综合行政执法制度并不适用于自然资源违法问题。可以说,它采取的是一种排除法,即除自然资源违法由本部门管辖以外,其他的可能纳入综合行政执法制度的范围。另据该法该条第二款，国务院或者省、自治区、直辖市人民政府可以决定一个行政机关行使有关行政机关的行政处罚权。从目前的实践来看，几乎都是采取由城市管理主管部门牵头的综合行政执法制度。

4. 农业农村主管部门

根据《土地管理法》第六十二条第七款，国务院农业农村主管部门负责全国农村宅基地改革和管理有关工作。根据该法第六十七条第二款，县级以上人民政府农业农村主管部门对违反农村宅基地管理法律、法规的行为进行监督检查的，适用本法关于自然资源主管部门监督检查的规定。根据该法第七十五条，违反本法规定，占用耕地建窑、建坟或者擅自在耕地上建房、挖砂、采石、采矿、取土等，破坏种植条件的，或者因开发土地造成土地荒漠化、盐渍化的，由县级以上人民政府自然资源主管部门、农业农村主管部门等按照职责责令限期改正或者治理，可以并处罚款；构成犯罪的，依法追究刑事责任。根据该法第七十八条第一款，农村村民未经批准或者采取欺骗手段骗取批准，非法占用土地建住宅的，由县级以上人民政府农业农村主管部门责令退还非法占用的土地，限期拆除在非法占用的土地上新建的房屋。同样，可能涉及与前面讨论的土地违法查处的重叠问题。

5. 乡、镇人民政府

根据《城乡规划法》第六十五条，在乡、村庄规划区内未依法取得乡村建设规划许可证或者未按照乡村建设规划许可证的规定进行建设的，由乡、镇人民政府责令停止建设、限期改正；逾期不改正的，可以拆除。

6. 街道办事处

目前，现行土地管理法和城乡规划法都没有对街道办事处在违法建设查处中的职权作出规定。不过，由于很多街道办事处是在城镇化进程中由乡、镇人民转制过来，还承担着一定的接续职能。在这种情况下，它的职能定位可参照上面的乡、镇人民政府情形。

另外，有些地方出于违法建设查处的需要，已经通过地方性法规的形式直接赋予了街道办事处相应职权。例如，根据《北京市街道办事处条例》(2020 年 1 月 1 日实施)第三条，街道办事处是区人民政府的派出机关，在本街道党的工作委员会领导下，执行党的路线方针政策，依法履行辖区公共服务、城市管理、社会治理等综合管理职能，统筹协调辖区地区性、社会性、群众性工作。根据该条例第九条第二款，街道办事处根据本市规定设立民生保障、城市管理、平安建设、社区建设、综合行政执法等工作机构。根据该条例第十一条第(三)项，街道办事处可以行使指挥调度区人民政府工作部门开展联合执法的职权；根据该条例第二十八条，街道办事处应当按照本市城市环境和居住区环境整治标准，组织开展街巷环境、居住区（居民小区）、违法建设、地下空间、停车秩序整治，垃圾分类处理等工作。此外，《北京市实施行政处罚程序若干规定》（北京市人民政府令第311号，2024年1月1日施行）第三条也明确赋予街道办上述权责。

7. 建设行政主管部门

根据仍然有效的《村庄和集镇规划建设管理条例》（国务院令第116号，1993年11月1日实施）第三十七条第一款，在村庄、集镇规划区内，未按规划审批程序批准或者违反规划的规定进行建设，严重影响村庄、集镇规划的，由县级人民政府建设行政主管部门责令停止建设，限期拆除或者没收违法建筑物、构筑物和其他设施；影响村庄、集镇规划，尚可采取改正措施的，由县级人民政府建设行政主管部门责令限期改正，处以罚款。

从上述条款中，可以看出建设行政主管部门也有查处违法建设的相应职权。根据该条例第四十四条，作出限期拆除处罚决定的机关可以申请人民法院强制执行或者依法强制执行。不过，尽管该条例目前仍然有效，但在其后制定并施行的《城乡规划法》六十五条，已经赋予了乡、镇人民政府相应的职权。根据新法优于旧法的原则，应当适用城乡规划法的规定。

8. 地方人民政府

根据《城乡规划法》第六十八条，城乡规划主管部门作出责令停止建设或者限期拆除的决定后，当事人不停止建设或者逾期不拆除的，建设工程所在地县级以上地方人民政府可以责成有关部门采取查封施工现场、强制拆除等措施。这里就涉及责成行为的法律性质认定问题，从目前多数的司法判例来看，责成行为被视为内部的批准行为，通常是不可诉的。

（二）行政机关自行处置权

根据《行政强制法》第十三条以及第四十四条，对于违法建设，行政机关具有自行处置的职权依据。正是因为这一点，《最高人民法院关于违法的建筑物、构筑物、设施等强制拆除问题的批复》（法释〔2013〕5号，2013年4月3日实施）明确，根据行政强制法和城乡规划法有关规定精神，对涉及违反城乡规划法的违法建筑物、构筑物、设施等的强制拆除，法律已经授予行政机关强制执行权，人民法院不受理行政机关提出的非诉行政执行申请。

虽然根据《村庄和集镇规划建设管理条例》第四十四条，作出限期拆除处罚决定的机关可以申请人民法院强制执行或者依法强制执行，但由于最高人民法院的解释属于新法，即使该条例有上述法律规定，在实践中已经很少如此行事了。

（三）违法建设的三种最终处置情形

正如前面已经提到的，与简单的拆违不同的是，并非全部的违法建设都要“一刀切”式地拆除，而是要区分不同的情形进行不同处理。

1. 责令停止建设

停止建设是首要的，在做出区分之前必须先停止下来。根据《城乡规划法》第六十四条，违法建设由县级以上地方人民政府城乡规划主管部门责令停止建设。由于规划职能已经基本上调整到自然资源主管部门，因此这一条文所指的应当是自然资源和规划主管部门或者规划和自然资源主管部门。

2. 尚可采取改正措施消除对规划实施影响的

根据《城乡规划法》第六十四条和《关于规范城乡规划行政处罚裁量权的指导意见》（建法〔2012〕99 号，2012 年 9 月 1 日实施）第三条和第四条，尚可采取改正措施消除对规划实施的影响的，限期改正，处建设工程造价 5% 以上 10% 以下的罚款。属于尚可采取改正措施消除对规划实施影响的情形包括：(1)取得建设工程规划许可证，但未按建设工程规划许可证的规定进行建设，在限期内采取局部拆除等整改措施，能够使建设工程符合建设工程规划许可证要求的。(2)未取得建设工程规划许可证即开工建设，但已取得城乡规划主管部门的建设工程设计方案审查文件，且建设内容符合或采取局部拆除等整改措施后能够符合审查文件要求的。

上述规定只列举了两种情形，没有兜底规定，有法律文件弥补了这一点。根据《自然资源违法行为立案查处工作规程（试行）》4. 2. 6，除了上述情形以外，还规定了其他可以采取改正措施的情形。

根据《关于规范城乡规划行政处罚裁量权的指导意见》第五条第一款，对尚可采取改正措施消除对规划实施影响的情形，按以下规定处理：(1)以书面形式责令停止建设；不停止建设的，依法查封施工现场。(2)以书面形式责令限期改正；对尚未取得建设工程规划许可证即开工建设的，同时责令其及时取得建设工程规划许可证。(3)对按期改正违法建设部分的，处建设工程造价 5% 的罚款；对逾期不改正的，依法采取强制拆除等措施，并处建设工程造价 10% 的罚款。根据该意见第五条第二款，违法行为轻微并及时自行纠正，没有造成危害后果的，不予行政处罚。

3. 无法采取改正措施消除影响的

根据《城乡规划法》第六十四条和《关于规范城乡规划行政处罚裁量权的指导意见》第三条第一款和第七条,无法采取改正措施消除影响的,限期拆除,不能拆除的,没收实物或者违法收入,可以并处建设工程造价10%以下的罚款。该意见第四条规定以外的违法建设行为,均为无法采取改正措施消除对规划实施影响的情形。

根据该意见第八条,对无法采取改正措施消除对规划实施影响的情形,按以下规定处理:(1)以书面形式责令停止建设;不停止建设的,依法查封施工现场;(2)对存在违反城乡规划事实的建筑物、构筑物单体,依法下发限期拆除决定书;(3)对按期拆除的,不予罚款;对逾期不拆除的,依法强制拆除,并处建设工程造价10%的罚款;(4)对不能拆除的,没收实物或者违法收入,可以并处建设工程造价10%以下的罚款。这里不能拆除的情形,根据该意见第九条,是指拆除违法建设可能影响相邻建筑安全、损害无过错利害关系人合法权益或者对公共利益造成重大损害的情形。

(四)自然资源部门处置程序

正如前面已经指出的一样,全国很多地方城乡规划方面违法建设处置主体已经转移到了城市综合管理部门。不过,由于种种原因,仍有一些地方还保留了早先国土部门与规划部门分立时的做法。职能整合后,由成立的自然资源主管部门负责。

1. 立案

根据《自然资源违法行为立案查处工作规程(试行)》"1.2",自然资源违法行为立案查处,是指自然资源主管部门,依照法定职权和程序,对自然人、法人或者其他组织违反土地、矿产、测绘地理信息、国土空间规划法律法规的行为,进行调查处理,实施行政处罚或者行政处理的执法行为。

2. 调查取证

根据《自然资源违法行为立案查处工作规程(试行)》"3",承办人员应当对违法事实进行调查,并收集相关证据。调查取证时,不得少于2人,并应当主动向被调查人出示执法证件。在这一过程中,随后就是法制审核等内部程序,包括案情分析与调查报告起草、案件审理、重大执法决定法制审核等。

3. 规划部门的认定书

之前,规划部门与自然资源部门是相互独立的,合并后,其对于土地违法案件出具的意见就是内部流程了，但对于诸如城管等其他部门的拆违程序，其所出具的认定书却是外部文件。“规划行政主管部门对违法建筑的认定，系规划部门根据城乡规划法实施的职权行为。在相对集中行使行政处罚权机制中，规划部门根据城市管理行政执法部门的需要对违法建设所作的认定行为，是城管部门作出处罚的事实根据，对行政相对人的权利义务具有实际影响，因而具有独立的可诉性。”①

4. 处理决定

根据《自然资源违法行为立案查处工作规程（试行）》“7.1”，案件经审理、重大执法决定法制审核，通过后，承办人员应当填写《违法案件处理决定呈批表》，附具《违法案件调查报告》《违法案件审理记录》《重大执法决定法制审核意见书》，报自然资源主管部门负责人审查，根据不同情况，分别作出处理决定。对情节复杂或者重大违法行为给予行政处罚，自然资源主管部门负责人应当集体讨论决定。

（五）城市管理执法主管部门相对集中行使行政处罚权程序

根据《城市管理执法办法》（住房和城乡建设部令第34号，2017年5月1日实施）第十条，城市管理执法主管部门依法相对集中行使行政处罚权的，可以实施法律法规规定的与行政处罚权相关的行政强制措施。

据此，许多地方已经制定了相应的相对集中行使行政处罚权的地方性法规。本节以《厦门经济特区城市管理相对集中行使行政处罚权规定》（2012年修正，2012年8月30日实施）为例，简要介绍城市管理执法主管部门相对集中行使行政处罚权的程序，以下法律条文引用全部出自该规定。

1. 相对集中行使行政处罚权的概念

根据其第二条第一款，城市管理相对集中行使行政处罚权，是指根据国务院的决定和本规定的规定，由城市管理行政执法部门集中行使有关行政管理部门的城市管理行政处罚权。

2. 其他部门无权限

根据其第二条第二款，城市管理行政处罚权相对集中后，有关行政管理部门不得再行使已经统一由城市管理行政执法部门行使的行政处罚权；有关行政管理部门仍然行使的，作出的行政处罚决定无效。对城市管理行政执法部门依法履行职责的活动，有关部门应当支持和配合。

---

① 吴宇龙、蔡维专：《规划部门认定违法建设行为具有独立可诉性》，载《人民司法》2013年第6期。

3. 执法范围

根据其第五条，城市管理行政执法部门行使下列与违法建设处置有关的事项：(1)城乡规划管理方面法律、法规、规章规定的行政处罚权；(2)土地管理方面法律、法规、规章规定的对在非法占用的土地上新建建筑物、构筑物、设施的行政处罚权；(3)城市园林、绿化、风景名胜资源保护管理方面法律、法规、规章规定的行政处罚权；(4)历史风貌建筑保护管理方面法律、法规、规章规定的行政处罚权。

4. 执法主体

根据其第六条第一款，区城市管理行政执法部门依据本规定管辖本行政区域内的城市管理违法案件。市城市管理行政执法部门依据本规定管辖跨区域、专业性强以及有重大影响的城市管理违法案件。

5. 执法程序

根据其第八条，城市管理行政执法部门应当严格依照《行政处罚法》和有关法律、法规规定的程序实施行政处罚。

6. 执法处理依据

根据其第十八条，城市管理行政执法部门依照本规定实施行政处罚时，可以实施法律、法规规定的相应的行政强制措施和行政强制执行。法律、法规没有规定行政机关可以强制执行的，作出行政处罚决定的城市管理行政执法部门依法申请人民法院强制执行。

7. 专门问题认定

根据其第十三条，城市管理行政执法部门查处违法案件，对专门性问题需要认定、解释或者作技术鉴定的，可以提请有关行政管理部门协助认定、解释或者委托有资质的专业机构鉴定。有关行政管理部门应当自收到协助函之日起10日内出具书面意见。

8. 对已建成违法建设的处理

根据其第二十三条，城市管理行政执法部门依照法律、法规规定责令限期拆除违法建筑物或者设施的，应当制作拆除决定书，并依法送达当事人；当事人难以确定的，可以以通告形式送达。

9. 对正在进行的违法建设的处理

根据其第二十四条第一款，城市管理行政执法部门对在建的违法建筑物、构筑物、设施，应当责令当事人立即停止建设、限期拆除；当事人不停止建设或者逾期不自行拆除的，城市管理行政执法部门可以查封施工现场、扣押施工工具和强制拆除，并可以书面通知供水、供电单位不予提供施工用水、用电。对其中在建的存在安全隐患且危及公共安全的违法建筑物，应当立即组织拆除，消除安全隐患。

10. 室内财物的处理

根据其第二十七条第二款，当事人未自行搬出其财物的，城市管理行政执法部门应当对当事人的财物进行登记，制作物品清单，经公证机构现场公证后，代为搬出并妥善保管。

（六）村庄、集镇违法建设处置的特别规定

对于《城乡规划法》第六十五条规定的村庄、集镇违法建设，虽然《村庄和集镇规划建设管理条例》仍然有效，但已距今30年了，无论是法律明文规定还是具体实务操作都可能与其有所抵牾，需要特别注意。

1. 申请要求

根据《村庄和集镇规划建设管理条例》第十八条第（二）项，农村村民在村庄、集镇规划区内建住宅的，应当先向村集体经济组织或者村民委员会提出建房申请，经村民会议讨论通过后，使用原有宅基地、村内空闲地和其他土地的，由乡级人民政府根据村庄、集镇规划和土地利用规划批准。

2. 村民住宅违法的处理

根据《村庄和集镇规划建设管理条例》第三十七条第二款，农村居民未经批准或者违反规划的规定建住宅的，乡级人民政府可以依照前款规定处罚。

3. 法律救济

根据《村庄和集镇规划建设管理条例》第四十四条，当事人对行政处罚决定不服的，可以自接到处罚决定通知之日起15日内，向作出处罚决定机关的上一级机关申请复议；对复议决定不服的，可以自接到复议决定之日起15日内，向人民法院提起诉讼。当事人也可以自接到处罚决定通知之日起15日内，直接向人民法院起诉。当事人逾期不申请复议，也不向人民法院提起诉讼，又不履行处罚决定的，作出处罚决定的机关可以申请人民法院强制执行或者依法强制执行。

（七）举证责任倒置

在现代社会，一个稳定的不动产物权法律秩序对每个人而言都至关重要。“风能进，雨能进，国王不能随便进”，这不应该仅仅是茶余饭后的津津乐道，而应该成为公职人员与老百姓之间一个无言的契约。

根据《国务院办公厅关于进一步规范行政裁量权基准制定和管理工作的意见》(国办发〔2022〕27号,2022年7月29日实施),无法律、法规、规章依据,不得增加行政相对人的义务或者减损行政相对人的权益。因此,根据最高人民法院(2018)最高法行申5424号《行政裁定书》,在行政机关没有充分证据证明被拆除的无证房屋属于违法建筑的情况下,应当将该房屋视为合法建筑。另据最高人民法院(2019)最高法行申7904号《行政裁定书》,在区政府没有提交充分证据证明其为违法建筑的情形下,不宜认定为违法建筑。

三、违反环境保护法律(企业环保关停等)

随着时代的发展,全国人员的生态环境保护意识日益增强。近年来,因为环保而关停的企业屡见不鲜。应该说,相当数量的关停行动不仅目的正当,而且于法有据。尽管如此,在实际工作仍有相当数量的企业被不当关停,甚至有个别是打着环保旗号而行征迁之实。

根据《环境保护法》(2014年修订,2015年1月1日实施)第二条,环境是指影响人类生存和发展的各种天然的和经过人工改造的自然因素的总体,包括大气、水、海洋、土地、矿藏、森林、草原、湿地、野生生物、自然遗迹、人文遗迹、自然保护区、风景名胜区、城市和乡村等。从该定义可知,环境与不动产的交集还是比较大的。

(一)不动产环保关停的概念

环保关停的主要法律依据是《环境保护法》第二十五条,即企业事业单位和其他生产经营者违反法律法规规定排放污染物,造成或者可能造成严重污染的,县级以上人民政府环境保护主管部门和其他负有环境保护监督管理职责的部门,可以查封、扣押造成污染物排放的设施、设备。其中就包括了作为企业资产的不动产在内。

(二)环保关停的原因

目前,主要有以下几类环保,导致企业关停,进而影响企业依附于其上的不动产拆除等。

1. 水源地整治

根据《水法》第三十三条,国家建立饮用水水源保护区制度。省、自治区、直辖市人民政府应当划定饮用水水源保护区,并采取措施,防止水源枯竭和水体污染,保证城乡居民饮用水安全。根据《水污染防治法》(2017 年修正,2018 年 1 月 1 日实施)第六十五条、第六十六条和第六十七条,在水源一级保护区、二级保护区和准保护区内分别依据可能污染水源程度的不同规定了相应的禁止措施。

2. 江河湖流域搬迁

以太湖为例,根据《江苏省太湖水污染防治条例》(2021 年修正,2021 年 9 月 29 日实施)第三十五条第一款,对工艺落后、污染严重、不能稳定达标的直接或者间接向水体排放污染物的化工、医药、冶金、印染、造纸、电镀等重污染企业,太湖流域市、县(市、区)人民政府应当予以关闭、淘汰。根据该条第二款,对太湖流域不符合国家产业政策和水环境综合治理要求的制革、酒精、淀粉、酿造等排放水污染物的现有生产项目不能实现达标排放的,应当依法关闭。

3. 城区污染企业外迁

例如,北京首钢从北京市石景山区搬迁到河北省唐山市的曹妃甸地区就是一例。其中,主要是考虑到大气污染,至于噪声、污水、废渣等也是考虑因素。

四、违反水事法律(防洪清障等)

近年来,涉水的违法建设问题也引起了多方关注。它们主要是违反了水事相关法律规定,本节侧重于可能导致水害的违法建设。

(一)河道管理范围

河道管理范围的确定,是厘清涉水违法建设的重要标准之一。根据《河道管理条例》(国务院令第 698 号,2018 年 3 月 19 日实施)第二十条第一款,有堤防的河道,其管理范围为两岸堤防之间的水域、沙洲、滩地(包括可耕地)、行洪区,两岸堤防及护堤地。根据该条第二款,无堤防的河道,其管理范围根据历史最高洪水位或者设计洪水位确定。根据该条第三款,河道的具体管理范围,由县级以上地方人民政府负责划定。

(二)涉水违法建设的概念

在不考虑其他法律规定的情况下,涉水违法建设是指违反水事法律的建筑物、构筑物和附属设施等,主要分为三大类。

1. 阻碍行洪的地上附着物

根据《水法》第三十七条第一款和《防洪法》第二十二条第三款,未经批准在江

河、湖泊、水库、运河、渠道内种植阻碍行洪的林木及高秆作物,

2. 妨碍行洪的建筑物、构筑物

根据《水法》第三十七条第二款以及《防洪法》第二十二条第二款、第二十七条,在河道管理范围内建设妨碍行洪的建筑物、构筑物,或者建设跨河、穿河、穿堤、临河的桥梁、码头、道路、渡口、管道、缆线、取水、排水等工程设施,不符合防洪标准、岸线规划、航运要求和其他技术要求的。

3. 违法的水利设施

根据《水法》第三十八条,虽然项目本身允许,但在河道管理范围内建设桥梁、码头和其他拦河、跨河、临河建筑物、构筑物,铺设跨河管道、电缆,不符合国家规定的防洪标准和其他有关技术要求的。

(三)处理

根据《水法》第六十五条第一款,在河道管理范围内建设妨碍行洪的建筑物、构筑物,或者从事影响河势稳定、危害河岸堤防安全和其他妨碍河道行洪的活动的,由县级以上人民政府水行政主管部门或者流域管理机构依据职权,责令停止违法行为,限期拆除违法建筑物、构筑物,恢复原状;逾期不拆除、不恢复原状的,强行拆除,所需费用由违法单位或者个人负担,并处1万元以上10万元以下的罚款。

根据《防洪法》第五十五条第(一)项,违反本法第二十二条第二款、第三款规定,有下列行为之一的,责令停止违法行为,排除阻碍或者采取其他补救措施,可以处5万元以下的罚款:在河道、湖泊管理范围内建设妨碍行洪的建筑物、构筑物的。

根据《水法》第六十五条第二款,未经水行政主管部门或者流域管理机构同意,擅自修建水工程,或者建设桥梁、码头和其他拦河、跨河、临河建筑物、构筑物,铺设跨河管道、电缆,且防洪法未作规定的,由县级以上人民政府水行政主管部门或者流域管理机构依据职权,责令停止违法行为,限期补办有关手续;逾期不补办或者补办未被批准的,责令限期拆除违法建筑物、构筑物;逾期不拆除的,强行拆除,所需费用由违法单位或者个人负担,并处1万元以上10万元以下的罚款。

根据《水法》第六十五条第三款,虽经水行政主管部门或者流域管理机构同意,但未按照要求修建前款所列工程设施的,由县级以上人民政府水行政主管部门或者流域管理机构依据职权,责令限期改正,按照情节轻重,处1万元以上10万元以下的罚款。

根据《水法》第六十六条，有下列行为之一，且防洪法未作规定的，由县级以上人民政府水行政主管部门或者流域管理机构依据职权，责令停止违法行为，限期清除障碍或者采取其他补救措施，处1万元以上5万元以下的罚款：(1)在江河、湖泊、水库、运河、渠道内弃置、堆放阻碍行洪的物体和种植阻碍行洪的林木及高秆作物的；(2)围湖造地或者未经批准围垦河道的。

根据《河道管理条例》第三十六条，对河道管理范围内的阻水障碍物，按照"谁设障，谁清除"的原则，由河道主管机关提出清障计划和实施方案，由防汛指挥部责令设障者在规定的期限内清除。逾期不清除的，由防汛指挥部组织强行清除，并由设障者负担全部清障费用。

五、违反房屋使用安全（房屋解危等）

2022年4月29日中午时分，湖南省长沙市望城区金山桥街道金坪社区某居民六层自建房轰然倒塌，53人遇难，多为附近医学院的学生。事后经初步调查获知，某工程检测有限公司对该自建房三层以上进行房屋安全鉴定后，出具虚假房屋安全鉴定报告，涉事人员被警方依法刑事拘留。实际上，这一事故属于房屋使用安全方面的法律问题。一方面，大量的违法建设确实存在，理应尽快治理；另一方面，在不动产征收与补偿活动中房屋解危也成为征收方屡试不爽的工作推进利器。综合考虑这两方面因素，仔细梳理这一法律问题意义重大。

（一）房屋正常使用年限

根据国家标准《住宅建筑规范》（GB 50368—2005，2006年3月1日实施）"6.1.1"，住宅结构的设计使用年限不应少于50年。根据国家标准《民用建筑设计统一标准》（GB 50352—2019，2019年10月1日实施）"3.2.1"，属于民用建筑的普通建筑和构筑物不应低于50年的使用年限。

（二）房屋慎拆原则

根据《循环经济促进法》（2018年修正，2018年10月26日实施）第二十五条第二款，城市人民政府和建筑物的所有者或者使用者，应当采取措施，加强建筑物维护管理，延长建筑物使用寿命。对符合城市规划和工程建设标准，在合理使用寿命内的建筑物，除为了公共利益的需要外，城市人民政府不得决定拆除。

根据《住房和城乡建设部关于在实施城市更新行动中防止大拆大建问题的通

知》“一(一)”,除违法建筑和经专业机构鉴定为危房且无修缮保留价值的建筑外,不大规模、成片集中拆除现状建筑。

(三)危险房屋的概念

根据《城市危险房屋管理规定》(建设部令第129号,2004年7月20日实施)第二条第二款,危险房屋系指结构已严重损坏或承重构件已属危险构件,随时有可能丧失结构稳定和承载能力,不能保证居住和使用安全的房屋。根据该规定第二条第一款,上述房屋是城市房屋,即直辖市、市、建制镇内的房屋而非农村房屋,但其所有制形式则在所不论。另据行业标准《危险房屋鉴定标准》(JGJ 125—2016,2016年12月1日实施)“2.1.11”,危险房屋(dangerous building),是指房屋结构体系中存在承重构件被评定为危险构件,导致局部或整体不能满足安全使用要求的房屋。

(四)责任主体

根据《城市危险房屋管理规定》第四条,房屋所有人和使用人,应当爱护和正确使用房屋。

(五)管理主体

根据《城市危险房屋管理规定》第五条,住房和城乡建设部负责全国的城市危险房屋管理工作。县级以上地方人民政府房地产行政主管部门负责本辖区的城市危险房屋管理工作。

(六)鉴定主体

根据《城市危险房屋管理规定》第六条,市、县人民政府房地产行政主管部门应设立房屋安全鉴定机构,负责房屋的安全鉴定,并统一启用“房屋安全鉴定专用章”。

根据该规定第二十四条,有下列情况的,鉴定机构应承担民事或行政责任:(1)因故意把非危险房屋鉴定为危险房屋而造成损失;(2)因过失把危险房屋鉴定为非危险房屋,并在有效时限内发生事故;(3)因拖延鉴定时间而发生事故。另据该规定第二十五条,有第二十二条、第二十三条、第二十四条所列行为,给他人造成生命财产损失,已构成犯罪的,由司法机关依法追究刑事责任。

(七)申请鉴定主体

根据《城市危险房屋管理规定》第七条,房屋所有人或使用人向当地鉴定机构提供鉴定申请时,必须持有证明其具备相关民事权利的合法证件。鉴定机构接到鉴定申请后,应及时进行鉴定。根据该规定第十二条第二款,房屋所有人和使用人都可提出鉴定申请。经鉴定为危险房屋的,鉴定费由所有人承担;经鉴定为非危险房屋的,鉴定费由申请人承担。

行政机关是否能够成为申请鉴定的主体,在通常情况下是不允许的,有些地方规定则允许在特定情形下可以申请。例如,根据《浙江省房屋使用安全管理条例》(2020 年修正,2020 年 9 月 24 日实施)第十六条第一款,因自然灾害造成一定区域内成片房屋受损,且房屋需要继续使用的,设区的市、县(市、区)人民政府应当组织有关部门委托房屋安全鉴定机构进行房屋安全鉴定。另据该条第二款,住房城乡建设主管部门、其他有关部门和乡镇人民政府、街道办事处发现房屋存在前款规定以外的重大险情的,可以委托房屋安全鉴定机构进行房屋安全鉴定。

(八)异产毗连房屋

根据《危险房屋鉴定标准》"6.1.2",房屋危险性鉴定应以幢为鉴定单位。这就涉及异产毗连房屋问题。根据《城市异产毗连房屋管理规定》(建设部令第 94 号修正,2001 年 8 月 15 日实施)第二条第二款,异产毗连房屋系指结构相连或具有共有、共用设备和附属建筑,而为不同所有人所有的房屋。尽管该规定于 2011 年 1 月 26 日失效,但上述关于异产毗连房屋的定义已为人们所接受并在地方法律文件中得以保留。

(九)危险房屋鉴定报告

根据《危险房屋鉴定标准》"7.0.1",危险房屋鉴定报告宜包括下列内容:(1)房屋的建筑、结构概况,以及使用历史、维修情况等;(2)鉴定目的、内容、范围、依据及日期;(3)调查、检测、分析过程及结果;(4)评定等级或评定结果;(5)鉴定结论及建议;(6)相关附件。

(十)鉴定结论

根据《危险房屋鉴定标准》"6.1.4",房屋危险性鉴定,应根据房屋的危险程度按下列等级划分。A 级:无危险构件,房屋结构能满足安全使用要求;B 级:个别结构构件评定为危险构件,但不影响主体结构安全,基本能满足安全使用要求;C 级:部分承重结构不能满足安全使用要求,房屋局部处于危险状态,构成局部危房;D 级:承重结构已不能满足安全使用要求,房屋整体处于危险状态,构成整幢危房。

(十一)危险房屋解危

根据《城市危险房屋管理规定》第九条,对被鉴定为危险房屋的,一般可分为以下四类进行处理:(1)观察使用。适用于采取适当安全技术措施后,尚能短期使用,但需继续观察的房屋。(2)处理使用。适用于采取适当技术措施后,可解除危险的房屋。(3)停止使用。适用于已无修缮价值,暂时不便拆除,又不危及相邻建筑和影响他人安全的房屋。(4)整体拆除。适用于整幢危险且无修缮价值,需立即拆除的房屋。另据《危险房屋鉴定标准》"7.0.5",除上述 4 种处理方式以外,对于有特殊规定的房屋还可以按相关规定处理。

(十二)房屋解危实例

2022 年 7 月 27 日,北京市丰台区人民政府宛平办事处和北京市城市建设综合开发集团有限公司联合发布了《宛平城解危工作(二期)公告》,拟对区域内由专业机构鉴定为"D 级、C 级严重危险"的危房院落中属于宅基地、公房及私房的房屋列入解危范围。这项工作由宛平街道办事处牵头,宛平城解危工作办公室作为解危人,北京市丰台区城市建设综合开发集团有限公司作为解危工作实施主体。

六、违反城市市容和环境卫生管理

随着经济社会发展,人们对于工作和生活环境的要求越来越高。为加强城市市容和环境卫生管理,创建一个清洁优美的城市工作、生活环境,对于涉及城市市容和环境卫生管理方面的违法建设治理也需要认真对待。根据《城市市容和环境卫生管理条例》(国务院令第 676 号,2017 年 3 月 1 日实施)第十一条第二款、第三十六条和第三十七条,主要有以下两类涉及城市市容和环境卫生管理的违法建设。

(一)擅自在街道两侧和公共场地搭建的建筑物、构筑物或者其他设施

根据《城市市容和环境卫生管理条例》第三十六条第(二)项,未经城市人民政府市容环境卫生行政主管部门批准,擅自在街道两侧和公共场地堆放物料,搭建影

响市容的建筑物、构筑物或者其他设施。根据该条例第十一条第二款和第三十六条第(一)项,针对大型户外广告作了特别规定,但它实际上是上述违法建设的一种。

根据该条例第三十六条,由城市人民政府市容环境卫生行政主管部门或者其委托的单位责令其停止违法行为,限期清理、拆除或者采取其他补救措施,并可处以罚款。

(二)不符合城市容貌标准、环境卫生标准的建筑物或者其他设施

根据《城市市容和环境卫生管理条例》第三十七条,对于这类违法建设不符合城市容貌标准、环境卫生标准的建筑物或者设施,由城市人民政府市容环境卫生行政主管部门会同城市规划行政主管部门,责令有关单位和个人限期改造或者拆除;逾期未改造或者未拆除的,经县级以上人民政府批准,由城市人民政府市容环境卫生行政主管部门或者城市规划行政主管部门组织强制拆除,并可处以罚款。

(三)法律救济途径

除行政复议法或行政诉讼法相关规定以外,根据《城市市容和环境卫生管理条例》第四十条第一款,当事人对行政处罚决定不服的,可以自接到处罚通知之日起15日内,向作出处罚决定机关的上一级机关申请复议;对复议决定不服的,可以自接到复议决定书之日起15日内向人民法院起诉。当事人也可以自接到处罚通知之日起15日内直接向人民法院起诉。期满不申请复议、也不向人民法院起诉、又不履行处罚决定的,由作出处罚决定的机关申请人民法院强制执行。

七、其他类型违法建设

除上面已经讨论过的违法建设类型以外,还有一些不太常见的违反其他法律规定的违法建设类型。

(一)违反公路法的

根据《公路法》(2017年修正,2017年11月5日实施)第八十一条,违反本法第五十六条规定,在公路建筑控制区内修建建筑物、地面构筑物或者擅自埋设管线、电缆等设施的,由交通主管部门责令限期拆除,并可以处5万元以下的罚款。逾期不拆除的,由交通主管部门拆除,有关费用由建筑者、构筑者承担。

（二）违反铁路法的

根据《铁路法》（2015 年修正，2015 年 4 月 24 日实施）第四十六条，在铁路线路和铁路桥梁、涵洞两侧一定距离内，修建山塘、水库、堤坝，开挖河道、干渠，采石挖砂，打井取水，影响铁路路基稳定或者危害铁路桥梁、涵洞安全的，由县级以上地方人民政府责令停止建设或者采挖、打井等活动，限期恢复原状或者责令采取必要的安全防护措施。在铁路线路上架设电力、通讯线路，埋置电缆、管道设施，穿凿通过铁路路基的地下坑道，必须经铁路运输企业同意，并采取安全防护措施。在铁路弯道内侧、平交道口和人行过道附近，不得修建妨碍行车瞭望的建筑物和种植妨碍行车瞭望的树木。修建妨碍行车瞭望的建筑物的，由县级以上地方人民政府责令限期拆除。种植妨碍行车瞭望的树木的，由县级以上地方人民政府责令有关单位或者个人限期迁移或者修剪、砍伐。违反前三款的规定，给铁路运输企业造成损失的单位或者个人，应当赔偿损失。

（三）违反民用航空法的

根据《民用航空法》（2021 年修正，2021 年 4 月 29 日实施）第五十八条第一款，禁止在依法划定的民用机场范围内和按照国家规定划定的机场净空保护区域内从事下列活动：（1）修建可能在空中排放大量烟雾、粉尘、火焰、废气而影响飞行安全的建筑物或者设施；（2）修建靶场、强烈爆炸物仓库等影响飞行安全的建筑物或者设施；（3）修建不符合机场净空要求的建筑物或者设施；（4）设置影响机场目视助航设施使用的灯光、标志或者物体；（5）种植影响飞行安全或者影响机场助航设施使用的植物；（6）饲养、放飞影响飞行安全的鸟类动物和其他物体；（7）修建影响机场电磁环境的建筑物或者设施。

（四）违反文物保护法的

根据《文物保护法》第十七条，文物保护单位的保护范围内不得进行其他建设工程或者爆破、钻探、挖掘等作业。但是，因特殊情况需要在文物保护单位的保护范围内进行其他建设工程或者爆破、钻探、挖掘等作业的，必须保证文物保护单位的安全，并经核定公布该文物保护单位的人民政府批准，在批准前应当征得上一级人民政府文物行政部门同意；在全国重点文物保护单位的保护范围内进行其他建设工程或者爆破、钻探、挖掘等作业的，必须经省、自治区、直辖市人民政府批准，在批准前应当征得国务院文物行政部门同意。

(五)违反港口法的

根据《港口法》(2018年修正,2018年12月29日实施)第四十六条第一款,有下列行为之一的,由县级以上地方人民政府或者港口行政管理部门责令限期改正;逾期不改正的,由作出限期改正决定的机关申请人民法院强制拆除违法建设的设施;可以处5万元以下罚款:(1)违反港口规划建设港口、码头或者其他港口设施的;(2)未经依法批准,建设港口设施使用港口岸线的。

(六)违反抗震条例的

根据《建设工程抗震管理条例》(国务院令第744号,2021年9月1日实施)第九条第一款,新建、扩建、改建建设工程,应当符合抗震设防强制性标准。

(七)违反节能法的

根据《节约能源法》第十五条,国家实行固定资产投资项目节能评估和审查制度。不符合强制性节能标准的项目,建设单位不得开工建设;已经建成的,不得投入生产、使用。政府投资项目不符合强制性节能标准的,依法负责项目审批的机关不得批准建设。具体办法由国务院管理节能工作的部门会同国务院有关部门制定。

八、征迁范围内的违法建设处置

一旦某一区域被列入了征迁范围,主管征迁工作的相关机构就会组建。由于历史原因,无论是国有土地还是集体土地,未登记的建筑或其他手续不全的建筑并不少见,对它们如何认定,职权如何划分,就成为一个亟待解决的问题。

(一)城镇范围

根据《国有土地上房屋征收与补偿条例》第十五条,房屋征收部门应当对房屋征收范围内房屋的权属、区位、用途、建筑面积等情况组织调查登记,被征收人应当予以配合。调查结果应当在房屋征收范围内向被征收人公布。另据《国有土地上房屋征收与补偿条例》第二十四条第二款,市、县级人民政府作出房屋征收决定前,应当组织有关部门依法对征收范围内未经登记的建筑进行调查、认定和处理。对认定为合法建筑和未超过批准期限的临时建筑的,应当给予补偿;对认定为违法建筑和超过批准期限的临时建筑的，不予补偿。

(二)农村范围

根据《土地管理法》第四十七条第二款以及《土地管理法实施条例》第二十六条第一款，县级以上地方人民政府拟申请征收土地的，应当开展拟征收土地现状调查。根据《土地管理法实施条例》第二十六条第三款，土地现状调查应当查明土地的位置、权属、地类、面积，以及农村村民住宅、其他地上附着物和青苗等的权属、种类、数量等情况。

在完成上述程序的基础上，根据《土地管理法》第四十七条第四款，拟征收土地的所有权人、使用权人应当在公告规定期限内，持不动产权属证明材料办理补偿登记。县级以上地方人民政府应当组织有关部门测算并落实有关费用，保证足额到位，与拟征收土地的所有权人、使用权人就补偿、安置等签订协议。由上述规定来看，在集体土地征收中显然也是需要对房屋进行调查的，而非简单地察看不动产权属证明材料。

(三)查处主体转移

根据最高人民法院案例库参考案例——"张某某诉某区(出口加工区)城市管理局撤销行政处罚案"(入库编号:2023－12－3－001－010)，本应由征收法律关系调整的事项，交由城市规划管理进行调整，尤其是曾经对如何补偿进行协商，由于没能达成补偿协议转而又通过"拆违"程序进行拆除并不予补偿，其结果不但不利于被征收人权益的保护，而且导致后续补偿问题更难解决、影响行政效率。这种管理手段与立法目的相悖的行政行为，直接损害行政权威，应归类为行政行为不符合程序正当的基本要求。集体土地进入征收程序后，对集体土地上的建(构)筑物的补偿，应当由市、县人民政府土地行政主管部门组织实施。

以济南市为例，根据《济南市国有土地上房屋征收范围内未登记建筑认定和处理办法》(济城执发〔2017〕4 号，2017 年 4 月 27 日实施)第四条，一旦征收开始后，需要成立济南市、区两级国有土地上房屋征收范围内未登记建筑认定和处理工作组，城管执法局、城乡建设委、国土资源局、规划局、城市更新局为成员单位，负责相关工作，而拆违执法机关不再有单独职权。

根据最高人民法院(2018)最高法行申 5424 号《行政裁定书》，在房屋征收过程中，对因历史原因形成的没有建设审批手续和产权证照的房屋，行政机关应当在征收之前依法予以甄别，作出处理，不能简单地将无证房屋一律认定为违法建筑，不予征收补偿；违法拆除因历史原因形成的无证房屋造成损失的，也不能简单以无证房屋，即违法建筑为由，不予行政赔偿。

再以湖南省永州市的一个案件为例。根据湖南省永州市中级人民法院（2019）湘11行终328号《行政判决书》认为，某区人民政府作出了房屋征收决定，对于没有规划行政许可的涉案房屋，应由某区人民政府组织有关部门进行调查、认定和处理，决定是否予以补偿。涉案房屋是征收对象，应该适用《国有土地上房屋征收与补偿条例》等相关法律法规和规范性文件的规定，按照征收程序予以处理，对涉案房屋是不是违法建筑应由某区人民政府组织有关部门作出认定。某区城管局在未经某区人民政府组织有关部门对涉案房屋合法性进行认定处理的情况下，对涉案房屋作出限期拆除决定，违反法定程序。

第八节　模拟征收（协议征收）

据《南方周末》等多家媒体报道，[①]2021年1月18日上午8时左右，四川师范大学文学院教授庹继光在校内田家炳楼10楼一跃而下，送医后不治身亡，成为近年来模拟征收或协议征收等现象的又一个牺牲品。

庹继光拥有新闻传播学博士后以及法学博士后双料在站研究经历，2009年以412分的高分通过国家司法考试，兼任复旦大学新闻传播与媒介化社会研究国家创新基地研究员、四川省社会科学院发展新闻学特色学科研究团队特聘首席专家以及教育部人文社科规划项目评审专家等社会职务。然而，即便如庹继光这样有着耀眼经历的成功人士似乎也卷入了拆迁大潮旋涡而无力自拔，最终酿成所有人都不愿看到的悲剧。

据庹继光2020年10月24日在某媒体发表的一篇网文，因成都市实验中学新校区项目建设的需要，当地有关部门对西南石油大学青龙场校区部分住宅进行模拟搬迁，庹继光的两套住宅也在搬迁范围之内。自搬迁工作开始后，双方一直达不成协议，搬迁工作人员先后使用威胁、围堵、借助工作单位进行打压、网络造谣进行诽谤等方式，试图逼迫其与之签约，但庹继光没有屈服。2020年10月前后，在没有签署搬迁协议，没有启动征收程序，没有申请司法强拆等前提下，庹继光的住宅

---

① 参见杜茂林：《四川师大一教授坠亡，生前举报遭强拆，当地建设部门已介入调查》，载《南方周末》2021年1月19日，法治版。

被暴力拆除。

一、模拟征收的概念

在前面提到的庹继光的遭遇中，有一个词语颇为引人注目，即“模拟搬迁”。关于“模拟搬迁”，目前没有查阅到中央层面或国家层面的相关法律法规，该语汇多出现于各地方的地方性法规、规章或规范性文件之中。仍以四川省成都市为例。《成都市人民政府办公厅关于贯彻落实〈国有土地上房屋征收与补偿条例〉有关问题的暂行意见》（成办发〔2012〕42 号，2012 年 8 月 22 日实施，2015 年 3 月 17 日废止）以及成都市城乡房产管理局印发的《关于在房屋征收中做好模拟搬迁工作的指导意见》（成房发〔2012〕36 号，2012 年 6 月 21 日实施，2017 年 6 月 21 日失效）都对模拟搬迁进行了相应的规定。根据目前有效的《成都市国有土地上房屋模拟搬迁工作规则》（成房发〔2018〕114 号，2018 年 12 月 10 日实施）第三条，模拟搬迁是指对房屋所有权人改造意愿进行征询、签订附生效条件的补偿协议，根据改造意愿和签约比例来决定项目是否继续实施，从而引导房屋所有权人理性协商、积极配合的工作方式。

从全国各地的实践来看，类似的用语还有许多，包括模拟征收、预征收、模拟拆迁、模拟动迁、协议拆迁、协议搬迁、协议动迁、协议征收、协议征迁、先行搬迁、协商搬迁、自愿搬迁、收购征收或协议收购等。例如，《安徽省人民政府办公厅关于加快棚户区改造工作的通知》（皖政办〔2013〕44 号，2013 年 12 月 23 日实施）和《宁波市人民政府办公厅关于高质量推进未来社区试点建设工作的实施意见》（甬政办发〔2020〕17 号，2020 年 5 月 27 日实施）就明确提出了可以实施模拟征收。

尽管名称五花八门，但其内核基本上是一致的。在本书中，将统一采用“模拟征收”这一概念涵盖它们，对其基本框架进行条分缕析，有助于人们更好地理解其内涵和外延。

二、模拟征收的沿革

早在 21 世纪初，浙江省金华市浦江县就开始探索模拟拆迁，一度引起广泛关注。[①] 时任浙江省委省政府领导要求有关部门对这一模式进行调研，并将相关经验总结上报国务院办公厅。经过 20 年左右的实践，该县已经把模拟拆迁这一做法以

---

① 参见徐英：《浦江“模拟拆迁”摘掉“信访大户”帽子》，载《中国商报》2004 年 9 月 21 日，第 1 版。

县级本级规范性文件《浦江县城中村改造集聚区安置实施办法(试行)》(浦政发〔2016〕19 号,2016 年 9 月 15 日实施)的形式固定了下来,根据其第十八条第一款第(三)项和第(四)项,各村(社区)根据该办法和批准的城中村改造方案与村民签订模拟拆迁安置协议。在规定时间内完成模拟拆迁安置安置协议书 95% 以上后,规划部门凭街道办事处申请和县城改办审核意见,出具规划设计条件书和用地红线。

全国许多地方都有类似的做法。根据《北京市旧城区改建房屋征收实施意见》(京建发〔2013〕450 号,2013 年 9 月 7 日实施)四(三)第一款和第二款,旧城区改建计划确定后,区县人民政府组织或指定相关单位征询拟改建范围内产权人、公房承租人的改建意愿。区县房屋征收部门对征询意见过程实施监督,大多数产权人、公房承租人同意的,方可进行旧城区改建,拟征收范围由区县人民政府确定。根据该意见四(八)第一款,区县房屋征收部门按照公布的征收补偿方案,组织产权人、公房承租人预签附生效条件的征收补偿协议。预签征收补偿协议生效具体比例由各区县人民政府确定,预签征收补偿协议期限不超过 6 个月。预签征收补偿协议生效的,由区县房屋征收部门报请区县人民政府作出房屋征收决定;在预签征收补偿协议期限内未达到生效比例的,征收工作终止。征收补偿协议生效前不实际支付补偿款和提供房源。根据该意见四(八)第二款,自管公房或者直管公房的房屋所有权人在预签征收补偿协议前与公房承租人签订附带生效条件的房改售房协议,预签征收补偿协议生效后房改售房协议自动生效。

根据《天津市国有土地上房屋征收与补偿规定》(2017 年 4 月 1 日实施)第十八条第一款,因旧城区改建(含棚户区改造)需要征收房屋,区人民政府决定采用征询方式的,房屋征收部门应当在房屋征收决定作出后,组织被征收人、公有房屋承租人根据征收补偿方案签订附生效条件的补偿协议。根据该条第二款,在征收补偿方案确定的签约期限内达到签约比例的,补偿协议生效;未达到签约比例的,补偿协议不生效,区人民政府应当于签约期限届满之日起 3 日内在房屋征收范围内予以公告,自公告之日起房屋征收决定终止执行。根据该条第三款,前款规定的签约比例由区人民政府在房屋征收决定中予以确定,但不得低于 80%。

根据《四川省国有土地上房屋征收与补偿条例》(2015 年 1 月 1 日实施)第二十一条,实施旧城区改建的,房屋征收部门应当组织被征收人根据补偿方案,签订附生效条件的补偿协议。在签约期限内,签订附生效条件的补偿协议的户数达到规定比例的,由市、县级人民政府作出征收决定;未达到规定比例的,终止征收程序。签订附生效条件的补偿协议的户数比例由市、县级人民政府确定,但不得低于90%。

从上述北京和四川的做法来看,模拟征收程序实际上相当于预征收,主要是针对旧城区改造这一特殊不动产大类进行正式征收之前的一个预备阶段。当然,这里可能有两个结果:一是达到比例后的正式征收,二是也有可能迟迟达不到要求的签约比例,导致征收搁置。如果搁置的时间比较长,实际上就等同于征收不再进行。

除以上省一级的相关立法以外,有些市或县也制定了相应的文件。例如,根据《绵阳市人民政府关于绵阳旧城区更新改造的实施意见》(绵府发〔2018〕14号,2018年10月25日实施)的规定,充分尊重民意,将"模拟搬迁"作为项目征收搬迁工作的重要环节,改造范围内群众100%同意改造,且在模拟搬迁期限内,签订"模拟搬迁"协议的户数达到改造范围内总户数90%以上的,项目启动实施;否则项目终止,原则上5年内不再启动。涉及国防、能源、交通、科教、文卫、市政基础设施等公共利益项目,由区人民政府依法实施征收。

另据瑞安市人民政府印发《瑞安市城中村改造管理办法》(瑞政发〔2012〕164号,2012年10月10日实施)第八条第二款第(四)项,城中村改造需要提供改造范围内95%以上改造户自愿改造的承诺书。根据该办法第三十四条,城中村改造房屋,须在项目规划方案批准和改造安置协议签订率达到97%以上,经镇街审核批准后,由村集体经济组织规定房屋腾空与拆除期限,并委托有资质的房屋拆除公司组织统一拆除。

三、模拟征收的合法性

根据《民法典》第一百五十八条,民事法律行为可以附条件,但是根据其性质不得附条件的除外。附生效条件的民事法律行为,自条件成就时生效。注意这里的行为属民事法律行为。如果是村委会在本村组织的相关活动,应该是可以适用这一条款的。但如果是行政机关进行的征迁活动,由于其属于运用公权力的行政行为,能否适用《民法典》的这一规定可能就有疑问了。

关于模拟征收,尽管目前在全国范围内并无统一的立法规定,但从全国各地的实践来看又为数不少。因此,它目前只能由地方层级的法律文件予以规制。以重庆市为例,根据《重庆市城市更新管理办法》第二十九条第一款,城市更新涉及国有土地使用权及房屋所有权变动的,可通过协议搬迁的方式实施。

有司法判例直接否认这一做法的合法性。根据山东省高级人民法院(2017)鲁行终1347号《行政裁定书》，无论是集体土地上房屋征收还是国有土地上房屋征收，均须依照《土地管理法》或《国有土地上房屋征收与补偿条例》等进行征收。政府采取其他形式征收土地或者房屋的行为均缺乏法律依据，也为现行法律所不容许。行政机关的协议拆迁实质上是以协议购买的方式代替了应当依法进行的征收补偿工作。

也有司法判例并不否定它的合法性。根据最高人民法院（2018）最高法行申2624号《行政裁定书》，建立在平等、自愿基础上的收购协议，因其在一定层面上有利于提高旧城改造效率，并有助于通过提高收购价格来对房屋所有权人给予更加充分的补偿安置，具有现实合理性和可行性，因而不宜完全否定此种"收购"模式的合法性。另据最高人民法院（2019）最高法行申6061号《行政裁定书》，模拟搬迁不同于传统意义上的国有土地上房屋征收和补偿安置方式，其主要特点体现为对房屋所有权人搬迁或改造意愿进行征询、签订附生效条件的补偿协议，根据搬迁、改造意愿和签约比例来决定项目是否继续实施征收工作。该模式在一定程度上有利于引导房屋所有权人理性协商，积极配合行政机关的征收拆迁工作。

四、模拟征收与正式征收的关系

作为一种相对标新立异的征收方式，模拟征收与正式征收的关系比较复杂。从近年来全国各地的实践来看，主要有以下三种关系。

（一）与正式征收无关的名副其实的模拟征收

实施主体严格遵守关于模拟征收的相关规定，不越界、不逾矩，这是一种纯粹的模拟征收，能够充分尊重群众的意愿。无论最终结果如何，起码在法律底线上是令人称道的，并且也与正式征收没有任何法律上和实务上的纠葛。

举一个四川省成都市金牛区的成功案例。2021年10月25日，成都市金牛区人民政府荷花池街道办事处与成都国际商贸城功能区建设发展有限公司联合发布了《铁路总部片区城市更新项目协议搬迁公告》，规定签约期限为70天，从2021年10月29日至2022年1月6日。在期限期满的第一天，即2022年1月7日，铁路总部片区城市更新项目指挥部办公室和成都市金牛区人民政府荷花池街道办事处联合发布公告，A、C、D标段签约率100%，B标段尚有4户没有签约，拆迁终止。但就在几天后，又出现了戏剧性的反转。2022年2月16日，剩余4户也顺利签约。2022年2月25日，项目两业主单位发布公告，所有标段全部签约，全部协议生效。由于实现了100%签约,此次模拟征收顺利完成,已经不需要启动正式的征收程序。暂且不考虑协议的实质内容,仅就形式上而言,实现了“双赢”甚至“多赢”的局面。

（二）作为正式征收前置阶段的模拟征收

从北京市和四川省的地方性规定来看,初衷都是为了充分尊重广大民众的意愿,充分听取他们的呼声,依托群众力量推进工作。这原本就是群众路线在实际工作中的体现。如果有关方面与当事人未能就模拟征收达成协议,而又有征收的必要,那么就应当及时根据关于不动产征收方面的法律法规启动正式的征收程序。不过,即使在这种情况下,如果采取不正当或违法的手段迫使当事人就范,可能构成行政侵权,应当承担相应的行政责任。

（三）规避正式征收的名不副实的模拟征收

在一些地方的具体操作中,模拟征收却成了老百姓的梦魇。由于有“模拟”二字,群众的警惕性就很低,不太当回事,对于各种签字都有些漫不经心。以四川省的一个案件为例,根据四川省高级人民法院(2018)川行终686号《行政裁定书》,当事人房屋被强制拆除,因有关方面采取的是模拟征收而无正式的征收决定,明显是以模拟征收规避正式征收,其行为当属行政行为而非民事行为,当属终局行为而非阶段行为,对当事人的权利义务产生直接影响。因有关方面无任何书面的行政决定文书,当事人无法从集合性的房屋征收行为中辨析出可诉的单个行政行为,笼统地诉模拟征收行为违法事出有因。

第九节　征　　用

本书的主题是不动产征收与补偿,但无论是在理论上还是在实务中,经常涉及不动产征用与补偿问题。因此,本书有必要对征用进行介绍,以厘清两者之间的关系。在本书的其他部分,例如在本书第一章中,已经对征收与征用的异同等进行了讨论,本节不再重复,仅就它作为与不动产征收近似的行为予以简要介绍。

一、概述

与征收一样,征用也是常见的对不动产物权的一种法律限制形式,同样需要有明确的法律规定。

（一）现行法律规定

征收条款与征用条款在同一部法律中经常夹杂在一起，并且两种行为也有较大的相似性。

1. 宪法

根据《宪法》第十条第三款，国家为了公共利益的需要，可以依照法律规定对土地实行征用并给予补偿。另据该法第十三条第三款，国家为了公共利益的需要，可以依照法律规定对公民的私有财产实行征用并给予补偿。

2. 民法

根据《民法典》第一百一十七条，为了公共利益的需要，依照法律规定的权限和程序征用不动产的，应当给予公平、合理的补偿。根据《民法典》第三百二十七条，因不动产被征用致使用益物权消灭或者影响用益物权行使的，用益物权人有权依据本法第二百四十三条、第二百四十五条的规定获得相应补偿。

3. 土地管理法

根据《土地管理法》第二条第四款，国家为了公共利益的需要，可以依法对土地实行征用并给予补偿。

4. 外商投资法

根据《外商投资法》第二十条第二款，在特殊情况下，国家为了公共利益的需要，可以依照法律规定对外国投资者的投资实行征用。征用应当依照法定程序进行，并及时给予公平、合理的补偿。

5. 归侨侨眷权益保护法

根据《归侨侨眷权益保护法》第十三条第二款，依法征用归侨、侨眷私有房屋的，建设单位应当按照国家有关规定给予合理补偿和妥善安置。不过，这里的征用可能是征收的不准确说法，考虑到该法的制定时间较早，相关表述可能存在不规范之处。

（二）征用目的

从现行立法来看，针对不动产进行征用而不征收的目的可大致分为两类：一是紧急需要；二是临时使用。

1. 紧急需要

根据《民法典》第二百四十五条，因抢险救灾、疫情防控等紧急需要，依照法律规定的权限和程序可以征用组织、个人的不动产或者动产。被征用的不动产或者动产使用后，应当返还被征用人。组织、个人的不动产或者动产被征用或者征用后毁损、灭失的，应当给予补偿。

2. 临时使用

根据《土地管理法》第五十七条第一款，建设项目施工和地质勘查需要临时使用国有土地或者农民集体所有的土地的，由县级以上人民政府自然资源主管部门批准。其中，在城市规划区内的临时用地，在报批前，应当先经有关城市规划行政主管部门同意。土地使用者应当根据土地权属，与有关自然资源主管部门或者农村集体经济组织、村民委员会签订临时使用土地合同，并按照合同的约定支付临时使用土地补偿费。

（三）征用行为的实质

从关于征用的相关讨论来看，结合本书对征收的讨论，其作为一种行政行为，实质上可以统一到征收概念大范畴之内。换句话说，征用实质上是一种征收，而且是征收中的管制征收（regulatory taking or regulatory expropriation），或者更确切地说，征用是管制征收的一种特殊类型。

目前，我国立法中尚无关于管制征收的规定。但在实践中，这种征收类别在事实上是存在的，只不过一直没有引起足够重视而已。一般来说，管制征收是指行政机关对土地等不动产的管制行为导致不动产权利受到损害，所产生的损失已经可与征收造成的损失相同或相似，行政机关就必须承担补偿责任。①

显然，不动产征用是在一定时间内，某一主体以一定的方式占有该不动产，以实现其相应的目标。待目标完成后，把不动产交还给不动产权利人。在这一过程中，必定会导致不动产权利的占有、使用和收益受到影响。如果这种影响大到一定程度，损害了不动产权利人的利益，就涉及补偿问题。与前面谈到的管制征收概念相比较，显然征用就是管制征收的一种特殊类型。

二、征用补偿

事实上，上面引用的相关立法条款中已经包含了关于征用补偿的规定。在实际操作中，需要给予相应的补偿，但相对于征收来说，显然低于征收。其原因也不难

---

① See William A. Fischel, *Regulatory Takings: Law, Economics, and Politics*, *Cambridge*, MA: Harvard University Press, 1998, p. 1.

理解,征用仅仅对占有或使用的权能予以限制,但征收同时消灭了所有权,二者的补偿是不能相提并论的。

从现行立法来看,并没有关于征用补偿的特别规定,征收与征用多放在同一条款中。在这种情况下,就补偿标准而言,具有了更大的易变性。当然,从好的一方面来说,也具有了更大的灵活性,为征用方与被征用方提供了更大的议价空间。在具体操作中,可首先参照征收的标准,然后考虑征用行为对被征用人带来的影响大小、时间长短和可恢复性程度等因素折中考虑。

三、征用权限与程序

同样,从上面援引的相关立法规定来看,即便是征用也要遵守相应的征用权限和征用程序。例如,《宪法》的两个条款都规定征用要遵守法律规定,法律规定中当然有权限性和程序性规定。《民法典》第一百一十七条更是开门见山地指出征用要依照法律规定的权限和程序。

不过,究竟征用要遵循何种权限、何种程序,并没有具体规定。在具体操作中,可参照关于征收的相应权限和程序来进行。同样,由于征用对当事人的权益影响比起征收来说小得多,也许在有些环节可能简化,但不能由此得出结论说征用可以任意妄为。

第七章 征收预公告

凡事预则立，不预则废

——《礼记·中庸》

第二章、第三章和第四章分别对不动产征收与补偿的三个实体问题进行了深入研究，第五章对不动产征收与补偿这一整体行为进行了探讨，第六章则对不动产征收与补偿的近似行为进行了归纳总结。从本章开始，将讨论不动产征收与补偿正式流程的起点——征收预公告，以第十五章征收目的实现为终点，完成不动产征收与补偿活动的一个循环周期。当然，这一周期计算主要是以征收方的视角进行观察的，如果同时考虑被征收方的视角，那么只有待第十六章被征收人的法律救济也宣告结束后才可断言不动产征收与补偿周期完成。

第一节　征收预公告的概念

征收预公告是一个典型的先由实践推动，后由立法确认的法治范例。早在2019年《土地管理法》修正并于2020年1月1日正式实施之前，全国多地就已经在集体土地上征收程序中进行了探索，2021年《土地管理法实施条例》在修订时得以正式确认。在国有土地上的征收程序中，全国多地也有相应的探索。不过，目前国家层面立法暂未把它吸收进来，但一些地方立法已经有相应的明文规定。因此，本节以集体土地上的征收预公告为主进行介绍，最后对国有土地上的情形予以简要讨论。

早在2020—2021年之前,当时有效的国家层面土地征收制度并无征收预公告相关规定,但一些地方进行了探索。例如,2011年《山东省土地征收管理办法》(山东省人民政府令第226号,2011年1月1日实施,2024年2月1日废止)第八条就规定,征收集体土地时应当进行拟征收土地公告,它相当于现在所说的预公告。以作者办理的一个案件为例,日照市人民政府于2017年10月13日发布《日照市人民政府拟征收土地公告》(日征公告〔2017〕45号),对拟征收土地的位置、范围、权属、用途、拟征收土地补偿标准和其他事项进行了说明。在其他事项部分,特别规定了自公告发布后,凡在拟征收土地范围内抢栽、抢种、抢建的,将一律不予补偿。同时规定拟于2017年10月23日至26日由市国土资源局岚山分局等有关部门组织勘测定界和调查清点地上附着物。

2019年之后,集体土地征收预公告制度正式确立。根据《土地管理法》第四十七条第二款,县级以上地方人民政府拟申请征收土地的,应当……从中可以看出,当下级地方人民政府拟申请征收某一土地之际,此前应当已经完成了拟征收之前的相应工作。在这一点上,显然是某一征收目的已经被确定了下来之后的事情。根据《土地管理法实施条例》第二十六条第一款,需要征收土地,县级以上地方人民政府认为符合《土地管理法》第四十五条规定的,应当发布征收土地预公告。

第二节　征收预公告程序的前后衔接

作为不动产征收与补偿正式流程的起点,征收预公告制度之前的征收目的证成阶段显然也有许多程序。根据本书第四章,这一阶段至少包括立项、用地预审与规划选址、农用地转用、项目批准、建设用地规划许可与用地批准等。显然,这就涉及征收预公告与这一阶段如何进行衔接的问题。

正如第四章第九节已经讨论过的,一旦建设地点确定,那么征收范围也就确定下来了。就国有土地来说,上海市的做法主要是根据建设用地规划许可证来敲定征收范围。而就集体土地来说,北京市的做法是根据征地或者占地批准文件来敲定征收范围。由于集体土地上已经有了关于征收预公告制度的明文规定,因此,上海市在国有土地上的相应探索可以作为全国性的示范,即取得建设用地规划许可证后可以不同的形式来进行征收预公告。

许多著述把征收目的证成、补偿方案确定以及预征收协议签订等都划入不动产征收与补偿活动中的征收预公告阶段。本书则不采纳此做法,而是侧重于征收范围确定、征收预公告发布、不动产现状冻结、不动产调查、社会稳定风险评估和补偿费用落实等内容。至于补偿方案确定以及补偿协议签订，由于它们的重要性，本书把它们作为单独的一章分别进行讨论。

第三节　征收预公告发布

正如前面刚刚谈到的，征收预公告制度在集体土地上已有明文规定，但在国有土地上尚未有国家层面立法的明文规定。因此，对于征收预公告发布这一环节来说，需要针对集体土地和国有土地分别讨论。

根据《土地管理法实施条例》第二十六条第一款，需要征收土地，县级以上地方人民政府认为符合《土地管理法》第四十五条规定的，应当发布征收土地预公告。

就预公告内容而言，根据该条例第二十六条第二款，征收土地预公告应当包括征收范围、征收目的、开展土地现状调查的安排等内容。关于预公告地点，根据上述同一条款，征收土地预公告应当采用有利于社会公众知晓的方式，在拟征收土地所在的乡（镇）和村、村民小组范围内发布。上面两个要素确定后，还需要明确预公告时间。根据上述同一条款，预公告时间不少于 10 个工作日。注意这里是工作日，而非自然日。

第四节　现 状 冻 结

征收预公告的目的之一就是确定征收范围，而一旦征收范围确定后，另一件事就是对拟征收的不动产现状进行调查。而要进行调查，就又必须把现状在某一时间内固定下来，这就是不动产现状冻结的概念。

根据《土地管理法实施条例》第二十六第二款，自征收土地预公告发布之日起，任何单位和个人不得在拟征收范围内抢栽抢建；违反规定抢栽抢建的，对抢栽抢建部分不予补偿。

第五节　现 状 调 查

就国有土地的情形来看，《国有土地上房屋征收与补偿条例》先规定了现状调查，后规定了现状冻结，这在逻辑上是有先天缺陷的。但在集体土地上，无论是早期的实践性探索，还是《土地管理法实施条例》的相应规定，都不存在这样的问题。

根据《土地管理法》第四十七条第二款和《土地管理法实施条例》第二十六条第三款，在征收预公告发布后，县级以上地方人民政府应当开展拟征收土地现状调查。土地现状调查应当查明土地的位置、权属、地类、面积，以及农村村民住宅、其他地上附着物和青苗等的权属、种类、数量等情况。例如，2022 年 8 月 24 日，佛山市南海区石桥头旧村居改造项目由佛山市俊沥房地产开发公司启动现状调查工作，当地的大沥镇谢边社区石桥头股份合作社、石一合作社、石二合作社和石三合作社联合发布公告，分片区入户开展测绘摸底调查工作。

对于任何不动产征收与补偿工作，一个首当其冲的问题就是，被征收不动产的客观情况到底是什么样，有关方面对此真的了如指掌？在征收范围确定的那一瞬间，被征收的不动产显然是一个独立于征收方、被征收方双方甚至第三方的客观真实。然而，它却是一个被动的存在，并不会自动跳出来认领，需要有关部门进行权属调查。那么，由谁来进行权属调查，如果是由征收人来进行，如何保证调查的客观性，这就成了一个重大问题。

另外，由于只是预征收，面临不确定性。如果随后同意征收的人数不够而停止征收，投入大量的人力、物力去做，可能导致人力物力的浪费。但如果不精密操作，又存在冻结后发生变化问题，因此。前期调查工作应当把握好两者之间的平衡。

第六节　社会稳定风险评估

在不动产征收与补偿活动中，社会稳定风险评估原本只是国有土地上的制度设计，《土地管理法》把它吸收了进来，成为集体土地上不动产征收与补偿活动的一个必备环节。

根据《土地管理法》第四十七条第二款，县级以上地方人民政府拟申请征收土地的，应当开展社会稳定风险评估。根据《土地管理法实施条例》第二十六条第四款，社会稳定风险评估应当对征收土地的社会稳定风险状况进行综合研判，确定风险点，提出风险防范措施和处置预案。社会稳定风险评估应当有被征地的农村集体经济组织及其成员、村民委员会和其他利害关系人参加，评估结果是申请征收土地的重要依据。

第七节　补偿费用到位

从近年来的征迁纠纷来看，程序违法确实占有一定的比重，但最主要的原因还是补偿不到位。造成这一情况的缘由很多,在征收项目启动时未能测算好、筹集好征收补偿费用,从而在进行实际征迁时不得不压低补偿,就是其中一个重要原因。因此,无论是集体土地上还是国有土地上的征收补偿费用,都应当是相关立法必须重点关照的对象。

根据《土地管理法》第四十七条第四款,县级以上地方人民政府应当组织有关部门测算并落实有关费用,保证足额到位。根据《土地管理法实施条例》第三十二条第四款,申请征收土地的县级以上地方人民政府应当及时落实土地补偿费、安置补助费、农村村民住宅以及其他地上附着物和青苗等的补偿费用、社会保障费用等,并保证足额到位,专款专用。有关费用未足额到位的,不得批准征收土地。

部分地方立法对此进行了更详细的规定。以湖南省长沙市为例,根据《长沙市征地补偿安置条例》(2008 年 4 月 1 日实施)第十三条第二款,征地补偿费用应当在征地补偿安置实施方案公告发布前足额存入土地行政主管部门在财政开设的征地补偿专用账户,未足额存入的,土地行政主管部门不得发布征地补偿安置方案实施公告。

此外,虽然测算和筹集的补偿费用总额可能是足够的,但如果存在财务违法行为,仍有可能会令补偿费用到位的目标功亏一篑。因此,《土地管理法》第八十条严禁侵占、挪用被征收土地单位的征地补偿费用和其他有关费用,并昭示了违法或犯罪后果;《土地管理法实施条例》第六十四条规定得更细致,贪污、侵占、挪用、私分、截留、拖欠征地补偿安置费用和其他有关费用的行为都要承担相应的法律责任。

第八节　国有土地上的征收预公告

很多人有一个误解,认为征收预公告制度只存在集体土地上。实际上,仔细分析《国有土地上房屋征收与补偿条例》就可以发现国有土地上同样存在征收预公告制度,只是国家层面立法没有把它明文昭示出来而已。

一、相关立法规定

根据《国有土地上房屋征收与补偿条例》第十六条第一款,房屋征收范围确定后,不得在房屋征收范围内实施新建、扩建、改建房屋和改变房屋用途等不当增加补偿费用的行为。根据该条例第二十四条第二款,市、县级人民政府作出房屋征收决定前，应当组织有关部门依法对征收范围内未经登记的建筑进行调查、认定和处理。显然，“征收范围确定”这件事必定发生于“作出征收决定”之前，因此不能如人们通常想象的那样，把“作出征收决定”作为国有土地上房屋征收活动的起点。相反，如果暂时不考虑其他征收先行行为，至少也应当把“征收范围确定”作为国有土地上房屋征收活动的起点。

根据前述规定，一旦“征收范围确定”，就需要进行现状调查，而要进行现状调查，就必须对房屋现状的事实状态和法律状态都予以冻结。从这些特征来看，显然与集体土地上的征收预公告制度极为相似。因此，国有土地上征收范围确定这一环节事实上就是国有土地上不动产征收与补偿活动中的征收预公告，只是在国家层面立法中暂无直白的条文规定而已。

幸运的是，目前已经有许多地方立法予以明文规定，以消除这种不确定状态。例如，《济南市国有土地上房屋征收与补偿工作规程（试行）》（济更政字〔2016〕13号，2016年9月7日实施）第四条第（三）项第一目规定，市政府为征收主体的项目，征收范围确定后，由市房屋征收部门发布“征收冻结通告”，并在征收范围内和官方网站予以公布；同时书面通知市相关部门暂停办理相关手续，并抄送项目所在地的区有关部门。这里的冻结通告实际上就是一种征收预公告。

除了以冻结通告形式出现的征收预公告以外，有的地方直接以“确定征收范围公告”形式设立了国有土地上征收预公告制度。例如，《南京市国有土地上房屋征收与补偿办法》（政府令第318号，2017年3月10日实施）第九条第一款规定，符合《国有土地上房屋征收与补偿条例》规定的公共利益情形，确需征收房屋的，市房屋征收部门应当会同市发展和改革、规划、国土资源、文物等行政管理部门对拟征收房屋的范围进行论证，并将论证意见报送市、区人民政府，确定征收范围并公告。

二、国有土地上征收预公告程序

在前面已经针对集体土地上的征收预公告程序进行全面介绍的基础上，这里简要讨论一下国有土地上的相关情形。

（一）征收预公告发布

暂时对国有土地上国家层面立法相关规定缺失这一点存而不论，除前面已经提及的上海市、济南市和南京市等地方探索以外，明文规定征收预公告的还有广西壮族自治区南宁市的地方性规定。根据《南宁市国有土地上房屋征收与补偿办法》

（南府规〔2020〕34 号，2021 年 1 月 1 日实施）第九条，经房屋征收部门审查符合规定的，由房屋征收部门根据项目用地蓝线图确定房屋征收范围，发布房屋征收预公告，并告知被征收人相关权利义务。据此，2022 年 1 月 26 日，广西壮族自治区南宁市兴宁区住房和城乡建设局发布了《五塘工业集中区十六号储备地块项目国有土地上房屋征收预公告》（南兴建征预〔2022〕1 号），主要是对征收范围予以告知并附具了蓝线图。

（二）现状冻结

集体土地上的冻结规定只有寥寥数语，相对来说，国有土地上的规定就更为详尽，而且分别对事实冻结与法律冻结进行了相应的规制。

1. 事实冻结

根据《国有土地上房屋征收与补偿条例》第十六条第一款，房屋征收范围确定后，不得在房屋征收范围内实施新建、扩建、改建房屋和改变房屋用途等不当增加补偿费用的行为；违反规定实施的，不予补偿。

2. 法律冻结

根据该条例第十六条第二款，房屋征收部门应当将所列事项书面通知有关部门暂停办理相关手续。暂停办理相关手续的书面通知应当载明暂停期限。暂停期限最长不得超过 1 年。

需要注意的是，根据《国有土地上房屋征收与补偿条例》的条文顺序，关于不动产冻结的规定是第十六条，而关于作出征收决定的规定是第八条。从表面上看，似乎应作出征收决定公告后才能进行冻结。然而，该条文本身是规定征收范围确定后就应当冻结，而根据该条例第二十四条第二款，征收范围的确定又是在征收决定之前。因此，不动产冻结应当在征收决定之前进行，这也是避免道德风险的必然要求。

一些地方立法对此进行了明确，并对条文顺序进行了拨乱反正。例如，《济南市国有土地上房屋征收与补偿办法》（济南市人民政府令第 248 号，2013 年 7 月 20 日实施）第十一条第一款规定，房屋征收部门应当在房屋征收范围确定后 3 日内，发布冻结通告。而在历经了 8 个条文后，该办法的第十九条才对征收决定进行了规定。经过这样的顺序调整，条理就清晰多了。可以相信，待对《国有土地上房屋征收与补偿条例》进行修改，或者制定统一的“不动产征收与补偿法”时，一定会对这一问题进行正确处理。

（三）现状调查

正如前面刚刚讨论过的，由于国有土地上不动产征收活动暂未有国家层面的征收预公告明文规定，因而作为其中重要环节的现状调查工作就只能暂时求助于《国有土地上房屋征收与补偿条例》。根据其第二十四条第二款，市、县级人民政府作出房屋征收决定前，应当组织有关部门依法对征收范围内未经登记的建筑进行调查、认定和处理。事实上，在这一过程中，必然也会涉及对合法建筑的调查问题，不可能仅针对未经登记建筑自身，否则就难以对被征收的建筑整体进行全局性认定。因此，这一环节其实也就是一种现状调查。另据该条例第十五条，房屋征收部门应当对房屋征收范围内房屋的权属、区位、用途、建筑面积等情况组织调查登记，该条文位列该条例第八条规定的房屋征收决定之后，这就需要对二者之间的关系进行厘清。

单单从该条例本身的行文顺序来看，关于征收决定的规定在先，进行房屋调查登记的规定在后，似乎是认为在征收决定公告作出后进行房屋调查登记。然而，这里同样存在逻辑冲突之处，与前面讨论过的现状冻结情形如出一辙。

首先，根据该条例第十二条第二款，作出征收决定前应当将补偿费用足额到位。那么问题就来了，如果还没有对拟征收的房屋进行调查登记，补偿费用是如何测算出来的？其次，根据该条例第二十四条第二款，在作出征收决定之前必须对征收范围内的未登记建筑进行调查、认定和处理。应当说，与集体土地上大量存在未登记建筑的普遍情况不同，国有土地上未登记建筑毕竟只是少数现象。如果征收决定作出前连少量的未登记建筑情况都已经调查清楚了，而对补偿重头戏的已登记建筑却未进行调查登记，这显然在逻辑上是说不通的。

正是考虑到了这一明显的缺陷或漏洞，一些地方立法进行了厘清，明确规定在作出征收决定之前应当事先确定征收范围。例如，《山东省国有土地上房屋征收与补偿条例》（2020 年修正，2020 年 7 月 24 日实施）第十二条规定了征收机构对征收范围内房屋进行调查登记的职责，而在第十三条至第十六条才规定了征收决定的作出程序。在这一点上，早在 2013 年就制定出来的《济南市国有土地上房屋征收与补偿办法》也是遵循这一正确顺序。

（四）社会稳定风险评估

根据《国有土地上房屋征收与补偿条例》第十二条第一款，市、县级人民政府作出房屋征收决定前,应当按照有关规定进行社会稳定风险评估;房屋征收决定涉及被征收人数量较多的,应当经政府常务会议讨论决定。

(五)补偿费用到位

根据《国有土地上房屋征收与补偿条例》第十二条第二款,作出房屋征收决定前,征收补偿费用应当足额到位、专户存储、专款专用。根据该条例第三十三条,贪污、挪用、私分、截留、拖欠征收补偿费用的,责令改正,追回有关款项,限期退还违法所得,对有关责任单位通报批评、给予警告;造成损失的,依法承担赔偿责任;对直接负责的主管人员和其他直接责任人员,构成犯罪的,依法追究刑事责任;尚不构成犯罪的,依法给予处分。

第九节　针对征收预公告的法律救济

由前述分析可知,无论是集体土地还是国有土地,其上进行的不动产征收与补偿活动都有一个单独的征收预公告环节。该环节对确立征收范围、冻结不动产现状、现状调查、社会稳定风险评估、落实征收补偿费用起到的作用还是非常大的。在这一过程中,它必然牵连征收方的职权和责任,也必然会对被征收人的权利义务产生影响。尽管如此,并不一定能够得出它可在法律上寻求救济的结论。相反,目前的相关判例多持否定的态度。

一、2021 年 9 月 1 日之前

之所以区分 2021 年 9 月 1 日前后,是因为《土地管理法实施条例》2021 年修订后于这一日期开始施行,它正式设立了征收土地预公告制度,即其第二十六条第一款的具体内容。

在此之前,土地管理制度实行的是先申请征收土地批准,后组织实施的顺序安排。在这一前提之下,征收预公告作为一个实践性的制度探索,此时尚未有省级或省级以上行政机关的批准,把它视为一种不对当事人权利义务产生直接影响的内部或过程性行为,是有一定法理依据的。

例如,根据 2018 年 11 月 19 日最高人民法院第一巡回法庭 2018 年第 8 次法官会议纪要精神,征收土地预公告(预征地公告)只是地方政府在征地报批前的一种预先告知准备征地及有关注意事项的告知行为,对当事人的权利义务未产生实际

影响,因而不属于行政诉讼的受案范围。基于这一判断,根据《行政诉讼法》第二条和《最高人民法院关于适用〈中华人民共和国行政诉讼法〉的解释》第一条第二款第(六)项和第(十)项,不属于行政诉讼的受案范围。既然不属于行政诉讼的受案范围,也就不属于行政复议的受案范围。因此,征收预公告在法律上是无法直接寻求救济的。

最高人民法院(2019)最高法行申10020号《行政裁定书》也持有相同的观点,认为与征收预公告行为相近的拟征收行为只是市、县人民政府拟对特定范围内土地实施征收的意向,只有经过省级人民政府或国务院批准后,市、县人民政府才能实际进行土地征收,通常情况下拟征收土地行为对被征收人的权利义务不产生实际影响,不属于行政诉讼的受案范围。

二、2021年9月1日之后

上述观点论证及其司法判例都是以2019年修正之前的土地管理法为背景的,即当时是先审批后征收。但在2020年1月1日之后,特别是在2021年9月1日土地征收预公告制度设立之后,由于这一系列行为已经无须省级人民政府或国务院事先批准即可作出,并且县级以上地方人民政府已经可以组织有关部门与被征收土地的集体经济组织或农户签订补偿协议。那么,在这种情况下,仍认为征收预公告行为、拟征收行为或预征收行为等对被征收人的权利义务不产生影响,无法在法律上寻求救济,似乎就太牵强了。

由于现行土地管理法及其实施条例修改后施行的时间并不长,加上具体的实务做法可能也有一定的惯性。从中国裁判文书网查阅最高人民法院的案例情况来看,尚未有专门针对征收土地预公告在新的征收审批程序下是否可以寻求法律救济,以及如何寻求法律救济的相关判例。公允地讲,征收预公告及其附带的不动产现状冻结和现状调查等都对被征收人的权利义务有着巨大影响。当然,这种影响究竟是直接的还是间接的,这是一个重要的理论问题。它牵涉被征收人对此的法律救济权实现,以及征收人职权与责任分配,值得理论界和实务界认真思考。

第八章

补偿方案

意莫高于爱民,行莫厚于乐民

——《晏子春秋·内篇问下》

上一章讨论了不动产征收预公告及其附带的相关程序,它的主要作用是为不动产征补的深入开展扫清外围障碍。但在实际上,真正让人看到某一不动产征补工作呈现出一个完整轮廓的是其补偿方案。它在实践中可能以各种不同的名称出现,但实质上均是为某一不动产征补工作设立的可反复适用的补偿标准,面向群体而非个体,贯穿于不动产征补工作的全程,对价值评估实施、补偿协议签订、补偿决定作出乃至赔偿案件审理等都起着极为重要的作用。

第一节 补偿方案的概念

在汉语中,方案往往是指为开展某一工作或解决某一问题而事先拟定的计划或规划。具体到不动产征补中,补偿方案一方面是指为征收而给予被征收方的补偿计划,另一方面也提示征收方为完成征收工作需要付出的成本准备。这种一体两面的特性赋予了补偿方案在不动产征补中的核心地位,无论是国有土地上还是集体土地上均是如此。

就国有土地上的补偿方案来说,根据《国有土地上房屋征收与补偿条例》第十条第一款,房屋征收部门拟定征收补偿方案,报市、县级人民政府。由此可见,它的严格称谓是"征收补偿方案",不过人们经常简称为补偿方案，人民法院裁判文书中有时也是如此简称的。

集体土地上的补偿方案情形稍微复杂一些。《土地管理法》第四十七条第二款实际上已经对补偿方案进行了规定，只是并没有出现具体的名称而已。在其第三款中，规定多数被征地的农村集体经济组织成员认为征地补偿安置方案不符合法律、法规规定的，县级以上地方人民政府应当组织召开听证会，并根据法律、法规的规定和听证会情况修改方案。另据《土地管理法实施条例》第二十七条第一款，县级以上地方人民政府应当依据社会稳定风险评估结果，结合土地现状调查情况，组织自然资源、财政、农业农村、人力资源和社会保障等有关部门拟定征地补偿安置方案。

由前述两个条文可以看出，在集体土地上的不动产征补中使用的是“征地补偿安置方案”这一表述。但《土地管理法》第四十七条第三款的后半部表述“根据法律、法规的规定和听证会情况修改方案”，其直接把“修改征地补偿安置方案”简化为“修改方案”。这也提示我们，在不至引起混淆的情况下，称为补偿方案也并无不妥。

第二节　补偿方案的作出主体

既然补偿方案本身是如此重要，那么由哪些主体作出就成为同样重要的一个问题。目前，国有土地上和集体土地上补偿方案的作出主体均有相应的法律规定。

一、国有土地上补偿方案作出主体

目前，国有土地上补偿方案的最终作出，至少需要由三类主体在不同的阶段依不同的职权分别作出相应的行为。

（一）拟定主体

根据《国有土地上房屋征收与补偿条例》第十条第一款，补偿方案需要由房屋征收部门拟定，报市、县人民政府。

（二）论证主体

根据该条例第十条第二款，市、县级人民政府应当组织有关部门对征收补偿方案进行论证。这里并没有对有关部门的范围进行规定，在实践中，自然资源和规划

（或规划和自然资源）主管部门、发展改革主管部门、住房和城乡建设主管部门和财政主管部门等基本上要参加。此外，根据各地情况不同，可能还会有文物主管部门、水利主管部门或民政主管部门等参加。

（三）批准主体

根据该条例第十条、第十一条和第十三条，市、县人民政府在接到房屋征收部门拟定好的补偿方案后，需要进行初步审查。然后组织有关部门进行论证，公布征求意见情况和修改情况，可能还要组织听证并再次修改方案，最终批准该方案，并把它以征收决定或征收决定附件的形式公布。

由此来看，至少根据现行的法律规定，市、县人民政府在国有土地上房屋征补中起着最重要的作用，是补偿方案的批准主体。当然，在全国各地的实践中，很多是由房屋征收部门或街道办事处等具体操作，最后由市、县人民政府签署而已。

二、集体土地上补偿方案作出主体

同样，目前集体土地上补偿方案的最终作出也需要多个行政主体依据不同的职责在不同的阶段完成不同的工作。其中，拟定主体为多部门协作，而公告、听证和确定主体均为同一个，即县级以上地方人民政府。

（一）拟定主体

根据《土地管理法实施条例》第二十七条第一款，县级以上地方人民政府应当依据社会稳定风险评估结果，结合土地现状调查情况，组织自然资源、财政、农业农村、人力资源和社会保障等有关部门拟定征地补偿安置方案。对于这里的县级以上地方人民政府的“组织”行为究竟如何理解，人们有不同的看法。通过全国各地具体做法来看，实际上是由自然资源主管部门牵头，其他部门协作，而县级以上地方人民政府往往只是最后正式确认而已。

（二）公告主体

根据《土地管理法实施条例》第二十八条第一款，征地补偿安置方案拟定后，县级以上地方人民政府应当在拟征收土地所在的乡（镇）和村、村民小组范围内公告。根据《土地管理法》第四十七条第二款可知，上述所列的公告内容实际上也就是征地补偿安置方案的内容。尽管上述规定均把县级以上地方人民政府确定为公告主体，但在实际工作中还是有许多地方由当地的自然资源主管部门进行公告。严格来说，这是不妥的。

（三）听证主体

根据《土地管理法实施条例》第二十八条第三款，多数被征地的农村集体经济组织成员认为拟定的征地补偿安置方案不符合法律、法规规定的，县级以上地方人民政府应当组织听证。

（四）确定主体

根据《土地管理法实施条例》第二十九条第一款，县级以上地方人民政府根据法律、法规规定和听证会等情况确定征地补偿安置方案。在2014年《土地管理法实施条例》第二十五条第三款中，征地补偿、安置方案由土地行政主管部门会同有关部门拟订后报市、县人民政府批准。在这一点上，与现行《土地管理法实施条例》的相关规定是不同的。

第三节　补偿方案的内容

尽管全国各地的不动产征收与补偿活动可谓千差万别，但从现行法律规定来看，补偿方案的内容还是有一定规则可循的。

就国有土地而言，从目前的《国有土地上房屋征收与补偿条例》来看，没有对补偿方案的内容进行规定。以安徽省芜湖市镜湖区人民政府于2022年2月22日发布的《老海关二期项目房屋征收补偿方案（征求意见稿）》为例，至少包括了征收目的、征收范围、签约搬迁期限、房地产评估机构选择及相关规定、征收补偿政策、被征收房屋所有权人不明确的处理、未经权属登记建筑的处理、各类附属设施补偿等。

就集体土地来说，根据《土地管理法》第四十七条第二款和《土地管理法实施条例》第二十七条第二款，征地补偿安置方案应当包括征收范围、土地现状、征收目的、补偿方式和标准、安置对象、安置方式、社会保障等内容。

第四节　补偿方案的作出程序

作为一个可能对被征收人的权利义务产生重大影响的环节，补偿方案不仅要有实体上的严格要求,还要保证程序上的合法。现行法律规定了一系列前后衔接的程序设置,必须严格遵守。

一、国有土地上补偿方案作出程序

目前,国有土地上补偿方案的作出程序至少包括9项,在具体的征收工作中,可以依据具体征收项目特点有所增加,但不能减损。

(一)草案拟定

一旦征收启动,并且已经进行了征收预公告,就需要草拟相应的补偿方案了,这是一个非常重要的环节,决定着方案的整体面貌。根据《国有土地上房屋征收与补偿条例》第十条第一款,首先需要由房屋征收部门对补偿方案进行拟定。

(二)草案上报市、县人民政府

同样根据《国有土地上房屋征收与补偿条例》第十条第一款,房屋征收部门拟定完补偿方案后需要上报市、县人民政府。

(三)草案论证

根据《国有土地上房屋征收与补偿条例》第十条第二款,市、县级人民政府应当组织有关部门对征收补偿方案进行论证。

(四)草案公布

根据《国有土地上房屋征收与补偿条例》第十条第二款,市、县级人民政府应当组织有关部门对征收补偿方案进行论证并予以公布。

(五)征求公众意见

根据《国有土地上房屋征收与补偿条例》第十条第二款,市、县级人民政府公布征收补偿方案后,应当征求公众意见,征求意见期限不得少于30日。

(六)意见征求情况和修改情况公布

根据《国有土地上房屋征收与补偿条例》第十一条第一款,市、县级人民政府应当将征求意见情况和根据公众意见修改的情况及时公布。

（七）可能的听证

根据《国有土地上房屋征收与补偿条例》第十一条第二款，因旧城区改建需要征收房屋，多数被征收人认为征收补偿方案不符合本条例规定的，市、县级人民政府应当组织由被征收人和公众代表参加的听证会。

（八）可能再次修改

根据《国有土地上房屋征收与补偿条例》第十一条第二款，听证会结束后，根据听证情况，可能再次对方案进行修改。

（九）公布

完成上述程序后，最终以征收决定或征收决定附件的形式公布。根据《国有土地上房屋征收与补偿条例》第十三条第一款，市、县级人民政府作出房屋征收决定后应当及时公告。公告应当载明征收补偿方案等事项。

按照这一条款，征收补偿方案是作为征收决定的组成部分正式公布的。但在实践中，有时会出现先公布征收补偿方案，后作出征收决定的情况。举一个深圳市的例子，有关方面于 2022 年 4 月 7 日在征收范围内公布了《罗湖区桂园街道蔡屋围城市更新统筹片区蔡屋围（城中村）项目一期子项目 B 房屋征收补偿方案》（罗府函〔2022〕61 号），后来又以《深圳市罗湖区人民政府房屋征收决定书》（罗府函〔2022〕88 号）的形式对征收决定进行了公布。

至于公布的具体形式，以重庆市的一个案件为例。根据重庆市高级人民法院（2020）渝行终 626 号《行政判决书》，采取发布公告方式告知被征收人员和相关单位征收决定的内容是行政机关依法行政的正确举措，它与一般行政行为送达方式不同，征收决定涉及众多人员和相关单位，内容又完全相同，如果要求行政机关对每一个被征收人员和相关单位送达相关征收决定，既浪费行政资源，又降低行政效率。因此，法律对此类行政行为规定采取公告方式送达，而不是采用一般的直接送达方式予以送达。行政机关依法在被征收范围内张贴公告，即视为送达每一位被征收人员和相关单位，公告之日起就应当视为被征收人员已经知道公告行政行为的具体内容。

二、集体土地上补偿方案作出程序

《土地管理法》及其实施条例修改之前，对补偿方案的作出程序不够重视，在实践中引起了许多问题。修改后则施加了较为严格的约束,其中有些环节是借鉴国有土地上的类似规定。

(一)草案拟定

根据《土地管理法实施条例》第二十七条第一款,县级以上地方人民政府组织自然资源、财政、农业农村、人力资源和社会保障等有关部门拟定征地补偿安置方案。

(二)草案公布

根据该条例第二十八条第一款,征地补偿安置方案拟定后,县级以上地方人民政府应当在拟征收土地所在的乡(镇)和村、村民小组范围内公告,公告时间不少于30日。需要注意的是,这里的公告相当于征求意见稿,而不是最终的定稿。举一个苏州市的例子,2023年1月31日,江苏省苏州市吴江区人民政府发布的《苏州市吴江区人民政府征地补偿安置方案公告》(吴征补安置〔2023〕SZ-18号)就是这一类的公告。

(三)听取意见

根据《土地管理法》第四十七条第二款,公告期间听取被征地的农村集体经济组织及其成员、村民委员会和其他利害关系人的意见。

(四)可能的听证

根据《土地管理法实施条例》第二十八条第三款,多数被征地的农村集体经济组织成员认为拟定的征地补偿安置方案不符合法律、法规规定的,县级以上地方人民政府应当组织听证。

(五)听证后可能的修改

根据《土地管理法》第四十七条第三款,根据法律、法规的规定和听证会情况修改方案。

(六)确定方案

根据《土地管理法实施条例》第二十九条第一款,县级以上地方人民政府根据法律、法规规定和听证会等情况确定征地补偿安置方案。

（七）方案公布

根据《土地管理法》和《土地管理法实施条例》，并无确定征地补偿安置方案后还需要再次公告的规定，而前面谈到的公告是对草案性质的方案所进行的公告。不过，从程序规范的视角来看，当征地补偿安置方案尘埃落定后，还是应当如拟定后公告那样广而告之一下比较好。

第五节　听　证　会

结合第一章讨论的境外不动产征补情况，可以发现，几乎是“逢征必听”，其重要性不亚于法院开庭。而在国内，无论是国有土地还是集体土地，其补偿方案也可能面临需要召开听证会的情况，但在强行性方面就有所欠缺了。

一、法律依据

需要注意的是，根据现行的不动产征补专门立法，并不是在每次征收中的补偿方案都一定要召开听证会。不过，如果根据一般的行政程序立法规定，补偿方案都属于应当听证的情形。

（一）国有土地上的专门规定

根据《国有土地上房屋征收与补偿条例》第十一条第二款，因旧城区改建需要征收房屋，多数被征收人认为征收补偿方案不符合本条例规定的，市、县级人民政府应当组织由被征收人和公众代表参加的听证会，并根据听证会情况修改方案。

对于前面所谈的“多数”如何理解，国家立法层面上并无明确规定，但一些地方立法对此予以了明确。例如，根据《广州市国有土地上房屋征收补偿方案听证规定》（穗建规字〔2020〕9号，2020年3月1日实施）第三条，因旧城区改造需要征收房屋的，半数以上被征收人认为征收补偿方案不符合《国有土地上房屋征收与补偿条例》或者《广州市国有土地上房屋征收与补偿实施办法》的，应当按照本规定组织听证；已纳入年度重大行政决策事项听证目录管理的，应当按照重大行政决策听证的规定组织听证。

（二）集体土地上的专门规定

根据《土地管理法》第四十七条第三款以及《土地管理法实施条例》第二十八条第三款，多数被征地的农村集体经济组织成员认为征地补偿安置方案不符合法律、法规规定的，县级以上地方人民政府应当组织召开听证会，并根据法律、法规的规定和听证会情况修改方案。

根据《自然资源听证规定》第十九条第一款第（一）项以及第二十条，拟定拟征地项目的补偿标准和安置方案的，主管部门在报批之前，应当书面告知当事人有要求举行听证的权利。当事人对该规定第十九条规定的事项要求听证的，主管部门应当组织听证。从自然资源部的这一文件来看，实际上把“多数”范畴放得更宽了。凡是被征地的农民当然是当事人，而只要有要求，就必须进行听证。

（三）一般性立法规定

以上都是不动产征补专门立法中关于听证的相关规定，对补偿方案的听证必要性施加了一定限制。但从一般意义上的行政程序来看，补偿方案作为可能对当事人权利义务产生重大影响的行政行为，实际上都应该举行听证会，这也是域外国家或地区的普遍做法。

根据《全面推进依法行政实施纲要》的规定，行政机关作出对行政管理相对人、利害关系人不利的行政决定之前，应当告知行政管理相对人、利害关系人，并给予其陈述和申辩的机会；作出行政决定后，应当告知行政管理相对人依法享有申请行政复议或者提起行政诉讼的权利。对重大事项，行政管理相对人、利害关系人依法要求听证的，行政机关应当组织听证。

根据《国务院关于加强市县政府依法行政的决定》（国发〔2008〕17 号，2008 年 5 月 12 日实施）“三（八）”，要扩大听证范围，法律、法规、规章规定应当听证以及涉及重大公共利益和群众切身利益的决策事项，都要进行听证。

根据《重大行政决策程序暂行条例》（国务院令第 713 号，2019 年 9 月 1 日实施）第十六条第一款，决策事项直接涉及公民、法人、其他组织切身利益或者存在较大分歧的，可以召开听证会。法律、法规、规章对召开听证会另有规定的，依照其规定。

二、听证程序

目前国家层面立法中关于听证程序的相关规定不多，《自然资源听证规定》一般仅适用于该系统内的集体土地补偿方案听证，且仅为依申请的听证类型，但其程序性规定对于不动产征补工作中的补偿方案听证程序还是有较大参考意义的。在地方立法层面，以《广州市国有土地上房屋征收补偿方案听证规定》较有代表性，对于全国其他地区的相关操作也有较大借鉴意义。

（一）听证机构

无论是从国有土地还是集体土地上的相关规定来看，听证机构的法定设置均为地方人民政府。

1. 组织机构

由前面引用的法律规定可知，听证的组织工作均是由地方政府来完成。但具体操作在早期一般由其法制工作机构（如各级法制办），后由体制改革后的司法工作机构（如各级司法局）来承担。

2. 实施机构

以广州市为例，根据《广州市国有土地上房屋征收补偿方案听证规定》第四条，本市国有土地上房屋征收补偿方案听证工作由市、区政府组织，房屋征收部门具体实施。至于集体土地上补偿方案听证的实施机构，根据《自然资源听证规定》第三条，可由主管部门中的经办机构实施，即自然资源主管部门中的相关机构。

（二）基本原则

听证会虽然不如诉讼那样严格，但也应遵循一定的基本原则，以充分发挥其功能，防止走过场。

1. 公开原则

公开原则是听证会最重要的原则。根据《国务院关于加强市县政府依法行政的决定》三（八），除涉及国家秘密、商业秘密和个人隐私的外，听证应当公开举行，确保听证参加人对有关事实和法律问题进行平等、充分的质证和辩论。《自然资源听证规定》第四条第二款，依职权组织的听证，除涉及国家秘密外，以听证会形式公开举行，并接受社会监督；依当事人的申请组织的听证，除涉及国家秘密、商业秘密或者个人隐私外，听证公开举行。

2. 公平、公正和便民原则

根据《自然资源听证规定》第四条第一款，主管部门组织听证，应当遵循公开、公平、公正和便民的原则，充分听取公民、法人和其他组织的意见，保证其陈述意见、质证和申辩的权利。

（三）听证参加人

根据《自然资源听证规定》第六条，听证参加人包括拟听证事项经办机构的指派人员、听证会代表、当事人及其代理人、证人、鉴定人、翻译等。

1. 听证员

根据《自然资源听证规定》第七条第一款，听证一般由一名听证员组织；必要时，可以由三或五名听证员组织。听证员由主管部门指定，其地位类似于诉讼中的审判员。根据该规定第二十八条第一款，当事人认为听证员与拟听证事项有利害关系可能影响公正的，有权申请回避，并说明理由。

2. 听证主持人

根据《自然资源听证规定》第七条第二款，听证设听证主持人，在听证员中产生；但须是听证机构或者经办机构的有关负责人，其地位类似于诉讼中的审判长。根据该规定第二十八条第一款，申请人有权申请其回避。

3. 记录员

根据《自然资源听证规定》第七条第三款，记录员由听证主持人指定，具体承担听证准备和听证记录工作，其地位类似于法庭中的书记员。根据该规定第二十八条第一款，申请人有权申请其回避。

4. 制作补偿方案的当事人及其代理人

根据《自然资源听证规定》第七条第四款，拟听证事项的具体经办人员，不得作为听证员和记录员；但可以由经办机构办理听证事务的除外。实际上，具体经办人员就是参加听证的一方当事人，类似于行政诉讼的被告。

5. 申请听证的当事人及其代理人

在诸类听证会参加人中，当事人及其代理人是受补偿方案影响最大，最有切身利益感受的群体。由于可能存在人数众多的情形，全员参加可能不太现实，这时就需要选出听证代表。根据《重大行政决策程序暂行条例》第十六条第三款，需要遴选听证参加人的，决策承办单位或者组织听证会的其他单位应当提前公布听证参加人遴选办法，公平公开组织遴选，保证相关各方都有代表参加听证会。听证参加人名单应当提前向社会公布。听证会材料应当于召开听证会 7 日前送达听证参加人。另据《国务院关于加强市县政府依法行政的决定》“三（八）”，要规范听证程序，科学合理地遴选听证代表，确定、分配听证代表名额要充分考虑听证事项的性质、复杂程度及影响范围。听证代表确定后,应当将名单向社会公布。

根据《自然资源听证规定》第二十二条,当事人可以委托一至二名代理人参加听证,收集、提供相关材料和证据,进行质证和申辩。在代理人中,可以有律师参加。实际上,对于委托律师的当事人来说,需要提交相应的手续,基本要求与律师参加诉讼差不多,其中包括所函、律师执业证复印件和授权委托书等。

(四)举行听证会告知

根据《重大行政决策程序暂行条例》第十六条第二款,决策承办单位或者组织听证会的其他单位应当提前公布决策草案及其说明等材料,明确听证时间、地点等信息。

(五)申请

根据《自然资源听证规定》第二十一条,当事人应当在告知后5个工作日内向听证机构提出书面申请,逾期未提出的,视为放弃听证。放弃听证的,应当书面记载。这一环节类似于诉讼中的起诉。

(六)受理

根据《自然资源听证规定》第二十四条第一款,听证机构收到听证的书面申请后,应当对申请材料进行审查;申请材料不齐备的,应当一次告知当事人补正。这一环节类似于诉讼中的法院受理。

(七)分发听证通知书

根据《自然资源听证规定》第二十五条第一款,听证机构审核后,对符合听证条件的,应当制作听证通知书,并在听证的7个工作日前通知当事人和拟听证事项的经办机构。这一环节类似于诉讼活动中法院发送的传票。

(八)听证延期、中止或终止

根据《自然资源听证规定》第二十九条、第三十条、第三十一条和第三十二条,依据不同的情况,可以分别延期、中止、恢复和终止听证。

(九)听证笔录

根据《自然资源听证规定》第三十三条,主管部门应当根据听证笔录,在报批拟定的拟征地项目的补偿标准和安置方案时，应当附具听证笔录。这一环节类似于法院的庭审笔录。

（十）听证会本身的具体流程

就一个具体而特定的听证会而言，其本身可大致分为会前、会中、会后几个阶段。

1. 会前告知

根据《自然资源听证规定》第九条第（一）项，听证主持人宣布听证开始，介绍听证员、记录员，宣布听证事项和事由，告知听证参加人的权利和义务。另据《国务院关于加强市县政府依法行政的决定》“三（八）”，听证举行10日前，应当告知听证代表拟作出行政决策的内容、理由、依据和背景资料。这一环节类似于法院开庭时由书记员当庭宣读的法律纪律和告知各方当事人权利义务等。

2. 经办人员陈述

根据《自然资源听证规定》第九条第（二）项，拟听证事项的经办机构提出理由、依据和有关材料及意见。

3. 双方质证申辩

根据《自然资源听证规定》第九条第（三）项，当事人进行质证、申辩，提出维护其合法权益的事实、理由和依据（听证会代表对拟听证事项的必要性、可行性以及具体内容发表意见和质询）。

4. 最后陈述

最后陈述是《自然资源听证规定》第九条第（四）项的规定，也与诉讼中的最后陈述相似。

5. 主持人宣布听证会结束

宣布听证会结束是《自然资源听证规定》第九条第（五）项的规定，与诉讼中的审判长敲击法槌宣布休庭差不多。

（十一）听证会的结果

根据《国务院关于加强市县政府依法行政的决定》“三（八）”，对听证中提出的合理意见和建议要吸收采纳，意见采纳情况及其理由要以书面形式告知听证代表，并以适当形式向社会公布。

第六节　针对补偿方案的法律救济

尽管前面有诸多实体和程序限制，补偿方案仍有可能在合法性或合理性方面存有偏颇或重大偏颇之处，这就需要一定的法律救济手段。

一、补偿方案的选择性适用

前面已经提到，补偿方案一旦最终确定下来，就会贯穿于整个不动产征收与补偿活动之中，甚至在最后阶段的行政赔偿程序中，可能仍会适用或参照适用来进行相应的处理。那么，补偿方案是不是那么神圣不可侵犯呢？答案是否定的。

以河南省为例。根据《河南省高级人民法院赔偿委员会办公室关于审理违法征收、违法强拆类行政赔偿案件的工作指南（试行）》（2020年4月30日实施）第十条，城市规划区内集体土地上依法建造的房屋被违法拆除，按照安置补偿方案确定的赔偿标准处理对赔偿请求人显失公平的，可参考周边类似商品房交易平均价格确定房屋价值损失，但原则上应扣除相应的土地出让金价值。根据该指南第十一条，城市规划区外农村宅基地上房屋被违法强制拆除，相应的安置补偿方案显失公平，赔偿义务机关、农村集体经济组织认可具备置换宅基地条件且赔偿请求人同意的，可判令赔偿义务机关按照房屋重置价赔偿房屋价值损失；不具备房屋安置、置换宅基地条件的，在确定房屋损失货币赔偿数额时，可在补偿安置方案基础上适当上浮，上浮幅度原则上不超过安置补偿方案所定标准的50%。

二、国有土地上补偿方案

根据前述分析，由于国有土地上房屋征收的补偿方案最终是以征收决定的方式出现的，而对征收决定既可以复议也可以诉讼。如果再次赋予补偿方案本身以复议权和诉讼权，显然属于一种重叠救济，违反了不得重复复议或重复诉讼的基本法治原则。

因此，就国有土地上房屋征收补偿方案本身而言，它是不可复议和不可诉讼的，但是可以在房屋征收决定的复议或诉讼过程中对其进行审查。而事实上，所谓房屋征收决定，其主体内容就是补偿方案，对房屋征收决定的审理就是对补偿方案的审理。

三、2020—2021 年之前集体土地上补偿方案

多年来，针对集体土地上的补偿方案是否可复议或可诉讼，一直是一个争议颇大的问题，特别是在 2020—2021 年之前的土地管理法律制度中。实践中有不同的做法，也难以给出一个明确的答案。总的来说，可复议或可诉讼的观点还是占据上风。其认为补偿方案是行政机关作出的一种行政行为，对特定群体的权利义务产生直接影响，属于行政复议法受理范围或行政诉讼法受案范围。

根据《最高人民法院关于审理涉及农村集体土地行政案件若干问题的规定》第十条，土地权利人对土地管理部门组织实施过程中确定的土地补偿有异议，直接向人民法院提起诉讼的，人民法院不予受理，但应当告知土地权利人先申请行政机关裁决。对于这里的裁决，根据《国务院法制办公室关于依法做好征地补偿安置争议行政复议工作的通知》（国法〔2011〕35 号，2011 年 5 月 18 日实施），被征地集体经济组织和农民对有关市、县人民政府批准的征地补偿、安置方案不服要求裁决的，应当依照行政复议法律、法规的规定向上一级地方人民政府提出申请。因此，尽管 2020—2021 年前后新旧土地管理制度发生了较大变化，针对补偿方案的协调裁决制度已经不复存在。但该通知仍然有效，即使在新的制度体系下，对补偿方案仍可以进行行政复议。

最高人民法院（2017）最高法行再 50 号行政裁定书从 4 个方面阐述了补偿方案的可诉性问题。一是补偿方案既针对农村集体经济组织也针对农民个体；二是补偿方案的内容既包括归农村集体经济组织所有的土地补偿费也包括归个人所有的地上附着物及青苗补偿费；三是土地补偿费受益的是包括被征地户的全体成员，涉及其后续具体获得的补偿数额；四是依据《最高人民法院关于审理涉及农村集体土地行政案件若干问题的规定》第四条，土地使用权人或者实际使用人对行政机关的征地补偿安置这一涉及其使用或实际使用的集体土地的行政行为不服的，可以提起诉讼。

不过，也有相反案例。根据最高人民法院（2018）最高法行申 9652 号行政裁定书，基于 2020—2021 年修改前的《土地管理法》和《土地管理法实施条例》，当事人表面上起诉的是征收公告，但其实质是征地补偿、安置方案。它不对当事人权利义务产生影响，真正产生影响的是后续的土地批复和实际征收中的补偿安置行为，从而认为征地补偿安置方案公告不可诉。

另据最高人民法院（2018）最高法行再 99 号行政裁定书和最高人民法院

(2020)最高法行再15号行政裁定书等,补偿方案经过复议程序后,如果申请人仍不服,可以再向人民法院提起行政诉讼,以寻求最终的司法救济。

四、2020—2021 年之后集体土地上补偿方案

前面援引的都是《土地管理法》和《土地管理法实施条例》修改之前的裁判案例。由于时间的滞后性,目前还没有查找到最新的且层级较高的相关裁判案例。不过,根据现行的土地管理制度框架,特别是其把征收批复放在较为靠后的环节来进行,补偿方案本身不再依附于征地批复。至少从法理上来说,在土地管理法征地框架下补偿方案是既可复议也可诉讼的。

根据《土地管理法》第四十七条第三款和《土地管理法实施条例》第二十九条第一款,补偿方案在征求意见或听证后经过修改被确定下来之后,县级以上地方人民政府组织有关部门根据补偿方案与拟征收土地的所有权人、使用权人就补偿、安置等签订协议。一旦签订了补偿协议,实际上被征收人可获得的补偿就已经基本上确定了下来,而协议签订正是根据上述补偿方案进行的。根据《土地管理法实施条例》第二十九条第二款,对个别确实难以达成征地补偿安置协议的,县级以上地方人民政府应当在申请征收土地时如实说明。这就表明,至此绝大多数的被征收人已经签订了协议,才可能走到下一步的征地申请与批准阶段。

由此可以看出,补偿方案作为一种行政行为,已经具有了明显的外部性。不仅对已经签约的被征收人的权利义务产生直接影响,对尚未签约的也有直接影响,并且这种影响可能贯穿于其后续一系列与征收方的互动之中。在这种情况下,与旧的征地程序中的补偿方案相比,新框架下的补偿方案具有更加独立的法律地位,应当纳入既可复议也可诉讼的行政行为类别之列。

第九章

价值评估

度长短者不失毫厘，量多少者不失圭撮

——《汉书·律历志上》

在整个不动产征补活动中，针对补偿价值的评估是把征收活动与补偿活动在逻辑上联结起来的枢纽。征收方与被征收方在互动博弈过程中，天然地存在利益冲突。而一个公正、严谨、准确的被征收不动产价值评估，是消弭双方内在张力，化解矛盾冲突的不二法门。目前，对于集体土地上不动产征补活动尚无关于征收价值评估的国家层面立法，仅有上海市等地制定了相关地方立法，本章主要以国有土地的情形为蓝本进行讨论。

第一节　概　　述

评估这一概念可在许多领域运用，即使在不动产征补领域，也有社会稳定风险评估等。本章的评估是指对拟征收的不动产应当给予多少合法补偿或安置而进行的价值评估。在征收启动之际，不动产征收价值本身显然带有一定客观性，但对它开始进行评估，又带有了主观性，这一承上启下的主客观相结合环节是非常重要的。颇为遗憾的是，我国目前在国有土地上和集体土地上的不动产征收与补偿活动中，评估制度设立的法律依据并不统一，暂时还需要分别进行讨论。

根据《国有土地上房屋征收与补偿条例》第十九条第一款，被征收房屋的价值，由具有相应资质的房地产价格评估机构按照房屋征收评估办法评估确定。不过,这只是针对国有土地上的房屋。在实践中,可能还会涉及对国有土地使用权的征收(收回),以及其他国有自然资源的征收(收回)等,它们都尚未设立评估制度。公允地说,在这种情况下可以参照房屋征收的情形加以适用。

不动产征收中可能还有少量的涉及其他自然资源的征收,如对矿业权的征收或矿业权的收回等。在这种情况下,就需要进行评估,以确定被征收或收回的矿业权的价值。行业标准《自然资源价格评估通则》(TD/T 1061—2021,2021 年 6 月 1 日实施)是针对土地、矿产、海域和海岛等各类自然资源价格评估的整体性规范技术标准,适用广泛。它对各类自然资源价格评估的主要方法与评估要点进行了规定,并按照建设用地、耕地、园地、林地、草地、其他土地、矿业权、海域和无居民海岛等特定的自然资源类型分节表述。此外,还有更细化的行业标准《森林资源资产评估技术规范》(LY/T 2407—2015,2015 年 5 月 1 日实施)或行业标准《海域价格评估技术规范》(HY/T 0288—2020,2020 年 10 月 1 日实施)等。

第二节　价值评估行为的法律性质

对于不动产征收与补偿活动中的评估行为如何在法律上界定其性质,同样也是一个非常重要的理论和实务问题。

一、评估行为属民事行为

首先,从行为主体上来看,通常是由具有相应资质的房地产价格评估机构来进行的。而根据《房地产估价机构管理办法》(住房和城乡建设部令第 24 号,2015 年 5 月 4 日实施)第三条,房地产估价机构是指依法设立并取得房地产估价机构资质,从事房地产估价活动的中介服务机构。由此可见,它显然不是行政主体,而是《民法典》中的民事主体,依其章程不同可能是法人也可能是非法人组织,其行为属于民事行为,这是没有疑问的。

二、评估行为不属行政机关的行政委托

从表面上看,房地产估价机构是接受征收方的委托对被征收的不动产进行评估,双方甚至还可能签订有相应的委托合同。根据《国有土地上房屋征收评估办法》第六条第一款,房地产价格评估机构选定或者确定后,一般由房屋征收部门作

为委托人,向房地产价格评估机构出具房屋征收评估委托书,并与其签订房屋征收评估委托合同。但是否就此可以得出一个结论,评估行为属于行政机关的行政委托,其法律后果要根据《行政诉讼法》第二十六条第五款的规定,行政机关委托的组织所作的行政行为,委托的行政机关是被告?

答案是否定的。从评估行为本身来看,它是一种带有较强专业性质的价值认定,并非行政机关的职权转移或下放。也就是说,它没有与被征收人形成一种行政法律关系,评估结果是后续的行政补偿行为的依据,可能为补偿协议或补偿决定所吸收。在这一点上,它显然不同于《行政处罚法》第二十条和第二十一条以及《行政许可法》第二十四条的行政委托。

另外,根据《国有土地上房屋征收与补偿条例》第二十条第一款,房地产价格评估机构由被征收人协商选定;协商不成的,通过多数决定、随机选定等方式确定。即使根据《国有土地上房屋征收评估办法》第四条,在一直未能协商选定成功的情况下,可能需要由房屋征收部门通过组织被征收人按照少数服从多数的原则投票决定,或者采取摇号、抽签等随机方式确定,但最终决定权至少在形式上或法理上不在行政机关手里。因此,行政机关与评估机构之间没有那种直接的行政委托或被委托关系,不具备行政行为的特征。

第三节 评 估 机 构

征收方与被征收方之间的争执多集中于补偿本身,但在这一过程中,程序上的纠纷也很常见。不仅如此,有时由于程序合法性令人质疑,正常的补偿本身也会受到非议。其中,一些征收机关在选定评估机构上的任性和武断可能为后续的法律纠纷埋下隐患。

一、评估机构的法定范围

目前,针对国有土地上房屋征收与补偿的评估机构规定比较明确,为房地产价格评估机构。由于本书的主题并不局限于国有土地上房屋征收与补偿,而是语境更广的不动产征收与补偿,因此,涉及的评估机构就不局限于房地产价格评估机构了。

(一)国有土地上房屋评估机构

根据《国有土地上房屋征收与补偿条例》第十九条第一款,国有土地上的房屋价值评估是由“房地产价格评估机构”来进行的。注意该机构的名称加了双引号，它并非泛泛而指，而是一个特定的专门机构。根据这一规定，对于房屋征收的评估需要由房地产价格评估机构来完成，其他机构是没有这一资格的。但是，如果对范围更大的不动产征收评估来说，仅有上述机构肯定是不够的。

对全国很多地方的国有土地上房屋评估来说，除了房地产价格评估机构的评估报告以外都是不认可的。原因有很多，其中最重要的或许是房地产估价机构及其房地产估价师的资格认定制度是排他性的，主要法律依据是《城市房地产管理法》第五十九条规定的国家实行房地产价格评估人员资格认证制度。

根据《房地产估价机构管理办法》第三条和第四十七条，房地产估价机构是指依法设立并取得房地产估价机构资质，从事房地产估价活动的中介服务机构。未取得房地产估价机构资质从事房地产估价活动或者超越资质等级承揽估价业务的，出具的估价报告无效。

根据《房地产估价师执业资格制度暂行规定》（建房〔1995〕147 号，1995 年 3 月 22 日实施）第二条以及《注册房地产估价师管理办法》（住房和城乡建设部令第 32 号，2016 年 9 月 13 日实施）第三条、第四条、第十九条和第二十条，注册房地产估价师是指通过全国房地产估价师执业资格考试或者资格认定取得中华人民共和国房地产估价师执业资格并注册，取得中华人民共和国房地产估价师注册证书从事房地产估价活动的人员。注册房地产估价师实行注册执业管理制度。取得执业资格的人员，经过注册方能以注册房地产估价师的名义执业。取得执业资格的人员，应当受聘于一个具有房地产估价机构资质的单位，经注册后方可从事房地产估价执业活动。注册房地产估价师可以在全国范围内开展与其聘用单位业务范围相符的房地产估价活动。

（二）国有土地使用权评估机构

在国有土地上，除最常见的房屋征收外，还可能涉及国有土地使用权本身的征收或收回而导致的补偿问题。当然，正如本书反复讨论过的，国有土地上房屋征收实质上是对国有土地使用权的征收，只不过现行立法实行了房屋吸收土地这一制度安排而已。但如果是单纯的国有土地使用权本身的征收，或者在这一过程中出现土地吸收房屋或其他附着物问题，可能就需要对国有土地使用权本身的价值进行评估。

此前这方面的工作主要由土地估价师组成的土地评估中介机构完成，根据原国家质量监督检验检疫总局制定的《城镇土地估价规程》(GB/T 18508—2014,2014年12月1日实施)和《城镇土地分等定级规程》(GB/T 18507—2014,2014年12月1日实施)等文件进行操作。由于这两部文件已经废止,相关工作开始转移到前面谈到的更一般化的自然资源评估范畴中进行。

(三)集体土地本身的法定评估机构

根据《土地管理法》第四十八条第三款和《土地管理法实施条例》第三十二条第一款,由省、自治区、直辖市制定区片综合地价。一般是由省级自然资源主管部门根据国家标准《农用地估价规程》(GB/T 28406—2012,2012年10月1日实施)及中国土地估价师与土地登记代理人协会印发《农村集体土地价格评估技术指引》(中估协发〔2020〕16号,2020年4月22日实施)等文件具体操作。由于区片综合地价的法定地位,被征收人一般无法提出异议或寻求法律救济。

(四)其他自然资源补偿评估

在矿业权征收或矿业权收回等情形下,也需要进行评估以确定被征收或收回的矿业权的价值。根据自然资源部《矿业权评估师职业资格制度暂行规定》(自然资发〔2022〕84号,2022年5月30日实施)等文件,由矿业权评估师来完成相应的工作。根据该规定第五条,矿业权评估师专业又细分为固体、油气和水气三个矿产资源勘查与实物量估算专业以及一个专门的矿业权价值评估专业。

(五)普通评估机构的资格

根据《资产评估法》第二条,资产评估是指评估机构及其评估专业人员根据委托对不动产、动产、无形资产、企业价值、资产损失或者其他经济权益进行评定、估算,并出具评估报告的专业服务行为。众所周知,房地产属于不动产,房地产评估亦属于资产评估。不过,根据《关于加强和规范评估行业管理意见》(国办发〔2003〕101号,2003年12月19日实施)"三(一)",目前注册资产评估师、注册房地产估价师、土地估价师、矿业权评估师、保险公估从业人员和旧机动车鉴定估价师是六类并行设置的资产评估专业资格。另据《城市房地产管理法》第五十九条,国家实行房地产价格评估人员资格认证制度。仅就评估资格相关规定而言,《资产评估法》是一般法,《城市房地产管理法》是特别法,应该适用特别规定。

尽管目前仍然管制较严,但根据《国务院办公厅关于印发第十次全国深化"放管服”改革电视电话会议重点任务分工方案的通知》(国办发〔2022〕37 号,2022 年 10 月 15 日实施)来看,这种限制竞争的做法与“放管服”改革的大趋势是严重背离的。实际上,根据《国有资产评估管理办法》(国务院令第 732 号,2020 年 11 月 29 日实施)第九条第一款,所有符合资质要求的资产评估公司、会计师事务所、审计事务所、财务咨询公司,经认可的临时评估机构,都可以接受国有资产占有单位的委托从事国有资产评估业务。在不动产征收与补偿活动中,能否尽快放开管制,让普通评估机构也能够参与进来,形成竞争,是一个值得人们认真思考的问题。

二、选定方式

明确了不动产评估机构的法定范围之后,接下来就需要选择其中一家来进行评估,这一过程对于征收方和被征收方都是非常重要的。

(一)协商

根据《国有土地上房屋征收与补偿条例》第二十条第一款和《国有土地上房屋征收评估办法》第四条,房地产价格评估机构由被征收人在规定时间内协商选定。以陕西省为例,根据《陕西省国有土地上房屋征收房地产价格评估机构选定办法》(陕建发〔2018〕121 号,2018 年 6 月 1 日实施)第六条、第七条和第八条,房屋征收范围确定后,房屋征收部门应通过本市、县政府信息网或征收部门门户网站和当地媒体发布评估机构报名公告。房地产价格评估机构在公告规定时限内,可以向房屋征收部门提出申请。房屋征收部门在征收范围内公布已经报名并符合资质条件的评估机构名单,供被征收人协商选定。参与报名的评估机构少于三家时,房屋征收部门应在房地产价格评估机构名录内邀请具有相应资质的评估机构参与。房屋征收部门应以公告形式,在征收范围内将申请参加该项目评估的评估机构名单、基本情况及协商选定评估机构的期限等相关事项告知被征收人。房屋征收部门应在公告作出 5 个工作日内,组织被征收人在公示的评估机构名单中以征求意见、填写表格等方式协商选定房地产价格评估机构。

以上是国有土地上的情形,集体土地上房屋征收评估以上海市为例简要介绍。根据《上海市征收集体土地房屋补偿规定》第二十四条,集体土地上房屋征收评估机构由拟征地范围内的宅基地使用权人或者房屋所有人协商选定,并由区征地事务机构与估价机构签订委托评估协议。

（二）多数决定

根据《国有土地上房屋征收与补偿条例》第二十条第一款和《国有土地上房屋征收评估办法》第四条第一款，如果房地产价格评估机构由被征收人协商选定不成，可以通过多数决定等方式确定。同样以陕西省为例，根据《陕西省国有土地上房屋征收房地产价格评估机构选定办法》第九条和第十条，协商不成的，由房屋征收部门组织被征收人采取投票等方式从报名的房地产价格估价评估机构中公证确定。房屋征收部门应提前5个工作日，将选定评估机构的相关事项（选定时间、地点、方式、程序、要求和拟选评估机构名称、资质等级等）告知被征收人。采取投票方式选定的，被征收人应在规定时间内持房屋权属证明或公用房屋租赁凭证、承租证书、身份证明，按一个被征收人（产权户）一票的原则，到指定地点参与投票。参与投票选定的被征收人数量应超过被征收人总数的2/3。投票得票率最高且超过50%的评估机构入选。

集体土地上的情形同样以上海市为例，根据《上海市征收集体土地房屋补偿规定》第二十四条第一款，协商不成的，由镇（乡）人民政府或者街道办事处组织宅基地使用权人或者房屋所有人按照少数服从多数的原则投票决定。根据该条第二款，估价机构确定后，区征地事务机构应当与估价机构签订委托评估协议。

（三）随机决定

在前两种方式仍无法确定的情况下，根据《国有土地上房屋征收与补偿条例》第二十条第一款和《国有土地上房屋征收评估办法》第四条第一款，可以通过采取摇号、抽签等随机方式确定。在实务中，最后一种方式是以前两种方式为基础的。仍以陕西省为例，根据《陕西省国有土地上房屋征收房地产价格评估机构选定办法》第十条，通过投票方式未能选定评估机构时，房屋征收部门在得票率最高的前三名评估机构中采取摇号、抽签等方式随机选定。选定过程应公开、全程录像，公证机构现场公证，并由房屋征收部门宣布选定结果。

集体土地上房屋征收评估机构随机选定的方式也类似，再以上海市为例。根据《上海市征收集体土地房屋补偿规定》第二十四条第一款，协商不成的，由镇（乡）人民政府或者街道办事处组织宅基地使用权人或者房屋所有人采取摇号、抽签等方式随机确定。根据该条第二款，估价机构确定后，区征地事务机构应当与估价机构签订委托评估协议。

（四）评估机构的选择时点

根据最高人民法院（2016）最高法行申1297号《行政裁定书》，《国有土地上房屋征收与补偿条例》和《国有土地上房屋征收评估办法》对评估机构的选择时点没有明确规定，但只要依法保障了被征收人协商选定评估机构的权利，且评估机构能够依法独立、客观、公正地开展评估工作，则无论是在作出征收决定之前，还是之后选定评估机构，都不影响房地产价值的评估，不违反《国有土地上房屋征收与补偿条例》的规定。

（五）非法选定的法律后果

如果有关征收部门没有依法选择征收的评估机构，评估机构不管出于何种动因接受了征收部门的委托对被征收人的房屋进行评估，都是违法的，其评估结果也失去了合法性。在实践中，因征收人单方面委托房地产价格评估机构对被征收房屋价值进行评估，且评估报告未经被征收人事后追认同意，是不能作为后续补偿依据的，甚至有可能被人民法院依法撤销或确认违法。

（六）评估机构的职业操守

根据《国有土地上房屋征收与补偿条例》第二十条第二款，房地产价格评估机构应当独立、客观、公正地开展房屋征收评估工作，任何单位和个人不得干预。

根据《国有土地上房屋征收评估办法》第四条第二款，房地产价格评估机构不得采取迎合征收当事人不当要求、虚假宣传、恶意低收费等不正当手段承揽房屋征收评估业务。

（七）评估操作规范

目前，评估需要适用的国家标准主要有住房和城乡建设部《房地产估价规范》（GB/T 50291—2015，2015年12月1日实施）和《房地产估价基本术语标准》（GB/T 50899—2013，2014年2月1日实施）等。

（八）评估委托

根据《国有土地上房屋征收评估办法》第六条，房地产价格评估机构选定或者确定后，一般由房屋征收部门作为委托人，向房地产价格评估机构出具房屋征收评估委托书,并与其签订房屋征收评估委托合同。房屋征收评估委托书和房屋征收评估委托合同应当载明必要的事项。根据该办法第七条第二款,房地产价格评估机构不得转让或者变相转让受托的房屋征收评估业务。

三、评估人员

在某种意义上,评估人员及其所在的评估机构掌握着被征收人最终能够获得的补偿数额。对于这样一个事关群众利益的带有半公半民属性的群体,显然需要法律上的严格规制。

(一)独立开展工作

根据《国有土地上房屋征收评估办法》第三条,房地产价格评估机构、房地产估价师、房地产价格评估专家委员会成员应当独立、客观、公正地开展房屋征收评估、鉴定工作,并对出具的评估、鉴定意见负责。任何单位和个人不得干预房屋征收评估、鉴定活动。与房屋征收当事人有利害关系的,应当回避。

(二)协助评估

以上海市为例,根据《上海市征收集体土地房屋补偿评估技术规范》第二十条第一款,凡征收集体土地房屋补偿评估中涉及原始成本、机电设备、工程造价等专业技术工作的,估价机构可委托有资格从事该类业务的机构协助评估。

(三)法律责任

根据《国有土地上房屋征收与补偿条例》第三十四条,房地产价格评估机构或者房地产估价师出具虚假或者有重大差错的评估报告的,由发证机关责令限期改正,给予警告,对房地产价格评估机构并处 5 万元以上 20 万元以下罚款,对房地产估价师并处 1 万元以上 3 万元以下罚款,并记入信用档案;情节严重的,吊销资质证书、注册证书;造成损失的,依法承担赔偿责任;构成犯罪的,依法追究刑事责任。

另据《国有土地上房屋征收评估办法》第三十二条,在房屋征收评估活动中,房地产价格评估机构和房地产估价师的违法违规行为,按照《国有土地上房屋征收与补偿条例》《房地产估价机构管理办法》《注册房地产估价师管理办法》等规定处罚。违反规定收费的,由政府价格主管部门依照《价格法》规定处罚。

第四节　评 估 对 象

在评估机构最终确定下来之后，就可以对评估对象，即拟征收的不动产进行评估了，这其中牵涉的环节也比较复杂。

一、被评估的不动产种类

与人们一般想象不同的是，为了完成不动产征收评估工作，需要评估的不动产并非仅仅是被征收人的不动产。

（一）国有土地上

根据《国有土地上房屋征收评估办法》第二条，评估国有土地上被征收房屋和用于产权调换房屋的价值，测算被征收房屋类似房地产的市场价格。由此可以看出，至少需要对三类房屋进行评估。当然，与被征收人关系最密切的是被征收的房屋。另外两类房屋的评估实际上是评估机构内部比较专业的事务操作，与被征收人没有直接关系，但决定着被征收人可能获得的补偿数额。至于国有土地上的其他不动产，如各类自然资源，涉及比较专业的评估知识，普通人遇到的概率也不大，就不再赘述了。

（二）集体土地上

根据前面已经讨论过的，土地本身以及其他附着物、青苗等都有省级或市级统一适用的标准，已经无须评估。而可能涉及评估的通常只是农村集体土地上的住宅。同样，在房屋调换的情况下，也涉及调换的房屋和被调换的房屋的价值，需要对这两类房屋都进行评估。另外，集体土地上的狭义自然资源等其他不动产也与普通人关联不大，在此略过。

二、补偿登记

根据《土地管理法》第四十七条第四款，拟征收土地的所有权人、使用权人应当在公告规定期限内，持不动产权属证明材料办理补偿登记。根据《土地管理法实施条例》第二十八条第二款，征地补偿安置公告应当同时载明办理补偿登记的方式和期限等内容。

补偿登记是应该在征收土地预公告之后开始，还是在确定补偿安置方案之后才开始？从《土地管理法》上看不出来，但是根据《土地管理法实施条例》第二十八条第二款，是在征地补偿安置公告之后才开始补偿登记，这就表明应该是在最终确定下来安置补偿方案之后。不过，在具体的征迁实务中，许多是在征收土地预公告张贴之后就开始进行补偿登记了，并非一定要在听取意见或召开听证会后才进行。

（一）补偿登记部门

从现有的国家层面立法来看，没有明确到底是哪个部门负责具体的补偿登记工作，一些地方立法对此进行了明确规定。例如，根据《浙江省土地管理条例》（2021 年 11 月 1 日实施）第四十三条第一款，拟被征收土地的所有权人、使用权人应当在征地补偿安置公告载明的期限内，持不动产权属证明材料向设区的市、县（市、区）人民政府指定的部门、机构或者乡镇人民政府、街道办事处办理补偿登记。

（二）拒绝补偿登记的处理

在通常情况下，完成前述工作以后大多数同意继续推进征收补偿工作，但由于多种原因，可能也有人仍不同意。这时的处理方式可以是公告公示并进行公证登记。再以浙江省为例，根据《浙江省土地管理条例》第四十三条第三款，拟被征收土地的所有权人、使用权人在规定期限内未办理补偿登记的，相关信息按照土地现状调查公示结果确定。办理补偿登记的机构可以委托公证机构对登记情况进行现场公证。

三、被征收不动产基础信息

无论是在国有土地上，还是在集体土地上，一旦征收范围确定之后，就需要把拟征收的不动产信息固定下来。否则，可能会产生道德风险，被征收人为增加补偿可能会铤而走险，进行加建、抢建、抢栽、抢种等。

（一）与现状调查的衔接

注意到上一章的征收预公告附带程序中，已经有了现状调查这一环节，它必然涉及对被征收不动产的一些客观数据进行测量、测绘或勘验等。而在不动产价值评估中，同样也会涉及这一环节。这就会出现一个问题，二者如何衔接？

在实际评估工作中，登记与测量环节有时可能会被合并到评估程序之中。如果操作得当,倒并不是十恶不赦之举。但在实践中,相当数量的纠纷却缘于此。而且在学理上显然先需要对被征收的不动产的客观情况做充分的了解,在此基础上,根据有关法律法规,依据已经确定的补偿方案,运用一定的评估方法对被征收的不动产进行评估,最终才能得出真正的征收补偿价值。对于这一点,本章后续还会进一步讨论。

(二)基础信息确认

同样,在前面讨论过的预征收程序中,已经有了对拟征收不动产进行测量的程序。对于这些数据,是否可以直接被评估公司拿过来运用,抑或评估公司重新进行测量。在具体的征收实践中,有多种做法。另外,在征收范围确定以后,对不动产也已要求进行征收冻结。一切客观数据应以当时的为准,否则就可能失实。因此,如果调查登记工作比较细致,评估伊始就可以直接采用相应的数据。

(三)二次或多次确认

然而,在有些情况下,还存在第二次入户测量问题。例如,2021 年 12 月 6 日,福建省(泉州市)南安市自然资源局发布了《南安市人民政府征收土地预公告(南安市体育中心片区更新改造项目)》(南征预公告〔2021〕101 号),拟征收美林街道洋美村、美林社区、西美社区、梅亭社区的集体土地。在第一次入户调查登记的基础上,2022 年 5 月 17 日启动了体育中心片区第二次入户测量工作,分为 22 个征迁小组,由带队领导、入户组长、入户成员、动迁公司、测量公司、村干部组成。

(四)对调查结果的接纳

根据《国有土地上房屋征收评估办法》第九条第一款,房屋征收评估前,房屋征收部门应当组织有关单位对被征收房屋情况进行调查,明确评估对象。评估对象应当全面、客观,不得遗漏、虚构。

根据《国有土地上房屋征收评估办法》第九条第二款,房屋征收部门应当向受托的房地产价格评估机构提供征收范围内房屋情况,包括已经登记的房屋情况和未经登记建筑的认定、处理结果情况。调查结果应当在房屋征收范围内向被征收人公布。

根据《国有土地上房屋征收评估办法》第九条第三款,对于已经登记的房屋,其性质、用途和建筑面积,一般以房屋权属证书和房屋登记簿的记载为准;房屋权属证书与房屋登记簿的记载不一致的，除有证据证明房屋登记簿确有错误外，以房屋登记簿为准。对于未经登记的建筑，应当按照市、县级人民政府的认定、处理结果进行评估。

（五）最终确认

前面提到的是评估机构对征收部门的信息进行接纳的过程。但是作为一个具有独立主体地位的行为主体，不能也不允许无保留地全盘接受，否则评估就失去了其本来意义。

1. 实地查勘

根据《国有土地上房屋征收评估办法》第十二条第一款，房地产价格评估机构应当安排注册房地产估价师对被征收房屋进行实地查勘，调查被征收房屋状况，拍摄反映被征收房屋内外部状况的照片等影像资料，做好实地查勘记录，并妥善保管。

2. 被征收人的协助义务

根据《国有土地上房屋征收评估办法》第十二条第二款，被征收人应当协助注册房地产估价师对被征收房屋进行实地查勘，提供或者协助搜集被征收房屋价值评估所必需的情况和资料。

3. 三方确认

根据《国有土地上房屋征收评估办法》第十二条第三款，房屋征收部门、被征收人和注册房地产估价师应当在实地查勘记录上签字或者盖章确认。被征收人拒绝在实地查勘记录上签字或者盖章的，应当由房屋征收部门、注册房地产估价师和无利害关系的第三人见证，有关情况应当在评估报告中说明。

四、评估时点

在不动产征补实践中，评估时点选择是非常关键的。“征收补偿中的评估时点看似是个技术问题，实则是公私博弈的关键，只是更为隐秘。”①不仅不动产价值会随着时间自然波动，而且由于征收活动的介入，可能会人为地影响到它的价值，呈现出一种量子纠缠式的互动关系。

（一）集体土地上土地征收预公告之日

对于集体土地上的征收来说，由于没有明确的法律规定，因而也没有一个法定

① 金诚轩：《房屋征收中的评估时点研究》，载《法律适用》2020年第24期。

的评估时点。更重要的是,由于土地管理法把征收土地决定放在较为靠后的时序上,而在此之前就已经完成了绝大多数人的征收与补偿工作,因此,参照国有土地上的房屋征收决定公告之日显然不合理。据此,综合考量的结果是把土地征收预公告之日作为集体土地上不动产价值的评估时点比较恰当。

另外一种时点确定是在补偿方案公布之日,这与国有土地上的情形相同。根据《上海市征收集体土地房屋补偿规定》第二十五条第一款以及《上海市征收集体土地房屋补偿评估技术规范》第五条,征地房屋补偿的评估时点,为征地房屋补偿方案公告之日。

(二)国有土地上房屋征收决定公告之日

根据《国有土地上房屋征收与补偿条例》第十九条第一款,对被征收房屋价值的补偿,不得低于房屋征收决定公告之日被征收房屋类似房地产的市场价格。显然,对于国有土地上的不动产征收来说,房屋征收决定公告之日就是评估时点。

另据《国有土地上房屋征收评估办法》第十条第一款,被征收房屋价值评估时点为房屋征收决定公告之日。根据该条第二款,用于产权调换房屋价值评估时点应当与被征收房屋价值评估时点一致。

五、不动产灭失后的评估

根据最高人民法院(2020)最高法行申1510号行政裁定书,虽然案涉房屋已被拆除,但房地产评估机构可以根据《国有土地上房屋征收评估办法》第十三条所规定的方法,参照行政机关查明的当事人原始资料,本着存疑有利于行政相对人的原则,独立、客观、公正地出具评估报告。

这一判例的意义还是比较大的。在实务中,经常会发生行政机关或其他主体出于各种原因,在未对房屋等不动产进行测量、登记和评估的情况下就强行拆除,导致当事人无法举证不动产的价值。显然,在这种情况下还武断地要求当事人提供证据就勉为其难了。把举证责任转由征收方来承担,更符合公平正义原则。

第五节 评估报告

评估报告是评估结果的书面载体,是动态评估过程的静态体现,直接决定了征收方需要付出多少成本完成征收补偿工作，也直接决定了被征收人能够在该次征收中获得的具体补偿。

一、基本规定

任何一项不动产征收评估活动，都需要首先确定一些前提因素，在此基础上才能进行下一步的工作。

（一）评估方法选择

根据《国有土地上房屋征收评估办法》第十三条第一款，注册房地产估价师应当根据评估对象和当地房地产市场状况，对市场法、收益法、成本法、假设开发法等评估方法进行适用性分析后，选用其中一种或者多种方法对被征收房屋价值进行评估。根据该条第二款，被征收房屋的类似房地产有交易的，应当选用市场法评估；被征收房屋或者其类似房地产有经济收益的，应当选用收益法评估；被征收房屋是在建工程的，应当选用假设开发法评估。根据该条第三款，可以同时选用两种以上评估方法评估的，应当选用两种以上评估方法评估，并对各种评估方法的测算结果进行校核和比较分析后，合理确定评估结果。

（二）因素考量

根据《国有土地上房屋征收评估办法》第十四条第一款，被征收房屋价值评估应当考虑被征收房屋的区位、用途、建筑结构、新旧程度、建筑面积以及占地面积、土地使用权等影响被征收房屋价值的因素。

（三）非不动产价值评估

根据《国有土地上房屋征收评估办法》第十四条第二款，被征收房屋室内装饰装修价值，机器设备、物资等搬迁费用，以及停产停业损失等补偿，由征收当事人协商确定；协商不成的，可以委托房地产价格评估机构通过评估确定。

以上海市为例，根据《上海市征收集体土地房屋补偿评估技术规范》第十五条，房屋的评估价格不包括房屋的装饰价值。委托人书面要求评估房屋装饰价值的，应按照本市房屋装饰工程定额标准，单独评定其装饰的重置价格和成新程度。房屋装饰应单独出具评估报告。根据其第十七条，房屋附属物、土地附着物等的评估，按照本市有关国家建设征地的财物补偿标准进行。

(四)查询权利

根据《国有土地上房屋征收评估办法》第二十七条,因房屋征收评估、复核评估、鉴定工作需要查询被征收房屋和用于产权调换房屋权属以及相关房地产交易信息的,房地产管理部门及其他相关部门应当提供便利。

(五)相关方不配合的说明

根据《国有土地上房屋征收评估办法》第二十八条,在房屋征收评估过程中,房屋征收部门或者被征收人不配合、不提供相关资料的,房地产价格评估机构应当在评估报告中说明有关情况。

(六)评估费用

根据《国有土地上房屋征收评估办法》第三十一条,房屋征收评估、鉴定费用由委托人承担。但鉴定改变原评估结果的,鉴定费用由原房地产价格评估机构承担。复核评估费用由原房地产价格评估机构承担。房屋征收评估、鉴定费用按照政府价格主管部门规定的收费标准执行。

二、评估步骤

在前述基础上,征收评估的流程就开始启动,其最终的界限以送达征收方与被征收方当事人为止。

(一)分户初步评估结果

根据《国有土地上房屋征收评估办法》第十六条第一款,房地产价格评估机构应当按照房屋征收评估委托书或者委托合同的约定,向房屋征收部门提供分户的初步评估结果。分户的初步评估结果应当包括评估对象的构成及其基本情况和评估价值。房屋征收部门应当将分户的初步评估结果在征收范围内向被征收人公示。根据该条第二款,公示期间,房地产价格评估机构应当安排注册房地产估价师对分户的初步评估结果进行现场说明解释。存在错误的,房地产价格评估机构应当修正。

(二)整体评估报告和分户评估报告

根据《国有土地上房屋征收评估办法》第十七条,分户初步评估结果公示期满后，房地产价格评估机构应当向房屋征收部门提供委托评估范围内被征收房屋的整体评估报告和分户评估报告。房屋征收部门应当向被征收人转交分户评估报告。整体评估报告和分户评估报告应当由负责房屋征收评估项目的两名以上注册房地产估价师签字，并加盖房地产价格评估机构公章。不得以印章代替签字。

（三）向被征收人依法送达评估报告

根据《国有土地上房屋征收评估办法》第十七条第一款，房屋征收部门应当向被征收人转交分户评估报告。从这一规定来看，陈述得虽然比较简单，但它是评估过程中一个非常重要的环节，直接涉及当事人后续权利的保障。如果因某种原因征收人没有依法将评估报告送达给被征收人，依据该报告作出的补偿决定有可能被撤销。

由于分户评估报告是针对个人而非针对某一征收范围的，其送达应当不低于民事诉讼制度规定的送达标准。也就是说，须符合《民事诉讼法》（2023 年修正，2024 年 1 月 1 日实施）第 1 编第 7 章第 2 节关于送达的规定。无论是直接送达、留置送达、委托送达、邮寄送达、转交送达、公告送达，都必须依法行事。

根据最高人民法院（2020）最高法行申 7628 号行政裁定书，被征收房屋评估报告的送达是房屋征收补偿决定作出过程中重要的程序，行政机关未依法送达评估报告的，可能会剥夺房屋被征收人对房屋价值提出异议的权利。而依据此报告作出的补偿决定显然就失去了合法性基础，应当依法撤销。

（四）立卷归档

根据《国有土地上房屋征收评估办法》第十八条，房屋征收评估业务完成后，房地产价格评估机构应当将评估报告及相关资料立卷、归档保管。

第六节　集体土地上的征收价值评估

目前，无论是《土地管理法》第五章对“建设用地”进行的规定，还是《土地管理法实施条例》第四章第三节对“建设用地”中的“土地征收”进行的规定，都没有如《国有土地上房屋征收与补偿条例》那样有一个专门对评估进行规定的法律条文。不得不说，国家层面立法中集体土地上不动产征收与补偿活动中这一重要制度至今尚付阙如，是引发征收方与被征收方之间绵绵不绝冲突和矛盾的导火索之一。

不过,少数地方已经设立了相应的评估制度,评估目标主要是针对农村住宅的征收价值。例如,上海市于2012年就颁布并施行了《上海市征收集体土地房屋补偿评估技术规范》,在当地的征补实践中发挥了重要作用,值得国家层面立法和其他省份的地方立法参考。

一、集体土地上不动产的评估

在本章的章首语中已经提到,我国目前农村集体土地上不动产的征收与补偿活动中尚无评估制度,这是有其一定立法原因的。根据《土地管理法》第四十八条第二款,补偿项目主要有土地补偿费、安置补助费以及农村村民住宅、其他地上附着物和青苗等。此外,还有被征地农民的社会保障费用。根据该条第三款,农用地的土地补偿费、安置补助费标准由省、自治区、直辖市通过制定公布区片综合地价确定。根据该条第四款,征收农用地以外的其他土地、地上附着物和青苗等的补偿标准,由省、自治区、直辖市制定。由上述规定可以看出,关于土地本身、土地附着物和青苗等的补偿,都是由省级行政机关统一制定,并没有对设立评估制度留下多少法律空间。

不过,根据《土地管理法》第四十八条第四款后半部分的表述,对作为一种特殊土地附着物的农村村民住宅,应当按照先补偿后搬迁、居住条件有改善的原则,尊重农村村民意愿,采取重新安排宅基地建房、提供安置房或者货币补偿等方式给予公平、合理的补偿,并对因征收造成的搬迁、临时安置等费用予以补偿,保障农村村民居住的权利和合法的住房财产权益。也就是说,在农村集体土地上的不动产类别中,唯有农村住宅以及搬迁费和临时安置费等没有统一的省级法定标准,这就为设立评估制度留下了法律空间。

二、集体土地上住宅的评估

正如前面刚刚提到的,至今在国家层面立法尚无针对农村集体土地住宅进行评估的法律制度。但在一些地方立法中,已经有了相应的探索性实践。

(一)国家层面立法的参照适用问题

根据中纪委办公厅、原监察部办公厅联合发布的《关于加强监督检查进一步规范征地拆迁行为的通知》,要求在土地管理法等法律法规作出修订之前,集体土地上房屋拆迁,要参照《国有土地上房屋征收与补偿条例》的精神执行。如果把它放在当时的历史背景来考察,《国有土地上房屋征收与补偿条例》刚刚颁布,相对原来的拆迁条例来说,确实有让人耳目一新的感觉。至少在集体土地上房屋拆迁,根据中纪委要求参照适用该条例进行评估,确实也说得过去。

不过,2019 年对《土地管理法》进行了修正和 2021 年对《土地管理法实施条例》进行了修订,但仍然没有对集体土地上房屋设立评估制度。因此,再援引中纪委的通知来证成农村集体土地房屋应当进行评估,可能就颇为勉强了。在这种情况下,如果有地方法律规定,则完全可以在当地予以适用,下面对部分省份的相关立法进行简要介绍。

(二)上海市

根据《上海市征收集体土地房屋补偿规定》第十一条第一款第(八)项,农村集体土地住宅征收需要选择评估机构,这就表明它肯定是需要评估的。另外,上海市还有关于集体土地房屋评估的专门立法,即《上海市征收集体土地房屋补偿评估技术规范》。它对整个评估过程进行了较为详尽的规定,10 年来的实施效果也不错,值得其他地方学习,也可为国家层面立法提供范本或借鉴。

(三)北京市

根据《北京市集体土地房屋拆迁管理办法》第十四条,拆迁宅基地上房屋实行货币补偿的,拆迁人应当向被拆迁人支付补偿款。补偿款按照被拆除房屋的重置成新价和宅基地的区位补偿价确定。房屋重置成新价的评估规则和宅基地区位补偿价的计算办法由市国土房管局制定并公布。另根据《北京市宅基地房屋拆迁补偿规则》第六条,被拆迁房屋重置成新价按照《北京市房屋估价办法》(京房地评字〔1996〕573 号,1997 年 1 月 1 日实施)和《北京市住宅楼房估价技术规范》(京房地评字〔1999〕655 号,1999 年 6 月 28 日实施)执行。

(四)安徽省

根据《安徽省实施〈中华人民共和国土地管理法〉办法》(2022 年修订,2022 年 12 月 1 日实施)第三十三条第二款,重新安排宅基地建房的,应当评估原住宅的价值给予货币补偿;提供安置房的,提供的安置房面积不得少于设区的市、县(市)人民政府规定的最低标准;采取货币补偿的,应当评估宅基地和住宅的价值,一并作出补偿安置。

第七节 针对评估报告的法律救济

被征收人拿到分户评估报告后,如果有充分的理由认为评估结果不尽如人意,就需要寻求法律救济以维护自己的权利。

一、异议权的及时行使

价值评估处于整个不动产征补过程的核心,攸关实际能够获得的补偿。如果发现评估报告或相关材料与事实不符,就应当及时行使法定的异议权,以避免可能发生的不利后果。

根据最高人民法院(2020)最高法行申7789号《行政裁定书》,当事人主张,9号征补决定对未登记建筑没有给予补偿,未明确补偿、补助内容。但是,当事人未提供证据证明其存在未登记应给予补偿的合法建筑事实,同时也未在法定期限对评估报告确定的建筑面积提出异议,申请复核评估和鉴定。西城区政府以评估报告为根据作出征收补偿决定,并无不当。

根据最高人民法院(2020)最高法行申13589号《行政裁定书》,对评估确定的被征收房屋价值有异议的,可以向房地产价格评估机构申请复核评估。对复核结果有异议的,可以向房地产价格评估专家委员会申请鉴定。该案中,北京中诚亿房地产土地评估有限责任公司作出征收估价报告并送达申请人,申请人申请复核后,该公司作出复核评估,其后申请人没有申请鉴定,东城区政府以复核后的评估报告作为征收补偿决定的依据,并无不当。

二、提出疑问

根据《国有土地上房屋征收与补偿条例》第十九条第一款,对被征收房屋价值的补偿,不得低于房屋征收决定公告之日被征收房屋类似房地产的市场价格。被征收房屋的价值,由具有相应资质的房地产价格评估机构按照房屋征收评估办法评估确定。

根据《国有土地上房屋征收评估办法》第十九条,被征收人或者房屋征收部门对评估报告有疑问的,出具评估报告的房地产价格评估机构应当向其作出解释和说明。注意这里的措辞,是"应当"而不是"可以",这表明其为被征收人的法定权利。

三、申请复核

根据《国有土地上房屋征收与补偿条例》第十九条第二款，对评估确定的被征收房屋价值有异议的，可以向房地产价格评估机构申请复核评估。

根据《国有土地上房屋征收评估办法》第二十条，被征收人或者房屋征收部门对评估结果有异议的，应当自收到评估报告之日起10日内，向房地产价格评估机构申请复核评估。申请复核评估的，应当向原房地产价格评估机构提出书面复核评估申请，并指出评估报告存在的问题。

根据该办法第二十一条，原房地产价格评估机构应当自收到书面复核评估申请之日起10日内对评估结果进行复核。复核后，改变原评估结果的，应当重新出具评估报告；评估结果没有改变的，应当书面告知复核评估申请人。

四、申请专家委员会鉴定

根据《国有土地上房屋征收与补偿条例》第十九条第二款，对复核结果有异议的，可以向房地产价格评估专家委员会申请鉴定。

（一）专家委员会组成

根据《国有土地上房屋征收评估办法》第二十三条，各省、自治区住房城乡建设主管部门和设区城市的房地产管理部门应当组织成立评估专家委员会，对房地产价格评估机构作出的复核结果进行鉴定。评估专家委员会由房地产估价师以及价格、房地产、土地、城市规划、法律等方面的专家组成。

（二）提出申请

根据《国有土地上房屋征收评估办法》第二十二条，被征收人或者房屋征收部门对原房地产价格评估机构的复核结果有异议的，应当自收到复核结果之日起10日内，向被征收房屋所在地评估专家委员会申请鉴定。

（三）专家组鉴定

根据《国有土地上房屋征收评估办法》第二十四条，评估专家委员会应当选派成员组成专家组，对复核结果进行鉴定。专家组成员为3人以上单数，其中房地产估价师不得少于1/2。

（四）鉴定内容

根据《国有土地上房屋征收评估办法》第二十五条第一款，评估专家委员会应当自收到鉴定申请之日起10日内，对申请鉴定评估报告的评估程序、评估依据、评估假设、评估技术路线、评估方法选用、参数选取、评估结果确定方式等评估技术问题进行审核，出具书面鉴定意见。

（五）鉴定结论

根据《国有土地上房屋征收评估办法》第二十五条第二款，经评估专家委员会鉴定，评估报告不存在技术问题的，应当维持评估报告；评估报告存在技术问题的，出具评估报告的房地产价格评估机构应当改正错误，重新出具评估报告。

（六）相关人员协助义务

根据《国有土地上房屋征收评估办法》第二十六条，房屋征收评估鉴定过程中，房地产价格评估机构应当按照评估专家委员会要求，就鉴定涉及的评估相关事宜进行说明。需要对被征收房屋进行实地查勘和调查的，有关单位和个人应当协助。

（七）对专家委员会结论仍不服的

就评估程序本身而言，专家委员会结论已是终局性的。如果被征收人仍有异议，根据《国有土地上房屋征收评估办法》第二十二条和《国有土地上房屋征收与补偿条例》第二十六条，由房屋征收部门报请作出房屋征收决定的市、县级人民政府依照本条例的规定，按照征收补偿方案作出补偿决定。被征收人对补偿决定不服的，可以依法申请行政复议，也可以依法提起行政诉讼。因此，在复议程序或审判程序中，被征收人将再次获得对评估报告进行质疑的机会，复议机关或法院也将对它进行司法审查或准司法审查。

五、评估报告的复议或诉讼问题

由以上分析可知，评估行为的特殊性决定它既无法寻求行政复议，也无法寻求行政诉讼，应当根据《国有土地上房屋征收与补偿条例》第十九条第二款的规定提出异议、申请复核或申请鉴定等。根据最高人民法院（2017）最高法行申

4662 号《行政裁定书》的观点，被征收人对评估报告有提出异议、申请复核和申请鉴定等一系列程序性权利，对包含联合认定等环节的评估行为本身不具有诉讼权利。

第十章

补偿协议

凡以财狱讼者，正之以傅别、约剂

——《周礼·秋官司寇》

有了补偿方案，就为全体被征收人确立了补偿的基本框架。有了价值评估，就为单独的被征收人确立了补偿的具体框架。在此基础上，双方经过平等协商，就有可能达成合意。把它落实到一纸协议上，就是人们通常所说的不动产征收的补偿协议。当然，本章标题的"补偿"是在比较宽泛的意义上使用的，它实际上也包含了安置的含义。安置在实质上也属于一种补偿，往往与身份联系在一起。在征迁实践中，这类协议的名称五花八门，诸如安置补偿协议或补偿安置协议等，他们都可涵盖在本章所说的补偿协议之中。

第一节　补偿协议的概念

在人们的日常生活中，补偿协议是一个应用得非常广泛的概念，如医疗事故补偿协议等。本书中的补偿协议概念是有特定含义的，专指因不动产征收而在征收方与被征收方之间达成的不动产征收补偿协议。

一、法律依据

在不动产征补活动中，征收方与被征收方就征收补偿问题协商一致后，必须签订书面的补偿协议，这是法律的明文要求。它的重要性不言而喻，但它只是征补活动中的一个具体环节，所以诸如《宪法》或《民法典》之类的宏观法律没有必要对此置喙，而是交给了具体规制征补活动的法律法规。

（一）集体土地上征补活动的补偿协议

根据《土地管理法》第四十七条第四款，县级以上地方人民政府应当组织有关部门测算并落实有关费用，保证足额到位，与拟征收土地的所有权人、使用权人就补偿、安置等签订协议。从这里的表述来看，没有出现补偿协议的具体名称，只是要求双方就补偿、安置等签订协议。根据《土地管理法实施条例》第二十九条第一款，县级以上地方人民政府根据法律、法规规定和听证会等情况确定征地补偿安置方案后，应当组织有关部门与拟征收土地的所有权人、使用权人签订征地补偿安置协议。由此来看，农村集体土地征补活动中补偿协议的严谨名称是“征地补偿安置协议”，与本书第八章谈到的“补偿方案”一脉相承。

（二）国有土地上征补活动的补偿协议

《国有土地上房屋征收与补偿条例》的相关规定仍采用了平淡无奇的“补偿协议”一词。根据该条例第二十五条第一款，房屋征收部门与被征收人依照本条例的规定，就补偿方式、补偿金额和支付期限、用于产权调换房屋的地点和面积、搬迁费、临时安置费或者周转用房、停产停业损失、搬迁期限、过渡方式和过渡期限等事项，订立补偿协议。

二、法律属性

就征补活动中的补偿协议而言，对于其法律属性的界定一度成为众说纷纭的热点问题。补偿协议到底是民事协议还是行政协议，或者说补偿协议到底是民事行为还是行政行为。如果双方发生纠纷，把它诉诸人民法院，是作为民事案件还是行政案件来受理，上述问题曾长期困扰着各方，即使 2011 年《国有土地上房屋征收与补偿条例》出台，以及 2014 年《行政诉讼法》修改，都未能消弭其理论与实务纷争。

（一）补偿协议的行政协议属性

这就需要首先对行政协议的概念有一个初步的认识。在现行法律法规中，有关行政协议的概念并不罕见。例如，现行《行政诉讼法》就提及了行政协议的概念，在其第十二条第一款第(十一)项中，有诸如“认为行政机关不依法履行、未按照约定履行或者违法变更、解除政府特许经营协议、土地房屋征收补偿协议等协议的”这一表述。

但该法并没有对到底什么是行政协议给出一个定义，在其后的审判实务中，全国各地的法院关于行政协议案件裁判尺度一直不统一，呈现为一种相对混乱的状态。关于征收补偿协议的法律性质，显然，它既包括了行政属性，也带有民事属性。因而一度在司法系统就其应当启动民事诉讼还是行政诉讼争议较大，其中一个原因在于行政诉讼法条文的模糊性。

《最高人民法院关于适用〈中华人民共和国行政诉讼法〉若干问题的解释》(法释〔2015〕9号，2015年5月1日实施，2018年2月8日废止)曾经对这一概念作出过解释，根据其第十一条第一款，行政机关为实现公共利益或者行政管理目标，在法定职责范围内，与公民、法人或者其他组织协商订立的具有行政法上权利义务内容的协议，属于《行政诉讼法》第十二条第一款第十一项规定的行政协议。

2019年11月12日，最高人民法院审判委员会第1781次会议通过了《最高人民法院关于审理行政协议案件若干问题的规定》(法释〔2019〕17号，2020年1月1日实施)。根据其第一条，行政机关为了实现行政管理或者公共服务目标，与公民、法人或者其他组织协商订立的具有行政法上权利义务内容的协议，属于《行政诉讼法》第十二条第一款第十一项规定的行政协议。根据其第二条第(二)项，行政协议包括土地、房屋等征收征用补偿协议。

(二)补偿协议的民事协议属性

在正规而合法的不动产征收与补偿活动中，征收方是以行政主体的面貌出现，被征收方则是以民事主体的面貌出现。因此，双方之间经过协商而达成的协议，就必然既有行政行为属性，亦有民事行为属性。但从矛盾的主要方面和次要方面来说，行政行为属性显然是主要方面，而民事行为属性则是次要方面。虽然如此，补偿协议的民事行为属性也是不能忽视的。

《最高人民法院关于审理行政协议案件若干问题的规定》注意到了这一点，分别从程序和实体两方面对它的民事协议属性予以顾及。根据该规定第二十七条第一款，人民法院审理行政协议案件，应当适用《行政诉讼法》的规定；《行政诉讼法》没有规定的，参照适用《民事诉讼法》的规定；根据该条第二款，人民法院审理行政协议案件，可以参照适用民事法律规范关于民事合同的相关规定。

三、基本要素

对于一份补偿协议来说，必须包含哪些基本要素才能堪称为一份合法的补偿协议？这一问题没有一个统一的答案，目前全国各地的做法也是各不相同。但总的来说，参照《民法典》第四百七十条，结合在全国各地办案遇到的具体实例，大致包括如下内容。

（一）协议编号

首先是协议编号。在一个征收项目中，很少出现只有一个被征收人的情形。即使只有一个被征收人，但征收方作为行政机关可能也在本行政区域内承办其他征收项目。因此，对协议进行编号以示区别还是非常重要的。编号的另外一个作用还在于确保分别掌握在征收方（甲方）、被征收方（乙方）和第三方等手中的补偿协议正本、副本或保存本等保持一致。

（二）甲方和乙方及其基本信息

从全国各地的情况来看，甲方的信息相对比较简单，而乙方的信息则需要包括名字、住址、公民身份号码、联系方式、共有人情况等。严格来说，甲方的信息也应当尽可能详尽，包括组织机构代码、法定代表人和联系方式等。

（三）序言（协议的依据）

这里的序言是指列举完甲方乙方信息后，紧接着就描述的关于此次征收的原因，实际上也就是本书第四章征收目的一章的内容。此处可长可短，一般来说还是需要的，否则显得太突兀。

（四）被征收不动产基本情况

这是必不可少的内容。一般需要载明地点、位置、坐落、结构、面积、层数、土地性质、土地面积，证载面积、实有面积、建成时间、是否商用等。

（五）补偿方式

前面列举的信息实际上都是必需的，但没有法律明确规定。而补偿方式则是

《国有土地上房屋征收与补偿条例》第二十五条第一款明确要求的，它实际上是该条例第二十一条第一款赋予被征收人既可以选择货币补偿，也可以选择房屋产权调换的权利之体现。

（六）补偿金额

如果选择货币补偿，则须有此内容，须以人民币计量，通常精确到小数点后两位。需要指出的是，这里的货币补偿是指针对不动产本身而言的。实际上在所有的征迁活动中，即使选择房屋调换，也会有诸如搬迁费等一定数量的货币补偿。

（七）支付期限

由于被征收人处于相对弱势的地位，通常应当一次付清，否则可能后患无穷。但在极个别情况下，如果双方比较信任，被征收人也同意，也不妨分期支付，但必须以被征收人自愿且没有受到压力为前提。

（八）用于产权调换房屋的地点和面积

如果不选择货币补偿，那么就是房屋调换了。在这种情况下，必须明确地点和面积要素，这同样也是《国有土地上房屋征收与补偿条例》第二十五条第一款明确要求的。实际上，有时还需要结算差价，明确楼层，辨别房屋产权性质。在有的征迁活动中，可能直接给了房屋钥匙。

（九）搬迁费

既然是征迁，就不可能把所有的私人物品都抛弃，而是需要把他们从旧的不动产处转移到新的不动产处。无论是货币补偿后购置新不动产，还是直接调换到新不动产处，均可能发生搬迁费的问题，这是每一个补偿协议必备的内容。

（十）临时安置费或周转用房

前面提到的搬迁费主要是针对物品而言的，对于这里的临时安置费或周转用房来说，则是针对被征收人及其亲属而言的，目的在于解决从被征收的房屋搬离并入住新房屋之前这一期间的人员安置问题。除非在搬离之前新的房屋已经完全具备入住条件，否则一定会发生这类费用，需要在协议中予以明确。

（十一）停产停业损失

不是每一个被征收人都有此补偿，只有企业征迁、商业不动产或者房屋性质虽为住宅，但已经作为商用而具有一定的商业收入的才有权要求。根据《国有土地上房屋征收与补偿条例》第十七条第一款第（三）项，这也是应得的补偿内容之一。

（十二）搬迁期限

它是指协议中约定的被征收人在某一期限内从被征收的不动产中搬离出去，把它交给征收方或关联方进行处置，以利于征收目的尽快实现。该期限是每一个补偿协议都必须具有的内容，否则协议就会成为一纸空文。

以浙江省为例，根据《浙江省土地管理条例》第四十七条第三款，征地补偿安置协议约定的腾退期限和征地补偿安置决定规定的腾退期限，不得早于设区的市、县（市、区）人民政府足额支付征收土地补偿费用的时间。

（十三）过渡方式

过渡方式与前面提到的临时安置费或周转用房这一协议内容有一定的关联，它明确到底采用哪一种方式来确保被征收人顺利度过从旧不动产迁移到新不动产。

（十四）过渡期限

同样，该内容也与临时安置费或周转用房内容有关，是指被征收人及其亲属从被征收的不动产搬离并入住新的不动产中间的这一段时间。

（十五）违约责任

尽管《国有土地上房屋征收与补偿条例》第二十五条第一款没有对此明确规定，但绝大多数补偿协议有相应的内容。另外，根据该条第二款，补偿协议订立后，一方当事人不履行补偿协议约定的义务的，另一方当事人可以依法提起诉讼。这事实上也属于一种违约责任规定，很多补偿协议里对此均有直接引用或自行表述，即使是集体土地上的补偿协议亦是如此。

（十六）其他事项

补偿协议的这部分内容是针对法律没有明确规定的未尽事项进行约定，具体内容也难以一一列举。例如,有的协议约定被征收的房屋门窗等不能自行拆除,有的约定生效日期,有的约定协议书的份数,有的约定正本和副本的效力等。

(十七)通常不得约定仲裁条款

根据《最高人民法院关于审理行政协议案件若干问题的规定》第二十六条,行政协议约定仲裁条款的,人民法院应当确认该条款无效,但法律、行政法规或者我国缔结、参加的国际条约另有规定的除外。

四、签订时机

在不动产征补活动中,什么时候可以签订补偿协议? 是一个重要的问题。目前,集体土地和国有土地有不同的做法,并且集体土地近年来也经历了较大变化。

(一)国有土地上

根据《国有土地上房屋征收与补偿条例》目前的章节顺序,可以合理地推出一个结论,补偿协议的签订只有在征收决定生效后才能进行。但在地方实践中,这一点已经有所突破。

以北京市为例,根据《北京市旧城区改建房屋征收实施意见》(京建发〔2013〕450 号,2013 年 9 月 7 日实施)“四(八)”“预签协议”,区县房屋征收部门按照公布的征收补偿方案,组织产权人、公房承租人预签附生效条件的征收补偿协议。预签征收补偿协议生效具体比例由各区县人民政府确定,预签征收补偿协议期限不超过 6 个月。预签征收补偿协议生效的,由区县房屋征收部门报请区县人民政府作出房屋征收决定;在预签征收补偿协议期限内未达到生效比例的,征收工作终止。征收补偿协议生效前不实际支付补偿款和提供房源。

(二)集体土地上

根据最高人民法院(2016)最高法行申 2199 号行政裁定书,市、县人民政府在征地前先与被征收人签订土地补偿安置协议,落实补偿安置资金,充分体现了被征收人的知情权、参与权、监督权,是土地征收民主协商机制的重要体现。与被征地的村集体经济组织(或村民小组)中绝大多数成员就补偿标准等内容达成书面协议,征地补偿安置资金和社会保障费用落实后再启动土地征收程序,此种做法与现有征收程序规定虽不完全吻合,但从实际效果看,如能实现公共利益与被征收人合法权益的平衡保护，则不宜仅以此为由否定该协议的效力。

另据最高人民法院（2019）最高法行申10020号行政裁定书，在征地依法报批前，应当将拟征地的用途、位置、补偿标准、安置途径以书面形式告知被征地农村集体经济组织和农民。实行预征收，是实践中市、县人民政府为了确保集体土地征收工作顺利进行，试行的一项有效措施。2019年修正的《土地管理法》第四十七条，已经将预征收吸收进修改后的《土地管理法》，成为一项全国范围的正式法律制度。

早在2020—2021年现行土地管理制度大修之前，许多地方就已经开始尝试在征地批准之前就实施包括签订在内的预征收或拟征收工作。上述司法判例聚焦的也是这一点，并且多认为并不违法。2020—2021年土地管理制度大修完成后，已经成为一项法定制度。因此，集体土地上的征补协议签订时机还是比较靠前的。

第二节　补偿协议签订

在征收方完成了前面各章所讨论的内容之后，就可以与被征收方签订补偿协议了。尽管《民法典》第四百六十九条第一款规定当事人订立合同可以采用书面形式、口头形式或者其他形式。但在所有的征迁补偿协议签订事务中，均应采取该条第二款规定的书面形式。

一、协议甲方

在几乎所有的不动产征收补偿协议中，均把征收方作为甲方，而把被征收方作为乙方。因具体情况不同，具体的甲方也是各不相同。

（一）国有土地上

《国有土地上房屋征收与补偿条例》第四条第一款规定的市、县级人民政府是本行政区域的房屋征收与补偿工作的责任主体，但在具体的不动产征补实践中，除极个别情况以外，如系特别重大的征迁项目且只有一个或少数几个被征收主体，极少见到其亲自下场与被征收人签订补偿协议。

该条例第四条第二款规定的市、县级人民政府确定的房屋征收部门是本行政区域的房屋征收与补偿工作的组织实施主体，它与被征收人签订补偿协议是比较常见的，但并不是所有的补偿协议均由其作为甲方。特别是如果被征收不动产面积较大且被征收人众多，可能还需要把签订协议的任务进一步向下分解。

该条例第五条第一款规定的房屋征收实施单位是由房屋征收部门委托,承担房屋征收与补偿的具体工作,且不以营利为目的。签订协议显然也是征补具体工作的一个重要组成部分。在实务中,有不少都是由它作为协议甲方来签订的。对此,虽然它是协议上的甲方,但一旦双方发生纠纷,根据该条例第五条第二款,需要由房屋征收部门对其行为后果承担法律责任。具体实践中的签订协议实施单位有时是作为民事主体的征迁服务公司等,有的则是作为市、县人民政府派出机构的街道办事处,还有的是乡、镇人民政府。

(二)集体土地上

《土地管理法》第四十七条第一款以及《土地管理法实施条例》第二十六条第一款规定的集体土地征收组织实施主体是县级以上地方人民政府。与国有土地的情形一样,也极少见到它作为补偿协议的甲方与被征收人签订补偿协议。

根据《土地管理法》第四十七条第四款以及《土地管理法实施条例》第二十九条第一款,县级以上地方人民政府组织有关部门与拟征收土地的所有权人、使用权人签订征地补偿安置协议。那么,这里的有关部门到底指的是谁?根据全国各地的实践,其中包括所属的自然资源和规划主管部门(或规划和自然资源主管部门)、街道办事处和乡、镇人民政府等。如《浙江省土地管理条例》第四十四条第一款就规定设区的市、县(市、区)人民政府指定的部门或者乡镇人民政府应当依法与拟被征收土地的所有权人、使用权人签订征地补偿安置协议。

尽管现行土地管理法律法规没有如《国有土地上房屋征收与补偿条例》第五条第一款那样规定征收实施单位,但在实践中,集体土地上的征补活动也时常可见他们的身影,如形形色色的征地服务公司或征地服务所等。同样,依循国有土地上的情形,如果双方就协议产生纠纷,应当以地方人民政府或其有关部门为当事人,而不宜以作为民事主体的这类征迁服务机构作为当事人,或者至多把它列为第三人。

(三)第三人

在很多补偿协议中,可能都有一个第三人角色,即前面刚刚提到的形形色色的征迁服务公司或拆迁服务所等。他们多为民事主体,但在事实上却可能是与被征收方打交道最多的。甚至在某些案例中,他们一手主导了整个协议签订过程,征收机构只是背书而已。在这种情况下,所谓第三人实质上是以甲方或甲方附属的面目出现的。

二、协议乙方

作为一种兼有行政与民事属性的双方法律行为,补偿协议除甲方以外当然还要有乙方,通常都是不动产被征收人或关联人。

(一)国有土地上房屋所有权人等

根据《国有土地上房屋征收与补偿条例》第二十五条第一款,协议乙方是被征收人。而根据该条例第二条,被征收房屋所有权人是被征收人。因此,国有土地上房屋征收补偿协议的乙方是房屋所有权人。当然,对于公房等特殊情况,其合法承租人等也可以作为乙方。

(二)集体土地所有人

根据《土地管理法》第四十七条第四款以及《土地管理法实施条例》第二十九条第一款,就集体土地本身的征收与补偿而言,拟征收土地的所有权人是协议的乙方。也就是说,根据《民法典》第二百六十二条和《土地管理法》第十一条,依不同的情况,分别是村集体经济组织或者村民委员会、村内各该集体经济组织或者村民小组、乡镇集体经济组织。

众所周知,集体土地是农村集体的根基,其他一切事务都以其为基础。根据《村民委员会组织法》第二十四条第一款,一共列举了9个应由村民会议讨论决定的涉及村民利益的事项。尽管其中没有关于签订土地征收补偿协议的明确规定,但实际上,它比上述9个事项更为重要,更应当由村民会议来决定。

因此,如果要签订同意政府对集体土地进行征收的补偿协议,就必须由村民会议决定。另外,该条第二款规定村民会议可以授权村民代表会议讨论决定前款规定的事项,但由于征地事项实属极其重大的事项,在实践中不宜由村民代表会议决定,否则极易引发纠纷。

如果土地已经分别属于村内两个以上农村集体经济组织的农民集体所有,需要由村民小组会议决定。根据《村民委员会组织法》第二十八条第三款,属于村民小组的集体所有的土地、企业和其他财产的经营管理以及公益事项的办理,由村民小组会议依照有关法律的规定讨论决定,所作决定及实施情况应当及时向本村民小组的村民公布。

1. 村民会议

关于村民会议的召开事宜,本书第二章第八节已有详细讨论,这里就不赘述了。村民会议作出同意征收土地的决议后,根据《民法典》第二百六十二条和《土地管理法》第十一条,可以授权村集体经济组织或者村民委员会与征收方协商具体事宜,并最终在补偿协议上签字确认。

2. 村民小组会议

同样,关于村民小组会议的事宜,也请参阅本书第二章第八节。在村民小组会议同意征收土地后,根据《民法典》第二百六十二条和《土地管理法》第十一条,依不同的情况,可以授权村内各该集体经济组织或者村民小组与征收方协商协议事宜,并签字确认。

3. 乡(镇)农民集体会议

对于土地已经属于乡(镇)农民集体所有的,正常的情况下应该由本集体召开会议,参照上述规定作出决议。在实践中,也可以由乡(镇)农村集体经济组织与征收方协商,并以集体成员大会或代表大会的形式予以确认。如果另有法律规定的,依法执行其规定。

(三)集体土地使用权人

根据《土地管理法》第四十七条第四款以及《土地管理法实施条例》第二十九条第一款,拟征收土地的使用权人也是补偿协议的乙方。具体来说,包括土地承包人、宅基地使用权人和集体经营性建设用地使用权人等。根据《妇女权益保障法》第五十五条第二款,征收补偿安置或者征用补偿协议应当将享有相关权益的妇女列入,并记载权益内容。

(四)集体土地上房屋等附着物所有权人

《土地管理法》第四十七条第四款以及《土地管理法实施条例》第二十九条第一款都只是规定了土地所有权人和使用权人是补偿协议的乙方,没有提及土地附着物所有权人的情形。在广大农村,集体土地使用权人与集体土地上附着物所有权人有时可能是分离的,房屋等附着物所有权人也可能是补偿协议的乙方。

(五)乙方共有不动产的特殊情形

在共有的情形下,签订征收补偿协议是比较麻烦的。有时征收方会出于加快拆迁进度的考虑,与其中部分共有人签订协议。这个时候,判别该协议的效力就比较复杂,在司法实践中也是做法不一。

1. 可确认协议效力的情形

根据《民法典》第三百零一条,处分共有的不动产应当经占份额三分之二以上的按份共有人或者全体共同共有人同意,但是共有人之间另有约定的除外,这一条文对应于原《物权法》第九十七条。例如,上海市第三中级人民法院(2017)沪03行终20号行政判决书据此对普陀区某拆迁补偿协议进行了判决,认为共有人之间超过三分之二的份额已经签订协议,依法应当确认协议有效。

2. 未有其他共有人签字的情形

例如,根据湖南省高级人民法院(2015)湘高法行终字第108号行政判决书,被上诉人虽然与上诉人王某甲签订了补偿协议也领取了补偿款,但是,上诉人王某乙作为共有人并没有签字认可,也没有授权委托他人,故被上诉人以户主上诉人王某甲签订了协议为由拆除涉案房屋明显程序违法。

3. 未有其他共有人追认的情形

例如,根据江苏省南通市中级人民法院(2017)苏06行终101号行政判决书,未取得共有人同意,也未取得追认,补偿协议不具备合法有效的要件。该判决是依据当时的《物权法》和《合同法》作出的,但可对应于《民法典》第三百一十一条第一款关于无处分权人将不动产转让的规定。

三、相关事项

除前面讨论的通常情形外,还有其他一些与签订补偿协议有关的事项,下面予以简要介绍。

(一)协议范本

在以往的征收工作中,使用的协议版本可谓五花八门,在实践中造成了许多不必要的困扰甚至纠纷。就集体土地上的不动产征补活动而言,新的《土地管理法实施条例》颁布后,要求使用由省级人民政府制作的范本,在本省级区域内统一使用。根据《土地管理法实施条例》第二十九条第一款,征地补偿安置协议示范文本由省、自治区、直辖市人民政府制定。

国有土地上房屋征收与补偿活动中的补偿协议范本目前未见全国统一的要求,但有些省份的相关部门拟制了相应的协议范本。例如,黑龙江省住房和城乡建设厅拟制了《黑龙江省国有土地上房屋征收补偿协议(示范文本)》(黑建规范〔2018〕3号,2018年4月24日实施),要求本省各市(地)、县人民政府房屋征收办公室,省农垦、森工总局住建局结合本地实际情况参照执行。

(二)如实说明个别未达成协议的情况

根据《土地管理法》第四十七条第四款以及《土地管理法实施条例》第二十九条第二款,对个别确实难以达成征地补偿安置协议的,县级以上地方人民政府应当在申请征收土地时如实说明。

对于未完成的比例,全国各地有不同的规定。例如,《南京市集体土地征收补偿安置办法》(宁政规字〔2022〕4号,2022年9月1日实施)第十八条第一款规定,个别确实难以达成补偿安置协议的,区人民政府应当在申请征收土地时如实说明。未签订补偿安置协议的比例不得超过应当签订协议总数的10%,国家、省另有规定的,从其规定。

(三)补偿协议是否应当公开

为了防止征收部门或有关部门暗箱操作,滥用权利,损害公共利益,为某些特定被征收人谋取不当利益,分户的补偿协议是否应当公开一直是有争议的问题。《国有土地上房屋征收与补偿条例》第三条规定了结果公开原则;第二十九条第一款规定了应当将分户补偿情况在房屋征收范围内向被征收人公布。

当然,分户补偿情况与分户补偿协议本身还不是一回事。如果通过行政程序或诉讼程序要求公开本征收片区的他人协议,通常难以获得支持。《政府信息公开条例》(国务院令第711号,2019年5月15日实施)第十五条规定,涉及个人隐私等公开会对第三方合法权益造成损害的政府信息,行政机关不得公开。但是如果仅仅要求公开分户补偿情况,它是协议中的重要内容,在法理上是应该得到支持的。

(四)过渡协议的风险

根据最高人民法院(2018)最高法行申4205号行政裁定书,区政府和于某某签订的涉案《拆迁过渡协议》约定了过渡费、搬迁费和奖励金,但没有关于被征收土地和房屋的安置补偿条款,区政府此后亦未对于某某作出明确安置地点、支付或提存补偿款的安置补偿行为。房屋征收补偿的过渡条款是房屋被拆除之后获得实际安置之前,双方当事人关于过渡方式、过渡期限和过渡费用的具体安排,不同于作为征收补偿主要内容的补偿方式、补偿金额、安置地点和面积等主要条款，过渡条款并不能从根本上保障被征收人的安置补偿权益，仅有过渡条款的过渡协议不能替代整体的安置补偿协议，过渡协议中约定的将房屋交由征收机关拆除的内容，必须与明确约定征收补偿主要条款的安置补偿协议结合后，方可作为征收机关拆除被征收房屋的合法依据。

（五）生效时间

目前，尚无关于补偿协议生效时间的行政法方面法律文件，《最高人民法院关于审理行政协议案件若干问题的规定》也没有明确规定。由于补偿协议兼有民事协议的属性，根据《民法典》第五百零二条，依法成立的合同，自成立时生效，但是法律另有规定或者当事人另有约定的除外。根据该条第二款，依照法律、行政法规的规定，合同应当办理批准等手续的，依照其规定。未办理批准等手续影响合同生效的，不影响合同中履行报批等义务条款以及相关条款的效力。应当办理申请批准等手续的当事人未履行义务的，对方可以请求其承担违反该义务的责任。根据该条第三款，依照法律、行政法规的规定，合同的变更、转让、解除等情形应当办理批准等手续的，适用前款规定。

第三节 补偿协议纠纷

就一般的情形而言，征收方与被征收方达成了补偿协议，多属于双方合意或基本合意的结果，通常不会有什么纠纷，即使有误解，往往可以通过协商沟通的方式解决。但事情总是有例外，近年来因不动产征收补偿协议引发的法律纠纷渐有增多的趋势。在双方对簿公堂的情况下，就需要专门针对这类协议纠纷的相关法律规定。

一、纠纷类型

根据《行政诉讼法》第十二条第一款第（十一）项的规定，从字面上来看，行政协议相关纠纷主要有4种情形，即行政机关不依法履行协议、未按照约定履行协议、违法变更协议以及违法解除协议等，这里的协议包括土地房屋征收补偿协议等。显然，涉及补偿协议的纠纷远远不止上述4种情形。

那么，遇到超出上述4种情形的情况该如何处理。根据最高人民法院（2017）

最高法行再49号行政裁定书,协议订立时的缔约过失,协议成立与否,协议有效无效,撤销、终止行政协议,请求继续履行行政协议、采取相应的补救措施、承担赔偿和补偿责任以及行政机关监督、指挥、解释等行为产生的行政争议,都应当纳入受案范围。如果把他们排除在外,可能会出现以下问题:一是如将相关行政协议争议纳入民事诉讼,既造成了同一性质的协议争议由行政民事分别受理并审理的混乱局面,又增加了行政裁判和民事裁判不一致的风险,不利于彻底化解行政协议纠纷;二是如相关行政协议争议不纳入行政诉讼的受案范围,又因其行政性民事诉讼不予受理,极易造成行政诉讼和民事诉讼均不受理的尴尬局面,亦有悖于现代行政诉讼为公民、法人或者其他组织提供无漏洞、有效的司法保护的主要宗旨;三是将相关行政协议争议排除出行政诉讼的受案范围,意味着有关行政协议争议游离行政法治轨道,既不能及时有效地依法解决相关行政争议,也不利于监督行政机关依法行使职权。

因此,最高人民法院对《行政诉讼法》第十二条第一款第(十一)项的解释比较宽泛。当然,在《最高人民法院关于审理行政协议案件若干问题的规定》发布后,关于补偿协议纠纷类型化的问题已经没有过多争执的必要了,它的受案范围显现日益扩大的趋势,基本上涵盖了各种类型。

二、无效的情形

如果要讨论补偿协议的无效情形,首先要看一下有效情形是如何规定的。根据《民法典》第一百四十三条,具备下列条件的民事法律行为有效:(1)行为人具有相应的民事行为能力;(2)意思表示真实;(3)不违反法律、行政法规的强制性规定,不违背公序良俗。前面已经提到,对补偿协议可以参照适用民事法律规范关于民事合同的相关规定。因此,本节将把民法规定和行政法规定综合考量。

(一)虚假意思表示的

根据《民法典》第一百四十六条第一款,行为人与相对人以虚假的意思表示实施的民事法律行为无效。根据其第二款,以虚假的意思表示隐藏的民事法律行为的效力,依照有关法律规定处理。

(二)违反强制性规定的

根据《民法典》第一百五十三条第一款,违反法律、行政法规的强制性规定的民事法律行为无效。但是,该强制性规定不导致该民事法律行为无效的除外。根据《最高人民法院关于审理行政协议案件若干问题的规定》第十二条第一款,行政协议存在《行政诉讼法》第七十五条规定的重大且明显违法情形的,人民法院应当确认行政协议无效;根据其第二款,人民法院可以适用民事法律规范确认行政协议无效;根据其第三款,行政协议无效的原因在一审法庭辩论终结前消除的,人民法院可以确认行政协议有效。

(三)违背公序良俗的

根据《民法典》第一百五十三条第二款,违背公序良俗的民事法律行为无效。

(四)恶意串通损害他人利益的

根据《民法典》第一百五十四条,行为人与相对人恶意串通,损害他人合法权益的民事法律行为无效。

(五)应批准未批准的

根据《最高人民法院关于审理行政协议案件若干问题的规定》第十三条第一款,法律、行政法规规定应当经过其他机关批准等程序后生效的行政协议,在一审法庭辩论终结前未获得批准的,人民法院应当确认该协议未生效;根据其第二款,行政协议约定被告负有履行批准程序等义务而被告未履行,原告要求被告承担赔偿责任的,人民法院应予支持。

(六)确认补偿协议无效之诉的期限

目前,关于这一期限争议较大。从补偿协议兼有的民事属性来看,要求人民法院确认其无效,属于确认合同无效请求权的确认之诉,它并不需要协议另一方的同意、协助或给付,而是经由向法院或者仲裁机构单方主张即可实现,属于形成权,不受起诉期限或诉讼时效的限制。

但如果从补偿协议的行政属性来看,它是一种行政行为,只不过是一种特殊的双方行政行为。对其起诉应当受到《行政诉讼法》上的起诉期限的约束。根据最高人民法院(2016)最高法行申2233号行政裁定书,虽然现行《行政诉讼法》没有明文规定确认行政行为无效是否适用起诉期限的规定,但根据一般诉讼原理,请求确认行政行为无效,仍需在适当期间内提起。

三、可撤销的情形

同样,参照适用民事法律规范,补偿协议的可撤销情形也可从《民法典》中找到相应的法律依据。

(一)基于重大误解实施的

根据《民法典》第一百四十七条,基于重大误解实施的民事法律行为,行为人有权请求人民法院或者仲裁机构予以撤销。

(二)以欺诈手段实施的

根据《民法典》第一百四十八条,一方以欺诈手段,使对方在违背真实意思的情况下实施的民事法律行为,受欺诈方有权请求人民法院或者仲裁机构予以撤销。

(三)受第三人欺诈的

根据《民法典》第一百四十九条,第三人实施欺诈行为,使一方在违背真实意思的情况下实施的民事法律行为,对方知道或者应当知道该欺诈行为的,受欺诈方有权请求人民法院或者仲裁机构予以撤销。

(四)以胁迫手段实施的

根据《民法典》第一百五十条,一方或者第三人以胁迫手段,使对方在违背真实意思的情况下实施的民事法律行为,受胁迫方有权请求人民法院或者仲裁机构予以撤销。

(五)显失公平的

根据《民法典》第一百五十一条,一方利用对方处于危困状态、缺乏判断能力等情形,致使民事法律行为成立时显失公平的,受损害方有权请求人民法院或者仲裁机构予以撤销。

(六)可撤销情形的司法处理

根据《最高人民法院关于审理行政协议案件若干问题的规定》第十四条,原告认为行政协议存在胁迫、欺诈、重大误解、显失公平等情形而请求撤销,人民法院经审理认为符合法律规定可撤销情形的，可以依法判决撤销该协议。

（七）请求撤销补偿协议的起诉期限

如果说前面提到的请求确认补偿协议无效之诉目前尚无《行政诉讼法》的明确规定，请求撤销补偿协议则须适用《行政诉讼法》关于起诉期限的相关规定，可参阅本书第 16 章关于行政诉讼起诉期限的相关讨论。

四、无效或被撤销的法律后果

一旦补偿协议被确认无效或者被撤销，相应地就会产生一定的法律后果，对补偿协议的双方都有较大影响。

（一）无效或被撤销协议之效力

根据《民法典》第一百五十五条，无效的或者被撤销的民事法律行为自始没有法律约束力。

（二）返还财产或折价补偿

根据《最高人民法院关于审理行政协议案件若干问题的规定》第十五条第一款，行政协议无效、被撤销或者确定不发生效力后，当事人因行政协议取得的财产，人民法院应当判决予以返还；不能返还的，判决折价补偿。

（三）补救或赔偿

根据《最高人民法院关于审理行政协议案件若干问题的规定》第十五条第二款，因被告的原因导致行政协议被确认无效或者被撤销，可以同时判决责令被告采取补救措施；给原告造成损失的，人民法院应当判决被告予以赔偿。

（四）确认无效或赔偿

根据《最高人民法院关于审理行政协议案件若干问题的规定》第二十二条，原告以被告违约为由请求人民法院判令其承担违约责任，人民法院经审理认为行政协议无效的，应当向原告释明，并根据原告变更后的诉讼请求判决确认行政协议无效；因被告的行为造成行政协议无效的，人民法院可以依法判决被告承担赔偿责任。原告经释明后拒绝变更诉讼请求的，人民法院可以判决驳回其诉讼请求。

(五)可以调解

根据《行政诉讼法》第六十条第一款,行政赔偿、补偿以及行政机关行使法律、法规规定的自由裁量权的案件可以调解。据此规定,《最高人民法院关于审理行政协议案件若干问题的规定》第二十三条第一款规定,人民法院审理行政协议案件,可以依法进行调解。

根据《行政诉讼法》第六十条第二款和《最高人民法院关于审理行政协议案件若干问题的规定》第二十三条第二款,人民法院进行调解时,应当遵循自愿、合法原则,不得损害国家利益、社会公共利益和他人合法权益。

五、履行纠纷

一旦补偿协议签订,根据《民法典》第一百一十九条,依法成立的合同,对当事人具有法律约束力;根据其第一百七十六条,民事主体依照法律规定或者按照当事人约定,履行民事义务,承担民事责任。就补偿协议的纠纷而言,除前面讨论的两类比较常见的关于协议本身的无效情形和可撤销情形之外,关于履行方面的争议也比较常见。

(一)可以行使履行抗辩权

根据《最高人民法院关于审理行政协议案件若干问题的规定》第十八条,当事人依据民事法律规范的规定行使履行抗辩权的,人民法院应予支持。

(二)被告未依法履行的

根据《最高人民法院关于审理行政协议案件若干问题的规定》第十九条第一款,被告未依法履行、未按照约定履行行政协议,人民法院可以依据《行政诉讼法》第七十八条的规定,结合原告诉讼请求,判决被告继续履行,并明确继续履行的具体内容;被告无法履行或者继续履行无实际意义的,人民法院可以判决被告采取相应的补救措施;给原告造成损失的,判决被告予以赔偿。

(三)被告明示拒绝履行的

根据《最高人民法院关于审理行政协议案件若干问题的规定》第二十条,被告明确表示或者以自己的行为表明不履行行政协议,原告在履行期限届满之前向人民法院起诉请求其承担违约责任的，人民法院应予支持。

（四）被告原因导致原告无法履约的

根据《最高人民法院关于审理行政协议案件若干问题的规定》第二十一条，被告或者其他行政机关因国家利益、社会公共利益的需要依法行使行政职权，导致原告履行不能、履行费用明显增加或者遭受损失，原告请求判令被告给予补偿的，人民法院应予支持。

（五）时效规定

根据《最高人民法院关于审理行政协议案件若干问题的规定》第二十五条，公民、法人或者其他组织对行政机关不依法履行、未按照约定履行行政协议提起诉讼的，诉讼时效参照民事法律规范确定；对行政机关变更、解除行政协议等行政行为提起诉讼的，起诉期限依照《行政诉讼法》及其司法解释确定。

（六）格式条款解释

根据《民法典》第四百九十八条，对格式条款的理解发生争议的，应当按照通常理解予以解释。对格式条款有两种以上解释的，应当作出不利于提供格式条款一方的解释。格式条款和非格式条款不一致的，应当采用非格式条款。

显然，几乎所有的征迁补偿协议均是由甲方拟就的，其格式条款也是甲方事先准备好的，乙方对此并无多大的广义议价空间。一旦发生需要对格式条款进行解释的纠纷，通常应当采纳有利于乙方而不利于甲方的解释。

第十一章

征收土地决定

夫仁政，必自经界始

——《孟子·滕文公上》

2020年1月1日之前，集体土地上是先有征地决定，后有征地组织实施，此后才可以测量、登记、评估和签订协议等。2020年1月1日之后，大量征补环节已置于征地决定之前，而征地决定作出后的相关事务已经不是很多了。

第一节　概　　述

集体土地上的征收土地决定是对集体土地所有权进行征收的行政决定，同时对集体土地使用权和集体土地附着物所有权进行征收；国有土地上的征收土地决定是对国有土地使用权进行征收的行政决定，同时对国有土地附着物所有权进行征收。根据《国有土地上房屋征收与补偿条例》第十三条，现行的"房屋征收决定"实际上一身分饰两个角色，既是国有土地附着物所有权征收决定，也是国有土地使用权征收决定。经由这一底层逻辑考察，集体土地上的征补活动与国有土地上的征补活动就有了统一的逻辑基础。

一、征收土地决定的概念

需要指出的是，在现行土地立法中，并无"征收土地决定"这一严格称谓。在2017年《行政复议法》第三十条第二款中，有"征收土地的决定"这一表述。据此，本章总结提炼现行土地管理法律法规中的相关规定,使用"征收土地决定"这一概念涵盖征收土地批准文件和征收土地公告等内容。

根据《土地管理法实施条例》第三十一条,县级以上地方人民政府应当自收到批准文件之日起15个工作日内在拟征收土地所在的乡(镇)和村、村民小组范围内发布征收土地公告。这里的"批准文件"实质上就是上级人民政府的征收土地决定,目前只有省级人民政府和国务院有权作出这样的行政决定,其名称也是多种多样,如批准书、批复、批准意见书或批准函等。

二、征收土地申请

在完成前期的土地预征收程序之后,下级地方政府对相关材料进行汇总,整理,然后正式组卷,上报有批准权限的人民政府。

(一)完成前期工作

根据《土地管理法》第四十七条第五款以及《土地管理法实施条例》第三十条第一款,相关前期工作完成后,县级以上地方人民政府方可申请征收土地,依照《土地管理法》第四十六条的规定报有批准权的人民政府批准。

这里所说的前期工作即前几章所讨论的内容,主要包括完成土地转用审批(如果原来是农用地)、征收目的立项、建设用地规划许可证审批、拟征收土地现状调查、社会稳定风险评估,发布拟征收公告、听取被征收人及利害关系人的意见、修改安置补偿方案或听证、办理补偿登记、测算并落实补偿费用、签订安置补偿协议,以及说明前期工作完成情况等。

(二)补偿费用足额到位

根据《土地管理法实施条例》第三十二条第四款,申请征收土地的县级以上地方人民政府应当及时落实土地补偿费、安置补助费、农村村民住宅以及其他地上附着物和青苗等的补偿费用、社会保障费用等,并保证足额到位,专款专用。有关费用未足额到位的,不得批准征收土地。

(三)新旧报批材料对比

在新的《土地管理法》与新的《土地管理法实施条例》施行之前,组卷报批的材料是非常复杂的,即人们通常所俗称的"一书四方案"或"一书三方案"等,包括建设项目用地呈报说明书、农用地转用方案、补充耕地方案、土地征收方案、供地方案。新的组卷报批制度建立后，通常只需要上报农用地转用方案（《土地管理法实施条例》第二十三条第一款）和用地申请（《土地管理法实施条例》第三十条第一款）等文件。

（四）申请期限

以河北省为例，根据《河北省征收土地程序规定》（冀政办字〔2022〕120号，2022年9月10日实施）第十五条，征收土地前期工作完成后，市、县（市、区）政府应当自签订集体土地所有权征收补偿安置协议之日起1年内，向有批准权的政府提出征收土地申请，申报材料按照国家和省有关规定执行。1年内未提出的，应当重新启动征收土地前期工作。

（五）农用地转用方案

根据《土地管理法实施条例》第二十三条，在国土空间规划确定的城市和村庄、集镇建设用地范围内，为实施该规划而将农用地转为建设用地的，由市、县人民政府组织自然资源等部门拟订农用地转用方案，分批次报有批准权的人民政府批准。农用地转用方案应当重点对建设项目安排、是否符合国土空间规划和土地利用年度计划以及补充耕地情况作出说明。农用地转用方案经批准后，由市、县人民政府组织实施。

（六）征收土地申请书

根据《土地管理法实施条例》第三十条第一款，县级以上地方人民政府完成本条例规定的征地前期工作后，方可提出征收土地申请，依照《土地管理法》第四十六条的规定报有批准权的人民政府批准。

第二节　征收土地批准

在接到下级政府的征收土地申请材料后，上级政府就需要根据相关法律规定进行审批，作出相应的征收土地决定。

一、批准权限

如果拟建设的项目使用的是国有荒地，也就是国有未利用地，一般就不会涉及土地征收问题,直接办理其他批准手续即可。如果是国有建设用地,就分两种情形:一是对于空地而言,一般办理用地手续即可;二是对于其上有房屋的国有建设用地而言,需要先征收地上的房屋然后才能使用,此即为现行《国有土地上房屋征收与补偿条例》所规范的内容。

相对来说,如果建设项目必须用到集体所有的土地,那么情况是最复杂的,这就涉及对农民集体所有的土地的所有权进行消灭并给予补偿安置,批准机关涉及国务院和省级政府。

(一)国务院批准征地

根据《土地管理法》第四十六条第一款,三种情形的土地征收需要由国务院批准。一是永久基本农田征收;二是永久基本农田以外的耕地超过 35 公顷的;三是其他土地超过 70 公顷的。

(二)省级政府批准征地

根据《土地管理法》第四十六条第二款,省级政府,即省、自治区和直辖市人民政府的土地征收批准权限不包含永久基本农田。而对于非永久基本农田的其他农用地,只有不超过 35 公顷的权限。对于非农用地的其他土地,只有不超过 70 公顷的权限。

(三)省级政府权限扩大规定

根据《国务院关于授权和委托用地审批权的决定》(国发〔2020〕4 号,2020 年 3 月 1 日实施),试点将永久基本农田转为建设用地和国务院批准土地征收审批事项委托部分省、自治区、直辖市人民政府批准。自本决定发布之日起,对《土地管理法》第四十四条第二款规定的永久基本农田转为建设用地审批事项,以及第四十六条第一款规定的永久基本农田、永久基本农田以外的耕地超过 35 公顷的、其他土地超过 70 公顷的土地征收审批事项,国务院委托部分试点省、自治区、直辖市人民政府批准。首批试点省份为北京、天津、上海、江苏、浙江、安徽、广东、重庆,试点期限 1 年,具体实施方案由试点省份人民政府制订并报自然资源部备案。国务院将建立健全省级人民政府用地审批工作评价机制,根据各省、自治区、直辖市的土地管理水平综合评估结果,对试点省份进行动态调整,对连续排名靠后或考核不合格的试点省份,国务院将收回委托。

(四)对非法批地的追究

根据《土地管理法》第七十九条,无权批准征收、使用土地的单位或者个人非法批准占用土地的,超越批准权限非法批准占用土地的,不按照土地利用总体规划确定的用途批准用地的,或者违反法律规定的程序批准占用、征收土地的,其批准文件无效,对非法批准征收、使用土地的直接负责的主管人员和其他直接责任人员,依法给予处分;构成犯罪的,依法追究刑事责任。非法批准、使用的土地应当收回,有关当事人拒不归还的,以非法占用土地论处。非法批准征收、使用土地,对当事人造成损失的,依法应当承担赔偿责任。

二、审查内容

根据《土地管理法实施条例》第三十条第二款,有批准权的人民政府应当对征收土地的必要性、合理性、是否符合《土地管理法》第四十五条规定的为了公共利益确需征收土地的情形以及是否符合法定程序进行审查。

另外,有一种观点认为,新的土地管理规定已经把安置补偿问题与土地征收的批准问题进行了适当分离。国务院或者省级以上人民政府只需对土地征收必要性进行审查,而不再对安置补偿方案和安置补偿标准进行审查。因为按照新的制度规定,这些程序已经在此之前已经完成,才能进行报批。①

第三节　征收土地公告

根据《土地管理法》第四十七条第一款和《土地管理法实施条例》第三十一条,国家征收土地的,依照法定程序批准后,由县级以上地方人民政府予以公告并组织实施。县级以上地方人民政府应当自收到批准文件之日起15个工作日内在拟征收土地所在的乡(镇)和村、村民小组范围内发布征收土地公告,公布征收范围、征收时间等具体工作安排,并依法组织实施。

早在先下达征地决定,后实施土地征收的年代,经常发生被征收农民知晓征地公告时间的问题。新的《土地管理法》实施后,这种情况就比较少见了,《关于认定被征地农民“知道”征收土地决定有关问题的意见》(国法〔2014〕40号,2014年7月

① 参见魏莉华:《新〈土地管理法实施条例〉释义》,中国大地出版社2021年版,第192页。

实施）也不太被提及。不过，征收土地公告方式仍需要引起重视。尽管相关司法判例可能会因时代背景的变化而变得不那么合时宜了，但仍有示范意义。

一、公告方式

例如，根据最高人民法院（2016）最高法行再82号行政判决书，省级以上人民政府作出的征地批复或者征地决定，在依据《土地管理法》及其实施条例的相关规定，以发布公告的方式对被征收人送达后，才能对被征收人发生法律效力，才能导致土地性质的改变，也才能引发安置补偿等一系列后续法律关系。

二、组织实施后续征收工作

根据《土地管理法》第四十七条第一款和《土地管理法实施条例》第三十一条，相对于《土地管理法》大修前的工作量而言，新模式下征收土地公告发布后的组织实施工作已经不是很多了。继续与被征地农户进行协商就是其中之一，如果仍协商不成，需要作出征地补偿安置决定。

第四节　当前国有土地上征收土地决定的两种形式

众所周知，国有土地是归国家所有或全民所有的，即使国家建设需要占用相关的土地，依法并不发生所谓的土地所有权征收问题，需要征收或收回的，只是国有土地使用权。本节所说的国有土地的征收土地决定，是指国有土地使用权征收决定，包含了因公共利益而提前收回国有土地使用权的情形。

一、因公共利益的国有土地使用权收回决定

因出现的法律事实不同，国有土地使用权收回的情形也被划分为非因公共利益的收回和因公共利益的收回，后者在本书被界定为一种正式的不动产征收。换句话说，因为公共利益的需要，自然资源主管部门报经原批准用地的人民政府批准，依照法定的权限和程序收回单位或个人的国有土地使用权。

（一）因公共利益收回国有土地使用权的法律依据

由于国有土地使用权业已成为一种独立的财产权利，而且它是地上附着物所有权的基础，保持其稳定就至关重要，因公共利益予以收回，必须有相应的法律依

据。根据《城市房地产管理法》第二十条以及《城镇国有土地使用权出让和转让暂行条例》第四十二条,国家对土地使用者依法取得的土地使用权,在出让合同约定的使用年限届满前不收回;在特殊情况下,根据社会公共利益的需要,可以依照法律程序提前收回,并根据土地使用者使用土地的实际年限和开发土地的实际情况给予相应的补偿。

(二)因公共利益国有土地使用权收回决定的法律性质

根据《关于认定收回土地使用权行政决定法律性质的意见》第三条,根据社会公共利益的需要,人民政府或者土地管理部门依照法律程序提前收回出让的国有土地使用权,属于行政处理决定。

(三)土地征收概念的扩张解释

《宪法》第十条第三款规定,国家为了公共利益的需要,可以依照法律规定对土地实行征收或者征用并给予补偿。《土地管理法》第二条第四款规定,国家为了公共利益的需要,可以依法对土地实行征收或者征用并给予补偿。从这两个条款的表述来看,其内容几乎一模一样。

在通常情况下,人们对上述条款中的土地征收都理解为是对集体土地所有权的征收,但如果仔细研究他们的表述,其实并未限定土地所有权,征收土地也可以从广义上理解为对土地使用权的收回。从这个视角来观察,那么国有土地使用权收回实质也就是对国有土地使用权的征收。因此,因公共利益收回国有土地使用权就可以参照适用土地征收方面的相关法律,而这正是《土地管理法》第五十八条第二款的立法原意所在。根据该条款,因公共利益收回国有土地使用权的,对土地使用权人应当给予适当补偿。

结合前面的讨论,因公共利益的需要而对国有土地使用权的收回,实质上就是一种不动产征收与补偿活动。正因为如此,在一些地方的实践中,甚至是把它与不动产征收与补偿活动划为一类来对待的。例如,上海市规划和自然资源局在其官网发布的《关于印发〈本市建设项目涉及土地房屋征收工作程序(试行)〉的通知的解读材料》中,就明确把国有土地收回与集体土地征收和房屋征收并列,“将项目涉及集体土地征收、国有土地收回、房屋征收的全流程分为征地前期工作、农转用征收报批与核发供地批文、农转用征收批后实施、规划许可和验收登记五大阶段工作”①。

另外,根据《国有土地上房屋征收与补偿条例》第十三条第三款,房屋被依法征收的,国有土地使用权同时收回。因此国有土地上的房屋征收与补偿活动实质也是对国有土地使用权的征收或收回。如果房屋补偿中已经包含了国有土地使用权的补偿价值,就不需要再单独对土地使用权进行补偿;反之,如果并不包含,则需要单独对其进行补偿。一个特例是国有空地的情形,根据《最高人民法院关于征收国有土地上房屋时是否应当对被征收人未经登记的空地和院落予以补偿的答复》,对其也需要单独补偿。

(四)国有农场土地收回决定

根据《国土资源部、农业部关于加强国有农场土地使用管理的意见》第三条第一款,因国家经济建设或地方公益性建设需要收回国有农场农用地的,需要依法办理农用地转用审批手续,并参照征收农民集体土地的补偿标准进行补偿;需要收回国有农场建设用地的,参照征收农民集体建设用地的补偿标准进行补偿,保障农场职工的长远生计。

根据该条第二款,对拟收回的国有农场土地使用权,在依法报批前,必须将拟收回土地的用途、位置、补偿标准、安置途径告知该农场和所涉及的职工。对拟收回土地的现状调查结果,必须经该农场和所涉及的职工确认,并将该农场和所涉及职工的知情、确认等有关材料作为收回土地报批的必备材料。

根据该条第三款,依法收回国有农场土地使用权,应给予经济补偿。经济补偿参照征收农民集体土地的补偿标准计算,并安排相应的社会保障费用。国有农场因土地被收回而不具备失地职工基本安置条件的,各地应将失地职工纳入当地城镇职工再就业体系。具备安置条件的,在安排失地职工新的劳动岗位后,国有农场可将土地补偿费和安置补助费用于农场基本农田的建设保护和补充社会保障资金。

由此可以看出,国有农场的国有土地收回实质也是一种针对国有土地使用权的征收决定,并且征收与补偿的程序和标准等类似于集体土地征收。可以说,它是

---

① 上海市规划和自然资源局:《关于印发〈本市建设项目涉及土地房屋征收工作程序(试行)〉的通知的解读材料》,载上海市规划和自然资源局官网,http://hd.ghzyj.sh.gov.cn/bmzx/zcjd/202008/t20200825_981316.html。

介于纯粹的集体土地征收和纯粹的国有土地征收之间的中间型。

(五)国有养殖水面的收回

根据最高人民法院(2020)最高法行申8193号行政裁定书,珊珀湖水面属于用于农业生产的土地,确认水面养殖使用权适用《渔业法》,并不等于水面养殖使用权不受《土地管理法》等相关法律的调整。对国有养殖水面的收回,实际上也是对国有土地使用权收回的决定。

二、国有土地上房屋征收决定的双重角色

根据《国有土地上房屋征收与补偿条例》第十三条第一款,市、县级人民政府作出房屋征收决定后应当及时公告,此为国有土地上房屋征收决定的法律依据。根据该条例第十三条第三款,房屋被依法征收的,国有土地使用权同时收回。可见国有土地上房屋征收决定同时也是国有土地使用权的收回决定。换句话说,房屋征收决定一方面是国有土地上房屋等附着物所有权的征收决定,另一方面也是国有土地使用权征收决定。

这里有一个内在的矛盾。众所周知,在房屋周边往往都有一些空地,如果从字面上来看,房屋征收决定针对的是房屋,或者至多连带房屋之下的土地,那么对这些空地如何处理,是否需要再作出一个土地征收决定?在实践中,往往都采取这种"以房拖地"的办法,即附带收回相关的空地。

根据《最高人民法院关于征收国有土地上房屋时是否应当对被征收人未经登记的空地和院落予以补偿的答复》,国有土地上房屋征收补偿中,应将当事人合法享有国有土地使用权的院落、空地面积纳入评估范围,按照征收时的房地产市场价格,一并予以征收补偿。

在将来的国有土地上不动产征收与补偿立法改革中,完全可以国有土地使用权征收决定来代替房屋征收决定,这样做的一个好处就是弥补前面所说的国有空地征收矛盾问题,但更重要的是,征收方对房屋本身并不感兴趣,他们致力于获取的是房子之下的土地,把房屋征收变更为更符合本意的国有土地使用权征收,可以做到名实相符。不仅如此,通过统一而扩张的土地征收概念,可以把目前严重分割的国有土地上和集体土地上不动产征收活动统一起来,也在一定程度上尽量消减日益分裂的城乡二元格局。

第五节　针对征收土地决定的法律救济

正如前面刚刚提到的,国有土地和集体土地的征收土地决定呈现不同的表现形式,对他们的法律救济方式也有很大的不同。因目前国有土地上的征收土地决定仍是由房屋征收决定以“一身分饰两角”的方式来承担的,法律救济并不存在问题,本节讨论的重点是集体土地上的情形。

一、国有土地

国有土地上的征地决定,即国有土地使用权收回决定以及作为国有土地使用权征收决定的房屋征收决定,其法律救济方式一直比较明确。根据《国有土地上房屋征收与补偿条例》第十四条,被征收人对市、县级人民政府作出的房屋征收决定不服的,可以依法申请行政复议,也可以依法提起行政诉讼。

二、集体土地

分别以 2020 年 1 月 1 日和 2021 年 9 月 1 日为界,与征收土地决定相关联的法律环节与时序发生了不小的变化。在此前,征收土地决定的位置是相当靠前的,因而对它的法律救济同时也会对后续的法律环节产生较大影响。但在新的制度框架下,包括集体土地所有权的权利主体本身,以及大部分被征地村民都已经与征收方签订补偿协议后走人,剩下的少数被征地村民如何对随之而来的征收土地决定寻求法律救济,就成为一个新的话题。

(一)通常情况下不可诉

根据《最高人民法院关于适用〈中华人民共和国行政复议法〉第三十条第二款有关问题的答复》(〔2005〕行他字第 23 号,2005 年 9 月 20 日实施),《行政复议法》第三十条第二款规定的最终裁决应当包括两种情况:一是国务院或者省级人民政府对行政区划的勘定、调整或者征用土地的决定;二是省级人民政府据此确认自然资源的所有权或者使用权的行政复议决定。因此,这种复议终局规定就断绝了直接寻求人民法院司法救济的可能。尽管该答复中的《行政复议法》相关条款是当时的立法版本,但从最新修订的 2023 年《行政复议法》来看,仍然坚持这类行政行为属于复议终局类别。

（二）通常情况下可复议

在2010年前后的较长一段时间内，关于征收土地决定，特别是省级政府作出的征地批复是否可以复议，一直是争论比较大的议题。经过一系列法院裁判，特别是最高人民法院数个相关裁判后，其可复议性问题基本上得到了解决。

根据原国务院法制办《对宁夏回族自治区人民政府法制办公室〈关于省级人民政府土地批复行政复议案件有关问题的请示〉的复函》，根据《行政复议法》的规定，判断某一行为是否属于行政复议范围，核心在于判断其是否属于影响公民、法人或者其他组织合法权益的具体行政行为。省级人民政府作出的征地批复性质上是行政征收决定，是征地审批机关行使征地审批权的具体的、唯一的表现形式，将对被征地农村集体经济组织和农民的财产权利等合法权益产生实质影响，依法属于行政复议范围。征地批复属于行政复议范围。

根据最高人民法院（2019）最高法行申8409号行政裁定书，关于省级人民政府作出的征地批复是否属于行政复议范围的问题。根据《土地管理法》第四十六条、第四十七条的规定，省级人民政府作出批准征收土地的批复后，由县级以上地方人民政府予以公告并组织实施。因此，在具体征地过程中，省级人民政府的征地批复由下级人民政府予以公告，外化为直接产生征收土地法律效果的“土地征收决定”，对被征收人的权利义务产生实际影响，故该类批复符合《行政复议法》规定的行政复议范围。

另据最高人民法院（2020）最高法行申5138号行政裁定书，省级人民政府作出的征收土地决定，以及省级人民政府对征用土地决定作出实体处理的行政复议决定，属于法律规定的最终裁决行为，当事人对此类行政行为提起行政诉讼的，人民法院不予受理。但是，上述规定并未限制当事人对征收土地决定通过行政复议寻求救济。公民、法人或者其他组织不服省级人民政府作出的征收土地决定，有权申请行政复议，复议机关应依法受理，进行实体审查并作出决定。

（三）复议后起诉或申请国务院裁决

根据《行政复议法》第二十六条，对省、自治区、直辖市人民政府的具体行政行为不服的，向作出该具体行政行为的省、自治区、直辖市人民政府申请行政复议。对行政复议决定不服的，可以向人民法院提起行政诉讼；也可以向国务院申请裁决，国务院依照本法的规定作出最终裁决。

（四）2023 年《行政复议法》修改后的制度安排

从《行政复议法》最新修改版本来看，其第十一条第（五）项规定对行政机关作出的征收征用财物决定及其补偿决定不服的可以申请行政复议。这里的财物是否包括土地，或者说它是否排除了土地，就成为在新的复议制度体系下征收土地决定是否可以申请行政复议的关键。从一般的法理常识来看，财物当然包括土地在内，这是不应有什么疑问的。

第十二章

补偿决定

估值给之，或还以官地

——《论语·学而》

在不动产征补活动中，多数被征收人往往可以在签约期限内与征收方顺利签订补偿协议，但在有些情况下出于种种原因一直无法达成合意，这时就需要带有某种强制色彩的行政决定来解决问题，否则就可能拖得遥遥无期，损害公共利益。补偿决定就是这样一种最终解决手段，但需要在法律上予以严格限制。另外，补偿决定本身一直以来都是既可复议也可诉讼的，这一点毫无争议，因此本章对于它的法律可救济性问题不过多讨论。

第一节　补偿决定的概念

补偿决定在行政法上带有强制性，是后续行政强制执行的先决条件之一，其法律地位属于《行政强制法》（主席令第 49 号，2012 年 1 月 1 日实施）第二条第三款、第十三条第二款和第三十四条中所说的“行政决定”，但在国有土地上和集体土地上有较大差异。

一、国有土地上的补偿决定

在国有土地上的房屋征补活动中，作为征补法典式文件的《国有土地上房屋征收与补偿条例》设立的补偿决定制度在当代中国不动产征补活动中是极具创造性的，为集体土地上征补活动设立类似制度提供了理论和实践先导。

（一）法律依据

根据《国有土地上房屋征收与补偿条例》第二十六条第一款，房屋征收部门与被征收人在征收补偿方案确定的签约期限内达不成补偿协议，或者被征收房屋所有权人不明确的，由房屋征收部门报请作出房屋征收决定的市、县级人民政府依照本条例的规定，按照征收补偿方案作出补偿决定，并在房屋征收范围内予以公告。

（二）补偿决定与补偿协议的关系

根据《国有土地上房屋征收与补偿条例》第二十六条第二款，补偿决定应当公平，包括本条例第二十五条第一款规定的有关补偿协议的事项。

（三）对补偿决定的法律救济

根据《国有土地上房屋征收与补偿条例》第二十六条第三款，被征收人对补偿决定不服的，可以依法申请行政复议，也可以依法提起行政诉讼。另外，甚至还有地方对此进行了专门规定。例如，湖南省高级人民法院就发布了《国有土地上房屋征收补偿决定案件裁判指引（试行）》（湘高法发〔2021〕5 号，2021 年 1 月 28 日实施），这是全国首个此类案件审理指引，在本省范围内适用。

（四）作出前是否需要听证

根据最高人民法院（2017）最高法行申 6636 号行政裁定书，听证程序并非国有土地上房屋征收活动中的法定程序，特别是在补偿阶段。没有听证即作出补偿决定，并不违反法律规定。

尽管如此，结合前面各章的相关讨论，特别是参考域外国家或地区的相关做法，如果能够在补偿决定作出前举行一次公开、公正的听证，有可能在此阶段一次性解决问题。近年来，人民法院受理的征迁案件呈几何级数上升的趋势，而补偿决定之前的听证程序对于案件分流和减轻诉累显然是非常有益的。

二、集体土地上的征地补偿安置决定

在国有土地上补偿决定制度设立 10 多年后，新修改的《土地管理法实施条例》最终也设立了类似制度，在立法上回应了学界和业界人士多年的呼吁，但名称略有不同。

根据《土地管理法实施条例》第三十一条，征收土地申请经依法批准后，县级以上地方人民政府应当自收到批准文件之日起十五个工作日内在拟征收土地所在的乡(镇)和村、村民小组范围内发布征收土地公告，公布征收范围、征收时间等具体工作安排，对个别未达成征地补偿安置协议的应当作出征地补偿安置决定，并依法组织实施。

在2020—2021年我国土地管理法律制度大修之前，旧体系中的责令交出土地决定事实上一身饰演了两个角色，一个是补偿决定，另外一个是强制决定，但在新的制度安排中，把二者分开了。强制决定由《土地管理法实施条例》第六十二条设置的责令交出土地决定所取代。根据该条，违反土地管理法律、法规规定，阻挠国家建设征收土地的，由县级以上地方人民政府责令交出土地；拒不交出土地的，依法申请人民法院强制执行。

与国有土地上的补偿决定类似，集体土地上的征地补偿安置决定也应包含其他被征收人已签订的征地补偿安置协议的全部内容。另外，虽然没有在法律条文上明确对它的法律可救济性，但被补偿安置人既可以行政复议，也可以行政诉讼，这是没有任何问题的。

第二节　补偿决定与征收决定的关系

根据前述内容，一旦作出补偿决定，就意味着可能强制性给予补偿。自此以后，征收与被征收的双方可回旋的余地就比较小了，引起的抵触情绪可能也比较大，因而要非常慎重。无论是国有土地还是集体土地，都要求此前必须有一个合法的不动产征收决定。

一、国有土地上的补偿决定与征收决定

从《国有土地上房屋征收与补偿条例》的章节安排来看，第二章是“征收决定”，第三章是“补偿”。关于补偿决定的条文在第三章中，由此可以合理推断，补偿决定必须有一个征收决定，否则就失去了合法理据，相关判例也支持了这一观点。

根据最高人民法院(2015)行监字第1272号行政裁定书，房屋征收决定是征收补偿决定的前置程序。市、县人民政府实施国有土地上房屋征收，必须先拟制征收补偿方案，作出征收决定，之后才能根据征收决定及征收补偿方案依法对被征收人作出征收补偿决定。被征收人对征收补偿决定提起诉讼，征收决定及其附属的征

收补偿方案是审查征收补偿决定是否合法的核心证据。如果征收决定或征收补偿方案存在重大明显违法，失去证明效力，或者市、县人民政府根本未作出征收决定或征收补偿方案，直接作出征收补偿决定，被诉征收补偿决定的合法性均是缺乏合法依据的，应当认定征收补偿决定主要事实不清，证据不足，依法应予撤销。鉴于此，该院认为，人民法院审查征收补偿决定合法性时，应当将征收决定及征收补偿方案作为被诉行政行为的主要证据和依据进行审查，如果征收决定及征收补偿方案存在重大明显违法，应当排除其证明效力。

另据最高人民法院（2018）最高法行申5509号行政裁定书，关于房屋征收决定（及其附件补偿方案）是否属于该案审查范围的问题，房屋征收决定是征收补偿决定的前置程序，因此，在审查征收补偿决定合法性时，应将征收决定及补偿方案作为被诉行政行为的证据和依据，审查其是否存在重大明显违法。如果征收决定已经经过司法审查，则不必审查，如果以超期为由未经过实体审查，则补偿决定仍应审查征收决定。

二、集体土地上的征收决定与补偿决定

需要指出的是，这里提到的集体土地上的征收决定和补偿决定是就其实质内容而言的，它在现行法律文件中的正式称呼分别是征收土地公告和征地补偿安置决定。根据《土地管理法实施条例》第三十一条，征收土地申请经依法批准后，县级以上地方人民政府应当自收到批准文件之日起15个工作日内在拟征收土地所在的乡（镇）和村、村民小组范围内发布征收土地公告，公布征收范围、征收时间等具体工作安排，对个别未达成征地补偿安置协议的应当作出征地补偿安置决定，并依法组织实施。由这一规定可知，与国有土地的情形一样，征地补偿安置决定的作出也必须是以征收土地申请获得批准为前提。

由于新修改的《土地管理法实施条例》施行时间不久，目前关于集体土地上征收决定与补偿决定的关系，特别是在对征地补偿安置决定进行司法审查时是否以及如何对土地征收批准程序进行审查，这方面的相关判例尚未检索到。不过，有一个稍有关联的案例，根据辽宁省锦州市中级人民法院（2021）辽07行初69号行政判决书，征地批准后，负有相应职权的机关应当及早履行对未达成协议农民的补偿安置职责。

第三节　被补偿人不明确的特殊处理

到目前为止,所讨论的都是被补偿人明确的情形,即被征收的不动产所有权人明确。当然,这只是一般情况,被补偿人不能完全等同于不动产所有人,有时还包括其他权利主体。如果被征收人或被补偿人是确定的,无论是最终达成协议,还是最终需要作出一个补偿决定,至少可以有的放矢。但在实践中,可能出现不动产所有权不明确的情形,会给相应的征补工作带来困扰。不过,由于它的公共利益属性,“哪怕对补偿对象有争议,有权政府也必须依法作出补偿决定,而不能因被拆迁物产权不明而影响整个拆迁工作的进程”①。

根据《国有土地上房屋征收与补偿条例》第二十六条第一款,被征收房屋所有权人不明确的,由房屋征收部门报请作出房屋征收决定的市、县级人民政府依照本条例的规定,按照征收补偿方案作出补偿决定,并在房屋征收范围内予以公告。集体土地上的相关法律文件对于这一情形没有明文规定,但是也可以参照执行。不动产征收是一件涉及群众切身利益的大事,许多人可能一辈子都不会遇到,因此行政机关在相关工作中务必细之又细、慎之又慎。如果没有进行严格调查,就轻率地认定房屋无主而予以强制拆除,会被判定违法。

有一个较为典型的案例:根据甘肃省嘉峪关市中级人民法院(2016)甘 02 行初 21 号行政判决书,原告和被告提交的证据均不能证实被征收房屋的所有权归属,属于房屋所有权人不明确的情形。被告区政府在房屋所有权人不明情况下,未按法定程序作出房屋征收补偿决定并予以公告,便将原告居住的房屋拆除,其行为违反《国有土地上房屋征收与补偿条例》的规定,属程序违法。

第四节　补偿权利的持续性

无论是国有土地还是集体土地,不动产征收如果不能以达成协议的方式结束,征收方就必须作出补偿决定,以最终解决问题。但在实践中,如果征收方迟迟拒绝履行相应的法定职责,这就出现了补偿权利是否过期,或者说申请补偿的权利是否失效的问题。对此,最高人民法院的司法判例给出了明确答案。

---

① 刘干:《产权不明时拆迁安置补偿权的行民救济——以 20 年立法演进为视角》,载《人民司法(应用)》2016 年第 34 期。

根据最高人民法院（2019）最高法行申2281号行政裁定书，对行政机关不履行法定职责提起诉讼的，应当在行政机关履行法定职责期限届满之日起6个月内提出。对行政机关履行征收补偿职责的期限认定，一般认为是其补偿职责实际履行完毕之时。当事人国有土地上房屋被征收后尚未获得补偿，相关行政机关未履行征收补偿职责的状态一直持续，当事人有权提起申请补偿之诉。

第五节　分户补偿情况公布

根据《国有土地上房屋征收与补偿条例》第二十九条第一款，房屋征收部门应当依法建立房屋征收补偿档案，并将分户补偿情况在房屋征收范围内向被征收人公布。目前，虽然集体土地上的相关法律文件并无类似规定，但由于集体土地上不动产征收与补偿工作没有一部法典式文件，相关程序参照国有土地上的情形并无不妥。

这一规定体现的是公开原则的具体化。众所周知，补偿决定带有单方的强制性，被补偿人的抵触情绪可想而知。如果在整个征收范围内其他被征收人的补偿情况处于不透明的状态，无论补偿决定本身怎样精巧细致，都可能难以打消被补偿人的怀疑。也正是在这个意义上说，“阳光征收”理念的贯彻，以及“一把尺子量到底”精神的渗透，对于所有人来说是一种最不坏的选择。

第十三章 强制执行

师必有名，人之称斯也者，则谓之何

——《礼记·檀弓下》

上一章讨论的是补偿决定，一旦其法定期限届满，或经相关法律程序后仍得以维持，接下来就是行政强制执行了。当然，作为本章主题的强制执行并非全部都是补偿决定的接续后果。事实上，既可能存在涉及行政协议的强制执行，也可能存在假借强制执行之名而行违法强拆之实的其他行为。一旦后者被确认违法，就又构成了下一章“行政赔偿”的主题。

第一节 不动产行政强制执行的概念

行政主体为了实现某一行政目的，可能会依据法定职权和法定程序，对行政相对人的人身、财产或行为作出某种行政强制行为，此即为所谓的行政强制，包括行政强制措施和行政强制执行。根据《行政强制法》第二条第二款，行政强制措施，是指行政机关在行政管理过程中，为制止违法行为、防止证据损毁、避免危害发生、控制危险扩大等情形，依法对公民的人身自由实施暂时性限制，或者对公民、法人或者其他组织的财物实施暂时性控制的行为。在不动产征收与补偿活动中，它可能偶尔会出现，但并不常见。对于征收方和被征收方来说，更常见的是针对不动产的行政强制执行。

一、行政强制执行的定义

行政强制执行有时可简称为强制执行，根据《行政强制法》第二条第三款，它是指行政机关或者行政机关申请人民法院，对不履行行政决定的公民、法人或者其他组织，依法强制履行义务的行为。具体到不动产征补活动，如因补偿决定生效等，被征收人在法律上有了相应的搬迁义务，征收方有了申请法院强制执行的权利。以国有土地为例，根据《国有土地上房屋征收与补偿条例》第二十七条第二款，作出房屋征收决定的市、县级人民政府对被征收人给予补偿后，被征收人应当在补偿协议约定或者补偿决定确定的搬迁期限内完成搬迁。

二、不动产行政强制执行的具体形态

无论是因双方一直无法妥协而依法强制执行，还是双方签订协议后的依约拆除，都表现为一种对不动产进行拆除之类的具体形态。以房屋拆除为例，根据《建筑法》(2019 年修正，2019 年 4 月 23 日实施)第五十条，房屋拆除应当由具备保证安全条件的建筑施工单位承担，由建筑施工单位负责人对安全负责。

根据行业标准《建筑拆除工程安全技术规范》(JGJ 147—2016，2017 年 5 月 1 日实施)，拆除的方法主要有人工拆除、机械拆除、爆破拆除和静力破碎拆除。施工作业前，应对拟拆除物的实际状况、周边环境、防护措施、人员清场、施工机具及人员培训教育情况等进行检查。施工作业中，应根据作业环境变化及时调整安全防护措施，随时检查作业机具状况及物料堆放情况。施工作业后，应对场地的安全状况及环境保护措施进行检查。拆除地下物，应采取保证基坑边坡及周边建筑物、构筑物的安全与稳定的措施。

三、签订协议并交房后的拆除不属强制执行

正如前面已经提及的，在不动产征补活动中，绝大多数情况下征收方与被征收方能够达成合意，签订补偿协议，顺利解决问题。在这种情况下，就会出现协议的执行问题。同样，在绝大多数情况下协议也能够顺利执行，这又涉及被征收的不动产拆除问题。通常认为，双方达成合意签订协议后的拆除行为不属于行政强制执行。

不过，一般的征迁立法很少涉及这方面的问题。目前，仅《南宁市国有土地上房屋征收与补偿办法》(南府规〔2020〕34 号，2021 年 1 月 1 日实施，2026 年 1 月 1 日废止)等对此进行了规制。根据该办法第二十二条，城区人民政府、开发区管委会应加强对房屋拆除工程的管理，拆除房屋前，房屋征收实施单位应当将房屋拆除工程项目报城区人民政府、开发区管委会建设行政主管部门备案。实施爆破作业的，应当遵守国家有关民用爆炸物品管理的规定。

根据最高人民法院(2018)最高法行申4205号《行政裁定书》,征收机关与被征收人达成安置补偿协议后,被征收人主动将土地或房屋交征收机关处理,征收机关据此采取的拆除行为不属于强制拆除范畴,该拆除行为的合法性和正当性是基于被征收人认可安置补偿后的自愿处分行为。

四、行政强制执行主体

正常进行的行政强制执行是一种法律行为,当然也有其行为主体,行为主体的合法性是行为合法性的前提。根据现行相关立法,这一主体主要有行政机关和非行政机关两大类。

(一)行政机关

根据《行政强制法》第一条和第二条,实施行政强制执行的行为主体是行政机关。在具体实践中,除人民政府、自然资源主管机关、城市综合管理主管机关等以外,部分街道办事处也具有这一权能。例如,根据《北京市人民政府关于向街道办事处和乡镇人民政府下放部分行政执法职权并实行综合执法的决定》(京政发〔2020〕9号,2020年4月1日实施),推进行政执法权限向基层延伸,依据《行政处罚法》《行政强制法》《北京市街道办事处条例》等相关法律法规规定,市政府决定将由市、区有关部门承担的部分行政处罚权、行政强制权下放至街道办事处和乡镇人民政府,并由其依法行使与之相关的行政检查权,实行综合执法。

(二)法律、法规授权的组织

根据《行政强制法》第七十条,法律、行政法规授权的具有管理公共事务职能的组织在法定授权范围内,以自己的名义实施行政强制,适用本法有关行政机关的规定。

第二节　不动产征收行政强制执行的前提

作为一项可能对被征收人的不动产权益产生重大影响的行政行为,它的实施必然需要具备一定的前提条件,这也是现代法治社会的必然要求。

一、有合法的征收决定

从直接层面上看,引起不动产行政强制执行的通常是补偿决定类文件。但补偿决定的作出需要先有一个对目标不动产进行合法征收的文件,无论是集体土地还是国有土地均如此。

就集体土地而言,根据《土地管理法实施条例》第三十一条,征收土地申请经依法批准后,县级以上地方人民政府应当自收到批准文件之日起十五个工作日内在拟征收土地所在的乡(镇)和村、村民小组范围内发布征收土地公告,公布征收范围、征收时间等具体工作安排,对个别未达成征地补偿安置协议的应当作出征地补偿安置决定,并依法组织实施。因此,作出征地补偿安置决定后,组织实施包括了申请人民法院强制执行,但它的前提是征收土地申请经依法批准并获得批准文件。另据《最高人民法院关于审理涉及农村集体土地行政案件若干问题的规定》第十四条第一款第(一)项,县级以上人民政府土地管理部门根据《土地管理法实施条例》第四十五条的规定,申请人民法院执行其作出的责令交出土地决定的,应当符合征收土地方案已经有权机关依法批准这一条件。

就国有土地来说,根据《国有土地上房屋征收与补偿条例》第二十六条第一款,房屋征收部门与被征收人在征收补偿方案确定的签约期限内达不成补偿协议,或者被征收房屋所有权人不明确的,由房屋征收部门报请作出房屋征收决定的市、县级人民政府依照本条例的规定,按照征收补偿方案作出补偿决定,并在房屋征收范围内予以公告。同样,补偿决定的前提是有一个征收决定,而根据该条例第十四条,征收决定是可以行政复议或行政诉讼的。因此,必须待其法定期限届满或经复议或诉讼后维持,补偿决定及其随后的强制执行才有法律依据。

二、已尽到协商义务

如果没有征收,不动产权利人原本可以凭借其不动产获取相应的利益,包括安宁的日常生活等。只是出于某种外在动因,不动产权利人才不得不交出不动产。基于此,征收方天然地具有尽量与不动产权利人协商并争取达成合意的义务。“需用土地人与取得需用地之过程中,自应优先考量采行其他较温和、侵害较小之手段,尽可能地努力以协议方式达到目的,且协议时,所提出之对价亦应有助于协议之成立。”①

根据《行政强制法》第五条,行政强制的设定和实施,应当适当。采用非强制手段可以达到行政管理目的的,不得设定和实施行政强制。正如前面已经提到的,行政强制执行作为一种比较激烈的行政行为,引发的对立可能比较严重。基于现代

① 陈立夫:《土地法研究》,台北,新学林出版股份有限公司2011年版,第207页。

法治原则,作为处于强势地位的征收方应尽量不采取这种强制行为,而是尽最大努力以平和方式解决问题。同样,根据《国有土地上房屋征收与补偿条例》第十三条第二款,市、县级人民政府及房屋征收部门应当做好房屋征收与补偿的宣传、解释工作。实际上该条款也包含了对征收方的上述要求。

三、先补偿后强制

根据《土地管理法》第四十八条第四款,对其中的农村村民住宅,应当按照先补偿后搬迁、居住条件有改善的原则给予公平、合理的补偿。根据《国务院办公厅关于进一步严格征地拆迁管理工作切实维护群众合法权益的紧急通知》第二条,征地涉及拆迁农民住房的,必须先安置后拆迁,妥善解决好被征地农户的居住问题。根据《最高人民法院关于审理涉及农村集体土地行政案件若干问题的规定》第十四条第一款第(三)项,被征收土地所有权人、使用人已经依法得到安置补偿或者无正当理由拒绝接受安置补偿,且拒不交出土地,已经影响到征收工作的正常进行。此时才可以进行强制。

根据《国有土地上房屋征收与补偿条例》第二十七条,实施房屋征收应当先补偿、后搬迁。根据《最高人民法院关于办理申请人民法院强制执行国有土地上房屋征收补偿决定案件若干问题的规定》(法释〔2012〕4 号,2012 年 4 月 10 日实施)第六条第一款第(三)项,征收补偿决定存在下列情形之一的,人民法院应当裁定不准予执行:明显不符合公平补偿原则,严重损害被执行人合法权益,或者使被执行人基本生活、生产经营条件没有保障。

最高人民法院(2018)最高法行申 4205 号行政裁定书认为,政府征收作为物权变动的特殊形式,因征收决定的作出而直接导致物权变动。但需要特别注意的是,在征收补偿工作完成前,仍应保障被征收人对被征收房屋或者土地的合法占有权益,被征收人未获得安置补偿前,不能予以强制执行,即征收土地和房屋除应当遵循“无补偿则无征收”的原则外,还应当遵循“先补偿、后拆迁(执行)”的原则,否则,被征收人有权拒绝搬迁,征收机关也不能强制执行。在达不成协议的情况下,征收机关依据征地补偿安置方案依法作出补偿决定或补偿行为,即安置地点和面积已经明确,补偿款已经支付或者专户储存。

最高人民法院(2020)最高法行再 308 号行政裁定书认定,在行政强制拆除案件确认诉讼中,即便实施征收的行政机关在强制拆除行为实施后与被征收人签订了征收补偿协议或者作出征收补偿决定,被征收人在确认诉讼中仍与强制拆除行为有利害关系。被征收人请求确认行政机关实施的强制拆除行为违法的，人民法院应予受理。更明确地认可强制执行前一定要先补偿。

四、有合法的基础性行政决定

这里的行政决定与前面谈到的征收决定不同，征收决定的作用在于为不动产物权转移提供法律上的依据，而这里所说的行政强制执行基础行政决定是指《行政强制法》第二条第三款所明确要求的，上一章讨论的补偿决定即为其中一种类型。另据该法第三十四条，行政机关依法作出行政决定后，当事人在行政机关决定的期限内不履行义务的，具有行政强制执行权的行政机关依照本章规定强制执行。

第三节　行政强制执行的基础性行政决定

正如上面刚刚提到的，不动产行政强制执行需要有一个合法的基础性行政决定。那么，《行政强制法》第二条第三款和第三十四条所说的“行政决定”到底是什么，在具体实务中有哪些具体载体，这是一个见仁见智的问题。可以说，它是整个不动产行政强制执行程序的核心文件，需要区分不同情况进行分析。

一、国有土地上的房屋征收补偿决定

相对来说，国有土地上房屋征收情形比较明确，不动产强制执行的行政决定就是《国有土地上房屋征收与补偿条例》第二十六条第一款所规定的补偿决定，此外并无额外的要求。

二、集体土地上的征地补偿安置决定

对于集体土地及其土地附着物征收来说，不动产强制执行的行政决定是《土地管理法实施条例》第三十一条所规定的征地补偿安置决定，即大部分农户都已经签订补偿安置协议，且征地申请已经获得批准后，对于个别未达成征地补偿安置协议的应当作出征地补偿安置决定。

三、国有土地的责令交还土地决定

根据《土地管理法》第八十一条，依法收回国有土地使用权当事人拒不交出土地的，临时使用土地期满拒不归还的，或者不按照批准的用途使用国有土地的，由

县级以上人民政府自然资源主管部门责令交还土地，处以罚款。

对收回土地决定的执行，是否需要申请人民法院强制执行，还是只能处以罚款，需要仔细分析。根据前面提到的《关于认定收回土地使用权行政决定法律性质的意见》，这一决定需要根据不同的情况来确定其属于行政处理还是行政处罚。

四、违反土地用途管制的违法建设拆除决定

根据《土地管理法》第八十三条，对于非法占用土地修建某类建筑物或其他设施的，由自然资源主管部门作出责令限期拆除的行政决定。根据该条的规定，该限期拆除决定属于一种行政处罚，当事人可以在15日内向人民法院起诉，否则作出处罚决定的行政机关申请人民法院强制执行。

需要注意的是，针对违反土地管理法规的违法建设，行政机关本身没有强制执行的权力，需要向人民法院申请强制执行，在这一点上与违反城乡规划法规的违法建设处理方式是不同的。

五、临时建设责令限期拆除决定

根据《城乡规划法》第六十六条，建设单位或者个人有下列行为之一的，由所在地城市、县人民政府城乡规划主管部门责令限期拆除，可以并处临时建设工程造价一倍以下的罚款：(1)未经批准进行临时建设的；(2)未按照批准内容进行临时建设的；(3)临时建筑物、构筑物超过批准期限不拆除的。

该条中载明并可处以罚款，而罚款的性质显然是一种行政处罚。由于他们属于一种并列的表述，提示我们责令限期拆除决定应当属于行政处罚。

六、违法建设强制拆除决定

根据《行政强制法》第四十四条，对违法的建筑物、构筑物、设施等需要强制拆除的，应当由行政机关予以公告，限期当事人自行拆除。当事人在法定期限内不申请行政复议或者提起行政诉讼，又不拆除的，行政机关可以依法强制拆除。

需要指出的是，这里的规定是行政机关可以直接拆除，而不再需要申请人民法院强制执行。在实务中，人民法院对于此类申请也不会再接受。

七、行政处罚决定

在实际工作中，有时行政机关是以各种形式的行政处罚决定作为不动产行政

强制执行的基础性行政决定。在这种情况下，就需要根据行政处罚相关法律规定予以考量。根据《行政处罚法》第九条，处罚种类中并没有明文规定不动产拆除这一类别，需要根据该条第（六）项载明的法律、行政法规规定的其他行政处罚这一兜底条款来确定。

根据《行政处罚法》第七十二条第一款第（三）项和第（四）项，与不动产行政强制有关的行政处罚需要根据法律规定，采取其他行政强制执行方式，或者依照《行政强制法》的规定申请人民法院强制执行。

八、历史遗留的拆迁许可证

在 2011 年 1 月 21 日之前，国有土地上的房屋征收活动中实行的是拆迁许可证制度。随着旧的拆迁条例被废止，新的《国有土地上房屋征收与补偿条例》施行，就产生了如何接续旧的拆迁许可证问题。根据《国有土地上房屋征收与补偿条例》第三十五条，2001 年 6 月 13 日国务院公布的《城市房屋拆迁管理条例》于 2011 年 1 月 21 日废止，此前已依法取得房屋拆迁许可证的项目，继续沿用原有的规定办理，但政府不得责成有关部门强制拆迁。

根据上述规定，拆迁许可证可能仍然有效，但其本身在通常情况下已经不具备强制拆迁的可能，当然也难以通过适用《行政强制法》进行强制拆迁，即使向人民法院申请执行，也很难获得准许了。

第四节 行政强制执行决定

根据《行政强制法》第三十五条，行政机关作出强制执行决定前，应当事先催告当事人履行义务；根据该法第三十七条第一款，经催告，当事人逾期仍不履行行政决定，且无正当理由的，行政机关可以作出强制执行决定。

在上述两个条款中，出现了一个概念，即“行政强制执行决定”，它初看起来比较简单，很容易受到忽视。实际上，在不动产征收与补偿活动中，它是一个非常重要的环节。

一、国有土地上不动产强制执行决定

在《国有土地上房屋征收与补偿条例》所设定的法律框架中，只有补偿决定作为不动产强制执行的基础性行政决定，而没有与行政强制执行决定有关的直接规

定。不过,根据该条例第二十八条,被征收人在法定期限内不申请行政复议或者不提起行政诉讼,在补偿决定规定的期限内又不搬迁的,由作出房屋征收决定的市、县级人民政府依法申请人民法院强制执行。强制执行申请书应当附具补偿金额和专户存储账号、产权调换房屋和周转用房的地点和面积等材料。

因此,这里的强制执行申请书在事实上起到了类似行政强制执行决定的作用。另据《最高人民法院关于办理申请人民法院强制执行国有土地上房屋征收补偿决定案件若干问题的规定》第二条,申请机关向人民法院申请强制执行,除提供《条例》第二十八条规定的强制执行申请书及附具材料外,还应当提供下列材料:(1)征收补偿决定及相关证据和所依据的规范性文件;(2)征收补偿决定送达凭证、催告情况及房屋被征收人、直接利害关系人的意见;(3)社会稳定风险评估材料;(4)申请强制执行的房屋状况;(5)被执行人的姓名或者名称、住址及与强制执行相关的财产状况等具体情况;(6)法律、行政法规规定应当提交的其他材料。强制执行申请书应当由申请机关负责人签名,加盖申请机关印章,并注明日期。强制执行的申请应当自被执行人的法定起诉期限届满之日起3个月内提出;逾期申请的,除有正当理由外,人民法院不予受理。

二、集体土地上不动产行政强制执行决定

根据《土地管理法实施条例》第六十二条,违反土地管理法律、法规规定,阻挠国家建设征收土地的,由县级以上地方人民政府责令交出土地;拒不交出土地的,依法申请人民法院强制执行。

由于该条例的第三十一条还规定了征地补偿安置决定。因此,责令交出土地决定不是同国有土地上的房屋征收补偿决定一样的性质,而是集体土地上除了补偿决定之外另行设置的一道法律程序。这里的责令交出土地决定,应视为行政强制执行决定,而不再是关于行政强制的基础性行政决定。"责令交出土地"是一个有相应法律条文依据的术语,但在实践中,还有类似的称呼,意思差不多,如限期腾地决定等。

根据《最高人民法院关于审理涉及农村集体土地行政案件若干问题的规定》第十四条第一款,县级以上人民政府土地管理部门根据《土地管理法实施条例》第四十五条的规定,申请人民法院执行其作出的责令交出土地决定的,应当符合下列条件:(1)征收土地方案已经有权机关依法批准;(2)市、县人民政府和土地管理部门已经依照《土地管理法》和《土地管理法实施条例》规定的程序实施征地行为;

(3)被征收土地所有权人、使用人已经依法得到安置补偿或者无正当理由拒绝接受安置补偿,且拒不交出土地,已经影响征收工作的正常进行;(4)符合《最高人民法院关于执行〈中华人民共和国行政诉讼法〉若干问题的解释》第八十六条规定的条件(因该解释已废止,此处应适用《最高人民法院关于适用〈中华人民共和国行政诉讼法〉的解释》第一百五十五条)。根据该条第二款,人民法院对符合条件的申请,应当裁定予以受理,并通知申请人;对不符合条件的申请,应当裁定不予受理。

三、违法建筑物、构筑物强制拆除决定

关于违法建筑物、构筑物强制拆除决定,根据《行政强制法》第四十四条,对违法的建筑物、构筑物、设施等需要强制拆除的,应当由行政机关予以公告,限期当事人自行拆除。需要指出的是,根据《最高人民法院关于违法的建筑物、构筑物、设施等强制拆除问题的批复》,这类行政决定期满后可以直接生效,而无须再申请人民法院强制执行。

四、行政机关要求履行补偿协议的书面决定

根据《最高人民法院关于审理行政协议案件若干问题的规定》第二十四条第一款,公民、法人或者其他组织未按照行政协议约定履行义务,经催告后不履行,行政机关可以作出要求其履行协议的书面决定。公民、法人或者其他组织收到书面决定后在法定期限内未申请行政复议或者提起行政诉讼,且仍不履行,协议内容具有可执行性的,行政机关可以向人民法院申请强制执行。

从以上规定来看,这一书面决定在经过复议或诉讼后,可以直接据此向人民法院申请强制执行,因此它不是行政强制执行的基础性行政决定,而是行政强制执行决定。

另外,根据《最高人民法院关于审理行政协议案件若干问题的规定》第二十四条第二款,法律、行政法规规定行政机关对行政协议享有监督协议履行的职权,公民、法人或者其他组织未按照约定履行义务,经催告后不履行,行政机关可以依法作出处理决定。公民、法人或者其他组织在收到该处理决定后在法定期限内未申请行政复议或者提起行政诉讼,且仍不履行,协议内容具有可执行性的,行政机关可以向人民法院申请强制执行。

就上述规定来说,问题的关键是目前是否有哪些法律、行政法规规定行政机关对其与被征收人签订的补偿协议拥有监督协议履行的职权。从截至 2023 年 1 月 1

日的法律检索情况来看,尚未发现有这类法律文件存在。因此,至少在目前来看,征收方与被征收方在签订补偿协议时是没有行政优益权的。从私权保护的角度出发,也不应让征收方有这样的不对等地位。

第五节　行政强制执行程序

以住宅为例,作为一种对当事人的安身立命之所予以强行处理的行为,可能对其权益造成巨大损害,必须慎重行事。《行政强制法》规定了一系列法定程序,必须严格遵守,否则就会因违反法定程序而被判定违法。

一、行政机关强制执行程序

对不动产行政强制执行,可以分为两个大的阶段。一是不进入人民法院或进入人民法院之前的阶段;二是申请人民法院强制执行的阶段。

(一)基础性行政决定生效

根据《行政强制法》第三十四条,行政机关依法作出行政决定后,当事人在行政机关决定的期限内不履行义务的,具有行政强制执行权的行政机关依照本章规定强制执行。

(二)书面催告

根据《行政强制法》第三十五条,行政机关作出强制执行决定前,应当事先催告当事人履行义务。催告应当以书面形式作出,并载明下列事项:(1)履行义务的期限;(2)履行义务的方式;(3)涉及金钱给付的,应当有明确的金额和给付方式;(4)当事人依法享有的陈述权和申辩权。

根据《行政强制法》第三十八条,催告书应当直接送达当事人。当事人拒绝接收或者无法直接送达当事人的,应当依照《民事诉讼法》的有关规定送达。

(三)当事人陈述与申辩

根据《行政强制法》第三十六条,当事人收到催告书后有权进行陈述和申辩。行政机关应当充分听取当事人的意见,对当事人提出的事实、理由和证据,应当进行记录、复核。当事人提出的事实、理由或者证据成立的,行政机关应当采纳。

（四）作出强制执行决定

根据《行政强制法》第三十七条第一款，经催告，当事人逾期仍不履行行政决定，且无正当理由的，行政机关可以作出强制执行决定。强制执行决定应当以书面形式作出，并载明下列事项：(1)当事人的姓名或者名称、地址；(2)强制执行的理由和依据；(3)强制执行的方式和时间；(4)申请行政复议或者提起行政诉讼的途径和期限；(5)行政机关的名称、印章和日期。

与催告书的情形一样，根据《行政强制法》第三十八条，行政强制执行决定书应当直接送达当事人。当事人拒绝接收或者无法直接送达当事人的，应当依照《民事诉讼法》的有关规定送达。

（五）不动产证据保全

依常理可知，在对不动产这样一个标的较大的财产类型进行行政强制执行之前，应当办理相应的公证手续。根据《办理保全证据公证的指导意见（修订）》（公协字〔2009〕007号，2009年3月13日实施）第二条，保全证据公证是指公证机构根据自然人、法人或者其他组织的申请，依法对与申请人权益有关的、有法律意义的证据、行为过程加以提取、收存、固定、描述或者对申请人的取证行为的真实性予以证明的活动。根据其第二十条，房屋拆迁保全证据公证，应当按照司法部《房屋拆迁证据保全公证细则》的规定办理。

尽管《城市房屋拆迁管理条例》已经废止，根据它制定的《房屋拆迁证据保全公证细则》（司法部第29号令，1994年2月1日实施）仍然有效。根据该细则第二条，房屋拆迁证据保全公证是指在房屋拆迁之前，公证机关对房屋及附属物的现状依法采取勘测、拍照或摄像等保全措施，以确保其真实性和证明力的活动。这由属地的公证处管辖，且双方均可以申请。因此，它对于不动产行政强制执行来说也是完全可以参照适用的。

（六）执法全过程记录

根据《国务院办公厅关于全面推行行政执法公示制度执法全过程记录制度重大执法决定法制审核制度的指导意见》（国办发〔2018〕118号，2018年12月5日实施），对查封扣押财产、强制拆除等直接涉及人身自由、生命健康、重大财产权益的现场执法活动和执法办案场所，要推行全程音像记录。

根据《住房和城乡建设行政处罚程序规定》第九条第一款，执法机关应当依法以文字、音像等形式，对行政处罚的启动、调查取证、审核、决定、送达、执行等进行全过程记录，归档保存。

（七）法律救济期限内不得强拆

根据最高人民法院（2019）最高法行再228号行政判决书，由于《行政强制法》第四十四条赋予了当事人在法定期限内对关于违法建筑物、构筑物限期自行拆除决定行使复议或诉讼的权利，因此在此期限内不得实施行政强制。只有期满后才能进行，否则即为违法。

（八）中止执行

根据《行政强制法》第三十九条，有几种情形出现时可以中止执行。其中，该条第（一）项与不动产行政强制执行关联不大。可能导致中止执行的主要是：（1）第三人对执行标的主张权利，确有理由的；（2）执行可能造成难以弥补的损失，且中止执行不损害公共利益的；（3）行政机关认为需要中止执行的其他情形。中止执行的情形消失后，行政机关应当恢复执行。对没有明显社会危害，当事人确无能力履行，中止执行满3年未恢复执行的，行政机关不再执行。

（九）终止执行

根据《行政强制法》第四十条，有下列情形之一的，终结执行：（1）公民死亡，无遗产可供执行，又无义务承受人的；（2）法人或者其他组织终止，无财产可供执行，又无义务承受人的；（3）执行标的灭失的；（4）据以执行的行政决定被撤销的；（5）行政机关认为需要终结执行的其他情形。

（十）执行协议

根据《行政强制法》第四十二条，实施行政强制执行，行政机关可以在不损害公共利益和他人合法权益的情况下，与当事人达成执行协议。执行协议应当履行。当事人不履行执行协议的，行政机关应当恢复强制执行。

一般来说，在执行过程中又达成执行协议，从而由当事人自愿履行法律义务，通常是以涉及金钱给付的较为常见。在不动产行政强制执行过程中，是否能够以执行协议的方式达到行政目的，目前并无禁止性规定。根据前面已经提到的《行政强制法》第五条,即使在执行过程中,如果出现可采用非强制手段达到行政管理目的情况,双方达成执行协议,由当事人自行拆除,仍不失为一种“双赢”结果。

(十一)不得在夜间或法定节假日实施

根据《行政强制法》第四十三条第一款,行政机关不得在夜间或者法定节假日实施行政强制执行。但是,情况紧急的除外。

(十二)执行错误后恢复原状或赔偿

根据《行政强制法》第四十一条,在执行中或者执行完毕后,据以执行的行政决定被撤销、变更,或者执行错误的,应当恢复原状或者退还财物;不能恢复原状或者退还财物的,依法给予赔偿。

根据《行政强制法》第六十八条第一款,违反本法规定,给公民、法人或者其他组织造成损失的,依法给予赔偿。

(十三)先予执行问题

根据《行政诉讼法》第五十七条,人民法院对起诉行政机关没有依法支付抚恤金、最低生活保障金和工伤、医疗社会保险金的案件,权利义务关系明确、不先予执行将严重影响原告生活的,可以根据原告的申请,裁定先予执行。当事人对先予执行裁定不服的,可以申请复议一次。复议期间不停止裁定的执行。

注意以上列举的情形是比较明确的,并没有关于征迁案件中可以裁定先予执行的授权性规定。前些年曾经多次出现过类似情形,随着《城市房屋拆迁管理条例》的废止,其第十五条规定的拆迁先予执行制度也寿终正寝。目前,人民法院对于征收方的这类申请是非常慎重的。在不动产行政强制执行实践中,如果行政机关要动用这一手段,目的仍是推进征迁工作进度。根据《最高人民法院关于严格执行法律法规和司法解释依法妥善办理征收拆迁案件的通知》,对申请先予执行的案件,原则上不得准许。

(十四)代履行问题

根据《行政强制法》第五十条,行政机关依法作出要求当事人履行排除妨碍、恢复原状等义务的行政决定,当事人逾期不履行,经催告仍不履行,其后果已经或者将危害交通安全、造成环境污染或者破坏自然资源的,行政机关可以代履行,或者委托没有利害关系的第三人代履行。

由此可见,代履行制度有着严格的前提条件。也就是说,只有在已经或即将对交通安全、环境污染或自然资源构成危险的情况下才能实施。而在不动产征收强制执行中,符合上述条件的情形并不常见。在实践中,往往都是征收机关以代履行来推进征迁进度的手段。

以上海市的一个案件为例。根据上海市奉贤区人民法院(2016)沪0120行初105号行政判决书,适用《行政强制法》第五十二条的前提是执法现场处于"需要立即清除",且当事人"不能清除"或"不在场"的状态,在被告认可原告房屋已存在多年的情况下,被告提供的在案证据无法证明原告房屋属需被告立即代为拆除的情形。故被告依据《行政强制法》第五十二条作出立即代履行决定,进而实施涉诉拆除行为,主要证据不足,适用法律错误。

(十五)违法的建筑物、构筑物的直接拆除

根据《行政强制法》第四十四条,对违法的建筑物、构筑物、设施等需要强制拆除的,应当由行政机关予以公告,限期当事人自行拆除。当事人在法定期限内不申请行政复议或者提起行政诉讼,又不拆除的,行政机关可以依法强制拆除。

根据《最高人民法院关于违法的建筑物、构筑物、设施等强制拆除问题的批复》,根据《行政强制法》和《城乡规划法》有关规定精神,对涉及违反《城乡规划法》的违法建筑物、构筑物、设施等的强制拆除,法律已经授予行政机关强制执行权,人民法院不受理行政机关提出的非诉行政执行申请。

二、人民法院强制执行程序

前一小节以行政机关的视角考察强制执行程序,最终结果可能是自己执行,也可能是申请人民法院强制执行。本小节讨论人民法院如何进行强制执行,这是司法权一锤定音的体现。

(一)行政决定生效

与上一小节一样,没有行政强制执行权的行政机关也需要等待相应的行政决定生效。也就是说,根据《行政强制法》第五十三条的规定,需要等待行政复议或行政诉讼期满才可能推进下一步行动。

（二）上级人民法院审查批准

与一般的行政强制执行不同，涉及征迁案件的，需要履行特别程序。根据《最高人民法院关于严格执行法律法规和司法解释依法妥善办理征收拆迁案件的通知》，凡由人民法院强制执行的，须报经上一级人民法院审查批准方可采取强制手段；对涉及面广、社会影响大、社会关注度高的案件，上级人民法院应当加强监督指导，防范和制止下级人民法院强制执行中的违法行为和危害社会稳定的情形发生。

（三）申请司法执行前的书面催告

根据《行政强制法》第五十四条，行政机关申请人民法院强制执行前，应当催告当事人履行义务。催告书送达十日后当事人仍未履行义务的，行政机关可以向所在地有管辖权的人民法院申请强制执行；执行对象是不动产的，向不动产所在地有管辖权的人民法院申请强制执行。

（四）申请期限

根据《行政强制法》第五十三条，当事人在法定期限内不申请行政复议或者提起行政诉讼，又不履行行政决定的，没有行政强制执行权的行政机关可以自期限届满之日起 3 个月内，依照本章规定申请人民法院强制执行。

（五）强制执行申请材料

根据《行政强制法》第五十五条，行政机关向人民法院申请强制执行，应当提供下列材料：（1）强制执行申请书；（2）行政决定书及作出决定的事实、理由和依据；（3）当事人的意见及行政机关催告情况；（4）申请强制执行标的情况；（5）法律、行政法规规定的其他材料。强制执行申请书应当由行政机关负责人签名，加盖行政机关的印章，并注明日期。

（六）受理或不予受理裁定

根据《行政强制法》第五十六条第一款，人民法院接到行政机关强制执行的申请，应当在 5 日内受理。根据该条第二款，行政机关对人民法院不予受理的裁定有异议的，可以在 15 日内向上一级人民法院申请复议，上一级人民法院应当自收到复议申请之日起 15 日内作出是否受理的裁定。

(七)作出执行裁定

根据《行政强制法》第五十七条,人民法院对行政机关强制执行的申请进行书面审查,对符合本法第五十五条规定,且行政决定具备法定执行效力的,除本法第五十八条规定的情形外,人民法院应当自受理之日起7日内作出执行裁定。

(八)特殊情形下的执行裁定

上面提到的在7日内即作出执行裁定,通常是针对一般的案件而言的。由于不动产强制执行可能对当事人的合法权益造成重大影响,它与一般的行政强制执行相比还是有着自身的特殊性。因此,需要认真对待。

1. 听取双方意见

根据《行政强制法》第五十八条第一款,人民法院发现有下列情形之一的,在作出裁定前可以听取被执行人和行政机关的意见:(1)明显缺乏事实根据的;(2)明显缺乏法律、法规依据的;(3)其他明显违法并损害被执行人合法权益的。

2. 30日内作出执行或不予执行的裁定

根据《行政强制法》第五十八条第二款,人民法院应当自受理之日起三十日内作出是否执行的裁定。裁定不予执行的,应当说明理由,并在五日内将不予执行的裁定送达行政机关。

3. 行政机关有权复议

根据《行政强制法》第五十八条第三款,行政机关对人民法院不予执行的裁定有异议的,可以自收到裁定之日起15日内向上一级人民法院申请复议,上一级人民法院应当自收到复议申请之日起30日内作出是否执行的裁定。

(九)紧急条款的适用

根据《行政强制法》第五十九条,因情况紧急,为保障公共安全,行政机关可以申请人民法院立即执行。经人民法院院长批准,人民法院应当自作出执行裁定之日起五日内执行。

不过,对于不动产行政强制执行来说,通常来说这种紧急情况并不多见。偶尔有危险房屋拆除的情形,但更多的是征收机关以此为借口推进征迁进度。目前,人民法院允许适用这一条款进行不动产行政强制执行的情形也不多见。

（十）行政强制执行具体行为的实施

根据《最高人民法院关于办理申请人民法院强制执行国有土地上房屋征收补偿决定案件若干问题的规定》（法释〔2012〕4 号，2012 年 4 月 10 日实施）第九条，人民法院裁定准予执行的，一般由作出征收决定的市、县级人民政府组织实施，也可以由人民法院执行。

一般来说，如果是由人民法院的执行机构作出具体有形的强制执行行为，通常不易产生纠葛，但如果经由人民法院的执行裁定后，还是由行政机关实施具体有形的强制执行行为，那么对于它的法律性质如何界定，仍是一个有争议的议题。

根据最高人民法院（2016）最高法行申 5091 号行政裁定书，人民法院针对行政机关申请执行的生效行政决定依法作出准予执行裁定后，由行政机关所组织实施的行政强制行为是否具有可诉性？依据执行权可以分割的原理，人民法院行使执行的决定权和裁断权，履行好执行裁断和执行决定的审查职责，行政机关则利用自身优势负责具体实施经人民法院审查认定的合法行政行为。人民法院受理行政机关申请执行其行政行为的案件，对行政行为的合法性进行审查。人民法院经审查作出准予强制执行并由有关地方政府组织实施的裁定，意味着行政机关执行的依据是其作出的生效行政决定，行政机关的组织实施行为的本质仍然是行政强制执行行为。

因此，如果被执行人及利害关系人以行政机关实施的强制执行行为存在违反法定程序、与人民法院作出的准予执行裁定确定的范围、对象不符等特定情形给其造成损失为由提起行政诉讼或者行政赔偿诉讼，人民法院应当依法受理；但如果其仅以行政机关据以申请执行的行政行为（决定）本身违法等为由主张行政机关实施的强制执行行为违法提起行政诉讼或者行政赔偿诉讼，因此前已经经过司法审查，人民法院可不予受理。

（十一）针对人民法院执行裁定的法律救济

人民法院作出的准予强制执行的司法裁定，在法律性质上因其并未给当事人创设新的权利和义务，只是对原有的行政决定的司法同意，体现了司法介入后的过程性行为，通常是不可起诉的。对于集体土地上的情形，有学者认为，“补偿安置决定和责令交地决定非诉执行，可参考强制执行国有土地上房屋征收补偿决定及其非诉执行的审查规则进行”①。

根据最高人民法院(2017)最高法行申2885号行政裁定书,对人民法院强制执行裁定,是属于行政性的还是司法性的,所产生的争议寻求何种救济途径,历来存在争议,但在实践中,当事人如认为行政机关申请人民法院强制执行不合法,目前可以有以下两种救济途径:一是在申请人民法院强制执行的非诉审查程序中提出异议,即当事人可以对行政机关申请人民法院强制执行是否符合受理条件提出异议。另外,依据《行政强制法》第五十八条第一款、《最高人民法院关于办理申请人民法院强制执行国有土地上房屋征收补偿决定案件若干问题的规定》第五条规定,人民法院在审查期间,可以根据需要调取相关证据、询问当事人、组织听证或者进行现场调查。当事人在此期间亦可依法提出异议。二是对人民法院强制执行不服的可以提出申诉。《最高人民法院对〈当事人对人民法院强制执行生效具体行政行为的案件提出申诉人民法院应如何受理和处理的请示〉的答复》(法行〔1995〕12号,1995年8月22日实施)规定:“公民、法人和其他组织认为人民法院强制执行生效的具体行政行为违法,侵犯其合法权益,向人民法院提出申诉,人民法院可以作为申诉进行审查。人民法院的全部执行活动合法,而生效具体行政行为违法的,应转送作出具体行政行为的行政机关依法处理,并通知申诉人同该行政机关联系;人民法院采取的强制措施等违法,造成损害的,应依照国家赔偿法的有关规定办理。”参酌上述规定,当事人如认为人民法院违法受理和审查行政机关强制执行的申请并裁定执行,可以向人民法院提出申诉,人民法院可以将其作为申诉案件进行审查并根据情况作出处理。

(十二)征迁案件法院执行裁定的慎重性

根据《最高人民法院关于坚决防止土地征收、房屋拆迁强制执行引发恶性事件的紧急通知》(法明传〔2011〕327号,2011年5月6日)第二条,凡是不符合法定受案条件以及未进行社会稳定风险评估的申请,一律退回申请机关或裁定不予受理;凡是补偿安置不到位或具体行政行为虽然合法但确有明显不合理及不宜执行情形的,不得作出准予执行裁定。根据该通知第五条,上级法院要切实履行监督指导职责,增强工作协同性,及时发现和纠正下级法院存在的各种问题。凡涉及征地拆迁的强制执行案件,相关法院在执行前必须报上一级法院审查同意后方可实施。

---

① 耿宝建、岑潇、王筱青:《新土地管理法征收补偿制度变化与司法应对》,载《法律适用》2022年第6期。

三、强制执行后的收尾工作

在完成了对不动产的行政强制执行后，也就说对房屋等地上附着物进行了强制拆除后，就需要清理场地，为下一步的施工做好准备工作。这一环节实际上与本书第十五章“征收目的实现”是有接续的，与该章的第一节有重叠。

场地清理是对征收目的拟用地范围内房屋拆除后的清理、再拆除和挖掘，以及必要的平整场地的作业。对这一行为的法律性质，有相应的判例认定。根据最高人民法院(2017)最高法行申7896号行政裁定书，行政机关作出的一个完整的强制拆除房屋行为，包含了若干步骤，清除建筑垃圾，仅仅是强制拆除房屋行为中的一个步骤，这一步骤并非强制拆除房屋行为的核心步骤，将房屋主体结构予以摧毁，才是造成当事人房屋被强制拆除、形成当事人房屋及财产等合法权益实际损失的核心步骤。清除建筑垃圾行为，通常不会对当事人的合法权益形成新的损害，属于对当事人权利义务不产生实际影响的行为。

第六节　强制主体不明的推定

正如前面反复提及的，作为一种对行政相对人的不动产权利可能产生重大影响的行政行为，对不动产的强制拆除需要由一个具有职权依据的行政主体来实施，但在现实中，出于各种原因一些行政机关并不出面，而是在其默许或纵容下由其他主体实施强制行为。在这种情况下，寻找适格的强制主体就成为行政相对人寻求法律救济的一个关键问题。

一、强制拆除首先推定为行政强制行为

根据最高人民法院(2017)最高法行申1020号行政裁定书，不论农村集体土地还是国有土地上的房屋征收、强制搬迁、收回土地使用权等行为，均为政府及其职能部门的法定职权，因此，强制活动首先应推定为行政强制行为，除非有证据足以推翻。在征收集体土地的背景下，任何民事主体并无实施强制执行的权利，如果民事主体实施违法强制拆除将可能涉嫌民事侵权甚至犯罪。

二、国有土地上强拆主体的推定

就国有土地的情形来说，根据《国有土地上房屋征收与补偿条例》第二十七条

第三款,禁止建设单位参与搬迁活动。因此,民事主体参与搬迁活动至少在法律字面上已没有任何空间。

有学者指出,“强制搬迁后,有的市县级政府或者征收主管部门等否认实施强制搬迁,有的甚至故意不作出书面决定或者雇佣案外人强制搬迁,以规避实施强制搬迁的赔偿责任。由于《国有土地上房屋征收与补偿条例》明确‘禁止建设单位参与搬迁活动’,因此,对于违法的强制搬迁,首先应推定为市县级政府、征收主管部门所实施,并由其承担相应责任。当然,市县级政府、征收主管部门等能够证明是其他主体或者有证据表明是其他主体独立实施强制搬迁行为的除外”。①

根据最高人民法院(2017)最高法行再101号行政判决书,一旦国有土地上的房屋被列入征收范围,那么有且仅有市、县级人民政府及其确定的房屋征收部门才具有依法强制拆除合法建筑的职权,建设单位、施工单位等民事主体并无实施强制拆除他人合法房屋的权利。除非市、县级人民政府能举证证明房屋确系在其不知情的情况下由相关民事主体违法强拆,否则应推定强制拆除系市、县级人民政府委托实施,人民法院可以认定市、县级人民政府为实施强制拆除的行政主体,并应承担相应的赔偿责任。

三、集体土地上强拆主体的推定

根据最高人民法院(2018)最高法行再59号行政裁定书,考虑到发布征收公告、拆迁通知的行政机关,以及相关公告、通知中确定的具体实施机关,具有对被征收房屋、土地的征收、拆迁和补偿职责,均有可能实施强制拆除行为,如当事人无法辨明上述主体中由谁具体实施了强制拆除行为,则可以选择其中一个或者多个行政机关为被告提起行政诉讼。

另据最高人民法院(2018)最高法行再106号行政裁定书,在集体土地征收过程中,有且仅有市、县级人民政府才具有依法征收土地及其附属物的职权,发布公告亦是其履行职权的表现。因而,在被拆除房屋位于市、县级人民政府确定的征收范围内的情况下,除非市、县级人民政府能够举证证明房屋确系在其不知情的情况下由其他主体违法强拆,否则人民法院可以依据上述法律规定,推定强制拆除行为系市、县级人民政府或其委托的主体实施。

---

① 耿宝建:《国有土地上房屋征收与补偿的十个具体问题——从三起公报案例谈起》,载《法律适用》2017年第9期。

第七节 各类准强制行为

前面讨论的都是不动产行政强制行为本身，在全国各地的不动产征补活动中，还有一类准强制行为，他们的表现形式可谓五花八门。相对而言，这类行为可能并不指向拆除不动产本身，而是通过其他手段逼迫被征收人就范，从而达到“不战而屈人之兵”这一目的。

一、对各类准强制行为的禁止性规定

根据《行政强制法》第四十三条第二款，行政机关不得对居民生活采取停止供水、供电、供热、供燃气等方式迫使当事人履行相关行政决定。根据《国务院办公厅关于进一步严格征地拆迁管理工作切实维护群众合法权益的紧急通知》规定，对采取停水、停电、阻断交通等野蛮手段逼迫搬迁，以及采取“株连式拆迁”和“突击拆迁”等方式违法强制拆迁的，要严格追究有关责任单位和责任人的责任。

以国有土地上不动产征补活动为例，根据《国有土地上房屋征收与补偿条例》第二十七条第三款，任何单位和个人不得采取暴力、威胁或者违反规定中断供水、供热、供气、供电和道路通行等非法方式迫使被征收人搬迁。另据该条例第三十一条，采取暴力、威胁或者违反规定中断供水、供热、供气、供电和道路通行等非法方式迫使被征收人搬迁，造成损失的，依法承担赔偿责任；对直接负责的主管人员和其他直接责任人员，构成犯罪的，依法追究刑事责任；尚不构成犯罪的，依法给予处分；构成违反治安管理行为的，依法给予治安管理处罚。

二、相关司法判例

根据最高人民法院（2017）最高法行申 8513 号行政裁定书，从形式上看，是供电公司的停电行为给某某公司造成了影响，但综合全案来看，对涉案开发地块停止电力供应是区政府拆迁工作的一部分，供电公司停止电力供应仅是辅助区政府的通知停电行为，故实质上是区政府的通知停电行为给某某公司带来了影响。区政府向供电公司发送涉案函和通知，要求供电公司对涉案开发地块停止电力供应的目的是变相实现相关居民或商户搬迁，没有法律依据。

另据最高人民法院（2018）最高法行申 6130 号行政裁定书，法律、法规以外的

其他规范性文件不得设定行政强制措施。限制供电行政强制措施,不属于《行政强制法》第十条第三款规定的地方性法规有权设定的查封、扣押措施,它只能由法律或者行政法规设定。因此,行政机关作出限制供电行政强制措施,必须要有法律、行政法规的授权依据。

第十四章

行政赔偿

人非圣贤，孰能无过，过而能改，善莫大焉

——《左传·宣公二年》

征收方与被征收方在合法、自愿和公平协商基础上达成合意，或者即使未能达成合意，但征收方一直遵循法定权限和程序解决问题，在这种情况下，被征收方纵使有诸多不满之处，一般走不到行政赔偿这一步。但在现实中，有时被征收方的命运却如电视剧《我的青春谁做主》里的女二号钱小样，“理想很丰满，现实很骨感”。在工期紧、任务重、刁民多等借口的推动下，有的征收方绕过正规的法律程序，对被征收方的不动产实施违法强拆。一俟该行为被确认违法，接踵而至的就是行政赔偿，这正是本章的主题。当然，行政赔偿是最常见的，偶尔也可能涉及民事赔偿或司法赔偿。

第一节　概　　述

根据《国家赔偿法》(2012 年修正,2013 年 1 月 1 日实施)第二章和第三章，国家赔偿包括行政赔偿和刑事赔偿两大类，刑事赔偿有时也称为司法赔偿。一般来说，行政赔偿是指国家行政机关及其工作人员在行使职权的过程中侵犯公民、法人或其他组织的合法权益并造成损害，由国家承担赔偿责任的制度。

一、行政赔偿的概念

一旦行政机关和行政机关工作人员违法行使职权，违法侵犯公民、法人和其他组织的合法权益并造成损害，就可能出现行政赔偿问题。

(一)基本法律规定

根据《宪法》第四十一条第三款，由于国家机关和国家工作人员侵犯公民权利而受到损失的人，有依照法律规定取得赔偿的权利。这一规定为我国行政赔偿制度奠定了宪法基础，1995 年 1 月 1 日施行的《国家赔偿法》标志着行政赔偿制度正式确立，《最高人民法院关于审理行政赔偿案件若干问题的规定》是行政赔偿法律制度的最新进展，他们与其他相关法律文件一道构成了当代中国行政赔偿法律制度框架。

以上均为国家层面的立法，由于实务操作方面的迫切要求，一些地方高级法院针对本省实际制定了地方司法文件，起到了非常大的作用，如浙江省高级人民法院办公室印发的《关于当前国家赔偿工作若干问题的解答(一)》(浙高法办〔2015〕48号，2015 年 8 月 6 日实施)以及《河南省高级人民法院赔偿委员会办公室关于审理违法征收、违法强拆类行政赔偿案件的工作指南(试行)》等。

(二)以现金赔偿为基本形式

根据《国家赔偿法》第三十二条第一款，国家赔偿以支付赔偿金为主要方式。根据该条第二款，能够返还财产或者恢复原状的，予以返还财产或者恢复原状。

(三)以直接损失为基本标准

根据《国家赔偿法》第三十六条第(八)项，对财产权造成其他损害的，按照直接损失给予赔偿。

(四)市场价格基本标准

根据《最高人民法院关于审理行政赔偿案件若干问题的规定》第二十七条第一款，违法行政行为造成公民、法人或者其他组织财产损害，不能返还财产或者恢复原状的，按照损害发生时该财产的市场价格计算损失。市场价格无法确定，或者该价格不足以弥补公民、法人或者其他组织损失的，可以采用其他合理方式计算。

二、行政赔偿与行政补偿

对比一下前面各章所讨论的补偿，它是行政机关及其工作人员在行使职权过程中，因其合法的征收行为给当事人造成损失，国家予以补偿的行为。

（一）概念差异与联系

行政赔偿与行政补偿是不同的法律概念。首先，赔偿因违法行为而引起，补偿因合法行为而引起；赔偿属事后救济，补偿则多为事先救济，偶有事后救济。但在具体实践中，二者还是有着千丝万缕的联系。行政赔偿作为一种事后的预期，对行政补偿起着一定的前瞻性引导或制约作用。例如，如果行政赔偿的司法实践能够真正做到应赔尽赔，那么征收方在非法强拆时就会慎重行事。相反，如果到了法院阶段的赔偿诉讼反而让被征收人的实际所得甚至低于正常补偿所得，那么就会变相地鼓励甚至纵容违法征收行为持续不断地在全国各地上演。

（二）行政赔偿不得低于行政补偿

根据《国家赔偿法》第一条，除了为当事人提供损失补救以外，它还负有“促进国家机关依法行使职权”的立法目的。显然，任何人不得从其错误中获利是一个法理常识。因此，在不动产征收行政赔偿中，当事人获得的国家赔偿不得低于正常征收过程中可能获得的补偿利益，这是有充分的法律依据和案例支持的。

根据《最高人民法院关于审理行政赔偿案件若干问题的规定》第二十七条第二款，违法征收征用土地、房屋，人民法院判决给予被征收人的行政赔偿，不得少于被征收人依法应当获得的安置补偿权益。

根据最高人民法院（2017）最高法行再101号行政判决书，行政补偿和行政赔偿是两个既有联系但又完全不同的概念。行政补偿的目的是对因行政机关的合法行为而造成损失的补偿；行政赔偿的目的是对行政机关的违法行为造成的损失进行赔偿。在确认了行政行为违法的前提下，为体现对违法征收和违法拆除行为的惩戒，并有效维护公民合法权益，赔偿不应低于因依法征收所应得到的补偿。

另据最高人民法院（2017）最高法行申370号行政裁定书，再审申请人的房屋属于征收范围，他本来可以在征收程序中得到相应补偿，只是因为在未达成房屋拆迁安置补偿协议的情况下被违法拆除房屋，因此才走向了行政赔偿之路。但在同一个征收项目中，如果因为行政机关违法强拆而使得当事人所获得的赔偿低于正常情况下所能获得的补偿，显然是一件非常荒唐的事情。

（三）行政赔偿与行政补偿不得重复

如果行政行为已经被确认违法，在启动了行政赔偿程序之后，就不能再启动行政补偿程序,二者是互斥的。在行政补偿已经转化为行政赔偿后,法院应当直接进行实体审理,并就赔偿问题作出具体判决,无须再绕回到此前的补偿程序。最高人民法院(2017)最高法行再97号《行政判决书》和最高人民法院(2018)最高法行申8212号《行政裁定书》均持有上述裁判观点。

第二节 赔偿范围

什么事可以申请行政赔偿?什么事不可以?这就是行政赔偿范围问题。从目前的法律规定来看,一般意义的赔偿情形由《国家赔偿法》第二条所明确规定,即国家机关和国家机关工作人员行使职权,有本法规定的侵犯公民、法人和其他组织合法权益的情形,造成损害的,受害人有依照本法取得国家赔偿的权利。同时,该条还明确规定,本法规定的赔偿义务机关,应当依照本法及时履行赔偿义务。

以上只是一般化的规定,《国家赔偿法》第三条和第四条对此进行了较为详细的列举,分别针对人身损害和财产损害两种情形。就不动产征补活动而言,主要是财产损害,偶尔可能涉及人身损害,大多数都属于《国家赔偿法》第四条第(四)项所列举的"造成财产损害的其他违法行为"。本章的赔偿主要是因对不动产进行非法强制所引发,它可能是法律行为,也可能是事实行为。后者亦属行政赔偿的受案范围,其法律依据是《最高人民法院关于审理行政赔偿案件若干问题的规定》第一条第(二)项,行政机关及其工作人员在履行行政职责过程中作出的不产生法律效果,但事实上损害公民、法人或者其他组织人身权、财产权等合法权益的行为。

值得注意的是,虽然《国家赔偿法》第四条第(三)项列举了"违法征收、征用财产的",并且《土地管理法》第七十九条第二款也明确规定,非法批准征收、使用土地,对当事人造成损失的,依法应当承担赔偿责任。但对于这一情形而言,前者多指不动产之外的其他财产类型,而后者则过于笼统而难以提起行政赔偿。不动产征收的过程较为复杂,通常划分为多个相互独立的阶段,直接笼统地就违法征收、征用财产而申请国家赔偿是不太行得通的。不仅如此,在此前如果泛泛地诉至法院要求确认征收或征用不动产行为违法,多半都会被以诉讼请求不明确为由予以驳回。即使有明确法律文书的征收决定或征地批文,当他们被确认违法之后,能够申请国家赔偿的情形也不多见。

《国家赔偿法》第五条对于不属于国家赔偿的情形有明确规定。首先,并不是所有行政机关工作人员作出的行为侵犯公民、法人和其他组织的合法权益并造成损害,都应当纳入国家赔偿的范围,如果是与行使职权无关的个人行为,则不能作为国家赔偿的义务主体。其次,即使权益受到侵犯,并且在事实上也造成了损害,但如果是公民、法人和其他组织自己的行为致使损害发生,则有关机关并不需要承担国家赔偿责任。最后,不予赔偿的情形还有一个兜底条款,即法律规定的其他情形。在这里,限定还是比较严格的,只有法律的规定可以导致国家赔偿卸责结果出现,行政法规、地方性法规等都无权对此作出规定。

由于《国家赔偿法》第三条第(五)项以及第四条第(四)项,都是兜底性规定,在实践中有太过笼统之嫌,因此,《最高人民法院关于审理行政赔偿案件若干问题的规定》第一条作了进一步解释。《国家赔偿法》第三条、第四条规定的其他违法行为,包括具体行政行为和与行政机关及其工作人员行使行政职权有关的,给公民、法人或者其他组织造成损害的,违反行政职责的行为。

第三节　赔偿请求人

行政赔偿请求人是指受到违法行政行为的侵害,权益受损,依法有权获得行政赔偿的人,包括受害人和受害人权利义务承受人。

一、赔偿请求人的种类

根据《国家赔偿法》第六条第一款,受害的公民、法人和其他组织有权要求赔偿。在这里,显然是指直接遭受侵害的公民、法人或其他组织。

直接遭受侵害的当事人有权提起国家赔偿,那么当其死亡或终止时是否就不再有人可以提起国家赔偿,从而让不法侵害行为不了了之呢?答案是否定的,相关立法早已注意到了这一问题。根据《国家赔偿法》第六条第二款和第三款,受害的公民死亡,其继承人和其他有扶养关系的亲属有权要求赔偿。受害的法人或者其他组织终止的,其权利承受人有权要求赔偿。根据该法第十二条第三款,赔偿请求人不是受害人本人的,应当说明与受害人的关系,并提供相应证明。

根据《最高人民法院关于审理行政赔偿案件若干问题的规定》第七条第一款,受害的公民死亡,其继承人和其他有扶养关系的人可以提起行政赔偿诉讼,并提供该公民死亡证明、赔偿请求人与死亡公民之间的关系证明。根据该条第二款,受害的公民死亡,支付受害公民医疗费、丧葬费等合理费用的人可以依法提起行政赔偿诉讼。根据该条第三款,有权提起行政赔偿诉讼的法人或者其他组织分立、合并、终止,承受其权利的法人或者其他组织可以依法提起行政赔偿诉讼。

另外,根据《国家赔偿法》第四十条,外国人、外国企业和组织在中华人民共和国领域内要求中华人民共和国国家赔偿的,适用本法。外国人、外国企业和组织的所属国对中华人民共和国公民、法人和其他组织要求该国国家赔偿的权利不予保护或者限制的,中华人民共和国与该外国人、外国企业和组织的所属国实行对等原则。

二、赔偿请求人的初步证明义务

按照常理,一个人如果提出赔偿,那么起码要提供初步的证据。根据《行政诉讼法》第三十八条第二款,在行政赔偿、补偿的案件中,原告应当对行政行为造成的损害提供证据。根据《国家赔偿法》第十五条第一款,赔偿请求人对自己提出的主张,应当提供证据。根据《最高人民法院关于审理行政赔偿案件若干问题的规定》第十一条第一款,行政赔偿诉讼中,原告应当对行政行为造成的损害提供证据。

当然,正如这里的小标题明示的,赔偿请求人的证明义务只是初步的。基于行政相对人在举证能力方面的弱势地位,在国家赔偿事务中,如果是本人无法控制的因素而导致举证不力或举证不能,那么这一义务就转移到了对方。根据《行政诉讼法》第三十八条第二款,因被告的原因导致原告无法举证的,由被告承担举证责任。根据《最高人民法院关于审理行政赔偿案件若干问题的规定》第十一条第一款,因被告的原因导致原告无法举证的,由被告承担举证责任。

最高人民法院(2015)行监字第681号行政裁定书认定,举证责任的负担应当依法确定,同时应当综合考虑证明的难易程度、举证人与证据的关系远近以及举证能力的大小差别等因素。在行政赔偿、补偿的案件当中,原告应当对行政行为造成的损害提供证据,但是如果因为被告的原因导致原告无法举证的,则由被告承担相应的举证责任。

最高人民法院指导案例第91号——最高人民法院(2016)最高法行申791号行政裁定书认为,因被告行政机关违反正当程序,不依法公证或者制作证据清单,给原告履行举证责任造成困难的,人民法院可以在原告已就损失金额提供证据初步证明的基础上,适当降低证明标准,或者通过推定等方式,依法作出对被告不利的认定。在被诉行政行为确已给原告造成损失,但原被告双方又无法证明具体损失数额的情况下,法庭可以结合国家赔偿价值取向、举证目的、证明对象的实际情况等,对全案证据进行综合审查,并遵循法官职业道德,运用逻辑推理和生活经验,进行全面、客观和公正的分析判断，依法对损失金额予以认定。此外，最高人民法院(2017)最高法行申26号行政裁定书等也作出了类似的裁判。

第四节　赔偿义务机关

赔偿义务机关是指代表国家接受赔偿请求人的行政赔偿请求，依法承担赔偿义务的行政机关。

一、赔偿义务机关的种类

在现实中，赔偿义务机关通常就是作出侵权行为的主体，但也有例外的情况要区分对待。

(一)行使职权的行政机关

根据《国家赔偿法》第七条第一款，行政机关及其工作人员行使行政职权侵犯公民、法人和其他组织的合法权益造成损害的，该行政机关为赔偿义务机关。这里有一个较为特殊的情形，如果不止一个行政机关行使职权侵犯公民、法人和其他组织的合法权益，这时该如何处理？根据该条第二款，两个以上行政机关共同行使行政职权时侵犯公民、法人和其他组织的合法权益造成损害的，共同行使行政职权的行政机关为共同赔偿义务机关。根据该法第十条，赔偿请求人可以向共同赔偿义务机关中的任何一个赔偿义务机关要求赔偿，该赔偿义务机关应当先予赔偿。

(二)法律、法规授权的组织

由于行政管理问题的复杂性，除了行政机关直接进行行政管理以外，还可能会有一些法律、法规授权的组织代为行使相关行政职权，参与到行政管理事务之中。在这种情况下，如果这些组织在行使被授予的行政权力时侵犯公民、法人和其他组织的合法权益，他们可以直接承担相应的赔偿责任。根据《国家赔偿法》第七条第三款，法律、法规授权的组织在行使授予的行政权力时侵犯公民、法人和其他组织的合法权益造成损害的，被授权的组织为赔偿义务机关。

(三)委托的行政机关

同样，由于行政管理关系的复杂性，有时行政机关在自己无法出面或不方便出面时，可能会委托相应组织或者个人代为行使职权，但是该情形又没有法律、法规的明确授权，这时委托的行政机关就是赔偿义务机关。根据《国家赔偿法》第七条第四款，受行政机关委托的组织或者个人在行使受委托的行政权力时侵犯公民、法人和其他组织的合法权益造成损害的，委托的行政机关为赔偿义务机关。

（四）赔偿义务机关被撤销的

当前，我国正处于经济、社会、文化大变迁的时代，相应的行政管理机关也经常处于调整状态之中。有时一些机关会被撤销，一些机关得以成立。在这种情况下，如果某一行政机关行使职权侵犯了公民、法人和其他组织的合法权益，但是它又被撤销，这时该由谁来承担赔偿责任？根据《国家赔偿法》第七条第五款，赔偿义务机关被撤销的，继续行使其职权的行政机关为赔偿义务机关；没有继续行使其职权的行政机关的，撤销该赔偿义务机关的行政机关为赔偿义务机关。

（五）经过复议的

前面谈及的都是行政行为没有经过复议的情形。由于我国行政复议制度日益完善，这一法律救济手段也为越来越多的行政相对人所知悉，因此行政行为在经过复议后如何处理其国家赔偿就是一个新型问题。根据《国家赔偿法》第八条，经复议机关复议的，最初造成侵权行为的行政机关为赔偿义务机关，但复议机关的复议决定加重损害的，复议机关对加重的部分履行赔偿义务。

二、赔偿义务机关的全面证明义务

关于这一问题，不妨对比一下上一节讨论的赔偿请求人的初步证明义务。另一方的举证义务只是初步的，但作为赔偿义务机关的行政机关在举证义务分配中却无路可遁。根据《国家赔偿法》第十五条第一款，赔偿义务机关对自己提出的主张，应当提供证据。根据《行政诉讼法》第三十八条第二款，在行政赔偿、补偿的案件中，原告应当对行政行为造成的损害提供证据。因被告的原因导致原告无法举证的，由被告承担举证责任。根据《最高人民法院关于审理行政赔偿案件若干问题的规定》第十一条第一款，行政赔偿诉讼中，原告应当对行政行为造成的损害提供证据；因被告的原因导致原告无法举证的，由被告承担举证责任。

因此，赔偿义务机关的证明义务还是比较重的。一方面，需要对自己的主张正常举证；另一方面，也要对自身原因导致对方举证不能承担举证责任倒置义务。这也是由于双方力量不对等，立法对行政机关施加了更多的义务负担，也符合一般的人情法理。在上一节提到的最高人民法院两个判例中，都旗帜鲜明地昭示了这一点。

第五节　赔 偿 项 目

不动产征补活动中的行政赔偿基本上都是前期谈不拢导致的，这种争执即使到了赔偿阶段也不可能突然消失，这就为最终解决问题带来巨大的困扰。哪些应该赔偿，哪些不应该赔偿，即为赔偿项目问题，一直为各方所关注。

一、基本规定

到目前为止，因不动产征补活动造成财产损失引发行政赔偿的，以赔偿直接损失为原则，至今没有改变。根据《国家赔偿法》第三十六条第（八）项，对财产权造成其他损害的，按照直接损失给予赔偿。《最高人民法院关于审理行政赔偿案件若干问题的规定》第二十九条对此进一步明确，《国家赔偿法》第三十六条第八项规定的"直接损失"包括：（1）存款利息、贷款利息、现金利息；（2）机动车停运期间的营运损失；（3）通过行政补偿程序依法应当获得的奖励、补贴等；（4）对财产造成的其他实际损失。

上述两个法律文件都是关于行政赔偿的专门立法，对于赔偿到何种程度才算公平还是谨慎行事的。相比之下，《民法典》第一千一百八十四条就规定，侵害他人财产的，财产损失按照损失发生时的市场价格或者其他合理方式计算。在具体的司法实践中，很可能会出现民事赔偿比行政赔偿要高的局面，这是否合理，值得深思。

关于直接损失所包含的具体内容，一些地方法院也有相应的探索。例如，根据《河南省高级人民法院赔偿委员会办公室关于审理违法征收、违法强拆类行政赔偿案件的工作指南（试行）》第六条，房屋价值损失、室内物品损失、停产停业损失、搬迁费、过渡期间的房屋租赁费等都被列为了直接损失，法院可以根据情况据实处理。

二、不动产本身价值

在任何因不动产征收所引发的行政赔偿案件中，不动产本身的价值通常都是最大的，也最为各方所关注。前面已经谈到不动产本身的行政赔偿不得低于正常征收补偿,而正常征收补偿一般都是参照周边类似房地产的市场价格。但在实际的行政赔偿案件中,可能有各种特殊情形。

(一)不低于补偿的幅度参照

被征收房屋周边类似房地产的价格,行政赔偿应当不低于它。但到底什么才是不低于,其幅度如何掌握,有没有一个参考例证,这些问题都是需要认真思考的。根据最高人民法院(2015)行监字第635号行政裁定书,人民法院在市场评估价格的基础上,酌定上浮25%予以赔偿,合乎法理和情理。

另外,河南省的地方司法实践给出了一个上浮10%标准,当然这也只是一种参考。根据《河南省高级人民法院赔偿委员会办公室关于审理违法征收、违法强拆类行政赔偿案件的工作指南(试行)》第七条第一款,之前的调查登记、价值评估、征收补偿决定等程序均符合法律、行政法规的规定,仅强制拆除房屋的程序违法,赔偿请求人提起诉讼要求赔偿房屋价值损失的,法院可结合违法拆除房屋的目的、赔偿请求人实际损失情况等因素,在征收补偿决定确定的房屋价值基础上适当上浮,上浮幅度原则上掌握在10%以内。

(二)可以评估的进行评估

以河南省为例,根据《河南省高级人民法院赔偿委员会办公室关于审理违法征收、违法强拆类行政赔偿案件的工作指南(试行)》第七条第四款,当事人各方提交的证据均不能证明房屋客观价值,但可以通过评估确定房屋价值,经一审法院释明,赔偿请求人不同意评估的,可以判决驳回其对房屋价值损失的赔偿请求。

(三)参照周边同类房屋交易平均价格

再以河南省为例,根据《河南省高级人民法院赔偿委员会办公室关于审理违法征收、违法强拆类行政赔偿案件的工作指南(试行)》第七条第五款,应当通过评估确定房屋价值,由于当事人各方均未保存、固定证据,导致失去依法评估条件,难以确定房屋价值损失的,可以参照周边同类房屋交易平均价格确定房屋价值损失。

(四)参照周边房屋的走访询价

根据最高人民法院(2019)最高法行申5307号行政裁定书,法院委托评估机构评估均被退回,致使房屋无法通过评估的方式确定价值,法院可以通过走访询价,参考估价时同区位房屋的市场价格对案涉房屋赔偿数额予以酌定,符合房屋征收补偿时市场价格补偿的基本原则。

(五)参照其他人的补偿协议

以山东省为例,根据山东省高级人民法院(2020)鲁行终369号行政判决书,可参照与当事人情况类似的案外人的补偿协议,以求最大限度保护当事人的合法权益。

(六)集体土地房屋考虑多种因素

由于集体土地房屋不能上市,因而往往没有一个市场价格可供参照,有地方法院规定了一系列综合因素作为考量标准。以河南省为例,根据《河南省高级人民法院赔偿委员会办公室关于审理违法征收、违法强拆类行政赔偿案件的工作指南(试行)》第九条第一款,集体非经营性建设用地上房屋,包括农村宅基地上房屋被行政机关违法拆除的,在确定房屋价值损失时,应当查明以下事实并将其作为裁判参考:行政机关违法行为的过错程度,房屋占用土地的性质、来源,房屋建造的面积、结构、时间,是否经过规划、审批,是否符合规划要求,赔偿请求人家庭人员组成情况,被拆除房屋是否系其唯一住房,案涉土地是否经过法定程序征收,制定安置补偿方案的程序是否合法等。

(七)集体土地房屋参照周边国有土地

以福建省漳州市芗城区的一个案件为例,根据福建省龙岩市中级人民法院(2020)闽08行赔初3号行政赔偿判决书,认可参照周边国有土地上房屋进行补偿。

注意这是一个比较有代表性的判例,它并没有拘泥于土地征收与房屋征收的时间差问题,也未苛求必须存在行政机关怠于行使实施征地补偿安置法定职责的行为。在进行了综合考量后,直接裁判集体土地上房屋可以参照国有土地上房屋进行补偿。当然,从该裁判整体上来看,由于其他方面的补偿过低,法院或许有以此为突破口对当事人予以弥补之意。

(八)可以生效判决之日为补偿基准时间

被征收人有权要求生效判决作出时同类房地产产权调换或者同类房地产市场

评估价格为标准的补偿款，可参考最高人民法院(2014)行监字第148号行政裁定书，该案已经被载入《最高人民法院公报》2015年第4期(总第222期)。

另以山东省一个案件为例。根据山东省高级人民法院(2017)鲁行终911号行政判决书，涉案房屋被违法强制拆除后，为保障赔偿申请人居住利益，宋某某应获得的房屋损失赔偿数额应当按照能够购置与其原居住状况相当的商品房的标准计算。宋某某在法院确认市南区政府强制拆除违法后于合理期间内提起行政赔偿诉讼，不存在怠于行使诉讼权利的情形，鉴于涉案房屋周边房地产价格明显上涨，应当按照该案判决时涉案房屋周边房地产的市场交易价格予以赔偿。

(九)征收决定公告或征收决定送达之日并非绝对的评估时点

如果征收人的原因导致补偿延迟且不动产价格明显上涨，被征收人有权要求不采纳通常的征收决定公告或征收决定送达之日的评估时点，而以作出补偿决定或签订协议时的市场价格作为补偿基准；但如果征收人已经提存了补偿款项或确定并告知了安置房屋，被征收人无正当理由拒绝的不在此列。可参考最高人民法院(2016)最高法行再80号行政判决书以及最高人民法院(2020)最高法行申6908号行政裁定书等。

(十)土地转让给他人时的市场价值

根据最高人民法院(2015)行提字第26号行政判决书，赔偿标准的核心即土地估价时点如何确定。首先，在《国家赔偿法》对该案的情形仅规定了赔偿直接损失的原则、未明确具体赔偿标准的情况下，可以通过类比《国家赔偿法》最相近似的具体规定，来分析立法精神、衡平赔偿标准。《国家赔偿法》第三十六条第五项规定："财产已经拍卖或者变卖的，给付拍卖或者变卖所得的价款；变卖的价款明显低于财产价值的，应当支付相应的赔偿金。"该规定亦适用于行政赔偿，且适用的情形均为侵权机关占用本属受害人所有的财产被确认违法，却因涉案财产被转移给他人致无法返还。二者的区别仅是他人取得涉案财产的方式不同，而他人取得涉案财产的方式并不会对受害人直接损失的大小产生影响，故二者具有高度的可类比性。拍卖或者变卖所得的价款即涉案财产转移给他人时的市场价值，类比到该案应为涉案土地被划拨给他人时的市场价值，即2010年10月20日涉案土地的市场价值。

三、不动产评估费用

在前面提到的行政赔偿中，可能会发生评估费用问题。这个费用由谁来负责，或者说由谁来先行垫付，可能是双方争执的又一个问题。根据《诉讼费用交纳办法》(国务院令第481号，2007年4月1日实施)第十二条第一款，诉讼过程中因评估等发生的依法应当由当事人负担的费用，人民法院根据"谁主张，谁负担"的原则，决定由当事人直接支付给有关机构或者单位，人民法院不得代收代付。

在具体实践中，对于上面谈到的"谁主张"到底如何理解，没有明文规定。从法理上来看，如果是因征收方违法强拆引发赔偿诉讼，不动产价值的举证责任就应当根据《行政诉讼法》第三十八条第二款的规定由征收方来承担。相反，如果让无过错的被征收人承担这一笔数目不菲的费用在人情法理上是说不通的。

四、装饰装修及附属物等

在行政赔偿中，不动产本身是一定要赔偿的，除此以外，与其关系最密切的就是装饰装修或附属物赔偿。在未引发行政赔偿的正常补偿工作中，很多时候这一项目的补偿是混同于不动产本身的。不过在有的补偿方案中把它单独进行了列举，在这种情况下，对它的赔偿同样应当不低于正常补偿的标准。

五、建筑材料

在行政赔偿的语境下，建筑材料赔偿问题通常都是以违法建设为前提的，如果相反，那么建筑材料被吸收到了合法建设中而体现不动产本身的价值。无论建筑是合法建筑还是违法建筑，建筑材料本身的所有权一定归当事人所有。如果行政机关违法强制拆除后没有对其妥善保管，应当承担其赔偿责任。[①]

根据最高人民法院(2016)最高法行申12号行政裁定书，违法建筑物、构筑物中的建筑材料，属于当事人的合法财产。行政机关对违法建筑物、构筑物实施强制拆除，手段、方式必须科学、适中，不得以野蛮方式实施强制拆除。因强制拆除手段、方式不当，造成当事人建筑材料合法权益损失的，行政机关应当依法予以赔偿。

根据最高人民法院(2017)最高法行申3854号行政裁定书，建设本身违法并不意味着建筑材料亦随之变成非法财物。建筑材料属于当事人的合法财产。行政机

---

① 参见李健、任夏青:《擅自处置强制拆除的违法建筑材料的赔偿》，载《人民司法》2010年第20期。

关在对违法建设实施强制拆除的过程中，若违反法定程序及采取的手段、方式不适中、不正当，导致建筑材料受到明显不合理、过度毁损，应当根据建筑材料的合理价值、违法强制拆除行为造成的合理损失等因素承担相应的赔偿责任。最高人民法院(2016)最高法行申605号行政裁定书(参见最高人民法院第二巡回法庭《东北三省行政审判案例要旨(二)》49)以及最高人民法院(2018)最高法行申8656号行政裁定书等也作出了类似的裁判。

六、违法建设的人工费

如果已经确定是违法建设了，对其包含的建造费用如人工费是否应该赔偿，对此有不同观点。有人认为需要从侵权人主观状态来考查。如果系故意或重大过失，需要赔偿，如果非如此，则不必赔偿。[①] 这一观点虽然源自民事审判，但可以根据《行政诉讼法》第一百零一条予以参照。

七、室内物品

建筑物或构筑物中的室内物品是指不依附于建筑本身，也不属于装饰装修及附属物的物品。在正常的征收补偿活动中，它是在双方签订协议后由被征收人自行整理带走的，一般不会发生什么争议。只有在房屋等被违法强拆，且双方对物品的种类、数量和价格等意见不一时，才会引发行政赔偿争议。

一般来说，作为家庭内部的私人物品，带有较大的私密性，外人通常难以确知都有哪些，即便是对征收方亦是如此。如果要求赔偿，应当提供证据，否则就要承担举证不能的法律后果。正是因为如此，《国家赔偿法》第十五条第一款才明确规定，赔偿请求人对自己提出的主张应当提供证据。当然，以上只是通常情况，如果是征收方的原因导致申请人无法举证，则适用《行政诉讼法》第三十八条第二款规定的举证责任倒置原则。

也就是说，“由于被告未经勘验强制拆除原告的房屋，或者未经清点、登记造册强行将原告的物品予以清除，原、被告双方对损失均不能举证。在此情形下，一些法官片面理解《行政诉讼法》的规定，简单以原告举证不能为由，判决驳回其行政赔偿诉讼请求，这种判决的理由和结果都是不正确的。应当根据《最高人民法院关于行政诉讼证据若干问题的规定》第54条规定，遵循法官职业道德，运用逻辑推理和生

---

① 参见仲伟珩:《从违法建筑的法律定位分析违法建筑纠纷的处理》，载中华人民共和国最高人民法院民事审判第一庭编:《民事审判指导与参考》总第42集，法律出版社2011年版。

活经验，全面、客观、公正地对原告提出的赔偿请求逐项进行分析判断，通过法官自由心证，合理酌定其损失赔偿数额”①。

根据《最高人民法院关于发布第17批指导案例的通知》（法〔2017〕332号，2017年11月15日实施）中的指导案例第91号，在房屋强制拆除引发的行政赔偿案件中，原告提供了初步证据，但行政机关的原因导致原告无法对房屋内物品损失举证，行政机关亦因未依法进行财产登记、公证等措施无法对房屋内物品损失举证的，人民法院对原告未超出市场价值的符合生活常理的房屋内物品的赔偿请求，应当予以支持。

根据最高人民法院（2018）最高法行申952号行政裁定书，对于建筑物内的物品，行政机关应当采用公证、见证等方式，进行清点造册、制作现场笔录、妥善保管并及时移交。如行政机关未依法履行上述程序，造成当事人合法财产损失，则该强制拆除行为应予确认违法。

另据最高人民法院（2019）最高法行再228号行政判决书，某管委会在实施强制拆除案涉房屋过程中，未依法妥善处置当事人的合法财产，未对其进行清点、登记造册并留存证据，导致某管委会实施违法强制拆除行为后，当事人无法提交证据证明其屋内家具和电器用品等损失，故根据《行政诉讼法》第三十八条第二款的规定，对当事人房屋内家具和电器用品损失事实的举证责任应当由某管委会承担，并在未能提供任何相关证据的情况下，承担举证不能的不利后果。

最后，非日常生活用品的大宗财物应由申请人举证。根据最高人民法院（2017）最高法行申3860号行政裁定书，有关沙发茶几等主张，属于合理的生活用品，而300万元的珍宝龙珠和观世音画像等损失，则非日常生活用品，需由申请人提供有说服力的证据，并说明与强拆行为之间的因果关系。如果不能提供，可保留此权利诉请，待证据充足后另行主张。

八、临时安置费（过渡费或搬迁费等）

临时安置费有时又称过渡费或搬迁费，或者其他名义的补助费等，是指被征收人在搬离房屋后，取得新的居所前这一过渡期间内发生的费用。由于没有征收就不可能有如此支出，显然这属于被征收人应得的赔偿。

以河南省为例，根据《河南省高级人民法院赔偿委员会办公室关于审理违法征

① 郭修江：《监督权力，保护权利，实质化解行政争议——以行政诉讼法立法目的为导向的行政案件审判思路》，载《法律适用》2017年第23期。

收、违法强拆类行政赔偿案件的工作指南(试行)》第十九条,房屋被违法强制拆除,赔偿请求人要求赔偿合理的搬迁费和侵权行为发生至实际赔付之日期间家庭基本居住所需的房屋租赁费的,应予支持。

根据最高人民法院(2015)行监字第635号行政裁定书,在居住房屋被强制拆除的情况下,被申请人必须要另找生活居住的地方。无论是租住他人房屋,或者另行购房居住,还是投亲靠友借住他人家中,在获得赔偿之前,被申请人因失去原有住房另行安排住处的损失都是实际存在的。即便是投亲靠友,未实际支出房租,客观上房租损失也是依然存在的,只是亲朋好友免除了被申请人的房租损失而已。而在法律上,并不能因为亲朋好友的馈赠而免除侵权人的赔偿责任。因此,根据经验法则可以推定:在房屋被强制拆除的情况下,被申请人的房租损失是必然存在的。

九、奖励、补贴或补助等

长期以来,全国许多地方的行政赔偿义务机关都认为征迁活动中的奖励、补贴或补助等仅仅属于可得利益,而非必得利益,因而不属于《国家赔偿法》第三十六条第(八)项的直接损失范畴。实际上,这种认识是错误的,正如老百姓常常挂在嘴边的那一句俗话:羊毛出在羊身上。从情理上来看,仅仅因为双方有争执而没有按时签订补偿协议,就武断地剥夺了如同其他被征收人都可以正常获得的所谓奖励、补贴或补助等,这样的做法是极为牵强的。但是由于没有明确的法律规定,这种论调居然在各级赔偿义务机关甚至审判机关中一度大行其道。

尽管如此,在没有明确法律依据的情况下一些审判机关还是尝试予以突破。例如,最高人民法院(2018)最高法行申8638号行政裁定书就认定,对因行政行为违法所涉赔偿范围之把握,被侵权人依照先期补偿政策应得而未得之补偿款,宜归入《国家赔偿法》第三十六条规定的“直接损失”范围,通过赔偿程序实现,以体现救济之便捷性。

以河南省为例,根据《河南省高级人民法院赔偿委员会办公室关于审理违法征收、违法强拆类行政赔偿案件的工作指南(试行)》第二十条,非赔偿请求人自身原因,或赔偿请求人具有正当理由,未签订安置补偿协议,要求按照补偿方案中的补助、奖励条款进行赔偿的,可予支持。

注意到河南省高级人民法院的这份文件是2020年出台的,两年之后的2022年5月1日,《最高人民法院关于审理行政赔偿案件若干问题的规定》才开始施行。根据其第二十九条第(三)项,通过行政补偿程序依法应当获得的奖励、补贴等属于《国家赔偿法》第三十六条第(八)项规定的"直接损失"。自此以后,不会再有赔偿义务机关和审判机关拒绝当事人的这一赔偿请求了。

十、停产停业损失

同样,长期以来许多赔偿义务机关甚至审判机关也认为停产停业损失不属于直接损失,这一现象在涉及农村集体上不动产征迁活动时尤为严重。这是因为,毕竟国有土地上房屋征补活动中有一部法典式法律文件存在,即《国有土地上房屋征收与补偿条例》,其第十七条第一款第(三)项明确规定停产停业损失属于被征收人应予补偿的项目。但在现行有效的国家层面集体土地上不动产征补相关立法中,尚无明文规定。

即使在这种情况下,仍有审判机关进行了有益探索。根据最高人民法院(2019)最高法行再289号《行政判决书》,国有土地上房屋征收时明确规定了停产停业损失,集体土地上房屋征收时是否需要补偿停产停业损失没有明确规定,但《物权法》相关规定明确规定了征收集体所有的土地,应当依法足额支付土地补偿费、安置补助费、地上附着物和青苗的补偿费等费用。故在征收集体土地上设施农业企业时,为充分合理保护被征收人的合法权益,应参照国有土地上房屋征收规定,将停产停业损失作为直接损失予以补偿。

(一)停产停业损失时间起止

计算停产停业损失,必然涉及时间起点和终点问题,被征收人也负有一定的义务尽量减少这方面的损失。根据最高人民法院(2017)最高法行再101号行政判决书,由于征收过程中的停产停业损失,只是补偿因征收给房屋所有权人经营造成的临时性经营困难,具有过渡费用性质,因而只能计算适当期间或者按照房屋补偿金额的适当比例计付。同时,房屋所有权人在征收或者侵权行为发生后的适当期间,也应当及时寻找合适地址重新经营,不能将出于自身原因未开展经营的损失,全部交由行政机关来承担。

(二)租金收入属于直接损失

在停产停业损失中,如果是企业自身在正常经营而被强制拆除或关停,那么停产停业损失比较容易确定,但如果企业出租了全部或部分不动产而收取相应的租金,这一损失是否属于直接损失,最高人民法院也给出了明确答案。根据最高人民法院(2020)最高法行申6908号行政裁定书,房屋系门面房,被拆除时出租给他人作为经营房并收取租金,该项租金损失属直接损失范畴。另据最高人民法院(2020)最高法行赔申1477号行政裁定书,某船舶公司被拆除的房屋系出租给他人经营,其直接损失应为强拆行为导致的租金损失。

实际上,根据《最高人民法院关于审理行政赔偿案件若干问题的规定》第二十九条第(二)项,机动车停运期间的营运损失属于直接损失。由这一规定也可以看出此前最高人民法院和一些地方法院的相应探索是有道理的。同样,它完全可以推而广之,把类似的情形也纳入应予赔偿的直接损失范畴,如农民因征收行为农地无法耕种或无法养殖的情形。

(三)不确定发生的经营利益不予赔偿

根据最高人民法院(2018)最高法行赔申108号行政裁定书,不确定发生的利益,是指即便不存在国家赔偿案件中的侵权行为,也未必能够实现的利益。经营利益需要多种条件的具备方能成就,并不是不依赖其他外在条件成就的必然发生的利益,而非可视为直接损失的必然可得利益,后者并不依赖其他外在条件的成就,倘若无侵权行为发生,该利益则为赔偿请求人必然获得。

十一、人身损害

在近年来的不动产行政强制中,违法拆除的行为屡见不鲜,在这一过程中引发的人身损害也并不罕见。根据《国家赔偿法》第三条、第三十三条和第三十四条,当事人针对人身损害提起国家赔偿没有任何问题。但在因不动产征迁引发的行政赔偿案件中,人身损害赔偿是一并提起还是单独提起是一个问题。从目前的司法实践来看,在不动产行政赔偿之诉中,一并提起的多因举证不能而得不到支持。因此,从稳妥的角度来说,应当分开进行。

根据《民法典》第一千一百七十九条,人身损害应当赔偿的名目主要有医疗费、护理费、交通费、营养费、住院伙食补助费等为治疗和康复支出的合理费用,以及因误工减少的收入。造成残疾的,还应当赔偿辅助器具费和残疾赔偿金;造成死亡的,还应当赔偿丧葬费和死亡赔偿金。对于上述赔偿名目,《最高人民法院关于审理人身损害赔偿案件适用法律若干问题的解释》(法释〔2022〕14号修正,2022年5月1日实施)已有详细规定可供参阅。

十二、精神损害

毫无疑问,最终与征收方走到对簿公堂、剑拔弩张这一步,被征收人的精神损害是客观存在的。漫长的维权过程带来的不仅是人力、物力和财力耗费,精神上的折磨更是常常让被征收人辗转反侧、夜不能寐。尽管如此,在因征迁引发的行政赔偿中,支持精神损害赔偿的并不多见。

在《国家赔偿法》中,共有 3 个条文涉及精神损害赔偿问题。其中,第十七条是关于刑事赔偿的,与本节主题无关,就此略过不论。根据该法第三条,行政机关及其工作人员在行使行政职权时有侵犯人身权情形的,受害人有取得赔偿的权利。根据该法第三十五条,有侵犯人身权情形且致人精神损害的,应当在侵权行为影响的范围内,为受害人消除影响,恢复名誉,赔礼道歉;造成严重后果的,应当支付相应的精神损害抚慰金。另据《民法典》第一千一百八十三条第一款,侵害自然人人身权益造成严重精神损害的,被侵权人有权请求精神损害赔偿。因此,从现行立法规定来看,精神损害是以人身权受到侵犯为前提的,单纯的不动产权利受到侵犯通常难以一并提出精神损害赔偿。

如果当事人认为被损害的不动产与其人身具有特定情感联结,主张其属于具有人身意义的特定物,是否能够主张精神损害?从《民法典》第一千一百八十三条第二款以及《最高人民法院关于确定民事侵权精神损害赔偿责任若干问题的解释》(法释〔2001〕7 号,法释〔2020〕17 号修正,2021 年 1 月 1 日实施)第一条来看,因故意或者重大过失侵害自然人具有人身意义的特定物造成严重精神损害的,被侵权人有权请求精神损害赔偿,人民法院应当依法予以受理。虽然从情理和法理上这样主张也是行得通的,但其举证负担是比较重的。如何证明房子属于这类特定物,目前并无一个判断标准,也没有相应的法律规定,也还未见相应的判例。

当然,如果被征收人在其不动产被征收或被强拆时人身权利受到侵犯,并且已经有相应的证据,那么可以单独就此提出赔偿,而不是混同在不动产侵权行政赔偿案件里进行。根据《最高人民法院关于审理人身损害赔偿案件适用法律若干问题的解释》第一条第一款,因生命、身体、健康遭受侵害,赔偿权利人起诉请求赔偿义务人赔偿物质损害和精神损害的,人民法院应予受理。

至于究竟在何种意义与何种程度上遭受了精神损害以及严重后果,可根据《最高人民法院关于人民法院赔偿委员会审理国家赔偿案件适用精神损害赔偿若干问题的意见》(法发〔2014〕14 号,2014 年 7 月 29 日实施)来确定。根据该意见第四条,人民法院赔偿委员会适用精神损害赔偿条款,应当严格依法认定侵权行为是否“致人精神损害”以及是否“造成严重后果”。一般情形下,人民法院赔偿委员会应当综合考虑受害人人身自由、生命健康受到侵害的情况,精神受损情况,日常生活、工作学习、家庭关系、社会评价受到影响的情况,并考量社会伦理道德、日常生活经验等因素,依法认定侵权行为是否致人精神损害以及是否造成严重后果。

十三、律师费等维权费用

许多当事人都会在行政赔偿诉讼中请求支付相应的律师费等维权费用,其理由在于,如果没有行政机关的违法行为,就不会打官司,而不打官司显然就不会产生维权费用。但在现行司法实践中,获得支持的也是寥寥无几。目前没有直接支持行政赔偿诉讼中律师费的相关法律规定,但是可以参照《根据最高人民法院关于进一步推进案件繁简分流优化司法资源配置的若干意见》(法发〔2016〕21 号,2016 年 9 月 12 日实施)。根据该意见第 22 条,充分发挥诉讼费用、律师费用调节当事人诉讼行为的杠杆作用,促使当事人选择适当方式解决纠纷。当事人存在滥用诉讼权利、拖延承担诉讼义务等明显不当行为,造成诉讼对方或第三人直接损失的,人民法院可以根据具体情况对无过错方依法提出的赔偿合理的律师费用等正当要求予以支持。

一些地方高级人民法院进行了前沿性的探索。例如,根据浙江省高级人民法院办公室印发的《关于当前国家赔偿工作若干问题的解答(一)》第十二条关于其他直接损失协商问题的规定,《国家赔偿法》第三十六条第(八)项规定,对财产权造成其他损害的,按照直接损失给予赔偿。何谓直接损失,最高人民法院没有作出司法解释和相关规定。实践中,赔偿请求人往往要求赔偿律师费、多年申诉上访支付的交通费、住宿费等,存在一定的合理性。对此,在不超过受害人实际支出的前提下,法院可以根据案件具体情况,经协商确定适当赔偿金额,将其以其他直接损失名义纳入赔偿范围,以促使受害人服判息诉。

从检索到的判例来看,河北省承德市中级人民法院(2014)承行终字第 00052 号《行政判决书》不仅支持了律师代理费,而且支持了诉讼费、交通费、住宿费和邮寄费等费用。另外,云南省昆明市中级人民法院(2020)云 01 行赔终 11 号行政判决书也有类似裁判。当然,直接否定该诉求的司法判例还是占多数。例如,最高人民法院最高法行申 689 号行政裁定书就径直认定,提起行政诉讼所产生的误工费、车旅费、文件打印费、邮寄费、律师咨询费等费用系其在寻求救济过程中的支出,而不是行政机关及其工作人员在行使行政职权时所直接造成的财产损失,依法不属于行政赔偿的范围。

十四、利息损失

利息(interest)是相对于本金或母金而言的一个概念,有时又叫子金,是由本金的存在而带来的货币增值额。长期以来,在行政赔偿事务中主张利息损失往往难以获得支持,这种做法实际上是欠妥的。根据《国家赔偿法》第二条第二款,本法规定的赔偿义务机关,应当依照本法及时履行赔偿义务。注意这句话里有“及时”的字样,这表明立法者也认同迟到的正义不是正义这一理念。但由于该条款只是一个昭示性表述,因而一直不被赔偿义务机关和司法机关重视,只有少数判例运用这一条款作出了裁判。例如,根据最高人民法院(2020)最高法行再332号行政裁定书,行政机关应当及时履行补偿职责,对于没有正当理由逾期支付补偿款的,行政相对人诉请支付利息符合法律规定。

对于赔偿请求人来说十分窘迫的这一局面,2022年5月1日之后就不再是一个问题了。根据《最高人民法院关于审理行政赔偿案件若干问题的规定》第二十九条第(一)项以及第三十一条第一款,利息损失在行政赔偿案件中可以堂堂正正地主张了。

(一)计算时间

既然是利息损失,首先就要确定开始计算的时间起点和终点。针对不动产征补活动中的行政赔偿,宜以不动产被强制拆除时间为起点,以实际支付之日为终点。根据最高人民法院(2020)最高法行再38号行政判决书,被申请人于2011年8月5日强制拆除案涉房屋,应当以148,892.3元赔偿金(房屋损失121,049.5元+附属物损失27,842.8元)为基数,以2011年8月5日为起始时间计算银行利息,从2011年8月5日起计算至赔偿款实际支付日止。

(二)计算方式

“行政机关当时未支付赔偿款,时隔若干年后支付,会产生相应的利息损失。此时,原则上按照同期银行存款利息计算损失。但是,如果因物价上涨等因素,按照同期银行存款利息不足以弥补当事人损失,也可以按照同期银行贷款利息计算损失;同期银行贷款利息仍不足以弥补损失的,可以对涉案物品按照赔偿时的时间点进行市场价值评估确定赔偿额。”①

另据《最高人民法院关于审理民事、行政诉讼中司法赔偿案件适用法律若干问题的解释》(法释〔2016〕20 号,2016 年 10 月 1 日实施)第十五条第一款,《国家赔偿法》第三十六条第七项规定的银行同期存款利息,以作出生效赔偿决定时中国人民银行公布的一年期人民币整存整取定期存款基准利率计算,不计算复利。最高人民法院(2020)最高法行再 38 号行政判决书也据此作出了相应裁判。

(三)利息诉请可随时提出

如果一审时出于某种原因未能提出利息请求,二审或后来的程序是否可以提起?根据最高人民法院(2020)最高法行申 4319 号行政裁定书,在上诉状中提出要求某某区政府给付其迟延支付补偿款的利息的诉讼请求,未改变被诉行政行为基础法律关系,未超出原诉请范围,二审法院一并作出判决,有利于行政争议的实质化解。

第六节 赔偿程序

行政赔偿作为一种正义,它不仅一定要实现,而且一定要以看得见、摸得着的方式实现。如果要真正获得赔偿,还需要明确具体的赔偿程序。

一、申请

行政赔偿程序中的申请,主要包括申请人发动申请事项,直到相关机关受理该事项为止的时间段。

(一)行政行为被确认违法

既然要提起行政赔偿,就必须有一定的先决条件,即一个在先的行政行为被确认违法。根据《国家赔偿法》第九条第一款,赔偿义务机关有本法第三条、第四条规定情形之一的,应当给予赔偿。

(二)单独提起或一并提起均可

根据《国家赔偿法》第九条第二款,赔偿请求人要求赔偿,应当先向赔偿义务机

① 郭修江:《监督权力保护权利实质化解行政争议——以行政诉讼法立法目的为导向的行政案件审判思路》,载《法律适用》2017 年第 23 期。

关提出，也可以在申请行政复议或者提起行政诉讼时一并提出。根据最高人民法院(2020)最高法行赔申380号行政裁定书，行政行为确认违法后，当事人提起行政赔偿诉讼无须经赔偿义务机关先行处理。至于单独提起还是一并提起，当事人有选择权。

(三)赔偿时效

首先，基本时效是两年，即单独提起国家赔偿申请的情形。根据《国家赔偿法》第三十九条第一款，赔偿请求人请求国家赔偿的时效为两年，自其知道或者应当知道国家机关及其工作人员行使职权时的行为侵犯其人身权、财产权之日起计算，但被羁押等限制人身自由期间不计算在内。

其次，在行政复议或行政诉讼时一并申请国家赔偿的，适用《行政复议法》或《行政诉讼法》的相关规定。这就是《国家赔偿法》第三十九条第一款后半部分明确规定的。其原因在于，这时的国家赔偿申请是依附于一个主程序而进行，当然在时效或期限方面要受到主程序的限制，否则就会出现混乱。

最后，还有时效中止的规定。根据《国家赔偿法》第三十九条第二款，赔偿请求人在赔偿请求时效的最后六个月内，因不可抗力或者其他障碍不能行使请求权的，时效中止。从中止时效的原因消除之日起，赔偿请求时效期间继续计算。

(四)申请费用

与通常的行政诉讼不同，权利人申请行政赔偿时不需要交纳相关费用，根据《国家赔偿法》第四十一条第一款，赔偿请求人要求国家赔偿的，赔偿义务机关、复议机关和人民法院不得向赔偿请求人收取任何费用，

(五)赔偿请求多项

根据《国家赔偿法》第十一条，赔偿请求人根据受到的不同损害，可以同时提出数项赔偿要求。

(六)尽量书面申请

根据《国家赔偿法》第十二条第一款和第二款，要求赔偿应当递交申请书，申请书应当载明相应的事项。赔偿请求人书写申请书确有困难的，可以委托他人代书；也可以口头申请，由赔偿义务机关记入笔录。

二、受理

在赔偿请求人提出申请后,球就来到了赔偿义务机关这一方。承接申请程序,接下来就是受理程序。

(一)当面申请的出具书面凭证

根据《国家赔偿法》第十二条第四款,赔偿请求人当面递交申请书的,赔偿义务机关应当当场出具加盖本行政机关专用印章并注明收讫日期的书面凭证。

(二)邮寄申请的处理方式

《国家赔偿法》对此没有明确规定,但也没有禁止性规定。参照一般的行政诉讼,赔偿请求人通过邮寄的方式申请行政赔偿并无任何不妥,但是应尽量采用权威的中国邮政渠道。

(三)材料不齐全的一次性告知

根据《国家赔偿法》第十二条第四款,申请材料不齐全的,赔偿义务机关应当当场或者在5日内一次性告知赔偿请求人需要补正的全部内容。

三、赔偿处理

在赔偿请求人提出申请,赔偿义务机关受理申请后,就进入了如何对赔偿事项进行程序处理和实体处理阶段了。

(一)审理时限与送达时限

根据《国家赔偿法》第十三条,赔偿义务机关应当自收到申请之日起2个月内,作出是否赔偿的决定。赔偿义务机关作出赔偿决定,或者作出不予赔偿决定,都应当自作出决定之日起10日内送达申请人。

(二)听取申请人的意见

根据《国家赔偿法》第十三条第一款,赔偿义务机关作出赔偿决定,应当充分听取赔偿请求人的意见。

(三)可就赔偿方式、赔偿项目和赔偿数额进行协商

根据《国家赔偿法》第十三条第一款，赔偿义务机关可以与赔偿请求人就赔偿方式、赔偿项目和赔偿数额依照本法第四章的规定进行协商。

(四)举证责任分配

前面在赔偿请求人和赔偿义务机关两节中，已经涉及了这一问题，本节对此整合分析一下。首先，基本规定是类似于民事诉讼的"谁主张，谁举证"原则，即根据《国家赔偿法》第十五条第一款，人民法院审理行政赔偿案件，赔偿请求人和赔偿义务机关对自己提出的主张，应当提供证据。不过，正如前面已经谈到的，还是有例外存在的。根据《行政诉讼法》第三十八条第二款、《最高人民法院关于适用〈中华人民共和国行政诉讼法〉的解释》第四十七条以及《最高人民法院关于行政诉讼证据若干问题的规定》(法释〔2002〕21 号，2002 年 10 月 1 日实施)第五条，在行政赔偿、补偿的案件中，原告应当对行政行为造成的损害提供证据。因被告的原因导致原告无法举证的，由被告承担举证责任。对于各方主张损失的价值无法认定的，应当由负有举证责任的一方当事人申请鉴定，但法律、法规、规章规定行政机关在作出行政行为时依法应当评估或者鉴定的除外；负有举证责任的当事人拒绝申请鉴定的，由其承担不利的法律后果。当事人的损失因客观原因无法鉴定的，人民法院应当结合当事人的主张和在案证据，遵循法官职业道德，运用逻辑推理和生活经验、生活常识等，酌情确定赔偿数额。

四、处理结果

在赔偿请求人提出申请，赔偿义务机关受理，行政机关对赔偿事项进行了程序处理和实体处理之后，结果就呼之欲出了。

(一)予以赔偿

根据《国家赔偿法》第九条第一款，赔偿义务机关有本法第三条、第四条规定情形之一的，应当给予赔偿。另根据《国家赔偿法》第十三条第二款，赔偿义务机关决定赔偿的，应当制作赔偿决定书，并自作出决定之日起 10 日内送达赔偿请求人。

(二)不予赔偿

根据《国家赔偿法》第十三条第三款，赔偿义务机关决定不予赔偿的，应当自作

出决定之日起10日内书面通知赔偿请求人,并说明不予赔偿的理由。

(三)未予回复

根据《国家赔偿法》第十四条第一款,赔偿义务机关在规定期限内未作出是否赔偿的决定,赔偿请求人可以自期限届满之日起3个月内,向人民法院提起诉讼。

五、对处理结果的法律救济

赔偿义务机关的赔偿决定,不予赔偿决定,或者消极不作为行为,都不是终局性的,申请人如果对结果不满意,可以进一步寻求法律救济。

(一)提起诉讼的范围

根据《最高人民法院关于审理行政赔偿案件若干问题的规定》第三条,赔偿请求人不服赔偿义务机关下列行为的,可以依法提起行政赔偿诉讼:(1)确定赔偿方式、项目、数额的行政赔偿决定;(2)不予赔偿决定;(3)逾期不作出赔偿决定;(4)其他有关行政赔偿的行为。

(二)起诉期限

根据《国家赔偿法》第十四条第一款,赔偿义务机关在规定期限内未作出是否赔偿的决定,赔偿请求人可以自期限届满之日起3个月内,向人民法院提起诉讼。根据该法该条第二款,赔偿请求人对赔偿的方式、项目、数额有异议的,或者赔偿义务机关作出不予赔偿决定的,赔偿请求人可以自赔偿义务机关作出赔偿或者不予赔偿决定之日起3个月内,向人民法院提起诉讼。

(三)复议期限

虽然《国家赔偿法》没有规定当事人可以对处理结果复议,但是如果可以诉讼,申请复议一般是没有问题的。不过,在实践中当事人一般都是选择直接诉讼,以免久拖不决。特别是现行《行政复议法实施条例》第四十一条所规定的复议中止制度,更可能是当事人的梦魇所在。

(四)法院应尽量作出实体判决

根据《最高人民法院关于审理行政赔偿案件若干问题的规定》第三十一条第二

款,人民法院审理行政赔偿案件,可以对行政机关赔偿的方式、项目、标准等予以明确,赔偿内容确定的,应当作出具有赔偿金额等给付内容的判决;行政赔偿决定对赔偿数额的确定确有错误的,人民法院判决予以变更。

上述规定的宗旨在于,以往经常出现人民法院判决撤销行政机关的赔偿决定书,但行政机关又再次作出相同内容或相似内容的赔偿决定书,造成程序空转,浪费司法资源。为扭转这种趋势,最高人民法院作出了上述新规定,以期规范人民法院对损害赔偿的酌定标准,明确行政赔偿案件的裁判方式,增强行政赔偿诉讼实质化解行政争议效果。

根据最高人民法院(2019)最高法行申1245号行政裁定书,对于当事人而言,重要的诉求是获得相应的补偿权益,人民法院应当关注当事人的实质诉求。《行政诉讼法》第七十三条规定,人民法院经过审理,查明被告依法负有给付义务的,判决被告履行给付义务。根据这一规定,在依法查明事实的情况下,人民法院可以直接针对当事人的实质诉求,即获得补偿权益的诉求作出裁判。在科予义务诉讼和一般给付诉讼的关系上,如果人民法院对于当事人的损失能够查清,相关补偿方式和数额依据比较明确,人民法院应当作出切合当事人诉求的一般给付判决,以便尽快稳定行政法律关系,实现案结事了。

六、赔偿结果的落实

经过前面的一系列程序之后,申请人能否最终实质性地获得赔偿,或者以其他方式取得实质性结果,仍然需要落实程序。这一点类似行政诉讼中的执行程序,同样也是非常重要的。根据《国家赔偿法》第三十七条,赔偿费用列入各级财政预算。赔偿请求人凭生效的判决书、复议决定书、赔偿决定书或者调解书,向赔偿义务机关申请支付赔偿金。赔偿义务机关应当自收到支付赔偿金申请之日起7日内,依照预算管理权限向有关的财政部门提出支付申请。财政部门应当自收到支付申请之日起15日内支付赔偿金。赔偿费用预算与支付管理的具体办法由国务院规定。

(一)赔偿不予征税

根据《国家赔偿法》第四十一条第二款,对赔偿请求人取得的赔偿金不予征税。也就是说,赔偿多少到手多少,是不打折扣的,这也体现了国家赔偿的实际意义,与获利性活动是有本质不同的,因而不应当征税。

(二)是否可以分期付款

在民事赔偿中,根据《民法典》第一千一百八十七条,损害发生后,当事人可以协商赔偿费用的支付方式。协商不一致的,赔偿费用应当一次性支付;一次性支付确有困难的,可以分期支付,但是被侵权人有权请求提供相应的担保。但在行政赔偿中,由于行政机关是代表国家进行赔偿,具有一定的严肃性,通常不宜分期付款。

七、对赔偿义务机关工作人员的责任追究

以上都是针对组织化的行政实体赔偿行为进行的讨论,但任何组织都是由人组成的,其行为也都是由人来执行的。根据《国家赔偿法》第十六条,赔偿义务机关赔偿损失后,应当责令有故意或者重大过失的工作人员或者受委托的组织或者个人承担部分或者全部赔偿费用。对有故意或者重大过失的责任人员,有关机关应当依法给予处分;构成犯罪的,应当依法追究刑事责任。

第七节　特殊情况下的民事赔偿

在第6章讨论不动产征收与补偿近似行为时,已经指出了可能有些民事主体介入征迁事务,如村委会或开发商等,这毫无疑问是严重违法的,但在有些情况下,即使通过行政救济或司法救济等途径,仍可能无法找到一个明确的行政主体来承担相应的责任。一旦出现这种不利局面,可能就不得不退而求其次要求民事赔偿了。

一、概述

国家赔偿中的许多概念来源于民事赔偿或与民事赔偿有着密切的关系,是可以相互对照予以理解的。

(一)责任来源

根据《民法典》第一千一百六十五条第一款,行为人因过错侵害他人民事权益造成损害的,应当承担侵权责任。根据《民法典》第一千一百六十七条,侵权行为危及他人人身、财产安全的,被侵权人有权请求侵权人承担停止侵害、排除妨碍、消除危险等侵权责任。在实务中,如果村委会或其他民事主体非法进行了强拆,或者供电公司非法实施了断电,都是侵犯被征收人合法权益的行为,应当承担相应的责任。

（二）赔偿标准

根据《民法典》第一千一百八十四条，侵害他人财产的，财产损失按照损失发生时的市场价格或者其他合理方式计算。

（三）赔偿费用支付方式

根据《民法典》第一千一百八十七条，损害发生后，当事人可以协商赔偿费用的支付方式。协商不一致的，赔偿费用应当一次性支付；一次性支付确有困难的，可以分期支付，但是被侵权人有权请求提供相应的担保。

（四）民事责任的优先性

根据《民法典》第一百八十七条，民事主体因同一行为应当承担民事责任、行政责任和刑事责任的，承担行政责任或者刑事责任不影响承担民事责任；民事主体的财产不足以支付的，优先用于承担民事责任。

二、承担民事责任的方式

根据《民法典》第一百七十九条第一款，承担民事责任的方式主要有：(1)停止侵害；(2)排除妨碍；(3)消除危险；(4)返还财产；(5)恢复原状；(6)修理、重作、更换；(7)继续履行；(8)赔偿损失；(9)支付违约金；(10)消除影响、恢复名誉；(11)赔礼道歉。

（一）惩罚性赔偿

根据《民法典》第一百七十九条第二款，法律规定惩罚性赔偿的，依照其规定。

（二）各方式适用的非互斥性

根据《民法典》第一百七十九条第三款，本条规定的承担民事责任的方式，可以单独适用，也可以合并适用。

第八节　特殊情况下的司法赔偿

在因不动产征收或准征收而引发的国家赔偿中，绝大多数是行政赔偿。不过，在少数情况下，也可能出现司法赔偿的情形，这里略做讨论。

一、赔偿责任来源

根据《行政强制法》第八条第二款，公民、法人或者其他组织因人民法院在强制执行中有违法行为或者扩大强制执行范围受到损害的，有权依法要求赔偿。在正常情况下，人民法院的强制执行是针对生效行政决定的一种执行，但如果超出了行政决定的范围，那么就需要承担相应的法律责任，这就是司法赔偿。

二、赔偿程序

根据《国家赔偿法》第三十八条，人民法院在民事诉讼、行政诉讼过程中，违法采取对妨害诉讼的强制措施、保全措施或者对判决、裁定及其他生效法律文书执行错误，造成损害的，赔偿请求人要求赔偿的程序，适用本法刑事赔偿程序的规定。

《国家赔偿法》第三章对刑事赔偿的赔偿范围、赔偿请求人和赔偿义务机关以及赔偿程序都进行了详细规定，如果出现了本节所说的行政赔偿转化为司法赔偿的情形，可参阅相关规定寻求救济。

第九节　被征收不动产物权消灭时点

正如前面已经谈到的，不动产征收与补偿活动可以在第10章或之后的任一时点结束。只有在征收方与被征收方一直处于争执状态，行政机关采取违法手段强制介入，才可能发生行政赔偿问题，最终双方在司法介入的情况下一次性解决补偿纠纷。至此，被征收的不动产物权毫无疑问已经消灭。但在实务中，有许多观点认为在这之前的某个阶段实际上已经消灭了。本节对此进行简要讨论，它涉及被征收人与一系列征收或补偿行为的救济权利是否存在的问题，无论是在理论上还是在实务中都还是比较重要的。

一、签订补偿协议之时

在双方自愿签订不动产征收补偿协议的情况下，由于双方经过协商达成或基本达成合意，一般有以下三种情况：一是征收方正常履行相应的法律程序，依法征收与补偿，这时的协议签订也是合法的；二是先行用地，虽然没有正式的征收文件，但是双方达成补偿协议；三是征收行为存在违法或者重大违法，如有的征收方根本就不作出任何征收文件就强行征收等。考虑到以上情形，如果双方最终达成合意，签订了安置补偿协议，约定了双方的权利义务，特别是如果协议中有关于物权消灭或转移的条款，是否被征收的不动产物权即已消灭或发生转移？实务界和理论界许多人认为此时被征收的不动产物权已经消灭或转移，征收方对这种观点当然是乐于接受的。不过，根据现行有效的立法规定和司法判例，这一观点并不一定能够成立。

以国有土地上房屋征收与补偿活动为例。根据《国有土地上房屋征收与补偿条例》第二十五条第二款，补偿协议订立后，一方当事人不履行补偿协议约定的义务的，另一方当事人可以依法提起诉讼。从这一条款来看，签订协议并不意味着物权消灭或转移。在实务中，一般都是需要征收方下达一个书面决定，要求被征收人履行义务。如果被征收人拒绝履行，则由征收方申请法院执行。

根据《最高人民法院关于审理行政协议案件若干问题的规定》第二十四条第一款，公民、法人或者其他组织未按照行政协议约定履行义务，经催告后不履行，行政机关可以作出要求其履行协议的书面决定。公民、法人或者其他组织收到书面决定后在法定期限内未申请行政复议或者提起行政诉讼，且仍不履行，协议内容具有可执行性的，行政机关可以向人民法院申请强制执行。

因此，即使被征收人已经对协议签字，如果其出于某种原因反悔，征收方需要作出要求其履行协议的书面决定。如果被征收人于法定期限内既不复议也不诉讼，或者经复议或诉讼后得以维持，那么该书面决定正式生效，被征收人的物权转移到征收方，人民法院据此可以裁定强制执行。

最高人民法院(2017)最高法行申1145号《行政裁定书》认定，由于征收行为、补偿行为与实施行为的分离，被征收人既可能认为上述三个阶段的行政行为均不合法，也可能仅认为征收过程中的某一行政行为不合法，因而提起行政诉讼。为了更好地推进征收补偿依法、有序、平稳进行，应当在允许被征收人对征收行为合法性保留异议权利的前提下，先行鼓励和引导其以签订补偿安置协议的方式先行解决补偿问题，以减少纠纷。但被征收人签订补偿安置协议并领取相应补偿费用后，如坚持认为征收行为违法，仍可在法定期限内依法对征收行为提起行政诉讼，而不能认为签订补偿安置协议或领取相应补偿费用后，被征收人即丧失相应原告主体资格，无权提起相关行政诉讼；除非补偿安置协议对被征收人放弃相关诉讼权利并取得相应之补偿已经进行了明确约定。

最高人民法院(2019)最高法行再72号《行政裁定书》认定，被征收人可在强制拆除行为被确认违法的情况下，取得相应的赔偿。因该利益独立于合法征收行为产生的补偿利益，故被征收人即使签订了征收补偿协议，也依然与可能存在的违法强制拆除行为存在法律上的利害关系，可以提起行政诉讼。

地方法院也有类似的判例。例如，山东省济宁市中级人民法院(2020)鲁08行终198号行政判决书认定，当事人虽然已经签订补偿安置协议，但本人并未在交房验收单上签字确认。在当事人未搬迁交付的情况下，征收机关径自拆除当事人房屋，违反了法律规定，应当确认拆除行为违法。

也有相反的最高人民法院判例。最高人民法院(2018)最高法行申8872号行政裁定书认定，房屋征收案件中，被征收人与征收管理部门签订补偿协议，法定起诉期限届满未对补偿协议提起行政诉讼，征收补偿协议发生强制执行效力，被征收人丧失对被征收房屋土地的权利，与被征收的房屋土地不再具有利害关系，之后对行政机关就涉案房屋土地作出的行政行为提起行政诉讼，被征收人没有原告资格。

二、签订交房协议之时

如果正常签订了补偿协议，同时或间隔一段时间后，双方又签订了交房协议，被征收人同意将房屋交由征收方处置，一般来说，作为一个神智正常的被征收人，在签订此类协议之前，会要求把各项补偿安置条款落到实处。也就是说，货币补偿的，会要求将款项打到自己的银行账户上；房屋置换的，会要求把新房的钥匙交给自己并检查完毕后开始准备入住。在这种情况下，是可以视为被征收的不动产物权已经消灭或者转移到征收方了。

三、征收决定生效之时

即使双方一直没有签订补偿协议，但如果出现了相关的法律文书，情况可能就会变得复杂起来。根据《民法典》第二百二十九条，因人民法院、仲裁机构的法律文书或者人民政府的征收决定等，导致物权设立、变更、转让或者消灭的，自法律文书或者征收决定等生效时发生效力。这一条文本身看上去似乎并不复杂，但仔细推敲，却仍有疑点待解，到底何为“生效”？

(一)作出之日生效

有人认为书面决定“作出”之际就是“生效”之际，例如，以张贴征收决定公告之日作为生效之日，认为从这一时间起始，被征收人的不动产物权已经灭失或转移到了征收方。但这里有着难以自圆其说的逻辑漏洞。举例来说，如果一旦作出决定就实现了物权转移，那么从彼时起直到当事人搬离，是不是需要给新的房屋所有人交租金？尽管如此，还是有相当数量的法律文件或司法判例支持这一观点。

根据《自然资源部对十三届全国人大三次会议第 3226 号建议的答复》（自然资人议复字〔2020〕089 号，2020 年 9 月 9 日实施）“五、第二款”，人民政府作出决定后，当事人不服申请法院审理的，在法院作出判决前，除法院裁定人民政府决定停止执行的，决定可以作为登记的依据。从这一阐述来看，是认定征收决定作出后即生效，可以作为同一土地新不动产物权登记的依据。

根据最高人民法院（2017）最高法行申 1164 号行政裁定书，当事人诉请确认政府对案涉土地公开挂牌出让批复违法，此前已经对征收决定提起诉讼，但一直未有生效判决，当事人认为征收决定未生效。但最高人民法院认定，行政行为具有公信力，一经作出，不论合法与否，除因严重违法而依法无效外，在未经法定机关和法定程序撤销或变更之前，都推定为有效。征收决定也是如此，一经作出，不论合法与否，立即发生效力。

（二）经法律救济后维持的生效

这种观点认为，生效的含义是指征收决定在经过行政复议或行政诉讼后，被征收人的诉请被驳回，复议决定或法院判决生效，最终赋予了征收决定以效力。如果一旦政府作出征收决定就生效，不利于对被征收人利益予以保护。

四、补偿决定生效之时

在双方一直不能达成补偿协议的情况下，可能最后由征收方作出补偿决定。在这种情况下，也存在与征收决定类似的两种情形。

（一）补偿决定作出之时生效

相比之下，与征收决定的情形虽然程序相似，但它已经是确定被征收人具体补偿内容的书面决定了。如果一旦作出，则意味着补偿内容基本上尘埃落定。既然补偿内容已经既定，那么可视为被征收的不动产物权消灭。

（二）经法律救济后维持的生效

与上面的情况稍有不同的是，征收方给被征收方留出了针对补偿决定寻求法律救济的时间。在救济程序结束之后，或者当事人没有寻求救济但已期满，这种情况下物权发生转移。江平也认为,“被征收人主张了权利,而且经过诉讼或其主张已经被驳回,那个时候被征收人的不动产物权消灭比较合理”①。

根据最高人民法院(2017)最高法行申9297号行政裁定书,区政府的房屋征收决定被复议维持,被征收人对本人的征收补偿决定在法定期限内也没有提起诉讼,后区政府申请法院强制执行,法院审查后裁定后准予强制执行。至此,最高人民法院得出结论,案涉房屋已经被依法征收,其国有土地使用权亦应同时收回。仅从该案例来看,似有待补偿决定生效后才发生物权转移之意。

五、房屋合法拆除之时

如果征收方作出了征收决定,也作出了补偿决定,并且申请了人民法院强制执行,当房屋最终被强制拆除之际,被征收的不动产物权消灭。根据《民法典》第二百三十一条,因合法拆除房屋等事实行为设立或者消灭物权的,自事实行为成就时发生效力。总的来看,这一观点应该是站得住脚的。

但如果是非法拆除,情况就不一样了。根据《最高人民法院行政审判庭关于签订征收补偿协议后被征收人与强制拆除房屋行为是否具有利害关系等问题征求意见的复函》(行复〔2021〕140号,2021年10月27日实施),依照原《物权法》第28条的规定,征收决定生效时被征收房屋发生物权变动。但依照《国有土地上房屋征收与补偿条例》第27条第1款的规定,应当补偿安置在先、被征收人搬迁在后。对房屋强制拆除行为提出起诉的,起诉人提供证据初步证明合法权益遭受不利影响,应当先认定其与被诉行政行为具有利害关系,依法予以立案。立案之后,应当结合被征收人是否仍在房屋内居住生活、被征收人是否腾空交付房屋、房屋内是否存有物品等因素,实体审查被诉行政为是否实际影响原告的实体利益、被诉行政行为作出时是否应考虑原告的合法权益等情况,对其与被诉行政行为是否具有利害关系作出综合认定。

六、实际获得合法赔偿或补偿之时

注意到本段小标题与前面的小标题不同,不是问号,而是感叹号,此时所隐含的用意是不言而明的。坦率地讲,走完了前面的所有程序,并且最终被征收人也拿到了符合法定条件和普通人认知观感的合法赔偿或者补偿,可能被征收人对具体

---

① 叶逗逗:《江平:强拆无出路》,载《新世纪周刊》2010年第51期。

的数额或方式等内容仍有不满之处，但到了这个阶段，再强调物权没有转移，确实比较牵强了。

因此，如果已经获得符合法定条件和普通人认知观感的合法赔偿或补偿，或者无正当理由拒绝领取已经可以随时获得的上述赔偿或补偿，其所有拥有的不动产物权归于消灭，与在同一土地上其他主体所进行的后续建设、开发和使用行为等不再具有法律上的利害关系。

第十五章

征收目的的实现

使公私两济者，委曲陈之

——《晋书·阮种传》

第四章的标题是“征收目的”，本章的标题是“征收目的实现”。从征收目的立题的第四章到征收目的收尾的第十五章，中间竟然历经了整整十一章的“长途跋涉”。不过，如果联想到本书的主题是不动产征收与补偿，就会明白这样的篇幅安排其实并不令人意外。

正如本书反复申明的，不动产征收与补偿活动的实质就是在同一土地消灭旧的不动产物权，设立新的不动产物权。以对被征收人合法权益侵害最小的方式，实现作为公共利益载体的征收目的，优化国土空间资源配置，最终让新的不动产物权能够在同一土地上发挥其更大的政治、经济、社会、文化或生态等效益。

第一节　概　　述

征收目的实现作为征收目的的最终结果，基于不同的立场和价值观念，对它持有的理解也各有不同。

一、征收目的实现的概念

“征收目的实现”有狭义和广义之分。在狭义上，只要新的不动产物权得以顺利设立并正常发挥效益，即认为实现了征收目的。但在广义上，也应把为此作出牺牲的被征收人合法权益同时获得了充分保障纳入其中，这也是有征收必有补偿同步性原理的体现。

正如人们常说的，带血的GDP不是真正的GDP。如果不动产征收是以严重侵犯被征收人合法权益为代价实现，那么新设立的不动产物权又有何意义？

很简单，这一所谓的新的不动产物权在经过一段时间后，又会成为旧的不动产物权，同样可能会出于某种动因被征收，如果此前一直秉持的就是那种为达目的、不择手段的庸俗实用思想，这时又很可能如法炮制，再度开启新一轮的野蛮征迁。相信对于任何一个具有现代法治观念的中国人来说，都并非其所乐见的。

二、征收目的实现阶段的起点与终点

征收目的实现阶段与征收目的确立阶段如何划分与接续？如何将不动产征收与补偿活动阶段划分与接续？这是一个见仁见智的问题。由于目前从事征迁法律事务专业研究的学界对征收目的和征收目的实现的概念尚不够重视，因而很少有人关注刚才提到的两个阶段划分问题。

在大多数情况下，被征收方与征收方没有发生纠纷或者没有发生影响正常征补流程的纠纷，双方可正常协商签订补偿协议，依据补偿协议本身或者其附属的交接协议，被征收方将旧不动产交由征收方，建设方顺利接收土地。如果属于这种情形，本章实际上是可以与第十章无缝对接的，并不需要第十一章到第十四章这中间的4章。

相反，如果双方有纠纷，那么可能就需要走完第十一章、第十二章甚至是第十三章的内容，才能完成被征收不动产的土地权属或事实占有状态的转移。当然，这3章中的任一环节，都可能因双方又达成协议而结束，只要征收方愿意解决问题，双方沟通协商的大门在任何情况下都应开放。

本书对征收目的阶段与征收目的实现阶段的划分是把征收方获得用地许可作为征收目的证成阶段的终点，而把土地交付作为征收目的实现阶段的起点。因此，这就可能涉及被征收人与征收目的有关的建设项目之间法律利害关系等理论议题。基于以上考虑，本章关注的焦点主要在于，土地被征收后，建设单位实现了对相应地块的占有，可在该地块上开始实施征收目的，包括平整土地，清理地表，进行相应的基础设施建设和主体建设，以及包括出售在内的交付使用，最终成功设立一个新的不动产物权，令其正常发挥效益。

这又有了一个新问题，征收目的实现的终点界线究竟应该划到哪里？本书以新不动产物权在原址设立并正常而稳定地发挥效益为界，从这时开始，它已经属于别的学科或别的书籍研究的内容，而本书的主题宣告完成。例如，2022年8月25

日，我国南水北调东中线一期工程一共155个设计单元全部通过验收，至此，全线才转入正式运行，而该工程早在2002年12月在完成了相关征迁事务后拿地开工建设，在经历了长达10年后，征收目的才得以最终完全实现。

第二节　土 地 交 付

经过前面几章的讨论，特别是第十三章的讨论，至少土地的事实占有状态已经从被征收人处转移。其原因要么是被征收人签订补偿协议以及可能需要的交房协议，并把被征收不动产交付征收方；要么是不动产被强制执行后，所在的土地范围已不在其控制之下。

一、土地交付的概念

从第六章到第十四章，讨论的均是征收事务。经此一役，土地所有权和使用权都已经转移到国家手中，然后再由国家交付给在同一土地拟设立新不动产物权的有关各方。那么，什么是土地交付，交付的标准是什么，以什么时间来界定交付完成，都是实践中需要认真对待的问题。

（一）名义交付

以深圳市为例，根据《深圳经济特区土地使用权出让条例》（2021年修正，2021年10月30日实施）第十八条第二款，自出让合同签订之日起，视为已交付土地。除此之外，交付方与被交付方拟定建设用地交付确认书，有时还辅以现场踏勘，对土地的实况进行考察，双方签字确认，也视为完成了交付。对于以上两种情形来说，都属于土地的名义交付。

（二）登记交付

双方不仅完成上述程序，同时还根据《民法典》第二百零八条以及《城镇国有土地使用权出让和转让暂行条例》第十六条，依照法律规定进行登记，领取土地使用证，取得土地使用权。在取得土地使用权证书之时，即为土地的登记交付。

（三）实际交付

上述两种交付对于被交付方而言都潜藏了一定的风险：名义交付简单易行，只要双方签字确认即可,但对于可能涉及的第三方却没有什么约束力;登记交付在法律上完成了权利转移,但能否顺利实现转移目的则仍然不确定,其隐藏的权利瑕疵也可能无法在公示时体现。因此,在前两种交付的基础上,只有当被交付的权利人能够实际上对土地进行合法管理,并且这种管理在某一期限内能够持续存在,才属实际交付。

根据《〈国有建设用地使用权出让合同〉示范文本》第三十七条,受让人按本合同约定支付国有建设用地使用权出让价款的,出让人必须按照本合同约定按时交付出让土地。由于出让人未按时提供出让土地而致使受让人本合同项下宗地占有延期的,每延期一日,出让人应当按受让人已经支付的国有建设用地使用权出让价款的____‰向受让人给付违约金,土地使用年期自实际交付土地之日起算。由此可以看出,交付应当以转移占有为标准。

另外,根据《最高人民法院关于审理商品房买卖合同纠纷案件适用法律若干问题的解释》(法释〔2020〕17 号修正,2021 年 1 月 1 日实施)第八条第一款,对房屋的转移占有,视为房屋的交付使用,但当事人另有约定的除外。虽然征收方对建设方的土地交付并未完全等同于民事行为,但可以参照上述规定,对土地的交付一并适用。

因此,转移占有是一种实际交付。只有这样,才能最大限度地保护土地受交付人的利益,避免土地闲置以及其他纠纷,一些地方规定也确认了这一点。例如,根据《重庆市规划和自然资源局关于印发〈国有建设用地使用权出让合同补充条款示范文本〉的通知》(2018 年 11 月 16 日实施)第一条,出让人、受让人双方同意以《国有建设用地使用权交地确认书》明确的实际交地日期作为本合同第六条的交地日期。受让人同意,交付土地后,地表以下的各类设施,包括但不限于人防、文物、军事设施、电缆、通信设备、供热、供水、供电、供气等隐蔽专业管线和地质情况造成受让人施工困难的,由受让人自行解决,并承担全部的开发经营风险。

二、先行用地

通常情况下,拟建设的项目应当在完成征补工作之后进行,但是也有例外,如果因建设项目特殊需要且符合一定条件,现行法律允许先行用地。

(一)先行用地的概念

先行用地是指在特殊情况下,建设项目因工期需要,在尚未全部完成相关审批手续的情况下提前使用土地，随后在规定时间内完成相关审批。先行用地的做法早就存在，正式地在法律文件中予以确立可见于2000年原国土资源部发布的《关于加强耕地保护促进经济发展若干政策措施的通知》（国土资发〔2000〕408号，2000年12月27日实施，2010年12月18日废止）、《国土资源部关于进一步改进建设用地审查报批工作提高审批效率有关问题的通知》（国土资发〔2012〕77号，2012年5月5日实施，2017年11月29日失效）以及《关于加大用地政策支持力度促进大中型水利水电工程建设的意见》（国土资规〔2016〕1号，2016年1月8日实施，2021年1月8日废止）等。

（二）现行法律依据

根据《土地管理法实施条例》第二十一条，抢险救灾、疫情防控等急需使用土地的，可以先行使用土地。其中，属于临时用地的，用后应当恢复原状并交还原土地使用者使用，不再办理用地审批手续；属于永久性建设用地的，建设单位应当在不晚于应急处置工作结束六个月内申请补办建设用地审批手续。根据《建设用地审查报批管理办法》第六条第一款，国家重点建设项目中的控制工期的单体工程和因工期紧或者受季节影响亟须动工建设的其他工程，可以由省、自治区、直辖市国土资源主管部门向国土资源部申请先行用地。

根据原国土资源部等10部、委、局《关于进一步加强和改进国家和省级重点项目建设用地服务和监管的通知》（国土资发〔2010〕87号，2010年6月9日实施）第二条，地方各级国土资源主管部门要积极为重点项目提供用地服务和保障，对亟须开工建设的控制性工程，在确保被用地单位和被征地农民得到依法合理补偿的前提下，帮助申请办理先行用地手续。

此外，《国土资源部办公厅关于落实国家产业政策做好建设项目用地审查有关问题的通知》（国土资厅发〔2016〕33号，2016年8月24日实施）以及《国土资源部办公厅关于应用建设用地远程报批系统改进用地审查报批工作有关问题的通知》（国土资厅发〔2016〕48号，2016年12月30日实施）等文件也有关于先行用地的相关规定。

（三）前置条件

根据《建设用地审查报批管理办法》第六条第二款，申请先行用地，应当提交下列材料：（1）省、自治区、直辖市国土资源主管部门先行用地申请；（2）建设项目用地预审意见;(3)建设项目批准、核准或者备案文件;(4)建设项目初步设计批准文件、审核文件或者有关部门确认工程建设的文件;(5)国土资源部规定的其他材料。

在实务中,除了这里所列举的要求以外,在具体审批工作中行政机关仍可能要求提交涉及集体土地先行用地的相关材料,这是前面提及的已经失效的一些法律文件中要求的。例如,补偿安置已征得农民同意并确保补偿及时足额支付到位,地方政府承诺动工前将补偿费发放到相关村组和群众及确保不因先行用地发生信访问题和突发事件;涉及国有土地的,国有单位对先行用地补偿标准无异议并出具书面同意意见等。

先行占用林地还有一些特别要求,需要取得林业主管部门的林地审核同意书或同意先行使用林地的说明等。根据《森林法实施条例》第十六条,按照国家规定的标准预交森林植被恢复费,领取使用林地审核同意书。用地单位凭使用林地审核同意书依法办理建设用地审批手续。占用或者征收、征用林地未经林业主管部门审核同意的,土地行政主管部门不得受理建设用地申请。根据《建设项目使用林地审核审批管理办法》(国家林业局令第42号修改,2016年9月22日实施)第四条第一款,占用和临时占用林地的建设项目应当遵守林地分级管理的规定,并根据不同项目进行区分。另外,根据《建设项目使用林地审核审批管理规范》(林资规〔2021〕5号,2021年9月13日实施),还需要提供符合《使用林地可行性报告编制规范》(LY/T 2492—2015,2016年1月1日实施)的建设项目使用林地可行性报告。

(四)用地期限

根据《建设用地审查报批管理办法》第六条第三款,经批准先行用地的,应当在规定期限内完成用地报批手续。至于具体期限,没有明确规定,以2022年云南省西双版纳傣族自治州自然资源和规划局为例,其要求是铁路、国家高速公路为1年,其他工程6个月。

(五)申请人

根据《建设用地审查报批管理办法》第六条第一款,先行用地不能由建设单位直接申请,而是需要先报省级自然资源主管部门,再由该部门上报自然资源部。

(六)批准机关

根据《建设用地审查报批管理办法》第六条第一款,由自然资源部审批。在试点省份,根据《自然资源部关于贯彻落实〈国务院关于授权和委托用地审批权的决定〉的通知》第二条,将先行用地批准权委托给试点省份省级自然资源主管部门。其中委托用地预审和先行用地批准权的期限与试点时间相同。

三、划拨土地

作为一种带有浓厚行政命令色彩的土地获取方式,划拨土地交付有自己的特殊之处。根据《城镇国有土地使用权出让和转让暂行条例》第四十三条第一款,划拨土地使用权是指土地使用者通过各种方式依法无偿取得的土地使用权。

(一)获得划拨土地的依据

根据《土地管理法》第五十四条和《城市房地产管理法》第二十四条,在通常情况下,建设单位应当以有偿出让的方式取得国有建设用地使用权,但是经县级以上人民政府依法批准,可以以划拨方式取得下列建设用地:(1)国家机关用地和军事用地;(2)城市基础设施用地和公益事业用地;(3)国家重点扶持的能源、交通、水利等基础设施用地;(4)法律、行政法规规定的其他用地。

(二)国有土地划拨决定书

建设用地批准书获得后,就可以申请核发国有土地划拨决定书了。当然,这中间需要完成土地征收工作,其时间长短有时是难以预料的。以北京市为例,根据2022年10月29日北京市规划和自然资源委员会官网要求的受理条件,一是符合《北京市实施国土资源部〈划拨用地目录〉细则》规定的划拨用地范围,且已取得市或区县人民政府批准的划拨供地方案;二是新征用地完成征地补偿;三是项目用地已完成拆迁。在满足这些条件后,才可以直接交付划拨土地。

四、出让土地

出让土地的交付与划拨土地交付有较大差异,划拨的限制较多,而绝大多数土地的出让则限制较少,在实践中甚至出现过征收启动之前就已经出让,但是根据现行法律规定,应当完成征收与补偿工作之后才能进行。因此,至少在法律逻辑上它属于征收后续行为,而非征收先行行为。

(一)出让土地的前置程序

在涉及不动产征收与补偿的背景下,获得出让的土地一般都需要在前面经过了征收程序。在许多情况下，征收完毕是可以直接出让的，但有的则是首先进行土地储备，然后再从储备库中进行出让。严格来说，后一种方式是违法的，这表明把土地储备本身作为了征收目的。在完成土地储备后，再进行商业出让，明显违背了不动产征收须因公共利益才能启动的原则，但这种情况在全国各地可谓屡禁不止。

（二）受让主体的限定性

根据《城镇国有土地使用权出让和转让暂行条例》第三条，中华人民共和国境内外的公司、企业、其他组织和个人，除法律另有规定者外，均可依照本条例的规定取得土地使用权，进行土地开发、利用、经营。不过，根据本书的主题，本节的国有土地使用权出让并非泛泛而指的出让行为，而是因某公共利益的需要对土地进行征收后的出让行为，因此这种出让就可能对受让主体有某种限定性。这是因为，在作为公共利益载体的征收目的证成阶段，可能涉及相应的建设主体，其对征收目的实现负有特定义务或责任。

以深圳市为例，根据《深圳经济特区土地使用权出让条例》（2021 年 10 月 30 日修正）第九条，土地使用权出让，应当坚持与建设项目相结合的原则。没有建设项目的，不供应土地，但是按照本条例规定以拍卖、招标形式出让土地使用权的除外。

（三）出让方式的限定性

由于所有的不动产征收都是必须出自于公共利益的目的才能进行的，因而在征收完成后，土地出让的方式就可能有所限定。从目前看，协议出让的方式是比较常见的，以招拍挂的方式比较少见，这也与作为不动产征收的公共利益属性有密切关系。本节以深圳市为例简要介绍其流程。

根据《深圳经济特区土地使用权出让条例》第三十九条第一款，以协议方式出让土地使用权的范围：（1）高新技术项目用地；（2）市、区人民政府建设的微利商品房用地；（3）市、区人民政府建设的福利商品房用地；（4）市、区财政全额投资的机关、文化、教育、卫生、体育、科研和市政设施等公益性、非营利性用地。根据该条第二款，下列项目用地，经市人民政府批准，也可以采取协议出让方式出让土地使用权，但是应当按照公告的市场价格出让：属特区急需或者特别鼓励发展的项目用地；成片开发区用地；市人民政府以土地入股合作的项目用地；旧城改造用地。

从上述所列的协议出让土地范围来看，基本上与《土地管理法》第四十五条第一款以及《国有土地上房屋征收与补偿条例》第八条所列举的可能涉及较大面积公共事业或成片开发活动等有关。

根据《深圳经济特区土地使用权出让条例》第四十条,以协议出让方式供应土地使用权的,市规划和自然资源部门结合发展改革、水务、生态环境、交通运输、住房建设等部门出具的有关意见,可以依职权或者申请启动用地报批工作。经市、区人民政府批准,并理顺土地权属关系后,市规划和自然资源部门可以签订土地使用权出让合同。

(四)土地出让的前提

根据《闲置土地处置办法》第二十一条,市、县国土资源主管部门供应土地应当符合下列要求,防止因政府、政府有关部门的行为造成土地闲置:(1)土地权利清晰;(2)安置补偿落实到位;(3)没有法律经济纠纷;(4)地块位置、使用性质、容积率等规划条件明确;(5)具备动工开发所必需的其他基本条件。

(五)协议出让最低价

根据《协议出让国有土地使用权规定》第五条第一款,协议出让最低价不得低于新增建设用地的土地有偿使用费、征地(拆迁)补偿费用以及按照国家规定应当缴纳的有关税费之和;有基准地价的地区,协议出让最低价不得低于出让地块所在级别基准地价的70%。

(六)未能如期交付的处理

根据《〈国有建设用地使用权出让合同〉示范文本》第三十八条,出让人未能按期交付土地或交付的土地未能达到本合同约定的土地条件或单方改变土地使用条件的,受让人有权要求出让人按照规定的条件履行义务,并且赔偿延误履行而给受让人造成的直接损失。土地使用年期自达到约定的土地条件之日起算。

五、协议出让土地程序

在第二章中,实际上已经部分涉及了这一问题。与招标、拍卖和挂牌出让等竞争性方式不同,协议出让有自身的特点,并且很多都是完成不动产征补工作之后进行的。

(一)编制国有土地使用权出让计划

根据《协议出让国有土地使用权规定》第七条第一款,市、县人民政府国土资源行政主管部门应当根据经济社会发展计划、国家产业政策、土地利用总体规划、土地利用年度计划、城市规划和土地市场状况，编制国有土地使用权出让计划，报同级人民政府批准后组织实施。

注意这一计划实际上与本书第四章中的其他计划或规划是有关联性的，需要做好衔接工作。同时，它也与不动产征收工作有密切关系，需要把握好征迁工作的进度，为这一计划的实施留有余地。

（二）意向用地申请

根据《协议出让国有土地使用权规定》第八条第一款，国有土地使用权出让计划公布后，需要使用土地的单位和个人可以根据国有土地使用权出让计划，在市、县人民政府国土资源行政主管部门公布的时限内，向市、县人民政府国土资源行政主管部门提出意向用地申请。

正如前面已经谈到的，尽管意向用地申请是此时提出的，但事实上意向用地的一方可能早在征迁工作启动之前就已经考察了相关地块，并编制了项目建议书或可研报告等。

（三）制订协议出让方案

根据《协议出让国有土地使用权规定》第十条第一款，对符合协议出让条件的，市、县人民政府国土资源行政主管部门会同城市规划等有关部门，依据国有土地使用权出让计划、城市规划和意向用地者申请的用地项目类型、规模等，制订协议出让土地方案。

（四）确定协议出让底价

根据《协议出让国有土地使用权规定》第十一条第一款，市、县人民政府国土资源行政主管部门应当根据国家产业政策和拟出让地块的情况，按照《城镇土地估价规程》的规定，对拟出让地块的土地价格进行评估，经市、县人民政府国土资源行政主管部门集体决策，合理确定协议出让底价。

（五）协商并达成协议

根据《协议出让国有土地使用权规定》第十二条，协议出让土地方案和底价经有批准权的人民政府批准后，市、县人民政府国土资源行政主管部门应当与意向用地者就土地出让价格等进行充分协商，协商一致且议定的出让价格不低于出让底价的，方可达成协议。

（六）签订合同

根据《协议出让国有土地使用权规定》第十三条，市、县人民政府国土资源行政主管部门应当根据协议结果，与意向用地者签订《国有土地使用权出让合同》。

（七）公示

根据《协议出让国有土地使用权规定》第十四条，《国有土地使用权出让合同》签订后7日内，市、县人民政府国土资源行政主管部门应当将协议出让结果在土地有形市场等指定场所，或者通过报纸、互联网等媒介向社会公布，接受社会监督。公布协议出让结果的时间不得少于15日。

（八）付款、登记并取得土地使用权

根据《协议出让国有土地使用权规定》第十五条，土地使用者按照《国有土地使用权出让合同》的约定，付清土地使用权出让金、依法办理土地登记手续后，取得国有土地使用权。

六、集体经营性建设用地交付

前面讨论的都是集体土地所有权和使用权征收或国有土地使用权征收（收回）的情形。根据当前的农村改革趋势，集体收回的建设用地用于本村公共建设，以及箭在弦上蓄势待发的集体经营性建设用地入市，都可能涉及集体建设用地交付的问题。

根据《闲置土地处置办法》第三十一条，集体所有建设用地闲置的调查、认定和处置，参照本办法有关规定执行。因此，集体经营性建设用地交付在交付条件和交付程序上可参照国有建设用地交付的相关要求进行。

七、土地平整的义务分配

征收完毕并予以交付的过程，必然涉及对原不动产清理后的土地平整义务分配问题，是由征收方负责，还是由新的土地使用方负责，需要提前把它厘清。根据《自然资源部办公厅关于政府原因闲置土地协议有偿收回相关政策的函》（自然资办函(2018)1903 号,2018 年 12 月 18 日实施),要严格执行“净地”供应的有关规定。供地前要处理好土地的产权、补偿安置等经济法律关系,完成必要的通水、通电、通路、土地平整等前期开发。从这一表述来看,似应由征收方来完成这一工作。不过,在实务工作中,却没有这么简单。

有司法判例认为应当由政府负责这项工作。根据最高人民法院(2019)最高法行再 2 号行政判决书,作为对案涉土地具有统筹管理职责的地方一级人民政府,某县政府理应在其职权范围内为土地受让方完成开工前的前期准备工作提供必要的帮助,做好促成开工建设的协调沟通和配套工作。案涉土地所在区域不具备动工开发必需的、适合建设施工作业通行的道路、给排水系统以及电力供应等问题,固然有某某公司未积极主动开展相关工作的原因,但有些问题也是土地受让人无法通过自身努力予以解决的,需要政府及其职能部门提供。

也有相反的判例认为政府并无此义务。根据最高人民法院(2019)最高法行申 9398 号行政裁定书,某某市国土局与某某公司签订的《国有土地使用权出让合同》中并没有约定配套基础设施的责任由政府承担,且当时的法律也没有强制规定国家出让土地时必须配套完备基础设施。

八、土地交付后的及时用地义务

一旦用地方顺利获取了土地,那么应当尽快开始使用,否则就可能构成土地闲置,其法律后果是比较严重的。根据《闲置土地处置办法》第二条,如果国有建设用地使用权人超过国有建设用地使用权有偿使用合同或者划拨决定书约定、规定的动工开发日期满一年未动工开发的国有建设用地,或者已动工开发但开发建设用地面积占应动工开发建设用地总面积不足 1/3 或者已投资额占总投资额不足 25% 并且中止开发建设满一年,就可能面临收回或相关处罚。本书第六章第一节已经讨论了这个问题,可参阅相关内容。

第三节　建设工程规划许可证

第四章讨论了建设用地规划许可证,本节开始讨论建设工程规划许可证,它是在建设用地规划许可证的前提下取得的,二者有着密切的逻辑递进关系。在实务中,相关人员常常把建设用地规划许可证简称为“地规证”,而把建设工程规划许可证简称为“建规证”,尽管不太严谨,但比较形象地揭示了其内在含义。通俗地说,前者只是允许你在什么地方建什么类型的建筑，比如在北京的王府井是绝对不会允许你建造纸厂；后者是在前者的基础上更进一步，允许你在什么地方建什么样子的某类建筑，比如在上海的南京东路可能允许建一个商场，但不太可能允许建设只有一层的商场，否则土地利用效率就太低了。

通常情况下建设工程规划许可证都是在征收完成后进行的，在实务中也发现少数在此之前就已经办理了该证。尽管从现行立法规定来看，可能涉及违法问题，但考虑到"放管服"理念盛行的大背景，尽可能地为建设单位简化审批环节和节省等待时间也是一个大趋势。在有些经济比较发达，管理水平比较先进的地区，已经开始探索把这一做法纳入立法轨道。

一、概述

建设工程规划许可证在重要性方面与建设用地规划许可证不相上下。

（一）建设工程规划许可证的概念

根据《城市规划基本术语标准》"5.0.7"，建设工程规划许可证（building permit）是城市规划行政主管部门依法核发的有关建设工程的法律凭证。由于目前城市规划行政主管部门已经基本上与自然资源主管部门合并，因此这项职能已经转由该部门负责。对于新机构的名称，绝大多数地方是把"规划"置于其名称的前面，如北京市规划和自然资源委员会、上海市规划和自然资源局、深圳市规划和自然资源局等；少数是把"规划"置于名称之后，如厦门市自然资源和规划局等。从中可以看出各地对规划职能的重视。

建设工程规划许可证的主要用途是确认建设工程符合规划要求，是人们俗称的"五证"之一，没有这个证，可能会被定为违法建设，无法领取后续的法律凭证。从目前来看，建设工程规划许可证的主要作用在于：一是规划实施方面，它体现了规划指导建设的基本原则；二是规划核实方面，它确保建设依规划实施；三是方案总平面图审查方面，它需要事先征求市政、消防、人防、园林、文物、水务、抗震等相关部门的意见，承载技术性把关职责。

（二）立法沿革

与本书前面讨论过的建设用地规划许可证一样，建设工程规划许可证的雏形也是早在1984年就已经建立起来，同样源自《城市规划条例》，不过当时的名称叫

“建设许可证”,与现在的“建设工程规划许可证”名称有所不同,但实质内容和法律性质是一样的。

根据《城市规划条例》第四十四条第一款,在城市规划区内国家所有的土地和征用集体所有的土地上,需要新建、扩建、改建任何建筑物、构筑物,敷设道路和管线的,都必须向城市规划主管部门提出建设申请。国家法律另有规定的,按法律规定办。根据该条第二款,申请进行建设的组织和个人,经城市规划主管部门确定其建设位置,提出地面控制标高、建筑密度、建筑层数、建筑立面以及与环境协调等设计要求,并审查其有关设计文件和图纸,发给建设许可证后方可施工。另据《城市规划条例》第四十五条,获得建设许可证的组织和个人,必须按照建设许可证规定的内容进行建设活动。

《城市规划条例》废止后,由1990年实施的《城市规划法》取代,建设许可证的名称也变为沿用至今的“建设工程规划许可证”。根据《城市规划法》第三十二条,在城市规划区内新建、扩建和改建建筑物、构筑物、道路、管线和其他工程设施,必须持有关批准文件向城市规划行政主管部门提出申请,由城市规划行政主管部门根据城市规划提出的规划设计要求,核发建设工程规划许可证件。建设单位或者个人在取得建设工程规划许可证件和其他有关批准文件后,方可申请办理开工手续。

《关于统一实行建设用地规划许可证和建设工程规划许可证的通知》规定,凡在城市规划区内新建、扩建和改建建筑物、构筑物、道路、管线和其他工程设施的单位与个人,必须持有关批准文件向城市规划行政主管部门提出建设申请;城市规划行政主管部门根据城市规划提出建设工程规划设计要求;城市规划行政主管部门征求并综合协调有关行政主管部门对建设工程设计方案的意见,审定建设工程初步设计方案;城市规划行政主管部门审核建设单位或个人提供的工程施工图后,核发建设工程规划许可证。建设工程规划许可证所包括的附图和附件,按照建筑物、构筑物、道路、管线以及个人建房等不同要求,由发证单位根据法律、法规规定和实际情况制定。附图和附件是建设工程规划许可证的配套证件,具有同等法律效力。

《城市规划法》在施行了18年后废止,并被2007年制定2008年实施的《城乡规划法》取代。不过,建设工程规划许可证的名称及制度本身都被后者承袭了下来。根据《城乡规划法》第四十条第一款,在城市、镇规划区内进行建筑物、构筑物、道路、管线和其他工程建设的,建设单位或者个人应当向城市、县人民政府城乡规划主管部门或者省、自治区、直辖市人民政府确定的镇人民政府申请办理建设工程规划许可证。根据《城乡规划法》第四十一条第一款,在乡、村庄规划区内进行乡镇企业、乡村公共设施和公益事业建设的,建设单位或者个人应当向乡、镇人民政府提出申请,由乡、镇人民政府报城市、县人民政府城乡规划主管部门核发乡村建设规划许可证。

(三)地点要求

不是所有地区都需要申领建设工程规划许可证,只有法律有明文规定的区域才有此要求。

1. 城市规划区

根据《城乡规划法》第四十条第一款和第四十一条第一款,在城市规划区的,申领建设工程规划许可证。

2. 乡、村庄规划区

根据上述同一条款,在乡、村庄规划区的,申领乡村建设规划许可证。由此来看,目前的城乡二元分立格局仍未打破,尽管二者名称并不一致,但其设立宗旨基本是相同的。

3. 非城乡规划区的

根据《城乡规划法》第四十二条,城乡规划主管部门不得在城乡规划确定的建设用地范围以外作出规划许可。也就是说,如果不在规划区,那么相关的建设活动就不需要申领建设工程规划许可证。当然,也不是说此时就可以我行我素了,可能还需要符合其他相关制度规定。

4. 宅基地另有要求

根据《城乡规划法》第四十一条第二款,在乡、村庄规划区内使用原有宅基地进行农村村民住宅建设的规划管理办法,由省、自治区、直辖市制定。由此来看,宅基地并不要求必须申领建设工程规划许可证,以此为由断言无此证的宅基地上房屋为违法建设的观点是不成立的。

(四)建设工程规划许可证的主要内容

主要包括凭证名称、编号、发证机关和发证日期、用地单位、项目名称、用地位置、宗地编码、用地许可凭证、总建筑面积、建筑功能、容积率、建筑覆盖率、绿化覆盖率、建筑高度、层数、结构。附件主要有总平面图、各层建筑平面图、各方向立面图和剖面图等。

（五）建设工程规划许可证的工程类别范围

原则上，各类建设工程项目均需申领该证。所谓的工程包括住宅、办公楼、学校、医院、工厂、仓储、市政设施、交通基础设施、城市雕塑、大型户外广告设施等。所谓的建设包括新建、扩建、改建和翻建等。

（六）审批机关

根据《城乡规划法》第四十条第二款，有权核发建设工程规划许可证的行政机关有两类：一是由城市、县人民政府城乡规划主管部门，即现在的规划和自然资源主管部门或自然资源和规划主管部门；二是省、自治区、直辖市人民政府确定的镇人民政府。

二、建设工程规划许可证的条件

在建设项目的全流程中，建设工程规划许可证已经是相对较晚的程序了。在此之前，应当已经完成了一系列步骤。

（一）用地文件

根据《城乡规划法》第四十条第二款，申请办理建设工程规划许可证，应当提交使用土地的有关证明文件。正如前面已经讨论过的，建设用地规划许可证已经与用地批准书合并，这里所说的使用土地的有关证明文件实际上就是建设用地规划许可证。

（二）建设工程设计方案

根据《城乡规划法》第四十条第二款，申请办理建设工程规划许可证，应当提交建设工程设计方案等材料。

（三）修建性详细规划（非必须）

根据《城乡规划法》第四十条第二款，申请办理建设工程规划许可证，需要建设单位编制修建性详细规划的建设项目，还应当提交修建性详细规划。

（四）规划条件

在2019年城乡规划与自然资源机构改革之前，规划条件是单独审核的，机构改革后规划条件已经与其他文件合并了。

三、建设工程规划许可证审批程序

根据最新的“放管服”改革，各地的申报流程有所不同，但总的趋势是简化、便民和高效。本节以2022年8月查到的上海市规划和自然资源局房屋建筑工程类建设工程规划许可证申报流程为例简要介绍。

（一）服务对象

服务对象为自然人、企业法人、事业法人、社会组织法人、非法人企业、行政机关、其他组织。

（二）审批对象

审批对象为房屋建筑类新建、改建、扩建建筑物、构筑物工程以及需要变动主体承重结构的建筑物或者构筑物大修工程。

（三）审批条件

经审批应当符合下列条件：一是核定的建设工程设计方案；二是经批准的控制性详细规划；三是规划管理技术规范和标准的要求；四是历史文化风貌区保护规划（仅限在历史文化风貌保护区的）；五是文物保护单位、优秀历史建筑的大修及立面改造工程应当符合保护技术规定的要求。

（四）市、区（县）权限划分

根据《上海市建设工程规划管理市、区（县）分工实施意见（暂行）》（沪规法〔2004〕1384号，2005年1月1日实施），由市级规划行政管理部门负责核发建设工程规划许可证的建设工程单独规定，其他的由区县级规划主管部门核发。

市局核发的项目主要有：一是历史文化风貌区内建设项目和涉及文物保护单位、优秀历史建筑的；二是黄浦江和苏州河两岸（中心城区段）、淀山湖风景区内的建设项目；三是世博会规划红线范围内建设项目；四是全市性、系统性市政建设工程；五是保密工程、军事工程等建设工程；六是人民政府制定的其他建设工程。

（五）办理形式

办理既可以窗口办理，也可以网上办理。

（六）一次性需要提交的材料

依照顺序，申请人需要提交以下材料：上海市《建设工程规划许可证》（新办）申请表；建设单位/设计单位/日照分析单位承诺书；1/500 或 1/1000（郊区 1/2000）地形图；建筑施工总平面图；建筑施工图（图纸目录和平、立、剖面图）；基础施工平面图；桩位平面布置图；建筑面积汇总表、建筑物建筑分层面积表；乙级规划资质以下部门编制的日照分析报告（可选）（非必要）；地质灾害危险性评估报告专家审查意见或建设项目地质灾害防治承诺书；建设项目计划批准文件；公建配套协议（非必要）；建设用地规划许可证或房屋土地权属证明（非必要）。

（七）办结时限

法定办结时限是 20 个工作日，该局的承诺为 5 个工作日。

（八）审查与决定

在 3 个工作日内由该局行政审批服务科工作人员进行处理，依据前面提到的审批条件进行审查。然后由该局分管领导在 2 个工作日内就是否核发建设工程规划许可证作出决定，如果不符合条件则依法作出不予行政许可决定书，并在该决定书中告知当事人享有的可依法在法定期限内复议或诉讼的权利。

四、建设工程规划许可证的有效期

目前，建设工程规划许可证的有效期尚无国家层面立法统一规定，但是不少地方性法律文件有相应的要求，多为一年。例如，根据《上海市城乡规划条例》第三十五条第四款，建设单位或者个人在建设工程规划许可证核发后满一年仍未开工的，可以向规划行政管理部门申请延期，由规划行政管理部门决定是否准予延续。未申请延期的，建设工程规划许可证自行失效。国有土地使用权出让合同对开工时间另有约定的，从其约定。根据《江苏省城乡规划条例》第四十九条，建设单位或者个人在取得选址意见书一年内未办理建设项目批准或者核准文件，在取得建设用地规划许可证一年内未办理用地批准文件，在取得建设工程规划许可证、乡村建设规划许可证一年内未办理施工许可证，且未申请延期或者申请延期未获批准的，相应的选址意见书、建设用地规划许可证、建设工程规划许可证和乡村建设规划许可证失效，城乡规划主管部门应当予以注销。

第四节　施工图设计文件

近年来,施工图设计文件作为开工前的强制性审查程序已经逐渐放宽,有些地方甚至对其进行简化或放置到了后续环节,以体现“放管服”改革精神。由于它比较专业,分类也较多,本节将仅以房屋建筑和市政基础设施工程方面的施工图设计文件为例简要介绍,其他类型的工程项目可予以参照。

一、概述

一般来说,施工图设计文件是用以表达建设工程项目的总体布局、内部构造、结构造型、内外装饰装修、材料设备以及施工要求等图示要素的文件。

(一)法律依据

根据《建设工程质量管理条例》第十一条,施工图设计文件审查的具体办法,由国务院建设行政主管部门、国务院其他有关部门制定。施工图设计文件未经审查批准的,不得使用。根据《房屋建筑和市政基础设施工程施工图设计文件审查管理办法》第三条第一款和第三款,国家实施施工图设计文件(含勘察文件,以下简称施工图)审查制度。施工图未经审查合格的,不得使用。从事房屋建筑工程、市政基础设施工程施工、监理等活动,以及实施对房屋建筑和市政基础设施工程质量安全监督管理,应当以审查合格的施工图为依据。根据《建设工程勘察设计管理条例》第二十六条第四款,编制施工图设计文件,应当满足设备材料采购、非标准设备制作和施工的需要,并注明建设工程合理使用年限。

(二)送审义务主体

根据《房屋建筑和市政基础设施工程施工图设计文件审查管理办法》第九条第一款以及第十条,建设单位应当将施工图送审查机构审查,并提交由其对真实性负责的作为勘察、设计依据的政府有关部门的批准文件及附件、全套施工图以及其他应当提交的材料。

(三)审查机构

根据《房屋建筑和市政基础设施工程施工图设计文件审查管理办法》第五条第

一款,省、自治区、直辖市人民政府住房和城乡建设主管部门应当会同有关主管部门按照本办法规定的审查机构条件,结合本行政区域内的建设规模,确定相应数量的审查机构,逐步推行以政府购买服务方式开展施工图设计文件审查。具体办法由国务院住房和城乡建设主管部门另行规定。根据该办法第九条第一款,审查机构不得与所审查项目的建设单位、勘察设计企业有隶属关系或者其他利害关系。

(四)审查内容

根据《房屋建筑和市政基础设施工程施工图设计文件审查管理办法》第三条第二款,施工图审查是指施工图审查机构按照有关法律、法规,对施工图涉及公共利益、公众安全和工程建设强制性标准的内容进行的审查。施工图审查应当坚持先勘察、后设计的原则。根据该办法第十一条,审查机构应当对施工图审查下列内容:(1)是否符合工程建设强制性标准;(2)地基基础和主体结构的安全性;(3)消防安全性;(4)人防工程(不含人防指挥工程)防护安全性;(5)是否符合民用建筑节能强制性标准,对执行绿色建筑标准的项目,还应当审查是否符合绿色建筑标准;(6)勘察设计企业和注册执业人员以及相关人员是否按规定在施工图上加盖相应的图章和签字;(7)法律、法规、规章规定必须审查的其他内容。

(五)审查时限

根据《房屋建筑和市政基础设施工程施工图设计文件审查管理办法》第十二条第一款,施工图审查原则上不超过下列时限:(1)大型房屋建筑工程、市政基础设施工程为15个工作日,中型及以下房屋建筑工程、市政基础设施工程为10个工作日。(2)工程勘察文件,甲级项目为7个工作日,乙级及以下项目为5个工作日。根据该条第二款,以上时限不包括施工图修改时间和审查机构的复审时间。

(六)与施工方的衔接

根据《建设工程质量管理条例》第二十三条,设计单位应当就审查合格的施工图设计文件向施工单位作出详细说明。另据该条例第三十七条第一款,工程监理单位应当选派具备相应资格的总监理工程师和监理工程师进驻施工现场。

二、施工图设计文件审查结果

根据《房屋建筑和市政基础设施工程施工图设计文件审查管理办法》第十三条

第一款,审查机构对施工图进行审查后,应当根据下列情况分别作出处理。

(一)审查合格

审查机构应当向建设单位出具审查合格书,并在全套施工图上加盖审查专用章。审查合格书应当由各专业的审查人员签字,经法定代表人签发,并加盖审查机构公章。审查机构应当在出具审查合格书后5个工作日内,将审查情况报工程所在地县级以上地方人民政府住房和城乡建设主管部门备案。

(二)审查不合格

审查机构应当将施工图退建设单位并出具审查意见告知书,说明不合格原因。同时,应当将审查意见告知书及审查中发现的建设单位、勘察设计企业和注册执业人员违反法律、法规和工程建设强制性标准的问题,报工程所在地县级以上地方人民政府住房和城乡建设主管部门。另据《房屋建筑和市政基础设施工程施工图设计文件审查管理办法》第十三条第二款,施工图退建设单位后,建设单位应当要求原勘察设计企业进行修改,并将修改后的施工图送原审查机构复审。

第五节　施工许可证

没有施工许可证这一法律文件,项目不能开工建设。如果违法强行开工建设,也属违法建设,不受法律保护。

一、概述

施工许可证是建筑工程施工许可证的简称,是施工单位符合法定施工条件并允许开工的批准文件或法律凭证,也是项目完工后进行不动产权属登记的主要依据之一。

(一)法律依据

根据《建筑法》第七条第一款以及《建筑工程施工许可管理办法》第二条第一款,建筑工程开工前,即从事各类房屋建筑及其附属设施的建造、装修装饰和与其配套的线路、管道、设备的安装,以及城镇市政基础设施工程的施工,建设单位在开工前应当依照本办法的规定,向工程所在地的县级以上地方人民政府发证机关申请领取施工许可证。尽管正式的“施工许可证”制度是在《建筑法》中确立的，但此前事实上早已有了类似的管制手段。例如，根据《关于基本建设程序的若干规定》所确立的开工报告制度，其作用类似于施工许可证。

（二）申请人

根据《建筑法》第七条第一款和《建筑工程施工许可管理办法》第二条第一款，这一文件需要由建设单位申领。

（三）发证机关

与上述法律条款相同，发证机关是工程所在地县级以上人民政府建设行政主管部门。由于机构改革，目前一般的名称是住房和城乡建设主管部门。

（四）申领程序

根据《建筑工程施工许可管理办法》第五条第一款，申请办理施工许可证，应当按照下列程序进行：(1)建设单位向发证机关领取《建筑工程施工许可证申请表》。(2)建设单位持加盖单位及法定代表人印鉴的《建筑工程施工许可证申请表》，并附本办法第四条规定的证明文件，向发证机关提出申请。(3)发证机关在收到建设单位报送的《建筑工程施工许可证申请表》和所附证明文件后，对于符合条件的，应当自收到申请之日起7日内颁发施工许可证；对于证明文件不齐全或者失效的，应当当场或者5日内一次告知建设单位需要补正的全部内容，审批时间可以自证明文件补正齐全后作相应顺延；对于不符合条件的，应当自收到申请之日起7日内书面通知建设单位，并说明理由。

另外，根据《建筑工程施工许可管理办法》第五条第二款，建筑工程在施工过程中，建设单位或者施工单位发生变更的，应当重新申请领取施工许可证。

关于审查期限的要求，根据《建筑法》第八条第二款，建设行政主管部门应当自收到申请之日起7日内，对符合条件的申请颁发施工许可证。

（五）有效期

根据《建筑法》第九条，建设单位应当自领取施工许可证之日起3个月内开工。因故不能按期开工的，应当向发证机关申请延期；延期以两次为限，每次不超过3个月。既不开工又不申请延期或者超过延期时限的，施工许可证自行废止。

根据《建筑法》第十一条，按照国务院有关规定批准开工报告的建筑工程，因故不能按期开工或者中止施工的，应当及时向批准机关报告情况。因故不能按期开工超过 6 个月的，应当重新办理开工报告的批准手续。

根据《建筑工程施工许可管理办法》第八条，建设单位应当自领取施工许可证之日起 3 个月内开工。因故不能按期开工的，应当在期满前向发证机关申请延期，并说明理由；延期以两次为限，每次不超过 3 个月。既不开工又不申请延期或者超过延期次数、时限的，施工许可证自行废止。

（六）施工中止报告制度

根据《建筑法》第十条第一款，在建的建筑工程因故中止施工的，建设单位应当自中止施工之日起 1 个月内，向发证机关报告，并按照规定做好建筑工程的维护管理工作。根据该条第二款，建筑工程恢复施工时，应当向发证机关报告；中止施工满一年的工程恢复施工前，建设单位应当报发证机关核验施工许可证。

（七）施工许可证公示

根据《建筑工程施工许可管理办法》第六条第二款，施工许可证应当放置在施工现场备查，并按规定在施工现场公开。

（八）违法处理

施工许可证是一项法定要求，并非可有可无的手续。因此，如果未予办理或有其他违法情形，应该严肃处理。

1. 无证不得开工

根据《建筑工程施工许可管理办法》第三条第一款，本办法规定应当申请领取施工许可证的建筑工程未取得施工许可证的，一律不得开工。

2. 不得分解申领

根据该办法第三条第二款，任何单位和个人不得将应当申请领取施工许可证的工程项目分解为若干限额以下的工程项目，规避申请领取施工许可证。

3. 法律责任

根据该办法第十二条，对于未取得施工许可证或者为规避办理施工许可证将工程项目分解后擅自施工的，由有管辖权的发证机关责令停止施工，限期改正，对建设单位处工程合同价款 1% 以上 2% 以下罚款；对施工单位处 3 万元以下罚款。

二、免予申领的情形

并不是所有的建筑都必须申领施工许可证，为了更灵活地处理相关事务，以下情形不需要申领。

（一）小型工程

根据《建筑法》第七条第一款，国务院建设行政主管部门确定的限额以下的小型工程不需要申领施工许可证。具体来说，根据《建筑工程施工许可管理办法》第二条第二款，工程投资额在 30 万元以下或者建筑面积在 300 平方米以下的建筑工程，可以不申请办理施工许可证。省、自治区、直辖市人民政府住房和城乡建设主管部门可以根据当地的实际情况，对限额进行调整，并报国务院住房和城乡建设主管部门备案。

目前，全国各地的限额情况并不相同。例如，根据《成都市住房和城乡建设局关于调整成都市房屋建筑和市政基础设施工程施工许可证办理限额的通知》（成住建发〔2020〕225 号，2020 年 6 月 29 日实施），工程投资额在 100 万元以下（含 100 万元）或者建筑面积在 500 平方米以下（含 500 平方米）的房屋建筑和市政基础设施工程，可以不申请办理施工许可证。根据《江西省住房和城乡建设厅关于调整房屋建筑和市政基础设施工程施工许可证办理限额的通知》（赣建字〔2020〕21 号，2020 年 12 月 22 日实施）第一条，工程投资额在 100 万元以下（含 100 万元）或者建筑面积在 500 平方米以下（含 500 平方米）的房屋建筑和市政基础设施工程属于限额以下小型工程，可以不申请办理施工许可证。限额以上房屋建筑和市政基础设施工程严格按要求办理相关手续。

（二）有开工报告的建筑工程

根据《政府投资条例》第二十条第二款，国务院规定应当审批开工报告的重大政府投资项目，按照规定办理开工报告审批手续后方可开工建设。根据《建筑法》第七条第二款和《建筑工程施工许可管理办法》第二条第二款，按照国务院规定的权限和程序批准开工报告的建筑工程，不再领取施工许可证。

（三）文物保护工程

根据《建筑法》第八十三条第二款，依法核定作为文物保护的纪念建筑物和古建筑等的修缮,依照文物保护的有关法律规定执行。

(四)抢险救灾工程

根据《建筑法》第八十三条第三款,抢险救灾建筑活动,不适用本法。

(五)临时性建筑

根据《建筑法》第八十三条第三款,其他临时性房屋建筑建筑活动,不适用本法。

(六)农民自建低层住宅

根据《建筑法》第八十三条第三款,农民自建低层住宅建筑活动,不适用本法。

(七)军用房屋建筑

根据《建筑法》第八十四条,军用房屋建筑工程建筑活动的具体管理办法,由国务院、中央军事委员会依据本法制定。

三、申领条件

根据《建筑法》第八条第一款第(一)至(六)项、《建筑工程施工许可管理办法》第四条第一款第(一)至(六)项和第二款,以及该办法第六条,申请领取施工许可证,应当具备相应条件,并提交相应的证明文件。

(一)用地批准手续

依法应当办理用地批准手续的,已经办理该建筑工程用地批准手续。

(二)建设工程规划许可证

依法应当办理建设工程规划许可证的,已经取得建设工程规划许可证。

(三)具备施工条件

施工场地已经基本具备施工条件,需要征收房屋的,其进度符合施工要求。

(四)确定施工企业

按照规定应当招标的工程没有招标,应当公开招标的工程没有公开招标,或者肢解发包工程，以及将工程发包给不具备相应资质条件的企业的，所确定的施工企业无效。反之，则可以确定施工企业。

（五）资金安排、施工图纸与技术资料

有满足施工需要的资金安排、施工图纸及技术资料，建设单位应当提供建设资金已经落实承诺书，施工图设计文件已按规定审查合格。

（六）有保证工程质量和安全的具体措施

施工企业编制的施工组织设计中有根据建筑工程特点制定的相应质量、安全技术措施；建立工程质量安全责任制并落实到人；专业性较强的工程项目编制了专项质量、安全施工组织设计，并按照规定办理了工程质量、安全监督手续。

（七）与施工承包合同一致

建设单位申请领取施工许可证的工程名称、地点、规模，应当符合依法签订的施工承包合同。

（八）不得增加条件

县级以上地方人民政府住房和城乡建设主管部门不得违反法律法规规定，增设办理施工许可证的其他条件。

第六节　竣 工 验 收

正如本书主题所反复揭示的，不动产征收与补偿活动的最终目的是要在同一土地上设立一个新的不动产物权，以发挥其更大的政治、经济、文化、社会或生态等效益。为实现这一目的，任何一个新建、扩建或改建的建设项目在实际交付给直接或间接用户之前，有必要对其最终能否正常发挥作用进行检验。

由于作为征收目的载体的建设项目不同，竣工验收的程序也必然不同。本节仅以较有代表性的建设工程为例进行介绍，即《建设工程质量管理条例》第二条第二款所称的土木工程、建筑工程、线路管道和设备安装工程及装修工程等，而对不太有代表性的诸如退耕还林项目等存而不论。

一、概述

竣工验收是指在建设项目结束后，由与建设有关的各方对该项目是否符合规划要求、是否符合质量要求等进行验收，最终取得竣工合格文件的过程。它是整个建设项目施工过程的最后一道工序，是建设项目工程管理的最后一个环节，也是建设投资成果最终转入使用阶段的标志。

（一）法律依据

根据《建筑法》第六十一条第一款，交付竣工验收的建筑工程，必须符合规定的建筑工程质量标准，有完整的工程技术经济资料和经签署的工程保修书，并具备国家规定的其他竣工条件。根据《关于基本建设程序的若干规定》第八条第一款，所有建设项目，按批准的设计文件所规定的内容建完，工业项目经负荷试运转和试生产考核，能够生产合格产品；非工业项目符合设计要求，能够正常使用，都要及时组织验收。根据《建设工程质量管理条例》第十六条第一款，建设单位收到建设工程竣工报告后，应当组织设计、施工、工程监理等有关单位进行竣工验收。根据《房屋建筑和市政基础设施工程竣工验收规定》（建质〔2013〕171 号，2013 年 12 月 2 日实施）第二条，凡在中华人民共和国境内新建、扩建、改建的各类房屋建筑和市政基础设施工程的竣工验收，应当遵守本规定。

另外，部分专门立法还对各自领域的专门建设活动规定了竣工验收程序。例如，《政府投资条例》第二十五条第一款规定，政府投资项目建成后，应当按照国家有关规定进行竣工验收，并在竣工验收合格后及时办理竣工财务决算。根据《防洪法》第二十八条第二款，在河道、湖泊管理范围内依照《防洪法》规定建设的工程设施竣工验收时，应当有水行政主管部门参加。《铁路法》第三十九条和《公路法》第二十二条也有类似规定。

（二）竣工验收主体

竣工验收的主体涉及许多方面，各自承担的法律责任也是各不相同。根据《建设工程质量管理条例》第十六条第一款以及《房屋建筑和市政基础设施工程竣工验收规定》第四条，建设单位收到建设工程竣工报告后，应当组织设计、施工、工程监理等有关单位进行竣工验收。因此，建设单位是组织者，设计、施工和工程监理等有关单位是参与者。

(三)竣工验收的法定条件

根据《建筑法》第六十一条第一款,交付竣工验收的建筑工程,必须符合规定的建筑工程质量标准,有完整的工程技术经济资料和经签署的工程保修书,并具备国家规定的其他竣工条件。

根据《建设工程质量管理条例》第十六条第二款,建设工程竣工验收应当具备下列条件:(1)完成建设工程设计和合同约定的各项内容;(2)有完整的技术档案和施工管理资料;(3)有工程使用的主要建筑材料、建筑构配件和设备的进场试验报告;(4)有勘察、设计、施工、工程监理等单位分别签署的质量合格文件;(5)有施工单位签署的工程保修书。

根据《房屋建筑和市政基础设施工程竣工验收规定》第五条,工程符合下列要求方可进行竣工验收:(1)完成工程设计和合同约定的各项内容。(2)施工单位在工程完工后对工程质量进行了检查,确认工程质量符合有关法律、法规和工程建设强制性标准,符合设计文件及合同要求,并提出工程竣工报告。工程竣工报告应经项目经理和施工单位有关负责人审核签字。(3)对于委托监理的工程项目,监理单位对工程进行了质量评估,具有完整的监理资料,并提出工程质量评估报告。工程质量评估报告应经总监理工程师和监理单位有关负责人审核签字。(4)勘察、设计单位对勘察、设计文件及施工过程中由设计单位签署的设计变更通知书进行了检查,并提出质量检查报告。质量检查报告应经该项目勘察、设计负责人和勘察、设计单位有关负责人审核签字。(5)有完整的技术档案和施工管理资料。(6)有工程使用的主要建筑材料、建筑构配件和设备的进场试验报告,以及工程质量检测和功能性试验资料。(7)建设单位已按合同约定支付工程款。(8)有施工单位签署的工程质量保修书。(9)对于住宅工程,进行分户验收并验收合格,建设单位按户出具《住宅工程质量分户验收表》。(10)建设主管部门及工程质量监督机构责令整改的问题全部整改完毕。(11)法律、法规规定的其他条件。

二、专项验收

除上述一般意义上的以工程建设为例介绍的验收程序以外,还可能有一些专项的验收,可以与上述程序一并进行,也可以单独进行。

(一)规划验收

根据《城乡规划法》第四十五条,县级以上地方人民政府城乡规划主管部门按照国务院规定对建设工程是否符合规划条件予以核实。未经核实或者经核实不符合规划条件的，建设单位不得组织竣工验收。建设单位应当在竣工验收后6个月内向城乡规划主管部门报送有关竣工验收资料。

(二)消防验收

根据《消防法》(2021年修正，2021年4月29日实施)第十三条的规定，国务院住房和城乡建设主管部门规定应当申请消防验收的建设工程竣工，建设单位应当向住房和城乡建设主管部门申请消防验收。

(三)环保验收

根据原环境保护部发布的《建设项目竣工环境保护验收暂行办法》(国环规环评〔2017〕4号，2017年11月20日实施)第四条第一款，建设单位是建设项目竣工环境保护验收的责任主体，应当按照本办法规定的程序和标准，组织对配套建设的环境保护设施进行验收，编制验收报告，公开相关信息，接受社会监督，确保建设项目需要配套建设的环境保护设施与主体工程同时投产或者使用，并对验收内容、结论和所公开信息的真实性、准确性和完整性负责，不得在验收过程中弄虚作假。

(四)节能验收

根据《节约能源法》第十五条，国家实行固定资产投资项目节能评估和审查制度。不符合强制性节能标准的项目，建设单位不得开工建设；已经建成的，不得投入生产、使用。更具体的操作可见住房和城乡建设部发布的国家标准《建筑节能工程施工质量验收标准》(GB 50411—2019，2019年12月1日实施)。

三、竣工验收程序

竣工验收大致可分为预验收和正式验收两个阶段，其中正式验收阶段即为《房屋建筑和市政基础设施工程竣工验收规定》第六条所规定的内容。

(一)预验收

关于预验收的法律规定，目前不是特别明确，通常是监理方组织，施工方和建设方参加。预验收有时也称为初验，其法律依据来源于《关于基本建设程序的若干规定》第八条第四款，竣工项目验收前，建设单位要组织设计、施工等单位进行初验，向主管部门提出竣工验收报告，并系统整理技术资料，绘制竣工图，分类立卷，在竣工验收时作为技术档案，移交生产单位保存。建设单位要认真清理所有财产和物资，编好工程竣工决算，报上级主管部门审查。

（二）提交工程竣工报告

根据《房屋建筑和市政基础设施工程竣工验收规定》第六条第一款第（一）项，工程完工后，施工单位向建设单位提交工程竣工报告，申请工程竣工验收。实行监理的工程，工程竣工报告须经总监理工程师签署意见。

（三）组成验收组与制定验收方案

根据《房屋建筑和市政基础设施工程竣工验收规定》第六条第一款第（二）项，建设单位收到工程竣工报告后，对符合竣工验收要求的工程，组织勘察、设计、施工、监理等单位组成验收组，制订验收方案。对于重大工程和技术复杂工程，根据需要可邀请有关专家参加验收组。

（四）书面通知监督机构

根据《房屋建筑和市政基础设施工程竣工验收规定》第六条第一款第（三）项，建设单位应当在工程竣工验收 7 个工作日前将验收的时间、地点及验收组名单书面通知负责监督该工程的工程质量监督机构。

（五）建设单位组织竣工验收

根据《房屋建筑和市政基础设施工程竣工验收规定》第六条第一款第（四）项，建设单位组织工程竣工验收。另据该条该款该项第 1— 4 目，建设、勘察、设计、施工、监理单位分别汇报工程合同履约情况和在工程建设各个环节执行法律、法规和工程建设强制性标准的情况；审阅建设、勘察、设计、施工、监理单位的工程档案资料；实地查验工程质量；对工程勘察、设计、施工、设备安装质量和各管理环节等方面作出全面评价，形成经验收组人员签署的工程竣工验收意见。

（六）监督机构现场监督

根据《房屋建筑和市政基础设施工程竣工验收规定》第八条，负责监督该工程的工程质量监督机构应当对工程竣工验收的组织形式、验收程序、执行验收标准等情况进行现场监督,发现有违反建设工程质量管理规定行为的,责令改正,并将对工程竣工验收的监督情况作为工程质量监督报告的重要内容。

(七)必要时重新组织竣工验收

根据《房屋建筑和市政基础设施工程竣工验收规定》第六条第二款,参与工程竣工验收的建设、勘察、设计、施工、监理等各方不能形成一致意见时,应当协商提出解决的方法,待意见一致后,重新组织工程竣工验收。

(八)竣工验收报告

根据《房屋建筑和市政基础设施工程竣工验收规定》第七条第一款,工程竣工验收合格后,建设单位应当及时提出工程竣工验收报告。工程竣工验收报告主要包括工程概况,建设单位执行基本建设程序情况,对工程勘察、设计、施工、监理等方面的评价,工程竣工验收时间、程序、内容和组织形式,工程竣工验收意见等内容。根据该条第二款,工程竣工验收报告还应附有下列文件:(1)施工许可证。(2)施工图设计文件审查意见。(3)本规定第五条(二)(三)(四)(八)项规定的文件。(4)验收组人员签署的工程竣工验收意见。(5)法规、规章规定的其他有关文件。

(九)阶段验收与最终验收

对于有些建设项目来说,竣工验收可能不是一次性的,而是在建设的整个过程中就已经进行。对于这种分阶段验收的,在最终的验收中一般不需要再重复验收。

(十)项目后评价

并不是每一个项目都需要履行这一程序。根据《政府投资条例》第二十六条,投资主管部门或者其他有关部门应当按照国家有关规定选择有代表性的已建成政府投资项目,委托中介服务机构对所选项目进行后评价。后评价应当根据项目建成后的实际效果,对项目审批和实施进行全面评价并提出明确意见。

第七节　新不动产物权

竣工验收之后,下一阶段就是投入使用了。新的不动产物权在同一土地上设立,多为带有公共利益属性的基础设施等,也包括成片开发后可能包含的商业性质不动产等。

一、竣工验收后交付使用

竣工验收后应当及时交付使用，以尽快发挥它拟定的效益目的。根据《民法典》第七百九十九条，建设工程竣工后，发包人应当根据施工图纸及说明书、国家颁发的施工验收规范和质量检验标准及时进行验收。验收合格的，发包人应当按照约定支付价款，并接收该建设工程。建设工程竣工经验收合格后，方可交付使用；未经验收或者验收不合格的，不得交付使用。根据《建筑法》第六十一条第二款，建筑工程竣工经验收合格后，方可交付使用；未经验收或者验收不合格的，不得交付使用。根据《关于基本建设程序的若干规定》第八条第六款，竣工项目经验收交接后，应迅速办理固定资产交付使用的转账手续，加强固定资产的管理。根据《建设工程质量管理条例》第十六条第二款，建设工程经验收合格的，方可交付使用。

二、移交档案

根据《建设工程质量管理条例》第十七条，建设单位应当严格按照国家有关档案管理的规定，及时收集、整理建设项目各环节的文件资料，建立、健全建设项目档案，并在建设工程竣工验收后，及时向建设行政主管部门或者其他有关部门移交建设项目档案。

根据《国家发展改革委关于加强基础设施建设项目管理确保工程安全质量的通知》第二条第（五）项，严格做好项目档案工作，督促项目单位按照国家有关规定加强项目档案管理，做好项目审批、实施、竣工验收等各环节有关文件资料的收集、整理、归档、移交等工作，确保资料无缺失遗漏。

三、保修

根据《建设工程质量管理条例》第三十九条，建设工程实行质量保修制度。建设工程承包单位在向建设单位提交工程竣工验收报告时，应当向建设单位出具质量保修书。质量保修书中应当明确建设工程的保修范围、保修期限和保修责任等。

根据《建设工程质量管理条例》第四十条，在正常使用条件下，建设工程的最低保修期限为：(1)基础设施工程、房屋建筑的地基基础工程和主体结构工程，为设计文件规定的该工程的合理使用年限；(2)屋面防水工程、有防水要求的卫生间、房间和外墙面的防渗漏，为5年；(3)供热与供冷系统，为2个采暖期、供冷期；(4)电气管线、给排水管道、设备安装和装修工程,为2年。其他项目的保修期限由发包方与承包方约定。建设工程的保修期,自竣工验收合格之日起计算。

根据《建筑法》第八十条,在建筑物的合理使用寿命内,因建筑工程质量不合格受到损害的,有权向责任者要求赔偿。另据《建设工程质量管理条例》第四十一条,建设工程在保修范围和保修期限内发生质量问题的,施工单位应当履行保修义务,并对造成的损失承担赔偿责任。

四、新不动产物权正常发挥效益

随着新的不动产物权设立,保持一种完好状态以正常发挥效用,是征收目的实现的题中应有之义。不过,它已是新的不动产物权设立完成以后的相关事务,属于其他学科和其他著述需要研究的问题,本章就此略过。

五、将来可能的征收或更新等

讨论至此,新的不动产物权完全设立,征收目的已经彻底完成,在此后的一个相当长时间内,转入常态化运营阶段。随着时间的推移,这一新的不动产物权慢慢就变成了旧的不动产物权。当然,在这期间政治、经济、社会、文化和生态形势可能会发生这样或那样的变迁,它也可能面临征收或更新的问题,这就又回到了本书开篇的情形。对于国家所有的不动产,一般是直接调用即可,或者部分地履行对相关方的补偿;但对于非国有的不动产而言,则属于新一轮的不动产征收与补偿循环。

第八节　针对征收后续行为的法律救济

对于征收后续行为,被征收人是否有法律上的救济权利?这与对征收目的实现的广义与狭义理解有关。如果持有狭义的征收目的实现概念,被征收人与征收后续行为就没有利害关系,也就不存在所谓的法律救济问题。相反,如果持有广义的理解,那么在特殊情况下,被征收人与征收后续行为仍可能有法律上的利害关系。有趣的是,本节可以对照第四章的主题,即关于征收目的本身的讨论来理解,它是不动产征收与补偿的先行阶段,而本节是不动产征收与补偿的后续阶段,二者在法律上与新不动产物权设立过程的利害关系有着异曲同工之妙。

一、无利害关系的观点

从目前检索到的相关判例来看,认为不具有利害关系而驳回起诉或诉讼请求的居多。例如,根据最高人民法院(2019)最高法行申10532号行政裁定书,土地征收案件中,在作出征收决定或签订征收补偿协议后,被征收人超过法定起诉期限未对补偿决定或补偿协议行为提起行政诉讼,对补偿决定或补偿协议的起诉期限届满之日,或者被征收人不服补偿决定或补偿协议依法提起行政诉讼,终审判决生效之日,被征收人丧失对已经获得补偿的被征收土地、青苗、房屋及其他建筑物、构筑物的所有权,之后被征收人对行政机关就土地、青苗、房屋等作出的行政行为不服提起行政诉讼,与被诉行政行为没有利害关系,不具有原告资格。

根据最高人民法院(2020)最高法行再308号行政裁定书,在征收案件中,被征收人在达成征收补偿协议或者征收补偿决定作出后,超过法定起诉期限未起诉,或者起诉后人民法院生效判决驳回原告诉讼请求的,被征收人对行政机关就征收后收归国家的土地予以出让、给他人颁发国有土地使用证等行为提起行政诉讼的,因其已经获得安置补偿,与涉案土地不具有利害关系,不具有原告主体资格。

二、有利害关系的观点

本书持一种广义的征收目的实现理念,基于这一立场,认为只有在被征收人已经获得公平、合理补偿或者无正当理由拒绝已经确定的公平、合理补偿,被征收人与征收后续行为才没有利害关系。相反,如果被征收人至此尚未获得补偿或者补偿严重不公,就断言此时被征收人已经与新的不动产物权项目毫无瓜葛,显然是极其粗暴的。在司法实践中,亦有相应的司法解释和裁判结论支持这一立场或观点。

根据《最高人民法院关于土地管理部门出让国有土地使用权之前的拍卖行为及与之相关的拍卖公告等行为性质的答复》(〔2009〕行他字第55号,2009年12月23日实施),土地管理部门出让国有土地使用权之前的拍卖行为及与之相关的拍卖公告等行为属于行政行为,当事人不服提起行政诉讼的,人民法院应当依法受理。

根据最高人民法院(2018)最高法行申4669号行政裁定书,征收土地公告和批准用地的函涉及的土地均是集体土地,而该案再审申请人仍持有案涉土地的国有土地使用权证,在再审申请人持有的国有土地使用权证是否合法有效以及是否已由有权机关经法定程序予以注销或者收回、案涉土地是国有土地还是集体土地、案涉土地是否已经被征收、武新国用〔2014〕第002号国有土地使用权证载明的土地位置与再审申请人主张的土地位置之间的关系等基本事实尚未查明的情况下,原审法院依据征收土地公告、批准用地的函否认再审申请人与武汉市人民政府颁发武新国用〔2014〕第002号国有土地使用权证的行为之间的利害关系,认定事实不清,主要证据不足。

根据最高人民法院(2019)最高法行申1893号行政裁定书,虽然已经有省政府的土地征收批文,但未见征收决定、征收公告、对当事人集体土地使用证处理等情况的证据材料,欠缺有效证据证明当事人持有的集体土地使用证涉及的土地已经征转为国有建设用地,故二审法院以西安市人民政府为某公司后续颁证行为对当事人的合法权益不产生实际影响为由而驳回上诉,认定事实主要证据不足。

根据最高人民法院(2019)最高法行申9526号行政裁定书,土地管理部门出让国有土地使用权之前的拍卖行为及与之相关的拍卖公告等行为有可能剥夺行政管理相对人的合法权益,且该类行为是在国有土地使用权出让、转让合同之前作出的,不依赖国有土地使用权出让、转让合同的效力就可以作出判断。为了及时保护与该类行为有法律上利害关系的人的合法权益,应允许对此提起行政复议或行政诉讼。

再举一个广东省的地方案例。根据广东省高级人民法院(2014)粤高法行终字第1025号行政判决书,中山市人民政府没有提供证据证明其向某村民小组支付了征地补偿款,且现涉案土地仍然由某村民小组进行耕种,故应认定征地程序尚未完成。在此情形下,原中山市国土房管局即与某公司签订国有土地使用权出让合同,构成违法。

第十六章

被征收人的法律救济

民不足而可治者，自古及今，未之尝闻

——《汉书·食货志》

综合前述各章的探讨，有一点已经很明确，不动产征收与补偿活动本质上属于在同一土地消灭旧的不动产物权然后设立新的不动产物权。旧的不动产物权人大致上等同于被征收人，而新的不动产物权人可能是征收主体，也可能是征收主体完成征收后把土地交由其使用的其他主体。在整个征迁过程，征收方主要考虑的是如何推进征收，并且由于其公权力的优势地位，屡屡发生侵犯被征收人合法权利的情形。"有权利须有救济，否则犹如无刃之刀。"①因此，如何对被征收人在权利受到侵犯之际提供法律救济，就成为撑起不动产征收与补偿法大厦的另一个坚固支座。

第一节　法律救济的概念及其分类

根据《牛津法律大辞典》(*The Oxford Companion to Law*)，②救济(remedy)是指纠正、矫正或改正已发生或业已造成伤害、危害、损失或损害的不当行为。法律救济(legal remedy)一般是指通过某种法律上的程序和途径解决社会生活中发生的种种纠纷，进而使

① 王泽鉴：《民法物权(第1册)：通则·所有权》，中国政法大学出版社2003年版，第67页。

② 参见[英]戴维·M.沃克：《牛津法律大辞典》，李双元等译，法律出版社2003年版，第957页。

合法权益受到损害的一方在法律上获得补救，从而恢复或尽可能恢复权利受到损害之前的状态。

法律救济制度的诞生与现代法治的诞生是同步的，也是民主政治的必然要求。它以社会中存在这样或那样的纠纷为逻辑前提，无纠纷则无救济。可以说，自人类社会在地球上诞生，人与人之间的纠纷就与之相伴而随，因此在不动产征收与补偿活动中存在纠纷是再正常不过的事情。天下无争只是一个美好的奢望，如何提供更有效的法律救济才是一个公民社会成熟的标志。

不动产征收与补偿活动中的法律救济主要涉及的是被征收人与征收人之间的外部纠纷，偶尔可见被征收人之间的内部纠纷，但多半也是征收方的原因而引发。本章的法律救济不涉及征收方内部的纠纷。例如，在有的非法强拆案件中，多个行政主体都参与了强拆，但在庭审中或庭审后相互推诿责任，他们之间的纠纷及其救济就不在本章所讨论之列。

法律救济首先分为自力救济与他力救济，自力救济又称私力救济，是单纯凭借自身力量进行的法律救济，往往难以达到维护自己权益的目标。他力救济是寻求外部力量进行的法律救济，效果经常比私力救济理想很多。

他力救济分非正式的他力救济和正式的他力救济两大类。前者涵盖的情形很广，包括被救济人寻求非正式团体或力量的救济，如向所在工作单位求助，或向其具有某种属性的团体求助，如残疾人求助残联，妇女求助妇联等，并无统一的程序要求，其救济效果也一言难尽。后者就正式多了，往往具有公权力性质，并且多有严谨的程序要求。当然，这里的正式与非正式之分是相对的，如向各级人民调解委员会、政协或人大寻求救济就很难简单地说它是正式的或非正式的。

总的来看，他力救济可分为行政救济、裁决救济、司法救济、监察救济、信访救济和具有准司法性质的仲裁救济等几类。行政救济有行政处理或行政复议等途径；司法救济有行政诉讼、民事诉讼和刑事诉讼 3 种途径；监察救济是由原行政监察转化而来，目前已是具有独立宪法地位的一种救济途径；信访救济是人民群众来信来访的简称，广义上包含了向任何单位的信访；仲裁主要是被征收人之间的纠纷，不包括劳动仲裁。

就当代中国的法律救济框架而言，几乎每一种都可以适用于不动产征收与补偿维权领域。除少数相互排斥的情形以外，都可以综合运用来维护被征收人的合法权益。在某种意义上，法律救济的实现意味着经由纠纷解决过程，合法权益最终从纸面落到实处，是一个规范权利转化为现实权利的逻辑过程。

第二节　自力救济(私力救济)

法律上的自力救济或私力救济,通常是一个民事领域中的法律概念。在不动产征补视域中,主要是针对违法的行政行为而言的。当然在个别情形也可能回归到民事领域,如民事主体介入征补活动的情形。从现行法律规定来看,自力救济包括和解、正当防卫、紧急避险和自助行为 4 种情形,其在不动产征补活动中的地位也是各不相同。

在 21 世纪的今天,现代法治的一个基本理念就是禁止使用或随意使用私力救济,特别是那种带有暴力性质的私力救济,暴力只能由国家垄断并用于维持公共秩序。反过来说,这也意味着国家负有了相应的义务,须为当事人提供及时有效的救济。但凡国家能够提供的,一律禁止私人介入。当然,凡事总有例外,如果国家无法做到这一点,那么完全禁止私力救济可能就欠缺正当性了。

行政法领域的私力救济大致相当于行政相对人的抵抗权或拒绝权,即行政相对人在遭受明显且重大违法的行政行为侵害时,可采取的私力救济。在积极意义上,它可保护公民的合法权益,促使行政机关依法行使职权,提供优质公共产品,提高行政效率,实现行政法治。当然,它也有消极的一面。有可能引起社会秩序混乱,甚至引发不稳定。

行政相对人的抵抗权有法律明确规定。例如,根据《治安管理处罚法》(2012 年修正,2013 年 1 月 1 日实施)第一百零六条,人民警察当场收缴罚款的,应当向被处罚人出具省、自治区、直辖市人民政府财政部门统一制发的罚款收据;不出具统一制发的罚款收据的,被处罚人有权拒绝缴纳罚款。

一、和解

和解一般是指当事人之间在没有第三方介入的情况下,自愿协商,达成合意,从而对自己的民事实体权利进行处分的行为。根据《民法典》第二百三十三条,物权受到侵害的,权利人可以通过和解、调解、仲裁、诉讼等途径解决。在这里,和解被排列为第一位,昭示了立法者的殷切希望。

就这里的不动产物权纠纷来说,和解通常是针对作为平等民事主体的自然人、法人和非法人组织之间而言的。在不动产征补语境中,有时也会遇到类似情形。例如,在上海市各区中,几乎都有林林总总的房屋征收事务所或服务所等,其中浦东就设有 8 个房屋征收服务事务所，均为非自然人投资或控股的法人独资有限责任公司，在征补活动中起着重要作用，被征收人与之打交道的频率可能比行政机关更高。

二、正当防卫

关于正当防卫，目前在《民法典》和《刑法》中均有相应的规定。根据《民法典》第一百八十一条第一款，因正当防卫造成损害的，不承担民事责任。另据该条第二款，正当防卫超过必要的限度，造成不应有的损害的，正当防卫人应当承担适当的民事责任。根据《刑法》第二十条第一款，为了使国家、公共利益、本人或者他人的人身、财产和其他权利免受正在进行的不法侵害，而采取的制止不法侵害的行为，对不法侵害人造成损害的，属于正当防卫，不负刑事责任。另据该条第二款，正当防卫明显超过必要限度造成重大损害的，应当负刑事责任。

2020 年 11 月 27 日，最高人民检察院发布了正当防卫不捕不诉典型案例。[①] 其中的案例二即为河北省辛集市耿某华正当防卫不批捕案，核心要义是关于为保护住宅安宁、人身和财产安全实施防卫致人重伤的认定。根据《最高人民法院 最高人民检察院 公安部关于依法适用正当防卫制度的指导意见》（法发〔2020〕31 号，2020 年 8 月 28 日实施），正当防卫的前提是存在不法侵害。不法侵害既包括侵犯生命、健康权利的行为，也包括侵犯人身自由、公私财产等权利的行为；既包括犯罪行为，也包括违法行为。不应将不法侵害不当限缩为暴力侵害或者犯罪行为。对于非法限制他人人身自由、非法侵入他人住宅等不法侵害，也可以实行正当防卫。在该案中，面对非法暴力强拆，防卫人为保护自己和家人的人身安全和财产安全而阻止暴力拆迁的行为，符合正当防卫的前提条件。

当然，在不动产征补活动中，正当防卫是一个需要慎之又慎的问题。尽管这样的私力救济在法律条文上是允许的，但如何把握好它的"度"是非常重要的，稍有不慎可能就滑到了事物的另一个极端。另外，根据《国有土地上房屋征收与补偿条例》第三十二条，采取暴力、威胁等方法阻碍依法进行的房屋征收与补偿工作，构成犯罪的，依法追究刑事责任；构成违反治安管理行为的，依法给予治安管理处罚。因此，尽管多数被征收人可能并无违法或犯罪的动机或故意，但这样的一把"双刃剑"伤人又伤己的情形却时有发生，甚至可能酿成无法挽回的悲剧，应当尽最大努力避免。

---

① 参见最高人民检察院网上发布厅：《正当防卫不捕不诉典型案例》，载最高人民检察院官网，https://www.spp.gov.cn/spp/xwfbh/wsfbt/202011/t20201127_487542.shtml。

三、紧急避险

《民法典》第一百八十二条和《刑法》第二十一条都规定了紧急避险的情形。在不动产征补活动中，紧急避险多为征收方采用的行为，对于被征收人而言很少遇到，在这里就不赘述了。

四、自助行为

根据《民法典》第一千一百七十七条第一款，合法权益受到侵害，情况紧迫且不能及时获得国家机关保护，不立即采取措施将使其合法权益受到难以弥补的损害的，受害人可以在保护自己合法权益的必要范围内采取扣留侵权人的财物等合理措施；但是，应当立即请求有关国家机关处理。根据其第二款，受害人采取的措施不当造成他人损害的，应当承担侵权责任。与前面刚刚谈到的正当防卫一样，被征收人对于自助行为这样一个可在不动产征补活动中运用的私力救济途径也要慎之又慎。

第三节　政府信息公开申请

政府信息公开是行政机关的法定职责之一，也是日常工作之一，是行政处理行为的一种，本身并无特别之处，正常来说应该把它放在本章下一节进行讨论。把它单独列为被征收人的一种法律救济途径，其原因在于不动产征收与补偿是一个漫长的行政行为过程。相当多的征收与补偿相关信息都不是主动公开的，在这种情况下，如果不掌握相关信息，被征收人的权利很容易受到侵犯。

一、概述

政府信息公开的目的是保障公民、法人和其他组织依法获取政府信息，提高政府工作透明度，建设法治政府，充分发挥政府信息对人民群众生产、生活和经济社会活动的服务作用。尽管如此，并不是所有信息都公开的。政府信息分为可以公开和不能公开两类，可以公开的又分为依职责主动公开和依申请被动公开两类。

（一）现行法律规定

目前，对政府信息公开予以规制的法律文件有许多，其中最重要的当属作为政府信息公开基本法的《政府信息公开条例》。其次包括《最高人民法院关于审理政府信息公开行政案件若干问题的规定》(法释〔2011〕17号,2011年8月13日实施)、《国务院办公厅关于施行〈中华人民共和国政府信息公开条例〉若干问题的意见》(国办发〔2008〕36号,2008年4月29日实施)、《国务院办公厅转发司法部关于审理政府信息公开行政复议案件若干问题指导意见的通知》(国办函〔2021〕132号,2021年12月22日实施)以及国务院各大部委关于政府信息公开的专门规定。

此外,需要格外关注国务院办公厅政府信息与政务公开办公室从2017年10月24日开始发布的10份关于政府信息公开的规范性文件,以后可能还会随时增加,他们关于政府信息公开的详细规定具有重要的实务价值。以《国务院办公厅政府信息与政务公开办公室关于政府信息公开申请接收渠道问题的解释》(国办公开办函〔2017〕19号,2017年7月5日实施)为例,它对于行政机关通过什么渠道、具体如何接收申请人的申请作出了具体规定,并明确要求行政机关应当加强对政府信息公开申请接收渠道的规范管理,建立健全内部管理制度,完善申请处理流程,防止因遗漏、延误、内部衔接不畅等问题损害申请人合法权益。

(二)政府信息的法律定义

根据《政府信息公开条例》第二条,政府信息是指行政机关在履行行政管理职能过程中制作或者获取的,以一定形式记录、保存的信息。

结合本书构建的不动产征收与补偿法宏观框架,与不动产征补活动关系较为密切的政府信息可大致分为三类:一是征收先行阶段的,二是征补阶段的,三是征收后续阶段的。没有这一宏观框架指导,人们往往只是把目光聚焦于征补阶段,而忽视其他两个阶段。实际上,这两个阶段的政府信息对于被征收人而言可能更加重要,其中的原因在于,征补阶段的政府信息基本上都可以通过公开渠道获得,而在此前此后的两个阶段则多半是依申请才公开的。

(三)政府信息公开的法定义务

根据《政府信息公开条例》第五条,行政机关公开政府信息以公开为常态、不公开为例外。这就表明,通常情况下都是要公开的,如果不公开,行政机关负有说明不公开理由的法定义务。

1. 行政机关

根据《政府信息公开条例》第四条第一款,各级人民政府及县级以上人民政府部门应当建立健全本行政机关的政府信息公开工作制度，并指定机构负责本行政机关政府信息公开的日常工作。具体来说，根据该条例第二十七条，公民、法人或者其他组织可以向地方各级人民政府、对外以自己名义履行行政管理职能的县级以上人民政府部门（含本条例第十条第二款规定的派出机构、内设机构）申请获取相关政府信息。

2. 法律、法规授权的组织

根据《政府信息公开条例》第五十四条，法律、法规授权的具有管理公共事务职能的组织公开政府信息的活动，适用本条例。

3. 公共企事业单位

根据《政府信息公开条例》第五十五条第一款，教育、卫生健康、供水、供电、供气、供热、环境保护、公共交通等与人民群众利益密切相关的公共企事业单位，公开在提供社会公共服务过程中制作、获取的信息，依照相关法律、法规和国务院有关主管部门或者机构的规定执行。全国政府信息公开工作主管部门根据实际需要可以制定专门的规定。

二、政府信息予以公开的情形

为人民服务是各级人民政府及其所属部门的根本宗旨，对涉及公众利益调整、需要公众广泛知晓或者需要公众参与决策的政府信息，行政机关应当主动公开，这也正是《政府信息公开条例》第十九条所明确要求的。同时，根据该条例第二十二条，主动公开的目录并不是静止不变的，而是应当根据需要逐步增加，以更好地体现阳光政府的理念。

（一）主动公开的政府信息类别

通俗地说，这是一类不需要老百姓主动要求了解或察看，行政机关就应当提供的信息。

1. 共同要求

根据《政府信息公开条例》第二十条，行政机关应当主动公开的信息列举了15个类别，其中与不动产征收与补偿活动密切相关的主要有如下几个类别：(1)行政法规、规章和规范性文件；(2)机关职能、机构设置、办公地址、办公时间、联系方式、负责人姓名；(3)国民经济和社会发展规划、专项规划、区域规划及相关政策……(5)办理行政许可和其他对外管理服务事项的依据、条件、程序以及办理结果；

(6)实施行政处罚、行政强制的依据、条件、程序以及本行政机关认为具有一定社会影响的行政处罚决定……(10)重大建设项目的批准和实施情况。

2. 针对设区的市级、县级人民政府及其部门的特别要求

根据该条例第二十一条,设区的市级、县级人民政府及其部门还应当根据本地方的具体情况,主动公开涉及市政建设、公共服务、公益事业、土地征收、房屋征收、治安管理、社会救助等方面的政府信息。

3. 针对乡(镇)人民政府的特别要求

也是根据该条例第二十一条,乡(镇)人民政府还应当根据本地方的具体情况,主动公开贯彻落实农业农村政策、农田水利工程建设运营、农村土地承包经营权流转、宅基地使用情况审核、土地征收、房屋征收、筹资筹劳、社会救助等方面的政府信息。

4. 由依申请公开转化为主动公开的

根据《政府信息公开条例》第四十四条,多个申请人就相同政府信息向同一行政机关提出公开申请,且该政府信息属于可以公开的,行政机关可以纳入主动公开的范围。对行政机关依申请公开的政府信息,申请人认为涉及公众利益调整、需要公众广泛知晓或者需要公众参与决策的,可以建议行政机关将该信息纳入主动公开的范围。行政机关经审核认为属于主动公开范围的,应当及时主动公开。

(二)政府信息主动公开的途径

政府信息不会自己跳出来让人查阅,需要相关人员通过一定的媒介作为它的有形载体。

1. 政务媒体

根据《政府信息公开条例》第二十三条,行政机关应当建立健全政府信息发布机制,将主动公开的政府信息通过政府公报、政府网站或者其他互联网政务媒体、新闻发布会以及报刊、广播、电视等途径予以公开。根据该条例第二十四条,各级人民政府应当加强依托政府门户网站公开政府信息的工作,利用统一的政府信息公开平台集中发布主动公开的政府信息。政府信息公开平台应当具备信息检索、查阅、下载等功能。

2. 档案馆等政府信息查阅场所

根据《政府信息公开条例》第二十五条,各级人民政府应当在国家档案馆、公共图书馆、政务服务场所设置政府信息查阅场所,并配备相应的设施、设备,为公民、法

人和其他组织获取政府信息提供便利。行政机关可以根据需要设立公共查阅室、资料索取点、信息公告栏、电子信息屏等场所、设施，公开政府信息。行政机关应当及时向国家档案馆、公共图书馆提供主动公开的政府信息。

（三）政府信息主动公开的期限

通常情况下都是20个工作日。根据《政府信息公开条例》第二十六条，属于主动公开范围的政府信息，应当自该政府信息形成或者变更之日起20个工作日内及时公开。法律、法规对政府信息公开的期限另有规定的，从其规定。

（四）依申请公开的政府信息

主动公开的政府信息类别毕竟有限，并且普通人平时也可能不太留意相关的信息发布。一旦需要了解相关信息，就需要提出申请要求公开，这显然带有较强的个体色彩。根据《政府信息公开条例》第二十七条，除行政机关主动公开的政府信息外，公民、法人或者其他组织可以向地方各级人民政府、对外以自己名义履行行政管理职能的县级以上人民政府部门（含本条例第十条第二款规定的派出机构、内设机构）申请获取相关政府信息。

三、政府信息不予公开的情形

对于任何一个行政机关或其他主体而言，都不可能把所有信息都主动公开或依申请公开，如何界定公开与不公开的界限，是政府信息公开工作中一个比较敏感的话题。在有些情况下的确不能公开，但有些行政机关出于这样或那样的原因而以此为借口不予公开本应公开的政府信息，就侵犯了个人或组织的知情权。

（一）应批准未批准的

根据《政府信息公开条例》第十一条第二款，行政机关公开政府信息依照法律、行政法规和国家有关规定需要批准的，经批准予以公开。

（二）涉密、法律禁止的或危害安全的

根据《政府信息公开条例》第十四条，依法确定为国家秘密的政府信息，法律、行政法规禁止公开的政府信息，以及公开后可能危及国家安全、公共安全、经济安全、社会稳定的政府信息，不予公开。

(三)涉及商业秘密、个人隐私等且损害第三方合法权益的

根据《政府信息公开条例》第十五条,涉及商业秘密、个人隐私等公开会对第三方合法权益造成损害的政府信息,行政机关不得公开。但是,第三方同意公开或者行政机关认为不公开会对公共利益造成重大影响的,予以公开。

这一条款经常被行政机关用来作为规避公开义务的法宝,特别是关于不动产征补工作中的分户补偿情况。但是根据最高人民法院(2018)最高法行再180号《行政判决书》,分户补偿情况尽管一定程度上涉及其他户的个人隐私,但为了保证征收补偿的公开和公平,消除被征收人对不公平补偿的疑虑和担心,法律对这类个人隐私进行了一定的让渡。

(四)内部事务信息

根据《政府信息公开条例》第十六条第一款,行政机关的内部事务信息,包括人事管理、后勤管理、内部工作流程等方面的信息,可以不予公开。

(五)过程性信息以及行政执法案卷信息

根据《政府信息公开条例》第十六条第二款,行政机关在履行行政管理职能过程中形成的讨论记录、过程稿、磋商信函、请示报告等过程性信息以及行政执法案卷信息,可以不予公开。法律、法规、规章规定上述信息应当公开的,从其规定。

需要注意的是,这里的过程性信息主要是针对内部而言的,并不是每一个行政行为中单独一个环节都不公开。例如,根据《自然资源领域基层政务公开标准指引》(自然资办函〔2022〕576号,2022年4月6日实施)所附的《自然资源领域基层政务公开标准目录》,包括征收土地勘测调查表、地上附着物和青苗调查情况表等土地现状调查相关材料均需要公开。

(六)需要加工汇总重新制作的

根据《国务院办公厅关于做好政府信息依申请公开工作的意见》(国办发〔2010〕5号,2010年1月12日实施)第二条,行政机关向申请人提供的政府信息,应该是现有的,一般不需要行政机关汇总、加工或者重新制作,但是可以作区分处理的除外。

(七)属不动产登记信息的

根据《政府信息公开条例》第三十六条(七)项、《民法典》第二百一十八条和第二百一十九条、《不动产登记暂行条例》第二十七条、《不动产登记暂行条例实施细则》第九十四条和第九十七条、《国务院办公厅政府信息与政务公开办公室关于明确政府信息公开与业务查询事项界限的解释》(国办公开办函〔2016〕206 号,2016 年 9 月 18 日实施),不动产登记信息不属于政府信息。也就是说,所申请公开信息属于工商、不动产登记资料等信息,有关法律、行政法规对信息的获取有特别规定的,告知申请人依照有关法律、行政法规的规定办理。

(八)第三方不同意且有合理理由的

这是与《政府信息公开条例》第十五条相比范围更宽的规定,根据该条例第三十二条,依申请公开的政府信息公开会损害第三方合法权益的,行政机关应当书面征求第三方的意见。第三方应当自收到征求意见书之日起 15 个工作日内提出意见。第三方逾期未提出意见的,由行政机关依照本条例的规定决定是否公开。第三方不同意公开且有合理理由的,行政机关不予公开。行政机关认为不公开可能对公共利益造成重大影响的,可以决定予以公开,并将决定公开的政府信息内容和理由书面告知第三方。

(九)其他不予公开的情形

主要包括以政府信息公开为名,实为信访、投诉、举报等活动的,以及重复申请的,这两类情形都可以不予公开,具体法律规定见下一小节。

四、申请程序

除了主动公开有一定的程序要求以外,依申请的公开显然也需要一套流程来规范各方的行为。

(一)受理机构

根据《政府信息公开条例》第二十九条第一款,公民、法人或者其他组织申请获取政府信息的,应当向行政机关的政府信息公开工作机构提出。另据该条例第四条第一款,各级人民政府及县级以上人民政府部门应当建立健全本行政机关的政府信息公开工作制度,并指定机构负责本行政机关政府信息公开的日常工作。

(二)书面申请

根据《政府信息公开条例》第二十九条第一款,公民、法人或者其他组织申请获取政府信息的,应当向行政机关的政府信息公开工作机构提出,并采用包括信件、数据电文在内的书面形式;采用书面形式确有困难的,申请人可以口头提出,由受理该申请的政府信息公开工作机构代为填写政府信息公开申请。尽管上述条款规定可以口头申请,但在实际中,一般是很难受理的。根据该条第二款,政府信息公开申请应当包括下列内容:(1)申请人的姓名或者名称、身份证明、联系方式;(2)申请公开的政府信息的名称、文号或者便于行政机关查询的其他特征性描述;(3)申请公开的政府信息的形式要求,包括获取信息的方式、途径。

(三)补正义务

根据《政府信息公开条例》第三十条,政府信息公开申请内容不明确的,行政机关应当给予指导和释明,并自收到申请之日起7个工作日内一次性告知申请人作出补正,说明需要补正的事项和合理的补正期限。答复期限自行政机关收到补正的申请之日起计算。申请人无正当理由逾期不补正的,视为放弃申请,行政机关不再处理该政府信息公开申请。

(四)受理时间

根据《政府信息公开条例》第三十一条,行政机关收到政府信息公开申请的时间,按照下列规定确定:(1)申请人当面提交政府信息公开申请的,以提交之日为收到申请之日。(2)申请人以邮寄方式提交政府信息公开申请的,以行政机关签收之日为收到申请之日;以平常信函等无须签收的邮寄方式提交政府信息公开申请的,政府信息公开工作机构应当于收到申请的当日与申请人确认,确认之日为收到申请之日。(3)申请人通过互联网渠道或者政府信息公开工作机构的传真提交政府信息公开申请的,以双方确认之日为收到申请之日。

(五)答复期限

根据《政府信息公开条例》第三十三条,行政机关收到政府信息公开申请,能够当场答复的,应当当场予以答复。行政机关不能当场答复的,应当自收到申请之日起20个工作日内予以答复;需要延长答复期限的,应当经政府信息公开工作机构负责人同意并告知申请人,延长的期限最长不得超过20个工作日。行政机关征求第三方和其他机关意见所需时间不计算在前款规定的期限内。

（六）处理结果

在接到申请人的政府信息公开申请后,行政机关经过初步审查,可以下列方式作出处理结果。

1. 征求共同单位的意见

根据《政府信息公开条例》第三十四条,申请公开的政府信息由两个以上行政机关共同制作的,牵头制作的行政机关收到政府信息公开申请后可以征求相关行政机关的意见,被征求意见机关应当自收到征求意见书之日起15个工作日内提出意见,逾期未提出意见的视为同意公开。

2. 恶意申请的不予处理

根据该条例第三十五条,申请人申请公开政府信息的数量、频次明显超过合理范围,行政机关可以要求申请人说明理由。行政机关认为申请理由不合理的,告知申请人不予处理;行政机关认为申请理由合理,但是无法在本条例第三十三条规定的期限内答复申请人的,可以确定延迟答复的合理期限并告知申请人。

3. 收取费用后处理

根据该条例第四十二条第一款,行政机关依申请提供政府信息,不收取费用。但是,申请人申请公开政府信息的数量、频次明显超过合理范围的,行政机关可以收取信息处理费。

4. 已主动公开的告知获取方式

根据该条例第三十六条第(一)项,所申请公开信息已经主动公开的,告知申请人获取该政府信息的方式、途径。

5. 提供信息或告知获取方式

根据该条例第三十六条第(二)项,所申请公开信息可以公开的,向申请人提供该政府信息,或者告知申请人获取该政府信息的方式、途径和时间。

6. 不予公开并告知理由

根据该条例第三十六条第(三)项,行政机关依据本条例的规定决定不予公开的,告知申请人不予公开并说明理由。

7. 告知信息不存在

根据该条例第三十六条第(四)项,经检索没有所申请公开信息的,告知申请人该政府信息不存在。

需要注意的是,在这种情况下,公开义务机构必须尽到勤勉检索义务。也就是说,行政机关有相应的职责但未制作、保存的,因此认为其信息不存在的,行政机关必须尽到勤勉检索义务,在此基础上,才能声称信息不存在,否则就应当承担未履行法定职责的后果。

根据最高人民法院第19批指导性案例101号《罗某昌诉重庆市彭水苗族土家族自治县地方海事处政府信息公开案》,在政府信息公开案件中,被告以政府信息不存在为由答复原告的,人民法院应审查被告是否已经尽到充分合理的查找、检索义务。原告提交了该政府信息系由被告制作或者保存的相关线索等初步证据后,若被告不能提供相反证据,并举证证明已尽到充分合理的查找、检索义务的,人民法院不予支持被告有关政府信息不存在的主张。

8. 非本机关负责并说明理由或告知义务机关

根据该条例第三十六条第(五)项,所申请公开信息不属于本行政机关负责公开的,告知申请人并说明理由;能够确定负责公开该政府信息的行政机关的,告知申请人该行政机关的名称、联系方式。

9. 重复申请的不予处理

根据该条例第三十六条第(六)项,行政机关已就申请人提出的政府信息公开申请作出答复、申请人重复申请公开相同政府信息的,告知申请人不予重复处理。

10. 公开可区分处理的并说明其他不能公开的理由

根据该条例第三十七条,申请公开的信息中含有不应当公开或者不属于政府信息的内容,但是能够作区分处理的,行政机关应当向申请人提供可以公开的政府信息内容,并对不予公开的内容说明理由。

11. 涉嫌进行信访、投诉、举报的不予处理

根据该条例第三十九条第一款,申请人以政府信息公开申请的形式进行信访、投诉、举报等活动,行政机关应当告知申请人不作为政府信息公开申请处理并可以告知通过相应渠道提出。

最高人民法院(2019)最高法行申2493号行政裁定书认定,从再审申请人对申请公开信息的内容描述来看,其实质是以政府信息公开的方式咨询房屋拆迁、赔偿等相关问题,在性质上属于咨询,不属于《政府信息公开条例》调整的范围。福州市

人民政府对再审申请人的上述咨询事项作出告知，不属于政府信息公开行为，亦未对其权利义务产生实际影响，故不属于行政复议的受案范围，亦不属于人民法院行政诉讼的受案范围。

12. 要求提供政府公报、报刊、书籍的告知获取途径

根据《政府信息公开条例》第三十九条第二款，申请人提出的申请内容为要求行政机关提供政府公报、报刊、书籍等公开出版物的，行政机关可以告知获取的途径。

（七）尽量按照申请人要求的公开形式提供

根据《政府信息公开条例》第四十条，行政机关依申请公开政府信息，应当根据申请人的要求及行政机关保存政府信息的实际情况，确定提供政府信息的具体形式；按照申请人要求的形式提供政府信息，可能危及政府信息载体安全或者公开成本过高的，可以通过电子数据以及其他适当形式提供，或者安排申请人查阅、抄录相关政府信息。

（八）公开错误的补救

根据《政府信息公开条例》第四十一条，公民、法人或者其他组织有证据证明行政机关提供的与其自身相关的政府信息记录不准确的，可以要求行政机关更正。有权更正的行政机关审核属实的，应当予以更正并告知申请人；不属于本行政机关职能范围的，行政机关可以转送有权更正的行政机关处理并告知申请人，或者告知申请人向有权更正的行政机关提出。

第四节　申请行政机关查处违法行为

众所周知，在不动产征补活动中，征收方与被征收方力量对比悬殊。在一个长链条的征补过程中，不可避免地存在这样或那样的违法行政行为。除了前面谈到的被征收人可通过自力救济途径行使拒绝权、异议权或抵抗权以外，被征收人还可以申请具有法定职权的其他行政机关查处相应的违法行为，以保护其合法权益。

这里所说的对违法行为的查处，在行政行为分类上属一种依法申请的行政处理。它是指行政主体为了实现法律法规所确定的行政管理目标和任务，而依行政相对人申请处理涉及特定行政相对人某种权利义务事项的具体行政行为，表现形

式一般为书面的行政处理决定，当然具体名称可能因具体的违法行为而异。

一、上级机关监督

与美国、德国或印度等联邦制国家不同，我国是统一的单一制国家，上级机关有监督下级行政机关行政行为的法定职责。如果被征收人或其关联人的合法权益被某一行政机关侵犯，有权要求它的上级行政机关进行监督。这种监督与被监督的法律关系不仅来源于民主集中制原则，还有实定法上的支持，如《地方各级人民代表大会和地方各级人民政府组织法》第七十三条和第七十六条等。《国有土地上房屋征收与补偿条例》更是直接，其第六条第一款规定，上级人民政府应当加强对下级人民政府房屋征收与补偿工作的监督；其第三十条规定，市、县级人民政府及房屋征收部门的工作人员在房屋征收与补偿工作中不履行本条例规定的职责，或者滥用职权、玩忽职守、徇私舞弊的，由上级人民政府或者本级人民政府责令改正，通报批评。

不过，申请上级机关对下级机关的违法行为进行监督，通常属于内部的层级监督行为。上级机关对于相应的请求一般都按照投诉、举报或信访的方式进行处理，如果申请人对监督行为不服，一般无法寻求诉讼救济，即该行为本身通常是不可诉的。例如，最高人民法院(2016)最高法行申4298号行政裁定书认为，根据《地方各级人民代表大会和地方各级人民政府组织法》等相关法律规定，丰台区人民政府虽具有监督其所设立的派出机关街道办事处的职责，但此种职责仍须依法行使，不宜直接逾越法定职权界限，也不能在无法律明确规定的情况下，代替街道办事处对该派出机关职权范围内事项直接作出对外发生法律效力的行政决定。同时，即使丰台区人民政府所设立的街道办事处作出的行政行为违法，丰台区人民政府应当责令纠正而未纠正，此亦系行政机关内部层级监督，应通过行政系统内部救济程序解决，而不能通过提起行政诉讼方式来请求人民法院监督区、县人民政府履行法定职责。

二、公安机关

在不动产征收与补偿活动中，对被征收人人身权利和财产权利的侵犯时有发生，而这正是人民警察的保护职责所在。被征收人有权要求公安机关提供保护，并对违法行为依法查处。当然，本节所讨论的主要是行政案件，涉及刑事的将在后面的小节进行讨论。

(一)职权依据

《人民警察法》(2012 年修正,2013 年 1 月 1 日实施)第二条和第二十一条赋予了公安机关保护公民的人身安全、人身自由和合法财产的法定职责,特别是在公民人身、财产安全受到侵犯或者处于其他危难情形应当立即救助,对公民提出解决纠纷的要求应当给予帮助,对公民的报警案件应当及时查处。

(二)管辖

根据《公安机关办理行政案件程序规定》(公安部令第 160 号修正,2020 年 8 月 6 日实施)第十条第一款和第十三条,行政案件由违法行为地的县级公安机关及其公安派出所、依法具有独立执法主体资格的公安机关业务部门以及出入境边防检查站按照法律、行政法规、规章授权和管辖分工办理,但法律、行政法规、规章规定由设区的市级以上公安机关办理的除外。

(三)受案

根据《公安机关办理行政案件程序规定》第六十条和第六十一条,对报案、控告、举报、群众扭送或者违法嫌疑人投案,以及其他国家机关移送的案件,应当及时受理并按照规定进行网上接报案登记,并作出如下处理。

1. 受理

对属于本单位管辖范围内的案件,应当立即调查处理,制作受案登记表和受案回执,并将受案回执交报案人、控告人、举报人、扭送人。

2. 移送

对属于公安机关职责范围,但不属于本单位管辖的,应当在 24 小时内移送有管辖权的单位处理,并告知报案人、控告人、举报人、扭送人、投案人。

3. 不受理

对不属于公安机关职责范围的事项,在接报案时能够当场判断的,应当立即口头告知报案人、控告人、举报人、扭送人、投案人向其他主管机关报案或者投案,报案人、控告人、举报人、扭送人、投案人对口头告知内容有异议或者不能当场判断的,应当书面告知,但因没有联系方式、身份不明等无法书面告知的除外。

(四)办案期限

根据《公安机关办理行政案件程序规定》第一百六十五条,公安机关办理治安案件的期限,自受理之日起不得超过 30 日;案情重大、复杂的,经上一级公安机关批准,可以延长 30 日。办理其他行政案件,有法定办案期限的,按照相关法律规定办理。为了查明案情进行鉴定的期间,不计入办案期限。对因违反治安管理行为人不明或者逃跑等客观原因造成案件在法定期限内无法作出行政处理决定的,公安机关应当继续进行调查取证,并向被侵害人说明情况,及时依法作出处理决定。

(五)处理决定

根据《公安机关办理行政案件程序规定》第一百七十二条,公安机关根据行政案件的不同情况分别作出处理决定。申请人如果对于处理决定不服,可以依法行政复议或行政诉讼。

三、自然资源(和规划)主管机关

在本书第 6 章讨论自然资源违法查处这一不动产征补的近似行为时,已经就其权限和程序等问题进行了初步研究。它的主要着眼点是查处被征收人或与其处于同一类别的行政相对人,可能是依法依规的行政行为,也可能是以查违促拆迁的行为。但在本小节中,方向正好相反,讨论是的征收方可能的自然资源违法问题,可以直接或间接的方式对被征收人的权益实现保护,本小节仅举两例。

(一)非法批地

根据《土地管理法》第七十九条,无权批准征收、使用土地的单位或者个人非法批准占用土地的,超越批准权限非法批准占用土地的,不按照土地利用总体规划确定的用途批准用地的,或者违反法律规定的程序批准占用、征收土地的,其批准文件无效,对非法批准征收、使用土地的直接负责的主管人员和其他直接责任人员,依法给予处分;构成犯罪的,依法追究刑事责任。

(二)擅自出让集体土地

根据《土地管理法》第八十二条,擅自将农民集体所有的土地通过出让、转让使用权或者出租等方式用于非农业建设,或者违反本法规定,将集体经营性建设用地通过出让、出租等方式交由单位或者个人使用的,由县级以上人民政府自然资源主管部门责令限期改正,没收违法所得,并处罚款。

四、其他行政机关

除前面谈到的几类行政机关以外，尚有其他相关行政机关也在不动产征补活动中负有查处征收方违法行为的法定职责。

（一）发展改革主管部门

有时征收方为了赶进度，在征收目的报批时可能会弄虚作假。以企业投资为例，根据《企业投资项目核准和备案管理条例》第十八条，实行核准管理的项目，企业未依照本条例规定办理核准手续开工建设或者未按照核准的建设地点、建设规模、建设内容等进行建设的，由核准机关进行处罚。

（二）农业和农村主管部门

根据《土地管理法》第六十七条第二款，县级以上人民政府农业农村主管部门对违反农村宅基地管理法律、法规的行为进行监督检查的，适用本法关于自然资源主管部门监督检查的规定。因此，属地的农业农村主管部门在查处农村宅基地违法行为时，所具有的权限与自然资源主管部门的权限相同，应当采取的步骤和程序也基本一致，可参照《土地管理法》第六十八条至第七十三条。

当然，这里所说的宅基地违法，不是作为被征收方的农民在宅基地方面的违法，而是作为征收方或征收方协助者的违法。例如，在行政机关推进征迁遇到阻力时，可能会由当地村委会出面以收回集体土地宅基地使用权的形式变相实施征迁工作。对于村委会的这种违法行为，具有监督检查法定职权的属地农业农村主管部门可以介入，保护作为被征收方的农民的合法权益，让整个征迁工作回到正常的轨道。

（三）住房和城乡建设主管部门

根据《国有土地上房屋征收与补偿条例》第六条第二款，国务院住房和城乡建设主管部门和省、自治区、直辖市人民政府住房和城乡建设主管部门应当会同同级财政、国土资源、发展改革等有关部门，加强对房屋征收与补偿实施工作的指导。

（四）文物行政主管部门

根据《文物保护法》第九条第二款，基本建设、旅游发展必须遵守文物保护工作的方针，其活动不得对文物造成损害。根据该法第六十六条第一款第(一)项和第(二)项，擅自在文物保护单位的保护范围内进行建设工程或者爆破、钻探、挖掘等作业的；或者在文物保护单位的建设控制地带内进行建设工程，其工程设计方案未经文物行政部门同意、报城乡建设规划部门批准，对文物保护单位的历史风貌造成破坏的，由县级以上人民政府文物主管部门责令改正或罚款，构成犯罪的追究刑事责任。

(五)海洋行政主管部门

根据《海域使用管理法》第四十四条，违反本法第二十三条规定，阻挠、妨害海域使用权人依法使用海域的，海域使用权人可以请求海洋行政主管部门排除妨害，也可以依法向人民法院提起诉讼；造成损失的，可以依法请求损害赔偿。

(六)林业主管部门

根据《森林法》(2019 年修订，2020 年 7 月 1 日实施)第二十一条，确需征收、征用林地、林木的，应当依照相关规定办理审批手续。根据该法第七十三条第二款，虽经县级以上人民政府林业主管部门审核同意，但未办理建设用地审批手续擅自占用林地的，依照《土地管理法》的有关规定处罚。

(七)审计机关

根据《审计法》(2021 年修正，2022 年 1 月 1 日实施)第二十三条，审计机关对政府投资和以政府投资为主的建设项目的预算执行情况和决算，对其他关系国家利益和公共利益的重大公共工程项目的资金管理使用和建设运营情况，进行审计监督。另根据《国有土地上房屋征收与补偿条例》第二十九条第二款，审计机关应当加强对征收补偿费用管理和使用情况的监督，并公布审计结果。

第五节　行 政 复 议

在被征收人的法律救济途径中，行政复议的重要性仅次于后面将要讨论的行政诉讼，最新修订的《行政复议法》甚至把它提到了“发挥行政复议化解行政争议的主渠道作用”这一高度。行政复议是行政机关的自我纠错制度，兼具行政监督、行政救济和行政司法的属性，对监督和维护行政主体依法行使行政职权，保护相对人合法权益等具有重要意义。

在实际工作中,除起着统率作用的《行政复议法》本身之外,还有它的实施条例。但是需要注意的是,该条例对应的是2007年《行政复议法》,且一直未予以修改,目前来看与新修订的《行政复议法》严重脱节,尽管目前仍然有效,但在实践中已经很难加以适用了。其他的相关法律文件还包括《最高人民法院关于贯彻实施新修订的〈中华人民共和国行政复议法〉若干问题的意见(试行)》(法办〔2024〕63号,2024年2月6日实施),以及国务院各部委和各地方的补充和贯彻执行类法律文件,如《自然资源行政复议规定》(自然资源部令第3号,2019年9月1日实施)或《深圳市人民政府办理行政复议案件若干规定》(深府复办〔2006〕7号,2006年4月28日实施)等。

中华人民共和国成立以来,最初的行政复议规定散见于不同的法律文件中,其称呼也不够规范。随着1990年国务院《行政复议条例》(国务院令第70号,1991年1月1日实施,1999年10月1日废止)施行,正式的行政复议制度建立了起来。1999年开始施行的《行政复议法》标志着这一制度基本成熟,后于2009年和2017年两次修正。近年来,对它进行大修的呼声一直较高。2020年2月5日,中共中央全面依法治国委员会通过《行政复议体制改革方案》。2020年11月24日,司法部发布《〈中华人民共和国行政复议法(修订)〉征求意见稿》。2022年10月27日至30日,第十三届全国人大常委会第三十七次会议对它进行了初次审议,随后在全国人大官网公布了《行政复议法(修订草案)》,面向全国公开征求意见。2023年9月1日,第十四届全国人民代表大会常务委员会第五次会议一锤定音,本次修订的法律文本于2024年1月1日正式生效。

一、基本架构

如果公民、法人或者其他组织认为行政行为侵犯其合法权益,就可以向行政机关提出行政复议申请,由其办理该行政复议案件。对于这里的行为,并非必须达到违法的标准才可以申请,即使仅属不当,当事人也有权申请复议。在这一点上,新旧法没有变化。不过,新法把行政复议定位于化解行政争议的主渠道,与旧法的表述显著不同,被征收人应当对此予以高度重视。

(一)复议范围

复议范围类似行政诉讼的受案范围,是指哪些事项可以进入行政复议审理的范围之内。通俗地说,就是哪些事可以进复议机关的大门。一般是两种方式界定,先是规定哪些可以复议,然后规定哪些不可以复议。

1. 可复议的事项

从《行政复议法》第十一条来看,行政复议范围日益拓宽,并有与行政诉讼接轨的趋势,可复议事项主要包括:(1)对行政机关作出的行政处罚决定不服;(2)对行政机关作出的行政强制措施、行政强制执行决定不服;(3)申请行政许可,行政机关拒绝或者在法定期限内不予答复,或者对行政机关作出的有关行政许可的其他决定不服;(4)对行政机关作出的确认自然资源的所有权或者使用权的决定不服;(5)对行政机关作出的征收征用决定及其补偿决定不服;(6)对行政机关作出的赔偿决定或者不予赔偿决定不服;(7)对行政机关作出的不予受理工伤认定申请的决定或者工伤认定结论不服;(8)认为行政机关侵犯其经营自主权或者农村土地承包经营权、农村土地经营权;(9)认为行政机关滥用行政权力排除或者限制竞争;(10)认为行政机关违法集资、摊派费用或者违法要求履行其他义务;(11)申请行政机关履行保护人身权利、财产权利、受教育权利等合法权益的法定职责,行政机关拒绝履行、未依法履行或者不予答复;(12)申请行政机关依法给付抚恤金、社会保险待遇或者最低生活保障等社会保障,行政机关没有依法给付;(13)认为行政机关不依法订立、不依法履行、未按照约定履行或者违法变更、解除政府特许经营协议、土地房屋征收补偿协议等行政协议;(14)认为行政机关在政府信息公开工作中侵犯其合法权益;(15)认为行政机关的其他行政行为侵犯其合法权益。

2. 不可复议的事项

不可复议的事项,近年来还是保持比较稳定的状态,但也有随着时代变迁而日益缩小的趋势,这也是世界性的潮流。根据《行政复议法》第十二条,包括:(1)国防、外交等国家行为;(2)行政法规、规章或者行政机关制定、发布的具有普遍约束力的决定、命令等规范性文件;(3)行政机关对行政机关工作人员的奖惩、任免等决定;(4)行政机关对民事纠纷作出的调解。

对比此前的征求意见草案,《行政复议法》最终修订文本不仅对前4项的表述更加严谨,而且删除了草案中的第(5)项,即"对公民、法人或者其他组织权利义务不产生实际影响的行为",这显然是为了防范行政复议机关在实践中可能任意扩大不予受理范围,从而产生新的问题。

(二)复议机关

根据《行政复议法》第四条第一款,县级以上各级人民政府及其他依照《行政复议法》履行行政复议职责的行政机关是行政复议机关。与旧法相比,各级地方政府部门的复议职责多被取消,代之由县级以上地方人民政府统一行使复议职责,同时保留了国务院组成部门和垂直管理部门的复议职权。

1. 县级以上地方各级人民政府

根据《行政复议法》第二十四条第一款,管辖下列行政复议案件:(1)对本级人民政府工作部门作出的行政行为不服的;(2)对下一级人民政府作出的行政行为不服的;(3)对本级人民政府依法设立的派出机关作出的行政行为不服的;(4)对本级人民政府或者其工作部门管理的法律、法规、规章授权的组织作出的行政行为不服的。

2. 省级政府自己复议自己

根据《行政复议法》第二十四条第二款,省、自治区、直辖市人民政府同时管辖对本机关作出的行政行为不服的行政复议案件。

3. 省、自治区人民政府依法设立的派出机关

根据《行政复议法》第二十四条第三款,参照设区的市级人民政府的职责权限管辖相关行政复议案件。

4. 县级以上地方各级人民政府工作部门依法设立的派出机构

根据《行政复议法》第二十四条第四款,对县级以上地方各级人民政府工作部门依法设立的派出机构依照法律、法规、规章规定,以派出机构的名义作出的行政行为不服的行政复议案件,由本级人民政府管辖;其中,对直辖市、设区的市人民政府工作部门按照行政区划设立的派出机构作出的行政行为不服的,也可以由其所在地的人民政府管辖。

5. 国务院部门

根据《行政复议法》第二十五条,管辖下列行政复议案件:(1)对本部门作出的行政行为不服的;(2)对本部门依法设立的派出机构依照法律、行政法规、部门规章规定,以派出机构的名义作出的行政行为不服的;(3)对本部门管理的法律、行政法规、部门规章授权的组织作出的行政行为不服的。

6. 垂直领导机关

根据《行政复议法》第二十七条,对海关、金融、外汇管理等实行垂直领导的行政机关、税务和国家安全机关的行政行为不服的,向上一级主管部门申请行政复议。

7. 涉及司法行政部门本身的

根据《行政复议法》第二十八条,对履行行政复议机构职责的地方人民政府司法行政部门的行政行为不服的,可以向本级人民政府申请行政复议,也可以向上一

级司法行政部门申请行政复议。

8. 与法院互斥

根据《行政复议法》第二十九条，公民、法人或者其他组织申请行政复议，行政复议机关已经依法受理的，在行政复议期间不得向人民法院提起行政诉讼。公民、法人或者其他组织向人民法院提起行政诉讼，人民法院已经依法受理的，不得申请行政复议。

（三）复议机构

行政复议机构之于行政复议机关，打个不是十分严谨但有启发性的比喻，类似于行政审判庭之于人民法院。根据《行政复议法》第四条第二款，行政复议机关办理行政复议事项的机构是行政复议机构。行政复议机构同时组织办理行政复议机关的行政应诉事项。

复议机构与复议机关之界分是新法的一大创举。在截至 2017 年修改版《行政复议法》中，与"复议机构"概念类似的是具体办理行政复议事项且设在行政复议机关之内负责法制工作的机构，早期即为各级人民政府的法制办公室（法制办），后期为各级司法局（厅）。

另外，注意不能把复议机构与行政复议委员会混为一谈。根据《行政复议法》第五十二条，县级以上各级人民政府应当建立相关政府部门、专家、学者等参与的行政复议委员会，为办理行政复议案件提供咨询意见，并就行政复议工作中的重大事项和共性问题研究提出意见。行政复议委员会的组成和开展工作的具体办法，由国务院行政复议机构制定。审理行政复议案件涉及下列情形之一的，行政复议机构应当提请行政复议委员会提出咨询意见：（1）案情重大、疑难、复杂；（2）专业性、技术性较强；（3）本法第二十四条第二款规定的行政复议案件；（4）行政复议机构认为有必要。行政复议机构应当记录行政复议委员会的咨询意见。

根据《行政复议法》第四条第三款，国务院行政复议机构可以发布行政复议指导性案例。很明显，这是一项重大创新，类似于最高人民法院发布指导案例，其重要性是不能轻忽的。

（四）复议申请人

由《行政复议法》第十四条和第十五条可知，依照本法申请行政复议的公民、法人或者其他组织是申请人。有权申请行政复议的公民死亡的，其近亲属可以申请行政复议。有权申请行政复议的法人或者其他组织终止的,其权利义务承受人可以申请行政复议。有权申请行政复议的公民为无民事行为能力人或者限制民事行为能力人的,其法定代理人可以代为申请行政复议。同一行政复议案件申请人人数众多的,可以由申请人推选代表人参加行政复议。代表人参加行政复议的行为对其所代表的申请人发生效力,但是代表人变更行政复议请求、撤回行政复议申请、承认第三人请求的,应当经被代表的申请人同意。

需要注意的是,申请人必须与行政行为有利害关系,否则就没有申请行政复议的资格。在这一点上,与行政诉讼是相似的。另外,外国人、无国籍人、外国组织在中华人民共和国境内申请行政复议,适用《行政复议法》。

(五)复议被申请人

根据《行政复议法》第十九条,公民、法人或者其他组织对行政行为不服申请行政复议的,作出行政行为的行政机关或者法律、法规、规章授权的组织是被申请人。两个以上行政机关以共同的名义作出同一行政行为的,共同作出行政行为的行政机关是被申请人。行政机关委托的组织作出行政行为的,委托的行政机关是被申请人。作出行政行为的行政机关被撤销或者职权变更的,继续行使其职权的行政机关是被申请人。

(六)复议第三人

根据《行政复议法》第十六条,申请人以外的同被申请行政复议的行政行为或者行政复议案件处理结果有利害关系的公民、法人或者其他组织,可以作为第三人申请参加行政复议,或者由行政复议机构通知其作为第三人参加行政复议。第三人不参加行政复议,不影响行政复议案件的审理。

二、复议申请

前面讨论了行政复议的基本架构,一旦它顺利搭建起来,就如一部机器一样可以依照一定的步骤和顺序运转起来了。

(一)申请期限

设置复议申请期限的目的与设置行政诉讼的起诉期限性质一样,都是督促当事人及时行使权利,保护社会秩序平稳,防止起伏不定。

1. 一般期限

《行政复议法》第二十条第一款规定,公民、法人或者其他组织认为行政行为侵犯其合法权益的,可以自知道或者应当知道该行政行为之日起六十日内提出行政复议申请;但是法律规定的申请期限超过六十日的除外。

2. 有正当理由耽误的

《行政复议法》第二十条第二款规定,因不可抗力或者其他正当理由耽误法定申请期限的,申请期限自障碍消除之日起继续计算。

3. 未告知复议权的

《行政复议法》第二十条第三款规定,行政机关作出行政行为时,未告知公民、法人或者其他组织申请行政复议的权利、行政复议机关和申请期限的,申请期限从公民、法人或者其他组织知道或者应当知道行政复议权利、行政复议机关和申请期限之日起计算,但从知道或者应当知道行政行为内容之日起最长不得超过一年。

4. 最长申请期限

《行政复议法》第二十一条规定,因不动产物权变动提出的行政复议申请自行政行为作出之日起超过二十年,其他申请自行政行为作出之日起超过五年的,行政复议机关不予受理。

(二)申请费用

与行政诉讼不同,行政复议申请是不收取费用的,即并无所谓的复议费一说,这正是新版《行政复议法》第八十七条明确规定的。行政诉讼则有诉讼费的相关规定,不过,通常都是50元人民币,相对现在普通民众的收入来说,负担还是比较轻的。

(三)一事一申请

《行政复议法》第二十二条第四款规定,申请人对两个以上行政行为不服的,应当分别申请行政复议。这一点类似于行政诉讼中的一事一诉原则。

(四)不得重复申请

根据《行政复议法》第三十条第一款第(七)项,复议机关接到复议申请后,会审查行政复议机关是否未受理过该申请人就同一行政行为提出的行政复议申请。行政复议机构准予撤回行政复议申请、行政复议机关决定终止行政复议的,申请人不得再以同一事实和理由提出行政复议申请。但是,申请人能够证明撤回行政复议申请违背其真实意思表示的除外。

(五)复议前置

新法对复议前置的情形进行了细致规定,根据《行政复议法》第二十三条第一款,包括:(1)对当场作出的行政处罚决定不服;(2)对行政机关作出的侵犯其已经依法取得的自然资源的所有权或者使用权的决定不服;(3)认为行政机关存在本法第十一条规定的未履行法定职责情形;(4)申请政府信息公开,行政机关不予公开;(5)法律、法规规定应当先向行政复议机关申请行政复议的其他情形。

复议前置的告知义务是法定的,否则行政机关需要承担相应的后果。根据《行政复议法》第二十三条第二款,对前款规定的情形,行政机关在作出行政行为时应当告知公民、法人或者其他组织先向行政复议机关申请行政复议。

三、受理

《行政复议法》第三十条第一款规定,行政复议机关收到行政复议申请后,应当在五日内进行审查,并作出受理或不予受理的决定。

(一)依法受理

实事求是地说,目前行政复议制度尽管饱受诟病,效果不尽如人意,但复议的大门还是基本上敞开的。

1. 正常受理

根据《行政复议法》第三十条第一款,符合下述条件的应当受理:(1)有明确的申请人和符合本法规定的被申请人;(2)申请人与被申请行政复议的行政行为有利害关系;(3)有具体的行政复议请求和理由;(4)在法定申请期限内提出;(5)属于本法规定的行政复议范围;(6)属于本机关的管辖范围;(7)行政复议机关未受理过该申请人就同一行政行为提出的行政复议申请,并且人民法院未受理过该申请人就同一行政行为提起的行政诉讼。

2. 视为受理

根据《行政复议法》第三十条第三款,行政复议申请的审查期限届满,行政复议机关未作出不予受理决定的,审查期限届满之日起即为受理。

(二)不予受理

但在有些情形下,出于各种正当或非正当的原因,还是有一些行政复议申请是进不了大门的。根据《行政复议法》第三十条第二款,分以下两种情况处理。

1. 直接告知不予以受理

对不符合规定的行政复议申请,行政复议机关应当在审查期限内决定不予受理并说明理由。

2. 告知另行向有关机关申请

对符合相关规定,但是不属于本机关管辖的行政复议申请,应当在不予受理决定中告知申请人向有关行政复议机关提出。

(三)限期补正

根据《行政复议法》第三十一条,行政复议申请材料不齐全或者表述不清楚,无法判断行政复议申请是否符合本法第三十条第一款规定的,行政复议机关应当自收到申请之日起五日内书面通知申请人补正。补正通知应当一次性载明需要补正的事项。申请人应当自收到补正通知之日起十日内提交补正材料。有正当理由不能按期补正的,行政复议机关可以延长合理的补正期限。无正当理由逾期不补正的,视为申请人放弃行政复议申请,并记录在案。行政复议机关收到补正材料后,依照本法第三十条的规定处理。

(四)驳回申请

《行政复议法》第三十三条规定,行政复议机关受理行政复议申请后,发现该行政复议申请不符合本法第三十条第一款规定的,应当决定驳回申请并说明理由。就这一做法而言,它与行政诉讼中的驳回起诉是比较相似的。

(五)越级救济

根据《行政复议法》第三十五条,公民、法人或者其他组织依法提出行政复议申请,行政复议机关无正当理由不予受理、驳回申请或者受理后超过行政复议期限不作答复的,申请人有权向上级行政机关反映,上级行政机关应当责令其纠正;必要时,上级行政复议机关可以直接受理。

四、审理

这一过程与行政诉讼中的审理有些相似,从新法的规定来看,许多方面都有接近或接轨的蕴含。

(一)普通或简易程序选择

根据《行政复议法》第三十六条第一款,行政复议机关受理行政复议申请后,依照本法适用普通程序或者简易程序进行审理。行政复议机构应当指定行政复议人员负责办理行政复议案件。

(二)调解

在旧《行政复议法》中只有少数案件可以调解,但新法则显著扩大了范围。根据《行政复议法》第五条,行政复议机关办理行政复议案件,可以进行调解。调解应当遵循合法、自愿的原则,不得损害国家利益、社会公共利益和他人合法权益,不得违反法律、法规的强制性规定。

(三)审理依据

根据《行政复议法》第三十七条,行政复议机关审理行政复议案件,依照法律、法规、规章,参照规范性文件。审理民族自治地方的行政复议案件,同时依照该民族自治地方的自治条例和单行条例。

(四)复议中止

与行政诉讼中的诉讼中止制度类似,行政复议制度中也有相应的行政复议中止制度。

1. 中止条件

《行政复议法》第三十九条第一款规定:(1)作为申请人的公民死亡,其近亲属尚未确定是否参加行政复议;(2)作为申请人的公民丧失参加行政复议的行为能力,尚未确定法定代理人参加行政复议;(3)作为申请人的公民下落不明;(4)作为申请人的法人或者其他组织终止,尚未确定权利义务承受人;(5)申请人、被申请人因不可抗力或者其他正当理由,不能参加行政复议;(6)依照本法规定进行调解、和解,申请人和被申请人同意中止;(7)行政复议案件涉及的法律适用问题需要有权机关作出解释或者确认;(8)行政复议案件审理需要以其他案件的审理结果为依据,而其他案件尚未审结;(9)有本法第五十六条或者第五十七条规定的情形;(10)需要中止行政复议的其他情形。

2. 及时恢复

《行政复议法》第三十九条第二款规定，行政复议中止的原因消除后，应当及时恢复行政复议案件的审理。

3. 书面告知义务

《行政复议法》第三十九条第三款规定，行政复议机关中止、恢复行政复议案件的审理，应当书面告知当事人。

4. 对恶意中止的救济

《行政复议法》第四十条规定，行政复议期间，行政复议机关无正当理由中止行政复议的，上级行政机关应当责令其恢复审理。

上述条文规定与修订草案相比，删除了“必要时，上级行政机关可以直接审理。”这一表述，相应内容被正式公布的《行政复议法》第三十八条第一款所吸收，即上级行政复议机关根据需要，可以审理下级行政复议机关管辖的行政复议案件。

（五）复议终止

根据《行政复议法》第四十一条，行政复议期间有下列情形之一的，行政复议机关决定终止行政复议：(1)申请人撤回行政复议申请，行政复议机构准予撤回；(2)作为申请人的公民死亡，没有近亲属或者其近亲属放弃行政复议权利；(3)作为申请人的法人或者其他组织终止，没有权利义务承受人或者其权利义务承受人放弃行政复议权利；(4)申请人对行政拘留或者限制人身自由的行政强制措施不服申请行政复议后，因同一违法行为涉嫌犯罪，被采取刑事强制措施；(5)依照本法第三十九条第一款第一项、第二项、第四项的规定中止行政复议满60日，行政复议中止的原因仍未消除。

（六）与原行政行为的关系

根据《行政复议法》第四十二条，行政复议期间行政行为不停止执行；但是有下列情形之一的，应当停止执行：(1)被申请人认为需要停止执行；(2)行政复议机关认为需要停止执行；(3)申请人、第三人申请停止执行，行政复议机关认为其要求合理，决定停止执行；(4)法律、法规、规章规定停止执行的其他情形。

（七）证据

旧版《行政复议法》没有关于证据的相关规定，新版弥补了这一不足。无论是证据类别、举证责任、取证方式还是取证时间，在表述上均与我国现行行政诉讼制度中的证据规定比较相似，只是更为笼统和简洁，具体可参阅《行政复议法》第四章第二节的相关条文。

（八）普通程序与简易程序

同样，旧版《行政复议法》也没有关于简易程序和普通程序之分，新的版本借鉴了行政诉讼法中的相关制度，但有自身的特点。从《行政复议法》第四章第二节和第三节来看，也是以普通程序为基础，以简易程序为补充，后者只适用于事实清楚、权利义务关系明确、争议不大的案件。根据《行政复议法》第五十三条第一款，包括：（1）被申请行政复议的行政行为是当场作出；（2）被申请行政复议的行政行为是警告或者通报批评；（3）案件涉及款额3000元以下；（4）属于政府信息公开案件。另外，根据该条第二款，除前款规定以外的行政复议案件，当事人各方同意适用简易程序的，可以适用简易程序。

（九）规范性文件的附带审查

《行政复议法》第十三条第一款规定，公民、法人或者其他组织认为行政机关的行政行为所依据的下列规范性文件不合法，在对行政行为申请行政复议时，可以一并向行政复议机关提出对该规范性文件的附带审查申请：（1）国务院部门的规范性文件；（2）县级以上地方各级人民政府及其工作部门的规范性文件；（3）乡、镇人民政府的规范性文件；（4）法律、法规、规章授权的组织的规范性文件。另据该条第二款，前款所列规范性文件不含规章。规章的审查依照法律、行政法规办理。

对于复议机关如何进行具体的审查，《行政复议法》第四章第五节用了5个条文进行了较为细致的规定，可参阅该法第五十六条到第六十条的相关规定，这里就不再赘述了。

（十）审理期限

《行政复议法》第六十二条第一款规定，适用普通程序审理的行政复议案件，行政复议机关应当自受理申请之日起60日内作出行政复议决定；但是法律规定的行政复议期限少于60日的除外。情况复杂，不能在规定期限内作出行政复议决定的，经行政复议机构的负责人批准，可以适当延长，并书面告知当事人；但是延长期限最多不得超过30日。另据该条第二款，适用简易程序审理的行政复议案件，行政复议机关应当自受理申请之日起30日内作出行政复议决定。

五、复议决定

复议决定类似行政诉讼中的裁判文书，是行政复议审理的最终结果。与旧版规定相比，无论是种类还是作出程序，都更为精确和实用。

(一)维持原行政行为

《行政复议法》第六十八条规定，行政行为认定事实清楚，证据确凿，适用依据正确，程序合法，内容适当的，行政复议机关决定维持该行政行为。

(二)驳回复议请求

《行政复议法》第六十九条规定，行政复议机关受理申请人认为被申请人不履行法定职责的行政复议申请后，发现被申请人没有相应法定职责或者在受理前已经履行法定职责的，决定驳回申请人的行政复议请求。

(三)限期履行职责

《行政复议法》第六十六条规定，被申请人不履行法定职责的，行政复议机关决定被申请人在一定期限内履行。

上述规定是针对一般意义上的行政机关履职情形，对征收拆迁法律实践中常见的行政机关之协议义务履行问题，新版《行政复议法》有专门规定。

(四)变更原行政行为

《行政复议法》第六十三条第一款规定，行政行为有下列情形之一的，行政复议机关决定变更该行政行为：(1)事实清楚，证据确凿，适用依据正确，程序合法，但是内容不适当；(2)事实清楚，证据确凿，程序合法，但是未正确适用依据；(3)事实不清、证据不足，经行政复议机关查清事实和证据。另据该条第二款，行政复议机关不得作出对申请人更为不利的变更决定，但是第三人提出相反请求的除外。

(五)撤销或部分撤销并可责令重做

《行政复议法》第六十四条第一款规定，行政行为有下列情形之一的，行政复议机关决定撤销或者部分撤销该行政行为，并可以责令被申请人在一定期限内重新作出行政行为:(1)主要事实不清、证据不足;(2)违反法定程序;(3)适用的依据不合法;(4)超越职权或者滥用职权。另据该条第二款,行政复议机关责令被申请人重新作出行政行为的,被申请人不得以同一事实和理由作出与被申请行政复议的行政行为相同或者基本相同的行政行为,但是行政复议机关以违反法定程序为由决定撤销或者部分撤销的除外。

(六)确认违法

在新版行政复议法中,借鉴了行政诉讼法中的确认违法判决,对违法但不撤销和违法不需要撤销的情形进行了明确区分。

1. 违法但不撤销

《行政复议法》第六十五条第一款规定,行政行为有下列情形之一的,行政复议机关不撤销该行政行为,但是确认该行政行为违法:(1)依法应予撤销,但是撤销会给国家利益、社会公共利益造成重大损害;(2)程序轻微违法,但是对申请人权利不产生实际影响。

2. 违法但不需要撤销或责令履行

《行政复议法》第六十五条第二款规定,行政行为有下列情形之一,不需要撤销或者责令履行的,行政复议机关确认该行政行为违法:(1)行政行为违法,但是不具有可撤销内容;(2)被申请人改变原违法行政行为,申请人仍要求撤销或者确认该行政行为违法;(3)被申请人不履行或者拖延履行法定职责,责令履行没有意义。

(七)确认无效

《行政复议法》第六十七条规定,行政行为有实施主体不具有行政主体资格或者没有依据等重大且明显违法情形,申请人申请确认行政行为无效的,行政复议机关确认该行政行为无效。

(八)被申请人怠于应诉的处理

《行政复议法》第七十条规定,被申请人不按照本法第四十八条、第五十四条的规定提出书面答复、提交作出行政行为的证据、依据和其他有关材料的,视为该行政行为没有证据、依据,行政复议机关决定撤销、部分撤销该行政行为,确认该行政行为违法、无效或者决定被申请人在一定期限内履行,但是行政行为涉及第三人合法权益,第三人提供证据的除外。

（九）确定被申请人依法履行协议义务

《行政复议法》第七十一条规定，被申请人不依法订立、不依法履行、未按照约定履行或者违法变更、解除行政协议的，行政复议机关决定被申请人承担依法订立、继续履行、采取补救措施或者赔偿损失等责任。另据该条第二款，被申请人变更、解除行政协议合法，但是未依法给予补偿或者补偿不合理的，行政复议机关决定被申请人依法给予合理补偿。

（十）复议中的赔偿

行政诉讼中有关于诉讼时一并提起赔偿要求的规定，新版《行政复议法》也有相似的规定。

1. 不予支持

根据《行政复议法》第七十二条第一款，申请人在申请行政复议时一并提出行政赔偿请求，行政复议机关对依照《国家赔偿法》的有关规定应当不予赔偿的，在作出行政复议决定时，应当同时决定驳回行政赔偿请求。

2. 予以支持

同样根据《行政复议法》第七十二条第一款，申请人在申请行政复议时一并提出行政赔偿请求，对符合《国家赔偿法》的有关规定应当给予赔偿的，在决定撤销或者部分撤销、变更行政行为或者确认行政行为违法、无效时，应当同时决定被申请人依法给予赔偿；确认行政行为违法的，还可以同时责令被申请人采取补救措施。

3. 未申请赔偿但原行政行为涉及财物

根据《行政复议法》第七十二条第二款，申请人在申请行政复议时没有提出行政赔偿请求的，行政复议机关在依法决定撤销或者部分撤销、变更罚款，撤销或者部分撤销违法集资、没收财物、征收征用、摊派费用以及对财产的查封、扣押、冻结等行政行为时，应当同时责令被申请人返还财产，解除对财产的查封、扣押、冻结措施，或者赔偿相应的价款。

（十一）行政复议调解书

《行政复议法》第七十三条规定，当事人经调解达成协议的，行政复议机关应当制作行政复议调解书，经各方当事人签字并加盖行政复议机关印章，即具有法律效力。另据该条第二款，调解未达成协议或者调解书生效前一方反悔的，行政复议机关应当及时作出行政复议决定。

（十二）复议和解

《行政复议法》第七十四条第一款规定，当事人在行政复议决定作出前可以自愿达成和解，和解内容不得损害国家利益、社会公共利益和他人合法权益，不得违反法律、法规的强制性规定。另据该条第二款，当事人达成和解后，由申请人向行政复议机构撤回行政复议申请。行政复议机构准予撤回行政复议申请、行政复议机关决定终止行政复议的，申请人不得再以同一事实和理由提出行政复议申请。但是，申请人能够证明撤回行政复议申请违背其真实意愿的除外。

（十三）制发行政复议意见书

《行政复议法》第七十六条规定，行政复议机关在办理行政复议案件过程中，发现被申请人或者其他下级行政机关的有关行政行为违法或者不当的，可以向其制发行政复议意见书。有关机关应当自收到行政复议意见书之日起60日内，将纠正相关违法或者不当行政行为的情况报送行政复议机关。

（十四）被申请人的履行义务

《行政复议法》第七十七条规定，被申请人应当履行行政复议决定书、调解书、意见书。另据该条第二款，被申请人不履行或者无正当理由拖延履行行政复议决定书、调解书、意见书的，行政复议机关或者有关上级行政机关应当责令其限期履行，并可以约谈被申请人的有关负责人或者予以通报批评。

（十五）申请人、第三人的履行义务

《行政复议法》第七十八条规定，申请人、第三人逾期不起诉又不履行行政复议决定书、调解书的，或者不履行最终裁决的行政复议决定的，按照下列规定分别处理：(1)维持行政行为的行政复议决定书，由作出行政行为的行政机关依法强制执行，或者申请人民法院强制执行；(2)变更行政行为的行政复议决定书，由行政复议机关依法强制执行，或者申请人民法院强制执行；(3)行政复议调解书，由行政复议机关依法强制执行，或者申请人民法院强制执行。

（十六）复议决定书的公开及抄告

《行政复议法》第七十九条第一款规定，行政复议机关根据被申请行政复议的行政行为的公开情况，按照国家有关规定将行政复议决定书向社会公开。另据该条第二款，县级以上地方各级人民政府办理以本级人民政府工作部门为被申请人的行政复议案件，应当将发生法律效力的行政复议决定书、意见书同时抄告被申请人的上一级主管部门。

（十七）与行政诉讼的接续关系

从世界各国的行政复议制度来看，基本上都不是终局性的，而是可以继续向法院寻求救济。甚至中国加入世界贸易组织时，也作出了类似的承诺，将限制行政复议终局的范围。

1. 以可诉为一般

《行政复议法》第十条规定，公民、法人或者其他组织对行政复议决定不服的，可以依照《行政诉讼法》的规定向人民法院提起行政诉讼，但是法律规定行政复议决定为最终裁决的除外。

2. 以不可诉为例外

根据上面提及的该法第十条最后一句，只有法律规定行政复议决定为最终裁决的不可以再向人民法院起诉，属于明确列举后加以排除的，占比不大，但需要格外留意。

3. 复议前置的特殊情况

根据《行政复议法》第三十四条，法律、行政法规规定应当先向行政复议机关申请行政复议、对行政复议决定不服再向人民法院提起行政诉讼的，行政复议机关决定不予受理、驳回申请或者受理后超过行政复议期限不作答复的，公民、法人或者其他组织可以自收到决定书之日起或者行政复议期限届满之日起 15 日内，依法向人民法院提起行政诉讼。

第六节　国务院裁决

新修订的《行政复议法》保留了国务院裁决制度，从多年来的实践看是有生命力的。根据该法第二十六条，对省、自治区、直辖市人民政府依照本法第二十四条第二款的规定、国务院部门依照本法第二十五条第一项的规定作出的行政复议决定不服的，可以向人民法院提起行政诉讼；也可以向国务院申请裁决，国务院依照本法的规定作出最终裁决。

对国务院裁决这一行为的法律性质如何界定，一直是棘手的理论和实务难题。从国际法和宪法的视角来看，一个国家最高行政机关的行为经常被视为国家行为，带有政治性，往往被排除在司法审查范围之外。从现实情况来看，国务院的级别显然高于最高人民法院和最高人民检察院，“两高”也难以承担起对其进行司法审查的重任。因此，无论是《行政诉讼法》还是《行政复议法》，都把国务院的裁决行为排除在受案范围之外。

另外，本节所论及“裁决”这一概念，与《中共中央办公厅　国务院办公厅印发〈关于健全行政裁决制度加强行政裁决工作的意见〉》（中办发〔2018〕75 号，2019 年 6 月 2 日实施）中的“行政裁决”以及 2014 年修订版《土地管理法实施条例》第二十五条第三款中的“裁决”都不是同一个概念，需要弄清楚它们之间的区别。

上述两办文件中的行政裁决是指行政机关依当事人申请，根据法律法规授权，居中对与行政管理活动密切相关的民事纠纷进行裁处的行为。在这些民事纠纷中，与不动产征补活动有密切关系的主要是自然资源权属争议。对于行政裁决结果，如果当事人不服，仍可以依法向法院提起诉讼。

而 2014 年修订版《土地管理法实施条例》第二十五条第三款规定的是有关机关对申请人因补偿标准不服而进行的裁决。至于它是否可以被起诉，前些年在不同省份有不同的做法。随着 2021 年新修订的《土地管理法实施条例》实施，已经删除了上述条款，这方面的疑惑就慢慢不存在了。不过，由于地方立法的滞后性，可能近几年还会时有类似的问题出现。

第七节　行 政 诉 讼

行政诉讼是指公民、法人或者其他组织认为行政机关及其工作人员行使职权作出行政行为侵犯了其合法权益，依法向人民法院提起诉讼，人民法院在当事人及其他诉讼参与人的参加下作出居中裁判，从而解决行政争议的法律制度。对于被征收人来说，在诸多可资用来寻求法律救济的途径中，行政诉讼是最正式、最有力也最受重视的。

也正是考虑到这一点，人民法院对于这类案件还是比较重视的，为此也投入了大量的司法资源。《最高人民法院关于严格执行法律法规和司法解释依法妥善办理征收拆迁案件的通知》提出，各级人民法院要结合当地实际，认真研究受案范围、立案条件、审理标准、执行方式等具体法律适用问题，着力解决群众反映强烈的补偿标准过低、补偿不到位、行政权力滥用等突出问题。

目前与行政诉讼有关的现行法律文件主要包括作为行政诉讼法典的《行政诉讼法》,它为行政诉讼构建了基本框架。不过,在实际工作中起到更大作用的是最高人民法院的一系列司法解释,其对于法官、律师或行政机关应诉人员来说不可或缺。《最高人民法院关于适用〈中华人民共和国行政诉讼法〉的解释》有“小行政诉讼法”之称,而《最高人民法院关于行政诉讼证据若干问题的规定》则为其查明案件事实奠定了证据规则基础。此外,其他法律文件中可能也有关于行政诉讼的规定。例如,《行政复议法》中就有关于行政复议与行政诉讼相互衔接的规定,而自然资源部还专门发布了《自然资源行政应诉规定》(自然资源部令第 4 号,2019 年 9 月 1 日实施)等。

一、基本架构

我国当前的行政诉讼脱胎于民事诉讼,根据 1982 年《民事诉讼法(试行)》(1991 年 4 月 9 日废止)第三条第二款,法律规定由人民法院审理的行政案件适用该法。当时的行政诉讼都是以民事诉讼的方式进行的,但数量很少。时至今日,《行政诉讼法》第一百零一条仍规定该法没有规定的关于期间、送达、财产保全、开庭审理、调解、中止诉讼、终结诉讼、简易程序、执行等以及人民检察院对行政案件受理、审理、裁判、执行的监督,适用《民事诉讼法》的相关规定。

本节讨论的基本架构暂不含审判机关,即管辖的法院,这一点与前面讨论行政复议时确定复议机关的情形不一样。其原因在于,行政诉讼的管辖问题比行政复议要复杂得多,需要单独进行研究。

(一)受案范围

它类似前面谈到的行政复议的复议范围,通俗地说,是指到底哪些事能够迈进法院的大门。就此而言,可先扫一眼《最高人民法院关于行政案件案由的暂行规定》(法发〔2020〕44 号,2021 年 1 月 1 日实施)。

1. 基本规定

厘清行政诉讼的受案范围,不能径自去看《行政诉讼法》第二章就万事大吉了,而是要先考察一下该法的第二条。根据其第一款和第二款,如果行政机关(含法律、法规、规章授权的组织)和行政机关工作人员作出了行政行为,而公民、法人或者其他组织认为该行为侵犯其合法权益,那么该行为就有可能被诉至人民法院,成为被诉的行政行为。至于这些行为分为哪些种类，是《行政诉讼法》第二章受案范围规定的内容，分别由肯定性规定和否定性规定组成。

2. 可诉的事项

根据《行政诉讼法》第十二条第一款，人民法院受理公民、法人或者其他组织提起的下列诉讼：(1)对行政拘留、暂扣或者吊销许可证和执照、责令停产停业、没收违法所得、没收非法财物、罚款、警告等行政处罚不服的；(2)对限制人身自由或者对财产的查封、扣押、冻结等行政强制措施和行政强制执行不服的；(3)申请行政许可，行政机关拒绝或者在法定期限内不予答复，或者对行政机关作出的有关行政许可的其他决定不服的；(4)对行政机关作出的关于确认土地、矿藏、水流、森林、山岭、草原、荒地、滩涂、海域等自然资源的所有权或者使用权的决定不服的；(5)对征收、征用决定及其补偿决定不服的；(6)申请行政机关履行保护人身权、财产权等合法权益的法定职责，行政机关拒绝履行或者不予答复的；(7)认为行政机关侵犯其经营自主权或者农村土地承包经营权、农村土地经营权的；(8)认为行政机关滥用行政权力排除或者限制竞争的；(9)认为行政机关违法集资、摊派费用或者违法要求履行其他义务的；(10)认为行政机关没有依法支付抚恤金、最低生活保障待遇或者社会保险待遇的；(11)认为行政机关不依法履行、未按照约定履行或者违法变更、解除政府特许经营协议、土地房屋征收补偿协议等协议的；(12)认为行政机关侵犯其他人身权、财产权等合法权益的。

上面列举了11种确定的情形，另以该条该款第(十二)项的名义对其他侵犯人身权、财产权的情形作了兜底规定。在实际中，除了有上述兜底条款以外，还可能有其他情形，为了给行政诉讼制度进一步发展预留一定的空间，该条第二款又规定，除第一款的情形以外，人民法院受理法律、法规规定可以提起诉讼的其他行政案件。

另外，由于本书的主题是不动产征收与补偿，与行政诉讼制度发生勾连的主要是涉征涉拆诉讼。其中，在《行政诉讼法》第十二条第一款明文列举的11种具体情形中，除第(八)项、第(九)项和第(十)项可能较少涉及以外，其他8项都可能涉及。虽然以征收正式启动阶段以及结束阶段之间的事项居多，但征收先行阶段和后续阶段也可能波及，如事先的行政许可或事后的项目施工等。

3. 不可诉的事项

根据《行政诉讼法》第十三条，人民法院不受理公民、法人或者其他组织对下列事项提起的诉讼：(1)国防、外交等国家行为；(2)行政法规、规章或者行政机关制定、发布的具有普遍约束力的决定、命令；(3)行政机关对行政机关工作人员的奖惩、任免等决定;(4)法律规定由行政机关最终裁决的行政行为。

(二)原告

原告类似于行政复议的申请人,需要与被诉行政行为有利害关系,但与复议制度相比,原告的主体资格限制更严一些。根据《行政诉讼法》第二十五条,行政行为的相对人以及其他与行政行为有利害关系的公民、法人或者其他组织,有权提起诉讼。有权提起诉讼的公民死亡,其近亲属可以提起诉讼。有权提起诉讼的法人或者其他组织终止,承受其权利的法人或者其他组织可以提起诉讼。

(三)被告

被告类似于行政复议的被申请人,是每一个行政诉讼都必然存在的,是被诉行政行为的实施主体。根据《行政诉讼法》第二十六条,公民、法人或者其他组织直接向人民法院提起诉讼的,作出行政行为的行政机关是被告。经复议的案件,复议机关决定维持原行政行为的,作出原行政行为的行政机关和复议机关是共同被告;复议机关改变原行政行为的,复议机关是被告。复议机关在法定期限内未作出复议决定,公民、法人或者其他组织起诉原行政行为的,作出原行政行为的行政机关是被告;起诉复议机关不作为的,复议机关是被告。两个以上行政机关作出同一行政行为的,共同作出行政行为的行政机关是共同被告。行政机关委托的组织所作的行政行为,委托的行政机关是被告。行政机关被撤销或者职权变更的,继续行使其职权的行政机关是被告。

(四)第三人

原告和被告是每一个行政诉讼都有的,否则就不是诉讼了。但行政诉讼的第三人则并非每一个案件都有,事实上,行政诉讼中的第三人并不常见。根据《行政诉讼法》第二十九条,公民、法人或者其他组织同被诉行政行为有利害关系但没有提起诉讼,或者同案件处理结果有利害关系的,可以作为第三人申请参加诉讼,或者由人民法院通知参加诉讼。人民法院判决第三人承担义务或者减损第三人权益的,第三人有权依法提起上诉。

(五)基本审理程序

从整体上看,可分为一审(含普通程序和简易程序)、二审(执行)、再审和检察院监督四个阶段。当然,并不是每一个行政诉讼都一定要走完全部流程。有些在一审结束后,如果败诉方不上诉,就直接终局。有些可能需要经过二审,双方最终偃旗息鼓。另外,与民事诉讼相比,行政诉讼的执行也比较少见。

1. 第一审程序

根据《行政诉讼法》第七章第二节和第三节,行政诉讼审理阶段的第一个环节是第一审程序,其中又包括了第一审普通程序和简易程序两类。

2. 第二审程序

根据《行政诉讼法》第七章第四节以及第八十五条,一审裁判文书下达后,当事人不服人民法院第一审裁定的,有权在裁定书送达之日起 10 日内向上一级人民法院提起上诉;当事人不服人民法院第一审判决的,有权在判决书送达之日起 15 日内向上一级人民法院提起上诉。

3. 再审程序

根据《行政诉讼法》第九十条以及《最高人民法院关于适用〈中华人民共和国行政诉讼法〉的解释》第一百一十条,当事人对已经发生法律效力的判决、裁定,认为确有错误的,应当在判决、裁定或者调解书发生法律效力后 6 个月内可以向上一级人民法院申请再审。

4. 抗诉程序

根据《行政诉讼法》第九十三条第一款和第二款、《最高人民法院关于适用〈中华人民共和国行政诉讼法〉的解释》第一百一十七条以及《人民检察院行政诉讼监督规则》(2021 年 9 月 1 日实施)第二十条第一款,当事人向人民检察院申请监督,应当在人民法院送达驳回再审申请裁定之日或者再审判决、裁定发生法律效力之日起 6 个月内提出;对人民法院逾期未对再审申请作出裁定的,应当在再审申请审查期限届满之日起 6 个月内提出。

二、管辖

行政诉讼中的管辖是指哪个法院负有审理行政案件职责,类似于行政复议中由哪个复议机关受理复议。这是法院之间就受理第一审行政案件所做的职权分工,对于原告来说,它确定了可以进哪个法院的大门去寻求救济。

(一)级别管辖

这是确定管辖的第一个问题,就上下级法院之间的分工予以明确。根据《人民法院组织法》(2018 年修订,2019 年 1 月 1 日实施)第十二条和第十三条,我国法院分为四级。

1. 基层人民法院

根据《行政诉讼法》第十四条,基层人民法院管辖第一审行政案件。这实际是一个广泛性规定,除了其他三级法院管辖的情形以外,行政案件基本上都由它来受理。

特别是《最高人民法院关于正确确定县级以上地方人民政府行政诉讼被告资格若干问题的规定》等文件发布以来,日益强调审判重心下沉,许多原属于上一级法院管辖的案件都被下移到了基层人民法院。

2. 中级人民法院

根据《行政诉讼法》第十五条,中级人民法院管辖下列第一审行政案件:(1)对国务院部门或者县级以上地方人民政府所作的行政行为提起诉讼的案件;(2)海关处理的案件;(3)本辖区内重大、复杂的案件;(4)其他法律规定由中级人民法院管辖的案件。

3. 高级人民法院

根据《行政诉讼法》第十六条,高级人民法院管辖本辖区内重大、复杂的第一审行政案件。在现实中,一审能够到达省级高院的很少见。1997 年深圳贤成大厦有限公司诉深圳市工商行政管理局、深圳市引进外资领导小组办公室一案是一审就由省级高院进行审理的少数行政案件之一。

4. 最高人民法院

根据《行政诉讼法》第十七条,最高人民法院管辖全国范围内重大、复杂的第一审行政案件。同样,一审直达最高院的也是非常罕见。

(二)地域管辖

有时亦称地区管辖或土地管辖,是指在解决了级别管辖后确定由同级法院之间哪个地域的法院管辖的问题。

1. 一般地域管辖

根据《行政诉讼法》第十八条第一款,行政案件由最初作出行政行为的行政机关所在地人民法院管辖。经复议的案件,也可以由复议机关所在地人民法院管辖。也就是说,这需要分两种情况。如果没有经过复议的,一律由最初行为发生地法院管辖;如果经过了复议,既可以由最初行为地法院管辖,也可以由复议机关所在地法院管辖。

2. 跨行政区域管辖

根据《行政诉讼法》第十八条第二款，经最高人民法院批准，高级人民法院可以根据审判工作的实际情况，确定若干人民法院跨行政区域管辖行政案件。近年来，这种试点越来越多了。如福建省高级人民法院印发的《关于深化行政案件区域管辖改革的若干规定》，就对省内的跨行政区域管辖进行了详细规定。

当然，也有试点后取消的。例如，河南省法院系统根据《河南省高级人民法院关于郑州铁路运输两级法院管辖行政案件的通知》（豫高法〔2015〕103 号）和《河南省高级人民法院关于调整郑州铁路运输两级法院管辖行政案件范围的通知》（豫高法〔2017〕433 号）文件等进行了跨区域管辖，但无论是从法院内部还是从行政诉讼当事人的反馈来看，效果并不如预期的那样理想，反倒是舍近求远徒增当事人的负担。因此，2019 年根据《河南省高级人民法院关于调整行政诉讼案件管辖若干问题的意见》（豫高法〔2019〕235 号，2019 年 8 月 13 日实施）恢复了原来的管辖制度，后于 2022 年 6 月 6 日做了进一步优化调整。

3. 专属管辖

根据《行政诉讼法》第二十条，因不动产提起的行政诉讼，由不动产所在地人民法院管辖。

三、起诉和受理

行政诉讼中的起诉和受理类似于行政复议中的申请和受理，但行政诉讼中的这一环节相对来说更规范、更严格。

（一）与行政复议的关系

关于行政诉讼与行政复议的关系，在前一节已有涉及，本节在此基础上进一步讨论二者之间的关系。

1. 通常既可复议也可诉讼

根据《行政诉讼法》第四十四条第一款，对属于人民法院受案范围的行政案件，公民、法人或者其他组织可以先向行政机关申请复议，对复议决定不服的，再向人民法院提起诉讼；也可以直接向人民法院提起诉讼。

2. 少数情况下须复议前置

根据《行政诉讼法》第四十四条第二款，法律、法规规定应当先向行政机关申请复议,对复议决定不服再向人民法院提起诉讼的,依照法律、法规的规定。

(二)起诉期限

行政诉讼的起诉期限类似于行政复议的复议期限,也有比较特殊的规定。另外,需要注意的是,不能把它与民事诉讼的诉讼时效混为一谈。

1. 经过复议的起诉期限

根据《行政诉讼法》第四十五条,公民、法人或者其他组织不服复议决定的,可以在收到复议决定书之日起15日内向人民法院提起诉讼。复议机关逾期不作决定的,申请人可以在复议期满之日起15日内向人民法院提起诉讼。法律另有规定的除外。

2. 直接起诉

根据《行政诉讼法》第四十六条第一款,公民、法人或者其他组织直接向人民法院提起诉讼的,应当自知道或者应当知道作出行政行为之日起6个月内提出。法律另有规定的除外。

根据《最高人民法院关于适用〈中华人民共和国行政诉讼法〉的解释》第六十五条,公民、法人或者其他组织不知道行政机关作出的行政行为内容的,其起诉期限从知道或者应当知道该行政行为内容之日起计算,但最长不得超过《行政诉讼法》第四十六条第二款规定的起诉期限。

3. 最长期限

根据《行政诉讼法》第四十六条第二款,因不动产提起诉讼的案件自行政行为作出之日起超过20年,其他案件自行政行为作出之日起超过五年提起诉讼的,人民法院不予受理。

4. 不履行保护人身权、财产权法定职责的

根据《行政诉讼法》第四十七条第一款,公民、法人或者其他组织申请行政机关履行保护其人身权、财产权等合法权益的法定职责,行政机关在接到申请之日起2个月内不履行的,公民、法人或者其他组织可以向人民法院提起诉讼。法律、法规对行政机关履行职责的期限另有规定的,从其规定。

根据《最高人民法院关于适用〈中华人民共和国行政诉讼法〉的解释》第六十六条,公民、法人或者其他组织依照《行政诉讼法》第四十七条第一款的规定,对行政机关不履行法定职责提起诉讼的,应当在行政机关履行法定职责期限届满之日起6个月内提出。

5. 紧急情况下不履行保护人身权、财产权法定职责的

根据《行政诉讼法》第四十七条第二款，公民、法人或者其他组织在紧急情况下请求行政机关履行保护其人身权、财产权等合法权益的法定职责，行政机关不履行的，提起诉讼不受前款规定期限的限制。

6. 不属于自身原因的

根据《行政诉讼法》第四十八条第一款，公民、法人或者其他组织因不可抗力或者其他不属于其自身的原因耽误起诉期限的，被耽误的时间不计算在起诉期限内。

7. 其他特殊情况的

根据《行政诉讼法》第四十八条第二款，公民、法人或者其他组织因前款规定以外的其他特殊情况耽误起诉期限的，在障碍消除后 10 日内，可以申请延长期限，是否准许由人民法院决定。

8. 未告知起诉期限的

根据《最高人民法院关于适用〈中华人民共和国行政诉讼法〉的解释》第六十四条第一款，行政机关作出行政行为时，未告知公民、法人或者其他组织起诉期限的，起诉期限从公民、法人或者其他组织知道或者应当知道起诉期限之日起计算，但从知道或者应当知道行政行为内容之日起最长不得超过 1 年。根据该条第二款，复议决定未告知公民、法人或者其他组织起诉期限的，适用前款规定。

（三）起诉的基本条件

根据《行政诉讼法》第四十九条，提起诉讼应当符合下列条件：(1)原告是符合本法第二十五条规定的公民、法人或者其他组织；(2)有明确的被告；(3)有具体的诉讼请求和事实根据；(4)属于人民法院受案范围和受诉人民法院管辖。

至于关于被告是否明确，根据《最高人民法院关于适用〈中华人民共和国行政诉讼法〉的解释》第六十七条第一款，原告提供被告的名称等信息足以使被告与其他行政机关相区别的，可以认定为《行政诉讼法》第四十九条第二项规定的“有明确的被告”。

（四）法院接收起诉材料

法院在接收当事人起诉材料后，根据不同的情况进行处理。近年来，尽管一再对立案难问题进行治理，某时某地也可能发生较大改观，但总的来说立案难的现象仍时有发生，因而本节的知识对当事人就很重要了。

1. 当场登记立案

根据《行政诉讼法》第五十一条第一款，人民法院在接到起诉状时对符合本法规定的起诉条件的，应当登记立案。

2. 在7日内决定是否立案

根据《行政诉讼法》第五十一条第二款，对当场不能判定是否符合本法规定的起诉条件的，应当接收起诉状，出具注明收到日期的书面凭证，并在7日内决定是否立案。不符合起诉条件的，作出不予立案的裁定。裁定书应当载明不予立案的理由。原告对裁定不服的，可以提起上诉。

3. 告知补正

根据《行政诉讼法》第五十一条第三款，起诉状内容欠缺或者有其他错误的，应当给予指导和释明，并一次性告知当事人需要补正的内容。不得未经指导和释明即以起诉不符合条件为由不接收起诉状。

4. 对立案违法的处理

根据《行政诉讼法》第五十一条第四款，对于不接收起诉状、接收起诉状后不出具书面凭证，以及不一次性告知当事人需要补正的起诉状内容的，当事人可以向上级人民法院投诉，上级人民法院应当责令改正，并对直接负责的主管人员和其他直接责任人员依法给予处分。

5. 违法不立案的处理

根据《行政诉讼法》第五十二条，人民法院既不立案，又不作出不予立案裁定的，当事人可以向上一级人民法院起诉。上一级人民法院认为符合起诉条件的，应当立案、审理，也可以指定其他下级人民法院立案、审理。

四、裁判

行政诉讼中的审理和判决类似于行政复议中的审理和复议决定。本节只讨论原告更关注的裁判结论，而对需要专业经验和专业知识的冗长审理过程不再详细讨论。其中，一审期限通常是6个月，二审期限通常是3个月，如果申请再审，通常需在6个月内提出。

（一）行政诉讼与原行政行为的关系

原告提起行政诉讼后，法院首先需要处理的一个问题是诉讼与原行政行为的关系，一般分三种情况。

1. 不停止执行

根据《行政诉讼法》第五十六条第一款,诉讼期间,不停止行政行为的执行。从实务来看,基本上都是这么处理的。其中原因有很多,尊重行政机关 的专业或行政行为的既定力,可能是考虑的重要因素。

2. 停止执行

同样根据《行政诉讼法》第五十六条,有下列情形之一的,裁定停止执行:(1)被告认为需要停止执行的;(2)原告或者利害关系人申请停止执行,人民法院认为该行政行为的执行会造成难以弥补的损失,并且停止执行不损害国家利益、社会公共利益的;(3)人民法院认为该行政行为的执行会给国家利益、社会公共利益造成重大损害的;(4)法律、法规规定停止执行的。当事人对停止执行或者不停止执行的裁定不服的,可以申请复议一次。

3. 裁定先予执行

根据《行政诉讼法》第五十七条,人民法院对于某些特定情形可以根据原告的申请,裁定先予执行。关于这一问题的讨论,可参阅本书第十三章第五节,这里就不再重复了。

(二)调解

根据《行政诉讼法》第六十条,人民法院审理行政案件,不适用调解。但是,行政赔偿、补偿以及行政机关行使法律、法规规定的自由裁量权的案件可以调解。调解应当遵循自愿、合法原则,不得损害国家利益、社会公共利益和他人合法权益。从《行政复议法》的修改来看,已经大大拓宽了可调解的范围,行政诉讼的发展应该也是朝着这个方向走。

(三)相关民事争议处理

根据《行政诉讼法》第六十一条,在涉及行政许可、登记、征收、征用和行政机关对民事争议所作的裁决的行政诉讼中,当事人申请一并解决相关民事争议的,人民法院可以一并审理。在行政诉讼中,人民法院认为行政案件的审理需以民事诉讼的裁判为依据的,可以裁定中止行政诉讼。

(四)撤诉的处理

根据《行政诉讼法》第六十二条,人民法院对行政案件宣告判决或者裁定前,原告申请撤诉的，或者被告改变其所作的行政行为，原告同意并申请撤诉的，是否准许，由人民法院裁定。

（五）审理依据

根据《行政诉讼法》第六十三条，人民法院审理行政案件，以法律和行政法规、地方性法规为依据。地方性法规适用于本行政区域内发生的行政案件。人民法院审理民族自治地方的行政案件，并以该民族自治地方的自治条例和单行条例为依据。人民法院审理行政案件，参照规章。

（六）行政行为依据的规范性文件的一并审查

根据《行政诉讼法》第五十三条，公民、法人或者其他组织认为行政行为所依据的国务院部门和地方人民政府及其部门制定的规范性文件不合法，在对行政行为提起诉讼时，可以一并请求对该规范性文件进行审查。前款规定的规范性文件不含规章。

根据《行政诉讼法》第六十四条，人民法院在审理行政案件中，经审查认为本法第五十三条规定的规范性文件不合法的，不作为认定行政行为合法的依据，并向制定机关提出处理建议。

（七）驳回诉讼请求

根据《行政诉讼法》第六十九条，行政行为证据确凿，适用法律、法规正确，符合法定程序的，或者原告申请被告履行法定职责或者给付义务理由不成立的，人民法院判决驳回原告的诉讼请求。

（八）撤销或部分撤销并可判令重作

根据《行政诉讼法》第七十条，行政行为有下列情形之一的，人民法院判决撤销或者部分撤销，并可以判决被告重新作出行政行为：（1）主要证据不足的；（2）适用法律、法规错误的；（3）违反法定程序的；（4）超越职权的；（5）滥用职权的；（6）明显不当的。

根据该法第七十一条，人民法院判决被告重新作出行政行为的，被告不得以同一的事实和理由作出与原行政行为基本相同的行政行为。

（九）判决被告限期履行法定职责

根据《行政诉讼法》第七十二条，人民法院经过审理，查明被告不履行法定职责的，判决被告在一定期限内履行。这是一条比较泛化的规定，如果这一法定职责属于给付义务，该法进行了特别规定。根据该法第七十三条，人民法院经过审理，查明被告依法负有给付义务的，判决被告履行给付义务。

（十）判决违法但不撤销

这是行政诉讼中一种比较特殊的情形，根据《行政诉讼法》第七十六条，人民法院在判决确认行政行为违法的同时，可以判决责令被告采取补救措施；给原告造成损失的，依法判决被告承担赔偿责任。

1. 不撤销的

根据《行政诉讼法》第七十四条第一款，行政行为有下列情形之一的，人民法院判决确认违法，但不撤销行政行为：(1)行政行为依法应当撤销，但撤销会给国家利益、社会公共利益造成重大损害的；(2)行政行为程序轻微违法，但对原告权利不产生实际影响的。

2. 不需要撤销的

根据《行政诉讼法》第七十四条第二款，行政行为有下列情形之一，不需要撤销或者判决履行的，人民法院判决确认违法：(1)行政行为违法，但不具有可撤销内容的；(2)被告改变原违法行政行为，原告仍要求确认原行政行为违法的；(3)被告不履行或者拖延履行法定职责，判决履行没有意义的。

（十一）确认无效

根据《行政诉讼法》第七十五条，行政行为有实施主体不具有行政主体资格或者没有依据等重大且明显违法情形，原告申请确认行政行为无效的，人民法院判决确认无效。另据该法第七十六条，人民法院判决确认无效的，可以同时判决责令被告采取补救措施；给原告造成损失的，依法判决被告承担赔偿责任。

（十二）判决变更

根据《行政诉讼法》第七十七条第一款，行政处罚明显不当，或者其他行政行为涉及对款额的确定、认定确有错误的，人民法院可以判决变更。根据该法该条第二款,人民法院判决变更,不得加重原告的义务或者减损原告的权益。但利害关系人同为原告,且诉讼请求相反的除外。

(十三)判决被告履行行政协议义务

根据《行政诉讼法》第七十八条第一款,被告不依法履行、未按照约定履行或者违法变更、解除本法第十二条第一款第十一项规定的协议的,人民法院判决被告承担继续履行、采取补救措施或者赔偿损失等责任。根据该法该条第二款,被告变更、解除本法第十二条第一款第十一项规定的协议合法,但未依法给予补偿的,人民法院判决给予补偿。

(十四)共同被告共同判决

根据《行政诉讼法》第七十九条,复议机关与作出原行政行为的行政机关为共同被告的案件,人民法院应当对复议决定和原行政行为一并作出裁判。

(十五)二审裁判处理

根据《行政诉讼法》第八十九条第一款,人民法院审理上诉案件,按照下列情形,分别处理:(1)原判决、裁定认定事实清楚,适用法律、法规正确的,判决或者裁定驳回上诉,维持原判决、裁定;(2)原判决、裁定认定事实错误或者适用法律、法规错误的,依法改判、撤销或者变更;(3)原判决认定基本事实不清、证据不足的,发回原审人民法院重审,或者查清事实后改判;(4)原判决遗漏当事人或者违法缺席判决等严重违反法定程序的,裁定撤销原判决,发回原审人民法院重审。

根据该法该条第二款,原审人民法院对发回重审的案件作出判决后,当事人提起上诉的,第二审人民法院不得再次发回重审。根据该法该条第三款,人民法院审理上诉案件,需要改变原审判决的,应当同时对被诉行政行为作出判决。

(十六)再审的情形

根据《行政诉讼法》第九十一条,当事人的申请符合下列情形之一的,人民法院应当再审:(1)不予立案或者驳回起诉确有错误的;(2)有新的证据,足以推翻原判决、裁定的;(3)原判决、裁定认定事实的主要证据不足、未经质证或者系伪造的;(4)原判决、裁定适用法律、法规确有错误的;(5)违反法律规定的诉讼程序,可能影响公正审判的;(6)原判决、裁定遗漏诉讼请求的;(7)据以作出原判决、裁定的法律文书被撤销或者变更的;(8)审判人员在审理该案件时有贪污受贿、徇私舞弊、枉法裁判行为的。

(十七)检察院抗诉

根据《行政诉讼法》第九十三条第一款,最高人民检察院对各级人民法院已经发生法律效力的判决、裁定,上级人民检察院对下级人民法院已经发生法律效力的判决、裁定,发现有本法第九十一条规定情形之一,或者发现调解书损害国家利益、社会公共利益的,应当提出抗诉。

第八节　民事诉讼

对于被征收人来说,民事诉讼作为一种救济途径,相对来说是比较少见的。鉴于本书的主题,本节也不对它过多着墨。在多数情况下,不动产征补中涉及的民事诉讼主要是征收方或其关联方有意或无意地在先违法,导致被征收人不得不启动民事诉讼来维护自己的合法权益。

一是民事主体主导的征迁活动所引发的民事纠纷。正如第六章已经讨论的,出于多方面的原因,可能由民事主体事实上行使本应由行政机关行使的征收权,以民事行为形式进行征补活动。比较常见的是村民委员会或其他自治组织,也可能有开发商介入,不过近年来已经比较少见了。在这种情况下,如果找不到行政机关来承担责任,那么被征收人可能最终不得不寻求民事救济。

二是民事主体的关联侵权行为。即使在正常的征迁活动中,也可能出现民事主体侵犯被征收人合法权益的情形。一个比较常见的例子就是停水、停电或停气等。如果征收方与被征收方一直未能协商成功,而工期又比较紧,就有可能出此下策,指使或怂恿作为民事主体的供电公司、供水公司或供气公司对被征收人作出违约或侵权之举。根据《行政强制法》第四十三条第二款,行政机关不得对居民生活采取停止供水、供电、供热、供燃气等方式迫使当事人履行相关行政决定。如果能够找到属行政行为的证据,被征收方仍然可以提起行政诉讼,但如果未能找到,那么就只能先提起相应的民事诉讼了。

三是因征迁引发的其他民事纠纷。自古以来,中国老百姓一般都有畏讼心理,时至今日仍有人把去法院打官司看作丢人的事情,但一旦征迁的列车启动,一些原本相安无事的被征迁群体内部却可能暗流涌动。例如,一些家庭成员内部原本就对土地和房屋分配颇有微词，但因面子或其他因素一直隐而不发，当村委会张贴征收公告，相对来说数目不菲的补偿金额可能会令一些人蠢蠢欲动，去法院要求对不动产重新确权。也有一些家庭成员关系不睦，完成征收补偿后对拆迁款分配起了争执，诉至法院要求进行分配等。这些民事争议虽然由征迁引发，但案件仍属民事纠纷，与其他民事案件并无本质不同，这里就不赘述了。

第九节 刑 事 诉 讼

实际上，不动产征收与补偿活动中的刑事案件既有被征收方的，也有征收方的。前者可能牵涉妨害公务罪、寻衅滋事罪、危害公共安全罪、行贿罪、诬告陷害罪或诽谤罪等，基于本书的主题，在此不予赘述。由于征收方居于一种优势地位，其涉及的刑事犯罪可能对被征收方造成严重侵害，对其进行刑事追究可在一定程度上保护被征收方的合法权益。需要指出的是，本节不讨论居于第三方地位的司法机关工作人员等可能涉及的犯罪，也不讨论《刑事诉讼法》(2018 年修正，2018 年 10 月 26 日实施）规定的刑事立案、侦查、提起公诉、审判和执行等具体诉讼环节。

置刑事诉讼于不动产征收与补偿语境之中，是指人民法院、人民检察院和公安机关在当事人及其他诉讼参与人的参加下，依照法律规定的程序，解决被追诉者刑事责任问题的活动。相关规定主要存在于刑事法律法规之中，《土地管理法》《城乡规划法》《国有土地上房屋征收与补偿条例等》等也有相关规定。

一、侵犯被征收人人身权利的犯罪

这是《刑法》第二编第四章明文规定的一类犯罪，位列第五章侵犯财产权罪之前，表明国家对于这类犯罪的责难程度更高于侵财犯罪。

（一）故意伤害罪

根据《刑法》第二百三十四条，故意伤害他人身体的，处 3 年以下有期徒刑、拘役或者管制。犯前款罪，致人重伤的，处 3 年以上 10 年以下有期徒刑。致人死亡或者以特别残忍手段致人重伤造成严重残疾的，处 10 年以上有期徒刑、无期徒刑或者死刑。本法另有规定的，依照规定。

（二）过失致人重伤罪

根据《刑法》第二百三十五条，过失伤害他人致人重伤的，处 3 年以下有期徒刑或者拘役。本法另有规定的，依照规定。

（三）非法拘禁罪

根据《刑法》第二百三十八条第一款、第二款和第四款，非法拘禁他人或者以其他方法非法剥夺他人人身自由的，处 3 年以下有期徒刑、拘役、管制或者剥夺政治权利。具有殴打、侮辱情节的，从重处罚。犯前款罪，致人重伤的，处 3 年以上 10 年以下有期徒刑；致人死亡的，处 10 年以上有期徒刑。使用暴力致人伤残、死亡的，依照本法第二百三十四条、第二百三十二条的规定定罪处罚。国家机关工作人员利用职权犯前三款罪的，依照前三款的规定从重处罚。

（四）非法侵入住宅罪

根据《刑法》第二百四十五条第一款，非法搜查他人身体、住宅，或者非法侵入他人住宅的，处 3 年以下有期徒刑或者拘役。

（五）报复陷害罪

根据《刑法》第二百五十四条，国家机关工作人员滥用职权、假公济私，对控告人、申诉人、批评人、举报人实行报复陷害的，处 2 年以下有期徒刑或者拘役；情节严重的，处 2 年以上 7 年以下有期徒刑。

二、侵犯被征收人财产权利的犯罪

这是《刑法》第五章明文规定的一类犯罪，仅次于第四章侵犯人身权利罪。不过，尽管属于对被征收人财产权利的侵犯，但它经常是被吸收到公务活动之中，具体工作人员受到追究的还是比较少的。

（一）故意毁坏财物罪

根据《刑法》第二百七十五条，故意毁坏公私财物，数额较大或者有其他严重情节的，处 3 年以下有期徒刑、拘役或者罚金；数额巨大或者有其他特别严重情节的，处 3 年以上 7 年以下有期徒刑。

根据最高人民法院（2019）最高法行申 12680 号行政裁定书，因民事主体或基层群众自治组织并无实施强制拆除的权力，如果其作为民事主体擅自以自己的名义违法强拆，侵害他人合法享有的物权，除承担民事责任外，违反行政管理规定的，依法承担行政责任;涉嫌构成犯罪的,依法追究刑事责任。

另据最高人民法院(2019)最高法行再281号行政裁定书,对于房屋强制拆除而言,因为《国有土地上房屋征收与补偿条例》已经废除了行政强拆,只能由市、县级人民政府申请人民法院强制拆除,故征收强拆行为系市、县级人民政府及其部门的职权或职能,建设单位、施工单位等民事主体并无实施强制拆除他人合法房屋的权力。民事主体自行违法强制拆除他人合法房屋,涉嫌构成故意毁坏财物罪的,权利人可以依法请求公安机关履行相应职责;人民法院经审查认为有犯罪行为的,应当依据《行政诉讼法》第六十六条第一款的规定,将有关材料移送公安、检察机关。

(二)破坏生产经营罪

如果被征收的企业一直未能与征收方达成协议,并且企业处于正常生产经营之中,这个时候如果采取非法的逼迁手段,可能触犯这一罪名。根据《刑法》第二百七十六条,由于泄愤报复或者其他个人目的,毁坏机器设备、残害耕畜或者以其他方法破坏生产经营的,处3年以下有期徒刑、拘役或者管制;情节严重的,处3年以上7年以下有期徒刑。

三、未直接侵犯被征收人权益的职务犯罪

它主要涉及征收方及其关联方的犯罪,表面上看与被征收人并无直接的关系,但在实际上,这类犯罪可能是其他直接侵犯被征收人合法权益行为的根源,以《刑法》中第八章贪污贿赂罪和第九章渎职罪等最为典型。其他法律法规也有相关规定,如《国有土地上房屋征收与补偿条例》第三十条和第三十三条等。

(一)贪污罪

根据《刑法》第三百八十二条和第三百八十三条第一款,国家工作人员利用职务上的便利,侵吞、窃取、骗取或者以其他手段非法占有公共财物的,是贪污罪。受国家机关、国有公司、企业、事业单位、人民团体委托管理、经营国有财产的人员,利用职务上的便利,侵吞、窃取、骗取或者以其他手段非法占有国有财物的,以贪污论。与前两款所列人员勾结,伙同贪污的,以共犯论处。对犯贪污罪的,根据情节轻重,分别依照下列规定处罚:(1)贪污数额较大或者有其他较重情节的,处3年以下有期徒刑或者拘役,并处罚金;(2)贪污数额巨大或者有其他严重情节的,处3年以上10年以下有期徒刑,并处罚金或者没收财产;(3)贪污数额特别巨大或者有其他特

别严重情节的,处10年以上有期徒刑或者无期徒刑,并处罚金或者没收财产;数额特别巨大,并使国家和人民利益遭受特别重大损失的,处无期徒刑或者死刑,并处没收财产。

(二)挪用公款罪

根据《刑法》第三百八十四条,国家工作人员利用职务上的便利,挪用公款归个人使用,进行非法活动的,或者挪用公款数额较大、进行营利活动的,或者挪用公款数额较大、超过3个月未还的,是挪用公款罪,处5年以下有期徒刑或者拘役;情节严重的,处5年以上有期徒刑。挪用公款数额巨大不退还的,处10年以上有期徒刑或者无期徒刑。挪用用于救灾、抢险、防汛、优抚、扶贫、移民、救济款物归个人使用的,从重处罚。

(三)受贿罪

根据《刑法》第三百八十五条和第三百八十六条,国家工作人员利用职务上的便利,索取他人财物的,或者非法收受他人财物,为他人谋取利益的,是受贿罪。国家工作人员在经济往来中,违反国家规定,收受各种名义的回扣、手续费,归个人所有的,以受贿论处。对犯受贿罪的,根据受贿所得数额及情节,依照《刑法》贪污罪的规定处罚。索贿的从重处罚。

(四)私分国有资产罪

根据《刑法》第三百九十六条第一款,国家机关、国有公司、企业、事业单位、人民团体,违反国家规定,以单位名义将国有资产集体私分给个人,数额较大的,对其直接负责的主管人员和其他直接责任人员,处3年以下有期徒刑或者拘役,并处或者单处罚金;数额巨大的,处3年以上7年以下有期徒刑,并处罚金。

(五)滥用职权罪、玩忽职守罪、徇私舞弊罪

根据《刑法》第三百九十七条第一款和第二款,国家机关工作人员滥用职权或者玩忽职守,致使公共财产、国家和人民利益遭受重大损失的,处3年以下有期徒刑或者拘役;情节特别严重的,处3年以上7年以下有期徒刑。本法另有规定的,依照规定。国家机关工作人员徇私舞弊,犯前款罪的,处5年以下有期徒刑或者拘役;情节特别严重的,处5年以上10年以下有期徒刑。本法另有规定的,依照规定。

在具体的征迁工作中，这类违法行为或犯罪行为是引发征迁纠纷的重要原因之一。如果征迁人员能够真正做到一碗水端平、一把尺子量到底，那么会减少很多不必要的征迁阻力。

（六）非法批准征收、征用、占用土地罪；非法低价出让国有土地使用权罪

根据《刑法》第四百一十条，国家机关工作人员徇私舞弊，违反土地管理法规，滥用职权，非法批准征收、征用、占用土地，或者非法低价出让国有土地使用权，情节严重的，处3年以下有期徒刑或者拘役；致使国家或者集体利益遭受特别重大损失的，处3年以上7年以下有期徒刑。

（七）违法发放林木采伐许可证罪

根据《刑法》第四百零七条，林业主管部门的工作人员违反《森林法》的规定，超过批准的年采伐限额发放林木采伐许可证或者违反规定滥发林木采伐许可证，情节严重，致使森林遭受严重破坏的，处3年以下有期徒刑或者拘役。

（八）提供虚假证明文件罪

根据《刑法》第二百二十九条第一款，承担资产评估、验资、验证、会计、审计、法律服务等职责的中介组织的人员故意提供虚假证明文件，情节严重的，处5年以下有期徒刑或者拘役，并处罚金。另据《国有土地上房屋征收与补偿条例》第三十四条，房地产价格评估机构或者房地产估价师出具虚假或者有重大差错的评估报告的，由发证机关责令限期改正，给予警告，对房地产价格评估机构并处5万元以上20万元以下罚款，对房地产估价师并处1万元以上3万元以下罚款，并记入信用档案；情节严重的，吊销资质证书、注册证书；造成损失的，依法承担赔偿责任；构成犯罪的，依法追究刑事责任。

第十节　检察公益诉讼

除了前面提到的在行政诉讼、民事诉讼和刑事诉讼中依法行使法律监督权，保护被征收人合法权益之外，人民检察院还可以起诉人的身份提起公益诉讼，从而起到保护被征收人合法权益的作用，这就是检察公益诉讼。人民检察院以公益诉讼起诉人的身份提起民事公益诉讼、行政公益诉讼或刑事附带民事公益诉讼，分别依

照《民事诉讼法》《行政诉讼法》《刑事诉讼法》享有诉讼权利，履行诉讼义务。严格来说，检察公益诉讼仍在我国现行三大诉讼框架之中。由于其特殊性，本节把它单列进行讨论，但这并不意味着它成为超越民事诉讼、行政诉讼和刑事诉讼之外的第4种诉讼。

一、与征迁有关的检察公益诉讼

检察公益诉讼是一个新生事物，是党的十八届四中全会的一项重大部署，这一公益诉讼的"中国方案"日益受到广泛关注。一开始是在北京等省、自治区、直辖市开展试点，取得了良好的社会效果，目前已有适用于全国范围内的正式"两高"文件颁布。其中，有些与征迁工作有着直接或间接的联系，可成为保护被征迁人合法权益的途径之一。

(一)生态环境、国有财产保护和自然资源领域等行政公益诉讼

根据《行政诉讼法》第二十五条第四款，人民检察院在履行职责中发现生态环境和资源保护、食品药品安全、国有财产保护、国有土地使用权出让等领域负有监督管理职责的行政机关违法行使职权或者不作为，致使国家利益或者社会公共利益受到侵害的，应当向行政机关提出检察建议，督促其依法履行职责。行政机关不依法履行职责的，人民检察院依法向人民法院提起诉讼。

(二)破坏生态环境和资源保护等民事公益诉讼

根据《民事诉讼法》第五十八条第二款，人民检察院在履行职责中发现破坏生态环境和资源保护等损害社会公共利益的行为，在没有前款规定的机关和组织或者前款规定的机关和组织不提起诉讼的情况下，可以向人民法院提起诉讼。

(三)海洋自然资源与生态环境公益诉讼

根据《最高人民法院、最高人民检察院关于办理海洋自然资源与生态环境公益诉讼案件若干问题的规定》(法释〔2022〕15号，2022年5月15日实施)，人民检察院既可以支持海洋环境监督主管部门提起海洋自然资源与生态环境损害赔偿诉讼，也可以在相关部门怠于履行职责时以自己的名义提起民事公益诉讼、刑事附带民事公益诉讼和行政公益诉讼。

(四)妇女权益保护公益诉讼

最新修改的《妇女权益保障法》第七十七条第(一)项规定,确认农村妇女集体经济组织成员身份时侵害妇女权益或者侵害妇女享有的农村土地承包和集体收益、土地征收征用补偿分配权益和宅基地使用权益,侵害妇女合法权益,导致社会公共利益受损的,检察机关可以依法提起公益诉讼。

这里只是提及公益诉讼,但到底是何种类型的公益诉讼没有明确说明。在实践中,如果是村委会侵犯了妇女权益,可以提起的应当是民事公益诉讼;如果是乡镇政府或街道办事处侵犯了妇女权益,提起的应该是行政公益诉讼。

二、办案程序

《最高人民法院、最高人民检察院关于检察公益诉讼案件适用法律若干问题的解释》(2020 年修正,2021 年 1 月 1 日实施)和《人民检察院公益诉讼办案规则》(2021 年 7 月 1 日实施)等文件对人民检察院作为起诉人提起公益诉讼这一新生事物已有较为详细的规定。由于这类案件还不多见,且与被征收人发生直接关联的暂时也还不多,这里就不赘述了。

需要说明的是,人民检察院毕竟是公权力机关,在向有关行政机关以及其他组织、公民调查收集证据材料等方面具有先天优势,这是作为普通民事主体的自然人、法人和其他组织所不能比拟的。

第十一节　信　　访

信访是人民群众来信来访的简称,尽管后来相继出现了电话、互联网甚至广电互动等众多新媒介方式,但该词语已经约定俗成并广为人知,它仍在广泛使用并且不再仅仅局限于狭义上的人民群众来信或来访。

一、概述

一般来说,信访是指公民、法人或者其他组织以书信、电子邮件、走访、电话、传真、短信等多种形式与各级党的机关、人大常委会机关、行政机关、政协机关、监察机关、审判机关、检察机关以及群团组织、国有企事业单位等负责信访工作的机构或人员接触,以反映情况,表达自身意见,请求解决问题,有关信访工作机构或人员采用一定的方式进行处理的一种制度。信访工作是党的群众工作的重要组成部分，是党和政府了解民情、集中民智、维护民利、凝聚民心的一项重要工作，是各级机关、单位及其领导干部、工作人员接受群众监督、改进工作作风的重要途径。

（一）相关法律规定

信访是人民群众的法定权利。根据《宪法》第四十一条第一款，中华人民共和国公民对于任何国家机关和国家工作人员，有提出批评和建议的权利；对于任何国家机关和国家工作人员的违法失职行为，有向有关国家机关提出申诉、控告或者检举的权利，但是不得捏造或者歪曲事实进行诬告陷害。根据《宪法》第四十一条第二款，对于公民的申诉、控告或者检举，有关国家机关必须查清事实，负责处理。任何人不得压制和打击报复。

2022年5月1日之前，在全国范围内适用的主要是1995年国务院《信访条例》和2005年国务院《信访条例》。经中共中央政治局审议批准，2022年2月25日中共中央、国务院联合发布了《信访工作条例》（2022年5月1日实施）。在这一部统摄性的法规之下，国家信访局还发布了《依法分类处理信访诉求工作规则》（国信发〔2022〕9号，2022年5月1日实施）、《国家信访局协调解决“三跨三分离”信访事项工作规则》（国信办发〔2019〕14号，2019年9月20日实施）、《国家信访局关于进一步加强和完善信访事项统筹实地督查工作的规定》（国信办发〔2019〕15号，2019年9月20日实施）、《信访事项网上办理工作规程》（国信发〔2022〕8号，2022年5月1日实施）以及《信访事项办理群众满意度评价工作办法（试行）》（国信发〔2022〕11号，2022年5月9日实施）等。此外，各省、自治区和直辖市也结合本地区实际颁布了相应的信访法规等，它们在本地区信访工作中发挥着重要作用。

（二）征迁工作中的信访

在近年来的信访事件中，因征迁而引发的占有不小的比重，为此，国务院还专门发了通知，要求认真处理。根据《国务院办公厅关于进一步严格征地拆迁管理工作切实维护群众合法权益的紧急通知》，要健全征地拆迁信访工作责任制，加快建立上下贯通的信访信息系统，积极探索征地拆迁矛盾纠纷排查调处机制，采取各种有效方式做好群众思想工作，防止简单粗暴压制群众，避免因征地拆迁问题引发新的上访事件。此外，《国有土地上房屋征收与补偿条例》第七条第一款规定，任何组织和个人对违反本条例规定的行为，都有权向有关人民政府、房屋征收部门和其他有关部门举报。接到举报的有关人民政府、房屋征收部门和其他有关部门对举报应当及时核实、处理。

(三)信访人

根据《信访工作条例》第十七条,信访人一般是指采用信息网络、书信、电话、传真、走访等形式,向各级机关、单位反映情况,提出建议、意见或者投诉请求的公民、法人或者其他组织。对信访人也有相应的要求:一是除非特殊情况,应当以书面的形式提出信访事项;二是提出的信访事项应当客观真实;三是不得重复信访;四是以走访的方式进行信访的应当到依法设立或指定的接待场所,涉及多人应当推选不超过5人的代表;五是遵纪守法,不得利用信访损害他人的合法权益,不得非法聚集。

(四)受理范围(信访事项范围)

与行政诉讼或行政复议等司法色彩浓厚的法律法规相比,无论是1995年和2005年两版《信访条例》还是最新的《信访工作条例》,都没有对受理范围进行严格限制。相较而言,这也是信访的一个显著特点,其所具有的普及性、便捷性和全面性一方面便于群众依法信访,另一方面也有助于党和政府及时全面了解社情民意,真正做到"从群众中来,到群众中去",与新时代中国社会的民心更加贴近。大致来说,信访途径受理的事项主要分为建议意见类、检举控告类、申诉求决类三大类,针对不同类别的信访事项也分别规定了不同的处理方式。

不过,还是一定的限制性规定的。例如,《信访工作条例》第三十一条第(一)项规定,信访事项如果属于应当通过审判机关诉讼程序或者复议程序、检察机关刑事立案程序或者法律监督程序、公安机关法律程序处理的,应当按照法律法规规定的程序处理。但是在超期等司法途径已经走不通的情况下,信访应当受理。对此,有一个司法判例。根据最高人民法院(2016)最高法行申5156号《行政裁定书》,某某市政府作出的信访复核意见,以信访事项不属于信访范围为由,指引当事人对已经丧失诉权的事项提起行政诉讼,理由和结果均不妥。此外,最高人民法院(2019)最高法行申8336号行政裁定书和最高人民法院(2019)最高法行申9955号行政裁定书等裁判文书也是类似的观点。

(五)征迁信访中的律师作用

在通常情况下,律师不宜介入信访,这是因为,它并非司法范畴,且有较大的不可控性。不过,在由官方组织的活动中,律师是可以参加的,但不以营利为目的。根据《中央政法委关于建立律师参与化解和代理涉法涉诉信访案件制度的意见(试行)》(2015 年 6 月 8 日实施)和《司法部、国家信访局关于深入开展律师参与信访工作的意见》(司发通〔2016〕127 号,2016 年 12 月 16 日实施)等文件,律师可参与接待群众来访,服务信访工作决策以及参与信访督查等。

二、信访受理

信访人如果要表达诉求,最先遇到的问题就是向谁去表达,此即为由哪些机关受理信访事项的问题。具体来说,要解决的一个是向哪一部门,一个是该部门的哪一级。根据《信访工作条例》第二条,各级党的机关、人大常委会机关、行政机关、政协机关、监察机关、审判机关、检察机关以及群团组织、国有企事业单位等都有职责受理信访事项。从该条款的规定来看,几乎已经涉及我国所有的机关类别,覆盖面还是非常广的。

与旧的《信访条例》相比,新的《信访工作条例》没有对受理机关的层次作出明确规定,但是根据其第十七条、第十九条第三款、第二十条第四款、第二十二条、第二十三条,依法以下列方式予以受理。

(一)予以登记

不论哪一级党委和政府信访部门收到信访事项,都应当予以登记,然后再区分情况,在 15 日内分别不同方式处理。党委和政府信访部门以外的其他机关、单位收到信访人直接提出的信访事项,应当予以登记。对信访人直接提出的信访事项,有关机关、单位能够当场告知的,应当当场书面告知;不能当场告知的,应当自收到信访事项之日起 15 日内书面告知信访人,但信访人的姓名(名称)、住址不清的除外。

(二)自己办理

根据《信访工作条例》第二十二条第一款第(一)项、第二十三条第一款,对依照职责属于本级机关、单位或者其工作部门处理决定的,应当转送有权处理的机关、单位;情况重大、紧急的,应当及时提出建议,报请本级党委和政府决定。党委和政府信访部门以外的其他机关、单位对属于本机关、单位职权范围的,应当告知信访人接收情况以及处理途径和程序。

（三）下级办理

根据《信访工作条例》第二十二条第一款第（二）项、第二十三条第一款，涉及下级机关、单位或者其工作人员的，按照“属地管理、分级负责”，“谁主管，谁负责”的原则，转送有权处理的机关、单位。党委和政府信访部门以外的其他机关、单位对属于本系统下级机关、单位职权范围的，应当转送、交办有权处理的机关、单位，并告知信访人转送、交办去向。

（四）转送或告知另行提出

根据《信访工作条例》第二十二条第一款第（三）项、第二十三条第三款，对转送信访事项中的重要情况需要反馈办理结果的，可以交由有权处理的机关、单位办理，要求其在指定办理期限内反馈结果，提交办结报告。对党委和政府信访部门或者本系统上级机关、单位转送、交办的信访事项，属于本机关、单位职权范围的，有关机关、单位应当自收到之日起15日内书面告知信访人接收情况以及处理途径和程序；不属于本机关、单位或者本系统职权范围的，有关机关、单位应当自收到之日起5个工作日内提出异议，并详细说明理由，经转送、交办的信访部门或者上级机关、单位核实同意后，交还相关材料。根据《信访工作条例》第二十三条第一款，党委和政府信访部门以外的其他机关、单位对不属于本机关、单位或者本系统职权范围的，应当告知信访人向有权处理的机关、单位提出。

（五）分流到司法机关

根据《信访工作条例》第二十二条第二款，各级党委和政府信访部门对收到的涉法涉诉信件，应当转送同级政法部门依法处理；对走访反映涉诉问题的信访人，应当释法明理，引导其向有关政法部门反映问题。根据该条例第二十八条第二款，各级机关、单位应当按照诉讼与信访分离制度要求，将涉及民事、行政、刑事等诉讼权利救济的信访事项从普通信访体制中分离出来，由有关政法部门依法处理。

（六）分流到纪检监察机关

根据《信访工作条例》第二十二条第二款，各级党委和政府信访部门对属于纪检监察机关受理的检举控告类信访事项，应当按照管理权限转送有关纪检监察机关依规依纪依法处理。

三、信访事项分类处理

长期以来，多种原因导致了信访分类不够科学，几乎全社会的诉求或不满都涌向信访部门，令其不堪重负，对其科学分类并合理分流是非常必要的。

（一）反映情况或建议意见类

根据《信访工作条例》第二十九条第一款，对信访人反映的情况、提出的建议意见类事项，有权处理的机关、单位应当认真研究论证。对科学合理、具有现实可行性的，应当采纳或者部分采纳，并予以回复。

（二）检举控告类

根据《信访工作条例》第三十条第一款，对信访人提出的检举控告类事项，纪检监察机关或者有权处理的机关、单位应当依规依纪依法接收、受理、办理和反馈。

（三）申诉求决类

根据《信访工作条例》第三十一条，对信访人提出的申诉求决类事项，有权处理的机关、单位应当区分情况，分别按照下列方式办理：(1)应当通过审判机关诉讼程序或者复议程序、检察机关刑事立案程序或者法律监督程序、公安机关法律程序处理的，涉法涉诉信访事项未依法终结的，按照法律法规规定的程序处理；(2)应当通过仲裁解决的，导入相应程序处理；(3)可以通过党员申诉、申请复审等解决的，导入相应程序处理；(4)可以通过行政复议、行政裁决、行政确认、行政许可、行政处罚等行政程序解决的，导入相应程序处理；(5)属于申请查处违法行为、履行保护人身权或者财产权等合法权益职责的，依法履行或者答复；(6)不属于以上情形的，应当听取信访人陈述事实和理由，并调查核实，出具信访处理意见书。对重大、复杂、疑难的信访事项，可以举行听证。

另外，由于申诉求决类信访事项的特殊性，为避免当事人诉累，尽快化解矛盾，根据《信访工作条例》第三十三条，各级机关、单位在处理申诉求决类事项过程中，可以在不违反政策法规强制性规定的情况下，在裁量权范围内，经争议双方当事人同意进行调解；可以引导争议双方当事人自愿和解。经调解、和解达成一致意见的，应当制作调解协议书或者和解协议书。

四、信访办理程序

在受理机关对信访事项登记后，认为需要本机关办理的，依据下列程序依法办理。

（一）信访处理意见

根据《信访工作条例》第三十四条，信访事项应当自受理之日起60日内办结；情况复杂的，经本机关、单位负责人批准，可以适当延长办理期限，但延长期限不得超过30日，并告知信访人延期理由。

（二）复查

根据《信访工作条例》第三十五条，信访人对信访处理意见不服的，可以自收到书面答复之日起30日内请求原办理机关、单位的上一级机关、单位复查。收到复查请求的机关、单位应当自收到复查请求之日起30日内提出复查意见，并予以书面答复。

（三）复核

如果信访人对信访复查意见不服，可以根据《信访工作条例》第三十六条提出复核申请，这相当于诉讼程序中的申诉或再审，是信访程序中的最后一道关口，此后即终局，具体流程如下。

信访人对复查意见不服的，可以自收到书面答复之日起30日内向复查机关、单位的上一级机关、单位请求复核。收到复核请求的机关、单位应当自收到复核请求之日起30日内提出复核意见。

复核机关、单位可以按照本条例第三十一条第六项的规定举行听证，经过听证的复核意见可以依法向社会公示。听证所需时间不计算在前款规定的期限内。

信访人对复核意见不服，仍然以同一事实和理由提出投诉请求的，各级党委和政府信访部门和其他机关、单位不再受理。

（四）复核终局后的收尾处理

由于现实生活的极端复杂性以及现行政策法律法规的限制，对于有些信访人来说，可能在复核终局后问题仍然未能解决，这其中可能有信访人自身的因素，例如性格偏执或认知差错等，当然也有可能是非信访人自身的其他原因。无论如何，做好后续的扫尾工作仍是有必要的。根据《信访工作条例》第三十七条，可以从以下三个方面做好相应的工作。

各级机关、单位应当坚持社会矛盾纠纷多元预防调处化解，人民调解、行政调解、司法调解联动，综合运用法律、政策、经济、行政等手段和教育、协商、疏导等办法，多措并举化解矛盾纠纷。

各级机关、单位在办理信访事项时，对生活确有困难的信访人，可以告知或者帮助其向有关机关或者机构依法申请社会救助。符合国家司法救助条件的，有关政法部门应当按照规定给予司法救助。

地方党委和政府以及基层党组织和基层单位对信访事项已经复查复核和涉法涉诉信访事项已经依法终结的相关信访人，应当做好疏导教育、矛盾化解、帮扶救助等工作。

（五）信访本身与司法的互斥性

前面已经讨论了对涉法涉诉的信访事项信访机构可能是不予受理的，作为硬币的另一面，如果某一事项已经信访机构受理并作出信访处理，通常情况下也不能再进入司法途径来进行处理。一直以来，由于信访机制的非收费性质，在程序方面并不苛刻，相对来说普通人更易于操作，因而许多人在权利受到侵犯之后往往倾向于先跑一跑信访。不过，在我国当前的涉征涉拆法律救济体系中，对于同一事项的信访处理结果本身通常是不可以再寻求司法救济的，表现出明显的互斥性。这是因为，信访办理行为多数并非行使首次判断权，信访机构依据《信访工作条例》作出的登记、受理、交办、转办、承办、协调、复查、复核和监督检查、指导等都对信访人没有强制力，对其实体权利义务不产生实质影响，不属于人民法院的受案范围。

根据《最高人民法院关于不服信访工作机构依据〈信访条例〉处理信访事项的行为提起行政诉讼人民法院是否受理的复函》（〔2005〕行立他字第4号，2005年12月12日实施），信访工作机构作出的登记、受理、交办、转送、承办、协调处理、督促检查、指导信访事项等行为，对信访人不具有强制力，对信访人的实体权利义务不产生实质影响。信访人对信访工作机构依据《信访条例》处理信访事项的行为或者不履行《信访条例》规定的职责不服提起行政诉讼的，人民法院不予受理。对信访事项有权处理的行政机关依据《信访条例》作出的处理意见、复查意见、复核意见和不再受理决定，信访人不服提起行政诉讼的，人民法院不予受理。此外，《最高人民法院关于适用〈中华人民共和国行政诉讼法〉的解释》第一条第二款第(九)项也作出了基本相同的规定。

(六)信访与司法的衔接性

上面讨论了信访本身与司法的互斥性,但是凡事总有例外。一种情况是,如果信访办理行为针对信访人设立了新的权利义务,或者实质性地改变了先前行为的实体办理结果,对它是可以寻求司法救济的。还有一种更常见的情况,在涉及征迁的具体事务中,行政机关本应依法履职,在公民提出申请后,却被当作信访来对待,变相地剥夺了其寻求司法救济的权利,在这种情况下,就不存在信访与司法的互斥性问题了。对于某些行政机关表面上以信访答复或根本就不予答复的行为,人民法院应当依法受理当事人的起诉。

根据《行政诉讼法》第十二条第一款第(六)项,申请行政机关履行保护人身权、财产权等合法权益的法定职责,行政机关拒绝履行或者不予答复的,人民法院受理公民、法人或者其他组织提起的相应诉讼。根据《最高人民法院关于适用〈行政诉讼法〉的解释》第十二条第(五)项,为维护自身合法权益向行政机关投诉,具有处理投诉职责的行政机关作出或者未作出处理的,属于《行政诉讼法》第二十五条第一款规定的"与行政行为有利害关系"。

根据最高人民法院(2015)行提字第33号行政裁定书,行政机关针对当事人的申诉作出的答复意见,内容仍然是坚持既往的处理意见,对公民、法人或者其他组织的权利义务没有产生实际影响的信访答复意见,以及相应的复查意见、复核意见,均不属于行政诉讼的受案范围。但是,如果信访答复意见、复查意见或者复核意见否定了既往的处理意见,作出新的处理决定,对当事人的权利义务作出了不同于既往处理意见的新的安排,实质是对公民、法人或者其他组织的权利义务产生了新的实际影响,在此情形下,无论是信访答复意见,还是信访复查意见、信访复核意见,均应当属于行政诉讼的受案范围。

再以山西省的一个案件为例。根据山西省高级人民法院(2019)晋行终74号行政判决书,上诉人山西省自然资源厅收到被上诉人邮寄的查处申请书后,按照《国土资源信访规定》将被上诉人的请求事项转太原市国土资源局尖草坪分局办理。山西省自然资源厅既没有在法定2个月的期限内履行被上诉人请求履行的法定职责,也没有将其向下级机关转送的内容告知被上诉人,构成不履行法定职责,且没有法定事由。综上,原审法院判决上诉人不履行法定职责违法,认定事实清楚,适用法律正确，应予维持。原审被告山西省人民政府在行政复议决定中认为上诉人山西省自然资源厅已履行了法定职责的认定缺乏事实和法律依据，应予撤销。

第十二节　纪 检 监 察

1927 年 5 月，党的历史上最早的监察机关——中央监察委员会成立，它是中央纪律检查委员会的前身。近百年来，尽管名称多有变化，但它作为党内监督专门机关和管党治党重要力量的宗旨从未改变。进入社会主义新时代以来，根据党中央的相关文件，全国各级监察委员会同党的纪律检查机关合署办公，实现对所有行使公权力的公职人员监察全覆盖。

2018 年 3 月 11 日，第十三届全国人民代表大会第一次会议通过《宪法修正案》，在《宪法》第三章“国家机构”中增加一节，作为第七节“监察委员会”；增加五条，分别作为第一百二十三条至第一百二十七条。至此，由全国人大选举产生，并对全国人大及其常务委员会负责的国家监察体制正式确立。

目前，监察方面的党内外主要法律法规包括《监察法》（2018 年 3 月 20 日实施）、《监察官法》（2022 年 1 月 1 日实施）、《监察法实施条例》、《中国共产党纪律处分条例》、《中国共产党纪律检查机关案件检查工作条例》、《关于实行党风廉政建设责任制的规定》、《公职人员政务处分法》（2020 年 7 月 1 日实施）、《监察机关调查处理政纪案件办法》、《行政机关公务员处分条例》（国务院令第 495 号，2007 年 6 月 1 日实施）、《监察机关处理不服行政处分申诉的办法》、《监察机关举报工作办法》、《监察机关在调查处理政纪案件中相互协作配合的规定》、《监察机关实行回避制度暂行办法》、《监察机关没收追缴和责令退赔财物办法》和《监察机关审理政纪案件的暂行办法》等。根据前述法律法规的相关规定，纪检监察案件的基本程序大致可以分为六个阶段，即受理、初步核实、立案、调查、处置和复审。

需要指出的是，尽管相关的违法违纪行为可能侵犯群众的利益，但纪检监察本身并不能直接解决被征收人的问题。在不动产征收与补偿活动监察中，它是对所有行使公权力公职人员的监督，调查职务违法和职务犯罪，更多地属于一种制度保障。特别是《监察法》第十五条第（五）项把基层群众性自治组织中从事管理的人员也纳入了监察范围，而他们又属于与被征收人经常打交道的人员，在征迁工作中可能接受上级部门委托从事相应的工作，更易于发生侵犯群众利益的事情。因此，如果被征收人发现公职人员违法违纪线索,有权利进行投诉和举报。

第十三节　其他救济途径

除上述较为常见的法律救济途径以外,尚有其他一些方式可被征收人用来维护自己的合法权益。正如应松年指出的,“在我国,除了前面所谈的行政诉讼和行政复议之外,还存在多种可能的救济渠道。例如向有关党政领导直接申诉,向人大常委会机关或其领导和代表、委员申诉,向媒体求援等”①。需要指出的是,它们与信访之间可能是有重叠之处的。

一、协调后的裁决

多年来,在农村集体土地上的不动产征收中,有一个独特的制度,即所谓的协调与裁决制度。它独树一帜,很难纳入传统的行政处理或行政复议等范畴。

(一)土地管理法相关规定变化情况

根据2014年修订版《土地管理法实施条例》第二十五条第三款,对征地补偿、安置方案中的补偿标准有争议的,由县级以上地方人民政府协调,协调不成的,由批准征收土地的人民政府裁决。10多年来,这一制度被广泛用于维护被征收人的权益,还是起到一定作用的。但随着土地征收综合区片价制度的实施,它的作用开始弱化。在2021年9月1日实施的新修改的《土地管理法实施条例》中,针对补偿标准的裁决制度退出了历史舞台。

(二)其他法律文件的相关规定

根据《国务院法制办公室关于依法做好征地补偿安置争议行政复议工作的通知》(国法〔2011〕35号,2011年5月18日实施)以及《最高人民法院关于审理涉及农村集体土地行政案件若干问题的规定》第十条,尽管作为实体法的《土地管理法实施条例》已经废除了裁决制度,但在这些法律文件中仍然存在且有效。

(三)地方规定情况

最新修改的《土地管理法实施条例》颁布之后,江苏省发布了《江苏省政府办公

---

① 应松年:《完善我国的行政救济制度》,载《江海学刊》2003年第1期。

厅关于废止江苏省征地补偿安置争议协调裁决办法的通知》(苏政办发〔2021〕64号,2021年9月4日实施),废止了实施多年的《省政府办公厅关于印发江苏省征地补偿安置争议协调裁决办法的通知》(苏政办发〔2007〕141号,2007年11月22日实施,2021年9月4日废止)。

不过,其他一些地方的动作没有这么快。例如,《宁波市征收集体所有土地房屋拆迁条例实施细则》(宁波市人民政府令第141号,2006年12月1日实施)仍然有效,根据其第九条,拆迁人和被拆迁人在拆迁公告确定的搬迁期限内就补偿安置方式、补偿标准、可安置面积、搬迁期限、过渡方式、过渡期限等原因经协商达不成拆迁补偿安置协议的,可以向所在地县(市)、区人民政府申请裁决。应当指出,宁波市的这一裁决规定涵盖的面实际是很广泛的,不仅仅是原《土地管理法实施条例》中仅针对补偿标准的裁决,其他补偿内容也纳入其中,因此至今仍保留也是有相应道理的。

二、行政裁决

根据《中共中央办公厅、国务院办公厅印发〈关于健全行政裁决制度加强行政裁决工作的意见〉》,行政裁决是指行政机关根据当事人申请,根据法律法规授权,居中对与行政管理活动密切相关的民事纠纷进行裁处的行为。对纯粹的民事纠纷,地方政府可以调解,但不属于行政裁决的范围。另外,行政裁决通常来说并非终局行为,仍可以起诉,但是矿产资源权属纠纷如果由国务院处理,则不可起诉。

目前,关于行政裁决的统一规范尚不存在。在与不动产征补活动关系较大的自然资源权属民事纠纷行政裁决事项中,相关规定主要分散于土地管理、森林、草原和矿产资源等方面的法律法规。即使在没有征迁的情况下,行政裁决也是存在的,但一旦征迁开始后出现的行政裁决,其中有很多是有征迁动因的,被征收人权益也可能受到侵犯,需要认真对待。

(一)土地权属纠纷

根据《土地管理法》第十四条,土地所有权和使用权争议,由当事人协商解决;协商不成的,由人民政府处理。单位之间的争议,由县级以上人民政府处理;个人之间、个人与单位之间的争议,由乡级人民政府或者县级以上人民政府处理。当事人对有关人民政府的处理决定不服的,可以自接到处理决定通知之日起30日内,向人民法院起诉。在土地所有权和使用权争议解决前,任何一方不得改变土地利用现状。

(二)林地、林木权属纠纷

根据《森林法》第二十二条,单位之间发生的林木、林地所有权和使用权争议,由县级以上人民政府依法处理。个人之间、个人与单位之间发生的林木所有权和林地使用权争议,由乡镇人民政府或者县级以上人民政府依法处理。当事人对有关人民政府的处理决定不服的,可以自接到处理决定通知之日起30日内,向人民法院起诉。在林木、林地权属争议解决前,任何一方不得砍伐有争议的林木。

(三)草原权属纠纷

根据《草原法》第十六条,草原所有权、使用权的争议,由当事人协商解决;协商不成的,由有关人民政府处理。单位之间的争议,由县级以上人民政府处理;个人之间、个人与单位之间的争议,由乡(镇)人民政府或者县级以上人民政府处理。当事人对有关人民政府的处理决定不服的,可以依法向人民法院起诉。在草原权属争议解决前,任何一方不得改变草原利用现状,不得破坏草原和草原上的设施。

(四)矿产资源权属纠纷

根据《矿产资源法》第四十九条,矿山企业之间的矿区范围的争议,由当事人协商解决,协商不成的,由有关县级以上地方人民政府根据依法核定的矿区范围处理;跨省、自治区、直辖市的矿区范围的争议,由有关省、自治区、直辖市人民政府协商解决,协商不成的,由国务院处理。

(五)其他综合性行政裁决

以山东省为例,根据《山东省多元化解纠纷促进条例》(2016年10月1日实施)第三条,行政裁决与和解、调解、行政复议、仲裁、诉讼等途径被列为该省纠纷多元化解机制的一部分,为当事人提供了一种新的纠纷化解渠道。

三、仲裁

“仲裁”一词是舶来品,源于日语,是指当事人根据他们之间订立的仲裁协议或仲裁条款,自愿将其争议提交由非司法机构的仲裁员组成的仲裁庭进行裁判,并受该裁判约束的一种制度。仲裁活动和法院的审判活动一样,关乎当事人的实体权益，是解决民事争议的方式之一。在征迁活动中，可能也涉及仲裁事项，但总的来说频次不高。

根据《最高人民法院关于审理行政协议案件若干问题的规定》第二十六条，行政协议约定仲裁条款的，人民法院应当确认该条款无效，但法律、行政法规或者我国缔结、参加的国际条约另有规定的除外。不过，有地方性规定明确规定补偿协议是可以约定仲裁条款的。例如，根据《宁波市征收集体所有土地房屋拆迁条例》（2006 年 10 月 1 日实施）第十五条，拆迁补偿安置协议签订后，一方当事人不履行协议的，另一方当事人可以依照约定向仲裁委员会申请仲裁，也可以依法向人民法院提起诉讼。

需要注意的是，上面谈到的仲裁与《农村土地承包经营纠纷调解仲裁法》（2010 年 1 月 1 日实施）里的仲裁还是有区别的。在一些地方的农村，原本大家都相安无事，但出于征迁动因，可能会引发相应的土地承包经营纠纷仲裁，这时候就需要认真准备，否则可能在土地权利基础上就出了问题，更遑论获得合理的安置补偿了。根据《农村土地承包经营纠纷调解仲裁法》第二条第三款，因征收集体所有的土地及其补偿发生的纠纷，不属于农村土地承包仲裁委员会的受理范围，可以通过行政复议或者诉讼等方式解决。

四、人民调解

根据《人民调解法》（2011 年 1 月 1 日实施）第二条，人民调解是指人民调解委员会通过说服、疏导等方法，促使当事人在平等协商基础上自愿达成调解协议，解决民间纠纷的活动。由此可见，一般纳入人民调解委员会受案范围的，基本上是民间纠纷。从目前各地关于人民调解的相关法律法规来看，多数都是如此规定的。

在不动产征收与补偿活动中，被征收人权益受到的侵害主要来自征收方，因而双方的纠纷主要是行政争议。从前述规定来看，人民调解一般是不会被纳入其中的，但与现行的行政诉讼制度和行政复议制度等相比，人民调解的受案范围并没有明确的禁止性条款或排除性条款，这就为受案范围的扩大提供了可能。

近年来，福建省进行大胆探索，走在了全国的前列，取得了可喜的成就。根据《福建省多元化解纠纷条例》（2018 年 1 月 1 日实施）第二十条第二款，涉及房屋征收、社会保障、治安管理、交通事故损害赔偿、医疗卫生、消费者权益保护等依法可以由行政机关调解的行政争议或者民事纠纷，可以向有关行政机关提交行政调解申请。调解不成的，当事人可以依法提起仲裁、行政裁决、行政复议、诉讼等方式解决纠纷。根据《最高人民法院关于人民法院进一步深化多元化纠纷解决机制改革的意见》(法发〔2016〕14 号,2016 年 6 月 28 日实施)以及《最高人民法院关于人民调解协议司法确认程序的若干规定》(法释〔2011〕5 号,2011 年 3 月 30 日实施),调解协议经司法确认后,是有法律效力的。

例如,根据《福建省多元化解纠纷条例》相关规定,福建省漳州市芗城区人民调解委员会经过多年探索,果断地把征收拆迁安置补偿纠纷纳入了人民调解委员会的受理范围之内,取得了意想不到的"双赢"或"多赢"局面。其中,尤以福建省漳州市芗城区某村刘氏宗祠强拆案在福建省漳州市芗城区联合调解中心主任赖某顺先生的不懈努力下顺利解决最为典型。

五、法律援助

根据《法律援助法》(2022 年 1 月 1 日实施)第二条,法律援助是国家建立的为经济困难公民和符合法定条件的其他当事人无偿提供法律咨询、代理、刑事辩护等法律服务的制度,是公共法律服务体系的组成部分。

根据《法律援助法》第六条,人民法院、人民检察院、公安机关应当在各自职责范围内保障当事人依法获得法律援助,为法律援助人员开展工作提供便利。根据该法第七条、第八条、第九条、第十六条和第十七条第二款,提供法律援助的机构和人员包括律师事务所、基层法律服务所、群团组织、事业单位、企业单位、社会组织和个人,以种种形式依法提供法律援助或通过捐赠等方式为法律援助事业提供支持。高等院校、科研机构可以组织从事法学教育、研究工作的人员和法学专业学生作为法律援助志愿者。

根据《法律援助法》第二十二条,法律援助机构可以组织法律援助人员依法提供的法律援助服务形式包括:(1)法律咨询;(2)代拟法律文书;(3)刑事辩护与代理;(4)民事案件、行政案件、国家赔偿案件的诉讼代理及非诉讼代理;(5)值班律师法律帮助;(6)劳动争议调解与仲裁代理;(7)法律、法规、规章规定的其他形式。

六、新闻舆论监督

在任何一个现代社会,新闻舆论监督都是非常重要的。对于不动产征补活动来说,由于牵涉人员甚众,内部审批环节繁多,征收与补偿流程复杂,如果没有新闻舆论监督是不可想象的。

根据《宪法》第二十七条第二款,一切国家机关和国家工作人员必须依靠人民的支持,经常保持同人民的密切关系,倾听人民的意见和建议,接受人民的监督,努力为人民服务。根据该法第三十五条,中华人民共和国公民有言论、出版、集会、结社、游行、示威的自由。根据该法第四十一条第一款,中华人民共和国公民对于任何国家机关和国家工作人员,有提出批评和建议的权利。

以上规定为各行各业的新闻舆论监督奠定了坚实的宪法基础。就法律层面而言,根据《消费者权益保护法》第六条第二款,国家鼓励、支持一切组织和个人对损害消费者合法权益的行为进行社会监督。根据该法第三十七条第一款第(八)项,对损害消费者合法权益的行为,通过大众传播媒介予以揭露、批评。虽然目前针对不动产征补活动进行新闻舆论监督尚无法律层面的规定,但可以参照消费者领域的相关法律规定。

根据《中国共产党党内监督条例》(2016 年 10 月 27 日实施)第三十九条,各级党组织和党的领导干部应当认真对待、自觉接受社会监督,利用互联网技术和信息化手段,推动党务公开、拓宽监督渠道,虚心接受群众批评。新闻媒体应当坚持党性和人民性相统一,坚持正确导向,加强舆论监督,对典型案例进行剖析,发挥警示作用。中共中央办公厅印发《关于进一步加强和改进舆论监督工作的意见》(2005 年 4 月 5 日实施),强调要加强对违法违规行为的监督,揭露和批评有法不依、执法不严、贪赃枉法等问题,推进依法治国。揭露和批评有令不行、有禁不止、阳奉阴违、各行其是等行为,维护中央权威,保证政令畅通。

随着互联网的飞速发展,以互联网为依托的新闻舆论监督渐成主流,甚至有取代纸媒的趋势。根据《互联网新闻信息服务管理规定》(国家互联网信息办公室令第 1 号,2017 年 6 月 1 日实施)第二条第二款,新闻信息包括有关政治、经济、军事、外交等社会公共事务的报道、评论,以及有关社会突发事件的报道、评论。另据该规定第三条,提供互联网新闻信息服务,应当遵守《宪法》、法律和行政法规,坚持为人民服务、为社会主义服务的方向,坚持正确舆论导向,发挥舆论监督作用,促进形成积极健康、向上向善的网络文化,维护国家利益和公共利益。因此,如果被征迁人合法权益受到侵犯,依法依规、实事求是、理性稳妥地运用互联网渠道反映自己的诉求,是有法律依据的。但不得捏造事实,违反宪法规定的基本原则以及法律、行政法规禁止的其他内容。

七、人民群众团体监督

如果被征收人属于某一人民群众团体,合法权益受到严重侵犯,在没有或者暂时没有其他合适的救济途径情况下，可以依法向所属的该团体寻求帮助。这就涉及了人民群众团体监督的概念，它是我国社会监督的重要组成部分。包括工会、共青团、妇联、残联和青联等在内的组织有权依法对国家机关及其工作人员的行为进行监督，这对发扬社会主义民主、健全社会主义法治起着重要的作用，随着时代发展，它的作用会得到更充分、更持久、更全面地发挥。本节仅就妇女、残疾人和归侨侨眷为例予以讨论。

(一)妇女联合会的监督

妇女能顶半边天，这是毛主席说过的话，形象地揭示了我国当代女性在生产生活中的重要作用。但在征迁活动中，妇女的权益经常受到侵犯，这在农村尤为突出。为此，妇女可以依法向各级妇女联合会寻求帮助。根据《妇女权益保障法》第四条第一款，保障妇女的合法权益是全社会的共同责任。国家机关、社会团体、企业事业单位、基层群众性自治组织以及其他组织和个人，应当依法保障妇女的权益。根据该法第六条第一款，中华全国妇女联合会和地方各级妇女联合会依照法律和中华全国妇女联合会章程，代表和维护各族各界妇女的利益，做好维护妇女权益、促进男女平等和妇女全面发展的工作。

在不动产征补工作中，《妇女权益保障法》有专门规定。根据其第五十五条第一款，妇女在农村集体经济组织成员身份确认、土地承包经营、集体经济组织收益分配、土地征收补偿安置或者征用补偿以及宅基地使用等方面，享有与男子平等的权利。根据该法该条第二款，申请农村土地承包经营权、宅基地使用权等不动产登记，应当在不动产登记簿和权属证书上将享有权利的妇女等家庭成员全部列明。征收补偿安置或者征用补偿协议应当将享有相关权益的妇女列入，并记载权益内容。

(二)残疾人联合会监督

根据《残疾人保障法》(2018 年修正，2018 年 10 月 26 日实施)第八条第一款，中国残疾人联合会及其地方组织，代表残疾人的共同利益，维护残疾人的合法权益，团结教育残疾人，为残疾人服务。因此，如果残疾人的房屋面临拆迁时其合法权益受到侵犯，可以向所在地残疾人联合会申请帮助。

(三)归国华侨联合会监督

归侨侨眷由于长年在国外，对国内的情况不熟悉，相对来说，权益受到侵犯的可能性会更大。为此,《归侨侨眷权益保护法》第十三条第二款明文规定,依法征收、征用、拆迁归侨、侨眷私有房屋的,建设单位应当按照国家有关规定给予合理补偿和妥善安置。可以说,就某一特定群体的拆迁权益作出专门规定,这是比较少见的。另据该法第八条,中华全国归国华侨联合会和地方归国华侨联合会代表归侨、侨眷的利益,依法维护归侨、侨眷的合法权益。因此,归侨侨眷可以向全国或各地的归国华侨联合会寻求帮助。

八、地方各级政协监督

政治协商会议简称政协,是中国共产党领导的多党合作和政治协商制度,是发扬社会主义民主的重要形式,是国家治理体系的重要组成部分,是具有中国特色的一种制度安排,在我国政治生活中发挥重要作用。

根据《中国人民政治协商会议章程》(2023 年修订,2023 年 3 月 11 日实施)第三条第三款,民主监督对涉及人民群众切身利益的实际问题解决落实情况,国家机关及其工作人员的工作等,通过提出意见、批评、建议的方式进行的协商式监督。根据该章程第十一条,中国人民政治协商会议全国委员会和地方委员会组织委员视察、考察和调查,了解情况,就各项事业和群众生活的重要问题进行研究,通过建议案、提案、社情民意信息和其他形式向国家机关和其他有关组织提出建议和批评。

根据《中国人民政治协商会议全国委员会反映社情民意信息工作条例》第十五条,政协各级地方委员会可根据本条例,结合实际情况,制定相应的规定。从目前可检索到的信息来看,不少省份和地市都已经有了类似工作条例,他们在密切联系群众,发挥政协监督职能方面都有进展。以安徽省六安市为例,根据《中国人民政治协商会议六安市委员会反映社情民意信息工作条例》(六协办〔2018〕18 号修订,2018 年 11 月 28 日实施)第六条,政协委员要密切联系群众,重点联系本界别群众,深入了解民情,充分体察民意,广泛集中民智,积极反映社情民意信息。对于征迁工作中的问题和趋势,政协委员们也有相应的职责积极反映群众的呼声和诉求。

九、地方各级人大监督

人民代表大会简称人大,是中华人民共和国的国家权力机关,包括五级,即全国人民代表大会;省、自治区、直辖市的人民代表大会;设区的市、自治州的人民代表大会;县、自治县、不设区的市、市辖区的人民代表大会;乡、民族乡、镇的人民代表大会。根据《地方各级人民代表大会和地方各级人民政府组织法》第二条第二款,县级以上的地方各级人民代表大会常务委员会是本级人民代表大会的常设机关。根据该法第十九条第一款，乡、民族乡、镇的人民代表大会举行会议的时候，选举主席团。由主席团主持会议，并负责召集下一次的本级人民代表大会会议。

根据《地方各级人民代表大会和地方各级人民政府组织法》第四十三条第一款，地方各级人民代表大会代表应当与原选区选民或者原选举单位和人民群众保持密切联系，听取和反映他们的意见和要求，充分发挥在发展全过程人民民主中的作用。根据该法第十九条第二款，主席团在本级人民代表大会闭会期间，每年选择若干关系本地区群众切身利益和社会普遍关注的问题，有计划地安排代表听取和讨论本级人民政府的专项工作报告，对法律、法规实施情况进行检查，开展视察、调研等活动；听取和反映代表和群众对本级人民政府工作的建议、批评和意见。主席团在闭会期间的工作，向本级人民代表大会报告。

在具体的征迁工作中，基层人大代表或委员可以充分发挥相应的作用，最大限度保护被征迁人的合法权益。以广东省中山市为例，它是我国为数不多的4个不设区的地级市之一。在2022年该市岐江道工程征迁工作中，市人大代表邓某对于被征迁人提出的希望补偿标准提高让其能够支付购新房首付等诉求认真对待，并主动告知自己电话号码，建立密切联系，最终取得良好效果。[①] 这不仅为被征迁人交口称赞，也为当地行政机关解决了令人头疼的征迁难题。

---

① 参见《市人大代表助力征收拆迁工作》，载中山人大网2022年3月17日，http://zsrd.gov.cn/Article/view/cateid/170/id/12768.html。

第十七章

不动产征收与补偿法典化探讨

为政以德，譬如北辰，居其所而众星拱之

——《论语·为政》

2021年1月1日，中华人民共和国历史上首部以“法典”命名的法律——《民法典》正式颁布施行。近年来，一直有众多学者和实务人士积极推动行政法的法典化，位于行政法内部并作为行政法亚部门法或领域法的教育法、税法、劳动法或卫生法等在法典化方面亦有实质进展。因应这一历史潮流，本章对同样位于行政法内部并作为行政法亚部门法或领域法的不动产征收与补偿法法典化问题予以简要讨论。

第一节　不动产征收与补偿法律体系

在本书第一章中，已经对不动产征收与补偿法的概念、渊源、目的、基本原则以及相关的立法等进行了初步介绍。在本章中，将结合从本书第二章开始到第十六章结束的不动产征收与补偿法全过程研究，在整体上讨论我国当前不动产征收与补偿法律体系问题，建立不动产征收与补偿法的内在逻辑构架，以此为基础，把现有立法进行有机整合，形成一个完整的体系。在整体的鸟瞰视角中，尝试发现目前的主要症结，为法律体系改进奠定理论基础。

2011年，在第十一届全国人大四次会议上，时任全国人大常委会委员长吴邦国宣布，一个立足中国国情和实际，适应改革开放和社会主义现代化建设需要、集中体现党和人民意志的，以《宪法》为统率，以《宪法》相关法、民法商法等多个法律部门的法律为主干，由法律、行政法规、地方性法规等多个层次的法律规范构成的中国特色社会主义法律体系已经形成。

这是一种国家层次的法律体系，除此之外，在各个部门法层次也形成了较为完整的法律体系，如刑法体系、民法体系和行政法体系等。更进一步，在部门法层次之下，仍有相应的亚部门法律体系或领域法律体系存在。例如，民法之内还有物权法律体系；刑法内部还有环境刑法体系；行政法内部也有前面谈到的税收法律体系以及作为本书主题的不动产征收与补偿法律体系。

一、现行不动产征收与补偿法律体系的基本框架

与税收法律体系的层级相同，在当代中国也存在一个实质意义上的不动产征收与补偿法律体系，对不动产征收与补偿领域内的相关活动进行法律调整。它由现行有效的与不动产征补活动有关的一系列法律文件组成，通过某种内在因素把它们衔接起来，形成一个相互联系、相互补充的体系框架。至于哪些法律文件属于该体系的一部分，并没有严格界定。

（一）以宪法规定为指导

可以清晰地看到，目前的不动产征收与补偿法律体系是以宪法规定为指导的。其中，直接条款包括其第十条第三款和第十三条第三款，间接条款则包括许多，如关于土地制度的规定等。

（二）以民法规定为基础

正如前面已经反复谈到的，不动产征收与补偿是以假定存在一个不动产物权为前提的，没有它，就遑论什么征收了。因此，不动产征收与补偿法律体系必然要涉及民法基础问题。

（三）以行政法规定为骨架

如果把不动产征收与补偿法律体系比喻为一个人的身体，那么整个骨架基本上都是由行政法规定支撑起来的。也正是出于这个原因，无论是不动产征收与补偿法的研究人员还是实务工作者，以行政法学出身或行政法学专业偏好者居多。

（四）以诉讼法等程序法为救济保障

如果征收人和被征收人都能够依法行事，并且在互动过程中也无较大误解或

其他纠纷,那么以《行政诉讼法》《民事诉讼法》《刑事诉讼法》等为代表的救济法就无须出场,但在很多情况下,这只是一厢情愿而已,征迁纠纷事实上屡屡发生,并不以人的意志为转移。因此,不动产征收与补偿法律体系中还必定包含救济法相关规定。

二、现行不动产征收与补偿法律体系的主要缺陷

许多人都注意到了当前不动产征收与补偿法律体系的缺陷。多年来,无论是理论界还是实务界都不断有人呼吁改进。尽管也有相当程度的进展,但与人们的期望值相比仍有较大差距。其中的原因有很多,未能厘清其根本缺陷所在或许难辞其咎。

(一)立法目的方面

从目前的相关立法来看,无论是《宪法》《民法典》《土地管理法》《国有土地上房屋征收与补偿条例》等在关涉不动产征收与补偿法律体系的立法目的方面几乎都规定了因公共利益的需要,可以征收不动产,但关于保护被征收人权利的直接规定却寥寥无几,导致征收与被征收以及补偿与被补偿这两对"法锁"严重失衡。在具体的征补工作中,侵犯被征收人权利现象屡见不鲜,保护力度欠缺是其重要原因之一。

(二)基本原则方面

同样,目前仅有《国有土地上房屋征收与补偿条例》在第三条中规定了决策民主、程序正当、结果公开三条基本原则,不仅数量不足,而且以一个条文涵摄三条基本原则,也不够严肃。更重要的是,它们仅仅适用于国有土地上房屋征收,更需要基本原则发挥作用且纠纷更多的集体土地上不动产征补活动却付之阙如。

(三)规范冲突方面

现行的不动产征收与补偿立法规定之间普遍存在相互冲突的现象,不仅存在于同级别的法律文件之间,也在不同级别的法律文件中存在,为实践中的纷争不断埋下了隐患。最高人民法院印发的《关于审理行政案件适用法律规范问题的座谈会纪要》(法〔2004〕96 号,2004 年 5 月 18 日实施)也提出,行政审判涉及的法律规范层级和门类较多,《立法法》施行以后有关法律适用规则亦发生了很大变化,在法

律适用中经常遇到如何识别法律依据、解决法律规范冲突等各种疑难问题。这些问题能否妥当地加以解决,直接影响行政审判的公正和效率。

(四)整体架构运转方面

目前主要表现在未具备完整的体系结构,立法层次低,行政化色彩浓厚,在主干程序上仍以国务院行政法规为主,影响不动产征收与补偿法的权威性。纵观现有的相关立法,由于受到立法目的、适用范围、调整对象、效力层次和立法规模等方面的限制,它们都只能就不动产征收与补偿活动中的某一方面或某一层次进行规制,无力承担起调整不动产征收与补偿活动的基本秩序之重任。

首先,《宪法》是国家政治、经济、社会和文化等各项生活的总准则,这一崇高地位决定了其规范只能是原则性的而非具体性的。不动产征收与补偿法律只能被动援引其精神或条文,而不能奢望其再为此过多着墨。况且,现行《宪法》已经有了第十条第三款和第十三条第三款,对这一具体的社会生活侧面用了两个条款进行规定,这并不寻常,足见国家对它的重视,不动产征收与补偿法的理论界和实务界人士再有"得陇望蜀"的心态就不应该了。

其次,无论是《民法典》还是《土地管理法》,其基本法律的地位都是不可撼动的。如果期望不动产征收与补偿法律体系能够运转良好,就必须做到与《民法典》和《土地管理法》相关规定有效衔接。与《宪法》的情形一样,人们也不能过多奢望《民法典》和《土地管理法》为不动产征收与补偿事务作出过多变动和迎合。

再次,对作为法典式文件的《国有土地上房屋征收与补偿条例》也要有一个清醒而务实的认识。2011 年,时任国务院总理温家宝同志签署了《国有土地上房屋征收与补偿条例》,即老百姓挂在嘴边的国务院 590 令,脱胎于《城市房屋拆迁管理条例》的这部行政法规为我国的不动产征收与补偿活动提供了一种法典式文件指引。但遗憾的是,它只能适用于城镇国有土地上的征迁活动,农村集体土地上的征迁活动仍只能由《土地管理法》等宏观立法调整,更有迫切需要的这样一部法典式文件却至今并不存在。可想而知,一个运动员如果要在田径场上取得好成绩,一条腿长一条腿短肯定是不行的,当前的不动产征收与补偿法也算是与这个运动员同命相连的难兄难弟。

最后,人民法院的具体裁判活动暂时也难以起到整合作用。在美国,法院的地位是无比崇高的，甚至如德沃金（Ronald Dworkin）所说的，[①]"法院是法律帝国的首都，法官是法律帝国的王侯"。尽管在当代中国的法律实践中，人民法院的判例日益显示出重要性，但在总体上来说判例法仍无法与制定法相提并论。例如，最高人民法院（2018）最高法行再180号《行政判决书》等少数司法判例认定集体土地上的房屋征收程序可以参照国有土地上房屋征收程序，也应当依法建立房屋征收补偿档案，并将分户补偿情况在房屋征收范围内向被征收人公布。但这毕竟只是整个不动产征补工作的一个侧面，并无整体性参照表述。与此同时，还有相反的司法判例对此作出了否定的裁判结论，如最高人民法院（2017）最高法行申6215号《行政裁定书》等就认为集体土地上的征迁活动不应适用国有土地上的相关程序。因此，基于当代中国法律体系极为显著的大陆法系特征，对法院的判例约束力也要有一个清醒的认识，不可夸大其调适能力。

三、主要改进思路

基于种种理论和现实考虑，一部具有整合能力的不动产征收与补偿基本法或许就是最可行的操作思路。它能够成为把宪法精神与具体规定连接起来的桥梁，也能为相关法律规定之间有效衔接与运转提供润滑剂。

由前述讨论可知，现行的不动产征收与补偿法律体系是由不同层次、不同类别的法律文件构成的，最高可达《宪法》之尊，最低可到县政府甚至县政府组成部门的规范性文件。在整体上，它是行政法部门内部的一个部门法或者领域法，也有人称为部门行政法。"部门行政法与实践工作的联系非常紧密，在诸如生态环境、交通、教育、医药卫生、食品安全领域都有一些特殊的行为规范，有必要在条件成熟时逐步进行体系化。"[②]此处谈到的这些部门行政法，在学科层次上显然与不动产征收与补偿法处于同一位阶，都是行政法部门之下的次级类别，他们的体系化建设可以与一般行政法体系化建设保持同步，甚至可以适度超前，并为行政法典的出台提供实务试验和理论素材。

第二节　不动产征收与补偿法典化的必要性

从上一小节的讨论中可知，对目前不动产征收与补偿法律体系予以改进的一

① 参见［美］罗纳德·德沃金：《法律帝国》，许杨勇译，上海三联书店2016年版，第320页。

② 江必新：《行政法律体系化建设的若干思考——以行政诉讼制度体系建构经验为视角》，载《行政法学研究》2023年第1期。

个可行思路是实现其法典化,并作为行政法部门内部的部门法典或领域法典。

一、法典化趋势

2021 年 1 月 1 日,《民法典》正式施行。这一划时代的法治建设成就为各类法典编纂提供了优秀范例,有望极大推动当代中国其他法律领域的法典化运动。2021 年 4 月 16 日,第十三届全国人民代表大会常务委员会第 91 次委员长会议修改通过了《全国人大常委会 2021 年度立法工作计划》,①决定"研究启动环境法典、教育法典、行政基本法典等条件成熟的行政立法领域的法典编纂工作"。

正如刚刚已经谈到的,如果抛开环境法和教育法的经济法地位之争或其他部门法属性,它们作为部门行政法的位阶与不动产征收与补偿法是大致相同的。因应它们的法典化趋势,不动产征收与补偿法完全可以理直气壮地推进自身的法典化进程。如果要真正保护中国人的不动产权利,维护公共利益,优化国土空间资源配置,消除不动产征收与补偿现行法律体系中的漏洞和冲突,促进不动产征收与补偿法律体系的体系化、科学化和人文化,在短时间内尽快使不动产征收与补偿制度基本上实现定型,就应当尽快制定对不动产征收与补偿单行法律和附属法律起统领作用的不动产征收与补偿法典。无疑,这是一项艰巨而系统的立法工程,涉及宪法、民法、监察法、行政法和刑法等方方面面,需要通过实务总结和理论研究尽快在各方面达成基础共识。

二、不动产征收与补偿法典化

事实上,这项工作早已启动了相关进程。例如,江平曾经在北京大学人大与议会研究中心召开的"不动产征收立法学术研讨会"呼吁,中国应制定统一不动产征收法。② 他认为,这可以防止公权力的滥用,以及实现对私权利的保护。不动产征收法不仅要解决征收的条件,还要解决程序问题。在此基础之上,可以终结国有土地和集体土地二元立法模式,并对所谓的"违建"给予适当补偿。他特别指出,集体土地和私人房屋主要受到来自公权力的侵害,现行《物权法》第四十二条规定了出于公共利益的需要可以征收不动产,但《物权法》本质上是私法,不可能对公权力的行使作出具体规定。

---

① 参见《全国人大常委会 2021 年度立法工作计划》,载中国人大网,http://www.npc.gov.cn/npc/c30834/202104/1968af4c85c246069ef3e8ab36f58d0c.shtml。

② 参见岳振、杨菁:《尽快制定不动产征收法规制公权力》,载《中国经济时报》2011 年 3 月 29 日,第 2 版。

王利明专门向全国人大提出了一项方案,建议制定一部专门的不动产征收法。他认为,[①]"随着我国城市化、工业化、市场化的发展,征收集体土地和国有土地上的房屋的现象日益普遍,但长期以来,法律上公共利益界定不清,征收程序规定较为简略,对被征收人的合法权益保障仍不足够,从而导致了拆迁活动缺乏规范,暴力拆迁、不文明拆迁等现象时有发生,在不同程度上损害了被征收人的合法权益"。

根据这一方案,不动产征收法的基本结构包括总则、征收的决定、征收补偿、法律责任等。其中,亟待解决的问题包括公共利益的边界如何划定、具有征收权的主体到底包括哪些以及被征收人主体的界定,特别是对于被征收主体而言,房屋所有权人和土地所有权人的适格地位一般是没有问题的,但是土地承包经营权人、承租人等,在实践中其权利经常受到侵犯却求告无门。

除此以外,还有许多人士也在不懈地进行推动。总的来看,都认为不动产征收与补偿法典应由国家权力机关制定,以《民法典》和《土地管理法》等为基础,是《宪法》相关规定的自然延伸,在整个不动产征收与补偿法律体系中居于核心地位,与其他相关法律规定构成有机的整体。至少就不动产征收与补偿领域内的法律适用而言,当其他法律、法规、规章或规范性文件与之相冲突时,不动产征收与补偿法典具有优先适用地位。该法典以共同性问题为规范内容,统领其他法律文件规范,其内容包括立法目的、基本原则、征收方与被征收方的权力(权利)、义务和责任等。

第三节　不动产征收与补偿法的立法体例

结合前述分析,在目前已经有了一部国有土地上房屋征收与补偿法规的情况下,如何推进整体上的不动产征收与补偿法典立法工作,就成为一个日益紧迫的理论需求,但采纳什么样的立法体例可能仍是令人举棋不定的问题。

一、增立集体土地上房屋征收与补偿条例模式

既然已经有了《国有土地上房屋征收与补偿条例》,很容易就想到是否可以制定一部"集体土地上房屋征收与补偿条例"。至于土地本身的征收,仍适用现行的《土地管理法》和《民法典》等,从而形成以《土地管理法》为支撑,以《国有土地上房屋征收与补偿条例》和"集体土地上房屋征收与补偿条例"为重要组成部分的一体

---

① 参见王利明:《制定不动产征收法　切实保护百姓财产权》,载《人民法院报》2012 年 4 月 27 日,第 2 版。

两翼模式。

目前，在国家层面上相应的动议不多，但在地方层次已经有为数不少的相应立法，如《上海市征收集体土地房屋补偿规定》（沪府规〔2021〕13 号，2021 年 10 月 1 日实施）和《武汉市征收集体所有土地及房屋补偿安置办法（148 号令、149 号令修订草案征求意见稿）》（2022 年 2 月 25 日至 3 月 27 日）等。总的来看，由于它深深地嵌入集体土地征收与补偿法律制度之中，在国家层面为此单独制定一部集体土地上房屋征收与补偿条例的动力并不是很大。

不过，这一方案有一个较大问题。由于它的定位是国务院的行政法规，而根据《立法法》第十一条第（七）项，不动产征收与补偿事务本应是由法律而非行政法规来调整的，如果真的提上议事日程开始启动立法工作，还是需要根据《立法法》第六十五条第三款的规定由国务院根据全国人民代表大会及其常务委员会的授权来开展工作。在本小节中，所有的条例立法模式都存在这个问题。

二、增立集体土地征收与补偿条例模式

相比于单独就集体土地上房屋征收与补偿制定一部国家层面立法，目前人们更多讨论的是制定一部范围更广的针对集体土地本身的集体土地征收与补偿法律文件。《国务院关于落实〈政府工作报告〉重点工作部门分工的意见》（国发〔2012〕13 号，2012 年 3 月 22 日实施）曾经明确提出要制定出台农村集体土地征收补偿条例，时任国务院总理温家宝同志在 2012 年 2 月 15 日主持召开国务院常务会议，拟定制定出台农村集体土地征收条例。[①] 不过，出于种种原因，相应的动议并无下文。

这样的模式是除了有一个《国有土地上房屋征收与补偿条例》以外，还有一个专门的“集体土地征收与补偿条例”。这是因为，国有土地所有权本身不存在征收问题，房屋被征收时其国有土地使用权一并收回，而集体土地则存在土地所有权被征收问题，一部专门针对这一事务的法律文件可能就是必要的。因此，这样的双条例模式被许多人赞同。[②] 不过，它仍存在前面已经讨论过的缺陷，即城乡二元分割问题仍然存在。

① 参见《温家宝主持国务院常务会议　决定制定出台农村集体土地征收条例》，载中国法院网，https://www.chinacourt.org/article/detail/2012/02/id/473353.shtml。

② 参见黄宇骁：《日本土地征收法制实践及对我国的启示——以公共利益与损失补偿为中心》，载《环球法律评论》2015 年第 4 期。

三、制定集体土地征收与补偿法模式

除上述两种模式以外,还可以考虑制定一部集体土地征收与补偿法。这一方案的思路与增立集体土地征收与补偿条例模式基本相同,也是同时保留《国有土地上房屋征收与补偿条例》,但把集体土地征收与补偿立法从“条例”提升为“法律”,以凸显对农村集体土地征收与补偿的重视。当然,这一思路仍未能解决当前不动产征收与补偿法律体系中的核心弱点,即前面已经反复提及的城乡二元分割格局,甚至在某种程度上可能还会令这一局面更显怪异。

四、制定统一的土地征收与补偿条例模式

这一立法模式涵盖集体土地所有权征收、集体土地使用权征收以及国有土地使用权征收,把它们纳入统一的土地征收与补偿条例框架,把依附于土地的其他不动产作为土地附着物进行附带征收与补偿。

正如前面已经多次探讨过的,把国有土地使用权收回在概念上转化为国有土地使用权征收,可以扩张土地征收的概念,从而把集体土地征收与国有土地征收两个概念纳入统一的土地征收范畴之内。基于这一思路,我国制定一部整合性的土地征收与补偿条例倒也可以考虑。

五、制定统一的土地征收与补偿法模式

相比统一的土地征收与补偿条例立法模式,制定统一的土地征收与补偿法模式把它的法律位阶提升了一个等级,而且不再有《立法法》第十一条第(七)项和第七十二条第三款的规定所带来的困扰。不仅如此,目前境外的相关立法已有不少成功范例。除本书第一章已经介绍过的几个国家和地区以外,澳大利亚于1989年就制定了专门的《土地征收法》(Lands Acquisition Act 1989),韩国于1962年制定了《土地征收法》(国内有人译为《土地征用法》),并于2002年将其与《公共事业用地取得与补偿法》合并为《土地取得补偿法》。由此来看,我国制定一部整合性的土地征收与补偿法也不失为一个上佳方案,值得各界认真考虑。

六、制定不动产征收与补偿条例模式

前述几种模式各有利弊,除此之外,不妨换个思路,制定一部不动产征收与补偿条例,定位于国务院制定的行政法规。它的好处是有一个现成的蓝本,即现行的

《国有土地上房屋征收与补偿条例》,同时考虑集体土地上不动产的特殊性,把集体土地与国有土地整合到一起。它以《民法典》为基础,以《土地管理法》为骨架,由这部条例承担程序方面规定,不失为一个可行之计。

但是这里同样有一个需要解决的问题,即在前面讨论增立集体土地上房屋征收与补偿条例模式时所遇到的,如何破解《立法法》第十一条第(七)项和第七十二条第三款所带来的立法权限难题。本应由全国人民代表大会及其常务委员会制定法律的事项,国务院根据全国人民代表大会及其常务委员会的授权决定先制定行政法规,经过实践检验,制定法律的条件成熟时,国务院应当及时提请全国人民代表大会及其常务委员会制定法律。

事实上,《国有土地上房屋征收与补偿条例》的出台正是这一授权立法的结果。2007 年 8 月 30 日,全国人大常务委员会对《城市房地产管理法》进行了修改,在第一章"总则"中增加一条,作为第六条:"为了公共利益的需要,国家可以征收国有土地上单位和个人的房屋,并依法给予拆迁补偿,维护被征收人的合法权益;征收个人住宅的,还应当保障被征收人的居住条件。具体办法由国务院规定。"根据 2000 年《立法法》第九条的授权,2011 年 1 月 21 日国务院制定并颁布了《国有土地上房屋征收与补偿条例》。

同样,如果国务院要制定可涵盖《国有土地上房屋征收与补偿条例》相关内容的更宽范围的"不动产征收与补偿条例",也需要《立法法》第七十二条第三款的授权进行。由于《国有土地上房屋征收与补偿条例》至今已施行 12 年之久,本应由全国人大常委会来制定的法律一直由这样一部行政法规来承担责任,似乎不合规制。

七、制定不动产征收与补偿法模式

综合前面的分析,最佳方案是由全国人民代表大会或常务委员会制定一部法律,其地位等同或类似于《土地管理法》,在其第一条"立法目的"注明"根据宪法"。这样,就无须再向国务院授权立法了,直接根据《立法法》第十条第一款,由全国人民代表大会和全国人民代表大会常务委员会行使国家立法权。目前,普遍认为这样一部统一的不动产征收与补偿法的出台时机已经成熟。①

---

① 参见胡春秀:《从日本土地征收制度的发展看我国土地征收立法的完善》,载《云南大学学报(法学版)》2010 年第 5 期。

(一)全国人大常委会制定

尽管在现行《宪法》中有直接关于纳税方面的条款,但从现行《税收征收管理法》来看,是由全国人大常委会制定的,而非全国人大制定。根据《立法法》第十条第三款,全国人民代表大会常务委员会制定和修改除应当由全国人民代表大会制定的法律以外的其他法律;在全国人民代表大会闭会期间,对全国人民代表大会制定的法律进行部分补充和修改,但是不得同该法律的基本原则相抵触。

不动产征收与补偿法是否也应参照《税收征收管理法》的例子,由全国人大常委会制定,而非层级更高的全国人大制定,可能需要仔细分析。本书认为应当由全国人大来制定,具体理由在下面将会阐述。

(二)全国人大制定

根据《宪法》第六十二条第三项,全国人民代表大会行使下列职权:(3)制定和修改刑事、民事、国家机构的和其他的基本法律。根据《立法法》第十条第二款,全国人民代表大会制定和修改刑事、民事、国家机构的和其他的基本法律。基于上述宪法规定,《妇女权益保障法》《教育法》《行政处罚法》等的第一条均出现了“根据宪法”字样,并且均是由全国人民代表大会制定的基本法律。

本书认为,对不动产征收与补偿也应当由全国人民代表大会为其制定基本法律。首先,现行《宪法》中有相应的直接条款,对征收与补偿问题进行了规定,而且是用了两个条款的篇幅,相对来说这并不多见,采用基本法律体例并不会令人感到唐突。其次,由于不动产征收对公民的影响巨大,需要一部位阶较高的立法以彰显其法律保护力度。最后,还有一个重要因素,考虑到我国几千年漫长的专制历史传统,长期以来对人的权利,特别是财产权利不够重视,而在社会主义新时代的中国,如果能够诞生一部以具体而鲜活的人民权利保护书面貌出现的“不动产征收与补偿法”,不啻一件值得大书特书的法治成就。

有人会说,根据《宪法》第五十六条,中华人民共和国公民有依照法律纳税的义务。尽管《宪法》有这一规定,但作为税法体系法典式法律文件的《税收征收管理法》第一条中却并无“根据宪法”字样,也不是全国人民代表大会制定的基本法律,而只是全国人民代表大会常务委员会制定的一般法律。

但在本书看来,二者不可同日而语。与美国等西方国家不同,当代中国是一个以间接税为主,直接税为辅的国家,数目庞大的普通人可能都有免税额度,税收行为对普通人的日常生活影响不大。但不动产征收则恰恰相反,可能对老百姓安身立命的居家之所连根拔起,而层出不穷的违法征迁更是对每一个普通人都构成了威胁。除了个别情况外,中国家庭事实上都拥有或多或少的不动产,而对于可能牵涉每一个人的不动产征收与补偿来说,由全国人民代表大会来为其制定一部基本法律是妥当的。

第四节　不动产征收与补偿法立法建议稿

在本书即将收束之际,结合前面各章已有的研究成果,参考现有的国家层面和地方层面法律文件,适当参考域外立法,拟就国有土地和集体土地统一适用的《中华人民共和国不动产征收与补偿法》(立法建议稿),仅供各界参考。

中华人民共和国不动产征收与补偿法

第一章　总　　则

第一条　为了规范不动产征收与补偿活动,维护公共利益,保障单位和个人的不动产合法权益,优化国土空间资源配置,根据宪法,制定本法。

第二条　在中华人民共和国领域内进行的不动产征收与补偿活动,适用本法。

第三条　本法所规定的不动产征收,包括对集体土地所有权、集体土地使用权和集体土地上房屋等附着物所有权的征收，也包括对国有土地使用权和国有土地上房屋等附着物所有权的征收。

第四条　国家为了公共利益的需要，征收不动产的，应当对不动产权利人（以下简称被征收人）给予公平、合理、及时的补偿。

第五条　不动产征收与补偿应当遵循物权平等保护原则。

第六条　不动产征收与补偿应当遵循职权法定原则。

第七条　不动产征收与补偿应当遵循程序正当原则。

第八条　不动产征收与补偿应当遵循公开、公正原则。

第九条　国家对耕地实行特殊保护，严格限制农用地转为建设用地，控制建设用地总量。

第十条　县级以上地方人民政府（以下简称征收人）负责本行政区域的不动产征收与补偿工作。

县级以上地方人民政府确定的不动产征收部门（以下简称征收部门）组织实施本行政区域的不动产征收与补偿工作。

县级以上地方人民政府有关部门应当依照本法的规定和本级人民政府规定的职责分工，互相配合，保障不动产征收与补偿工作顺利进行。

第十一条　征收部门可以委托不动产征收实施单位（以下简称征收实施单位），承担不动产征收与补偿的具体工作。征收实施单位不得以营利为目的。

征收部门对征收实施单位在委托范围内实施的不动产征收与补偿行为负责监督，并对其行为后果承担法律责任。

第十二条　上级人民政府应当加强对下级人民政府不动产征收与补偿工作的监督。

国务院自然资源主管部门、住房和城乡建设主管部门和省、自治区、直辖市人民政府自然资源（含规划）主管部门、住房和城乡建设主管部门应当会同同级财政、发展改革、生态环境、农业农村等有关部门，加强对不动产征收与补偿工作的指导。

征收人、征收部门和征收实施单位应当做好不动产征收与补偿的宣传、解释工作。

第十三条　任何单位和个人对违反本法规定的行为，都有权向有关人民政府、征收部门和其他有关部门举报。接到举报的有关人民政府、征收部门和其他有关部门对举报应当及时核实、处理，并把处理结果书面告知举报人。

第二章 征收补偿

第十四条 征收农民集体所有的土地,应当保障被征地农民原有生活水平不降低、长远生计有保障,向被征地的农民依法及时足额支付安置补助费,并安排被征地农民的社会保障费用,保障被征地农民的生活,维护被征地农民的合法权益。

征收人应当将被征地农民纳入相应的养老等社会保障体系。被征地农民的社会保障费用主要用于符合条件的被征地农民的养老保险等社会保险缴费补贴,按照省、自治区、直辖市的规定单独列支,其筹集、管理和使用办法,由省、自治区、直辖市制定。

地方各级人民政府应当支持被征地的农村集体经济组织和农民从事开发经营,兴办企业。

农民集体所有的土地依法属于村农民集体所有的,应当向村集体经济组织或者村民委员会依法及时足额支付土地补偿费;已经分别属于村内两个以上农村集体经济组织的农民集体所有的,应当向村内各该农村集体经济组织或者村民小组依法及时足额支付土地补偿费;已经属于乡(镇)农民集体所有的,应当向乡(镇)农村集体经济组织依法及时足额支付土地补偿费。

第十五条 省、自治区、直辖市应当制定公布区片综合地价,确定征收农用地的土地补偿费、安置补助费标准,并制定土地补偿费、安置补助费分配办法。制定区片综合地价应当综合考虑土地原用途、土地资源条件、土地产值、土地区位、土地供求关系、人口以及经济社会发展水平等因素,并至少每三年调整或者重新公布一次。

征收农用地以外的其他土地的补偿标准,由省、自治区、直辖市制定。

被征地的农村集体经济组织应当将征收土地的补偿费用的收支状况向本集体经济组织的成员公布,接受监督。

禁止侵占、挪用被征收土地单位的征地补偿费用和其他有关费用。

第十六条 征收农民集体所有的土地,致使用益物权消灭或者影响用益物权行使的,用益物权人有权依据《中华人民共和国民法典》第二百四十三条、第二百四十五条的规定获得相应补偿。

第十七条 承包地被征收的,土地承包经营权人有权依据《中华人民共和国民法典》第二百四十三条的规定获得相应补偿。

第十八条 征收农民集体所有的土地,应当向被征地的农民依法及时足额支付农民所有的除房屋之外的其他地上附着物和青苗等的补偿费用。

除房屋之外的其他地上附着物和青苗等的补偿标准，由省、自治区、直辖市制定。

第十九条　征收农民所有的农村村民住宅的，应当向农民依法及时足额支付补偿费用，按照居住条件有改善的原则，尊重农村村民意愿，采取重新安排宅基地建房、提供安置房或者货币补偿等方式给予公平、合理的补偿，并对因征收造成的搬迁、临时安置等费用予以补偿，保障农村村民居住的权利和合法的住房财产权益。保障被征收人的居住条件。

被征收人符合城乡住房保障条件的，市、县级人民政府应当优先给予住房保障。具体办法由省、自治区、直辖市制定。

征收集体公共用地和集体经营性建设用地上的房屋等附着物的，补偿不得低于征收预公告发布时类似房地产的市场价格。

第二十条　征收国有土地使用权的，根据土地使用者已使用的年限和开发、利用土地的实际情况对被征收人给予相应补偿。

第二十一条　征收国有土地上房屋等附着物所有权的，应当对被征收人给予相应补偿。

被征收人可以选择货币补偿，也可以选择房屋等附着物产权调换。

被征收人选择房屋等附着物产权调换的，征收人应当提供用于产权调换的房屋等附着物，并与被征收人计算、结清被征收房屋等附着物价值与用于产权调换房屋等附着物价值的差价。

因旧城区改建征收个人房屋，被征收人选择在改建地段进行房屋产权调换的，征收人应当提供改建地段或者就近地段的房屋。

征收个人房屋，被征收人符合住房保障条件的，作出房屋征收决定的征收人应当优先给予住房保障。具体办法由省、自治区、直辖市制定。

第二十二条　对被征收房屋价值的补偿，不得低于房屋征收决定公告之日被征收房屋类似房地产的市场价格。

第二十三条　征收房屋造成搬迁的，应当向被征收人支付搬迁费；选择房屋产权调换的，产权调换房屋交付前，应当向被征收人支付临时安置费或者提供周转用房。

第二十四条　征收不动产造成停产停业的，应当补偿停产停业损失。对征收不动产造成停产停业损失的补偿，根据不动产被征收前的效益、停产停业期限等因素确定。具体办法由省、自治区、直辖市制定。

第二十五条　征收人应当制定补助和奖励办法，对被征收人给予补助和奖励。

第二十六条　担保期间，担保不动产被征收的，担保物权人可以就获得的补偿金等优先受偿。被担保债权的履行期限未届满的,也可以提存该补偿金。

第二十七条 大中型水利、水电工程建设征收土地的补偿费标准和移民安置办法,由国务院另行规定。

第二十八条 征收人应当及时测算并落实不动产征收补偿费用,保证足额到位,专款专用。有关费用未足额到位的,不得批准征收不动产。

第三章 征 收 目 的

第二十九条 不动产征收应当符合国家远景目标、国土空间规划、国民经济和社会发展规划、专项规划、产业政策,优化城镇空间、农业空间和生态空间布局,不得随意突破城镇空间、农业空间、生态空间划定的城镇开发边界、永久基本农田边界、生态保护红线。

第三十条 为了公共利益的需要,有下列情形之一,确需征收不动产的,可以依法实施征收:

(一)军事和外交需要的;

(二)由政府组织实施的能源、交通、水利、通信、邮政等基础设施建设需要的;

(三)由政府组织实施的科技、教育、文化、卫生、体育、生态环境和资源保护、防灾减灾、文物保护、社区综合服务、社会福利、市政公用、优抚安置、英烈保护等公共事业需要的;

(四)由政府组织实施的扶贫搬迁、保障性安居工程建设需要的;

(五)在国土空间规划确定的城镇建设用地范围内,经省级以上人民政府批准由县级以上地方人民政府组织实施的成片开发建设需要的;

(六)法律规定为公共利益需要可以征收不动产的其他情形。

前款第(四)项、第(五)项规定的建设活动,还应当纳入国民经济和社会发展年度计划;第(五)项规定的成片开发还应当符合国务院自然资源主管部门规定的标准。

第三十一条 不动产征收应当依法进行建设项目立项审查,依法办理建设项目建议书批准、建设项目核准或建设项目备案手续。

第三十二条 建设项目应当进行用地预审,由自然资源主管部门在建设项目审批、核准、备案阶段,依法对建设项目涉及的土地利用事项进行审查,依法办理建设项目用地预审与选址意见书。

第三十三条 建设占用土地,涉及农用地转为建设用地的,应当办理农用地转用审批手续。

永久基本农田转为建设用地的，由国务院批准。

在国土空间规划确定的城市和村庄、集镇建设用地规模范围内，为实施该规划而将永久基本农田以外的农用地转为建设用地的，按土地利用年度计划分批次按照国务院规定由原批准国土空间规划的机关或者其授权的机关批准。在已批准的农用地转用范围内，具体建设项目用地可以由县级以上地方人民政府批准。

在国土空间规划确定的城市和村庄、集镇建设用地规模范围外，将永久基本农田以外的农用地转为建设用地的，由国务院或者国务院授权的省、自治区、直辖市人民政府批准。

第三十四条　政府投资的建设项目，应当依法办理可行性研究报告、初步设计审批，情况特殊、影响重大的项目，需要办理开工报告审批。

企业投资的重大项目，以及国有企业投资的项目，参照前款规定。

第三十五条　建设项目可行性研究论证时，自然资源主管部门可以根据土地利用总体规划、土地利用年度计划和建设用地标准，对建设用地有关事项进行审查，并提出意见。

第三十六条　经批准的建设项目需要使用国有建设用地的，建设单位应当持法律、行政法规规定的有关文件，向有批准权的县级以上人民政府自然资源主管部门提出建设用地申请，经自然资源主管部门审查，报本级人民政府批准后颁发建设用地规划许可证。

建设用地规划许可证生效后征地范围确定。

第三十七条　建设单位使用国有土地，应当以出让等有偿使用方式取得；但是，下列建设用地，经县级以上人民政府依法批准，可以以划拨方式取得：

（一）国家机关用地和军事用地；

（二）城市基础设施用地和公益事业用地；

（三）国家重点扶持的能源、交通、水利等基础设施用地；

（四）法律、行政法规规定的其他用地。

第三十八条　行政机关对建设单位申请建设用地规划许可证进行审查时，应当根据《中华人民共和国行政许可法》第三十六条的规定，发现行政许可事项直接关系他人重大利益的，应当告知该利害关系人。申请人、利害关系人有权进行陈述、申辩和要求听证，行政机关应当听取申请人、利害关系人的意见。

申请人、利害关系人要求听证的，在五日内提出听证申请，行政机关应当在二十日内组织听证。

申请人、利害关系人不承担行政机关组织听证的费用。

第三十九条 建设项目获得批准后，应当及时在政府公报或其他公共媒介上公示。

第四章 征收预公告

第四十条 建设项目获得批准并确定征收范围后，征收人应当及时发布不动产征收预公告。

征收预公告应当包括征收范围、征收目的、开展不动产现状调查的安排等内容。征收预公告应当采用有利于社会公众知晓的方式，在拟征收不动产所在的街道、乡(镇)、居委会、社区，村、村民小组范围内发布，预公告时间不少于十个工作日。

自征收预公告发布之日起，任何单位和个人不得在拟征收范围内实施抢栽、抢建、扩建、改建和改变不动产用途等不当增加补偿费用的行为；违反规定实施的，不予补偿。

征收人应当组织有关部门依法对征收范围内未经登记的不动产进行调查、认定和处理。对认定为合法的，应当给予补偿；对认定为不合法的，不予补偿。

征收部门应当将前款所列事项书面通知有关部门暂停办理相关手续。暂停办理相关手续的书面通知应当载明暂停期限。暂停期限最长不得超过一年。

第四十一条 发布征收预公告后，应当开展征收范围内拟征收不动产现状调查，查明不动产的位置、权属、种类、面积，数量和用途等情况，被征收人应当予以配合。调查结果应当在征收范围内向被征收人公布。

第四十二条 发布征收预公告后，应当开展社会稳定风险评估，对拟征收不动产的社会稳定风险状况进行综合研判，确定风险点，提出风险防范措施和处置预案。

征收农民集体所有的土地的，评估应当有农村集体经济组织及其成员、村民委员会和其他利害关系人参加，评估结果是申请征收土地的重要依据。

被征收人数量较多的，风险评估报告应当经政府常务会议讨论决定。

第五章 征收补偿方案

第四十三条 征收人应当依据社会稳定风险评估结果，结合不动产现状调查情况，组织自然资源、财政、农业农村、人力资源和社会保障等有关部门拟定征收补偿方案。

征收补偿方案应当包括征收范围、不动产现状、征收目的、补偿方式和标准、安置对象、安置方式、社会保障等内容。

第四十四条　征收补偿方案拟定后，征收人应当在拟征收不动产所在的街道、乡(镇)、居委会、社区、村、村民小组范围内公告，公告时间不少于三十日。

征收补偿方案应当同时载明办理补偿登记的方式和期限、异议反馈渠道等内容。

征收人应当将征求意见情况和根据公众意见修改的情况及时公布。

多数被征收人认为拟定的征收补偿方案不符合法律、法规规定的，征收人应当组织被征收人、被征收人代表和公众代表进行听证。

第四十五条　根据被征收人和其他利害关系人的意见，以及听证会情况，修改征收补偿方案，经政府常务会议讨论后批准。

经批准的征收补偿方案应当及时公布。

第六章　价 值 评 估

第四十六条　在集体土地上进行不动产征收的，土地所有权补偿标准由省、自治区和直辖市制定，对集体土地使用权和房屋等土地附着物价值依法进行不动产价值评估。

第四十七条　在国有土地上进行不动产征收的，对国有土地使用权和房屋等土地附着物价值依法进行不动产价值评估。

第四十八条　不动产价值评估包括评估被征收的不动产和用于产权调换的不动产，测算被征收不动产类似不动产的市场价格，以及对相关评估结果进行复核评估和鉴定。

第四十九条　被征收的不动产价值，由具有相应资质的不动产评估机构按照不动产征收评估办法评估确定。

对评估确定的不动产价值有异议的，可以向不动产评估机构申请复核评估。对复核结果有异议的，可以向不动产评估专家委员会申请鉴定。

不动产征收评估办法由国务院自然资源主管部门制定，制定过程中，应当向社会公开征求意见。

省、自治区、直辖市可以根据实际情况制定不动产评估办法。

第五十条　不动产评估机构由被征收人协商选定；协商不成的，通过多数决定、随机选定等方式确定，具体办法由省、自治区、直辖市制定。

不动产评估机构应当独立、客观、公正地开展不动产价值评估工作，任何单位和个人不得干预。

不动产评估机构确定后,征收部门应当与评估机构签订委托评估协议。

第五十一条 不动产评估机构、不动产评估人员、不动产评估专家委员会成员应当独立、客观、公正地开展不动产征收评估、鉴定工作,并对出具的评估、鉴定意见负责。

任何单位和个人不得干预不动产征收评估、鉴定活动。与被征收人有利害关系的,应当回避。

第五十二条 同一征收项目的不动产征收评估工作,原则上由一家不动产评估机构承担。不动产征收范围较大的,可以由两家以上不动产评估机构共同承担。

两家以上不动产评估机构承担的,应当共同协商确定一家不动产评估机构为牵头单位;牵头单位应当组织相关不动产评估机构就评估对象、评估时点、价值内涵、评估依据、评估假设、评估原则、评估技术路线、评估方法、重要参数选取、评估结果确定方式等进行沟通,统一标准。

第五十三条 不动产评估机构应当按照委托评估协议的约定,向征收部门提供分户的初步评估结果。分户的初步评估结果应当包括评估对象的构成及其基本情况和评估价值。征收部门应当将分户的初步评估结果在征收范围内向被征收人公示。

第五十四条 分户初步评估结果公示期满后,不动产评估机构应当向征收部门提供委托评估范围内被征收不动产的整体评估报告和分户评估报告。征收部门应当向被征收人转交分户评估报告。

第五十五条 因不动产征收评估、复核评估、鉴定工作需要查询被征收不动产和用于产权调换不动产权属以及相关不动产交易信息的,不动产登记机构及其他相关部门应当提供便利。

第五十六条 在不动产征收评估过程中,征收部门、征补实施单位或被征收人不配合、不提供相关资料的,不动产评估机构应当在评估报告中说明有关情况。

第五十七条 不动产征收评估、鉴定费用由委托人承担,但鉴定改变原评估结果的,鉴定费用由原评估机构承担。复核评估费用由原评估机构承担。不动产征收评估、鉴定费用按照政府价格主管部门规定的收费标准执行。

第七章 补偿协议

第五十八条 被征收人应当在规定期限内,持不动产权属证明材料办理补偿登记。

第五十九条　征收部门与被征收人在平等、自愿和公平基础上协商订立补偿协议。

补偿协议示范文本由省、自治区、直辖市人民政府制定。

补偿协议示范文本可以由省、自治区、直辖市人民政府授权设区的市制定。

第六十条　征收部门与被征收人就补偿签订协议，需要安置的，协议中应当包括安置条款。

第六十一条　征收部门与被征收人依照本法的规定，就补偿方式、补偿金额和支付期限、用于产权调换不动产的地点和面积、搬迁费、临时安置费或者周转用房、停产停业损失、搬迁期限、过渡方式和过渡期限等事项，订立补偿协议。

补偿协议订立后，一方当事人不履行补偿协议约定的义务的，另一方当事人可以依法提起诉讼。

第六十二条　对个别确实难以达成补偿协议的，征收部门应尽到诚意协商义务，并如实记录。

涉及征收集体所有的土地的，征收人应当在申请土地征收时如实说明，在完成本法规定的征收前期工作后，方可提出征收土地申请，报有批准权的人民政府批准。

第八章　征收决定

第六十三条　征收下列集体所有的土地的，由国务院批准：

（一）永久基本农田；

（二）永久基本农田以外的耕地超过三十五公顷的；

（三）其他土地超过七十公顷的。

征收前款规定以外的土地的，由省、自治区、直辖市人民政府批准。

征收农用地的，应当先行办理农用地转用审批。其中，经国务院批准农用地转用的，同时办理征地审批手续，不再另行办理征地审批；经省、自治区、直辖市人民政府在征地批准权限内批准农用地转用的，同时办理征地审批手续，不再另行办理征地审批，超过征地批准权限的，应当依照本条第一款的规定另行办理征地审批。

第六十四条　有批准权的人民政府应当对征收集体所有土地的必要性、合理性、是否符合公共利益、对农民的安置补偿完成情况以及是否符合法定程序进行审查。

第六十五条　国家征收集体所有土地的，依照法定程序批准后，由征收人予以公告并组织实施。

第六十六条　征收集体所有土地申请经依法批准后，征收人应当自收到批准文件之日起十五个工作日内在拟征收土地所在的乡(镇)和村、村民小组范围内发布征收土地公告,公布征收范围、征收时间等具体工作安排,告知行政复议、行政诉讼权利等事项。对个别未达成征地补偿安置协议的应当作出征地补偿安置决定,并依法组织实施。

被征收人对有批准权的人民政府作出的集体土地所有权征收决定不服的,可以依法申请行政复议。

对行政复议决定不服的,可以依照行政诉讼法的规定向人民法院提起行政诉讼。

第六十七条 征收国有土地使用权的,由县级以上地方人民政府自然资源主管部门报经原批准用地的人民政府或者有批准权的人民政府批准,作出国有土地使用权征收决定并应当依法公告,同时告知行政复议或行政诉讼的权利。

国有土地使用权人对征收国有土地使用权决定不服的,可以依法申请行政复议,也可以依法提起行政诉讼。

国有土地使用权被依法征收的,土地上房屋等附着物所有权同时被征收。

第九章 补偿决定

第六十八条 集体土地所有权征收决定生效后,对个别未达成补偿协议的应当作出补偿决定,并依法送达。

国有土地使用权征收决定生效后,对个别未达成补偿协议的应当作出补偿决定,并依法送达。

被征收人不明确的,征收人应当按照征收补偿方案作出补偿决定,并在不动产征收范围内予以公告。

征收国有土地使用权的补偿决定应当包括土地上房屋等附着物的价值。

被征收人对补偿决定不服的,可以依法申请行政复议,也可以依法提起行政诉讼。

第六十九条 补偿决定应当公平、合理、全面,不得低于正常签订协议可获得的全部补偿。

第十章 征收目的实现

第七十条 有批准权的人民政府作出的征收决定生效后,被征收人已经获得公平、合理补偿或者无正当理由拒绝已经确定的公平、合理补偿的,被征收的原不动产物权消灭。

第七十一条 实施不动产征收应当先补偿、后搬迁。

被征收人依法获得补偿后，应当在补偿协议约定或者补偿决定确定的搬迁期限内完成搬迁。

任何单位和个人不得采取暴力、威胁或者违反规定中断供水、供热、供气、供电和道路通行等非法方式迫使被征收人搬迁。

禁止建设单位参与搬迁活动。

第七十二条 被征收人在法定期限内不对补偿决定申请行政复议或者不提起行政诉讼，在补偿决定规定的期限内又不搬迁的，由作出补偿决定的征收人依法申请人民法院强制执行。

强制执行申请书应当附具协商义务尽职情况、补偿金额和专户存储账号、调换不动产的位置和面积、调换的不动产地点和面积等材料。

第七十三条 人民法院强制执行后，征收部门或有关部门应当对拆除后的土地进行清理并划定控制范围，完成必要的“三通一平”等净地交付准备。

第七十四条 征收部门应当及时向建设单位交付土地。

第七十五条 依法在被征收的土地上进行的施工、开发和相关作业受法律保护，任何单位和个人不得无故阻挠。

第七十六条 征收部门应当依法建立不动产征收补偿档案，并将分户补偿情况在不动产征收范围内向被征收人公布。

审计机关应当加强对征收补偿费用管理和使用情况的监督，并公布审计结果。

第七十七条 不动产征收与补偿工作全部结束后，征收人、征收部门和征收实施单位应当配合有关部门进行征收项目后评价。

第十一章 法律责任

第七十八条 征收人、征收部门和有关部门的工作人员在不动产征收与补偿工作中不履行本法规定的职责，或者滥用职权、玩忽职守、徇私舞弊的，由上级人民政府或者本级人民政府责令改正，通报批评；造成损失的，依法承担赔偿责任；对直接负责的主管人员和其他直接责任人员，依法给予处分；构成犯罪的，依法追究刑事责任。

第七十九条 采取暴力、威胁或者违反规定中断供水、供热、供气、供电和道路通行等非法方式迫使被征收人搬迁，造成损失的，依法承担赔偿责任；对直接负责的主管人员和其他直接责任人员，构成犯罪的，依法追究刑事责任；尚不构成犯罪的，依法给予处分；构成违反治安管理行为的，依法给予治安管理处罚。

第八十条 采取暴力、威胁等方法阻碍依法进行的不动产征收与补偿工作，构成犯罪的，依法追究刑事责任；构成违反治安管理行为的，依法给予治安管理处罚。

第八十一条 贪污、挪用、私分、截留、拖欠征收补偿费用的，责令改正，追回有关款项，限期退还违法所得，对有关责任单位通报批评、给予警告；造成损失的，依法承担赔偿责任；对直接负责的主管人员和其他直接责任人员，构成犯罪的，依法追究刑事责任；尚不构成犯罪的，依法给予处分。

第八十二条 不动产评估机构或者评估人员出具虚假或者有重大差错的评估报告的，由发证机关责令限期改正，给予警告，对不动产评估机构或者不动产评估人员并处以罚款，并记入信用档案；情节严重的，吊销资质证书、注册证书；造成损失的，依法承担赔偿责任；构成犯罪的，依法追究刑事责任。

第十二章　附　　则

第八十三条 因抢险救灾、疫情防控等紧急需要，依照法律规定的权限和程序征用单位和个人不动产的，参照本法。

第八十四条 为乡(镇)村公共设施和公益事业建设，农村集体经济组织收回土地使用权的，参照本法。

第八十五条 《中华人民共和国民法典》和《中华人民共和国土地管理法》关于不动产征收与补偿的规定适用于本法。

参考文献

1. [德]恩格斯、[德]马克思:《马克思恩格斯选集》(第4卷),中共中央马克思恩格斯列宁斯大林著作编译局译,人民出版社1972年版。

2. [德]卡尔·马克思:《资本论》,中共中央马克思恩格斯列宁斯大林著作编译局译,山东人民出版社1975年版。

3. [德]赖纳·施罗德:《德国物权法的沿革与功能》,张双根译,载《法学家》2000年第2期。

4. [古罗马]查士丁尼:《法学总论——法学阶梯》,张企泰译,商务印书馆1989年版。

5. [美]查尔斯·H. 温茨巴奇、[美]迈克·E. 迈尔斯、[美]苏珊娜·埃思里奇·坎农:《现代不动产》,任淮秀等译,中国人民大学出版社2001年版。

6. [美]卡尔·卢埃林:《荆棘丛:我们的法律与法学》,王绍喜译,中国民主法制出版社2020年版。

7. [美]劳伦斯·M. 弗里德曼:《美国法律史》,苏彦新等译,中国社会科学出版社2007年版。

8. [美]罗杰·H. 伯恩哈特、[美]安·M. 伯克哈特:《不动产》,钟书峰译,法律出版社2005年版。

9. [美]罗纳德·德沃金:《法律帝国》,许杨勇译,上海三联书店2016年版。

10. [美]约翰·G. 斯普兰克林:《美国财产法精解》(第2版),钟书峰译,北京大学出版社2009年版。

11. [美]约瑟夫·威廉·辛格:《财产法概论》(法律概

论影印系列)，中信出版社 2003 年版。

12. [日]宫泽俊义、[日]芦部信喜:《日本国宪法精解》，董璠舆译，中国民主法制出版社 1990 年版。

13. [日]金子宏:《日本税法原理》，刘多田等译，中国财政经济出版社 1989 年版。

14. [日]居石正和:《近代日本的城市化浪潮与土地征收》，牟宪魁、王琦译，载《人大法律评论》2011 年第 1 期。

15. [日]芦部信喜:《宪法》(第 3 版)，林来梵等译，北京大学出版社 2006 年版。

16. [日]平松弘光:《从日本法视角看中国土地征收法律制度》，杨官鹏译，载《科学发展》2016 年第 8 期。

17. [日]室井力:《日本现代行政法》，吴微译，中国政法大学出版社 1995 年版。

18. [日]盐野宏:《行政法》，杨建顺译，法律出版社 1999 年版。

19. [日]宇贺克也:《日本土地征收法中的行政程序》，肖军译，载《时代法学》2010 年第 2 期。

20. [日]山田洋:《土地収用と事业の公共性》，髙木光、宇贺克也编:《行政法の争点》，有斐阁 2014 年版。

21. [英]戴维 · M. 沃克:《牛津法律大辞典》，李双元等译，法律出版社 2003 年版。

22. [英]霍布斯:《利维坦》，黎思复、黎廷弼译，商务印书馆 2011 年版。

23. [英]配第:《赋税论:献给英明人士货币略论》，陈冬野等译，商务印书馆 1978 年版。

24. 陈立夫:《土地法研究 - 二》，台北，新学林出版股份有限公司 2011 年版。

25. 陈明灿:《土地征收导论》，台北，新学林出版股份有限公司 2018 年版。

26. 陈清秀:《税法总论》，台北，翰芦图书出版公司 2001 年版，第 1 页。

27. 陈新民:《台湾房屋拆迁的一般处理规则》，载《法学》2007 年第 8 期。

28. 陈英辉:《集体经济组织成员不因违法生育丧失土地收益分配款》，载《人民司法》2008 年第 24 期。

29. 陈瑜:《居住权利益的补偿标准》，载《人民司法》2011 年第 10 期。

30. 杜茂林:《四川师大一教授坠亡，生前举报遭强拆，当地建设部门已介入调查》，载《南方周末》2021 年 1 月 19 日，法治版。

31. 房绍坤、王洪平:《从美、德法上的征收类型看我国的征收立法选择——以

"公益征收"概念的界定为核心》,载《清华法学》2010 年第 1 期。

32. 房绍坤、王洪平:《公益征收法研究》,中国人民大学出版社 2011 年版。

33. 房绍坤、王洪平主编:《不动产征收法律制度纵论》,中国法制出版社 2009 年版。

34. 耿宝建:《国有土地上房屋征收与补偿的十个具体问题——从三起公报案例谈起》,载《法律适用》2017 年第 9 期。

35. 耿宝建、岑潇、王筱青:《新土地管理法征收补偿制度变化与司法应对》,载《法律适用》2022 年第 6 期。

36. 耿宝建、殷勤:《集体土地征收与补偿过程中可诉行政行为的判定与审查——兼谈〈土地管理法〉修改建议》,载《法律适用》2019 年第 1 期。

37. 郭修江:《监督权力　保护权利　实质化解行政争议——以行政诉讼法立法目的为导向的行政案件审判思路》,载《法律适用》2017 年第 23 期。

38. 胡春秀:《从日本土地征收制度的发展看我国土地征收立法的完善》,载《云南大学学报(法学版)》2010 年第 5 期。

39. 黄宇骁:《日本土地征收法制实践及对我国的启示——以公共利益与损失补偿为中心》,载《环球法律评论》2015 年第 4 期。

40. 江必新:《行政法律体系化建设的若干思考——以行政诉讼制度体系建构经验为视角》,载《行政法学研究》2023 年第 1 期。

41. 姜明安主编:《行政法与行政诉讼法》(第 6 版),北京大学出版社、高等教育出版社 2015 年版。

42. 金诚轩:《房屋征收中的评估时点研究》,载《法律适用》2020 年第 24 期。

43. 李健、任夏青:《擅自处置强制拆除的违法建筑材料的赔偿》,载《人民司法》2010 年第 20 期。

44. 李来孺:《印度新土地征收法对基础建设发展的影响》,载《南亚研究季刊》2014 年第 4 期。

45. 梁文永:《一场静悄悄的革命:从部门法学到领域法学》,载《政法论丛》2017 年第 1 期。

46. 刘干:《产权不明时拆迁安置补偿权的行民救济——以 20 年立法演进为视角》,载《人民司法(应用)》2016 年第 34 期。

47. 刘剑文、李刚:《二十世纪末期的中国税法学》,载《中外法学》1999 年第 2 期。

48. 刘剑文、熊伟:《税法基础理论》,北京大学出版社 2004 年版。

49. 刘剑文、熊伟:《中国税法学研究的现状与反思》,载《法学》2001 年第 5 期。

50. 刘一珉、李树:《我市首次批准“只转不征”用地》,载《常州日报》2020 年 10 月 9 日,第 1 版。

51. 罗立军、林子龙:《以家庭承包方式取得的农村土地承包经营权能否继承》,载《人民法院报》2018 年 8 月 22 日,第 7 版。

52. 梅新育:《征地两难及其对印度投资环境的损害研究》,载《西部发展评论》2015 年第 00 期。

53. 潘书宏:《土地征收中的程序正义:台湾地区的经验与启示》,载《重庆工商大学学报(社会科学版)》2014 年第 1 期。

54. 乔仕彤、毛文峥:《行政征收的司法控制之道:基于各高级法院裁判文书的分析》,载《清华法学》2018 年第 4 期。

55. 王利明:《制定不动产征收法 切实保护百姓财产权》,载《人民法院报》2012 年 4 月 27 日,第 02 版。

56. 王利明主编:《民法总则》(第 3 版),中国人民大学出版社 2022 年版。

57. 王晓滨:《违法建设强制拆除的主体》,载《人民司法》2013 年第 15 期。

58. 王泽鉴:《民法　物权(第 1 册):通则 · 所有权》,中国政法大学出版社 2003 年版。

59. 魏莉华:《新〈土地管理法实施条例〉释义》,中国大地出版社 2021 年版。

60. 魏振瀛主编、郭明瑞副主编:《民法》(第 8 版),北京大学出版社、高等教育出版社 2021 年版。

61. 吴宇龙、蔡维专:《规划部门认定违法建设行为具有独立可诉性》,载《人民司法》2013 年第 6 期。

62. 谢哲胜主编:《都市更新法律与政策》,台北,元照出版有限公司 2015 年版。

63. 徐英:《浦江“模拟拆迁”摘掉“信访大户”帽子》,载《中国商报》2004 年 9 月 21 日,第 1 版。

64. 许迎春:《中美土地征收制度比较研究》,浙江大学出版社 2015 年版。

65. 杨建顺:《日本行政法通论》,中国法制出版社 1998 年版。

66. 姚国跃、刘胜华:《中国与印度土地制度及其效能比较研究》,载《世界地理研究》2015 年第 2 期。

67. 叶逗逗:《江平:强拆无出路》,载《新世纪周刊》2010 年第 51 期。

68. 应松年:《完善我国的行政救济制度》,载《江海学刊》2003 年第 1 期。

69. 袁治杰:《德国法上的土地征收程序及中国镜鉴》,载《比较法研究》2020 年第 2 期。

70. 袁治杰:《德国土地征收补偿法律机制研究》,载《环球法律评论》2016 年第 3 期。

71. 袁治杰:《德国土地征收中的公共利益》,载《行政法学研究》2010 年第 2 期。

72. 岳振、杨菁:《尽快制定不动产征收法规制公权力》,载《中国经济时报》2011 年 3 月 29 日,第 2 版。

73. 张超:《成田机场:一桩 30 年未果的征用案》,载《法制日报》2010 年 2 月 9 日,第 11 版。

74. 张文显主编:《法理学》(第 5 版),高等教育出版社 2018 年版。

75. 张西、王文信:《集体经济组织成员资格不因放弃而取消》,载《人民司法》2009 年第 18 期。

76. 张永健:《土地征收与管制之补偿:理论与实务》,台北,元照出版有限公司 2020 年版。

77. 赵风暴:《关于农村集体经济组织成员资格问题的几点思考》,载《人民法院报》2022 年 9 月 1 日,第 7 版。

78. 赵淑德:《中国土地制度史》,三民书局 1999 年版。

79. 钟头朱:《论日本的土地征收制度》,载《改革与战略》2010 年第 4 期。

80. 仲伟珩:《从违法建筑的法律定位分析违法建筑纠纷的处理》,载中华人民共和国最高人民法院民事审判第一庭编:《民事审判指导与参考》总第 42 集,法律出版社 2011 年版。

81. 周潇君、施国庆、钱宁:《印度〈土地征收、移民安置与重建法〉评析》,载《南亚研究季刊》2015 年第 4 期。

82. 朱芒:《日本房屋征收制度的基本状况》,载《法学》2007 年第 8 期。

83. Bhagat – Ganguly, *V. Tracing Journey of Legislative Processes for Land Acquisition and Resettlement in India from Right's Perspective*, Journal of Land and Rural Studies, (2016)4(1), p. 36 – 48.

84. Christopher A., *Bauer Government Takings and Constitutional Guarantees: When Date of Valuation Statutes Deny Just Compensation*, BYU L. Rev., 2003, p. 265.

85. Dhanmanjiri Sathe, *The Political Economy of Land Acquisition in India: How a Village Stops being One*, Singapore: Palgrave Macmillan, 2017, p. 13 – 29.

86. Emily A. Johnson, *Reconciling Originalism and the History of the Public Use Clause*, 79 Fordham L. Rev., 265, 2011, p. 306 – 307.

87. Fermandes, W., *Power and Powerlessness: Development Projects and Displacement of Tribals*, Social Action, 1991, 41(3), p. 243 – 260.

88. Hiroshi S., *Politics of Land Acquisition in Contemporary India*, Contemporary political history of South Asia, 2019(9), p. 79 – 84.

89. John F. Hart, *Takings and Compensation in Early America: The Colonial Highway Acts in Social Context*, 40 *Am*, J. Legal Hist., 1996, p. 253 – 306.

90. Michael A. Heller & James E. Krier, *Deterrence and Distribution in the Law of Takings*, H. L. R. 1999(3), p. 963 – 998.

91. Patricia Munch, *An Economic Analysis of Eminent Domain*, The Journal of Political Economy, 1976, 84(3), p. 473 – 497.

92. S. Morris & A. Pandey, *Towards Reform of Land Acquisition Framework in India*, Economic and Political Weekly, 2007, 42(22), p. 2083 – 2090.

93. Sinha K. & Singh N., *Land Acquisition in India: History and Present Scenario*, Journal of Legal Studies and Research, 2016, 2(4), p. 2455 – 2437.

94. Stuart Banner, *How the Indians Lost Their Land: Law and Power on the Frontier*, Cambridge, MA: Belknap Press of Harvard University Press, 2005, p. 10 – 15.

95. Susan Reynolds, *Before Eminent Domain: Toward a History of Expropriation of Land for the Common Good*, Chapel Hill, NC: University of North Carolina Press, 2010, p. 35.

96. William A. Fischel, *Regulatory Takings: Law, Economics, and Politics*, Cambridge, MA: Harvard University Press, 1998, p. 1.

后　记

“早几年，在河南省一个地方要修飞机场，事先不给农民安排好，没有说清道理，就强迫人家搬家。那个庄的农民说，你拿根长棍子去拨树上雀儿的巢，把它搞下来，雀儿也要叫几声……于是乎那个地方的群众布置了三道防线：第一道是小孩子，第二道是妇女，第三道是男的青壮年。到那里去测量的人都被赶走了，结果农民还是胜利了。后来，向农民好好说清楚，给他们作了安排，他们的家还是搬了，飞机场还是修了。”

这是毛泽东同志 1956 年在八届二中全会上的一段讲话，可见征迁问题并非总栖身江湖之远，亦可能高居庙堂之上。在当时，由于生产力水平的制约，普通人遭遇征迁的概率并不大，但已有相关纠纷了。自 20 世纪 70 年代末以来，改革开放的浪潮风起云涌以及由此带来的经济发展和社会进步导致对土地的需求呈几何级数增长，一个又一个醒目鲜红的“拆”字时常出现在大街小巷。征收方与被征收方的利益纠葛与拆迁矛盾一时间成为坊间热议的话题，征迁案件更是如潮水一样涌进了法院、信访局或其他国家机关的大门。

近二三十年来，诸如广西贵港、山东平度和江西抚州等地恶性拆迁事件可谓层出不穷。近几年来这类案件依然屡屡见诸报端，如 2017 年湖北黄石朱某某事件、2018 年江苏扬州韦某事件、2019 年河南漯河王某事件、2020 年江苏仪征彭某某事件、2021 年四川成都庹某某事件、2022 年江西九江别墅孤岛事件、2023 年山东烟台省女足队员吕某某老家强拆事件等,无不时时刺痛着大众的神经。

1990 年,中华人民共和国行政诉讼制度正式落地生根,《行政诉讼法》于 1990 年 10 月 1 日正式实施。可以说,在保证征迁工作运行在法治轨道上不至脱轨,保护被征收人合法权益不受侵犯,维护公共利益以保障社会经济发展进步,促进人际和谐以保持社会安定团结等方面,涉征涉拆行政诉讼都发挥了重要作用。当然,相关的行政处理、行政复议、信访、裁决、调解、仲裁或监察等相关制度亦属不可或缺。也正是有了这些法律救济制度,不动产征收与补偿工作才能纳入法治轨道,与作为实体规定的其他法律制度共同构成了不动产征收与补偿法律体系,并成为可供研究的法律和法学对象。

1665 年,突如其来的鼠疫席卷英国,剑桥大学三一学院关闭。被迫停课的牛顿(Isaac Newton)只得返回伍尔索普庄园,开始了长达两年多的避疫生活。令人意外的是,深居简出的牛顿并未虚掷光阴,在此间发明或发现了微积分、万有引力定律和光粒子学说等划时代的伟大成果,奠定了现代物理学的基础。同时代的英国大诗人亚历山大·蒲柏(Alexander Pope)说:"自然和自然法则隐藏在黑夜中,上帝说,让牛顿诞生!于是一切都变得光明。"(Nature and Nature's laws lay hid in night, God said, Let Newton be! and all was light.)

丝毫没有碰瓷这位科学巨匠之意,无论是本书还是本书作者,与之相比都可谓寄蜉蝣于天地,渺沧海之一粟。不过,如果不是 2020 年年初席卷全球的那场疫情,本书的完成也是绝无可能的。

在读完全书掩卷回思之际,读者一定能够感受到本书的研究立场是专业、冷静而客观的,但这并不意味着它一定是冷漠而无情的。恰恰相反,本书在保持学术立场中立的同时,并不回避作者在学理逻辑展开时的情感温度。公允地讲,历经多年在全国各地的征迁法律服务实践,越来越感受到绝大多数被征迁人是质朴、诚实和善良的普通民众。在某种意义上,作为一名以维护被征收人合法权益为志向的执业律师,能在法治轨道上参与到与我国工业化、城镇化和现代化大潮并向涌行的征迁维权事业历史进程,与有荣焉,幸甚至哉。

在很多著作的后记中,作者可能都会例行公事地声称:水平有限、错漏难免。本书并不打算萧规曹随,但是本书的厚重主题却又着实让作者难以不落窠臼。坦率地讲,本书涉及面实在是太广了,而征迁实务又变动不居。可能刚刚落笔完稿,新的法律、法规或规章就又出台,全国各地的具体做法又以并不见诸报端的方式发生这样或那样的变化。因此,本书作者还是要诚挚地申言:不足之处,敬请斧正!